예제로 배우는 AutoCAD

김종서
김 현 공저
김세영

 **본서의 특징**

- **01** 실습 위주의 강의에 활용
- **02** 시험출제기준에 따른 예제와 상세도 수록
- **03** 다양한 예제를 통한 명령어 이해와 습득

머리말

　AutoCAD는 Autodesk사에서 개발한 설계전문 소프트웨어로 건축, 토목, 전기 등 거의 모든 산업 현장 전반에서 사용되는 범용 프로그램이다. 물론 각각의 분야에 맞는 좀 더 전문화된 전용 프로그램들이 있지만 설계 프로그램의 입문과정에서 AutoCAD가 갖는 의미는 크다고 할 수 있다. 또한 국가기술 자격시험의 건축, 기계, 토목 등의 설계제도 분야에서 AutoCAD를 이용한 도면작성 능력이 요구되고 있다. 나아가 패션이나 디자인 분야까지도 설계 전문 프로그램의 영역이 확대되어 산업생산성 증가에 큰 몫을 하고 있다.

　본서는 많은 AutoCAD 입문자들이 단순한 명령어 나열 방식의 단조로움에서 벗어나 실무적 능력을 단시간에 최대로 배양하고자 노력하였다. 설계 프로그램은 그 특성상 반복적 실습이 중요한 의미를 가진다. 이제 설계제도를 시작하는 대학이나 실습현장의 저학년, 그리고 직장인들의 입문 과정에서 기초 필수 명령어들을 단순한 과제부터 실습하는 과정으로 구성되었다.

　또한 본서의 차례는 AutoCAD의 전반적인 명령어 습득 커리큘럼과 일치한다. 명령어에 대한 설명 또는 강의를 들은 후 즉시 예제 실습 부분을 따라 하기 과제로 수행해 나아가면 자연스럽게 기초와 중급, 고급과정까지 익혀 나아가리라 생각한다.

　본서는 명령어의 설명을 위하여 불필요하게 많은 텍스트 설명과 그림설명을 배제하였다. 이는 학원, 직업훈련기관, 대학 등 각종 교육기관에서 일차 수업 후 실습이라는 과정에 맞추어 집필되었으므로 보다 능률적인 실습 위주의 강의에 활용될 수 있을 것이다.

　그리고 국가기술자격증인 전산응용 건축, 토목, 기계 제도기능사의 출제기준에 따른 예제와 상세도를 수록하였으며, 한국 ATC센터(주)에서 주관하는 ATC오퍼레이터, ATC캐드마스터, ATC기계캐드마스터, 3D Printing User 자격증과 한국생산성본부에서 주관하는 CAD실무능력평가의 응시기준과 문제를 함께 수록하여 관련 자격증 취득에도 도움을 주기 위해 노력하였다.

　마지막으로, 본서가 묶여져 나오게 되기까지 도움을 주신 선생님들과 출판사 관계자 여러분께 감사의 마음을 전한다. 그리고 차후에 더 나은 보완 과정을 거쳐 더욱 완성도를 높여 나갈 것이다.

저 자

예제로 배우는 AutoCAD

차 례

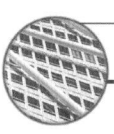

Section 01 2D 명령어 설명 / 11

1-1. Line(선 그리기) ·· 13
1-2. Erase(지우기) ··· 14
1-3. Zoom(작업 화면의 확대, 축소) ································ 14
1-4. Pan(작업 화면의 이동) ··· 15
1-5. Ortho(직교 모드) ··· 15
1-6. Osnap(객체 스냅) ·· 16
1-7. Otrack(객체 스냅 추적하기) ···································· 17
2-1. Circle(원 그리기) ··· 17
3-1. Arc(호 그리기) ·· 18
4-1. Offset(일정 간격으로 복사하기) ······························· 19
4-2. Trim(기준선으로 잘라내기) ····································· 19
4-3. Extend(기준선까지 연장하기) ·································· 20
5-1. Rectangle(사각형 그리기) ······································· 21
5-2. Ellipse(타원 그리기) ·· 21
5-3. Polygon(다각형 그리기) ·· 22
6-1. Move(이동하기) ··· 22
6-2. Copy(복사하기) ··· 22
7. Snap을 이용한 등각투상도 그리기 ····························· 23
8-1. Rotate(회전시키기) ·· 23
8-2. Scale(물체의 확대, 축소) ·· 23
8-3. Mirror(대칭 복사) ·· 24
9-1. Stretch(신축-객체를 늘리기나 줄이기) ····················· 24
9-2. Lengthen(길이 조절하기) ·· 24
9-3. Array(배열 복사-직사각형, 원형, 경로) ···················· 25

A.u.t.o.C.A.D.2.0.1.0.C.o.n.t.e.n.t.s

10-1. Pline(폴리선) ··· 28
10-2. Pedit(폴리선 편집하기) ·· 28
10-3. Explode(객체 분해하기) ··· 29
11-1. Fillet(모깎기-둥근모서리) ··· 29
11-2. Chamfer((모따기-경사형모서리) ·· 30
11-3. Break(객체 끊기) ··· 31
11-4. Join(끊어진 객체 연결하기) ·· 31
12-1. Point(점 그리기) ·· 31
12-2. Ddptype(점의 형태 지정하기) ··· 32
12-3. Divide(같은 간격으로 분할하기) ·· 32
12-4. Measure(특정 길이로 분할하기) ·· 32
13-1. Donut(도넛 모양 그리기) ··· 33
13-2. Color(색상 지정하기) ·· 33
13-3. Ltype(선의 종류 로드하기, 지정하기) ··· 34
13-4. Ltscale(선의 간격 조절하기) ··· 35
14-1. Properties(객체의 특성 변경하기) ·· 35
14-2. Matchprop(객체의 특성 복사하기) ··· 36
15-1. Dist(길이 측정) ·· 36
15-2. List(객체의 특성표시) ··· 37
15-3. ID(좌표값 표시) ··· 37
15-4. AREA(면적 내기) ··· 37
15-5. CAL(계산기) ··· 38
15-6. AV(공중 뷰) ··· 38
16-1. Dtext(문자 쓰기) ·· 39
16-2. Ddedit(문자 수정, 편집하기) ·· 39
16-3. Style(문자 스타일 생성하기) ··· 39

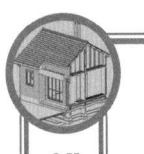

차 례

17-1. Mtext(여러 줄 문자 쓰기) ···································· 40
17-2. Mtprop(Mtext 문자 편집하기) ······························ 41
18-1. Table(표 만들기) ·· 41
18-2. Tablestyle ·· 43
18-3. Tbledit(표 수정) ·· 44
19-1. Bhatch(다양한 해치 그리기) ································ 44
19-2. Hatchedit(해치 편집하기) ···································· 46
19-3. Bpoly(닫혀진 내부에 경계선 만들기) ················ 46
20-1. Spline(자유곡선 그리기) ·· 47
20-2. Splinedit(Spline으로 그려진 곡선 수정하기) ····· 47
20-3. Xline(각도를 가진 양방향 무한선 그리기) ······· 48
20-4. Ray(각도를 가진 단방향 무한선 그리기) ········· 48
21-1. 치수 기입 ·· 48
21-2. 치수 스타일 관리자 ·· 49
22. 지시선 ·· 62
23. 공차기입 ·· 65
24-1. 다중 지시선 ·· 66
24-2. 다중 지시선 스타일 ·· 67
25-1. Layer(도면층 만들기) ·· 69
25-2. Purge(불필요한 도면요소 삭제하기) ·················· 71
25-3. Mvsetup(축척별 도면 윤곽선 작성하기) ··········· 72
26-1. Block(블록 만들기) ·· 73
26-2. Wblock(객체 또는 블록을 새 도면 파일에 기록하기) ····· 74
26-3. Insert(도면요소 삽입하기) ···································· 75
26-4. Design Center(디자인센터) ·································· 76
27. Plot(출력하기) ·· 77

A.u.t.o.C.A.D.2.0.1.0.C.o.n.t.e.n.t.s

Section 02 — 3D 명령어 설명 / 81

1-1. Ddvpoint(관측점 설정) ·· 83
1-2. 3Dface(면 채우기) ··· 84
1-3. Hide(숨은선 가리기) ··· 84
1-4. Shade(음영처리) ·· 84
1-5. Shademode(모서리 및 음영처리 스타일 설정) ·································· 85
2-1. Thickness(두께) ··· 85
2-2. Elevation(고도 및 돌출 두께 설정) ·· 85
3-1. UCS(사용자 좌표계) ··· 86
3-2. UCSICON(UCS아이콘 위치 조절) ·· 87
4. 서페이스 모델링 1 ··· 87
5. 서페이스 모델링 2 ··· 88
6-1. Extrude(돌출) ·· 90
6-2. Subtract(차집합) ·· 90
6-3. Union(합집합) ·· 91
6-4. Intersect(교집합) ·· 91
6-5. Interfere(간섭) ·· 92
7. 솔리드 모델링 ·· 92
8-1. Region(3D 영역 추출하기) ·· 96
8-2. Revolve(회전체 만들기) ··· 96
8-3. Ducs(동적 UCS, UCS의 XY 평면과 솔리드 평면 자동정렬하기) ······· 96
9-1. Helix(나선형 만들기) ·· 97
9-2. Sweep ·· 97
10-1. Solidedit(솔리드 편집하기) ·· 98
10-2. Grip 활용하여 편집하기 ·· 99

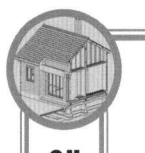

차 례

- 11-1. Slice(솔리드 잘라내기) ········· 99
- 11-2. Section(단면추출하기) ········· 100
- 12-1. Fillet(모깎기) ········· 100
- 12-2. Chamfer(모따기) ········· 101
- 12-3. Align(정렬하기) ········· 102
- 13. 3Darray(3차원 배열하기) ········· 104
- 14-1. 3Dmove(3차원 이동하기) ········· 105
- 14-2. 3Drotate(3차원 회전하기) ········· 105
- 14-3. Mirror3d(3차원 대칭복사) ········· 106
- 15-1. Solview(도면뷰 작성) ········· 106
- 15-2. Soldraw(윤곽과 단면 생성하기) ········· 109
- 16-1. Mview(배치 뷰포트 작성하기) ········· 109
- 16-2. Mvsetup(뷰포트 설정하기) ········· 109
- 16-3. Vplayer(뷰포트 내의 도면층 설정하기) ········· 110

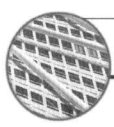

Section 03   2D 도면예제 / 111

- 국가기술자격검정 실기시험 「전산응용건축제도기능사」 ········· 356
- 국가기술자격검정 실기시험 「전산응용토목제도기능사」 ········· 369
- 국가기술자격검정 실기시험 「전산응용기계제도기능사」 ········· 378
- ATC캐드오퍼레이터 ········· 397
- CAD 실무능력평가 2급 ········· 409
- ATC기계캐드마스터 2급 ········· 415

A.u.t.o.C.A.D.2.0.1.0.C.o.n.t.e.n.t.s

Section 04 — 3D 도면예제 / 431

- ATC캐드마스터 1급 ·· 551
- ATC기계캐드마스터 1급 ·· 557
- 3D Printing USER ··· 566

★ 자격증 취득 로드맵 ★

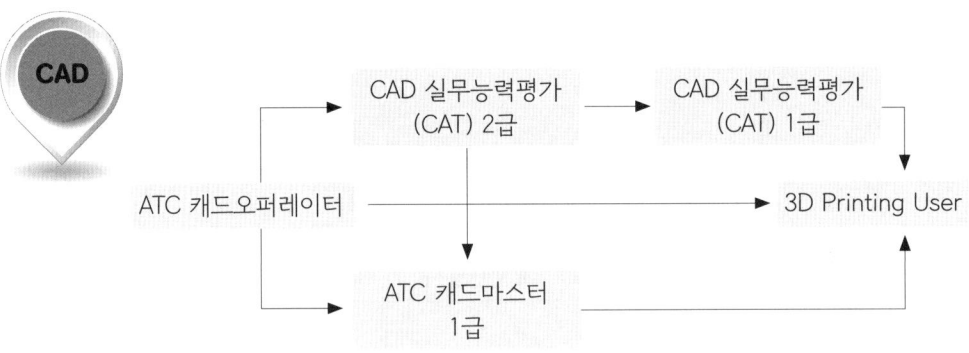

CAD

ATC 캐드오퍼레이터 → CAD 실무능력평가 (CAT) 2급 → CAD 실무능력평가 (CAT) 1급 → 3D Printing User
↓
ATC 캐드마스터 1급

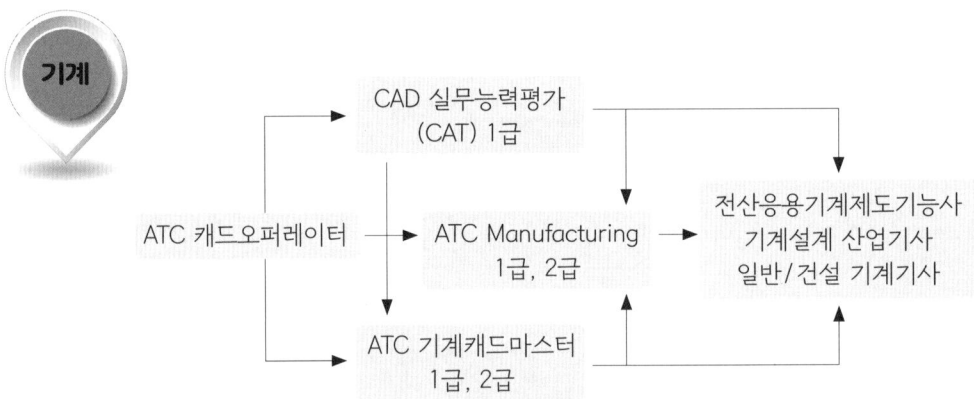

기계

ATC 캐드오퍼레이터 → CAD 실무능력평가 (CAT) 1급 → 전산응용기계제도기능사 / 기계설계 산업기사 / 일반/건설 기계기사
→ ATC Manufacturing 1급, 2급
→ ATC 기계캐드마스터 1급, 2급

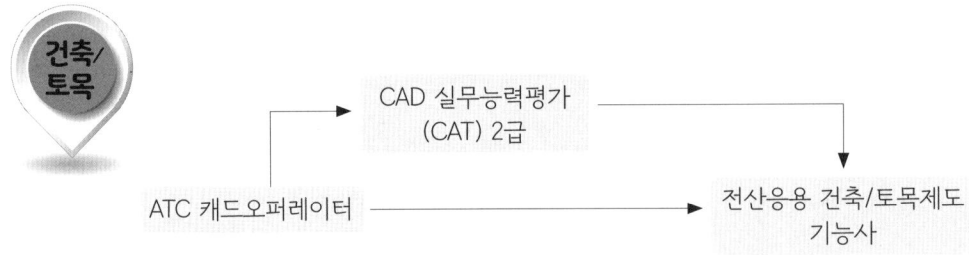

건축/토목

ATC 캐드오퍼레이터 → CAD 실무능력평가 (CAT) 2급 → 전산응용 건축/토목제도 기능사

2D 명령어 설명

Section 01

Section 01

2D 명령어 설명

1-1 Line(선 그리기)

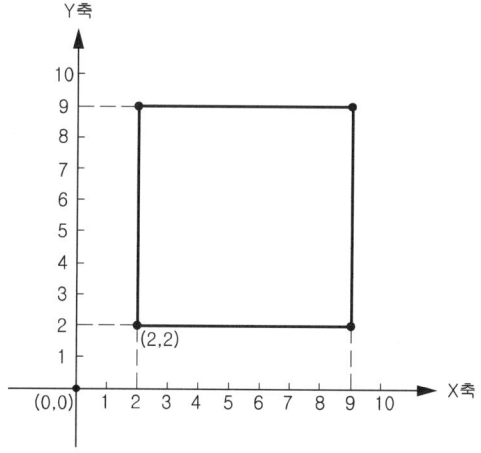

🔹 **절대좌표** 이용하기
  • 형식 : X좌표, Y좌표

```
명령: Line Enter↵
첫 번째 점 지정: 2,2 Enter↵
다음 점 지정 또는 [명령 취소(U)]: 9,2 Enter↵
다음 점 지정 또는 [명령 취소(U)]: 9,9 Enter↵
다음 점 지정 또는 [명령 취소(U)]: 2,9 Enter↵
다음 점 지정 또는 [명령 취소(U)]: 2,2 또는 C Enter↵
```

🔖 **상대좌표 이용하기**
  • 형식 : @X변화량, Y변화량

```
명령: Line Enter↵
첫 번째 점 지정: 임의의 점 클릭
다음 점 지정 또는 [명령 취소(U)]: @7,0 Enter↵
다음 점 지정 또는 [명령 취소(U)]: @0,7 Enter↵
다음 점 지정 또는 [명령 취소(U)]: @-7,0 Enter↵
다음 점 지정 또는 [명령 취소(U)]: @0,-7 또는 C Enter↵
```

🔖 **상대극좌표 이용하기**
  • 형식 : @길이 < 각도

```
명령: Line Enter↵
첫 번째 점 지정: 임의의 점 클릭
다음 점 지정 또는 [명령 취소(U)]: @7<0 Enter↵
다음 점 지정 또는 [명령 취소(U)]: @7<90 Enter↵
다음 점 지정 또는 [명령 취소(U)]: @7<180 Enter↵
다음 점 지정 또는 [명령 취소(U)]: @7<270 또는 C Enter↵
```

1-2 Erase(지우기)

```
명령: Erase Enter↵
객체 선택: 지울 객체를 선택함(마우스 클릭) Enter↵
객체 선택: Enter↵ 또는 추가 선택
```

1-3 Zoom(작업 화면의 확대, 축소)

```
명령: Zoom Enter↵
윈도우 구석을 지정, 축척 비율 (nX 또는 nXP)을 입력, 또는
[전체(A)/중심(C)/동적(D)/범위(E)/이전(P)/축척(S)/윈도우(W)/객체(O)]<실시간>: 옵션
선택 Enter↵
```

옵션
- A : 모든 도면 내의 요소들을 화면에 차게 표시함
- C : 지정한 점을 중심으로 화면을 확대, 축소함
- D : 원하는 크기의 사각박스를 만들어 화면을 확대, 축소함
- E : 도면 내에 있는 요소를 중심으로 화면에 차게 표시함
- P : 바로 이전의 화면으로 돌아감
- S : 원하는 스케일 값으로 확대, 축소함
- W : 사각박스로 선택한 부분을 확대함
- O : 선택한 객체가 화면에 차게 확대함

1-4 Pan(작업 화면의 이동)

명령: **Pan** Enter↵
마우스 왼쪽버튼을 드래그하여 화면을 원하는 위치로 초점 이동시킴
ESC 또는 ENTER 키를 눌러 종료하거나 오른쪽 클릭

1-5 Ortho(직교 모드)

객체를 작성하고 수정할 때 이동을 수평 및 수직으로 제한하는 기능

명령: F8

※ 기능키의 종류
- F1 : AutoCAD 도움말 보기
- F2 : AutoCAD 문자 윈도우
- F3 : 객체 스냅 켜기/끄기
- F4 : 타블렛 켜기/끄기
- F5 : 등각 평면도/우측면도/좌측면도 전환
- F6 : 동적 UCS 켜기/끄기
- F7 : 그리드 켜기/끄기
- F8 : 직교 켜기/끄기
- F9 : 스냅 켜기/끄기
- F10 : 극좌표 켜기/끄기
- F11 : 객체 스냅 추적하기 켜기/끄기
- F12 : 동적 입력 켜기/끄기

1-6 Osnap(객체 스냅)

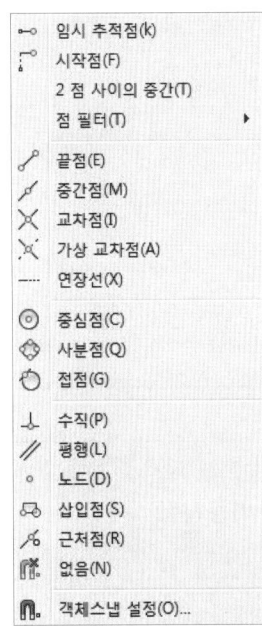

Object Snap, 도면 내 객체의 특정 위치를 찾아 주는 기능
명령어 실행 중 [Shift]+**오른쪽마우스**를 클릭하여 선택함

🔩 대화상자 설정하기(F3)
  • 명령 : **OSnap** Enter↵

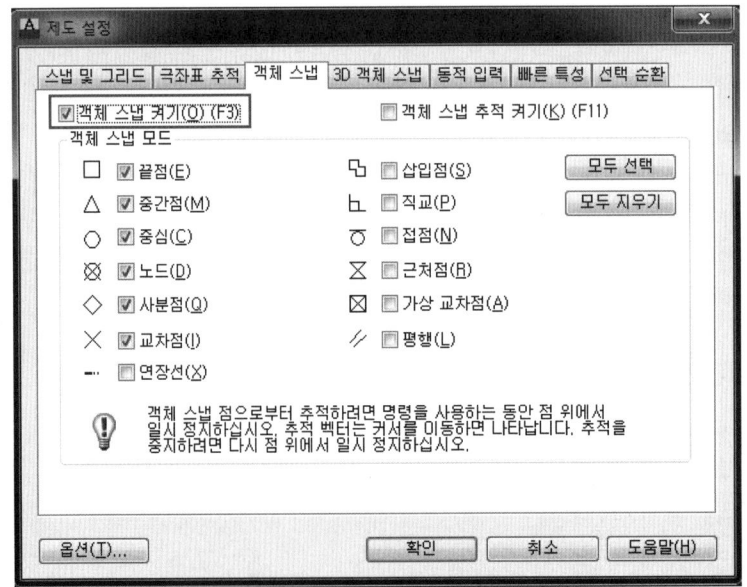

1-7 Otrack(객체 스냅 추적하기)

한 점으로부터 일정한 거리만큼 떨어진 좌표를 지정하거나, 한 좌표로부터 지정한 방향으로 추적하여 추적상에 위치한 점을 자동으로 찾는 기능(F11)

2-1 Circle(원 그리기)

> 명령: **Circle** Enter↵
> CIRCLE 원에 대한 중심점 지정 또는 [3점(3P)/2점(2P)/Ttr – 접선 접선 반지름(T)]:
> **중심점을 마우스로 클릭, 또는 옵션 선택** Enter↵
> 원의 반지름 지정 또는 [지름(D)]: **반지름값 입력, 또는 옵션 입력 후 지름값 입력** Enter↵

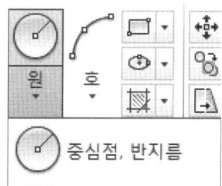

- 2점 : 지름의 두 끝점을 기준으로 하여 원을 그림
- 3점 : 원주의 세 점을 기준으로 하여 원을 그림
- 접선, 접선, 반지름(Ttr) : 두 객체에 접하며 지정된 반지름을 갖는 원을 그림
- 접선, 접선, 접선(TTT) : 세 개의 객체에 접하는 원을 그림

3-1 Arc(호 그리기)

명령 : Arc `Enter`

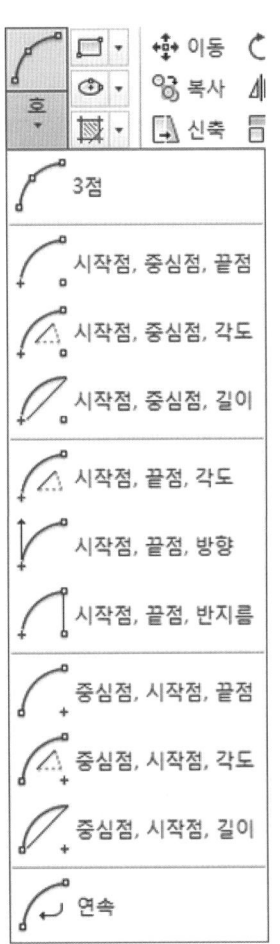

- **3점** : 호를 지나는 3점을 지정하여 호를 그림
- **시작점, 중심점, 끝점** : 시작점, 중심점, 끝점에 해당하는 지점을 클릭하여 시계 반대 방향으로 호를 그림
- **시작점, 중심점, 각도** : 시작점과 중심점을 순서대로 클릭한 후 사잇각을 입력하여 시계 반대 방향으로 호를 그림(사잇각이 음수이면 시계방향으로 그려짐)
- **시작점, 중심점, 길이** : 시작점과 중심점을 순서대로 클릭한 후 시작점과 끝점 사이의 직선거리에 따라 작은 호 또는 큰 호를 그림(길이가 음수이면 시계방향으로 그려짐)
- **시작점, 끝점, 각도** : 시작점과 끝점을 순서대로 클릭한 후 사잇각을 입력하여 시계 반대 방향으로 호를 그림(사잇각이 음수이면 시계방향으로 그려짐)
- **시작점, 끝점, 방향** : 시작점과 끝점을 순서대로 클릭한 후 시작점에서의 접선 방향을 지정하여 호를 그림
- **시작점, 끝점, 반지름** : 시작점과 끝점을 순서대로 클릭한 후 반지름을 입력하여 시계 반대 방향으로 작은 호를 그림(반지름이 음수이면 큰 호를 그림)
- **중심점, 시작점, 끝점** : 중심점, 시작점, 끝점에 해당하는 지점을 순서대로 클릭하여 시계 반대 방향으로 호를 그림
- **중심점, 시작점, 각도** : 중심점과 시작점을 클릭한 후 사잇각을 입력하여 시계 반대 방향으로 호를 그림(사잇각이 음수이면 시계방향으로 그려짐)
- **중심점, 시작점, 길이** : 중심점과 시작점을 순서대로 클릭한 후 시작점과 끝점 사이의 직선거리에 따라 작은 호 또는 큰 호를 그림(길이가 음수이면 시계방향으로 그려짐)
- **연속** : 호 첫 번째 프롬프트에서 `Enter` 키를 누르면 마지막으로 그린 선, 호 또는 폴리선에 대한 호 접선을 그림

4-1 Offset(일정 간격으로 복사하기)

명령: **Offset** Enter↵
현재 설정: 원본 지우기=아니오 도면층=원본 OFFSETGAPTYPE=0
간격띄우기 거리 지정 또는 [통과점(T)/지우기(E)/도면층(L)] 〈통과점〉: **원하는 거리값 입력, 또는 옵션 선택** Enter↵
간격띄우기 할 객체 선택 또는 [종료(E)/명령 취소(U)] 〈종료〉: **객체 클릭**
간격띄우기 할 면의 점 지정 또는 [종료(E)/다중(M)/명령 취소(U)] 〈종료〉: **띄우고자 하는 방향으로 클릭**
간격띄우기 할 객체 선택 또는 [종료(E)/명령 취소(U)] 〈종료〉: Enter↵ **또는 객체 선택**

옵션
- T : 지정한 점을 통과하는 객체를 작성
- E : 원본 객체를 간격띄우기한 후 지우시겠습니까? [예(Y)/아니오(N)] 〈현재〉: Y 또는 N을 입력하여 원본 객체의 삭제 여부를 지정
- L : 간격띄우기 객체의 도면층 옵션 입력 [현재(C)/원본(S)] 〈현재〉: 간격띄울 객체의 도면층을 현재 도면층으로 정할지 원본 도면층을 유지할지 지정

4-2 Trim(기준선으로 잘라내기)

명령: **TRim** Enter↵
현재 설정: 투영=UCS 모서리=연장
절단 모서리 선택 ...
객체 선택 또는 〈모두 선택〉: **자를 기준선을 클릭**
객체 선택: Enter↵ **또는 추가기준선 선택**
자를 객체 선택 또는 Shift 키를 누른 채 선택하여 연장 또는
[울타리(F)/걸치기(C)/프로젝트(P)/모서리(E)/지우기(R)/명령 취소(U)]: **잘려나갈 선을 클릭 또는 옵션 선택** Enter↵
자를 객체 선택 또는 Shift 키를 누른 채 선택하여 연장 또는
[울타리(F)/걸치기(C)/프로젝트(P)/모서리(E)/지우기(R)/명령 취소(U)]: Enter↵

옵션
- F : 선택 울타리를 교차하는 모든 객체가 잘라짐
- C : 2개의 점에 의해 정의된 직사각형 영역 내에 포함되거나 이 영역을 교차하는 객체들이 잘라짐
- P : 객체를 자를 때 사용하는 투영방법을 지정
- E : 모서리 연장 모드 입력 [연장(E)/연장 안 함(N)] 〈현재〉: 옵션 입력 `Enter↵`
- R : 지울 객체 선택 또는 〈종료〉: 선택한 객체를 삭제
- U : TRIM으로 변경된 가장 최근 내용을 되돌림

4-3 Extend(기준선까지 연장하기)

```
명령: EXtend Enter↵
현재 설정: 투영=UCS 모서리=연장
경계 모서리 선택 …
객체 선택 또는 〈모두 선택〉: 어디까지 연장할지의 기준선을 클릭
객체 선택: Enter↵
연장할 객체 선택 또는 Shift 키를 누른 채 선택하여 자르기 또는
[울타리(F)/걸치기(C)/프로젝트(P)/모서리(E)/명령 취소(U)]: 연장될 선을 클릭, 또는
옵션 선택 Enter↵
연장할 객체 선택 또는 Shift 키를 누른 채 선택하여 자르기 또는
[울타리(F)/걸치기(C)/프로젝트(P)/모서리(E)/명령 취소(U)]: Enter↵
```

옵션
- F : 선택 울타리를 교차하는 모든 객체가 연장됨
- C : 2개의 점에 의해 정의된 직사각형 영역 내에 포함되거나 이 영역을 교차하는 객체들이 연장됨
- P : 객체를 연장할 때 사용하는 투영방법을 지정
- E : 모서리 연장 모드 입력 [연장(E)/연장 안함(N)] 〈현재〉: 옵션 입력 `Enter↵`

5-1 Rectangle(사각형 그리기)

> 명령: **RECtangle** Enter↵
> 첫 번째 구석점 지정 또는 [모따기(C)/고도(E)/모깎기(F)/두께(T)/폭(W)]: **사각형의 한쪽 대각선 점을 클릭, 또는 옵션 선택** Enter↵
> 다른 구석점 지정 또는 [영역(A)/치수(D)/회전(R)]: **사각형의 다른쪽 대각선 점을 클릭, 또는 옵션 선택** Enter↵

옵션
- C : 그려질 직사각형의 모따기 거리를 입력
- E : 직사각형의 고도를 입력
- F : 그려질 직사각형의 모깎기 반지름을 입력
- T : 직사각형의 두께를 입력
- W : 그려질 직사각형의 폴리선의 너비를 입력

5-2 Ellipse(타원 그리기)

> 명령: **ELlipse** Enter↵
> 타원의 축 끝점 지정 또는 [호(A)/중심(C)]: **타원의 한쪽 끝점 클릭 또는 옵션 선택** Enter↵
> 축의 다른 끝점 지정: **타원의 반대쪽 끝점 클릭**
> 다른 축으로 거리를 지정 또는 [회전(R)]: **타원의 폭 클릭, 또는 옵션(R) 선택하여 회전 값을 지정**

옵션
- A : 타원형 호를 입력, 타원형 호의 처음 두 점은 첫 번째 축의 위치와 길이, 세 번째 점은 타원형 호의 중심과 두 번째 축의 끝점 간의 거리, 네 번째 및 다섯 번째 점은 시작 각도와 끝 각도
- C : 지정한 중심점을 이용하여 타원을 그림

5-3 Polygon(다각형 그리기)

명령: **POLygon** Enter↵
POLYGON 면의 수 입력 〈4〉: **다각형의 면의 수를 입력** Enter↵
다각형의 중심을 지정 또는 [모서리(E)]: **다각형의 중심점을 클릭 또는 옵션(E)을 선택하여 다각형의 모서리의 양 끝점을 지정**
옵션을 입력 [원에 내접(I)/원에 외접(C)] 〈I〉: Enter↵ **(내접) 누르거나, 옵션(C)을 선택한 후 외접을 선택**
원의 반지름 지정: **마우스를 클릭, 또는 반지름값을 입력**

6-1 Move(이동하기)

명령: **Move** Enter↵
객체 선택: **이동할 객체 선택**
객체 선택: Enter↵ **또는 이동할 객체가 여러 개인 경우 추가 선택**
기준점 지정 또는 [변위(D)] 〈변위〉: **마우스로 이동의 시작점을 클릭**
두 번째 점 지정 또는 〈첫 번째 점을 변위로 사용〉: **마우스로 이동의 끝점을 클릭**

6-2 Copy(복사하기)

명령: **COpy** Enter↵
객체 선택: **복사할 객체 선택**
객체 선택: Enter↵, **또는 복사할 객체가 여러 개인 경우 추가 선택**
현재 설정: 복사 모드 = 다중(M)
기본점 지정 또는 [변위(D)/모드(O)] 〈변위(D)〉: 두 번째 점 지정 또는 〈첫 번째 점을 변위로 사용〉: **마우스로 복사의 시작점 클릭**
두 번째 점 지정 또는 [종료(E)/명령 취소(U)] 〈종료〉: **마우스로 복사지점을 클릭** Enter↵, **또는 다중복사할 경우 이어서 복사지점 클릭**

7 Snap을 이용한 등각투상도 그리기

명령: **Snap** Enter↵
스냅 간격두기 지정 또는 [켜기(ON)/끄기(OFF)/스타일(S)/유형(T)] ⟨0.0000⟩: **스타일 옵션(S)을 입력**
스냅 그리드 스타일 입력 [표준(S)/등각투영(I)] ⟨S⟩: **등각투영의 옵션(I)를 입력**
수직 간격두기 지정 ⟨0.0000⟩: Enter↵

▶ **사용법** : F5를 누르면 ⟨등각평면 평면도⟩, ⟨등각평면 우측면도⟩, ⟨등각평면 좌측면도⟩가 차례로 전환됨.

8-1 Rotate(회전시키기)

명령: **ROtate** Enter↵
현재 UCS에서 양의 각도: 측정 방향=시계 반대 방향/기준 방향=0
객체 선택: **회전시킬 객체를 선택** Enter↵
기준점 지정: **마우스로 회전시킬 기준점을 클릭**
회전 각도 지정 또는 [복사(C)/참조(R)] ⟨0⟩: **회전할 각도를 입력, 또는 옵션을 선택** Enter↵

옵션
- C : 회전시킬 때 선택된 객체의 사본이 생성됨
- R : 지정된 각도에서 새 각도까지 객체를 회전

8-2 Scale(물체의 확대, 축소)

명령: **SCale** Enter↵
객체 선택: **확대 또는 축소시킬 객체를 선택** Enter↵
기준점 지정: **마우스로 확대 또는 축소시킬 기준점을 클릭**
축척 비율 지정 또는 [복사(C)/참조(R)] ⟨1.0000⟩: **확대 또는 축소시킬 값을 입력, 또는 옵션을 선택** Enter↵

옵션
- C : 축척시킬 때 선택된 객체의 사본이 생성됨
- R : 객체를 참조 길이와 지정한 새 길이를 기준으로 축척

8-3 Mirror(대칭 복사)

명령: **MIrror** Enter↵
객체 선택: **대칭 복사할 객체를 선택** Enter↵
대칭선의 첫 번째 점 지정: **점을 지정**
대칭선의 두 번째 점 지정: **점을 지정**(지정한 두 개의 양 끝점이 선택한 객체의 대칭되는 기준선이 됨)
원본 객체를 지우시겠습니까? [예(Y)/아니오(N)] ⟨N⟩: **기본값(N) - 원본 객체를 유지, 옵션(Y) - 원본 객체 삭제**

9-1 Stretch(신축-객체를 늘리기나 줄이기)

명령: **Stretch** Enter↵
걸침 윈도우 또는 걸침 다각형만큼 신축할 객체 선택...
객체 선택: **C** Enter↵ (걸침 윈도우로 객체 선택)
첫 번째 구석을 지정: **마우스로 걸침 윈도우의 한쪽 기준점 클릭**
반대 구석 지정: **걸침 윈도우의 대각선 기준점 클릭**
기준점 지정 또는 [변위(D)] ⟨변위⟩: **마우스로 임의의 한 점을 클릭**
두 번째 점 지정 또는 ⟨첫 번째 점을 변위로 사용⟩: **마우스로 늘릴 거리만큼 클릭, 또는 거리 입력**

9-2 Lengthen(길이 조절하기)

명령: **LENgthen** Enter↵
객체 선택 또는 [증분(DE)/퍼센트(P)/합계(T)/동적(DY)]: **길이를 조절할 객체 선택 또는 옵션 선택** Enter↵

옵션
- D : 증분값을 입력하고 객체를 선택하면 지정된 증분값만큼 객체의 길이를 변경, -값을 입력하면 길이가 줄어듦
- P : 객체의 현재 길이에 대해 퍼센트를 지정하고 객체를 선택, 100보다 큰 값을 입력하면 길이가 늘어나고 100보다 작은 값을 입력하면 길이가 줄어듦
- T : 객체의 전체 길이를 입력하고 객체를 선택하면 객체의 전체 길이가 설정됨
- DY : 선택된 객체의 끝점 중 하나를 끌어 객체 길이를 변경

9-3 Array(배열 복사-직사각형, 원형, 경로)

▶ **직사각형 배열**

명령: **ARray** Enter↵
객체 선택: **배열할 객체를 선택** Enter↵
객체 선택: 배열 유형 입력 [직사각형(R)/경로(PA)/원형(PO)] 〈직사각형〉: **R** Enter↵
유형 = 직사각형 연관 = 예
그립을 선택하여 배열을 편집하거나 [연관(AS)/기준점(B)/개수(COU)/간격두기(S)/열(COL)/행(R)/레벨(L)/종료(X)] 〈종료〉: **배열 미리 보기에서 그립을 끌어 행 및 열 수를 조정**
그립을 선택하여 배열을 편집하거나 [연관(AS)/기준점(B)/개수(COU)/간격두기(S)/열(COL)/행(R)/레벨(L)/종료(X)] 〈종료〉: **S** Enter↵
열 사이의 거리 지정 또는 [단위 셀(U)] 〈 〉: **열 사이의 간격을 입력** Enter↵
행 사이의 거리 지정 〈 〉: **행 사이의 간격을 입력** Enter↵
그립을 선택하여 배열을 편집하거나 [연관(AS)/기준점(B)/개수(COU)/간격두기(S)/열(COL)/행(R)/레벨(L)/종료(X)] 〈종료〉: Enter↵

※ 직사각형 배열 편집

- **원본 편집** : 선택한 항목에 대해 원본 객체 또는 대치 원본 객체를 편집
- **항목 대치** : 선택한 객체 또는 원본 객체를 다른 객체로 대치
- **배열 재설정** : 지운 항목을 복원하고 항목 재지정을 제거

> ▶ 원형 배열
> 명령: **ARray** Enter↵
> 객체 선택: **배열할 객체를 선택** Enter↵
> 객체 선택: 배열 유형 입력 [직사각형(R)/경로(PA)/원형(PO)] 〈직사각형〉: **PO** Enter↵
> 유형 = 직사각형   연관 = 예
> 배열의 중심점 지정 또는 [기준점(B)/회전축(A)]: **원형 배열의 중심점을 클릭**
> 그립을 선택하여 배열을 편집하거나 [연관(AS)/기준점(B)/항목(I)/사이의 각도(A)/채울 각도(F)/행(ROW)/레벨(L)/항목 회전(ROT)/종료(X)]〈종료〉: **F**
> 채울 각도 지정(+=ccw, -=cw) 또는 [표현식(EX)] 〈360〉: **배열할 전체 각도를 입력** Enter↵
> 그립을 선택하여 배열을 편집하거나 [연관(AS)/기준점(B)/항목(I)/사이의 각도(A)/채울 각도(F)/행(ROW)/레벨(L)/항목 회전(ROT)/종료(X)]〈종료〉: **I**
> 배열의 항목 수 입력 또는 [표현식(E)] 〈6〉: **배열할 항목 수 입력** Enter↵
> 그립을 선택하여 배열을 편집하거나 [연관(AS)/기준점(B)/항목(I)/사이의 각도(A)/채울 각도(F)/행(ROW)/레벨(L)/항목 회전(ROT)/종료(X)]〈종료〉: Enter↵

※ 원형 배열 편집

- 기준점 : 배열의 기준점을 재지정
- 항목 회전 : 배열의 중심점을 기준으로 객체를 회전할지 원래 정렬을 유지할지 조정
- 방향 : 배열의 방향을 시계방향 또는 반시계방향으로 설정

▶ 경로 배열

명령: **ARray** Enter↵
객체 선택: **배열할 객체를 선택** Enter↵
객체 선택: 배열 유형 입력 [직사각형(R)/경로(PA)/원형(PO)] 〈직사각형〉: **PA** Enter↵
유형 = 직사각형   연관 = 예
경로 곡선 선택: **경로로 사용할 곡선을 선택**
그립을 선택하여 배열을 편집하거나 [연관(AS)/메서드(M)/기준점(B)/접선 방향(T)/항목(I)/행(R)/레벨(L)/항목 정렬(A)/Z 방향(Z)/종료(X)] 〈종료〉: **배열 미리 보기에서 그립을 끌어 항목 수 조정***

※ 경로 배열 편집

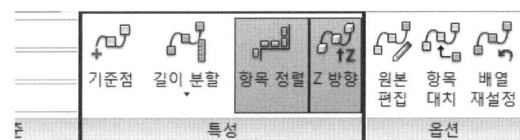

- 길이 분할 : 객체를 지정된 간격으로 경로를 따라 분산
- 등분할 : 객체를 경로 길이를 따라 균일하게 분산
- 항목 정렬 : 배열된 객체들이 서로 평행한 상태를 유지할지 경로 정렬할지 결정
- Z방향 : 객체의 원래 Z 방향을 유지할지 3D 경로를 따라 정렬할지 조정

10-1 Pline(폴리선)

명령: **PLine** Enter↵
시작점 지정: **화면상의 임의의 한 점을 클릭**
현재의 선 폭은 0.0000임
다음 점 지정 또는 [호(A)/반폭(H)/길이(L)/명령 취소(U)/폭(W)]: **다음 점을 클릭, 또는 옵션 선택**
다음 점 지정 또는 [호(A)/닫기(C)/반폭(H)/길이(L)/명령 취소(U)/폭(W)]: **다음 점을 클릭, 또는 옵션을 선택하거나** Enter↵

옵션
- A : 폴리선에 호를 추가하여 그림
- H : 폭을 가진 폴리선의 중심에서 모서리까지의 폭을 지정
- L : 지정한 길이의 폴리선을 이전 폴리선과 같은 각도로 그림
- U : 직전에 추가한 폴리선을 제거
- W : 다음 폴리선의 폭을 지정
- C : 시작점과 연결

10-2 Pedit(폴리선 편집하기)

명령: **PEdit** Enter↵
폴리선 선택 또는 [다중(M)]: **편집할 Pline을 선택**
옵션 입력 [열기(O)/결합(J)/폭(W)/정점 편집(E)/맞춤(F)/스플라인(S)/비곡선화(D)/선 종류 생성(L)/반전(R)/명령 취소(U)]: **옵션 선택** Enter↵

| 옵션 | • O : 폴리선의 닫는 세그먼트를 제거
• J : 선, 호 또는 폴리선 등의 객체를 서로 결합
• W : 전체 폴리선의 새 폭을 지정
• E : 폴리선에 X를 그려 첫 번째 정점을 표시하고, Space Bar 로 다음 점으로 이동하여 각 점을 편집
• F : 폴리선의 각 점을 부드러운 곡선으로 연결시킴, 곡선은 폴리선의 모든 정점을 지남
• S : 폴리선의 각 점을 부드러운 곡선으로 연결시킴, 곡선은 다른 점들을 향하여 당겨지지만 반드시 통과하는 것은 아니며, 특정 부분에서 더 많은 점을 지정할수록 곡선에서 더 많이 당겨짐
• D : 맞춤 또는 스플라인 곡선에 의해 생성된 곡선을 직선으로 변경
• L : 폴리선의 연속되는 패턴의 선 종류를 생성
• R : 폴리선의 정점 순서를 반전
• U : PEDIT 세션이 시작된 시점까지 작업을 되돌림 |
|---|---|

10-3 Explode(객체 분해하기)

명령: **eXplode** Enter↵
객체 선택: **분해할 객체(다중선)를 선택** Enter↵

11-1 Fillet(모깎기-둥근모서리)

명령: **Fillet** Enter↵
현재 설정: 모드 = TRIM, 반지름 = 0.0000
첫 번째 객체 선택 또는 [명령 취소(U)/폴리선(P)/반지름(R)/자르기(T)/다중(M)]: **R** Enter↵
모깎기 반지름 입력 〈현재〉: **모서리의 반지름 입력** Enter↵
첫 번째 객체 선택 또는 [명령 취소(U)/폴리선(P)/반지름(R)/자르기(T)/다중(M)]: **모깎기 할 첫 번째 객체 클릭, 또는 옵션 선택** Enter↵
두 번째 객체 선택 또는 shift 키를 누른 채 선택하여 구석 적용: **모깎기 할 두 번째 객체 클릭**

옵션
- U : 명령의 이전 동작으로 돌아감
- P : 두 개의 폴리선의 각 정점에 모깎기 호를 삽입
- R : 둥근 모서리의 반지름을 설정
- T : 모깎기 후 모서리를 자를지 여부를 설정
- M : 두 세트 이상의 객체 모서리를 모깎기 함

11-2 Chamfer(모따기-경사형모서리)

명령: **CHAmfer** `Enter ↵`
(TRIM 모드) 현재 모따기 거리1 = 0.0000, 거리2 = 0.0000
첫 번째 선 선택 또는 [명령 취소(U)/폴리선(P)/거리(D)/각도(A)/자르기(T)/메서드(E)/다중(M)]: **D** `Enter ↵`
첫 번째 모따기 거리 지정〈0.0000〉: **첫 번째 모서리의 끝점으로부터 모따기 할 거리 입력** `Enter ↵`
두 번째 모따기 거리 지정〈0.0000〉: **두 번째 모서리의 끝점으로부터 모따기 할 거리 입력** `Enter ↵`
첫 번째 선 선택 또는 [명령 취소(U)/폴리선(P)/거리(D)/각도(A)/자르기(T)/메서드(E)/다중(M)]: **모따기 할 첫 번째 선 클릭** `Enter ↵`
두 번째 선 선택 또는 Shift 키를 누른 채 선택하여 구석 적용: **모따기 할 두 번째 선 클릭** `Enter ↵`

옵션
- U : 명령의 이전 동작으로 돌아감
- P : 두 개의 폴리선을 모따기
- D : 각 모서리에서의 모따기 거리를 설정
- A : 첫 번째 선의 거리와 두 번째 선의 각도를 사용하여 모따기
- T : 모따기 후 모서리를 자를지 여부를 설정
- E : 모따기 시 거리와 각도의 사용 여부 결정
- M : 두 세트 이상의 객체 모서리를 모따기 함

11-3 Break(객체 끊기)

명령: **BReak** `Enter`
객체 선택: **끊을 선의 첫 번째 부분을 클릭**
두 번째 끊기 점을 지정 또는 [첫 번째 점(F)]: **끊을 선의 두 번째 부분을 클릭, 또는 옵션(F)을 선택, 첫 번째 점을 재지정하여 계속**
객체의 일부를 지우지 않고 객체를 둘로 분할하려면 첫 번째 점과 두 번째 점에 대해 모두 같은 점을 입력

11-4 Join(끊어진 객체 연결하기)

명령: **Join** `Enter`
원본 객체 선택: **끊어진 선을 클릭**
원본으로 결합할 선 선택: **연결할 선을 클릭** `Enter`
1 개의 선이 원본으로 결합됨

12-1 Point(점 그리기)

명령: **POint** `Enter`
현재 점 모드: PDMODE=0 PDSIZE=0.0000
점 지정: **화면상의 임의의 한 점을 클릭**

12-2 Ddptype(점의 형태 지정하기)

명령: **DDPTYPE** Enter↵

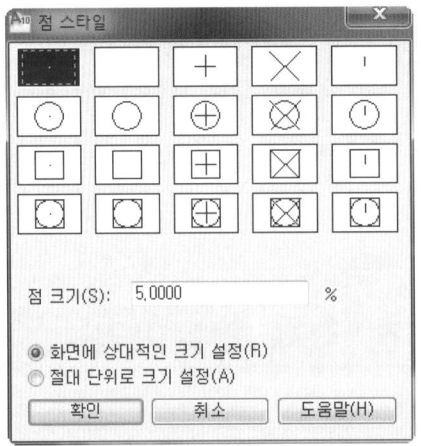

점의 형태를 지정하고 확인을 클릭한다.

12-3 Divide(같은 간격으로 분할하기)

명령: **DIVide** Enter↵
등분할 객체 선택: **분할할 객체를 선택**
세그먼트의 개수 또는 [블록(B)] 입력: **분할할 개수를 입력, 또는 옵션(B)을 선택하여 선택된 객체를 따라 동일한 간격으로 블록을 배치**

12-4 Measure(특정 길이로 분할하기)

명령: **MEasure** Enter↵
길이분할 객체 선택: **길이 분할할 객체를 선택**
세그먼트의 길이 지정 또는 [블록(B)]: **마우스를 클릭한 부분부터 지정한 수치만큼씩 분할, 또는 옵션(B)를 선택하여 선택한 객체를 따라 지정된 간격으로 블록을 배치**

13-1 Donut(도넛 모양 그리기)

명령: **DOnut** Enter↵
도넛의 내부 지름 지정 〈0.5000〉: **도넛의 안쪽 지름을 입력**
도넛의 외부 지름 지정 〈1.0000〉: **도넛의 바깥쪽 지름을 입력**
도넛의 중심 지정 또는 〈종료〉: **마우스로 임의의 한 점을 클릭**
도넛의 중심 지정 또는 〈종료〉: Enter↵

13-2 Color(색상 지정하기)

명령: **COLor** Enter↵

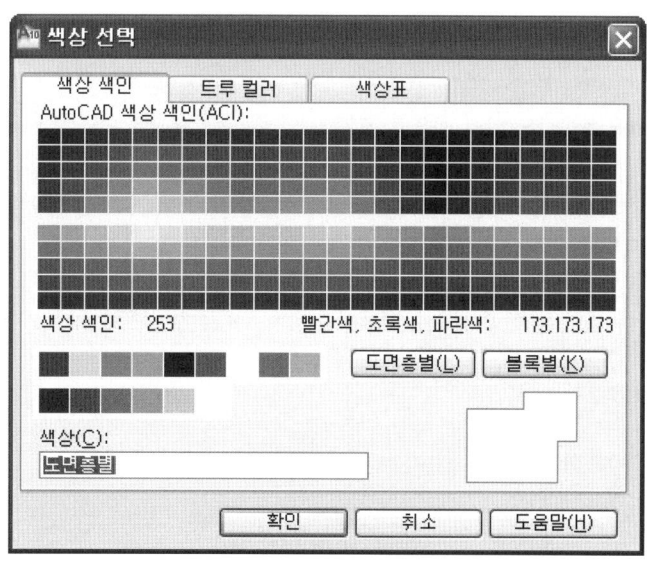

원하는 색상을 선택, 확인을 클릭한다.

13-3 Ltype(선의 종류 로드하기, 지정하기)

명령: **LType** Enter↵

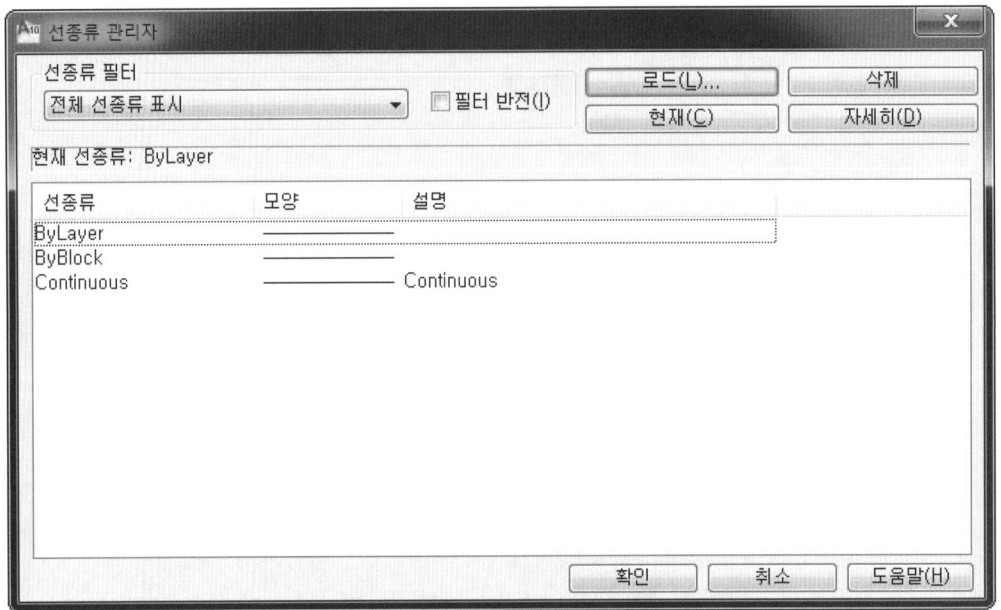

① 대화상자에서 원하는 선을 로드시키기 위하여 로드를 선택한다.

② 원하는 선 종류를 선택, 확인을 클릭한다.

13-4 Ltscale(선의 간격 조절하기)

명령: **LTScale** Enter↵
새 선 종류 축척 비율 입력 〈1.0000〉: **원하는 선 간격을 위한 수치를 입력한다.**

14-1 Properties(객체의 특성 변경하기)

명령: **PR, CH** Enter↵

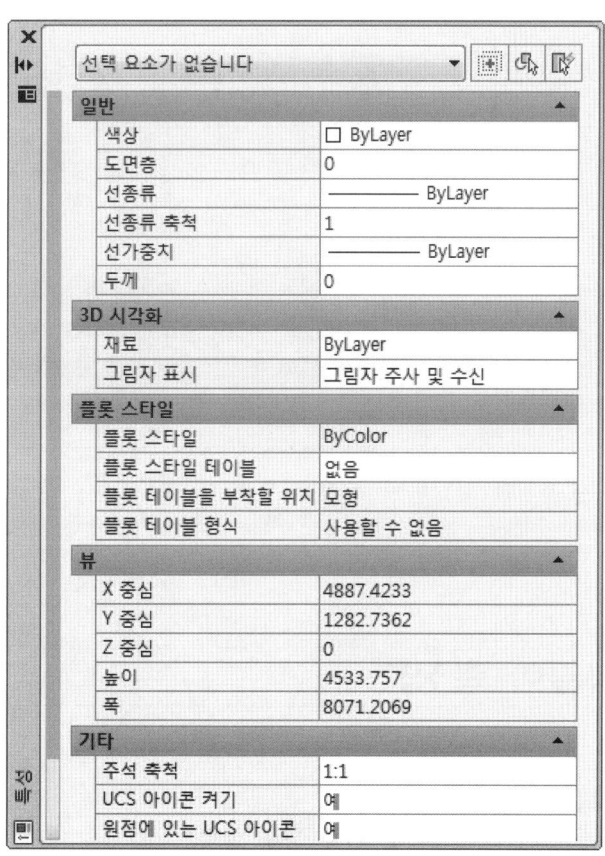

객체를 선택한 후 레이어, 컬러, 선 종류 등의 속성을 변경할 수 있다.

14-2 Matchprop(객체의 특성 복사하기)

명령: **MAtchprop** Enter↵
원본 객체를 선택하십시오:
현재 활성 설정: 색상 도면층 선종류 선종류 축척 선가중치 두께 플롯 스타일 치수 문자 해치 폴리선 뷰포트 테이블 재료 그림자 표시 다중 지시선
대상 객체를 선택 또는 [설정(S)]: **선 종류, 색상 레이어 등의 속성을 가진 원본 객체를 클릭**
대상 객체를 선택 또는 [설정(S)]: **변경할 객체를 클릭**

옵션
- S

원하는 특성만 선택하여 복사할 수 있다.

15-1 Dist(길이 측정)

명령: **DIst** Enter↵
첫 번째 점 지정: **측정할 선의 첫 번째 점을 클릭**
두 번째 점 또는 [다중 점(M)] 지정: **측정할 선의 두 번째 점을 클릭**

예) 거리=100.0000, XY 평면에서의 각도=0, XY 평면으로부터의 각도=0
　　 X증분=100.0000, Y증분=0.0000, Z증분=0.0000

15-2 List(객체의 특성 표시)

```
명령: List Enter↵
객체 선택: 특성을 표시할 객체를 선택 Enter↵
```

15-3 ID(좌표값 표시)

```
명령: ID Enter↵
ID 점 지정: 좌표값을 표시할 한 점을 클릭
```

예) X=2254.4551   Y=1963.2631   Z=0.0000

15-4 AREA(면적 내기)

```
명령: AA Enter↵
첫 번째 구석점 지정 또는 [객체(O)/면적 추가(A)/면적 빼기(S)] 〈객체(O)〉: 화면상
의 한 점 클릭, 또는 옵션 선택
다음 점 또는 [호(A)/길이(L)/명령 취소(U)] 지정: 객체의 다음 구석점을 선택, 지정
한 첫 번째 점에서 커서까지 고무밴드 선 표시, 두 번째 점 지정 시 초록색으로 채
워진 다각형 표시
다음 점 또는 [호(A)/길이(L)/명령 취소(U)] 지정: 계속해서 다각형을 정의할 점을
지정, 계산할 면적은 초록색, 다각형을 닫지 않으면 마지막 점에서 첫 번째 점까지
의 면적이 계산, 둘레의 선 길이가 추가 Enter↵
```

예) 면적=10000.0000, 둘레=400.0000 **나온 면적은 mm²(캐드의 단위는 mm), 1,000mm=1M, 100mm(0.1M)×100mm(0.1M)=10,000mm² (0.01M²)임**

옵션
- O : 선택한 객체의 둘레와 면적을 계산, 원, 타원, 스플라인, 폴리선, 다각형, 영역 및 3D 솔리드의 면적을 계산
- A : 면적이 추가로 정의된 영역의 면적과 둘레를 계산하여 합산된 모든 영역과 객체의 총 면적을 구함
- S : 면적 빼기 옵션으로서 총 면적에서 지정한 면적을 뺌

15-5 CAL(계산기)

```
명령: CAL Enter↵
>> 표현식: 예) 12.7*3.45 Enter↵
43.815
```

15-6 AV(공중 뷰)

```
명령: AV Enter↵
```

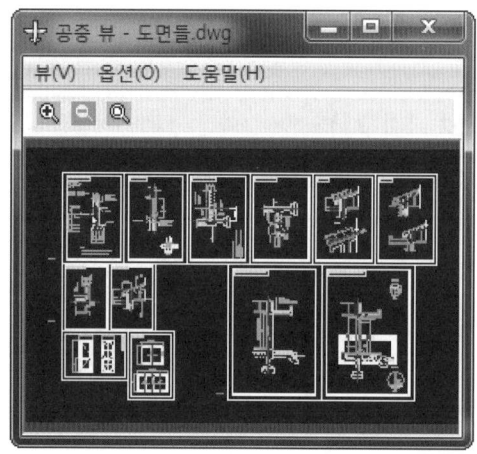

대규모 도면의 경우 전체 도면 중 일부를 빠르게 초점 이동(pan) 및 줌(zoom)할 수 있다. 공중 뷰 윈도우를 사용하여 현재 뷰포트의 뷰를 변경, 도면 확대 시 뷰 상자를 작게, 도면 축소 시 크게 만듦

16-1 Dtext(문자 쓰기)

명령: **DText** Enter↵
현재 문자 스타일: "Standard" 문자 높이: 2.5000 주석: 아니오
문자의 시작점 지정 또는 [자리맞추기(J)/스타일(S)]: **문자가 시작될 임의의 한 점을 클릭, 또는 옵션 선택**
높이 지정 <2.5000>: **문자의 크기 지정** Enter↵
문자의 회전 각도 지정 <0>: **문자의 각도 지정** Enter↵
화면에 커서가 보이면 문자 입력 시작
문자 입력 후 Enter↵
한번 더 Enter↵ **하면 입력 종료**

16-2 Ddedit(문자 수정, 편집하기)

명령: **ED(ddedit)** Enter↵
주석 객체 선택 또는 [명령 취소(U)]: **수정할 문자를 클릭, 화면상의 문자를 수정한 후** Enter↵
주석 객체 선택 또는 [명령 취소(U)]: Enter↵

16-3 Style(문자 스타일 생성하기)

명령: **STyle** Enter↵

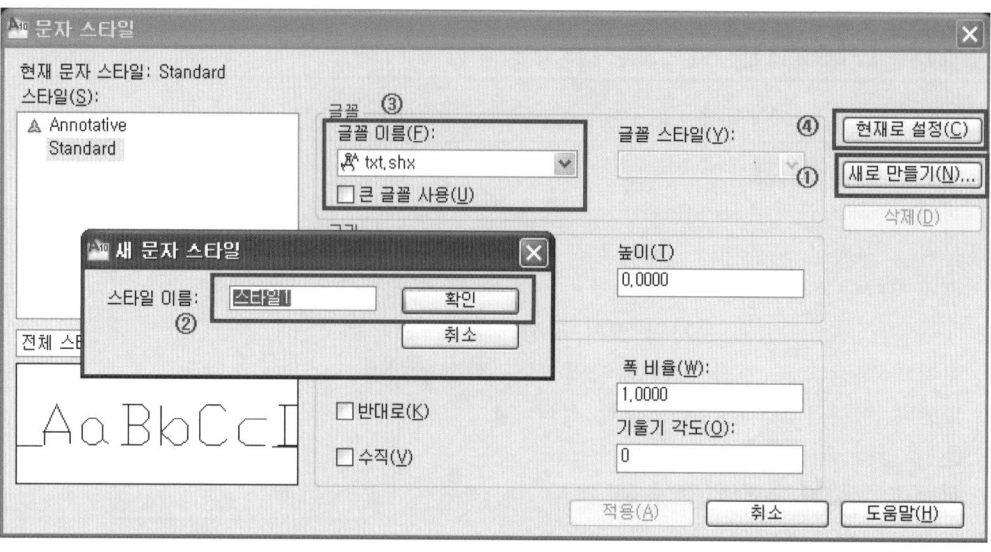

① 새로 만들기 클릭
② 새 문자 스타일의 이름을 입력
③ 원하는 글꼴 선택
④ 사용하고자 하는 스타일을 선택 후 현재로 설정

17-1 Mtext(여러 줄 문자 쓰기)

명령: **MText** Enter↵
현재 문자 스타일: "Standard" 문자 높이: 100.0000 주석: 아니오
첫 번째 구석 지정: **임의의 한 점을 클릭**
반대 구석 지정 또는 [높이(H)/자리맞추기(J)/선 간격두기(L)/회전(R)/스타일(S)/폭(W)/열(C)]: **대각선의 한 점을 클릭**

위와 같은 대화상자 아래에 텍스트 입력 상자가 나타나면
① 원하는 텍스트를 입력한 후(패널에서 스타일 등 속성 조절 가능)
② 확인을 클릭

17-2 Mtprop(Mtext 문자 편집하기)

명령: **MTPROP** Enter↵
여러 줄 문자 객체 선택: **수정하고자 하는 문자를 클릭**

위와 같은 대화상자 아래에 텍스트 입력 상자가 나타나면
① 원하는 텍스트로 수정한 후(패널에서 스타일 등 속성 조절 가능)
② 확인을 클릭

18-1 Table(표 만들기)

명령: **TaBle** Enter↵

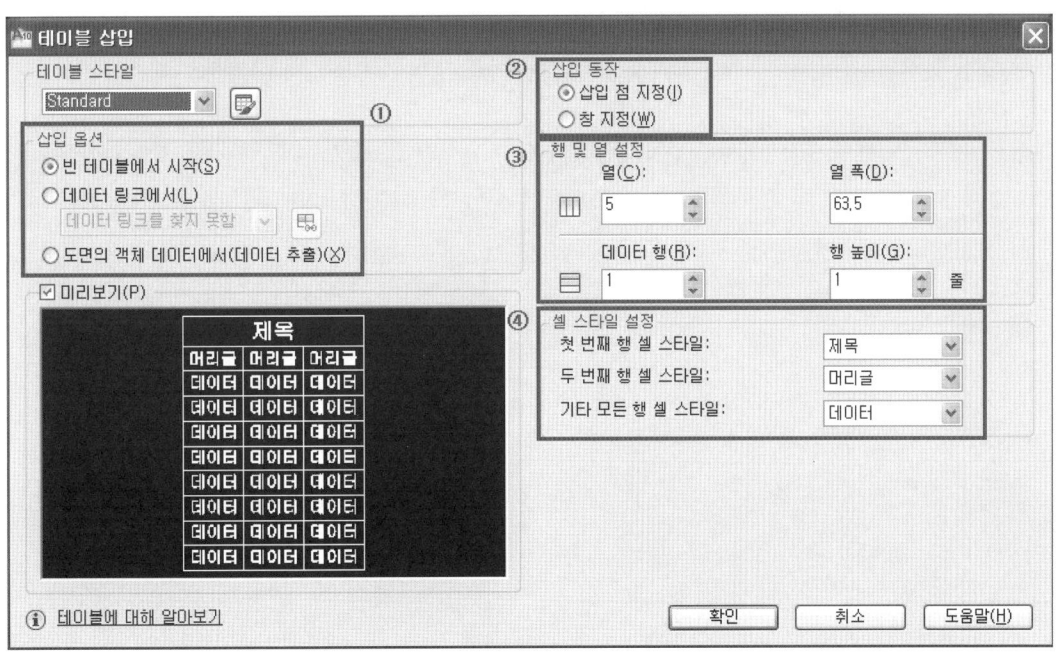

① 삽입 옵션 선택
- 빈 테이블에서 시작 : 빈 테이블을 수동으로 만듦
- 데이터 링크에서 : 외부 스프레드시트(예, 엑셀)의 데이터를 사용하여 테이블을 만듦
- 도면의 객체 데이터에서(데이터 추출) : 데이터 추출 마법사 실행

② 삽입 동작
- 삽입 점 지정 : 테이블의 왼쪽 상단 구석 위치를 지정
- 창 지정 : 마우스로 드래그하여 테이블의 크기와 위치를 지정

③ 행 및 열 설정 : ②에서 선택한 방식에 따라 활성화된 옵션에 값을 지정

④ 셀 스타일 설정 : 각 셀의 스타일을 제목, 머리글, 데이터 중 선택 후 확인 클릭

⑤ 아래와 같은 테이블의 각 셀에 원하는 값을 입력 후 확인 클릭(사칙연산, 합계, 평균 등의 계산식 사용 가능)

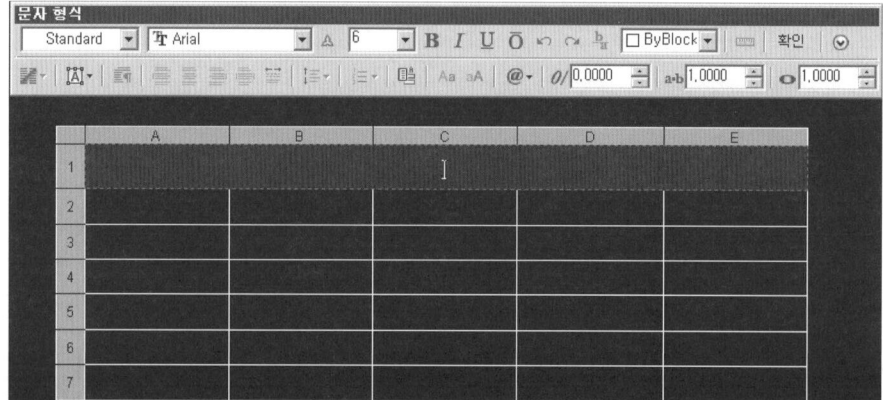

18-2 Tablestyle

명령: **TableStyle** Enter↵

①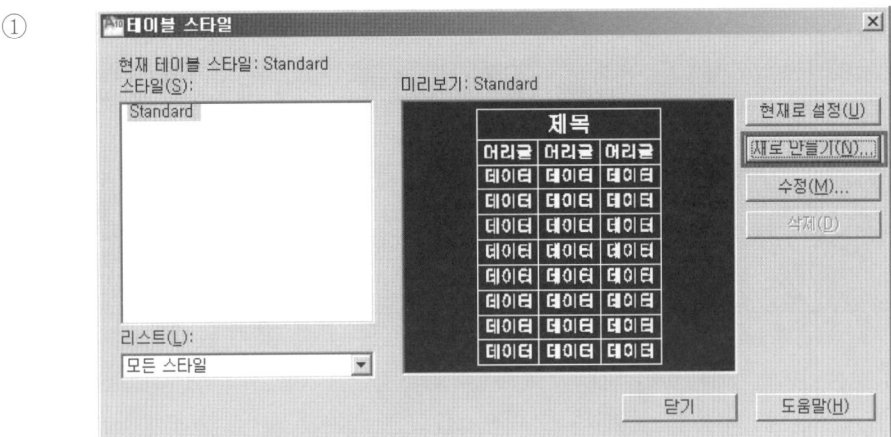

② 새 테이블 스타일의 이름 지정

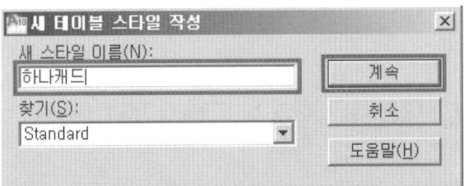

③ 각 셀의 속성을 정의

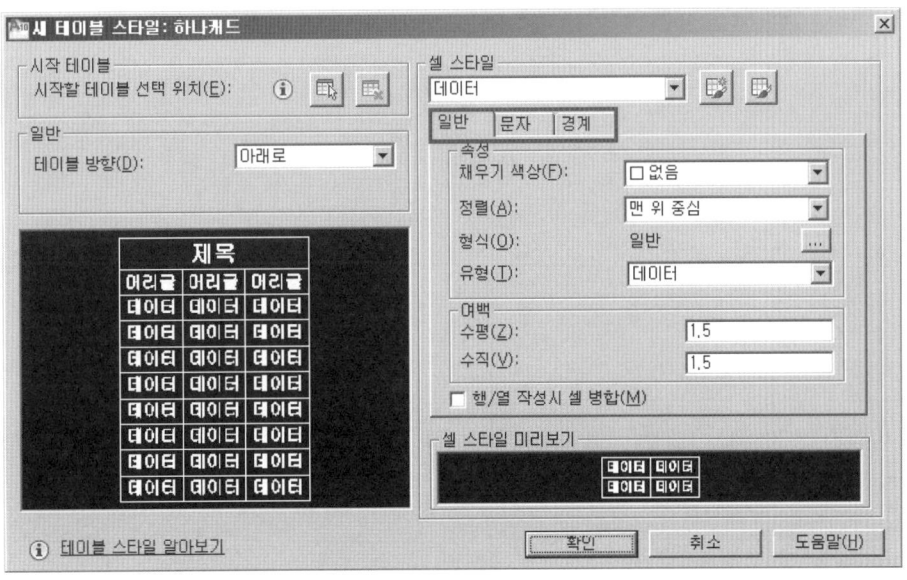

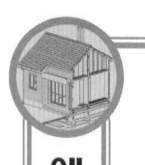

18-3 Tbledit(표 수정)

명령: **TABLEDIT** Enter↵
테이블 셀 선택: **수정할 테이블 선택** Enter↵

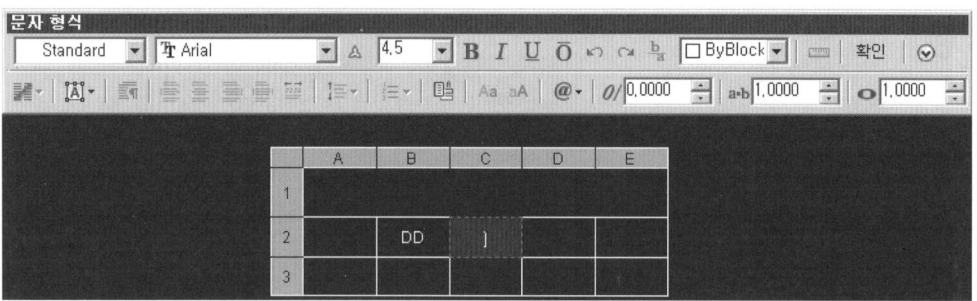

원하는 셀 클릭 후 내용을 수정하고 확인 클릭

19-1 Bhatch(다양한 해치 그리기)

명령: **H(bhatch)** Enter↵
내부 점 선택 또는 [객체 선택(S)/설정(T)]: **영역 클릭** Enter↵

▶ 설정(T)

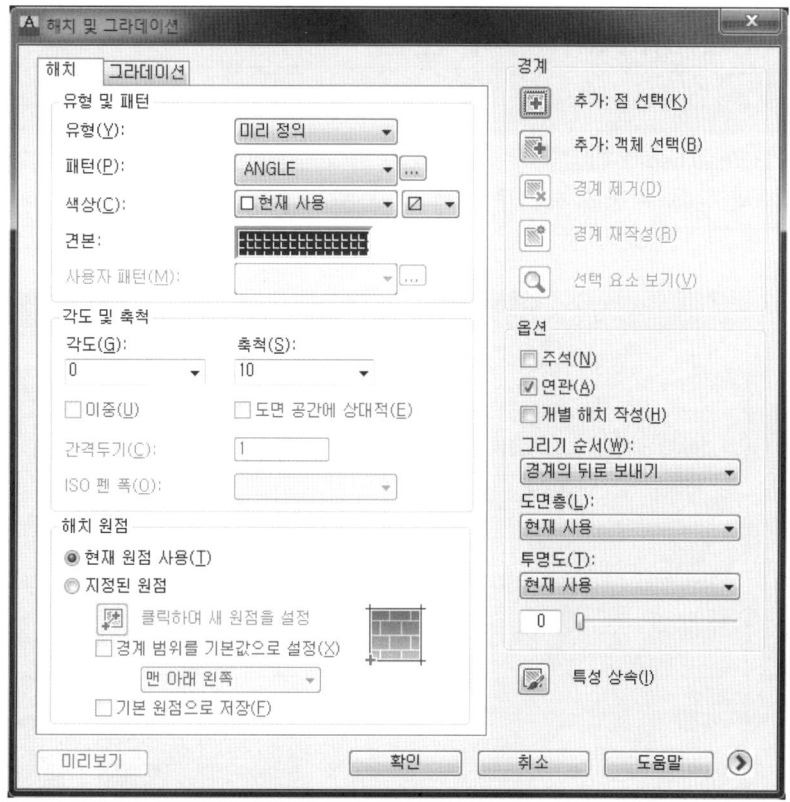

- 유형 및 패턴 : 원하는 해치 유형을 선택
- 각도 및 축척 : 유형 및 패턴에서 선택한 유형에 따라 각도 및 축척, 각도 및 간격두기를 설정
- 해치 원점 : 해치의 원점을 바꾸고자 할 경우 지정된 원점을 선택하고 마우스로 클릭하여 새 원점을 설정
- 경계 – 추가: 점 선택 : 해치를 채울 내부 영역의 한 점을 클릭
  - 추가: 객체 선택 : 해치를 채울 닫힌 영역의 경계를 클릭
  - 경계 제거 : 이전에 추가된 영역에서 제거할 경계를 클릭
  - 경계 재작성 : 선택된 해치를 중심으로 폴리선 또는 영역이 작성되며, 비연관된 해치를 연관시킴
- 옵션 – 주석 : 해치를 주석으로 지정
  - 연관 : 해치가 연관인지 비연관이지 조정
      연관된 해치는 경계와 함께 업데이트 됨
  - 개별 해치 작성 : 여러 개의 닫힌 경계를 지정할 경우, 각 영역에 대해서 단일 해치 또는 개별적으로 해치를 작성하는지 여부를 조정
- 그리기 순서 : 해치와 다른 객체의 순서를 정함
- 특성 상속 : 기존에 있던 해치의 특성을 이용하여 해치를 채움

19-2 Hatchedit(해치 편집하기)

명령: **HE(hatchedit)** Enter↵
해치 객체 선택: **수정할 해치를 선택**

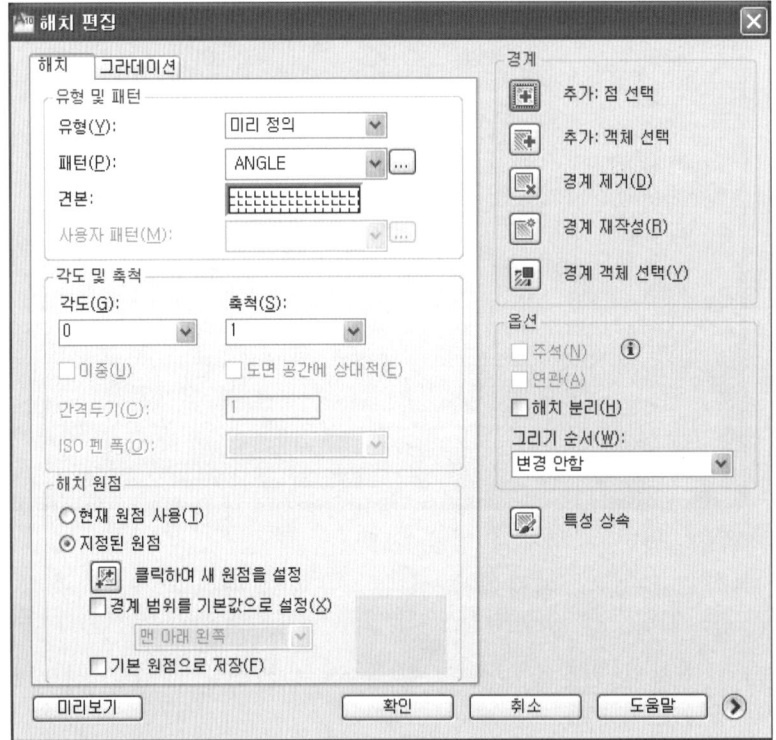

HATCH와 동일한 방법으로 옵션을 설정하고 미리 보기, 또는 확인

19-3 Bpoly(닫혀진 내부에 경계선 만들기)

명령: **BPOLY** Enter↵
내부 점 선택: **닫혀진 도형의 내부를 클릭** Enter↵
경계 1 폴리선을(를) 작성함

20-1 Spline(자유곡선 그리기)

명령: **SPLine** Enter↵
현재 설정: 메서드=맞춤 매듭=현
첫 번째 점 지정 또는 [메서드(M)/매듭(K)/객체(O)]: **임의의 한 점을 클릭**
다음 점 입력 또는 [시작 접촉부(T)/공차(L)]: **다음 점을 클릭**
다음 점 입력 또는 [끝 접촉부(T)/공차(L)/명령 취소(U)]: **다음 점을 클릭**
다음 점 입력 또는 [끝 접촉부(T)/공차(L)/명령 취소(U)/닫기(C)]: **다음 점을 클릭하여 필요한 세그멘트를 추가로 작성** Enter↵

20-2 Splinedit(Spline으로 그려진 곡선 수정하기)

명령: **SPLINEDIT** Enter↵
스플라인 선택: **화면상에 그려진 스플라인을 클릭**
옵션 입력 [닫기(C)/결합(J)/맞춤 데이터(F)/정점 편집(E)/폴리선으로 변환(P)/반전(R)/명령 취소(U)/종료(X)] 〈종료〉: **옵션 선택** Enter↵

옵션
- C : 열린 스플라인을 닫아 스플라인의 양끝점을 이어줌
- J : 선택한 스플라인을 일치하는 끝점에서 다른 스플라인, 선, 폴리선 및 호와 결합하여 더 큰 스플라인을 형성
- F : 맞춤점을 추가, 삭제, 이동 등을 조절
- E : 정점을 추가, 삭제, 이동 등을 조절
- P : 스플라인을 폴리선으로 변환
- R : 스플라인의 방향을 반전
- U : 마지막 작업을 취소

20-3 Xline(각도를 가진 양방향 무한선 그리기)

```
명령: XLine Enter
XLINE 점을 지정 또는 [수평(H)/수직(V)/각도(A)/이등분(B)/간격띄우기(O)]: 임의의
한 점을 클릭, 또는 옵션 선택
통과점을 지정: 다른 점을 클릭
통과점을 지정: Enter
```

옵션
- H : 지정한 점을 통과하는 수평선
- V : 지정한 점을 통과하는 수직선
- A : 지정한 각도의 선
- B : 선택한 각도 정점을 통과하면서 첫 번째 선과 두 번째 선 사이를 이등분 하는 선
- O : 다른 객체에 평행한 선

20-4 Ray(각도를 가진 단방향 무한선 그리기)

```
명령: RAY Enter
시작점을 지정: 임의의 한 점을 클릭
통과점을 지정: 다른 점을 클릭
통과점을 지정: Enter
```

21-1 치수 기입

- 선형 치수 : 수직, 수평 치수 기입
- 정렬 치수 : 기울어진 치수 기입
- 호 길이 : 호 길이 기입

- 세로좌표 : 데이텀 원점에서부터 수평, 수직 치수 기입
- 반지름 치수 : 원, 호의 반지름 치수 기입
- 꺾어진 반지름 치수 : 원, 호의 중심점이 화면 밖에 위치할 경우 새로운 중심점을 지정하여 반지름 치수 기입
- 지름 치수 : 원, 호의 지름 치수 기입
- 각도 치수 : 원, 호, 선을 선택하거나 3점을 클릭하여 각도 치수 기입
- 신속 치수 : 일련의 객체들을 선택하여 기준 치수, 연속 치수 등을 기입
- 기준 치수 : 이전 치수 또는 선택한 치수의 기준선으로부터 선형 치수, 각도 치수 또는 세로좌표 치수 기입
- 연속 치수 : 이전에 만든 치수선에 연속해서 치수 기입
- 치수 간격 : 치수선과 치수선 사이의 간격 지정
- 치수 끊기 : 치수선, 치수보조선이 다른 객체와 교차하는 지점에서 선을 끊거나 복원
- 공차 : 기하학적 공차 기입
- 중심 표식 : 원, 호의 중심점 표시
- 검사 치수 : 선택한 치수에 대한 검사 정보를 추가 또는 제거
- 꺾어진 선형 : 이미 기입한 선형치수, 정렬 치수에 꺾기 기호를 추가 또는 제거
- 치수 편집 : 치수 문자 및 치수보조선 편집
- 치수 문자 편집 : 치수 문자의 위치를 이동, 회전하고 치수선의 위치 조정
- 치수 업데이트 : 새로 정의된 속성대로 치수를 갱신
- 치수 스타일 관리자 : 치수보조선, 치수선, 문자 등 치수 유형 관리
- ISO-25   현재의 치수 스타일 표시창

21-2 치수 스타일 관리자

명령: **D(dimstyle)** Enter↵ 또는

① 새로 만들기

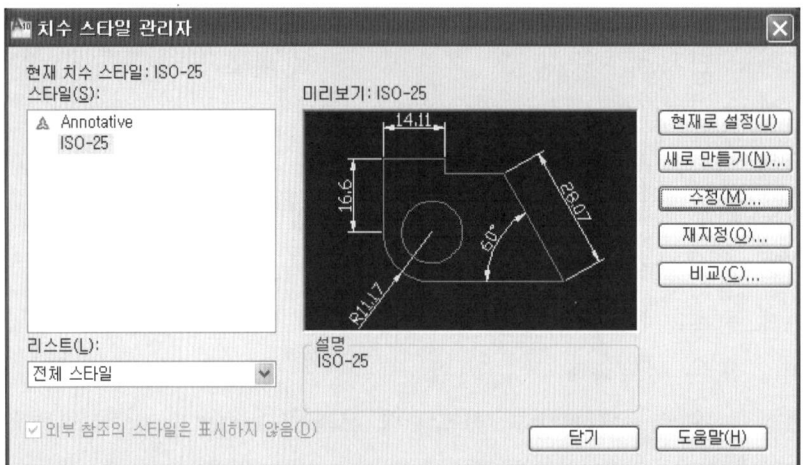

② 치수선, 치수보조선 설정

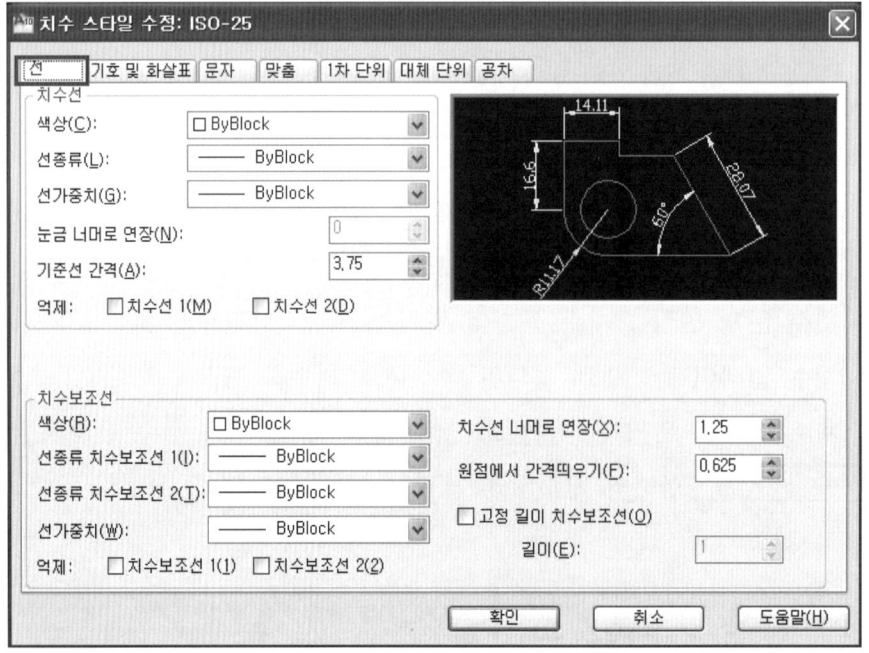

▶ 치수선
 • 색상 : 치수선의 색상 표시 및 설정
 • 선종류 : 치수선의 선종류 설정
 • 선가중치 : 치수선의 선가중치 설정

- 눈금 너머로 연장 : 치수보조선 너머로 치수선을 연장할 거리를 지정

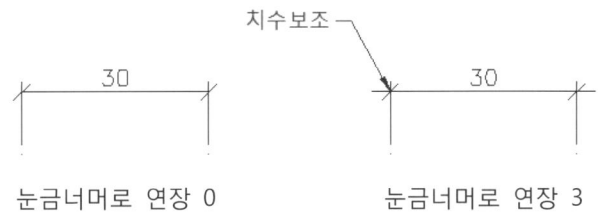

- 기준선 간격 : 기준선 치수의 치수선 사이에 간격을 설정

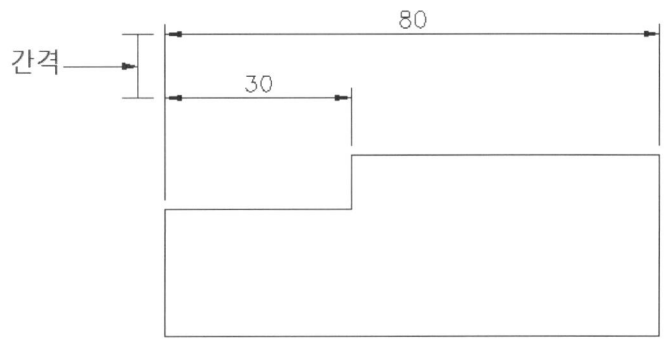

- 억제 : 치수선 표시를 억제. 치수선 1은 첫 번째 치수선을 억제, 치수선 2는 두 번째 치수선을 억제

▶ 치수보조선
- 색상 : 치수보조선의 색상 표시 및 설정
- 선종류 치주보조선 1 : 첫 번째 치수보조선의 선종류 설정
- 선종류 치주보조선 2 : 두 번째 치수보조선의 선종류 설정
- 선가중치 : 치수보조선의 선가중치 설정

- 억제 : 치수보조선의 표시를 억제

첫 번째 치수보조선이 억제됨   두 번째 치수보조선이 억제됨

- 치수선 너머로 연장 : 치수선 위로 치수보조선을 연장할 거리를 지정

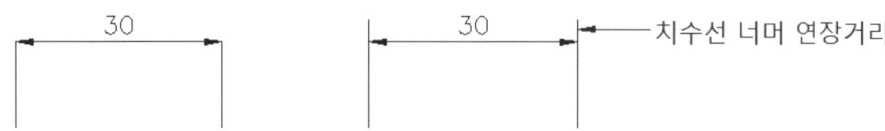

- 원점에서 간격띄우기 : 도면에서 치수를 정의하는 점으로부터 치수보조선을 띄우기 할 거리를 설정

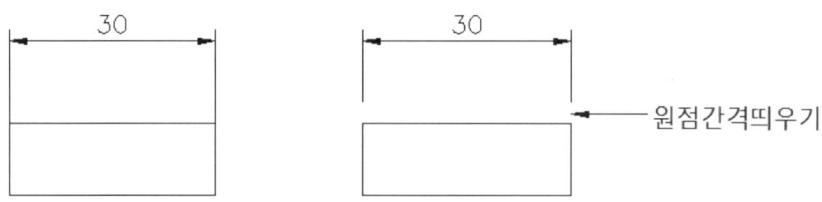

- 고정길이 치수보조선 : 치수보조선의 길이를 일정하게 고정시킴

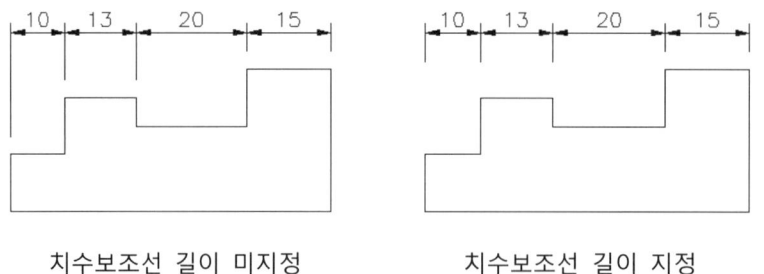

치수보조선 길이 미지정   치수보조선 길이 지정

- 길이 : 치수선에서 치수원점에 이르는 치수보조선의 전체 길이 설정

③ 기호 및 화살표 설정

▶ **화살촉**
- **첫 번째** : 첫 번째 치수선에 사용할 화살촉 설정. 첫 번째 화살촉 형태를 변경하면 두 번째 화살촉은 첫 번째 화살촉에 맞게 자동으로 변경됨
- **두 번째** : 두 번째 치수선에 사용할 화살촉 설정
- **지시선** : 지시선에 사용할 화살촉을 설정
- **화살표 크기** : 화살촉의 크기를 설정

▶ **중심 표식**
지름 및 반지름 치수의 중심 표식과 중심선의 모양, 크기를 설정

▶ **치수 끊기**
치수 끊기의 간격 폭을 조정

▶ **호 길이 기호**
호 길이 기호의 위치를 조정

▶ **반지름 꺾기 치수**
원 또는 호의 중심점이 페이지 바깥쪽에 있을 때 꺾기 치수의 표시 각도를 조정

▶ 선형 꺾기 치수
치수의 중간부분이 생략된 꺾기 치수를 표기 할 때 꺾기를 구성하는 각도의 두 정점 간 거리를 설정

④ 문자 설정

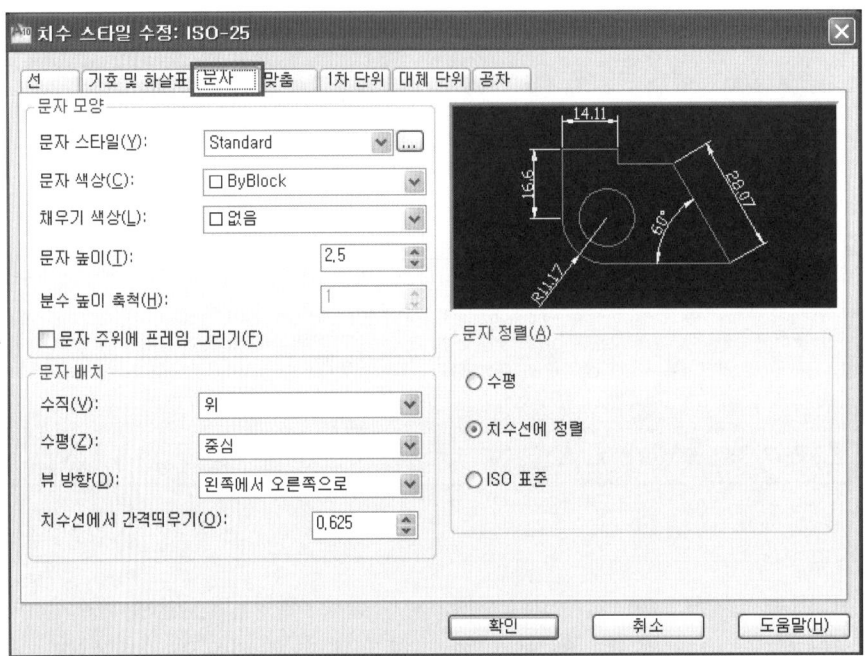

▶ 문자 모양
- 문자 스타일 : 사용가능한 문자 스타일을 표시. 문자 스타일 버튼을 클릭하여 새로운 문자 스타일 설정
- 문자 색상 : 치수 문자의 색상을 설정
- 채우기 색상 : 치수 문자의 배경 색상을 설정
- 문자 높이 : 치수 문자의 높이를 설정
- 분수 높이 축척 : 1차 단위 탭에서 단위형식을 분수로 선택할 경우 여기에 입력한 값에 문자 높이를 곱하여 치수 분수 높이 결정
- 문자 주위에 프레임 그리기 : 치수 문자 주위에 사각형 테두리가 그려짐

▶ 문자 배치
- 수직 : 치수선과 관련하여 치수 문자의 수직배치를 중심, 위, 외부, JIS, 아래로 설정

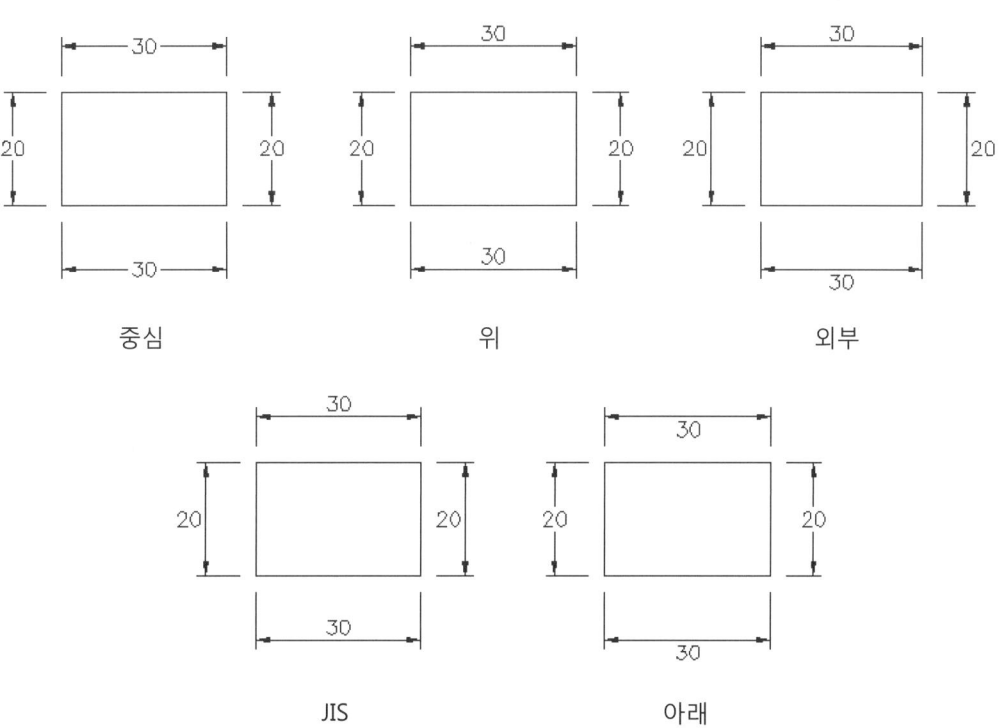

중심   위   외부

JIS   아래

- 수평 : 치수보조선을 기준으로 치수선에 대한 치수 문자의 수평 배치를 조정

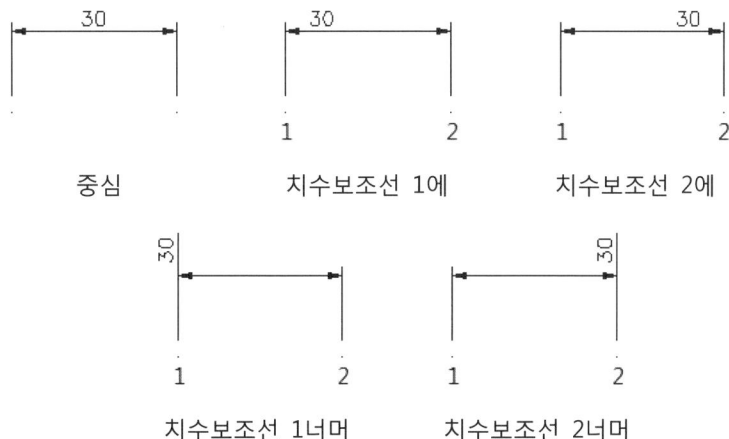

중심   치수보조선 1에   치수보조선 2에

치수보조선 1너머   치수보조선 2너머

▶ 뷰 방향
치수 문자를 보는 방향을 조정

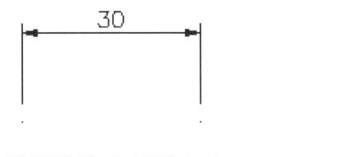

    왼쪽에서 오른쪽으로   오른쪽에서 왼쪽으로

▶ 치수 선에서 간격띄우기
치수선과 치수 문자 사이의 간격 설정

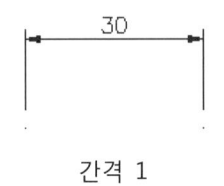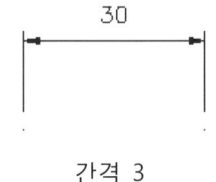

    간격 1   간격 3

▶ 문자 정렬
- 수평 : 치수 문자를 수평으로 위치시킴
- 치수선에 정렬 : 문자를 치수선과 나란한 방향으로 정렬시킴
- ISO 표준 : 문자가 치수보조선 안에 있을 때는 치수선을 따라 문자를 정렬하고, 문자가 치수보조선 밖에 있을 때는 문자를 수평으로 정렬시킴

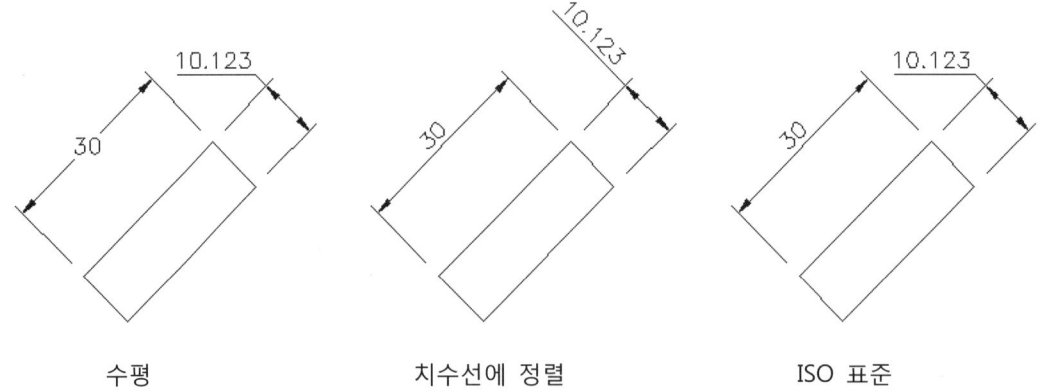

    수평   치수선에 정렬   ISO 표준

⑤ 맞춤

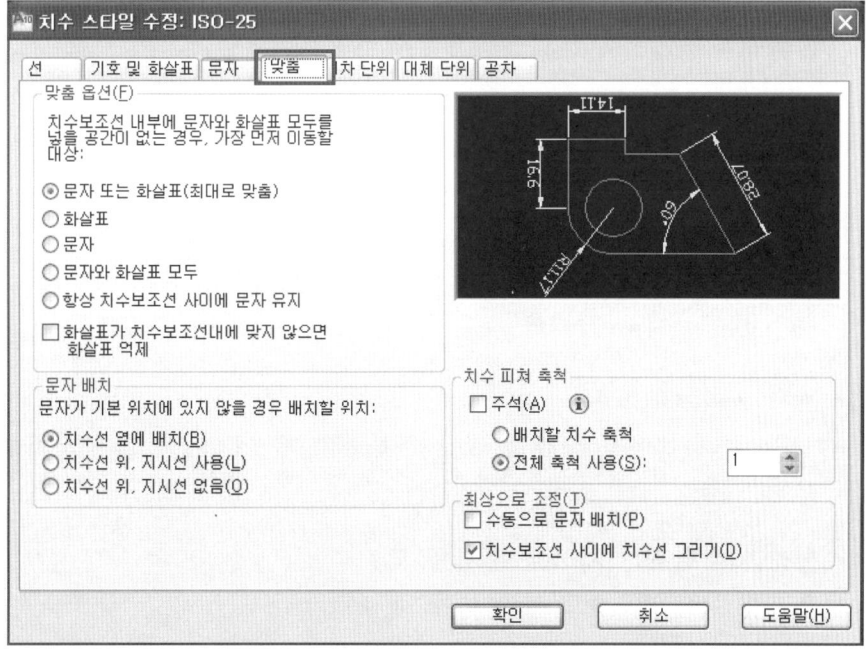

▶ **맞춤 옵션**
   치수보조선 사이에서 사용가능한 공간을 기준으로 문자 및 화살촉의 배치를 조정

   ▷ 문자 또는 화살표(최대로 맞춤)
      • 문자와 화살촉에 충분한 공간을 사용할 수 있는 경우, 모두 치수보조선 사이에 배치, 그렇지 않으면 문자 또는 화살촉은 최적 맞춤을 기준으로 이동
      • 문자에 대해서만 충분한 공간을 사용할 수 있는 경우, 문자는 치수보조선 사이에 배치하고 화살촉은 치수보조선 외부에 배치
      • 화살촉에 대해서만 충분한 공간을 사용할 수 있는 경우, 화살촉은 치수보조선 사이에 배치하고 문자는 치수보조선 외부에 배치
      • 문자와 화살촉 모두에 공간을 사용할 수 없는 경우, 모두 치수보조선 외부에 배치

   ▷ 화살표 : 치수보조선 바깥쪽으로 먼저 화살촉을 이동한 다음 문자를 이동
      • 문자와 화살촉에 충분한 공간을 사용할 수 있는 경우, 모두 치수보조선 사이에 배치
      • 화살촉에 대해서만 공간을 사용할 수 있는 경우, 화살촉은 치수보조선 사이에 배치하고 문자는 치수보조선 외부에 배치

- 화살촉에 충분한 공간을 사용할 수 없는 경우, 문자와 화살촉 모두를 치수보조선 외부에 배치

▷ 문자 : 치수보조선 바깥쪽으로 먼저 문자를 이동한 다음 화살촉을 이동
- 문자와 화살촉에 공간을 사용할 수 있는 경우, 모두 치수보조선 사이에 배치
- 문자에 대해서만 공간을 사용할 수 있는 경우, 문자는 치수보조선 사이에 배치하고 화살촉은 치수보조선 외부에 배치
- 문자에 충분한 공간을 사용할 수 없는 경우, 문자와 화살촉 모두를 치수보조선 외부에 배치

▷ 문자와 화살표 모두
문자 및 화살촉에 사용할 공간이 부족한 경우, 둘 다 치수보조선 바깥쪽으로 이동

▷ 항상 치수보조선 사이에 문자 유지
문자를 항상 치수보조선 사이에 배치

▷ 화살표가 치수보조선 내에 맞지 않으면 화살표 억제
치수보조선 내에 충분한 공간이 없으면 화살표 억제

▶ **문자 배치**
치수 문자가 기본 위치에서 이동하는 경우 치수 문자의 배치를 설정
- **치수선 옆** : 이 옵션을 선택하면 치수 문자를 이동할 때마다 치수선도 함께 이동
- **지시선을 사용하여 치수선 위에 배치** : 문자가 치수선으로부터 멀리 떨어져 있을 경우 문자와 치수선을 연결하는 지시선을 작성. 문자를 이동할 때 치수선이 이동하지 않음
- **지시선 없이 치수선 위에 배치** : 문자를 이동할 때 치수선을 이동하지 않고 문자만 이동

▶ **치수 피쳐 축척**
전체 치수 축척 값 또는 도면공간 축척을 설정

▶ **최상으로 조정**
- **수동으로 문자 배치** : 수평 자리맞추기 설정을 무시하고 치수선 위치 프롬프트에서 지정한 위치에 문자를 배치
- **치수보조선 사이에 치수선 그리기** : 화살촉이 바깥쪽에 배치되는 경우에도 치수보조선 사이에 치수선을 그림

⑥ 1차 단위

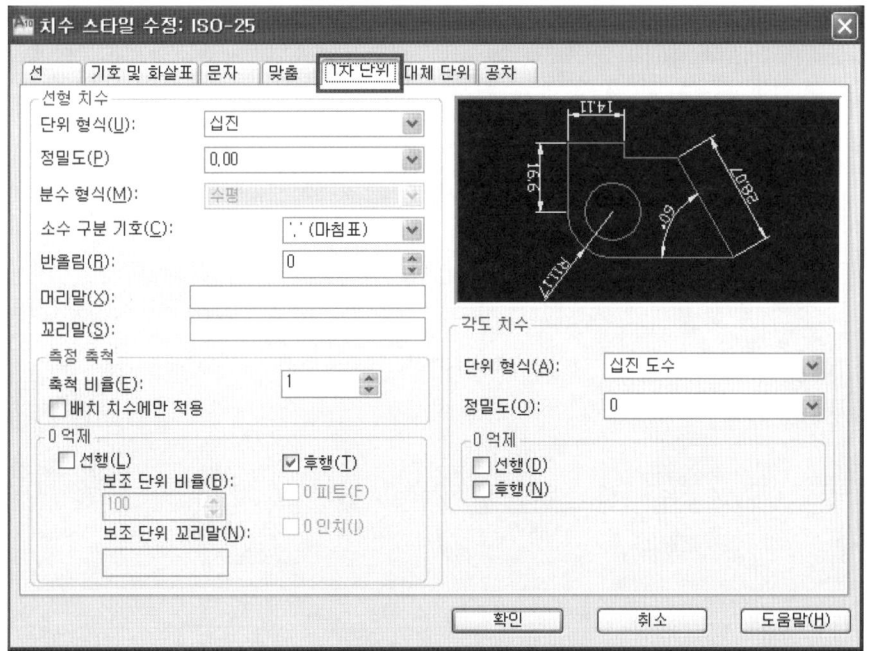

▶ **선형 치수**

선형 치수에 대한 형식과 정밀도를 설정
- 단위 형식 : 각도를 제외한 모든 치수 유형에 대한 현재 단위 형식을 설정
- 정밀도 : 치수 문자에 있는 소수부의 자릿수를 표시 및 설정
- 분수 형식 : 분수의 형식을 설정
- 소수 구분 기호 : 소수 형식에 사용할 구분 기호를 설정
- 반올림 : 치수 측정값에 대한 반올림 규칙을 설정
- 머리말 : 치수 문자에 머리말을 삽입
- 꼬리말 : 치수 문자에 꼬리말을 삽입

▶ **측정 축척**

선형 치수 측정값에 사용할 축척 비율을 설정

▶ **0억제**
- 선행 : 모든 소수 치수에서 소수점 앞에 오는 0을 억제
- 후행 : 모든 소수 치수에서 소수점 뒤에 오는 0을 억제

▶ **각도 치수**

각도 치수의 단위 형식과 소수부 자릿수를 설정

⑦ 대체 단위

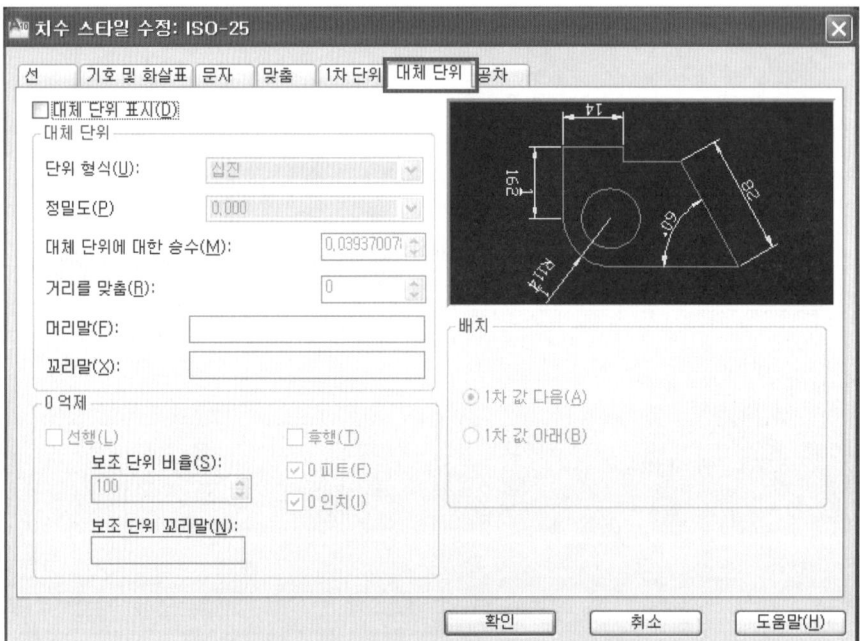

대체 측정단위를 치수 문자에 추가, 사용법은 1차 단위와 동일

⑧ 공차

▶ 공차 형식
　▷ 방법 : 공차를 계산하기 위한 방법 설정
　　• 대칭 : 단일편차값 적용, 상한값에 공차값 입력
　　　　예)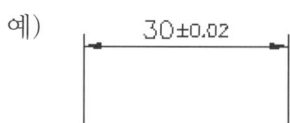

　　• 편차 : 양수는 상한값에 음수는 하한값에 입력
　　　　예)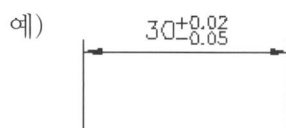

　　• 한계 : 한계치수 작성. 치수에 상한값을 더하여 최대값으로, 치수에 하한값을 더하여 최솟값으로 표현
　　　　예)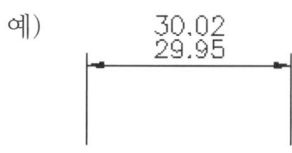

　　• 기준 : 기준치수를 작성
　　　　예)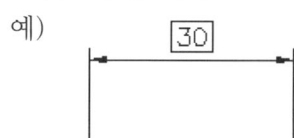

　▷ 정밀도 : 소수부 자릿수 설정
　▷ 상한값 : 최대 또는 상한 공차값을 설정
　▷ 하한값 : 최소 또는 하한 공차값을 설정
　▷ 높이에 대한 축척 : 공차 문자의 높이를 설정, 이 축척과 치수 문자의 높이를 곱한 값이 공차 문자의 크기가 됨
　▷ 수직 위치 : 공차 문자의 자리맞추기를 조정
　　• 맨 위 : 공차 문자를 주 치수 문자의 맨 위에 정렬
　　　　예)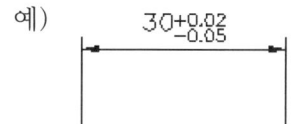

- 가운데 : 공차 문자를 주 치수 문자의 중간에 정렬

  예)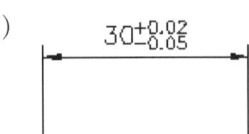

- 맨 아래 : 공차 문자를 주 치수 문자의 맨 아래에 정렬

  예)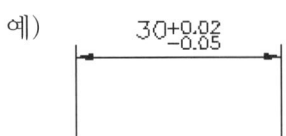

22 지시선

```
명령: LEader Enter↵
첫 번째 지시선 지정, 또는 [설정(S)]〈설정〉: 지시선 시작점 클릭, 또는 옵션(S) 입력
Enter↵
다음 점 지정: 다음 점 클릭
다음 점 지정: Enter↵
문자 폭 지정 〈0〉: Enter↵
주석 문자의 첫 번째 행 입력 또는 〈여러 줄 문자〉: 내용 입력 Enter↵, 또는 그대로
Enter↵ 하면 나타나는 mtext 대화상자에 내용 입력
```

옵션

- S :

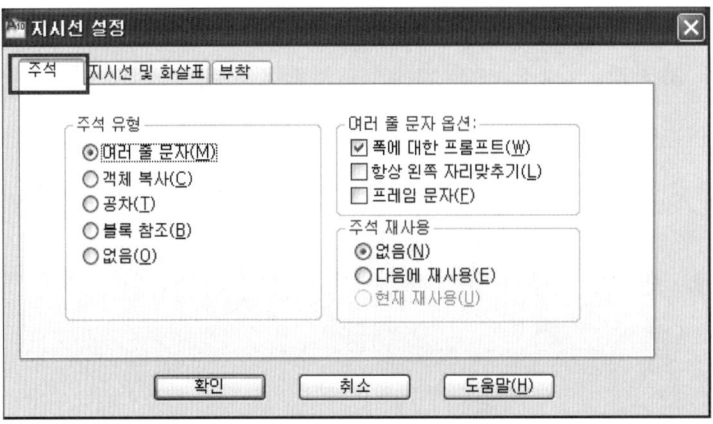

▶ 주석

▷ 주석 유형 : 선택한 유형에 따라 지시선 주석 프롬프트가 변경됨
- 여러 줄 문자 : mtext 주석을 작성
- 객체 복사 : 기존에 작성해 놓은 주석 중 복사할 주석 객체를 선택하여 복사
- 공차 : 지시선에 공차를 작성, 공차 대화상자 표시
- 블록 참조 : 지시선에 블록 참조
- 없음 : 주석 없이 지시선 작성

▷ 여러 줄 문자 옵션 : 여러 줄 문자 주석의 폭을 지정
- 폭에 대한 프롬프트 : 여러 줄 문자 주석의 폭을 지정할지 묻는 프롬프트 표시
- 항상 왼쪽 자리맞추기 : 여러 줄 문자 주석을 지시선 위치에 관계없이 항상 왼쪽에 자리맞추기 함
- 프레임 문자 : 여러 줄 문자 주석 둘레에 테두리 배치

▷ 주석 재사용
- 없음 : 지시선 주석을 재사용하지 않음
- 다음에 재사용 : 다음에 작성하는 주석을 그 다음의 모든 지시선에 재사용
- 현재 재사용 : 현재 주석을 재사용. 다음에 재사용을 선택한 후 주석을 다시 사용하면 자동으로 선택됨

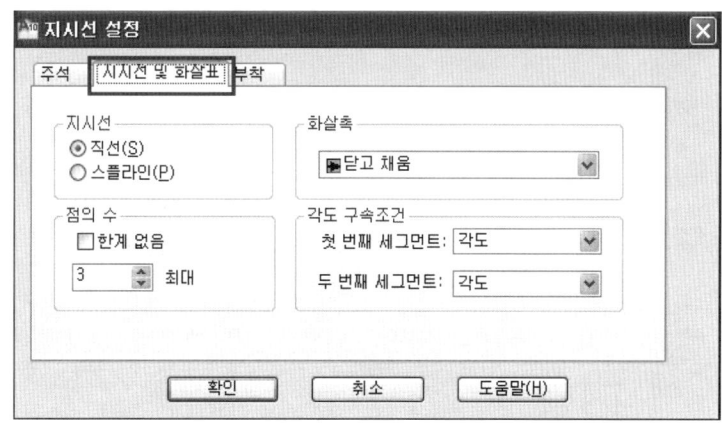

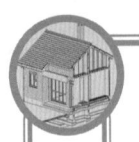

▶ **지시선 및 화살표**
  • **지시선** : 지시선의 형식을 직선 또는 스플라인으로 지정
  • **점의 수** : 지시선 점의 수를 설정, 작성할 지지선 세그먼트 수보다 하나 더 큰 수를 설정. 한계 없음을 설정하면 Enter 키를 누를 때까지 지시선을 그릴 수 있음
  • **화살촉** : 지시선의 화살촉 지정
  • **각도 구속조건** : 첫 번째 지시선과 두 번째 지시선의 각도를 지정

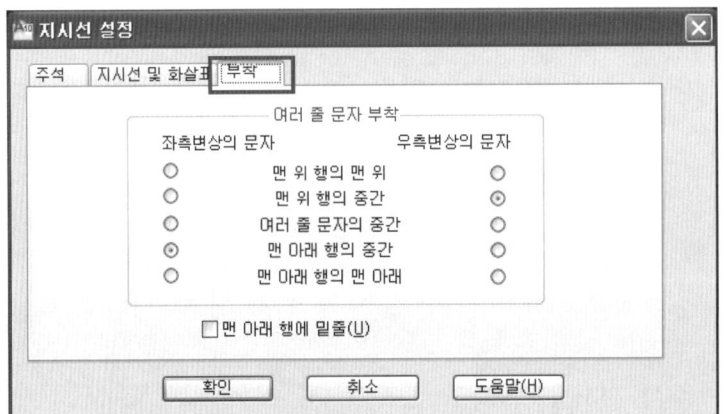

▶ **부착** : 지시선과 여러 줄 문자 주석의 부착 위치 설정
  • **맨 위 행의 맨 위** : 지시선을 맨 위 여러 줄 문자 행의 맨 위에 부착

  • **맨 위 행의 중간** : 지시선을 맨 위 여러 줄 문자 행의 중간에 부착

  • **여러 줄 문자의 중간** : 지시선을 여러 줄 문자의 중간에 부착

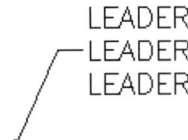

- 맨 아래 행의 중간 : 지시선을 맨 아래 여러 줄 문자 행의 중간에 부착

```
     LEADER
     LEADER
    ─LEADER
   /
  ↙
```

- 맨 아래 행의 맨 아래 : 지시선을 맨 아래 여러 줄 문자 행의 맨 아래에 부착

```
     LEADER
     LEADER
    ─LEADER
   /
  ↙
```

- 맨 아래 행에 밑줄 : 여러 줄 문자의 맨 아래 행에 밑줄

```
     LEADER
     LEADER
     LEADER
    ───────
   /
  ↙
```

23 공차기입

명령: **TOLerance** Enter↵ 또는 ⊕1

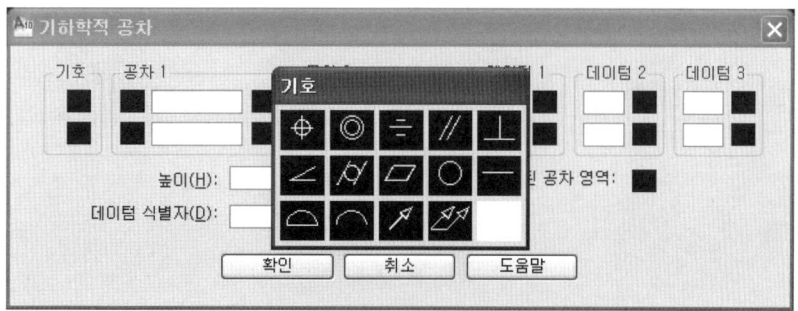

기호를 선택한 후 공차값과 데이텀을 입력하고 확인

24-1 다중 지시선

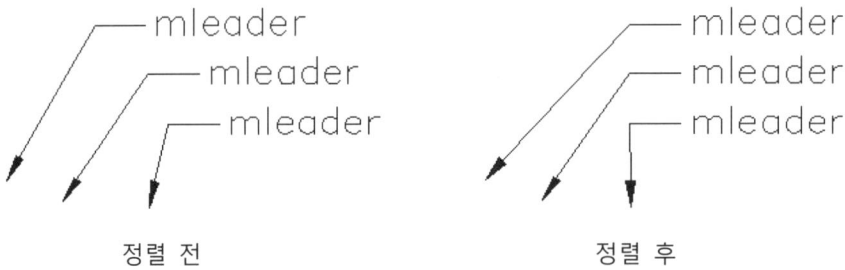

- 다중 지시선 : 다중 지시선 기입
- 지시선 추가 : 하나의 주석에 여러 개의 지시선을 추가 가능
- 지시선 제거 : 여러 개의 지시선 중 불필요한 지시선 제거
- 다중 지시선 정렬 : 선택한 다중 지시선을 정렬

정렬 전   정렬 후

- 다중 지시선 수집 : 블록이 포함된 여러 개의 다중 지시선을 지시선 하나로 표시

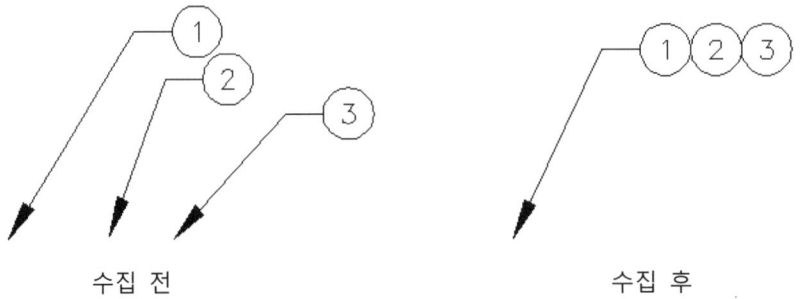

수집 전   수집 후

24-2 다중 지시선 스타일

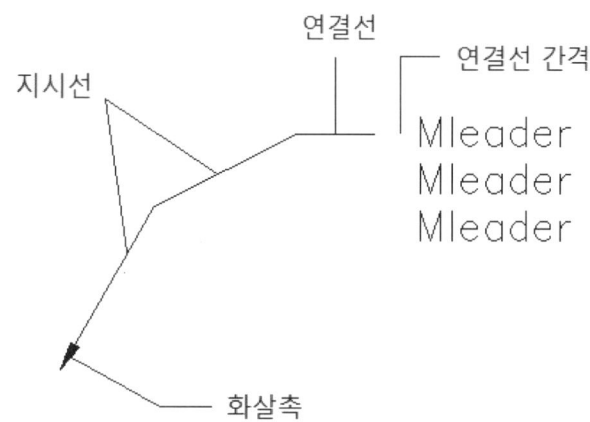

▶ 지시선 형식

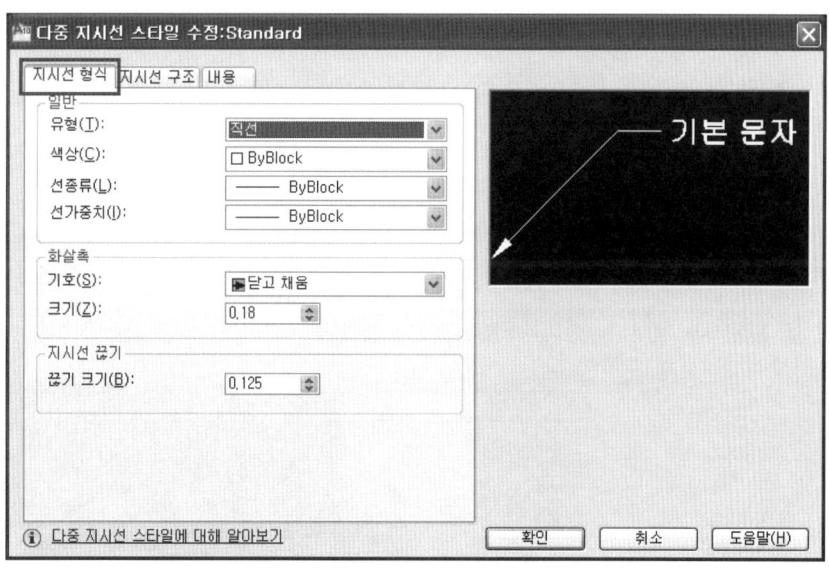

▷ **일반** : 지시선의 유형(직선 또는 스플라인, 없음), 색상, 선종류, 선가중치를 설정
▷ **화살촉** : 화살촉의 기호와 크기를 설정
▷ **지시선 끊기** : 다중 지시선에 치수 끊기를 추가할 때 끊기는 크기를 설정

▶ 지시선 구조

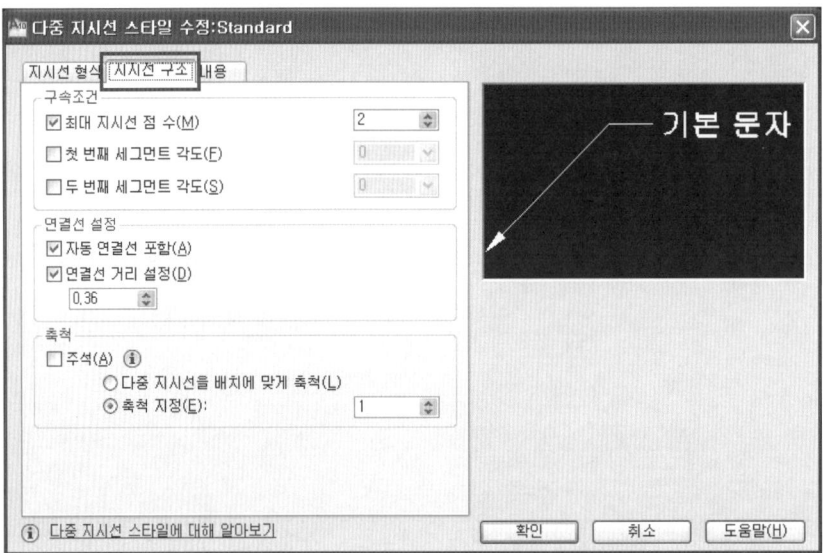

▷ 구속조건 : 지선선의 최대 점 수와 각 세그먼트의 각도를 지정
▷ 연결선 설정
  • 자동 연결선 포함 : 수평연결선을 다중 지시선 주석에 부착
  • 연결선 거리 설정 : 다중 지시선 연결선의 고정 거리를 지정
▷ 축척 : 다중 지시선의 축척을 지정하고 다중 지시선이 주석이 되도록 설정

▶ 내용
  ▷ 여러 줄 문자일 경우

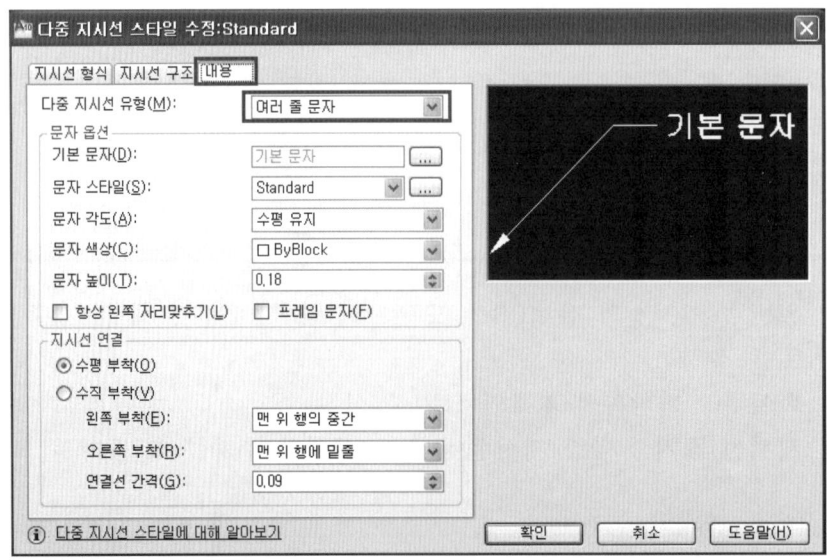

- 문자 옵션 : [...]를 이용하여 기본 문자를 설정
  기타 설정은 치수 스타일 관리자의 문자탭 설정과 동일
- 지시선 연결 : 지시선의 위치에 따라 문자의 부착 위치를 조정
  연결선과 다중 지시선 문자 사이의 거리를 지정

▷ 블록일 경우

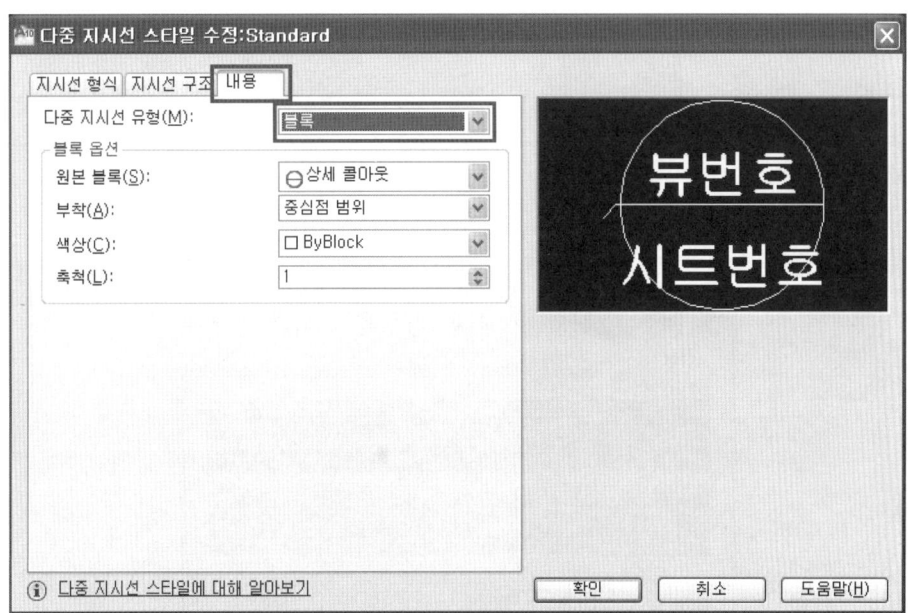

- 원본 블록 : 블록의 유형을 지정
- 부착 : 블록을 다중 지시선 객체에 부착할 방식을 지정
- 색상 : 블록의 색상 지정
- 축척 : 블록의 축척을 지정

25-1 Layer(도면층 만들기)

명령: **LAyer** Enter↵

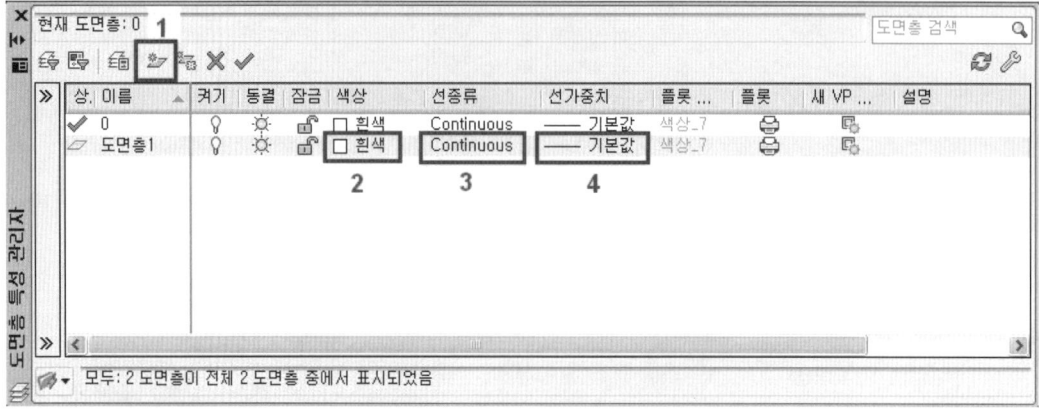

① 새 도면층
새 도면층을 클릭하여 도면층을 새로 만들고 이름을 지정

② 색상 설정

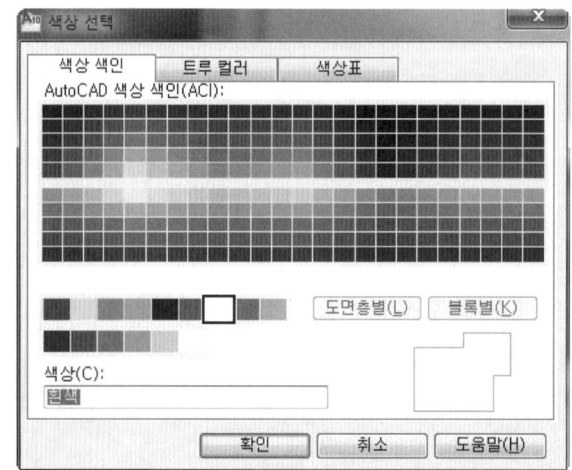

③ 선종류 선택

로드를 클릭하여 원하는 선종류를 선택한 다음 해당 레이어에 선종류를 할당하고 확인

④ 선가중치 지정

옵션
- 켜기/동결 : 도면층의 가시성을 조절
- 잠금 : 잠긴 도면층의 객체는 수정할 수 없음. 잠긴 도면층은 흐리게 표시됨

25-2 Purge(불필요한 도면요소 삭제하기)

명령: **PUrge** Enter↵

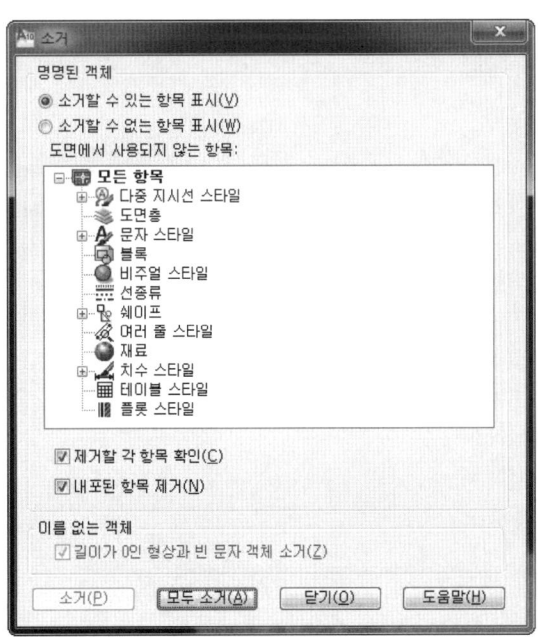

① 대화상자에서 소거할 항목을 선택하고 소거 또는 모두 소거 클릭
② 닫기를 클릭

25-3 Mvsetup(축척별 도면 윤곽선 작성하기)

명령: **MVSetup** Enter↵
도면 공간을 사용가능하게 합니까? [아니오(N)/예(Y)] ⟨Y⟩: **N(no)를 입력**
단위 유형 입력 [공학(S)/십진(D)/엔지니어링(E)/건축(A)/미터법(M)]: **미터법(M)을 입력하면 아래와 같은 문자 윈도우가 나타난다.**

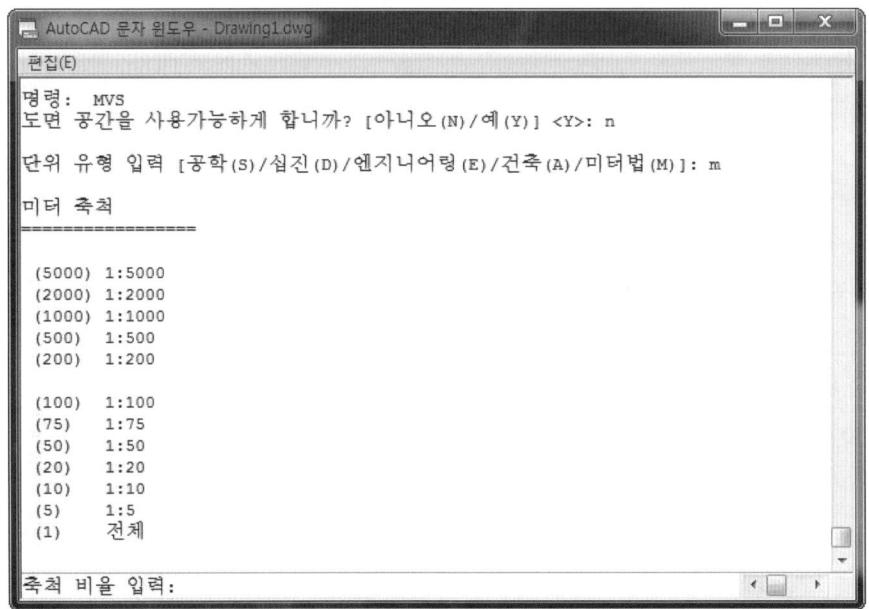

축척 비율 입력: **원하는 축척값을 입력(예: 1/100일 경우 100입력** Enter↵ **)**
용지 폭 입력: **용지의 폭을 입력** Enter↵
용지 높이 입력: **용지의 높이를 입력** Enter↵

※ 용지 크기(가로×세로)
　A0 : 1189×841
　A1 : 841×594
　A2 : 594×420
　A3 : 420×297
　A4 : 297×210

26-1 Block(블록 만들기)

명령: **Block** Enter↵

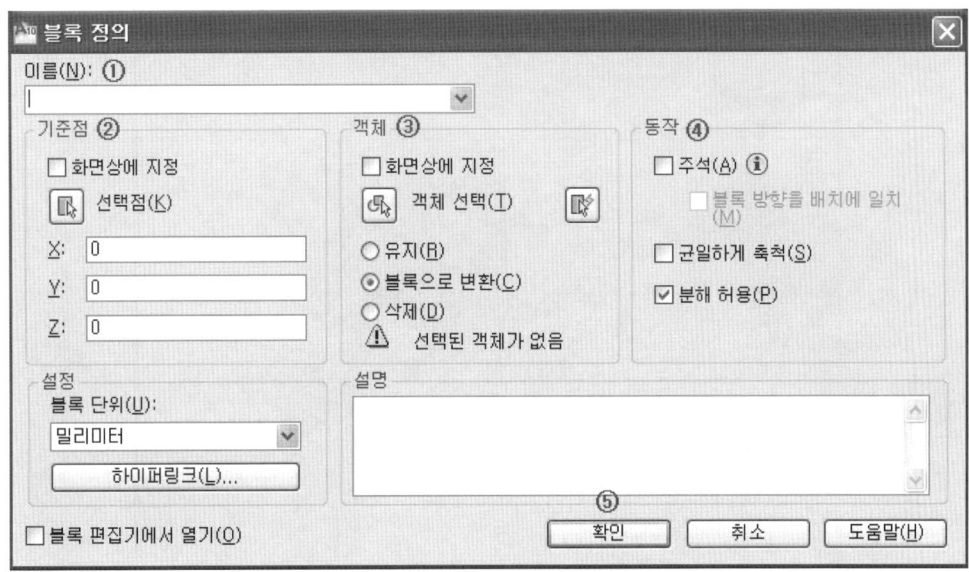

① 대화상자의 이름란에 블록의 이름을 입력
② **기준점** : 선택점 버튼을 클릭하여 삽입 시 기준으로 사용될 기준점을 지정
③ **객체 선택** : 객체 선택 버튼을 클릭하여 블록으로 만들 도면요소를 선택 Enter↵
  • 유지 : 블록을 작성한 후 선택된 객체를 도면 내의 별개의 객체로 유지
  • 블록으로 변환 : 도면에서 블록을 작성한 후 선택된 객체를 블록 복제로 변환
  • 삭제 : 블록을 작성한 후 선택된 객체를 도면에서 삭제
④ 동작
  • 주석 : 블록이 주석임을 지정
  • 균일하게 축척 : 블록 삽입 시 X와 Y비율을 균일하게 축척할지 여부를 지정
  • 분해 허용 : 블록 삽입 시 분해할지 여부를 지정
⑤ 확인

26-2 Wblock(객체 또는 블록을 새 도면 파일에 기록하기)

명령: **Wblock** Enter↵

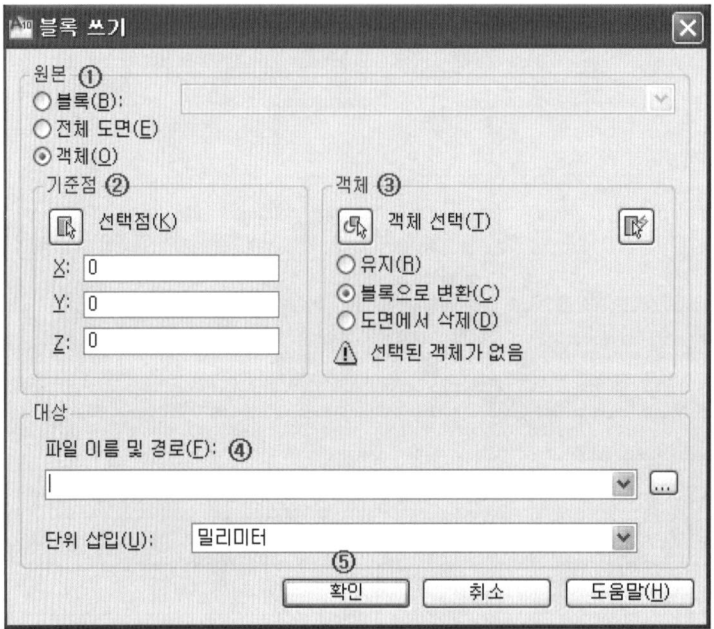

① 기존 블록 중에 선택하거나 객체를 직접 선택
② **기준점** : 선택점 버튼을 클릭하여 삽입 시 기준으로 사용될 기준점을 지정
③ **객체 선택** : 객체 선택 버튼을 클릭하여 블록으로 만들 도면요소를 선택 Enter↵
　• 유지 : 블록을 작성한 후 선택된 객체를 도면 내의 별개의 객체로 유지
　• 블록으로 변환 : 도면에서 블록을 작성한 후 선택된 객체를 블록 복제로 변환
　• 삭제 : 블록을 작성한 후 선택된 객체를 도면에서 삭제
④ 파일 이름과 저장 위치 설정
⑤ 확인

26-3 Insert(도면요소 삽입하기)

명령: **Insert** `Enter`

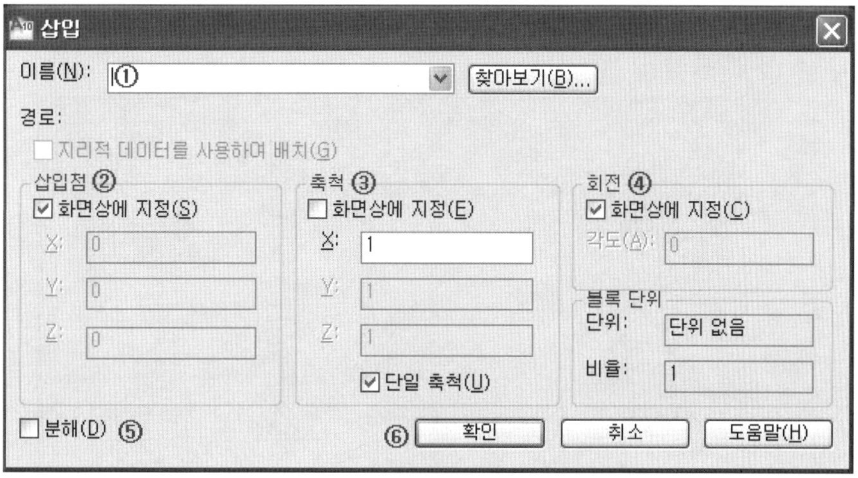

① 화살표를 클릭하여 블록을 선택하거나 찾아보기를 클릭하여 삽입할 파일을 선택
② **삽입점** : 화면상에 삽입할 지점을 클릭하거나 절대좌표값을 입력
③ **축척** : 삽입 시 사용할 축척을 지정. X, Y, Z 값이 같을 경우 단일 축척 체크
④ **회전** : 블록의 회전 각도 지정
⑤ **분해** : 블록을 분해할지 결정. 분해가 선택된 경우엔 단일 축척 비율만 지정할 수 있음
⑥ 확인

26-4 Design Center(디자인센터)

명령: ADCENTER Enter↵ , 또는 Ctrl+2

디자인센터를 이용하여 컨텐츠를 검색, 미리 보기하여 블록, 해치, 레이어 등 도면의 여러 속성을 삽입할 수 있다.

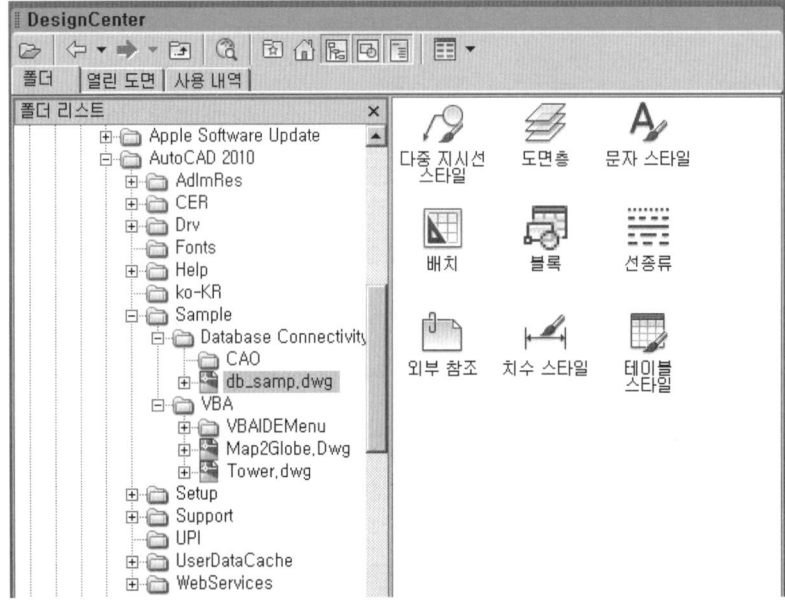

27   Plot(출력하기)

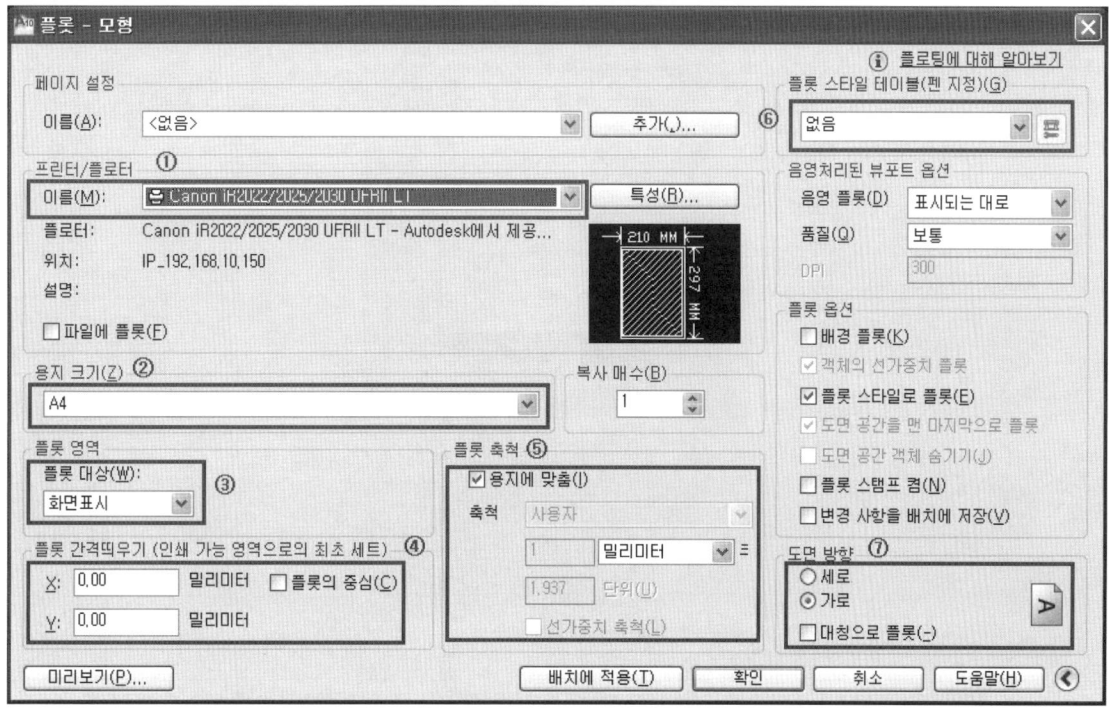

① 프린터/플로터 선택
② 용지 크기 선택
③ 플롯 영역 선택
　• 배치/한계 : 배치의 0,0에서 계산된 원점을 사용하여 용지 크기의 인쇄 가
　　　　　　　능 영역 내에 모든 객체를 출력
　• 범위 : 현재 공간에 있는 모든 형상을 출력
　• 화면표시 : 배치의 현재 도면 공간 뷰 또는 모형 탭의 현재 뷰포트에 있는
　　　　　　　뷰를 출력
　• 뷰 : 이전에 VIEW 명령으로 저장한 뷰를 출력
　• 윈도우 : 사용자가 지정하는 모든 도면 부분을 출력
④ 플롯 간격띄우기 입력, 또는 플롯의 중심 체크
⑤ 플롯 축척 확인, NS로 출력 시 용지에 맞춤 체크
⑥ 플롯 스타일 테이블(펜 지정) 설정
⑦ 도면 방향 확인

▶ 플롯 스타일 테이블(펜 지정)

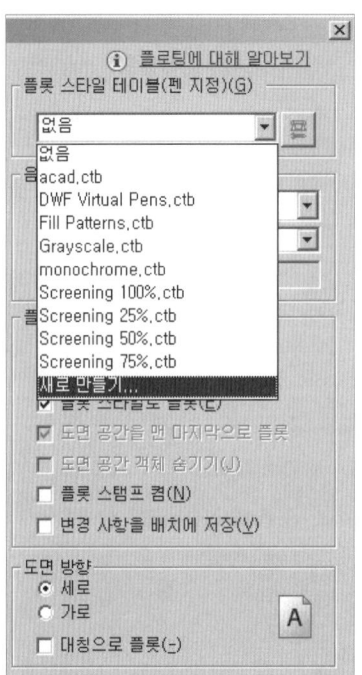

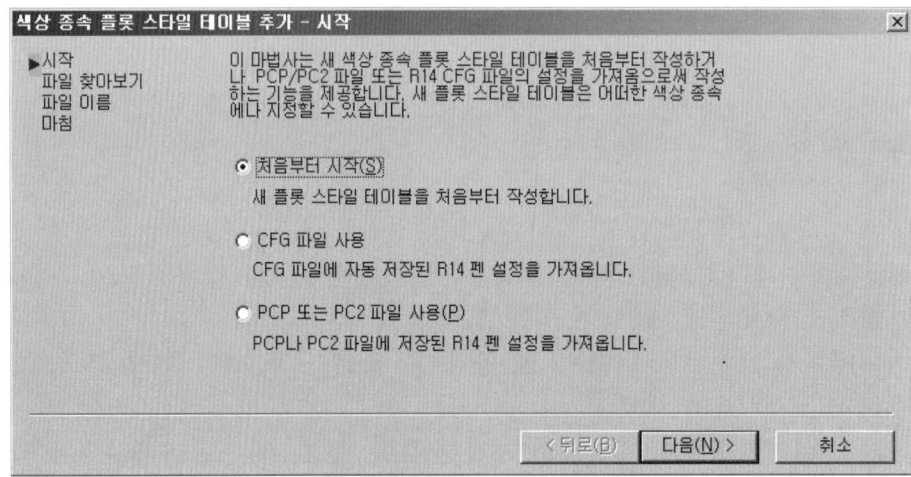

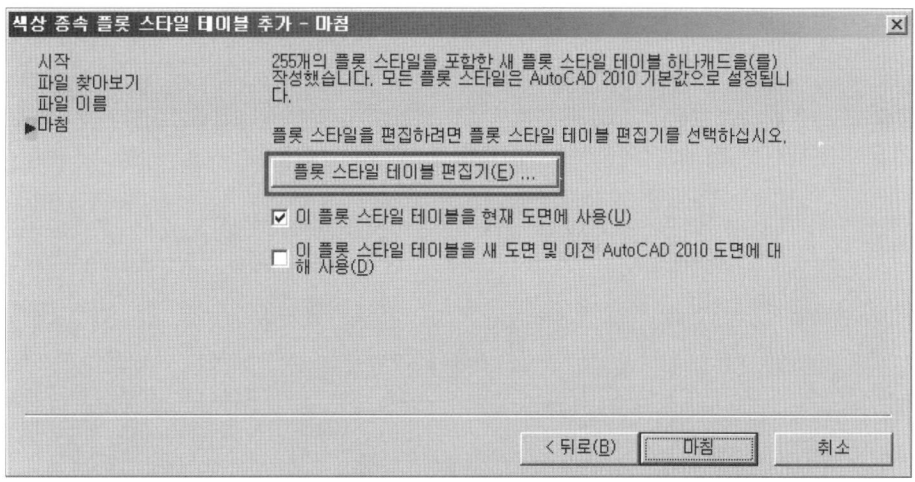

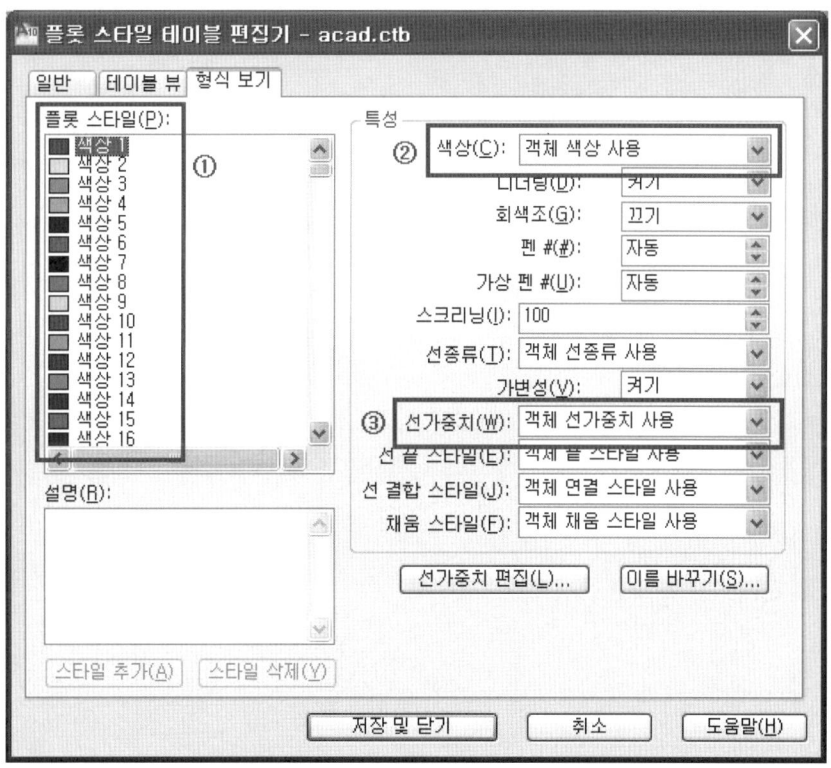

① 출력하고자 하는 색상을 선택
② **객체 색상 사용** : 도면과 같은 색상으로 출력할 경우는 객체 색상 사용 지정 도면과 다른 색상으로 출력할 경우는 화살표 클릭하여 원하는 색상 지정
③ **객체 선가중치 사용** : 도면에서 설정된 선가중치를 사용할 경우는 객체 선가중치 사용 지정, 도면과 다른 선가중치로 출력할 경우 화살표 클릭하여 원하는 가중치 지정

3D 명령어 설명

Section 02

Section 02

3D 명령어 설명

1-1 Ddvpoint(관측점 설정)

명령: VP Enter↵

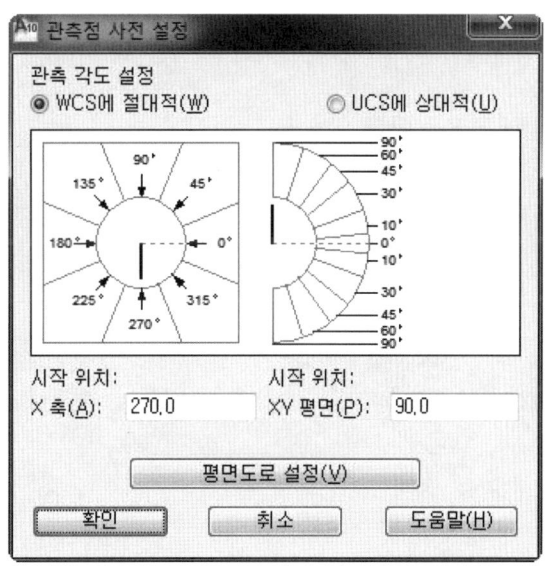

원하는 각도와 위치를 마우스로 클릭 또는 직접 입력하여 설정
또는 이용

1-2 3Dface(면 채우기)

```
명령: 3dFace [Enter]
첫 번째 점 지정 또는 [숨김(I)]: 첫 번째 점 클릭 또는 I를 입력
(모서리를 클릭하기 전에 I를 먼저 입력하면 모서리가 숨겨짐)
두 번째 점 지정 또는 [숨김(I)]: 두 번째 점 클릭 또는 I를 입력
세 번째 점 지정 또는 [숨김(I)]: 세 번째 점 클릭 또는 I를 입력
네 번째 점 지정 또는 [숨김(I)] 〈3면 작성〉: 네 번째 점 클릭 [Enter]
```

1-3 Hide(숨은선 가리기)

```
명령: HIde [Enter]
```

객체를 3D 와이어프레임 상태로 표시하고 뒷면을 표현하는 선을 숨김

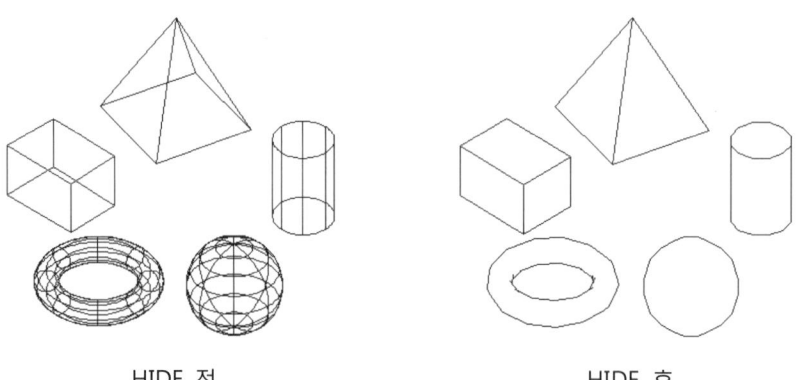

HIDE 전   HIDE 후

1-4 Shade(음영처리)

```
명령: SHADE [Enter]
```

1-5 Shademode(모서리 및 음영처리 스타일 설정)

명령: **SHADEMODE** Enter↵
옵션 입력 [2d 와이어프레임(2)/3d 와이어프레임(3)/3d 숨김(H)/실제(R)/개념(C)/기타(O)/현재(U)] 〈현재〉: **옵션 선택** Enter↵

옵션
- 2 : 경계를 나타내는 선과 곡선을 사용하여 객체를 표시, 선종류 및 선가중치 확인
- 3 : 경계를 나타내는 선과 곡선을 사용하여 객체를 표시
- H : 객체를 3D 와이어프레임 표현을 사용하여 표시하고 뒷면을 표현하는 선을 숨김
- R : 객체를 음영처리하며 다각형 면 사이의 모서리를 부드럽게 만듦, 객체에 부착한 재료 표시
- C : 실제(R)와 비슷하나 모형의 상세를 쉽게 확인할 수 있음

2-1 Thickness(두께)

명령: **TH** Enter↵
Thickness에 대한 새 값 입력 〈0.0000〉: **원하는 값 입력** Enter↵

두께 특성을 사용하여 객체를 3D 모양으로 표현, 양의 두께는 위로 돌출되고 음의 두께는 아래로 돌출됨

2-2 Elevation(고도 및 돌출 두께 설정)

명령: **ELEVation** Enter↵
새 기본 고도값 지정 〈0.0000〉: **원하는 값 입력** Enter↵
새 기본 두께 지정 〈10.0000〉: **원하는 값 입력** Enter↵

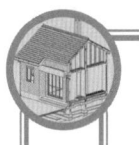

3-1 UCS(사용자 좌표계)

> 명령: **UCS** Enter↵
> UCS의 원점 지정 또는 [면(F)/이름(NA)/객체(OB)/이전(P)/뷰(V)/표준(W)/X(X)/Y(Y)/Z(Z)/Z축(ZA)] 〈표준〉: **새 원점을 클릭 또는 옵션 선택** Enter↵
> X축에서 점 지정 또는 〈수락(A)〉: **양의 X축 위의 임의의 점을 지정**
> XY 평면에서 점 지정 또는 〈수락(A)〉: **양의 Y축 위의 임의의 점을 지정**

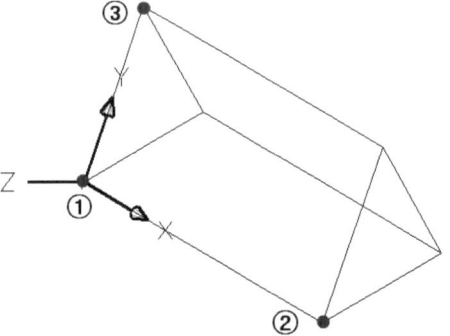

옵션
- F : 좌표계를 3D 솔리드의 면에 맞춰 정렬
- NA : 자주 사용하는 UCS 방향을 이름별로 저장하고 복원
- OB : 좌표계를 선택한 객체에 맞춰 정렬, UCS에서 양의 Z축은 해당 객체를 처음 작성한 평면에 대해 수직으로 정렬됨
- P : 이전 UCS 복원
- V : 사용자 좌표계의 XY평면을 뷰방향에 대해 수직인 평면에 맞춰 정렬
- W : 현재 사용자 좌표계를 WCS(표준좌표계)로 설정
- X, Y, Z : 지정한 축을 중심으로 현재 UCS를 회전

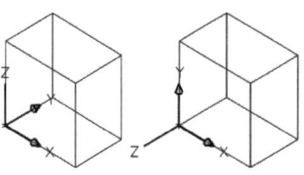 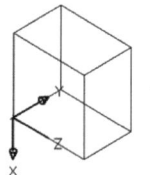 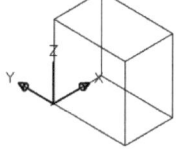

표준좌표계   X축을 중심으로   Y축을 중심으로   Z축을 중심으로
              회전 90°   회전 90°   회전 90°

- ZA : 좌표계를 지정한 양의 Z축에 맞춰 정렬, 첫 번째 점은 UCS의 원점이 되고, 두 번째 점은 양의 Z축을 가리킴

3-2 UCSICON(UCS 아이콘 위치 조절)

명령: **UCSICON** Enter↵
옵션 입력 [켜기(ON)/끄기(OFF)/전체(A)/원점 없음(N)/원점(OR)/특성(P)] 〈켜기〉:
원하는 옵션 선택 Enter↵

옵션
- ON/OFF : 아이콘 표시 켜기, 끄기
- A : 모든 뷰포트에 아이콘 표시
- N : UCS 원점의 위치에 관계없이 아이콘을 뷰포트의 왼쪽 하단에 표시
- OR : 아이콘을 현재 좌표계의 원점(0,0,0)에 표시
- P : UCS 아이콘의 스타일, 가시성 및 위치를 조정할 수 있는 UCS 아이콘 대화상자가 표시됨

4 서페이스 모델링 1

▶ Rulesurf(직선보간 표면)
두 선 또는 곡선 사이의 표면을 나타내는 메쉬를 작성

명령: **RULESURF** Enter↵ 또는 클릭
현재 와이어프레임 밀도: SURFTAB1=6
첫 번째 정의 곡선 선택: **첫 번째 객체 선택**
두 번째 정의 곡선 선택: **두 번째 객체 선택**

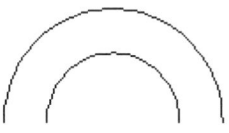 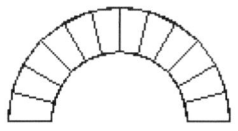 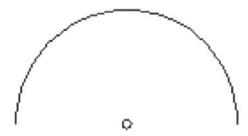 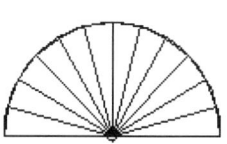

두 개의 곡선 선택   결과   한 개의 곡선과 점 선택   결과

예제로 배우는 AutoCAD

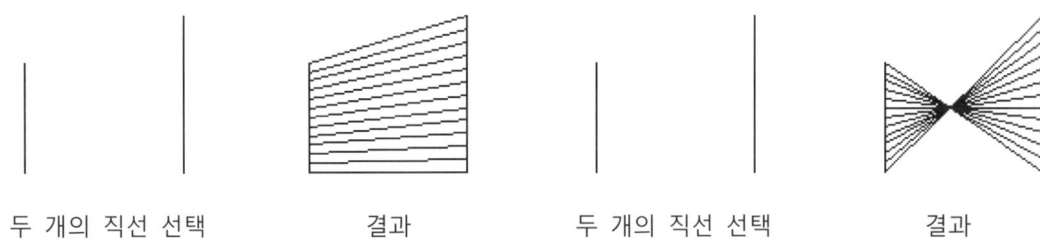

| 두 개의 직선 선택 | 결과 | 두 개의 직선 선택 | 결과 |

▶ Tabsurf(방향벡터 표면)
　경로 곡선과 방향벡터로 정의된 일반적인 방향벡터 표면을 표현하는 메쉬를 작성

```
명령: TABSURF Enter← 또는  클릭
현재 와이어프레임 밀도: SURFTAB1=6
경로 곡선에 대한 객체 선택: 경로를 따라갈 객체 선택
방향 벡터에 대한 객체 선택: 방향과 길이를 나타내는 직선 선택
```

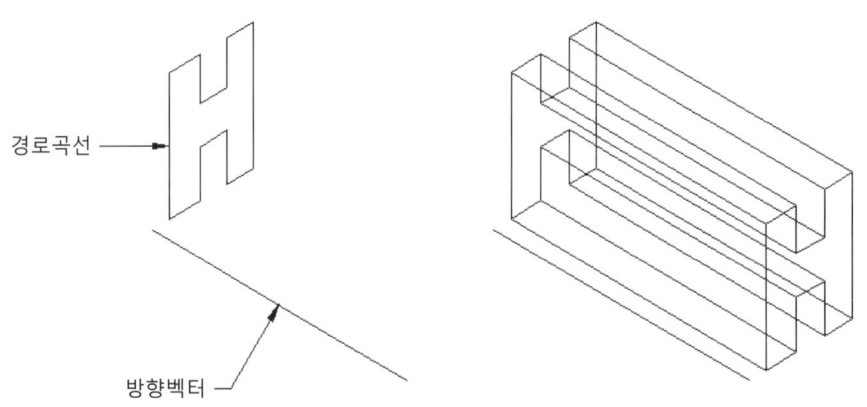

경로곡선

방향벡터

5　서페이스 모델링 2

▶ Revsurf(회전된 표면)
　지정된 축을 기준으로 객체를 회전시켜 회전 메쉬를 작성

```
명령: REVSURF Enter↵ 또는 ⚙ 클릭
현재 와이어프레임 밀도: SURFTAB1=6  SURFTAB2=6
회전할 객체 선택: 회전할 객체 선택
회전축을 정의하는 객체 선택: 회전축이 되는 객체 선택
시작 각도 지정 〈0〉: Enter↵ 하거나 시작 각도 입력 Enter↵
사잇각 지정 (+=시계 반대 방향, -=시계 방향) 〈360〉: 360° 회전할 경우 Enter↵,
또는 각도 입력 Enter↵
```

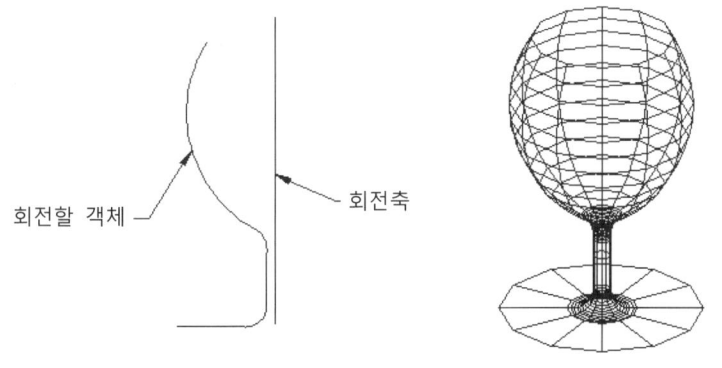

▶ Edgesurf(모서리 표면)

4개의 인접 모서리로 이중 입방체 표면을 작성

```
명령: EDGESURF Enter↵ 또는 ⚙ 클릭
현재 와이어프레임 밀도: SURFTAB1=6  SURFTAB2=6
표면 모서리에 대한 1 객체 선택: 이어지는 모서리 중 첫 번째 객체 선택
표면 모서리에 대한 2 객체 선택: 두 번째 객체 선택
표면 모서리에 대한 3 객체 선택: 세 번째 객체 선택
표면 모서리에 대한 4 객체 선택: 네 번째 객체 선택
```

4개의 모서리 선택

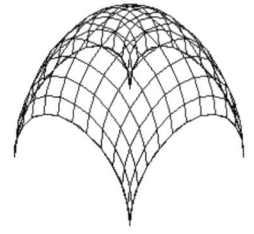

결과

6-1 Extrude(돌출)

```
명령: EXTrude Enter↵
현재 와이어프레임 밀도: ISOLINES=8
돌출할 객체 선택: 돌출할 객체 선택
돌출의 높이 지정 또는 [방향(D)/경로(P)/테이퍼 각도(T)]: 높이 값 입력, 또는 원하
는 옵션 선택 Enter↵
```

옵션
- D : 두 점을 클릭하여 돌출 방향과 높이를 지정
- P : 돌출 경로로 사용할 객체를 선택
- T : 테이퍼 각도와 높이를 지정

6-2 Subtract(차집합)

```
명령: SUbtract Enter↵
객체 선택: 유지할 객체 선택 Enter↵
객체 선택: 뺄 객체 선택 Enter↵
```

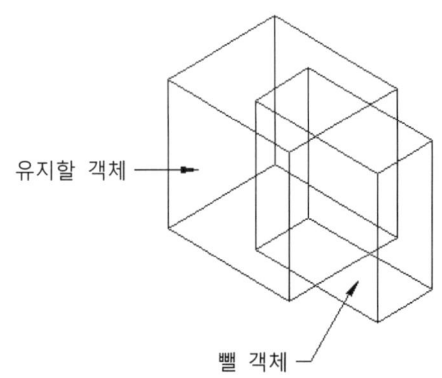
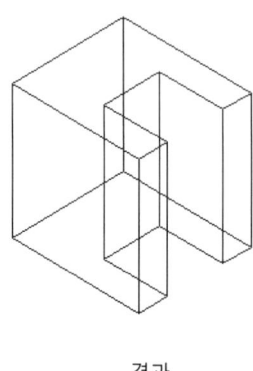

유지할 객체 — 뺄 객체 — 결과

6-3 Union(합집합)

명령: **UNIon** Enter↵
객체 선택: **결합할 객체를 모두 선택** Enter↵

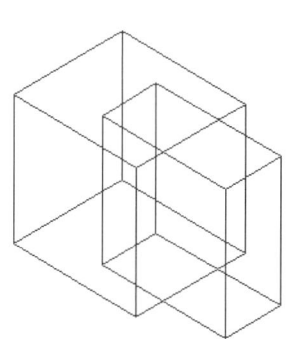 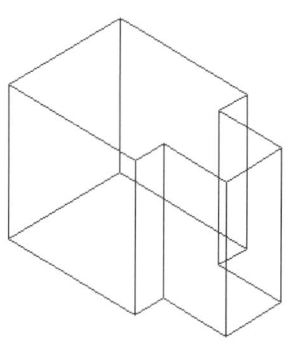

UNION 실행 전　　　　　UNION 실행 후

6-4 Intersect(교집합)

명령: **INtersect** Enter↵
객체 선택: **영역이 겹친 객체를 모두 선택** Enter↵

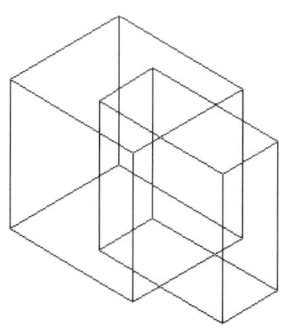 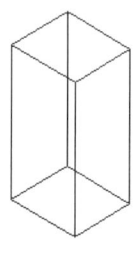

INTERSECT 실행 전　　　　INTERSECT 실행 후

6-5 Interfere(간섭)

명령: **INTERFERE** Enter↵
첫 번째 객체 집합 선택 또는 [내포된 선택(N)/설정(S)]: **간섭을 체크할 첫 번째 객체 선택** Enter↵
두 번째 객체 집합 선택 또는 [내포된 선택(N)/현재 검사(K)] 〈검사(K)〉:
두 번째 객체 선택 Enter↵ **하면 대화상자가 나타남**

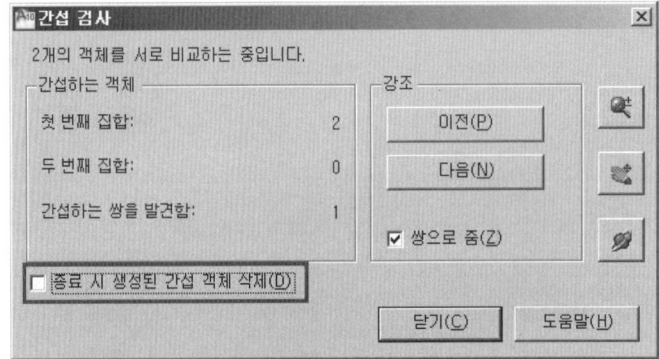

간섭 객체 생성을 원할 경우 붉은 상자 부분을 체크 해제해야 함

7 솔리드 모델링

▶ Polysolid

명령: **POLYSOLID** Enter↵ 또는 🗇 클릭
POLYSOLID 높이 = 4.0000, 폭 = 0.2500, 자리맞추기 = 중심
시작점 지정 또는 [객체(O)/높이(H)/폭(W)/자리맞추기(J)] 〈객체(O)〉:
시작점 클릭, 또는 원하는 옵션 입력 Enter↵

옵션
- O : 폴리솔리드로 변환할 객체를 선택하면 지정된 높이와 폭으로 돌출됨
- H : 폴리솔리드의 높이를 지정
- W : 폴리솔리드의 폭을 지정
- J : 폴리솔리드의 위치를 왼쪽, 오른쪽 또는 중심 자리맞추기로 설정

▶ Box(상자)

명령: **BOX** Enter↵ 또는 클릭
첫 번째 구석 지정 또는 [중심(C)]: **시작점 클릭, 또는 옵션(C) 입력** Enter↵
반대 구석 지정 또는 [정육면체(C)/길이(L)]: **대각선으로 반대점 클릭, 또는 옵션 선택** Enter↵
높이 지정 또는 [2점(2P)] 〈 〉: **마우스로 드래그, 또는 높이 값 입력** Enter↵**, 또는 옵션(2P)입력** Enter↵ **한 후 상자의 높이가 되는 두 점을 클릭**

옵션
- C : 상자를 정육면체로 설정
- L : 상자의 길이, 폭, 높이를 지정

▶ Wedge(쐐기)

명령: **WEDGE** Enter↵ 또는 클릭
첫 번째 구석 지정 또는 [중심(C)]: **시작점 클릭, 또는 옵션(C) 입력** Enter↵
반대 구석 지정 또는 [정육면체(C)/길이(L)]: **반대점 클릭, 또는 옵션 선택** Enter↵
높이 지정 또는 [2점(2P)]: **마우스로 드래그, 또는 높이 값 입력** Enter↵**, 또는 옵션(2P)입력** Enter↵ **한 후 쐐기의 높이가 되는 두 점을 클릭**

옵션
- C : 상자를 정육면체로 설정
- L : 상자의 길이, 폭, 높이를 지정

▶ Cone(원추)

명령: **CONE** Enter↵ 또는 클릭
기준 중심점 지정 또는 [3P(3P)/2P(2P)/Ttr-접선 접선 반지름(T)/타원형(E)]: **중심점 클릭, 또는 옵션 선택** Enter↵
기준 반지름 지정 또는 [지름(D)]: **반지름값 입력** Enter↵**, 또는 옵션(D) 입력** Enter↵ **후 지름값 입력**
높이 지정 또는 [2점(2P)/축 끝점(A)/상단 반지름(T)]: **높이 값 입력** Enter↵**, 또는 옵션 선택** Enter↵

옵션
- 3P : 원추의 밑면이 되는 3점을 지정
- 2P : 원추의 밑면의 지름이 되는 2점을 지정
- T : 두 접점과 반지름을 지정
- E : 원추의 밑면을 타원형으로 지정

옵션
- 2P : 높이가 되는 두 점을 클릭, 또는 두 개의 값을 입력 Enter
- A : 마우스로 클릭, 또는 높이 값을 입력 Enter
- T : 상단 반지름값 입력 후 높이 지정

▶ Sphere(구)

명령: **SPHERE** Enter 또는 ◯ 클릭
중심점 지정 또는 [3점(3P)/2점(2P)/Ttr-접선 접선 반지름(T)]: **중심점 클릭, 또는 옵션 선택** Enter
반지름 지정 또는 [지름(D)] 〈 〉: **반지름값 입력** Enter**, 또는 옵션(D) 입력 후 지름값 입력** Enter

옵션
- 3P : 구를 지나는 3점을 클릭
- 2P : 구의 지름이 되는 2점을 클릭
- T : 두 접점과 반지름 지정

▶ Cylinder(원통)

명령: **CYLINDER** Enter 또는 ⬚ 클릭
기준 중심점 지정 또는 [3P(3P)/2P(2P)/Ttr-접선 접선 반지름(T)/타원형(E)]: **중심점 클릭, 또는 옵션 선택** Enter
기준 반지름 지정 또는 [지름(D)] 〈 〉: **반지름값 입력** Enter**, 또는 옵션(D) 입력 후 지름값 입력** Enter
높이 지정 또는 [2점(2P)/축 끝점(A)] 〈 〉: **높이 값 입력** Enter**, 또는 옵션 선택** Enter

옵션
- 3P : 원추의 밑면이 되는 3점을 지정
- 2P : 원통 밑면의 지름이 되는 2점을 클릭
- T : 두 접점과 반지름값 입력
- E : 원통의 밑면을 타원으로 지정

옵션
- 2P : 높이가 되는 두 점을 클릭, 또는 두 개의 값을 입력 Enter↵
- A : 마우스로 클릭, 또는 높이값을 입력 Enter↵

▶ Torus(원환)

명령: **TORUS** Enter↵ 또는 ◎ 클릭
중심점 지정 또는 [3점(3P)/2점(2P)/Ttr-접선 접선 반지름(T)]: **중심점 클릭, 또는 옵션 선택** Enter↵
반지름 지정 또는 [지름(D)] 〈 〉: **반지름값 입력** Enter↵**, 또는 옵션(D) 입력 후 지름값 입력** Enter↵
튜브 반지름 지정 또는 [2점(2P)/지름(D)]: **튜브 반지름값 입력** Enter↵**, 또는 옵션 선택** Enter↵

옵션
- 3P : 3점을 클릭 후 튜브 반지름값 입력
- 2P : 지름이 되는 2점을 클릭 후 튜브 반지름값 입력
- T : 두 접점과 반지름값 입력 후 튜브 반지름값 입력

옵션
- 2P : 튜브의 지름이 되는 2점을 클릭
- D : 지름값 입력 Enter↵

▶ Pyramid(피라미드)

명령: **PYRAMID** Enter↵ 또는 △ 클릭
기준 중심점 지정 또는 [모서리(E)/변(S)]: **중심점 클릭, 또는 옵션 선택** Enter↵
기준 반지름 지정 또는 [내접(I)] 〈 〉: **반지름값 입력** Enter↵ **하거나 I 입력** Enter↵
높이 지정 또는 [2점(2P)/축 끝점(A)/상단 반지름(T)] 〈 〉: **높이값 입력** Enter↵**, 또는 옵션 선택** Enter↵

옵션
- E : 밑면이 되는 2점을 클릭 후 높이 지정
- S : 밑면의 변의 수 입력 Enter↵ 후 밑면의 중심점과 반지름, 높이 지정

옵션
- 2P : 높이가 되는 두 점을 클릭, 또는 두 개의 값을 입력 Enter↵
- A : 마우스로 클릭, 또는 높이 값을 입력 Enter↵
- T : 상단 반지름값 입력 후 높이 지정

8-1 Region(3D 영역 추출하기)

명령: **REGion** Enter↵
객체 선택: **영역을 작성할 모든 객체 선택** Enter↵
1 루프이(가) 추출됨
1 영역이(가) 작성됨

8-2 Revolve(회전체 만들기)

명령: **REVolve** Enter↵
회전할 객체 선택: **회전시킬 객체 선택** Enter↵
축 시작점 지정 또는 다음에 의해 축 지정 [객체(O)/X/Y/Z] ⟨객체(O)⟩: **축 시작점을 클릭, 또는 옵션 선택** Enter↵
축 끝점 지정: **축 끝점 클릭**
회전 각도 지정 또는 [시작 각도(ST)] ⟨360⟩: **각도 입력** Enter↵, **또는 옵션(ST) 입력 후 시작 각도와 회전 각도 입력** Enter↵

옵션
- O : 축으로 사용할 객체 선택
- X/Y/Z : 선택한 축을 기준으로 회전

8-3 Ducs(동적 UCS, UCS의 XY 평면과 솔리드 평면 자동정렬하기)

F6 또는 상태표시줄의 DUCS , 📐 활성 상태 확인 후 마우스로 정렬하고자 하는 면을 클릭

9-1 Helix(나선형 만들기)

명령: **HELIX** Enter↵ 또는 [아이콘] 클릭
회전수 = 3.0000   비틀기=CCW
기준 중심점 지정: **나선의 중심점 클릭**
기준 반지름 지정 또는 [지름(D)] 〈1.0000〉: **나선의 하단 반지름 입력** Enter↵, **또는 옵션 D 입력** Enter↵ **후 지름값 입력** Enter↵
상단 반지름 지정 또는 [지름(D)] 〈 〉: **상단 반지름 입력** Enter↵, **또는 옵션 D입력** Enter↵ **후 지름값 입력** Enter↵
나선 높이 지정 또는 [축 끝점(A)/회전(T)/회전 높이(H)/비틀기(W)] 〈1.0000〉: **높이 값 입력** Enter↵, **또는 옵션 선택** Enter↵

옵션
- A : 나선의 끝점을 클릭, 또는 값 지정
- T : 나선의 회전수 지정
- H : 나선 한 회전의 높이 지정
- W : 나선의 방향 지정

9-2 Sweep

명령: **SWEEP** Enter↵ 또는 [아이콘] 클릭
현재 와이어프레임 밀도: ISOLINES=8
스윕할 객체 선택: **스윕할 객체 선택** Enter↵
스윕 경로 선택 또는 [정렬(A)/기준점(B)/축척(S)/비틀기(T)]: **경로로 사용될 객체 선택** Enter↵, **또는 옵션 선택** Enter↵

옵션
- A : 스윕할 객체를 스윕 경로에 수직으로 정렬
- B : 스윕할 객체의 기준점 지정
- S : 스윕 경로의 시작부터 끝까지 적용되는 스윕 객체의 축척 지정
- T : 스윕 객체의 비틀기 각도 지정

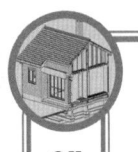

10-1 Solidedit(솔리드 편집하기)

> 명령: **SOLIDEDIT** `Enter↵` 또는
> 🗗 ✣🗗 🗗 ˟🗗 ⟲🗗 🗗 🗗 ˙🗗 🗖 ˙🗗 ↴🗗 🗔 🕮 🗇 🗐 중 클릭

- 🗗 **면 돌출** : 솔리의 면을 클릭하여 원하는 방향으로 추가 돌출(-값 입력 가능)

- ✣🗗 **면 이동** : 한 개 또는 여러 개의 면을 동시에 선택하여 원하는 거리만큼 이동

- 🗗 **면 간격띄우기** : 솔리드 면을 원하는 거리만큼 간격띄우기, 체적의 증감

- ˟🗗 **면 삭제** : 솔리드 면 삭제, 모따기나 모깎기된 면 삭제

- ⟲🗗 **면 회전** : 솔리드 면을 축을 지정하여 회전

- 🗗 **면 테이퍼** : 솔리드 면을 지정한 각도로 테이퍼

- 🗗 **면 복사** : 선택한 면과 동일한 방향으로 지정된 거리만큼 면 복사

- ˙🗗 **면 색상입히기** : 면 색상 변경

- 🗖 **모서리 복사** : 모서리 복사

- ˙🗗 **모서리 색상입히기** : 모서리 색상 변경

- ↴🗗 **각인** : 솔리드 객체에 2D객체나 다른 솔리드 객체를 각인

- 🗔 **지우기** : 중복된 모서리나 정점 삭제

- 🕮 **분리** : 공간을 끼고 있는 솔리드 객체를 각각의 솔리드로 분리

- 🗇 **쉘** : 두께를 지정하여 속이 비고 얇은 벽을 작성

- 🗐 **점검** : 복잡한 솔리드 모형에서 유효한 솔리드인지 확인

10-2 Grip 활용하여 편집하기

객체 선택 시 생기는 grip을 이용하여 다양한 편집이 가능
예)

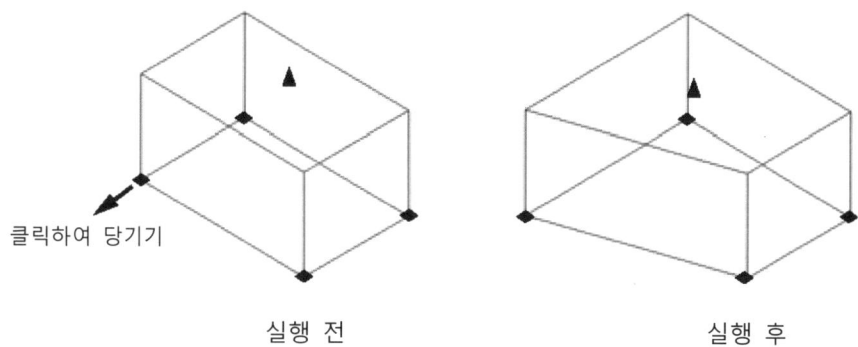

실행 전　　　　　　　　　　실행 후

11-1 Slice(솔리드 잘라내기)

> 명령: **SLice** Enter↵
> 슬라이스할 객체 선택: **잘라낼 객체 선택** Enter↵
> 슬라이싱 평면의 시작점 지정 또는
> [평면 객체(O)/표면(S)/Z축(Z)/뷰(V)/XY(XY)/YZ(YZ)/ZX(ZX)/3점(3)] 〈3점〉: **시작점 클릭, 또는 원하는 옵션 선택** Enter↵
> 평면 위의 점 지정 〈0,0,0〉: **원하는 평면 위의 점 클릭**
> 원하는 면 위의 점 지정 또는 [양쪽 면 유지(B)] 〈양쪽(B)〉: **남기고자 하는 방향을 클릭, 또는 B(양쪽) 입력** Enter↵

옵션
- O : 선택한 2D 객체와 평행하게 솔리드를 잘라냄
- S : 선택한 표면을 기준으로 솔리드를 잘라냄
- Z : Z축상의 2점을 기준으로 솔리드를 잘라냄
- V : 화면과 평행한 면으로 솔리드를 잘라냄
- XY/YZ/ZX : 선택한 축과 평행한 방향으로 솔리드를 잘라냄
- 3 : 임의의 3점을 지정하여 솔리드를 잘라냄

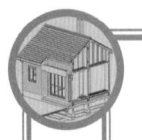

예제로 배우는 AutoCAD

11-2 Section(단면추출하기)

> 명령: **SECtion** `Enter↵`
> 객체 선택: **단면을 추출할 객체 선택** `Enter↵`
> 다음을 사용하여 단면 평면위에 첫 번째 점 지정
> [객체(O)/Z축(Z)/뷰(V)/XY(XY)/YZ(YZ)/ZX(ZX)/3점(3)] 〈3점(3)〉: **첫 번째 점 클릭, 또는 원하는 옵션 선택** `Enter↵`
> 평면 위의 점 지정 〈0,0,0〉: **단면을 원하는 평면 위의 점 클릭**

옵션
- O : 선택한 2D 객체와 평행하게 단면을 추출함
- Z : Z축상의 2점을 기준으로 단면을 추출함
- V : 화면과 평행한 면으로 단면을 추출함
- XY/YZ/ZX : 선택한 축과 평행한 방향으로 단면을 추출함
- 3 : 임의의 3점을 지정하여 단면을 추출함

12-1 Fillet(모깎기)

> 명령: **Fillet** `Enter↵`
> 현재 설정: 모드 = TRIM, 반지름 = 0.0000
> 첫 번째 객체 선택 또는 [명령 취소(U)/폴리선(P)/반지름(R)/자르기(T)/다중(M)]: **모깎기 할 모서리 선택**
> 모깎기 반지름 입력: **반지름값 입력** `Enter↵`
> 모서리 또는 [체인(C)/반지름(R)]: `Enter↵`, **또는 옵션 선택** `Enter↵`
> 1개의 모서리(들)가(이) 모깎기를 위해 선택됨

옵션
- C : 첫 번째 모서리외에 추가로 모서리를 선택하여 필렛 가능
- R : 반지름을 새로 지정

100

▶ 모서리

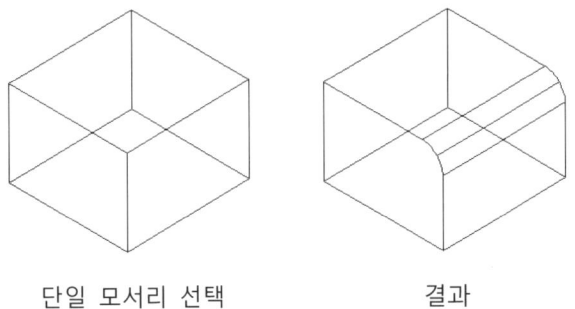

단일 모서리 선택 결과

▶ 체인

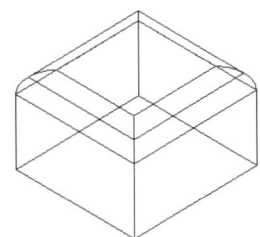

여러 개의 모서리를 동시에 모깎기

12-2 Chamfer(모따기)

명령: **CHAmfer** Enter↵
(TRIM 모드) 현재 모따기 거리1 = 0.0000, 거리2 = 0.0000
첫 번째 선 선택 또는 [명령 취소(U)/폴리선(P)/거리(D)/각도(A)/자르기(T)/메서드(E)/다중(M)]: **모따기 할 모서리 선택**
기준 표면 선택...
표면 선택 옵션 입력 [다음(N)/확인(OK)] 〈확인(OK)〉:
그대로 모따기 할 경우 Enter↵ , **다음 표면을 선택할 경우 N 입력** Enter↵
기준 표면 모따기 거리 지정: **첫 번째 모따기 할 거리 입력** Enter↵
다른 표면 모따기 거리 지정 〈10.0000〉: **두 번째 모따기 할 거리 입력** Enter↵
모서리 선택 또는 [루프(L)]: **모서리 클릭, 또는 연결된 모서리를 모따기 할 경우 L 입력** Enter↵ **한 다음 연결모서리 클릭** Enter↵

▶ 모서리

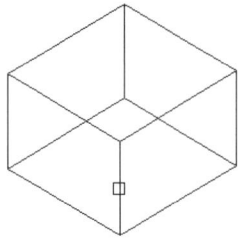 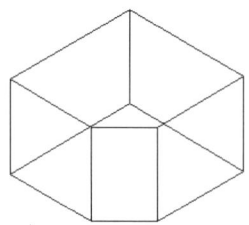

　　모서리 선택　　　　　단일 모서리 모따기

▶ 루프

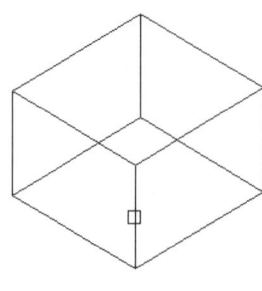 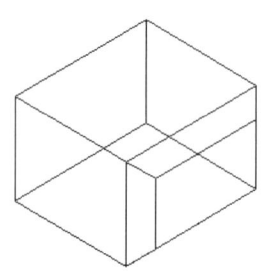

　　모서리 선택　　　　연결된 모서리를 동시에 모따기

12-3 Align(정렬하기)

명령: **ALign** Enter↵ 또는 클릭
객체 선택: **정렬할 객체 선택** Enter↵
첫 번째 근원점 지정: **정렬할 객체의 첫 번째 지정점 클릭**
첫 번째 대상점 지정: **정렬시킬 객체의 첫번째 대상점 클릭**
두 번째 근원점 지정: **정렬할 객체의 두 번째 지정점 클릭**
두 번째 대상점 지정: **정렬시킬 객체의 두 번째 대상점 클릭**
세 번째 근원점 지정 또는 〈계속〉: Enter↵ **하거나 세 번째 지정점과 대상점을 차례로 클릭**
정렬점을 기준으로 객체에 축척을 적용합니까 ? [예(Y)/아니오(N)] 〈N〉: Enter↵**하거나 Y입력** Enter↵

▶ 한 쌍의 점을 사용하는 경우

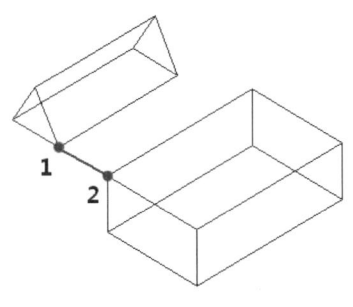
2개의 점 지정

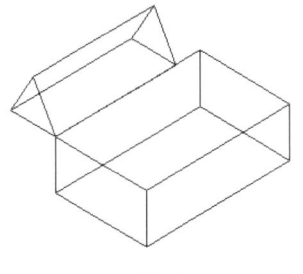
결과

▶ 두 쌍의 점을 사용하는 경우

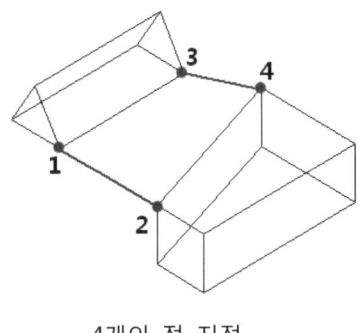
4개의 점 지정

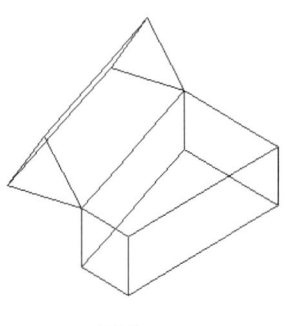
결과

▶ 세 쌍의 점을 사용하는 경우

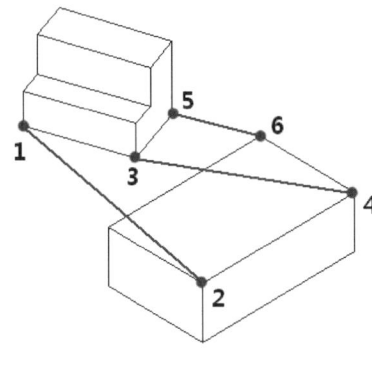
6개의 점 지정

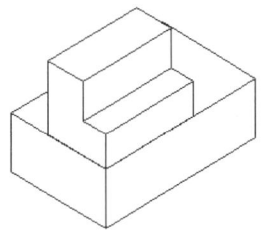
결과

13 3Darray(3차원 배열하기)

▶ 직사각형 배열

```
명령: 3DARRY Enter↵ 또는 [icon] 클릭
객체 선택: 배열할 객체 선택 Enter↵
배열의 유형 입력 [직사각형(R)/원형(P)] <R>: P 입력 Enter↵
행 수 입력 (---) <1>: 행의 개수 입력 Enter↵
열 수 입력 (|||) <1>: 열의 개수 입력 Enter↵
레벨 수 입력 (...) <1>: 높이 방향으로 배열 개수 입력 Enter↵
행 사이의 거리를 지정(---): 행간 거리 입력 Enter↵
열 사이의 거리를 지정 (|||): 열간 거리 입력 Enter↵
레벨 사이의 거리를 지정 (...): 레벨 간 거리 입력 Enter↵
```

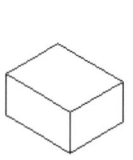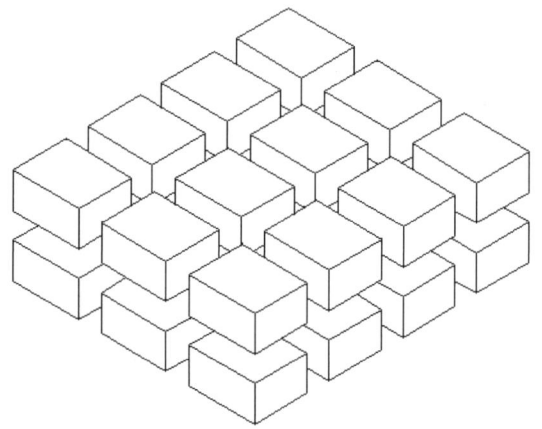

배열할 객체   결과(행 : 4, 열 : 3, 레벨 : 2, 조건 : 표준좌표계)

▶ 원형 배열

```
명령: 3DARRY Enter↵ 또는 [icon] 클릭
객체 선택: 배열할 객체 선택 Enter↵
배열의 유형 입력 [직사각형(R)/원형(P)] <R>: R 입력 Enter↵
배열에서 항목 수 입력: 배열 개수 입력 Enter↵
채우기 할 각도 지정 (+=ccw, -=cw) <360>: Enter↵, 또는 원하는 각도 입력 Enter↵
배열된 객체를 회전하시겠습니까? [예(Y)/아니오(N)] <Y>: Y
배열의 중심점 지정: 배열 중심축상의 한 점을 클릭
회전축상의 두 번째 점 지정: 배열 중심축상의 두 번째 점을 클릭
```

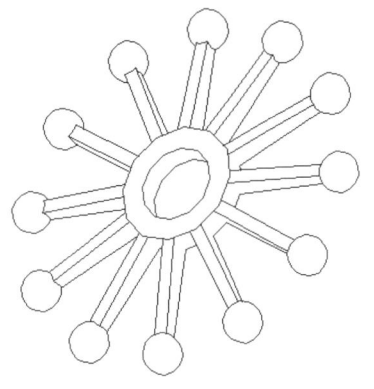

　　　배열할 객체　　　　　결과(배열 개수 : 12개, 배열 각도 : 360°)

14-1 3Dmove(3차원 이동하기)

> 명령: **3DMOVE** `Enter` 또는 클릭
> 객체 선택: **이동할 객체 선택** `Enter`
> 기준점 지정 또는 [변위(D)] 〈변위〉: **기준점 클릭**
> 두 번째 점 지정 또는 〈첫 번째 점을 변위로 사용〉: **거리값 입력** `Enter`

14-2 3Drotate(3차원 회전하기)

> 명령: **3DROTATE** `Enter` 또는 클릭
> 현재 UCS에서 양의 각도: 측정 방향=시계 반대 방향/기준 방향=0
> 객체 선택: **회전할 객체 선택** `Enter`
> 기준점 지정: **회전 기준점 클릭**
> 회전축 선택: **활성화된 아이콘 중 회전축 클릭**
> 각도 시작점 지정 또는 각도 입력: **각도 시작점 클릭**
> 각도 끝점 지정: **각도 끝점 클릭**

14-3 Mirror3d(3차원 대칭복사)

```
명령: MIRROR3D Enter↵
객체 선택: 대칭 복사할 객체 선택 Enter↵
대칭 평면 (3점)의 첫 번째 점 지정 또는
[객체(O)/최종(L)/Z축(Z)/뷰(V)/XY(XY)/YZ(YZ)/ZX(ZX)/3점(3)] <3점>: 첫 번째 대
칭점 클릭, 또는 옵션 선택 Enter↵
대칭 평면 위의 두 번째 점 지정: 두 번째 대칭점 클릭
대칭 평면 위의 세 번째 점 지정: 세 번째 대칭점 클릭
원본 객체를 삭제합니까? [예(Y)/아니오(N)] <N>: Enter↵ 하거나 Y 입력 Enter↵
```

옵션
- O : 2D 객체를 대칭평면으로 사용
- L : 대칭평면상의 마지막 객체를 기준으로 대칭 복사
- Z : Z축상의 2점을 클릭하여 대칭평면 정의
- V : 화면에 평행한 면을 대칭평면으로 사용
- XY/YZ/ZX : 선택한 평면을 대칭평면으로 사용
- 3 : 임의의 3점을 포함하는 평면을 대칭평면으로 사용

15-1 Solview(도면뷰 작성)

```
명령: SOLVIEW Enter↵
옵션 입력 [UCS(U)/직교(O)/보조(A)/단면(S)]: O Enter↵
투영할 뷰포트의 변을 선택: 뷰포트의 변 선택
뷰 중심 지정: 뷰 중심점 클릭
뷰 중심 지정 <뷰포트 지정>: Enter↵, 또는 새로운 뷰 중심점 클릭
뷰포트의 첫 번째 구석 지정: 새로 생길 뷰포트의 첫 번째 구석점 클릭
뷰포트의 반대 구석 지정: 새로 생길 뷰포트의 반대쪽 구석점 클릭
뷰 이름 입력: 뷰 이름 입력 Enter↵
```

옵션

- UCS : 배치 탭에 뷰포트가 없을 경우 초기 뷰포트를 작성할 수 있음. 사용자 좌표계를 기준으로 윤곽 뷰를 작성하며 뷰포트 투영이 UCS의 XY평면에 평행하게 작성됨

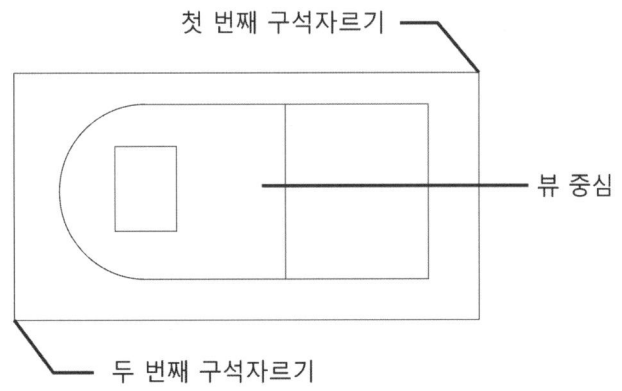

- O : 기존 뷰로부터 접힌 직교 뷰를 작성

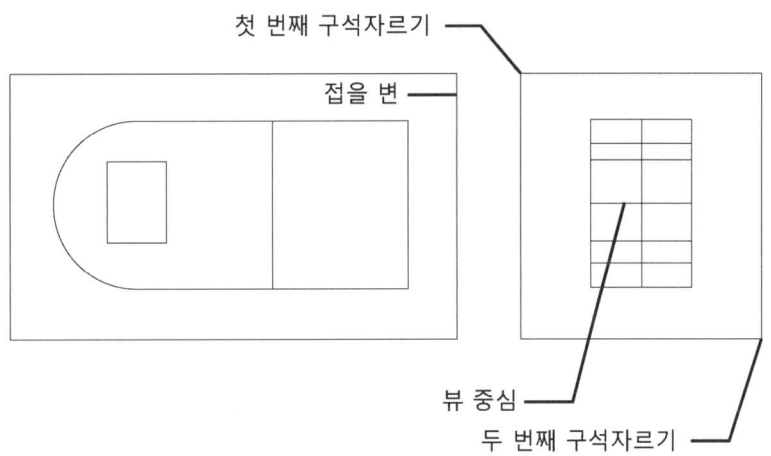

- A : 기존 뷰로부터 보조 뷰를 작성

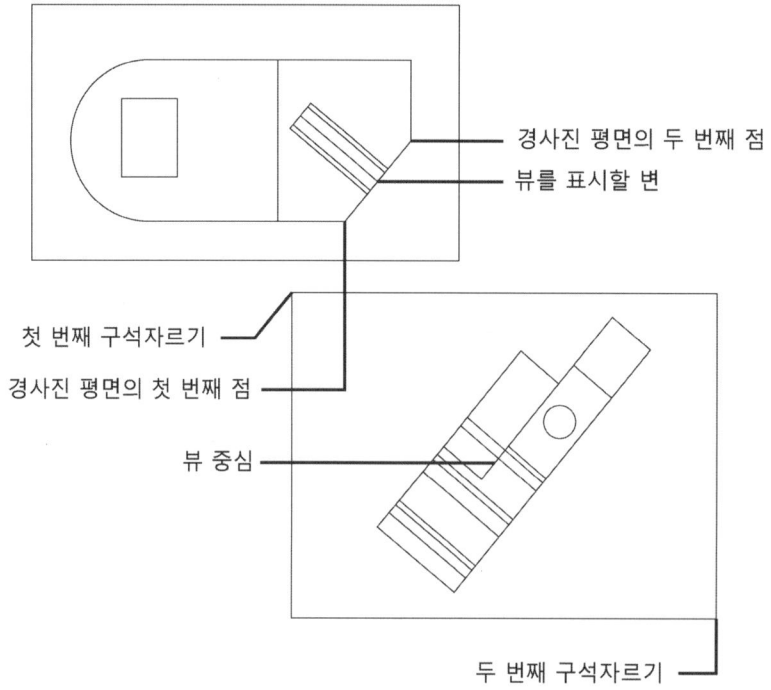

- S : 기존 뷰로부터 단면 뷰를 작성

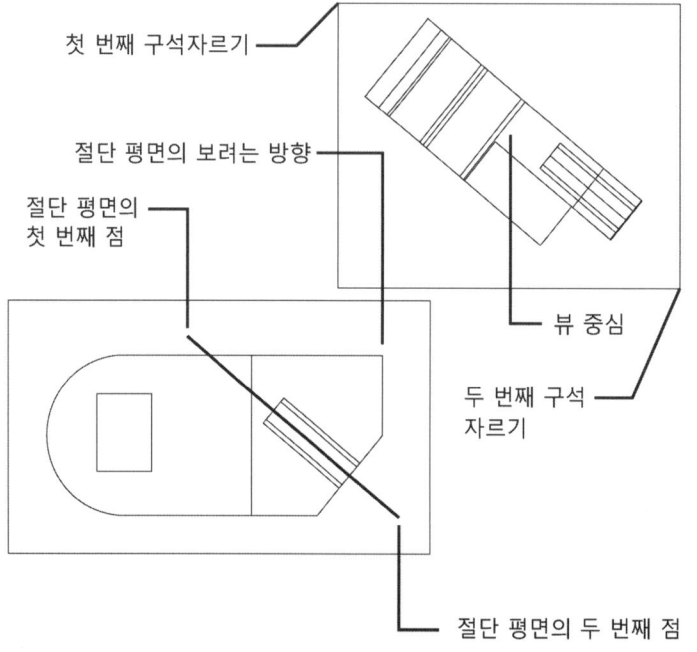

15-2 Soldraw(윤곽과 단면 생성하기)

Solview를 사용하여 작성된 배치 뷰포트에서 윤곽과 단면을 생성함
명령: **SOLDRAW** Enter↵
그리기 할 뷰포트 선택
객체 선택: **solview로 만들어진 뷰 선택** Enter↵
한 개의 솔리드가 선택됨

16-1 Mview(배치 뷰포트 작성하기)

명령: **MView** Enter↵
뷰포트 구석 지정 또는
[켜기(ON)/끄기(OFF)/맞춤(F)/음영플롯(S)/잠금(L)/객체(O)/다각형(P)/복원(R)/도면층(LA)/2/3/4] 〈맞춤(F)〉: **뷰포트 시작점 클릭, 또는 옵션 선택** Enter↵
반대 구석 지정: 모형 재생성 중

옵션
- F : 인쇄가능 영역에 맞춰 뷰포트 생성
- S : 뷰포트의 출력방식 설정
- L : 선택한 뷰포트의 모형공간에서 작업시 줌 축척 비율이 변동되지 안도록 잠금 설정
- O : 닫힌 2차원 도형을 뷰포트로 변환
- P : 뷰포트를 불규칙한 모양의 폴리라인으로 작성
- R : 저장된 뷰포트를 불러옴
- LA : 선택한 뷰포트의 도면층 특성을 전역 도면층으로 설정
- 2/3/4 : 지정한 개수만큼 뷰포트를 분할

16-2 Mvsetup(뷰포트 설정하기)

명령: **MVSETUP** Enter↵
옵션 입력 [정렬(A)/뷰포트 작성(C)/뷰포트 축척(S)/옵션(O)/제목 블록(T)/명령 취소(U)]: **옵션 선택** Enter↵

> **옵션**
> - A : 뷰포트의 뷰를 초점 이동하여 다른 뷰포트의 기준점에 정렬
> - C : 뷰포트 작성
> - S : 뷰포트 내의 객체의 줌 축척비율 설정
> - O : MVSETUP의 기본 설정 확인
> - T : 도면 방향 설정, 도면 경계, 제목 블록 작성

16-3 Vplayer(뷰포트 내의 도면층 설정하기)

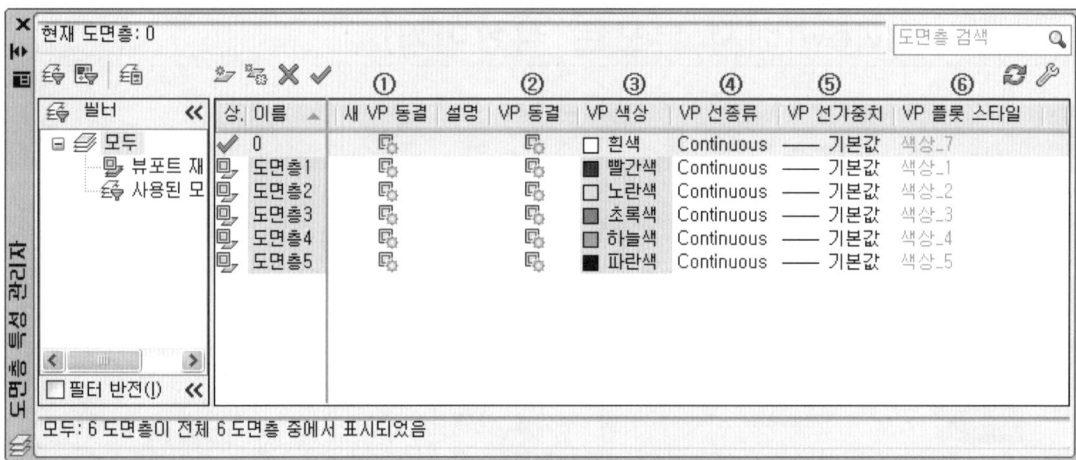

① 새 VP 동결 : 새 뷰포트를 만들 때 선택한 도면층의 가시성을 ON/OFF함
② VP 동결 : 각 배치 뷰포트에서 도면층을 선택적으로 동결하여 뷰포트마다 다른 객체를 볼 수 있음
③ VP 색상 : 뷰포트 내의 도면층의 색상을 설정하거나 뷰포트 도면층의 색상을 설정
④ VP 선종류 : 뷰포트 내의 도면층의 선종류를 설정하거나 뷰포트 도면층의 선종류를 설정
⑤ VP 선가중치 : 뷰포트 도면층의 선가중치를 설정
⑥ VP 플롯 스타일 : 뷰포트 도면층의 플롯 스타일을 설정

2D 도면예제

Section 03

예제로 배우는 AutoCAD

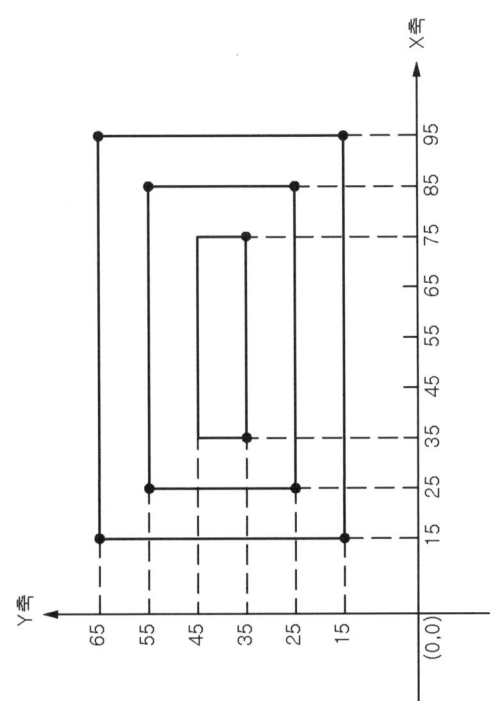

Line, Erase, Zoom, Pan

<절대좌표 이용하기>
입력방법 : X좌표, Y좌표

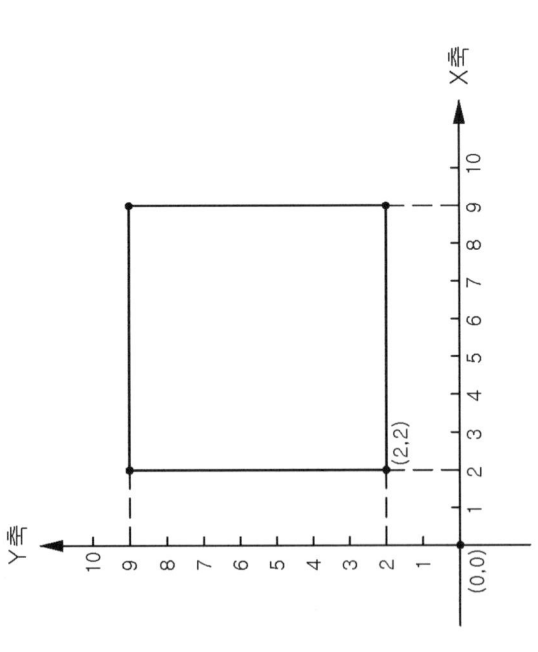

Section 03

Line, Erase, Zoom, Pan

<상대좌표 이용하기>
상대좌표 : @X방향길이, Y방향길이

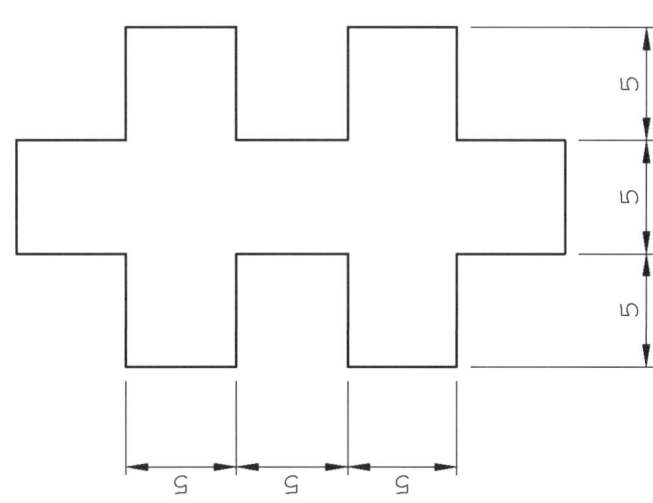

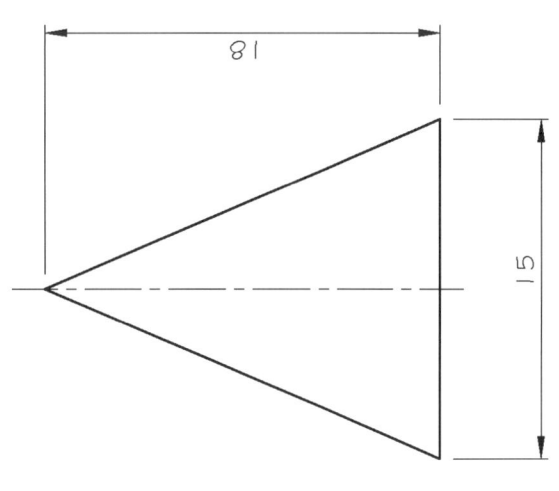

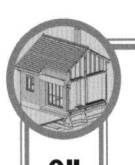

예제로 배우는 AutoCAD

Line, Erase, Zoom, Pan

<상대극좌표 이용하기>
입력형식 : @길이<각도

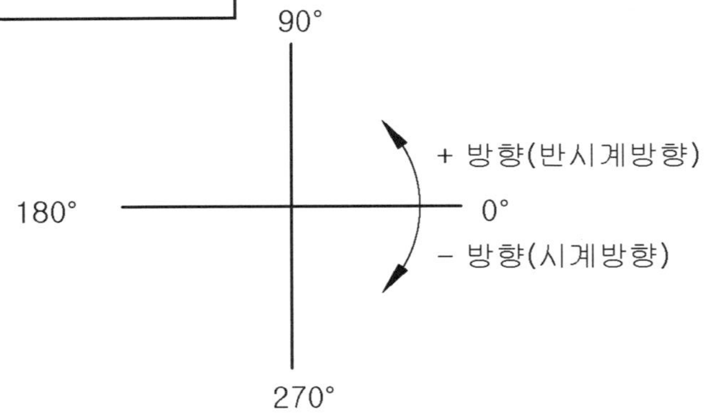

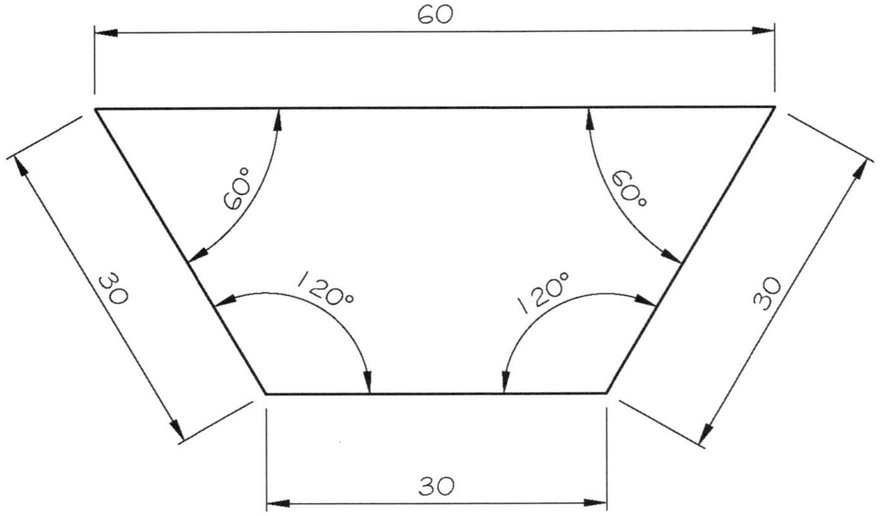

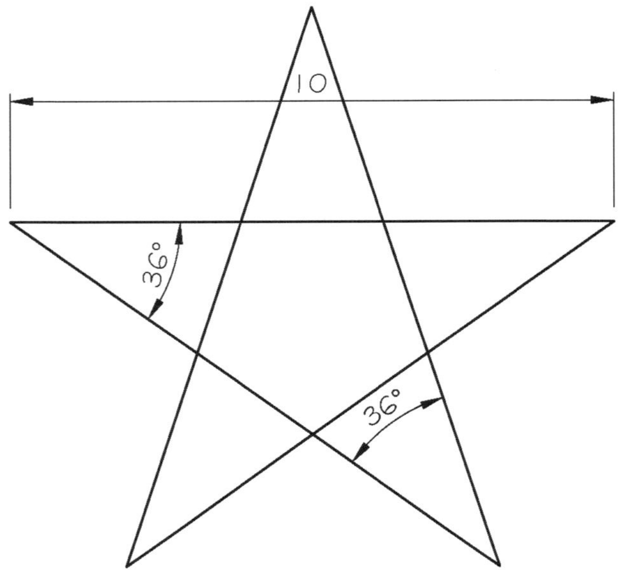

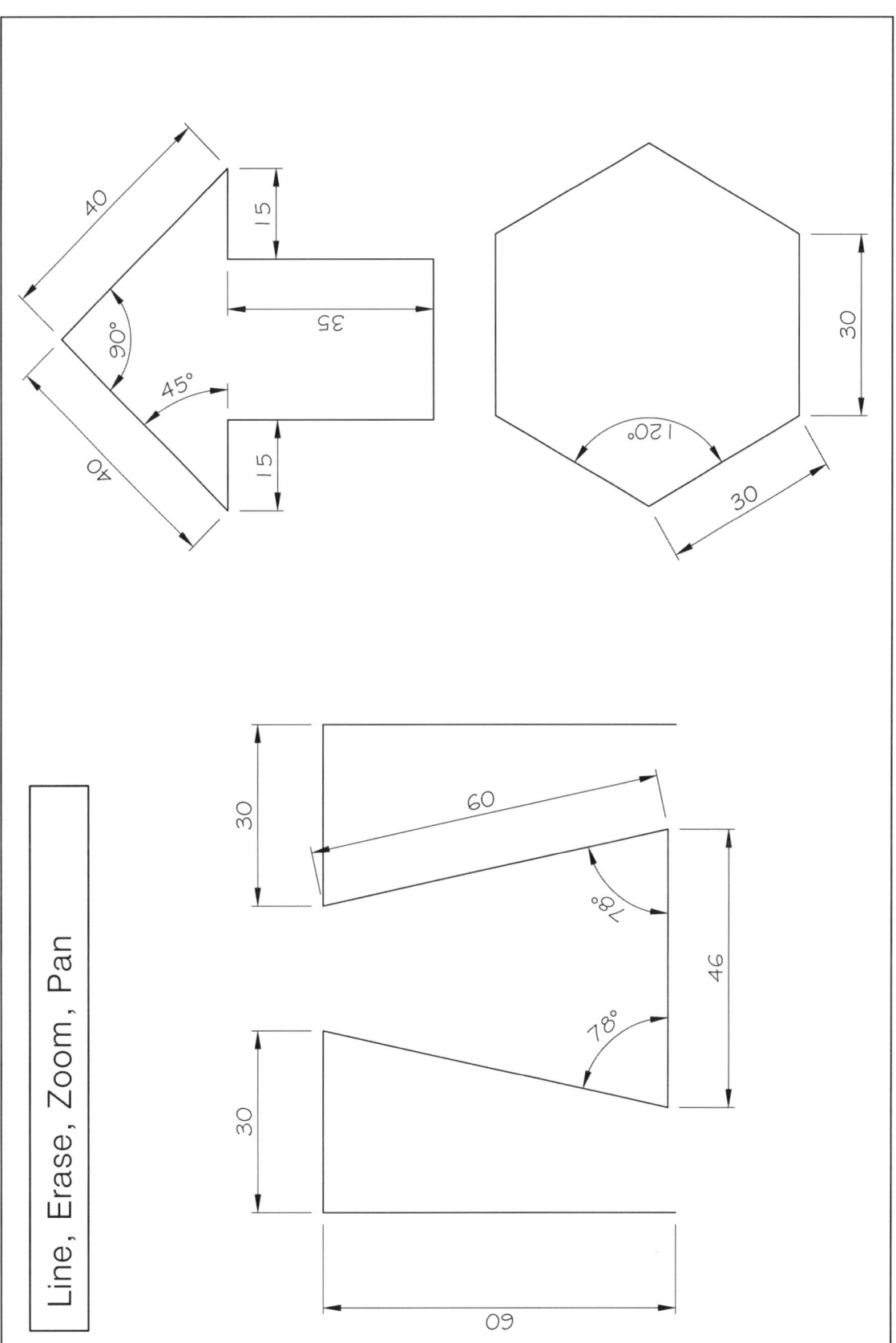

예제로 배우는 AutoCAD

ortho, osnap, otrack 활용하기

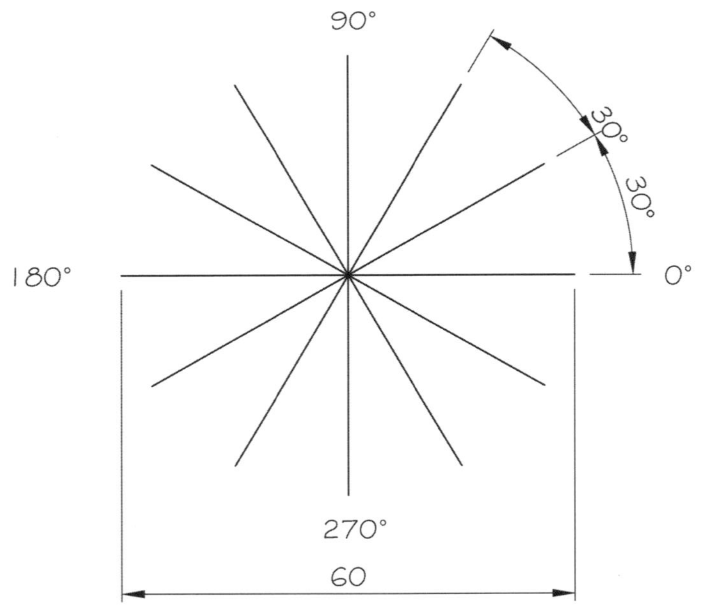

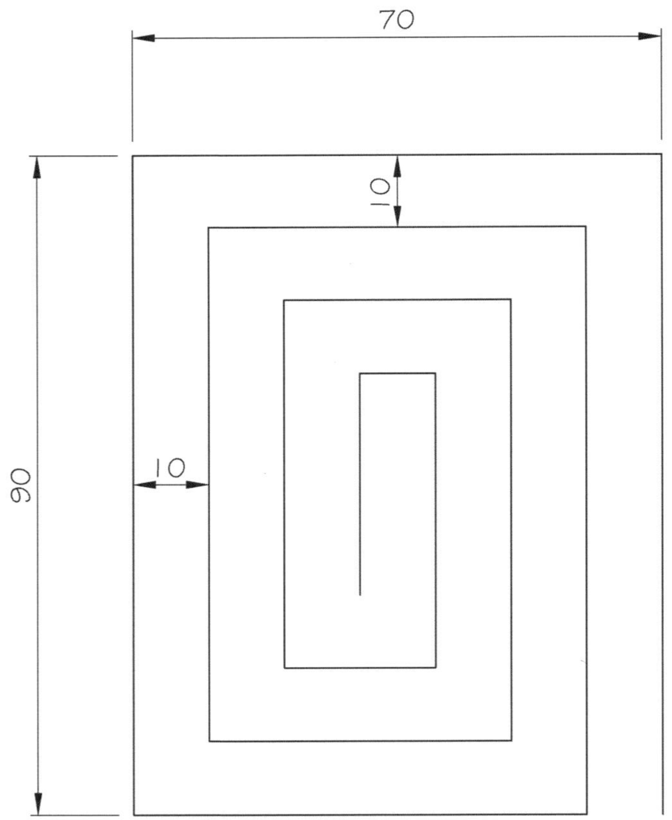

Section 03

ortho, osnap, otrack 훌용하기

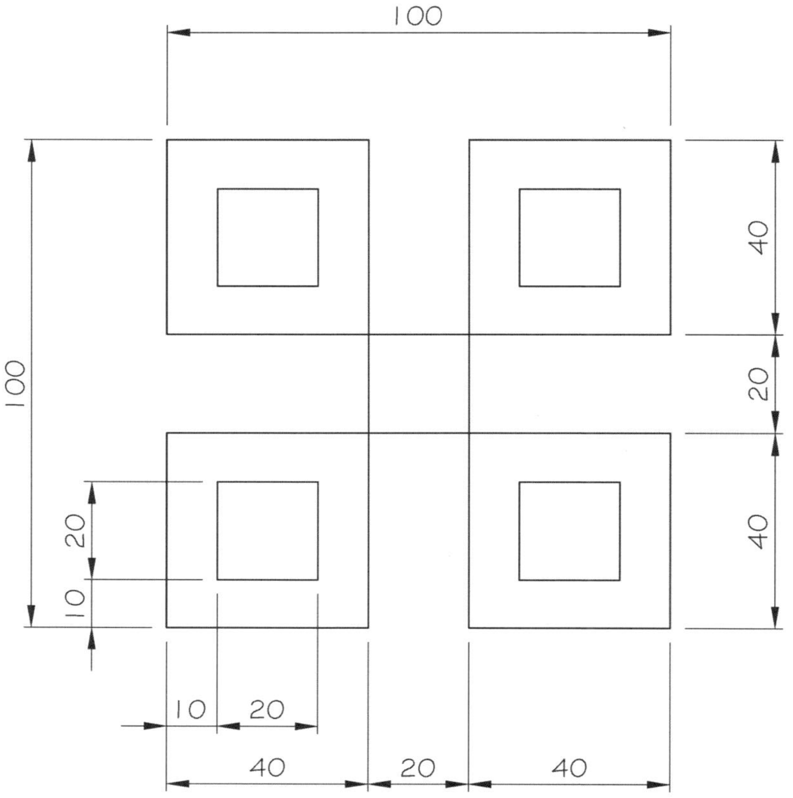

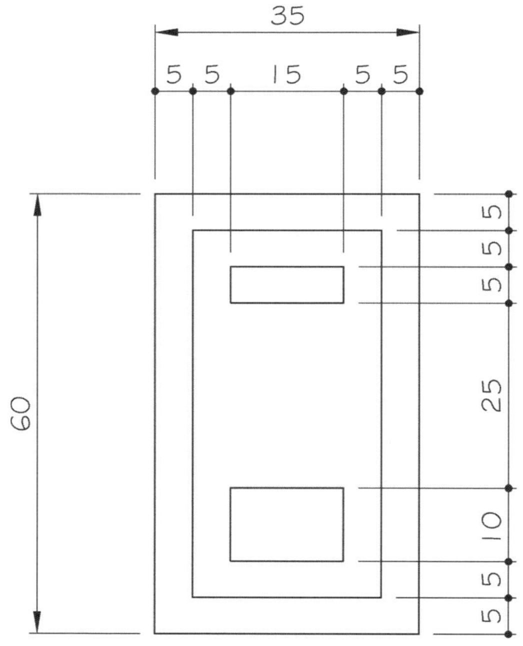

예제로 배우는 AutoCAD

ortho, osnap, otrack 활용하기

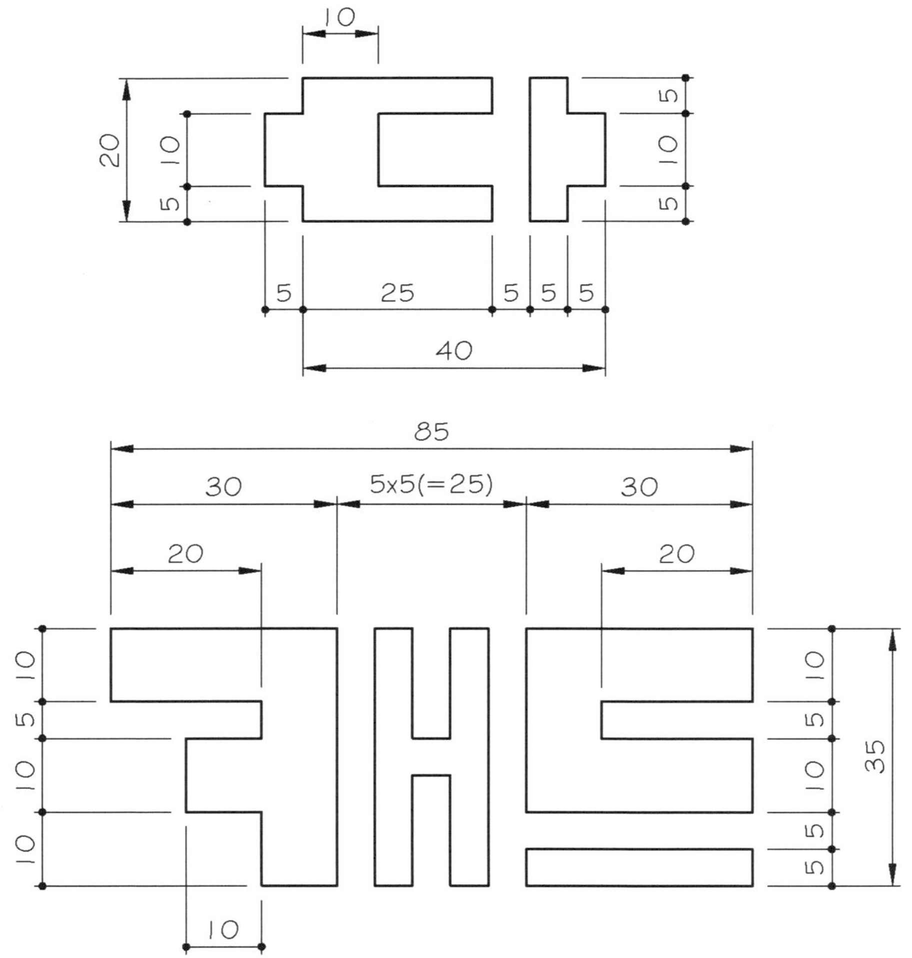

연습예제

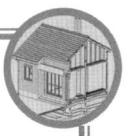

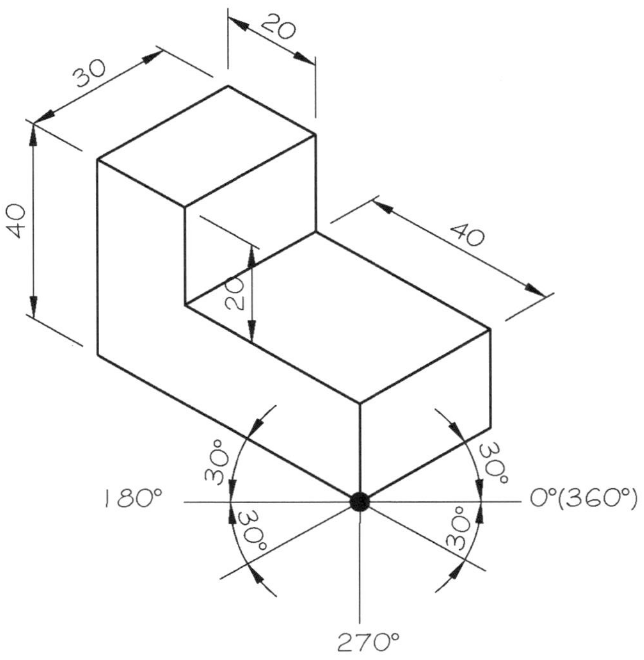

30
20
40
40
20
30°
30°
30°
30°
180°
0°(360°)
270°

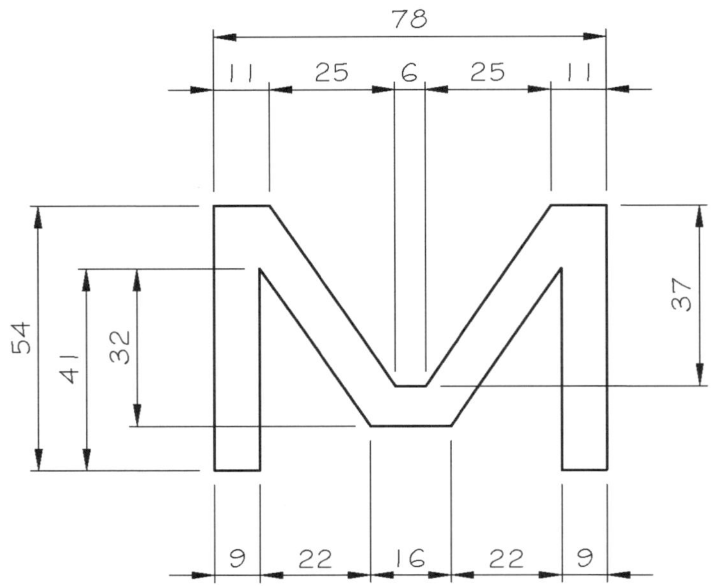

78
11
25
6
25
11
54
41
32
37
9
22
16
22
9

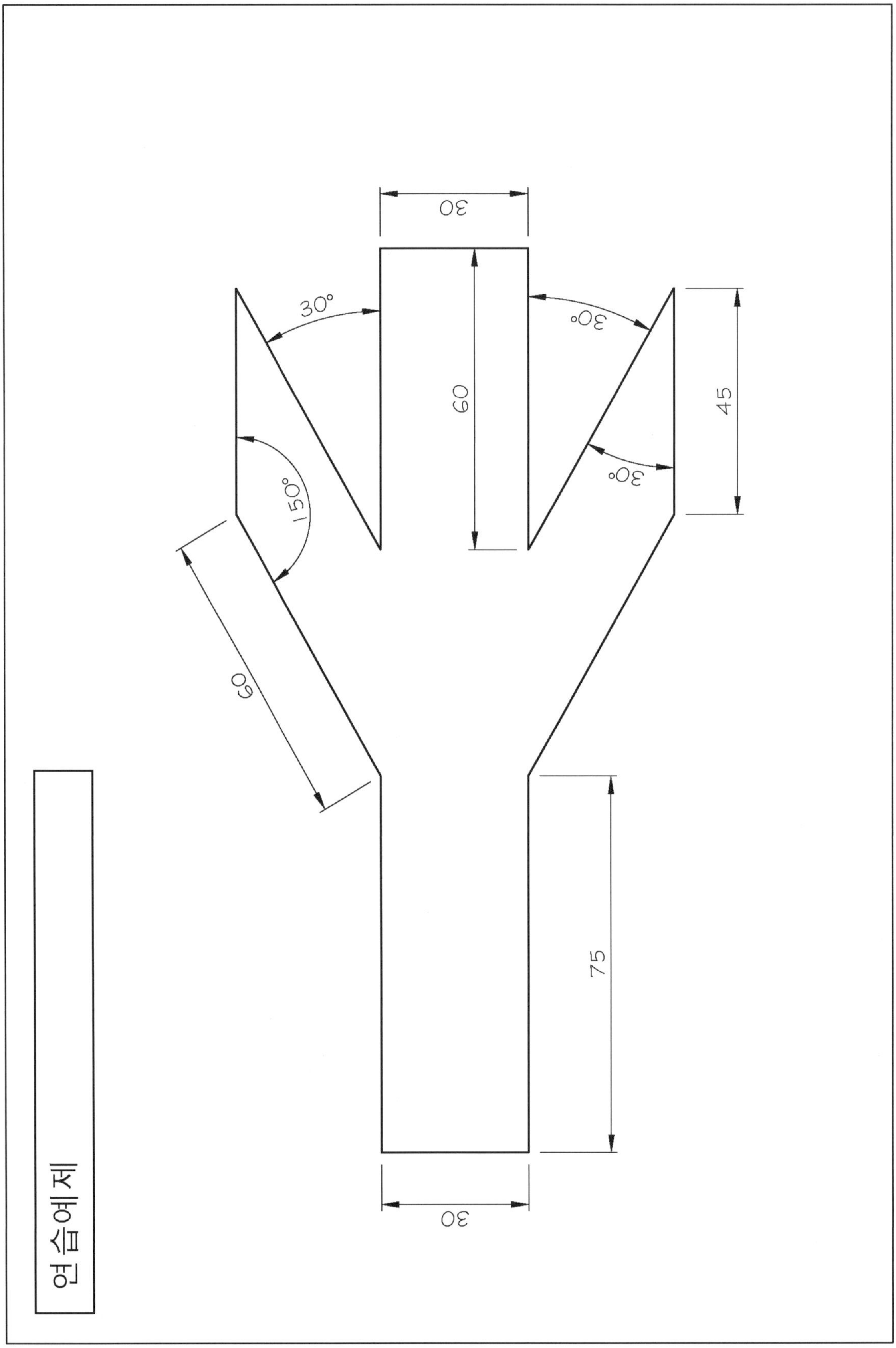

예제로 배우는 AutoCAD

연습예제

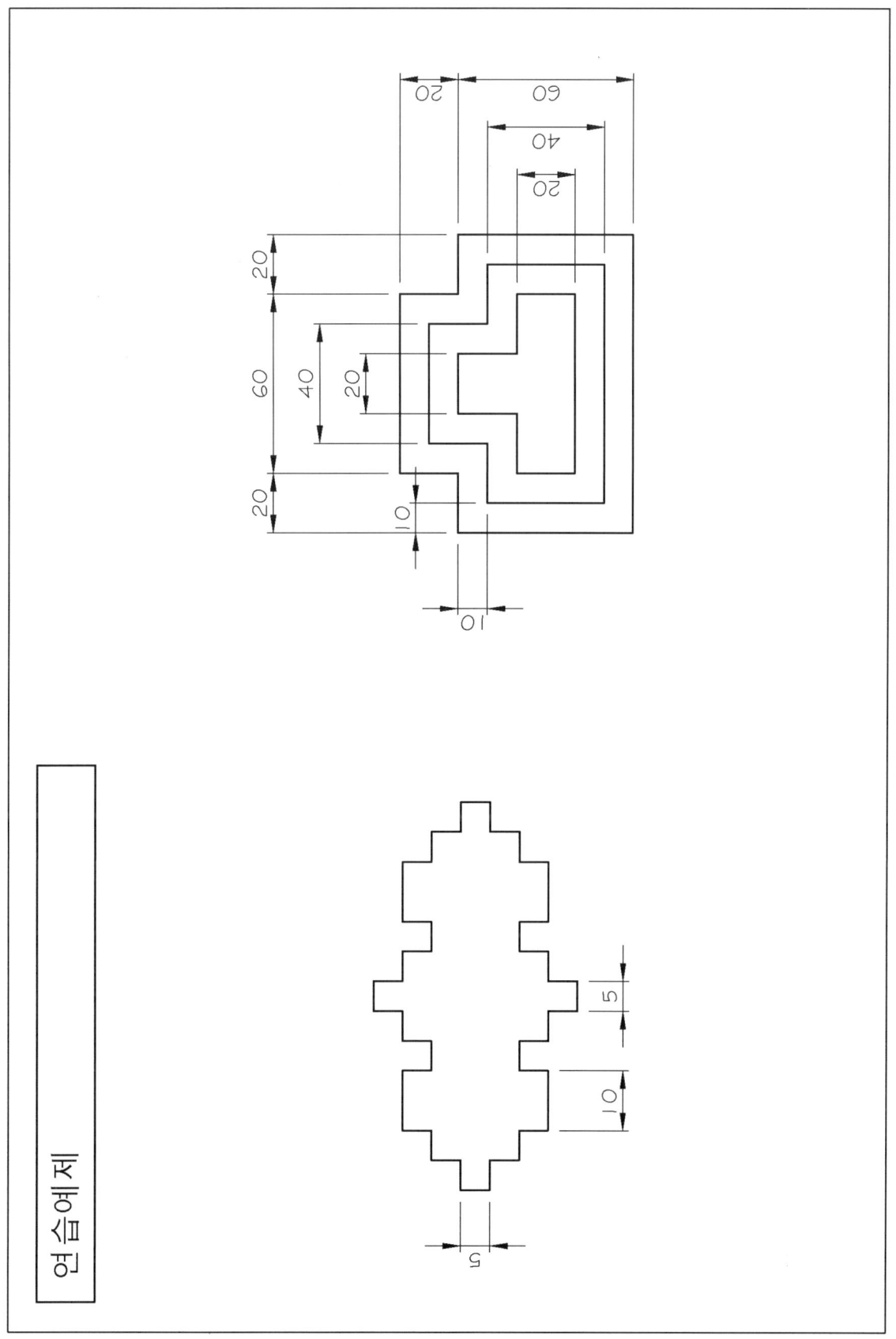

예제로 배우는 AutoCAD

영숙이책

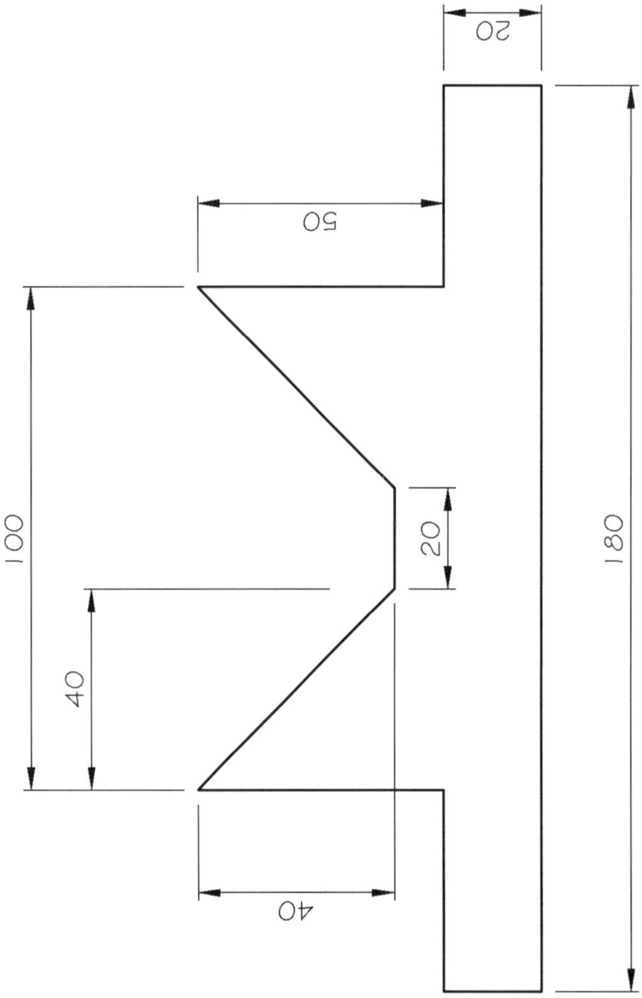

Section 03

연습예제

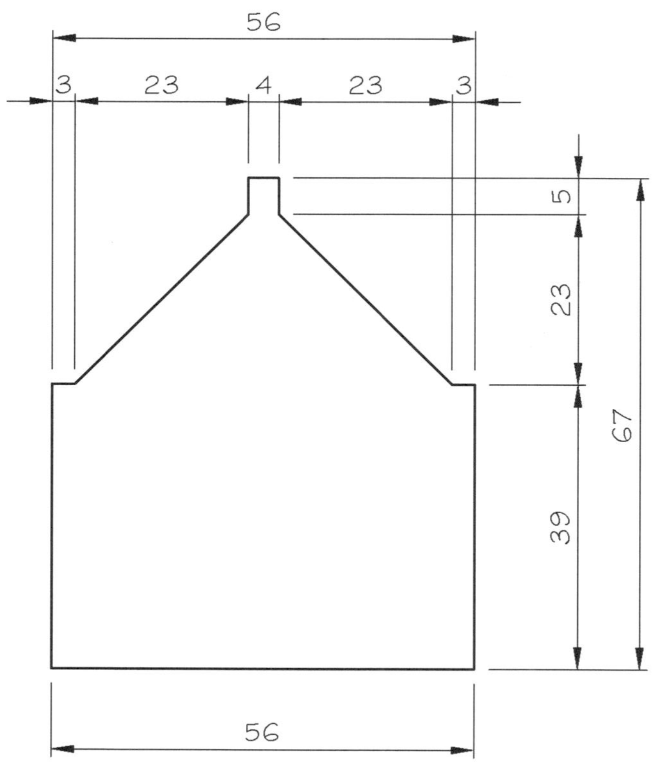

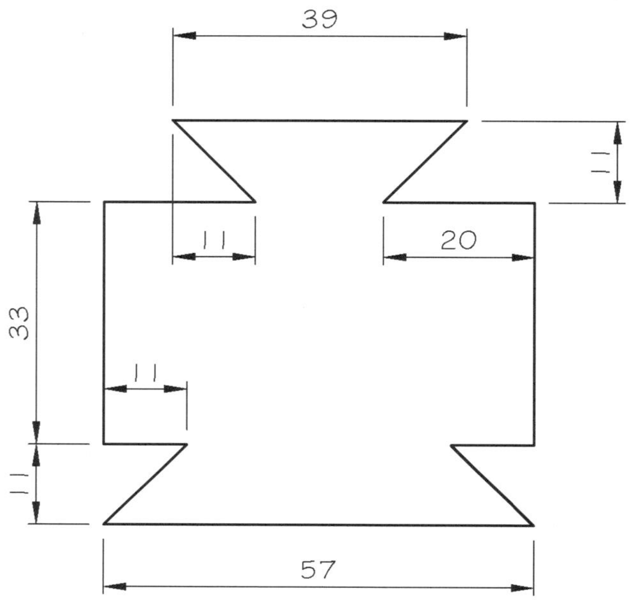

예제로 배우는 AutoCAD

연습문제

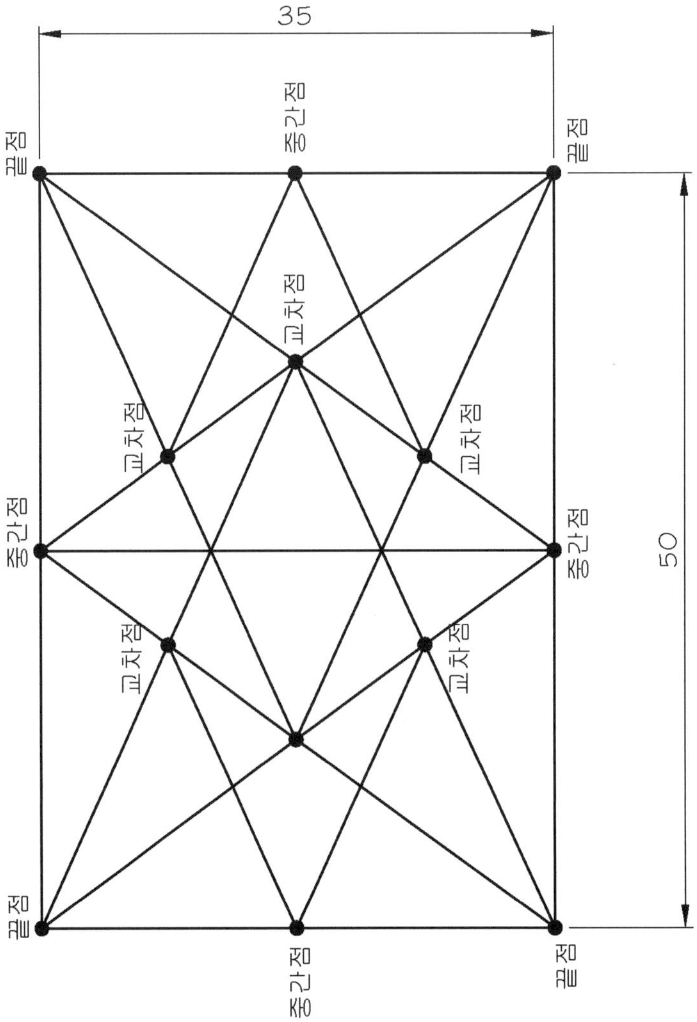

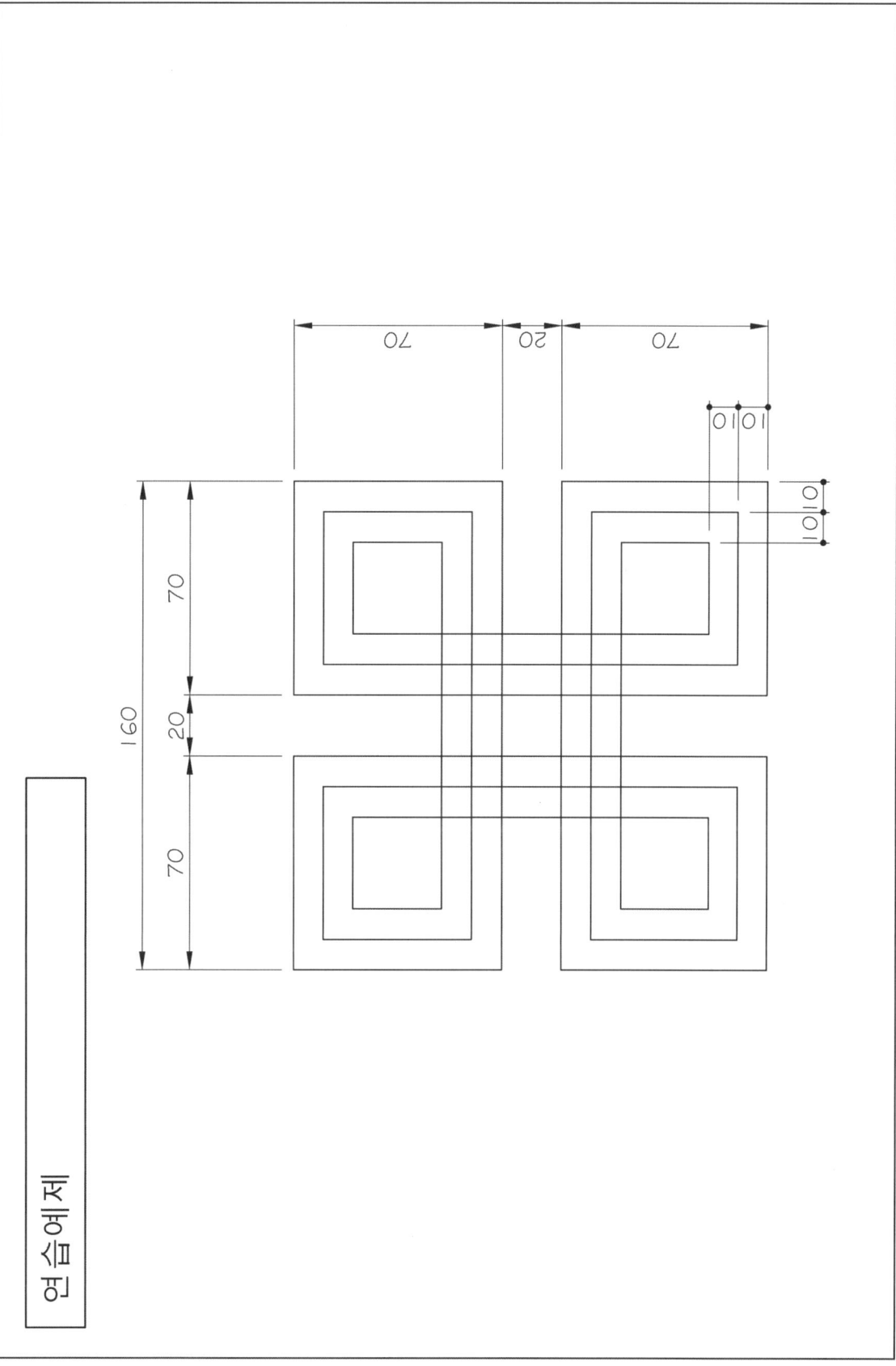

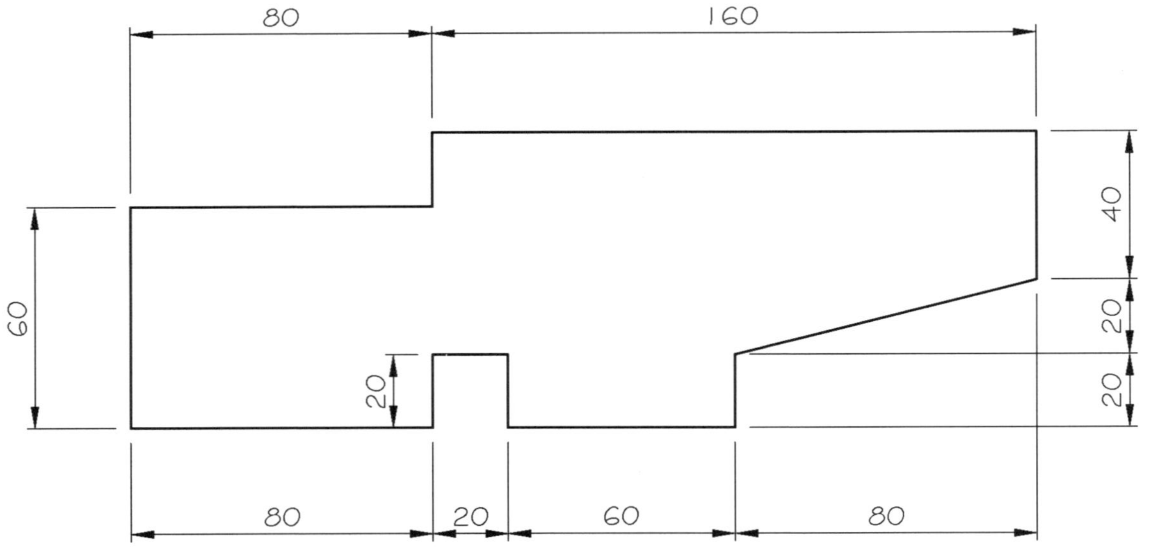

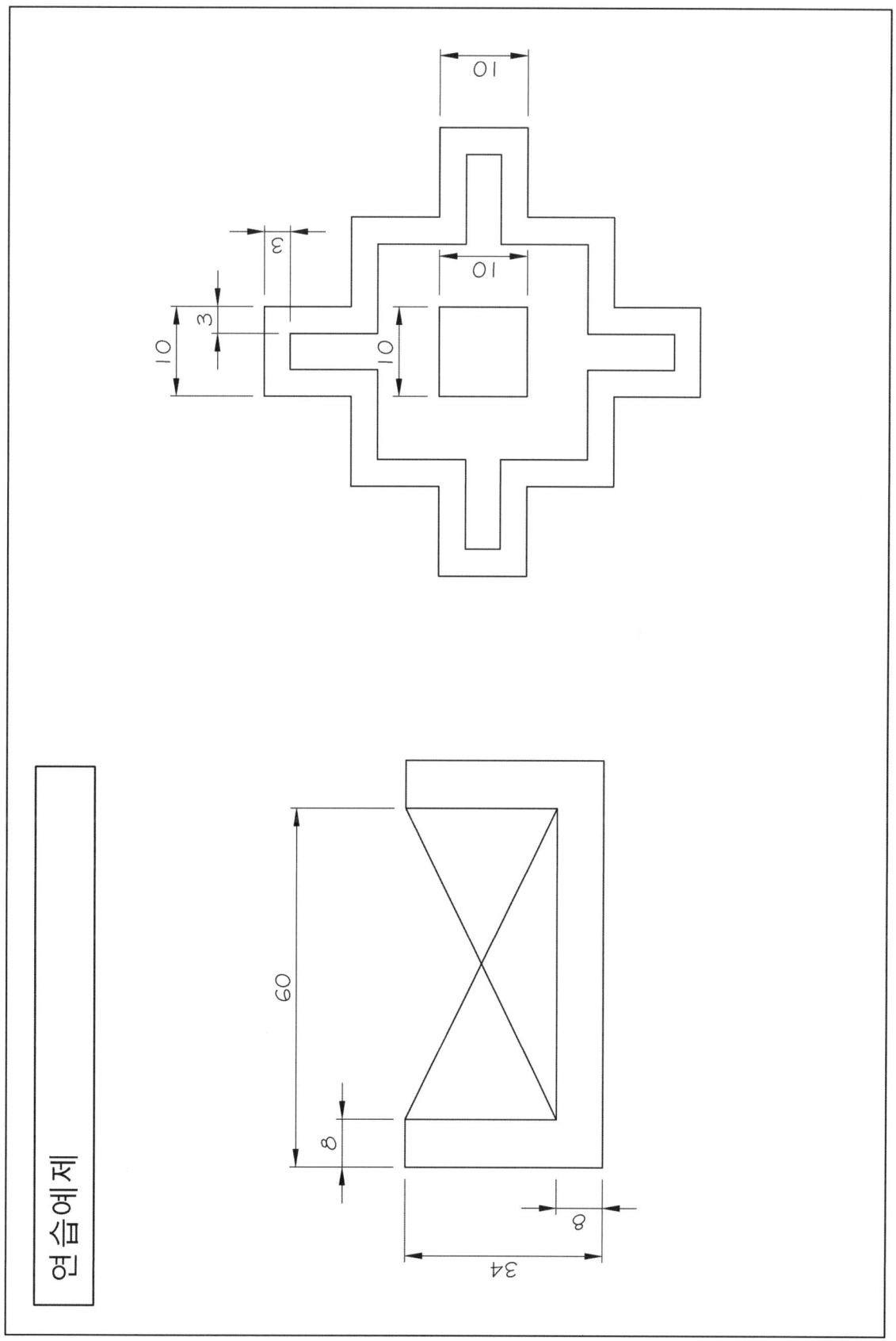

예제로 배우는 AutoCAD

연습문제

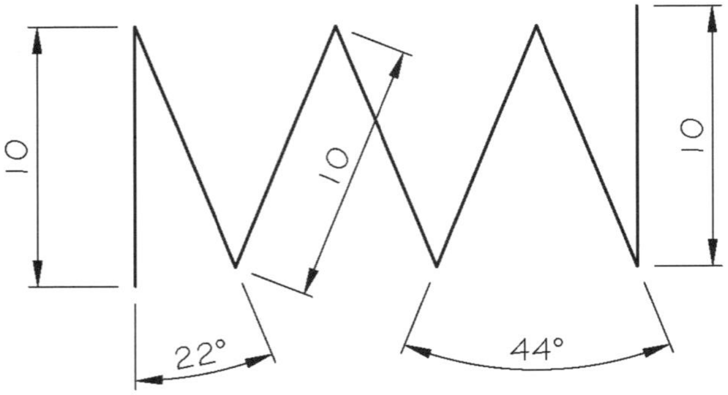

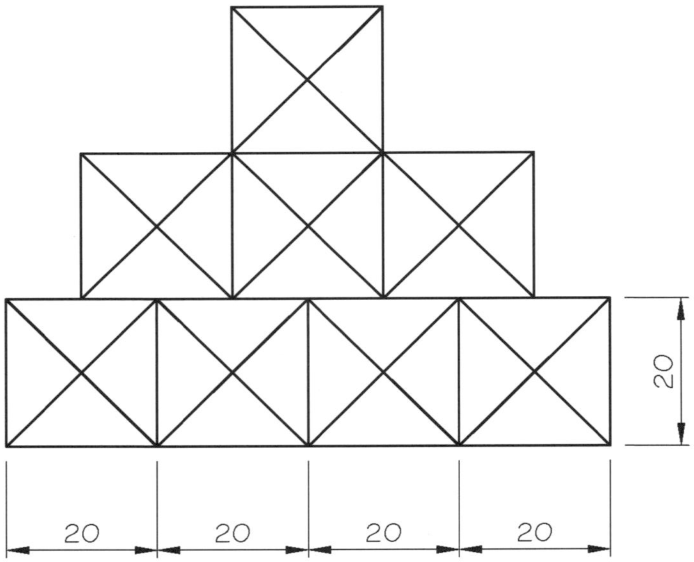

Circle, osnap(중심점, 사분점) 활용하기

Circle – 중심점 – 반지름 또는 지름

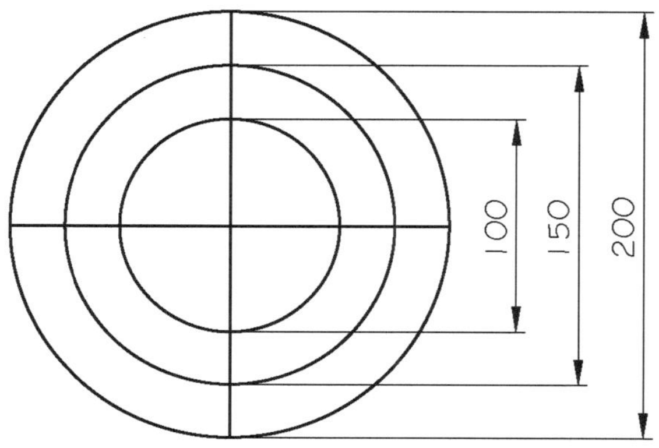

Circle – 중심점 – 반지름 또는 지름
TTT

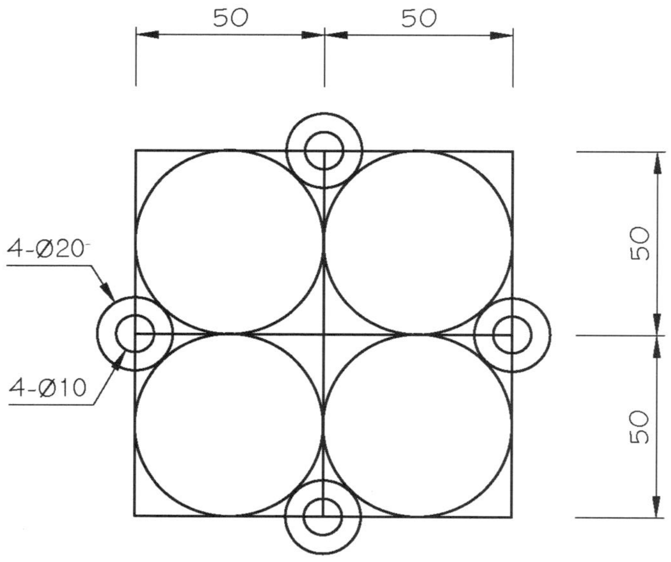

4-Ø20
4-Ø10

예제로 배우는 AutoCAD

Circle, osnap(중심점, 사분점) 활용하기

Circle – 중심점 – 반지름 또는 지름

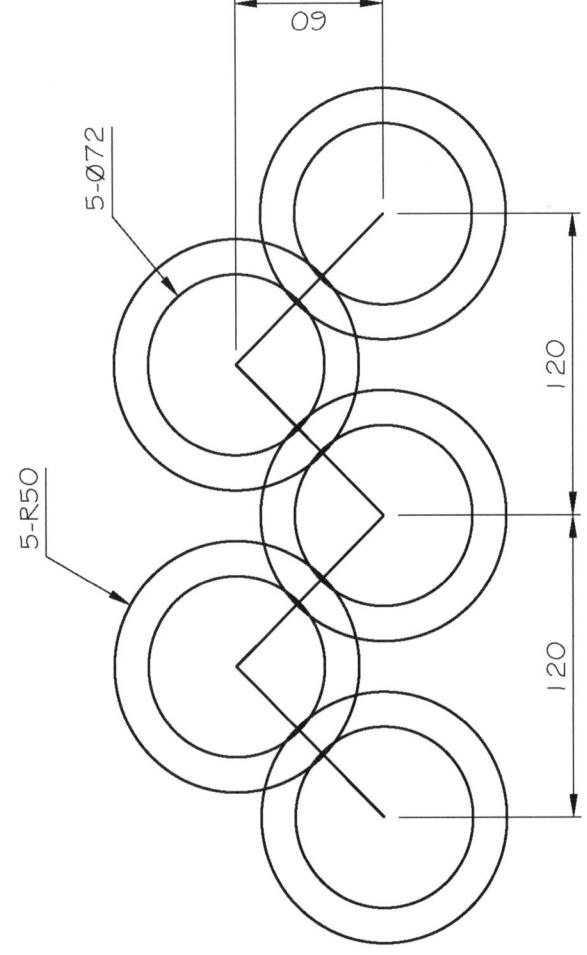

Section 03

Circle, osnap(중심점, 사분점)활용하기

Circle - 중심점 - 반지름 또는 지름
    Ttr

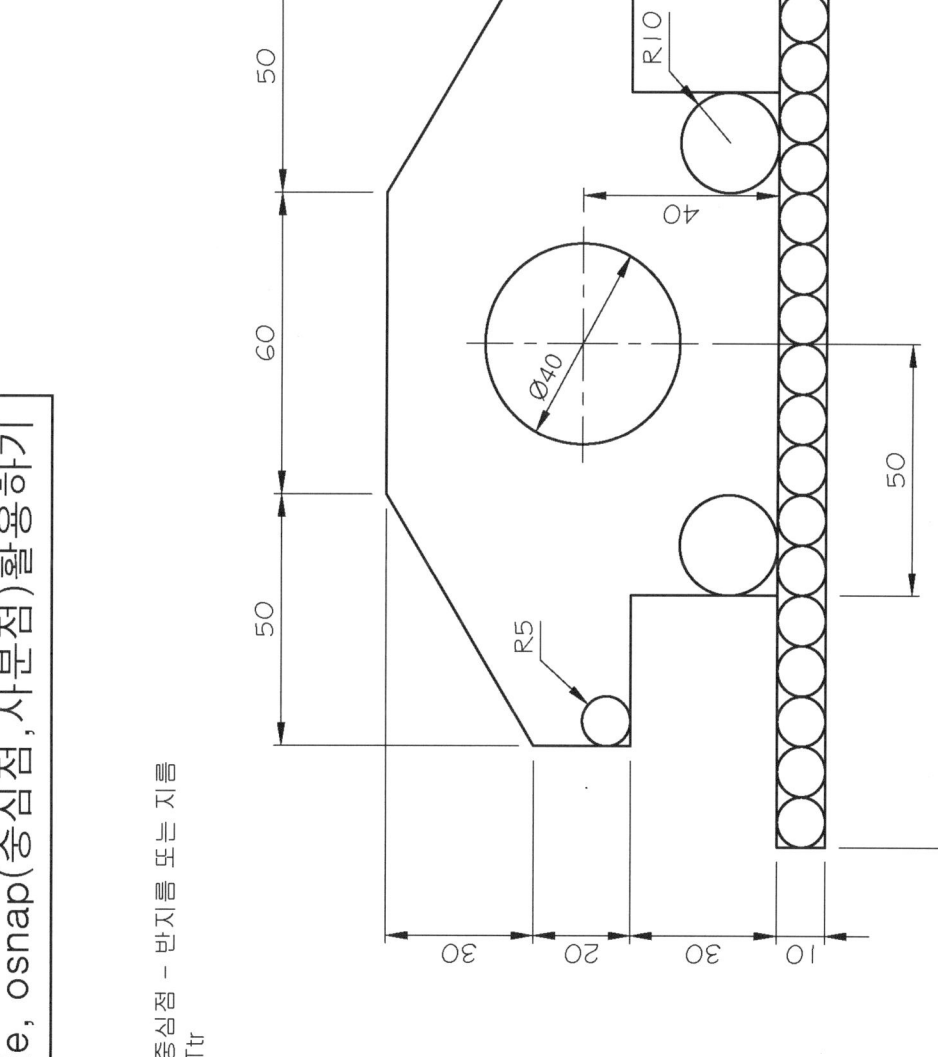

Circle, osnap(중심점, 사분점) 활용하기

Circle - 3점
Ttr

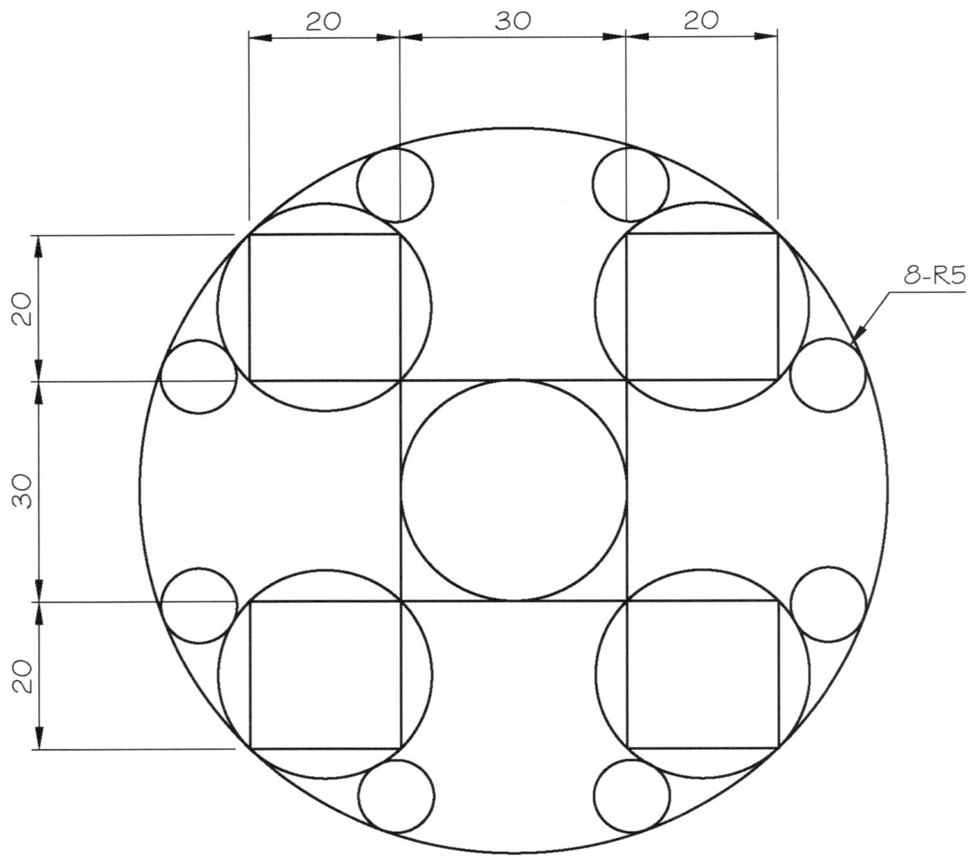

Circle, osnap(중심점, 사분점) 활용하기

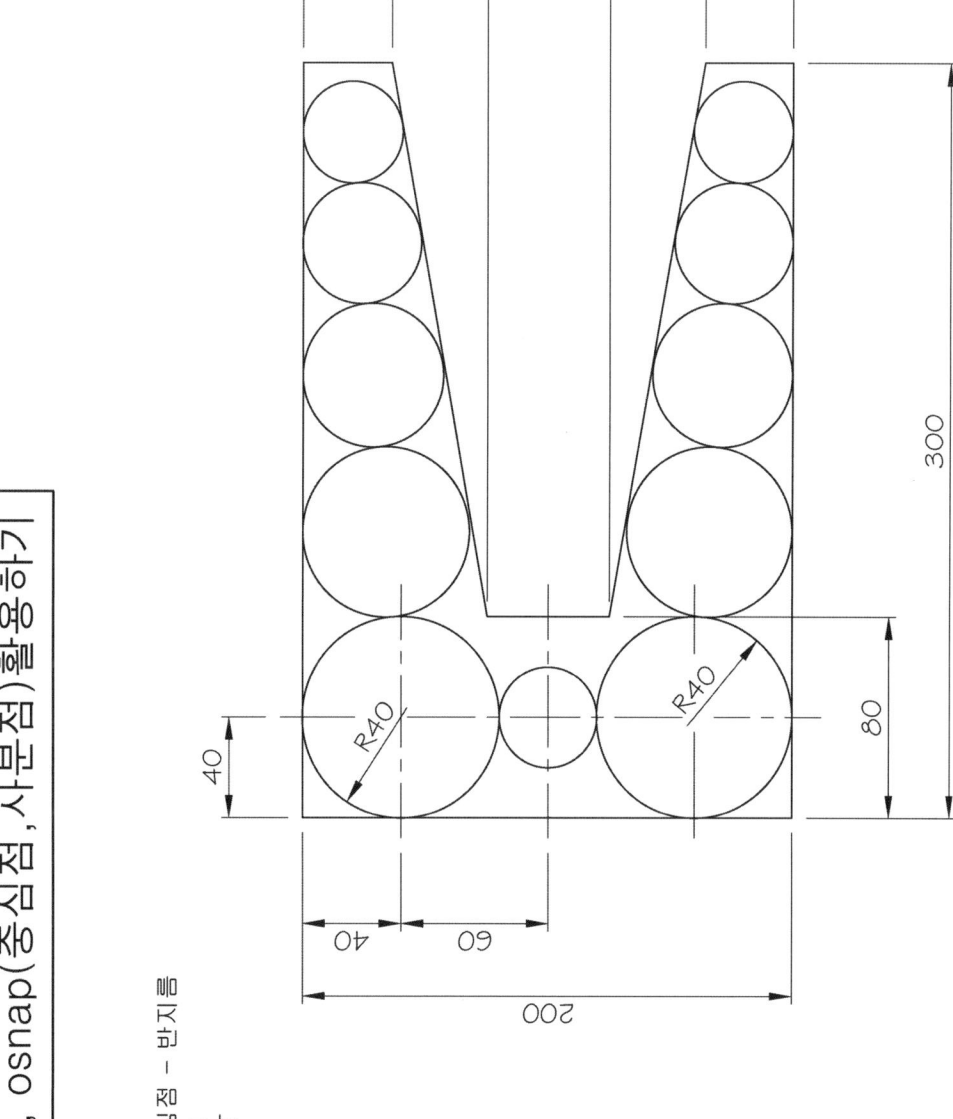

Circle - 중심점 - 반지름
2점
TTT

예제로 배우는 AutoCAD

Circle, osnap(중심점, 사분점)활용하기

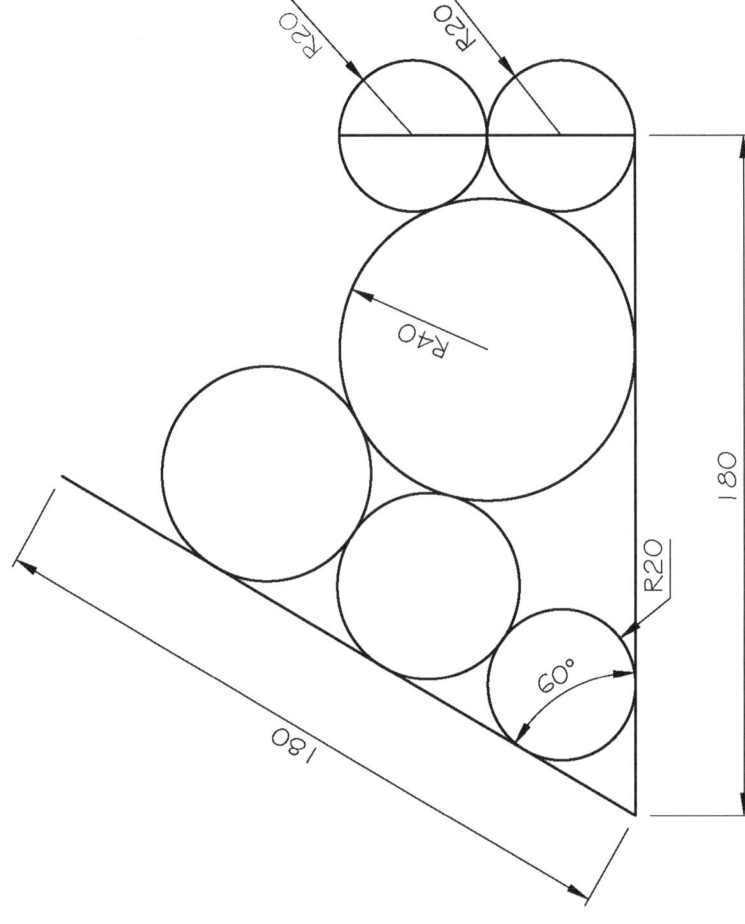

Circle - 중심점 - 반지름 또는 지름
Ttr
TTT

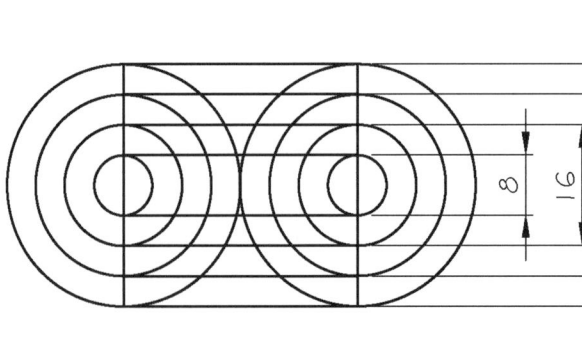

Circle - 중심점 - 반지름 또는 지름

Circle, osnap(중심점, 사분점) 활용하기

Circle – 3점
Ttr
TTT

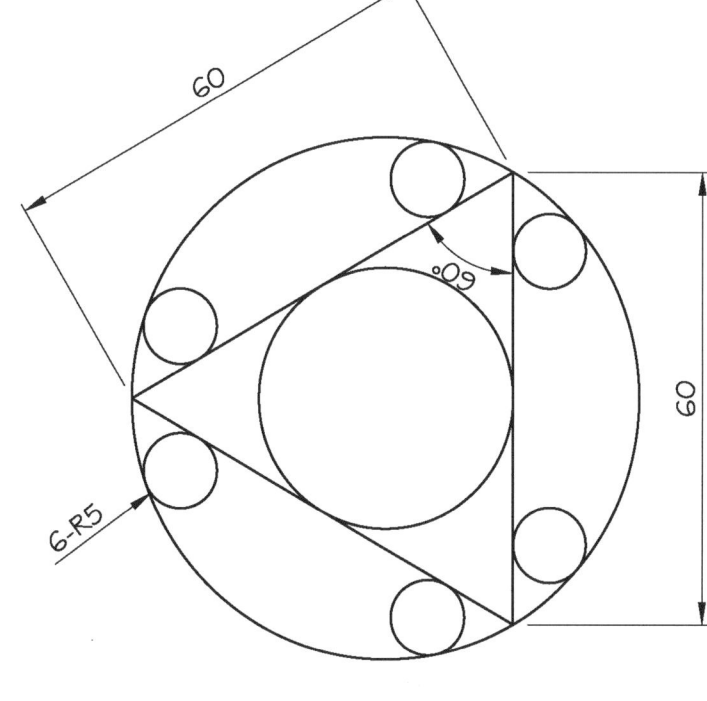

Circle – Ttr

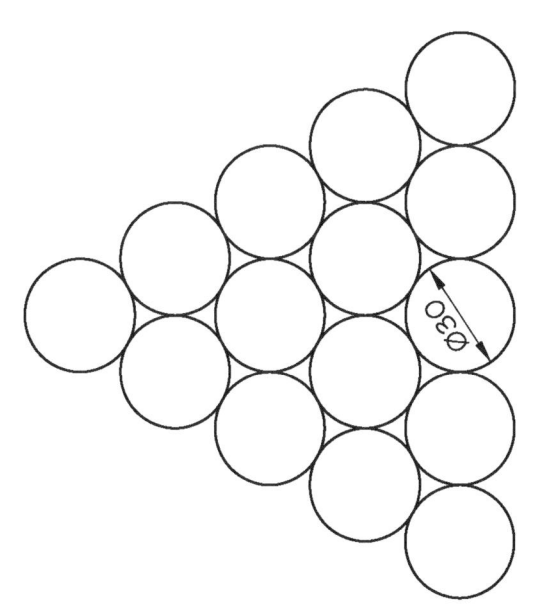

Circle, osnap(중심점, 사분점) 활용하기

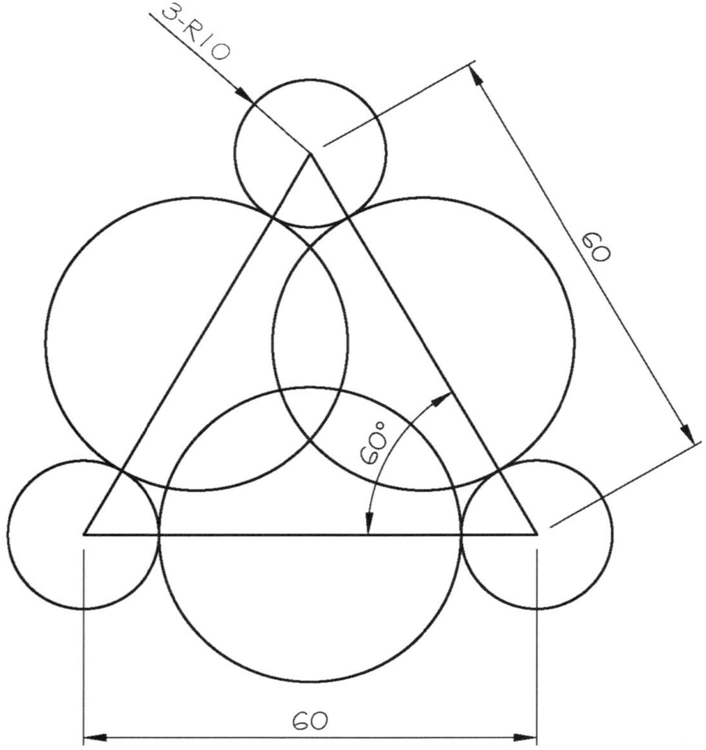

Circle - 2점
Ttr

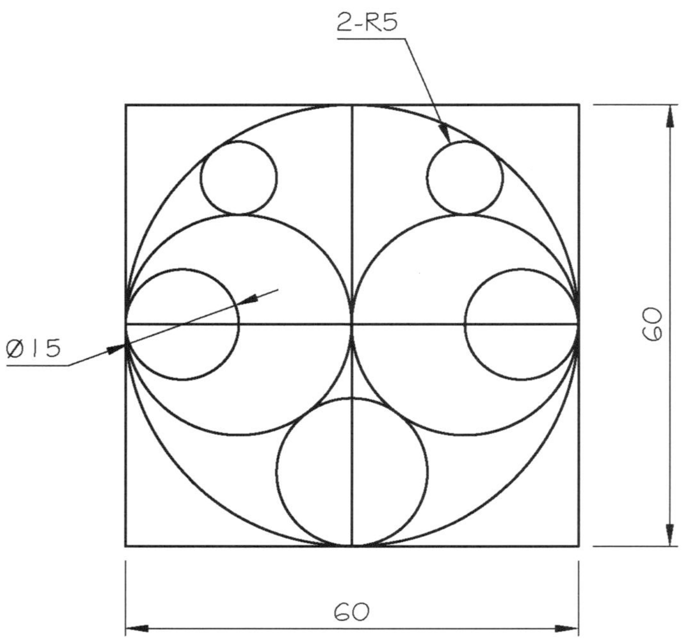

Circle - 중심점 - 반지름
2점

Section 03

Circle, osnap(중심점, 사분점) 활용하기

Circle - 3점
TTT

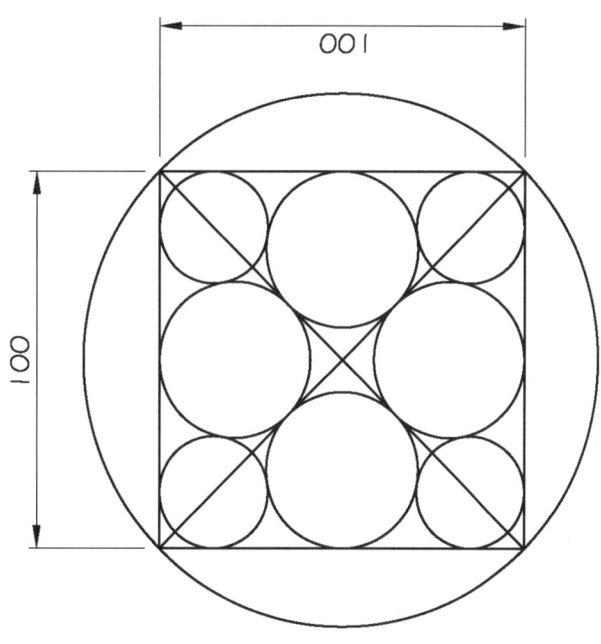

Circle - 2점
TTT

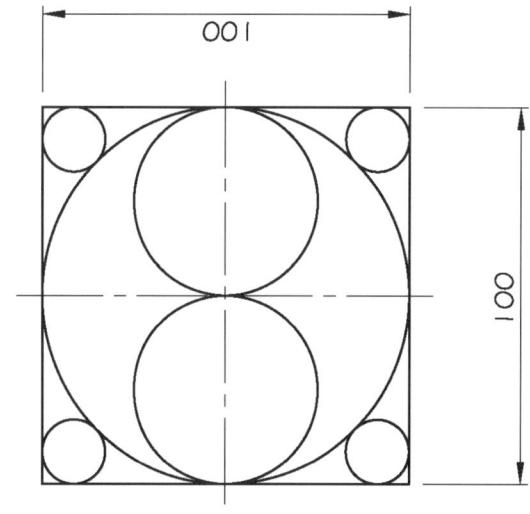

예제로 배우는 AutoCAD

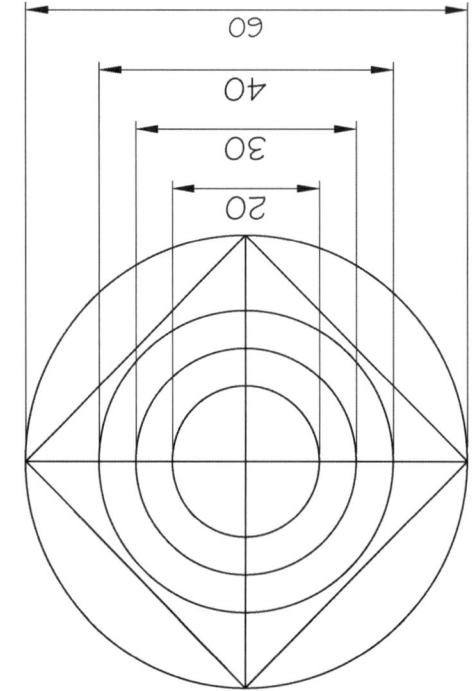

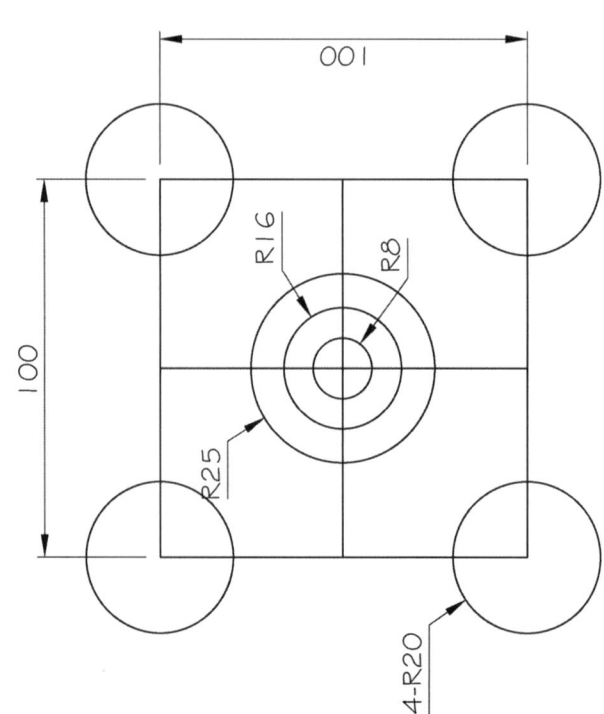

Circle, osnap(중심점, 사분점) 활용하기

Circle - 중심점 - 반지름 또는 지름

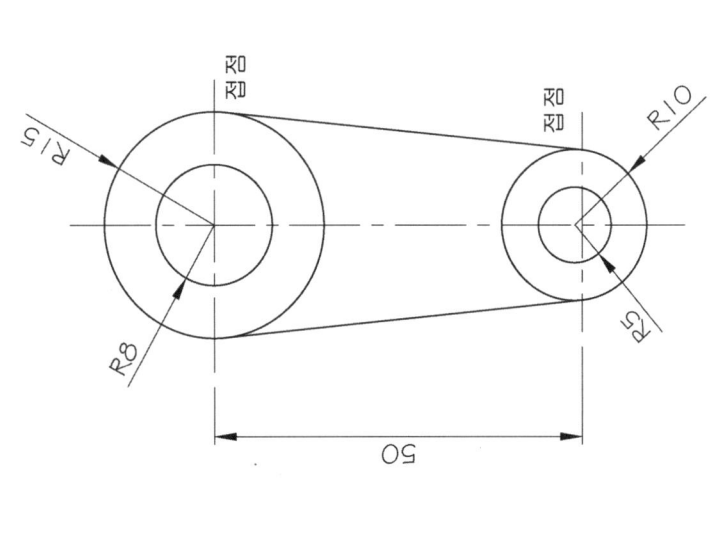

Circle, osnap(중심점, 사분점)활용하기

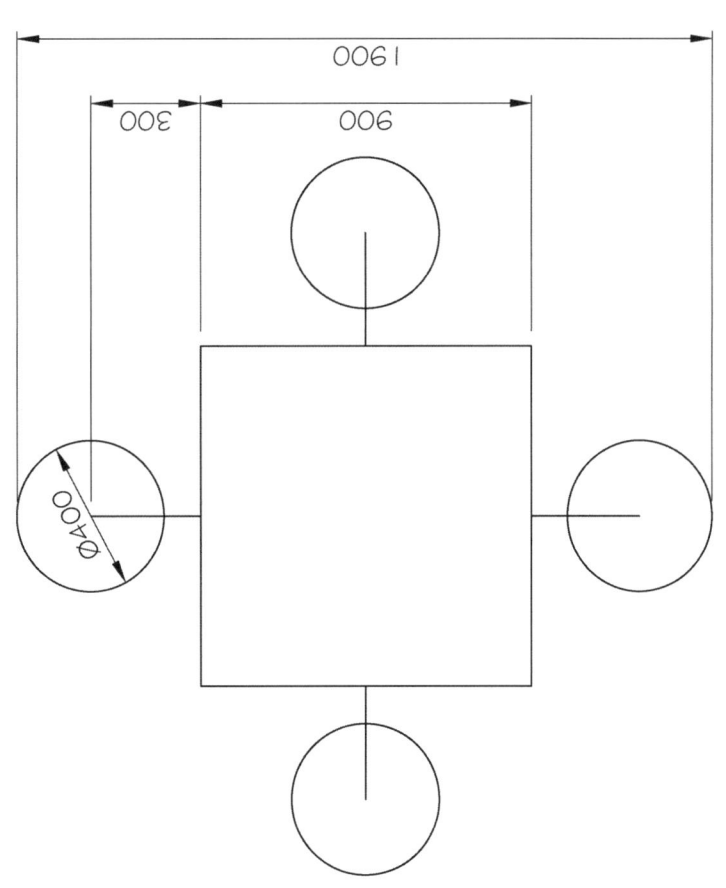

예제로 배우는 AutoCAD

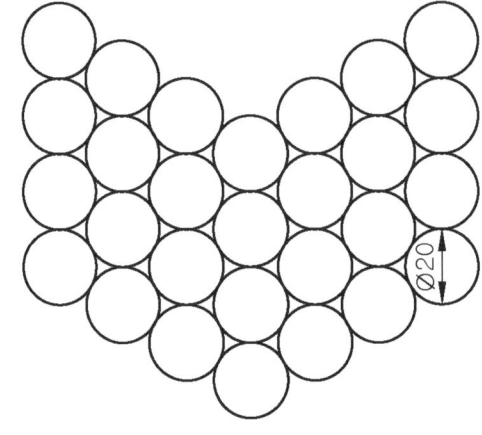

Ø20

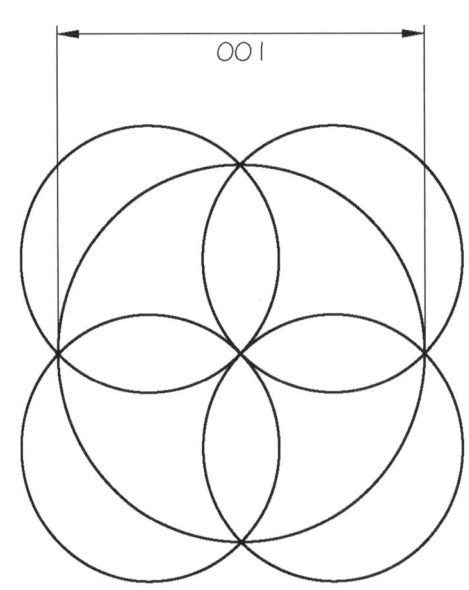

100

Circle, osnap(중심점, 사분점)활용하기

Arc

Arc (A) – 시작점. 중심점. 끝점
         시작점. 중심점. 각도
         시작점. 중심점. 길이
         시작점. 끝점. 각도
         시작점. 끝점. 반지름

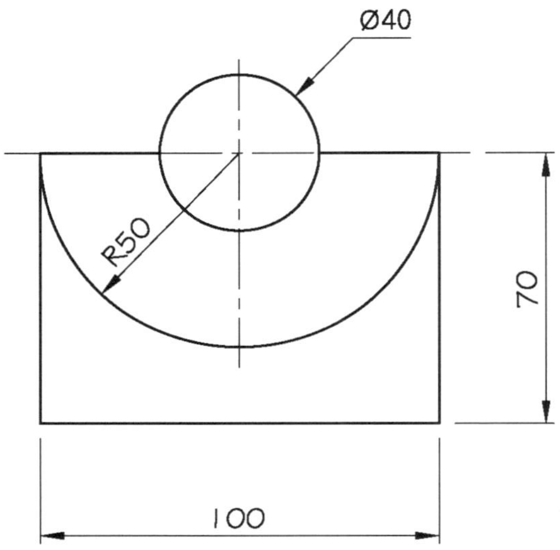

Arc (A) – 시작점. 중심점. 끝점
         시작점. 중심점. 각도
         시작점. 끝점. 각도
         시작점. 끝점. 반지름

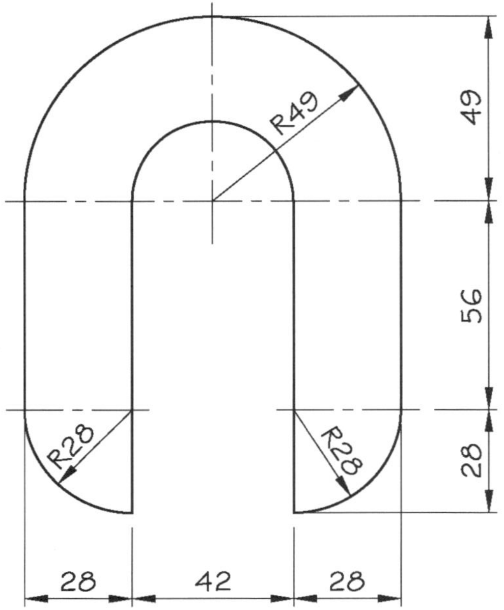

예제로 배우는 AutoCAD

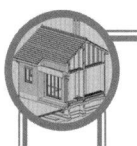

Arc

Arc (A) - 시작점, 중심점, 끝점
시작점, 중심점, 각도
시작점, 중심점, 길이
시작점, 끝점, 각도
시작점, 끝점, 반지름

Arc (A) - 시작점, 중심점, 끝점
시작점, 중심점, 각도
시작점, 중심점, 길이
시작점, 끝점, 각도
시작점, 끝점, 반지름

Arc

Arc (A) - 시작점. 중심점. 끝점
　　　　　시작점. 중심점. 각도
　　　　　시작점. 끝점. 각도

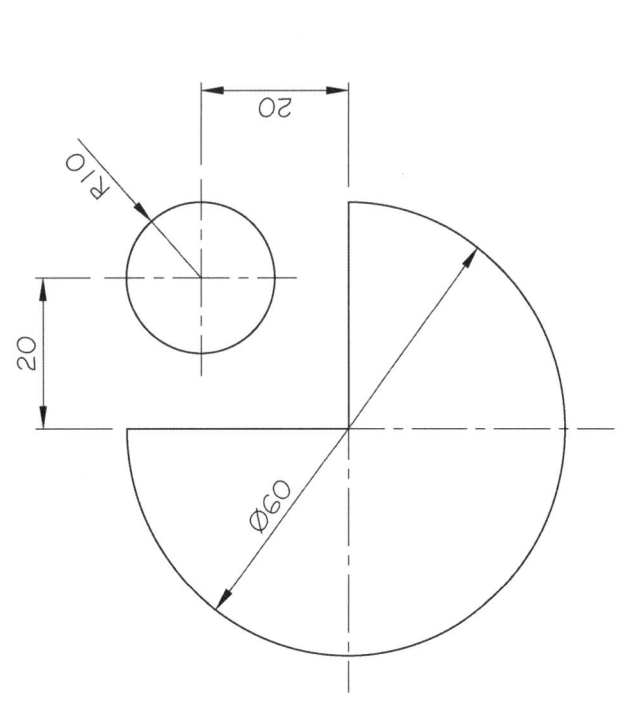

Arc (A) - 시작점. 중심점. 끝점
　　　　　시작점. 중심점. 각도
　　　　　시작점. 끝점. 각도
　　　　　시작점. 끝점. 반지름

예제로 배우는 AutoCAD

Arc

Arc (A) – 시작점. 중심점. 끝점
　　　　　시작점. 중심점. 각도
　　　　　시작점. 끝점. 각도
　　　　　시작점. 끝점. 반지름

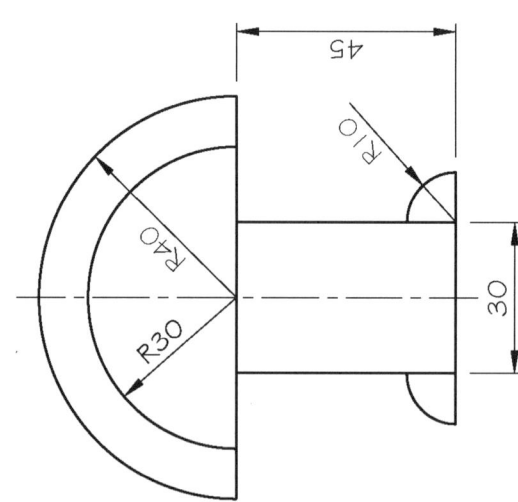

Arc (A) – 시작점. 중심점. 끝점
　　　　　시작점. 중심점. 각도
　　　　　시작점. 끝점. 각도
　　　　　시작점. 끝점. 반지름

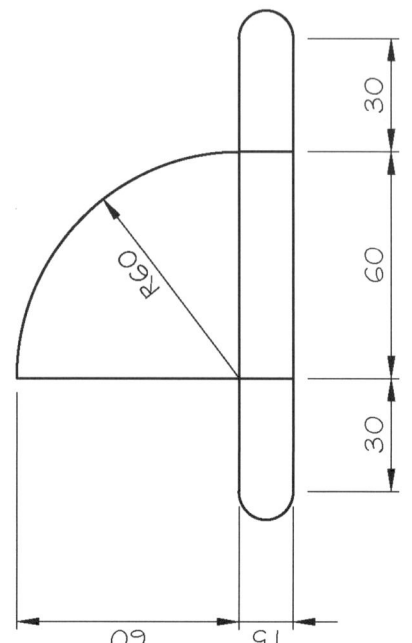

Arc

Arc (A) – 시작점, 중심점, 끝점
  시작점, 중심점, 각도
  시작점, 중심점, 길이
  시작점, 끝점, 각도
  시작점, 끝점, 반지름

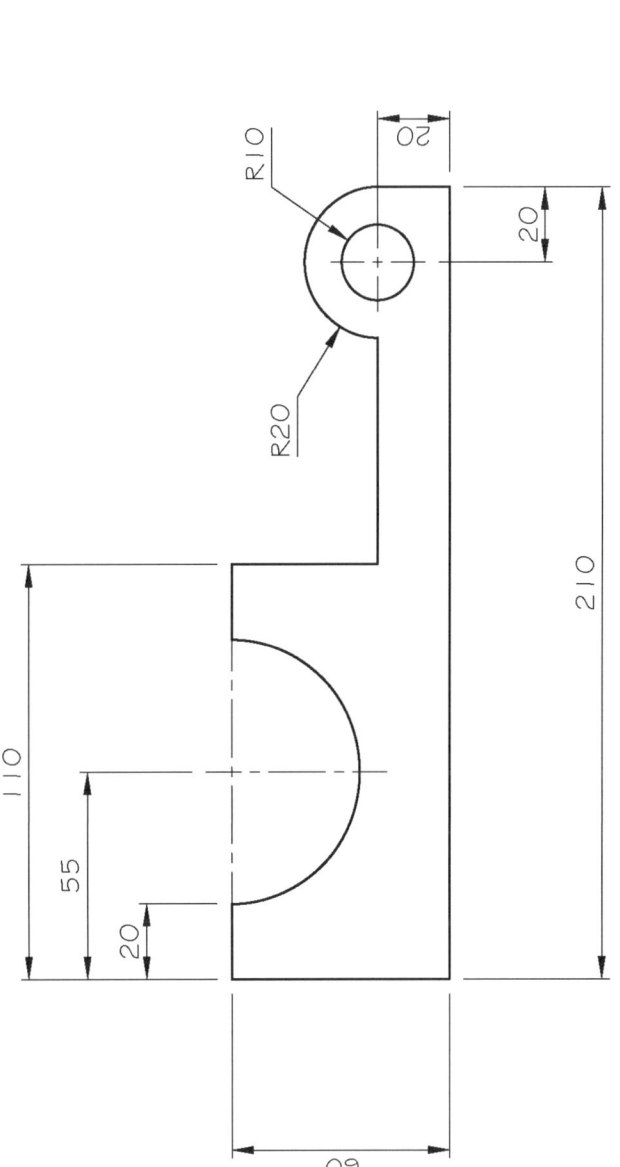

예제로 배우는 AutoCAD

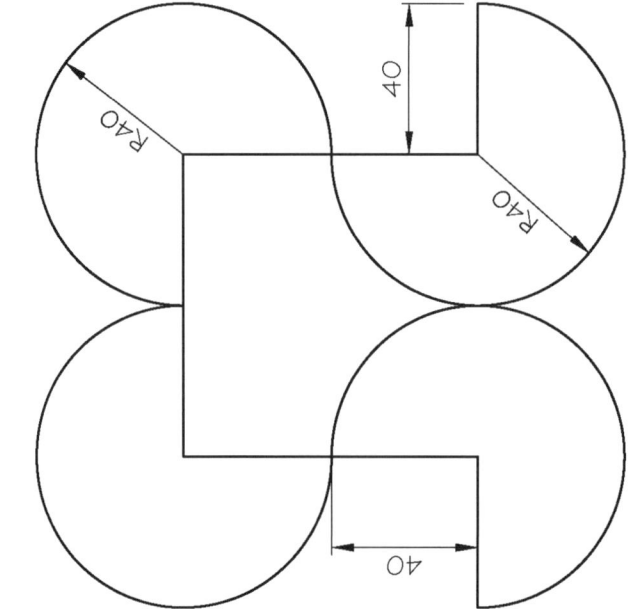

Arc (A) - 시작점, 중심점, 끝점
　　　　시작점, 중심점, 각도
　　　　시작점, 끝점, 각도

Arc

Arc (A) - 시작점, 중심점, 끝점
　　　　시작점, 중심점, 각도
　　　　시작점, 중심점, 길이
　　　　시작점, 끝점, 각도
　　　　시작점, 끝점, 반지름

146

Arc

Arc (A) – 시작점, 중심점, 끝점
 시작점, 중심점, 각도
 시작점, 중심점, 길이
 시작점, 끝점, 각도
 시작점, 끝점, 반지름

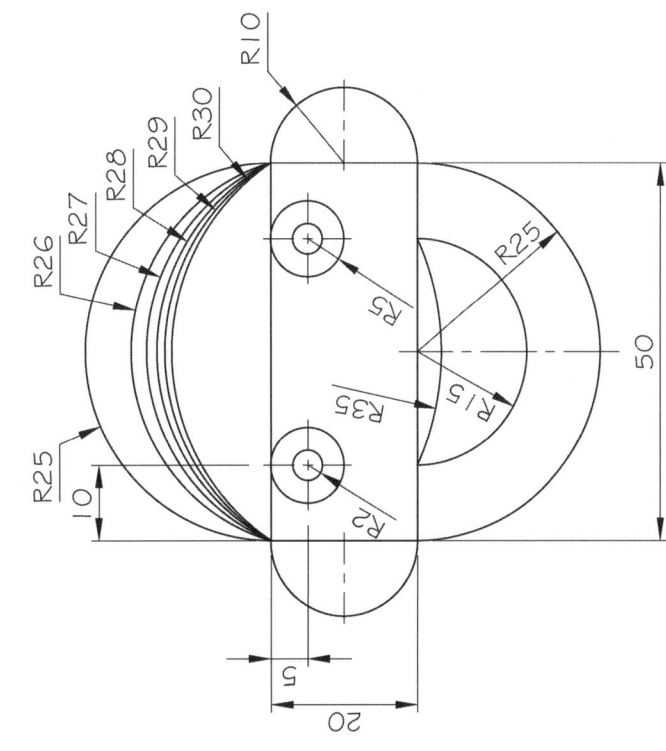

Arc (A) – 시작점, 중심점, 끝점
 시작점, 중심점, 각도
 시작점, 중심점, 길이
 시작점, 끝점, 각도
 시작점, 끝점, 반지름

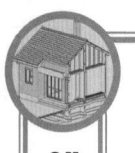

예제로 배우는 AutoCAD

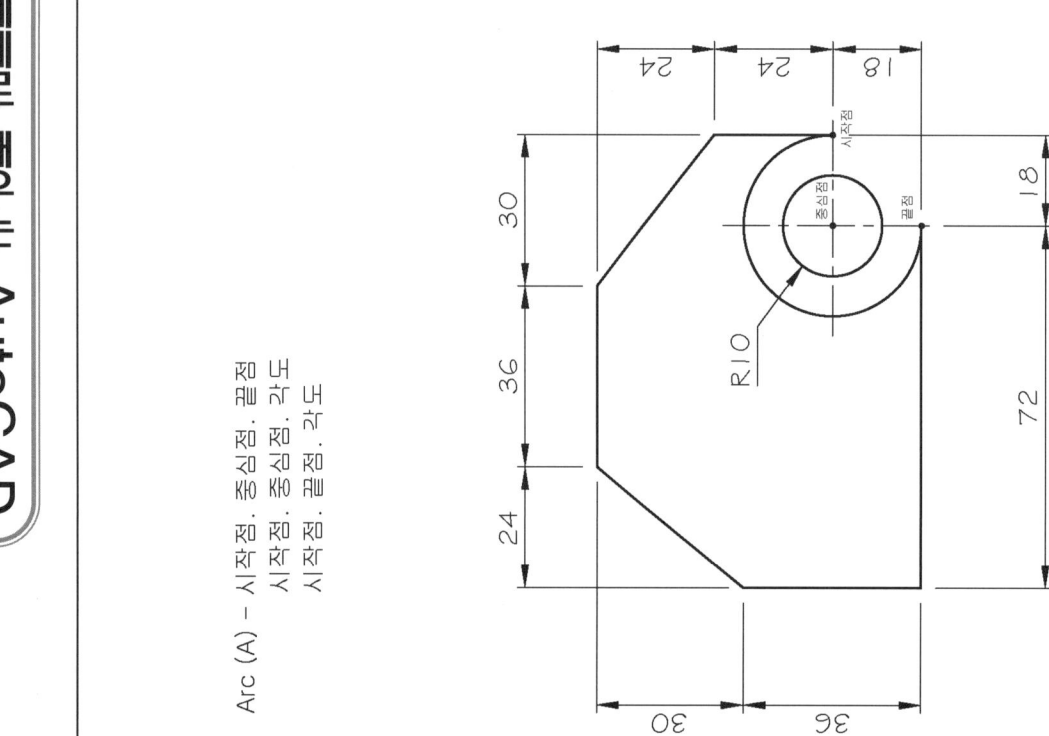

Arc (A) – 시작점, 중심점, 끝점
시작점, 중심점, 각도
시작점, 끝점, 각도

Arc

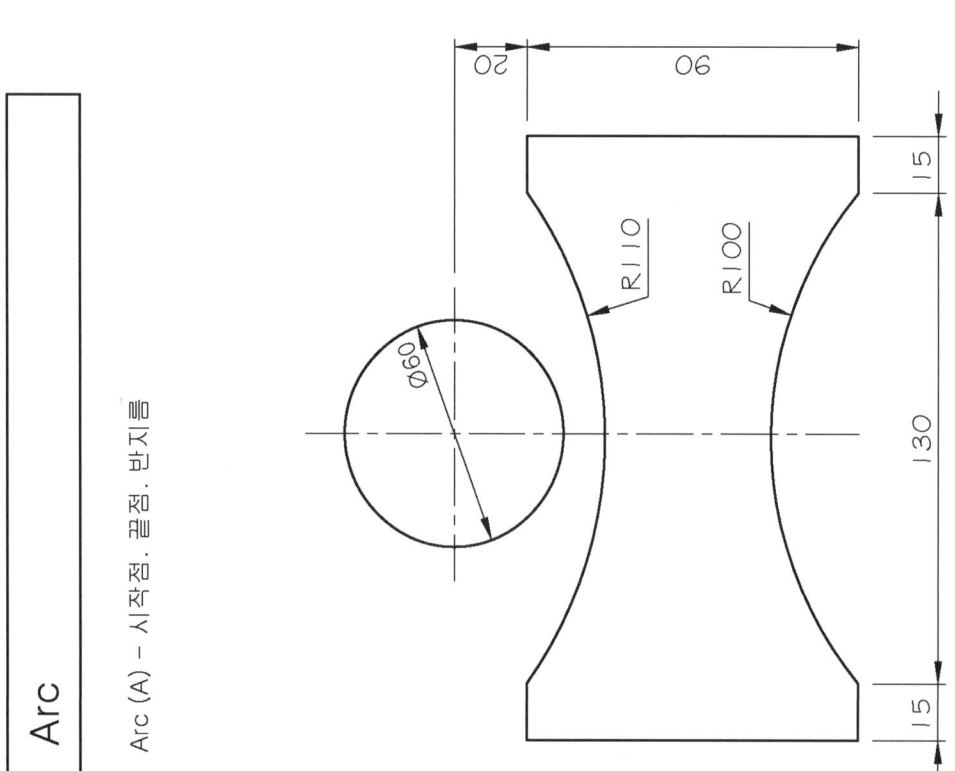

Arc (A) – 시작점, 끝점, 반지름

Section 03

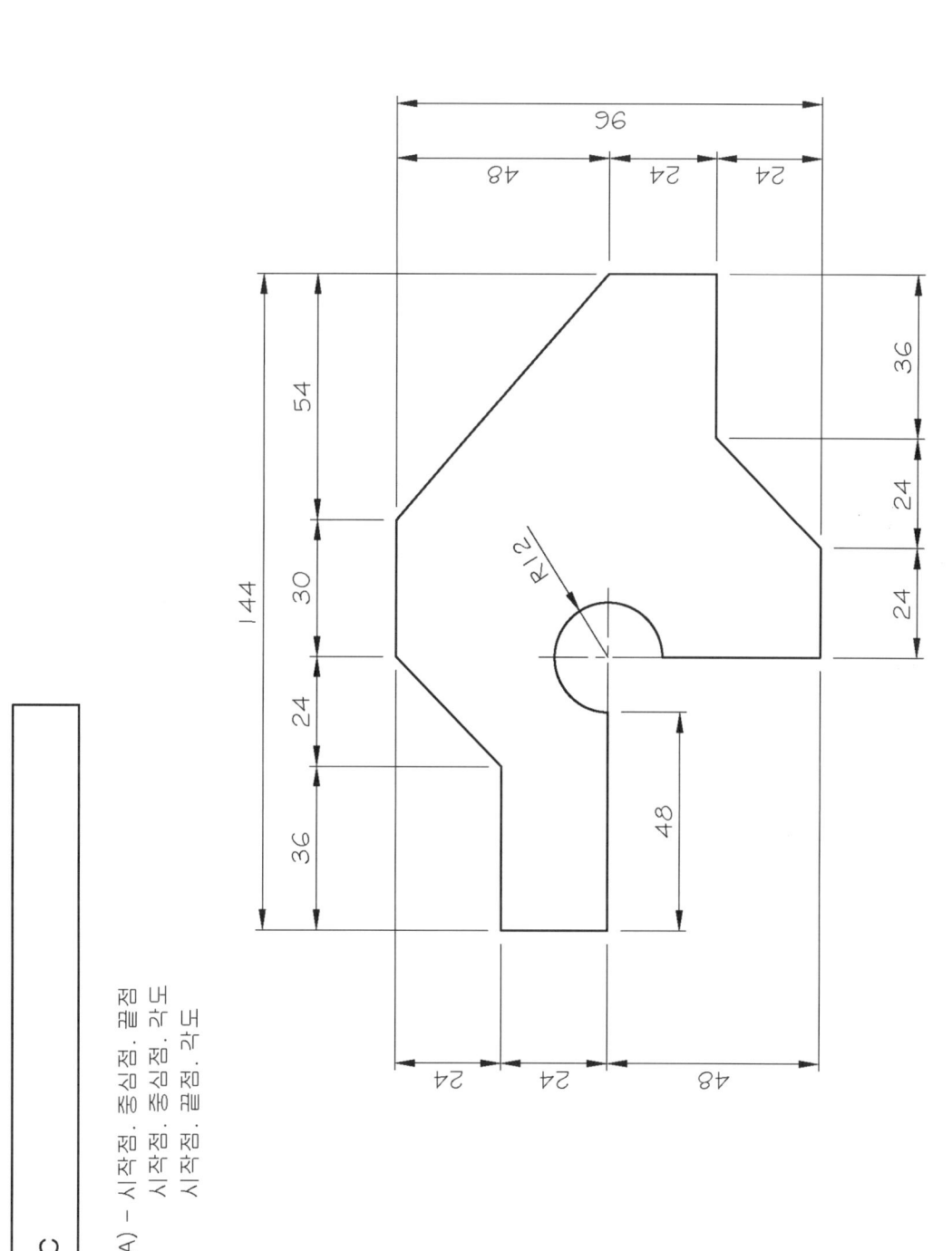

Arc

Arc (A) - 시작점, 중심점, 끝점
         시작점, 중심점, 각도
         시작점, 끝점, 각도

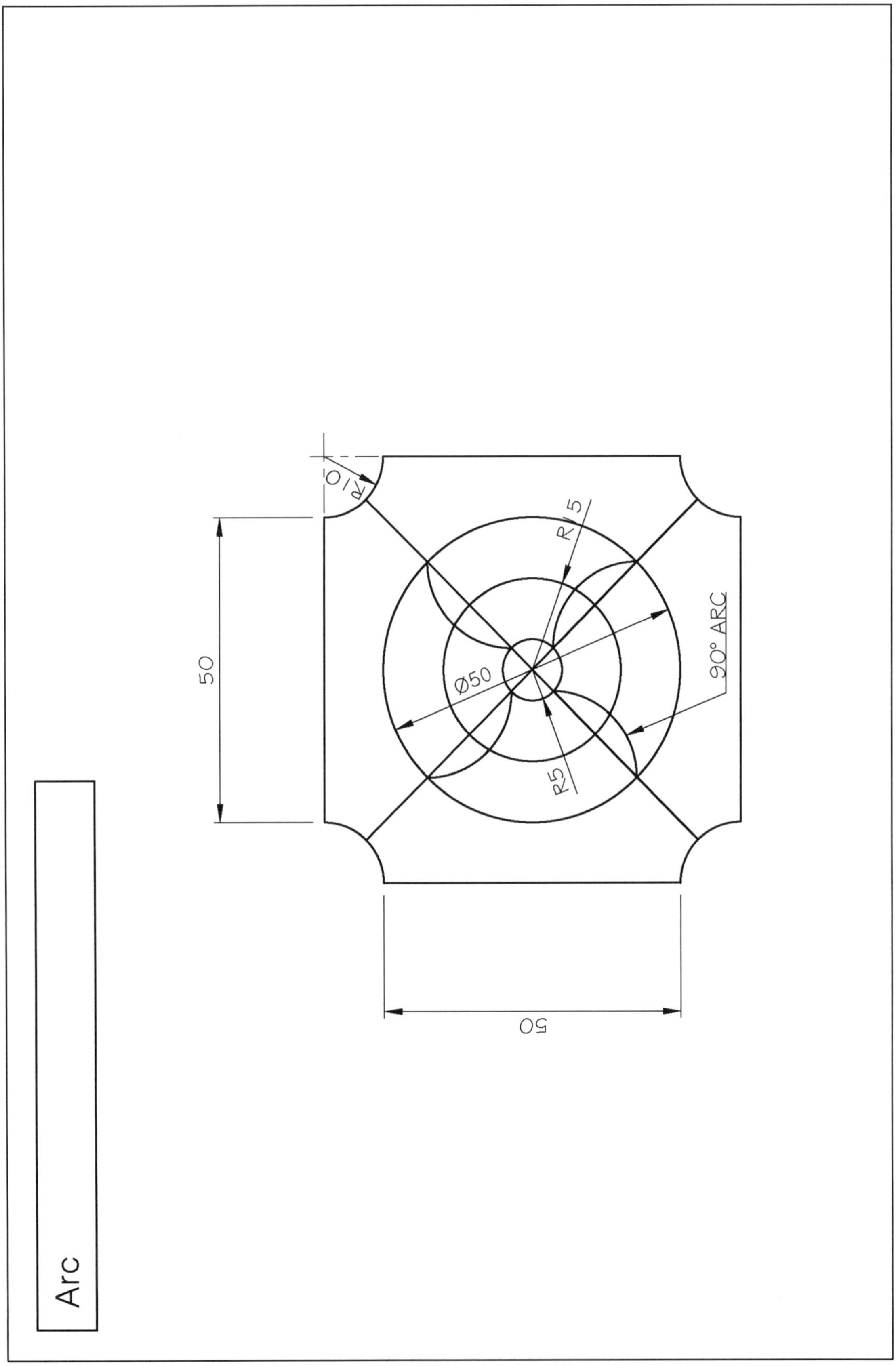

예제로 배우는 AutoCAD

Arc

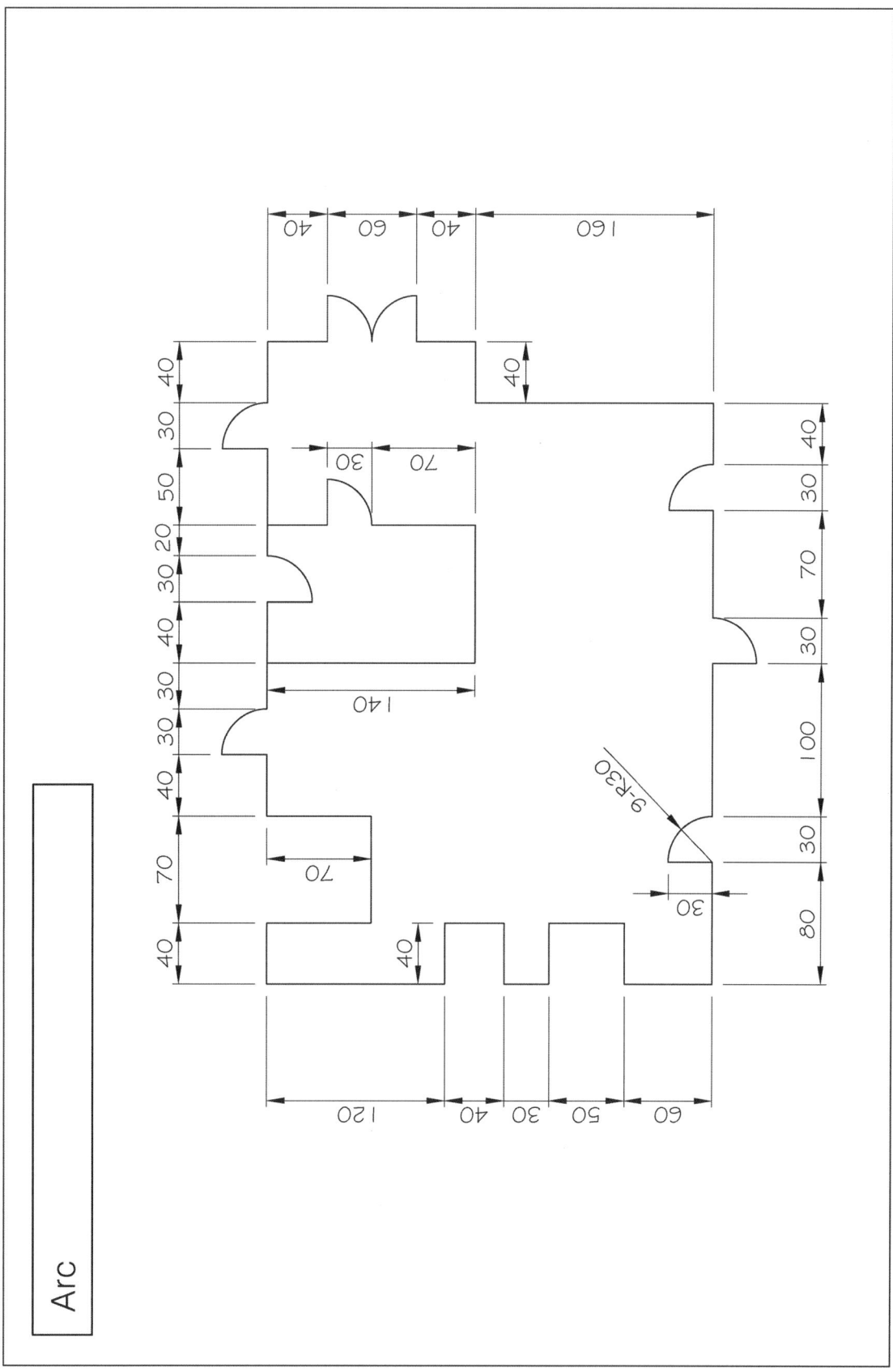

Arc

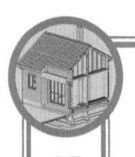

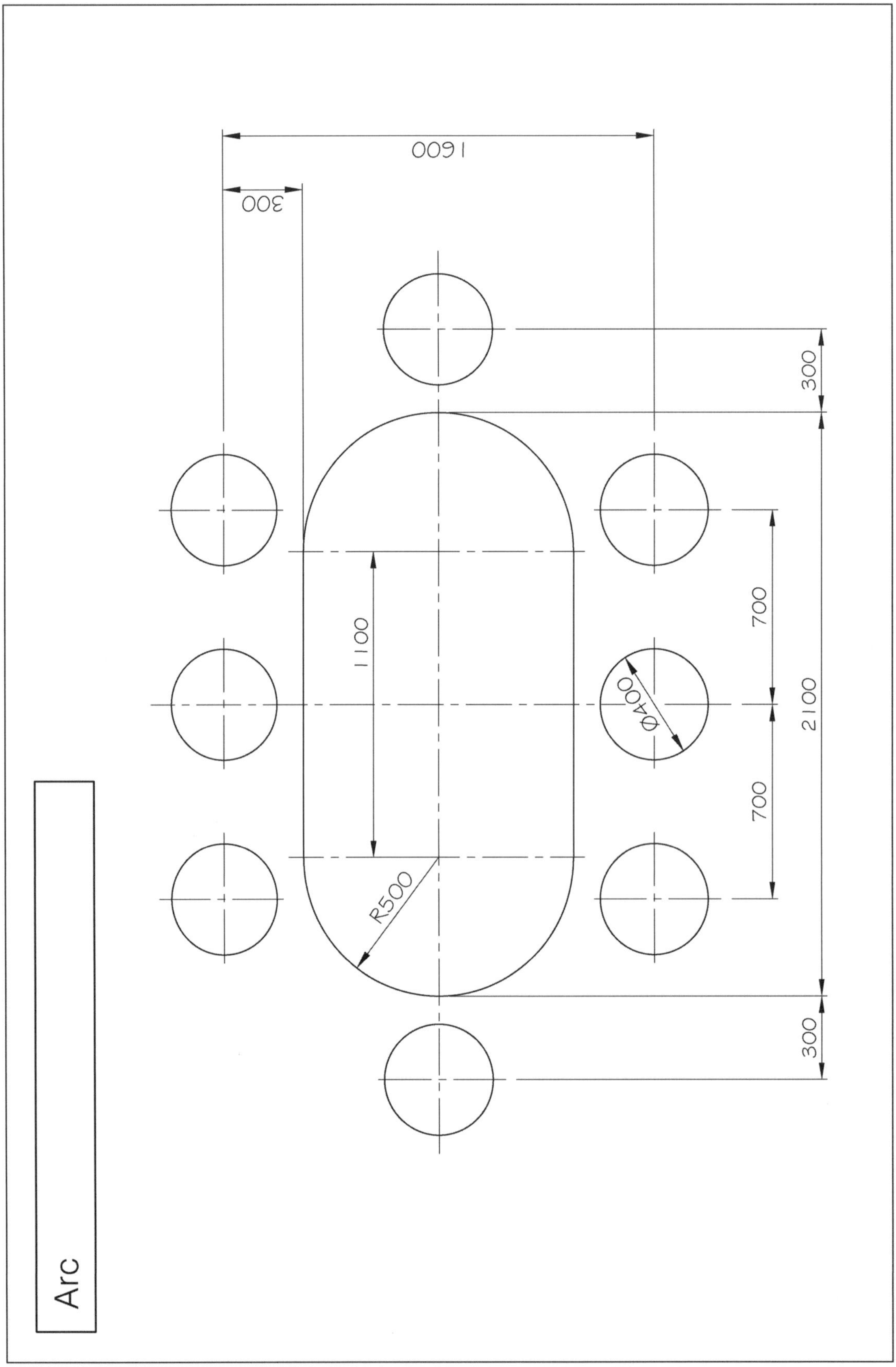
1600
300
300
2100
300
700
700
1100
Φ400
R500
Arc

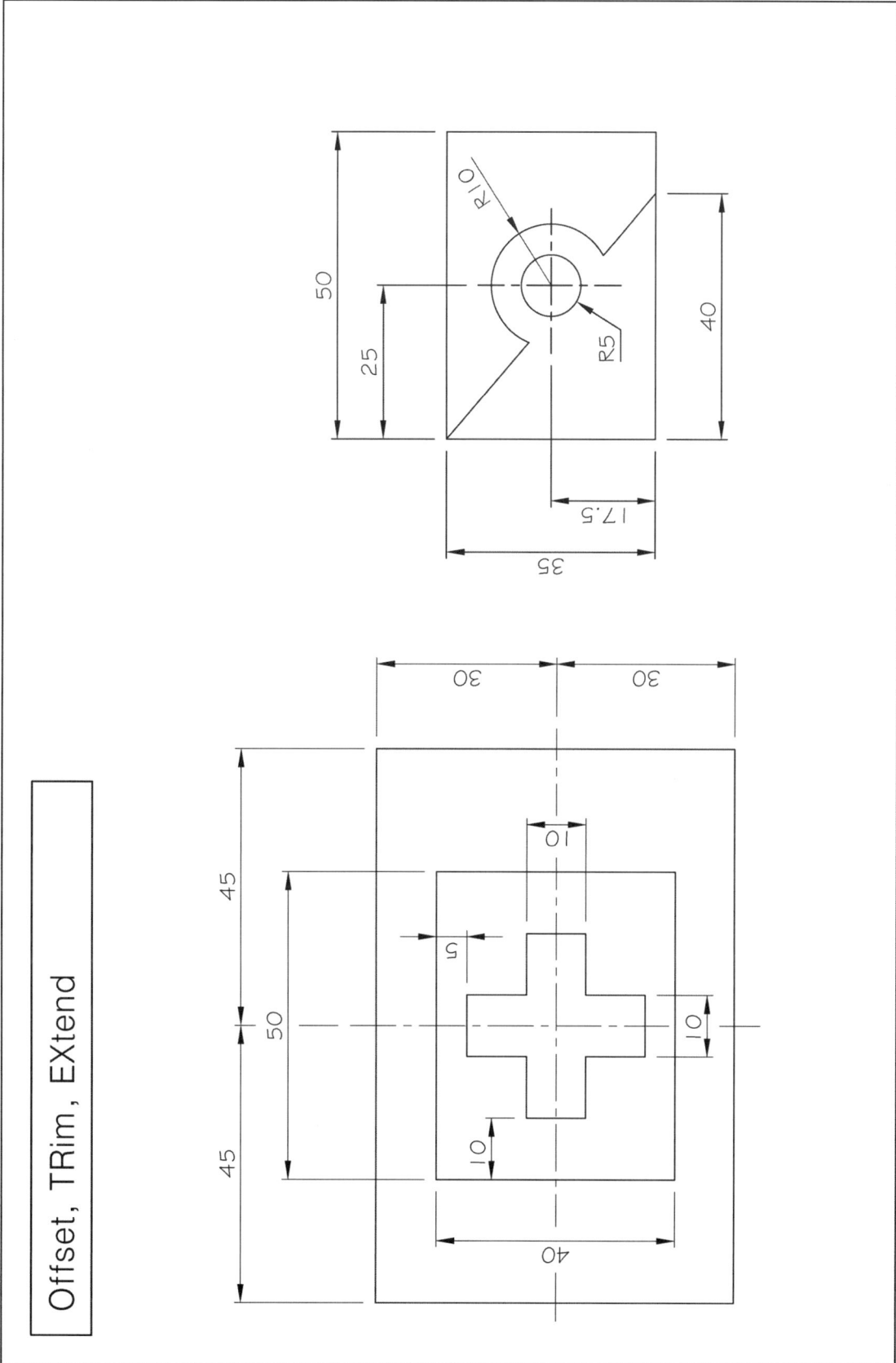

예제로 배우는 AutoCAD

Offset, TRim, EXtend

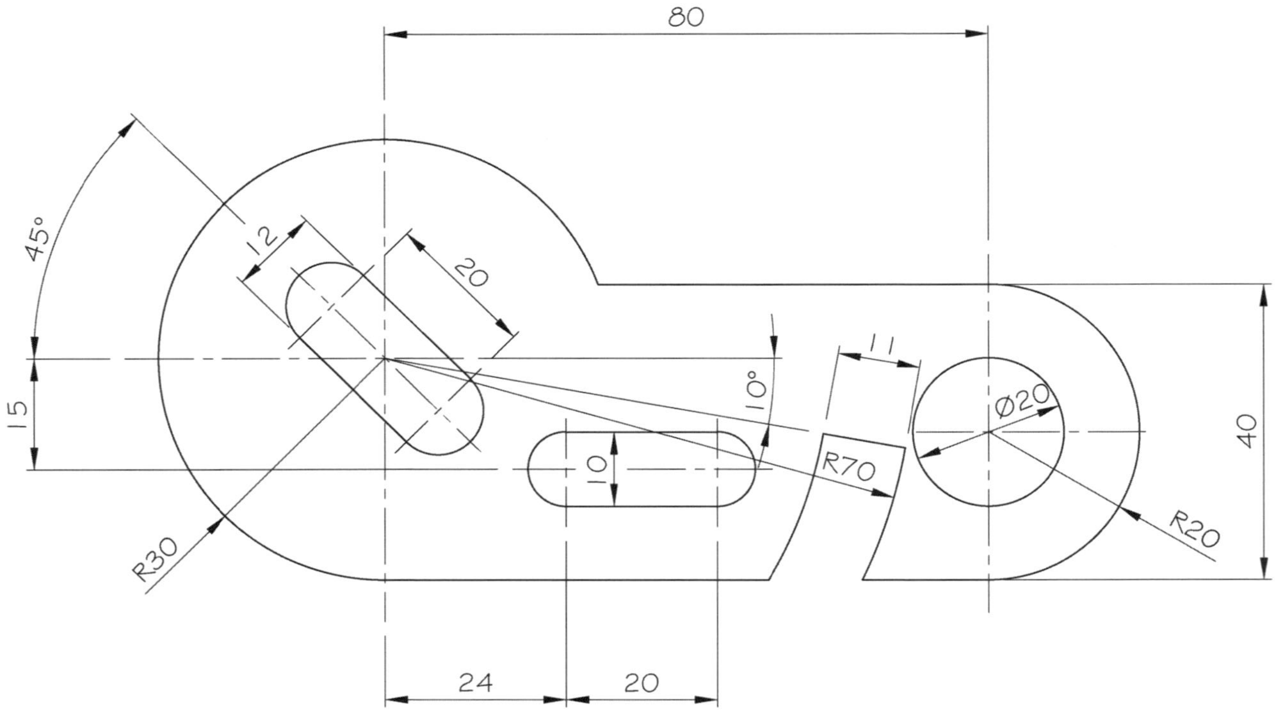

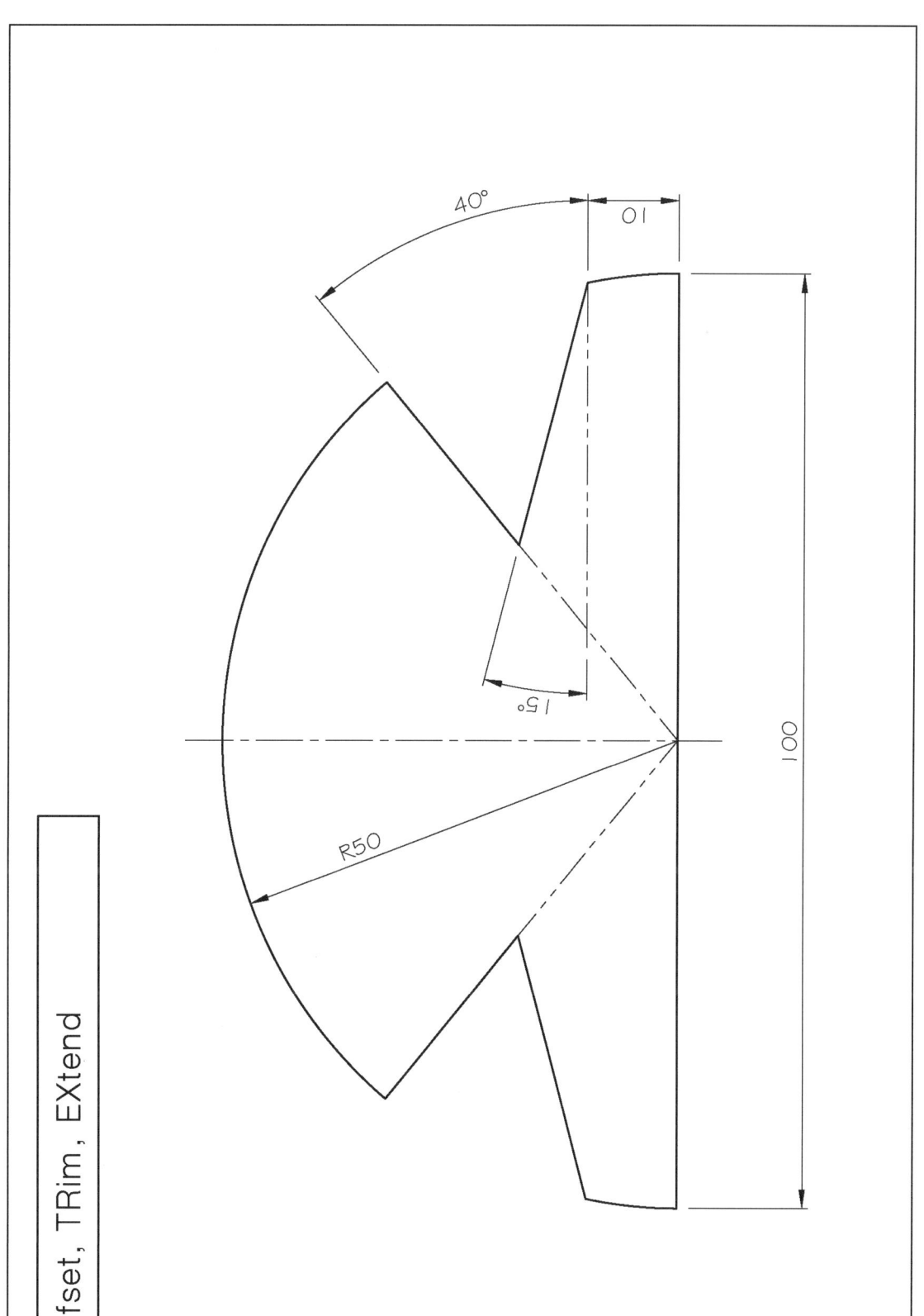

Offset, TRim, EXtend

예제로 배우는 AutoCAD

Offset, TRim, EXtend

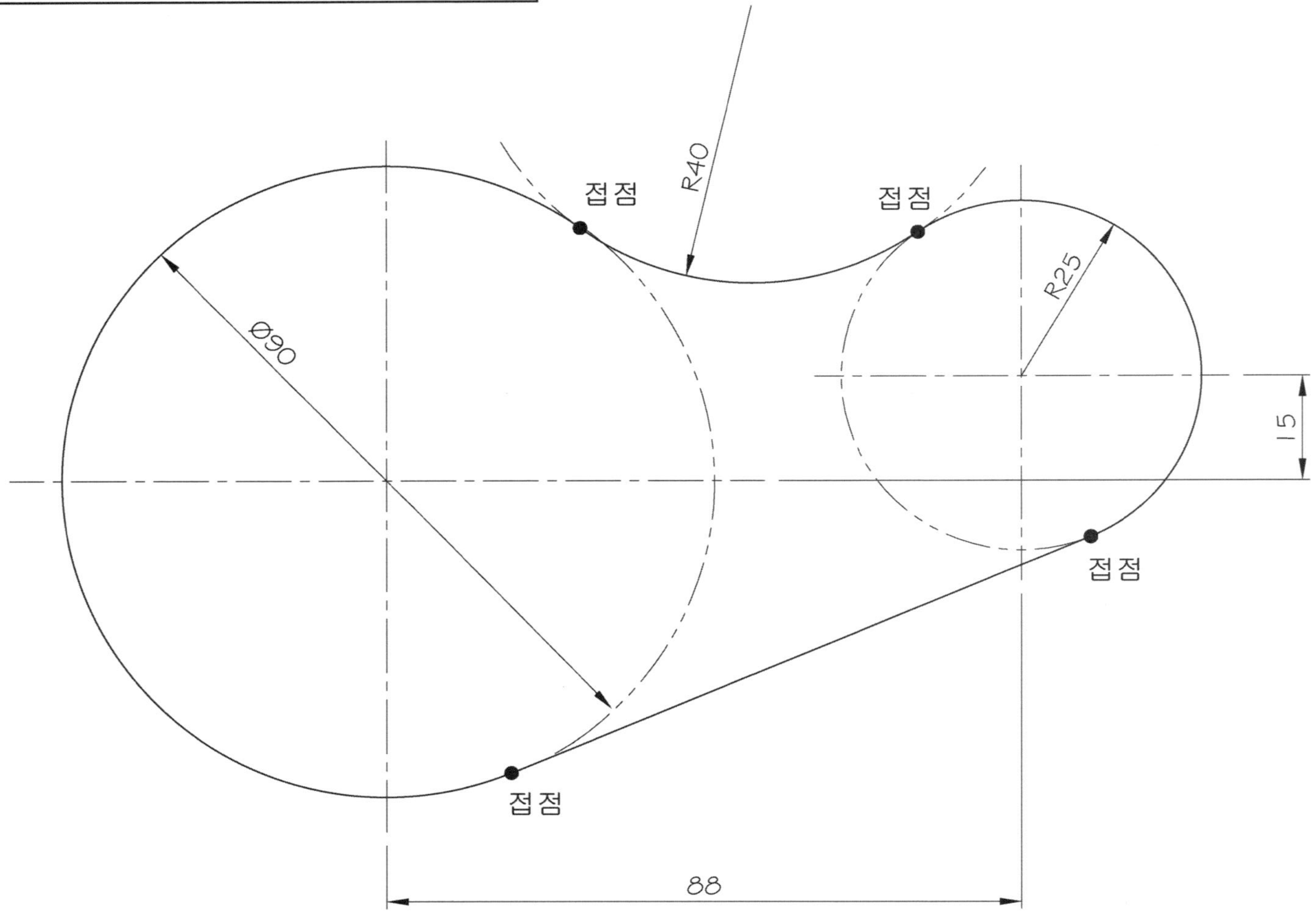

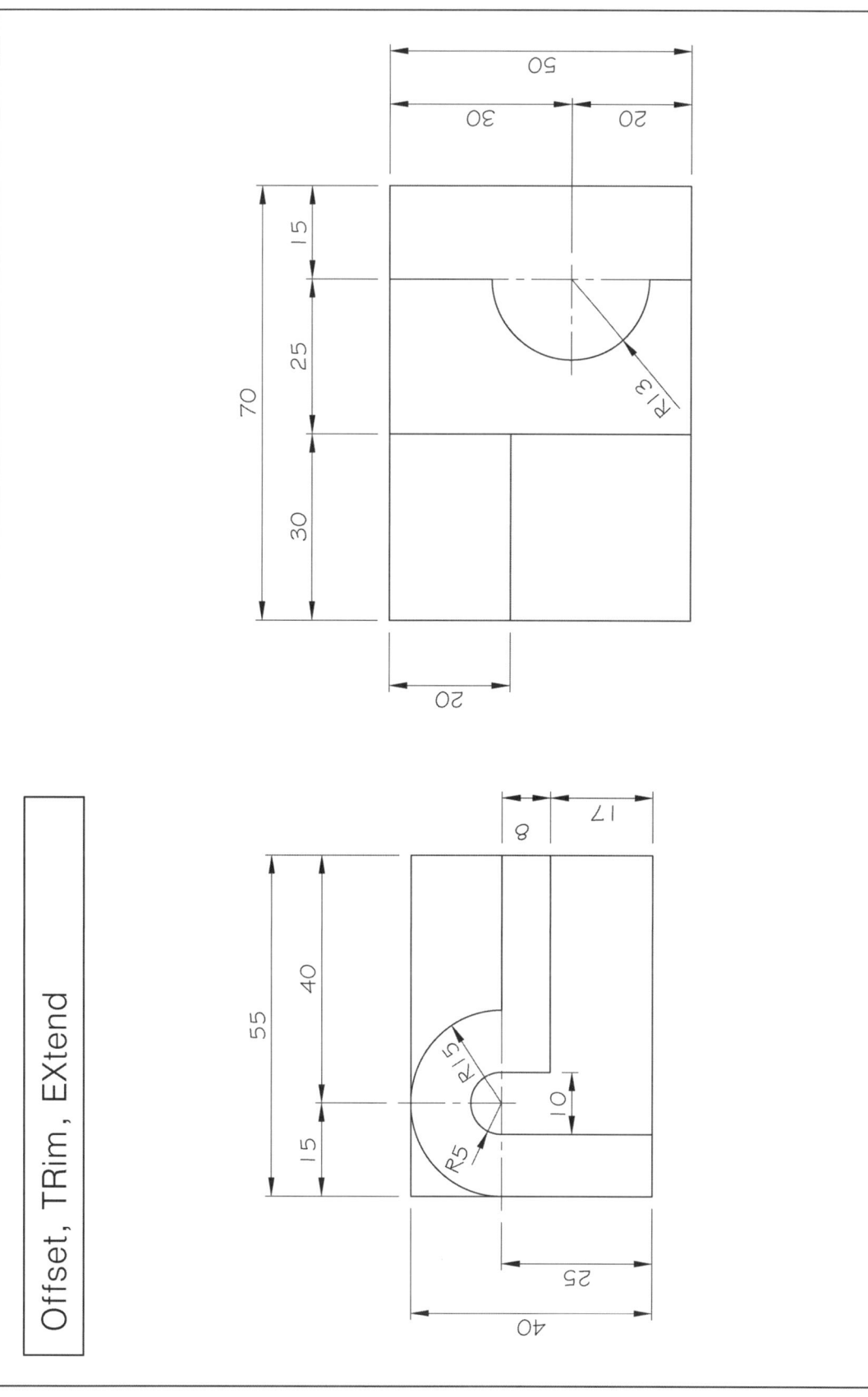

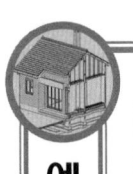

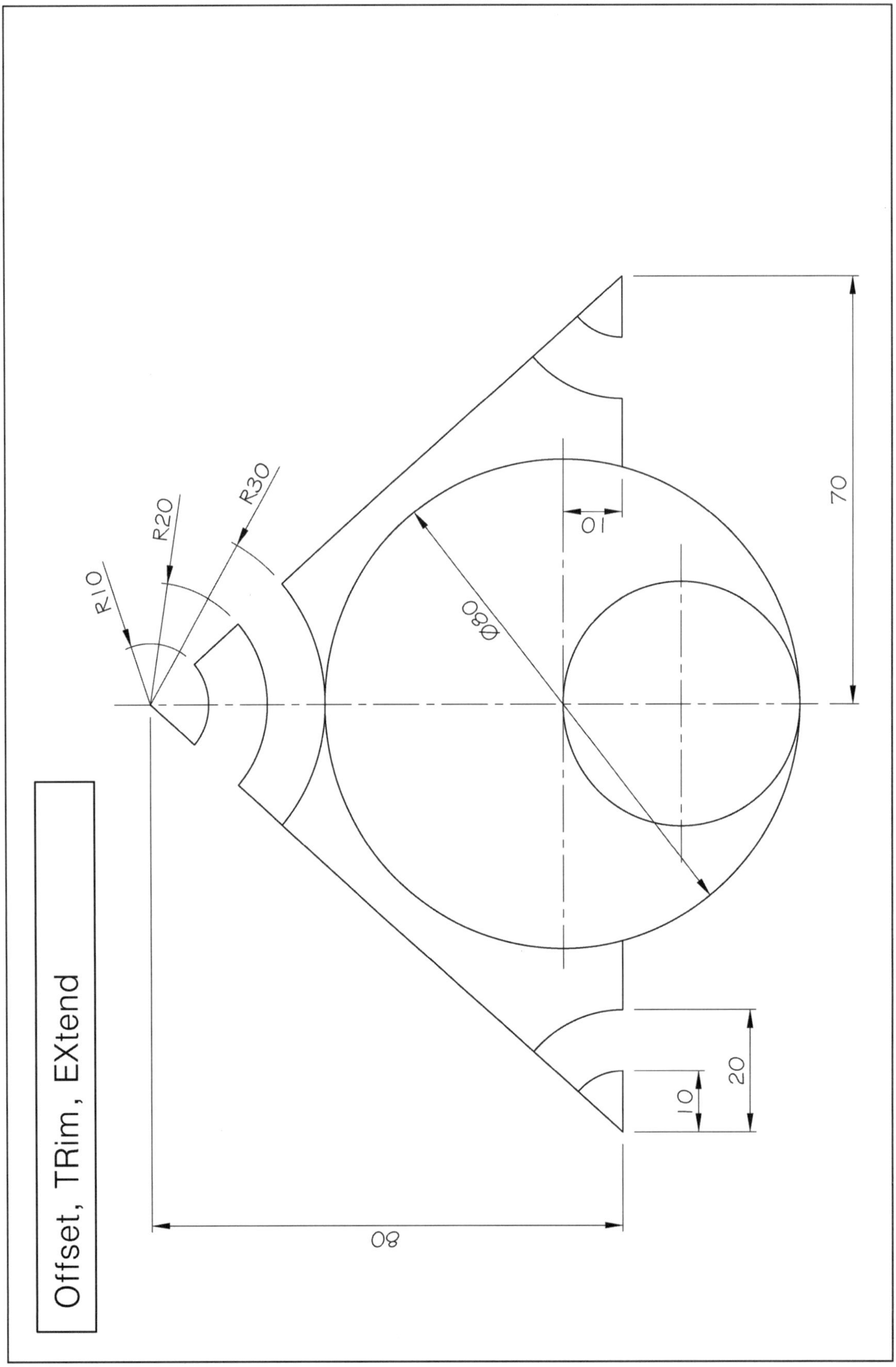
Offset, TRim, EXtend
R10
R20
R30
Φ80
10
70
20
10
80

Section 03

Offset, TRim, EXtend

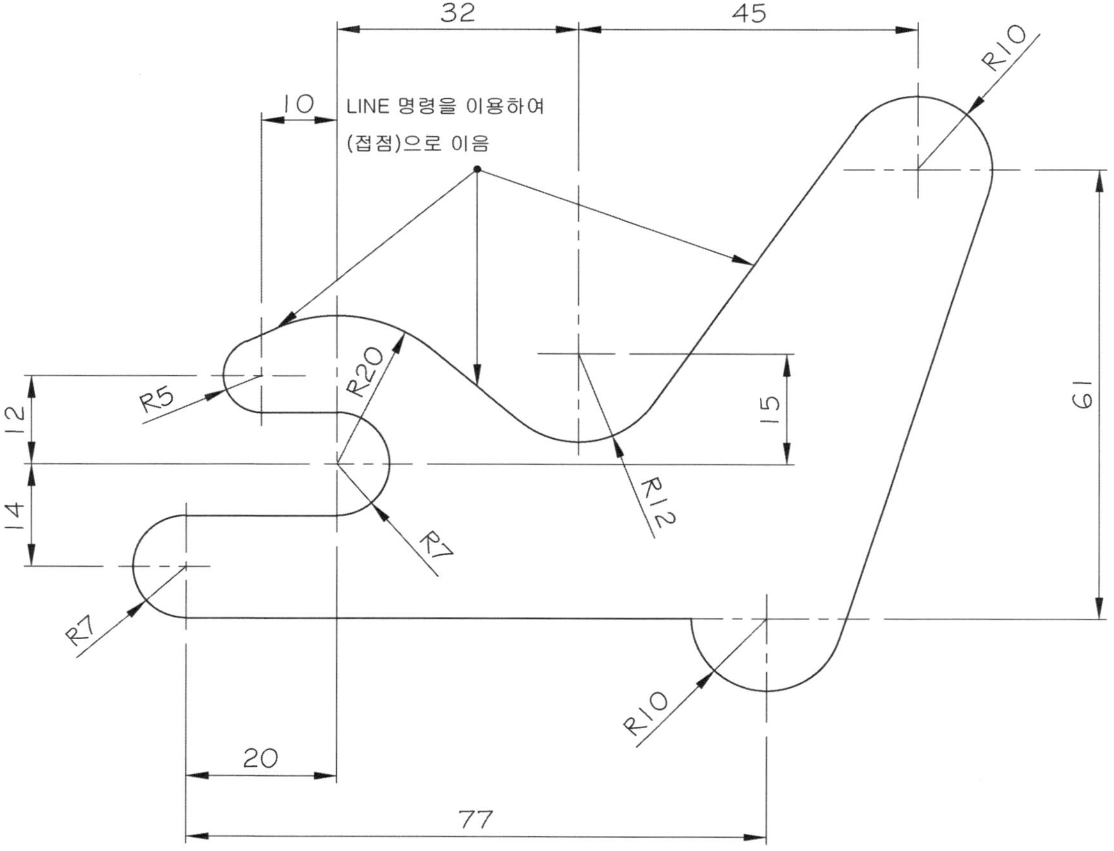

예제로 배우는 AutoCAD

Offset, TRim, EXtend

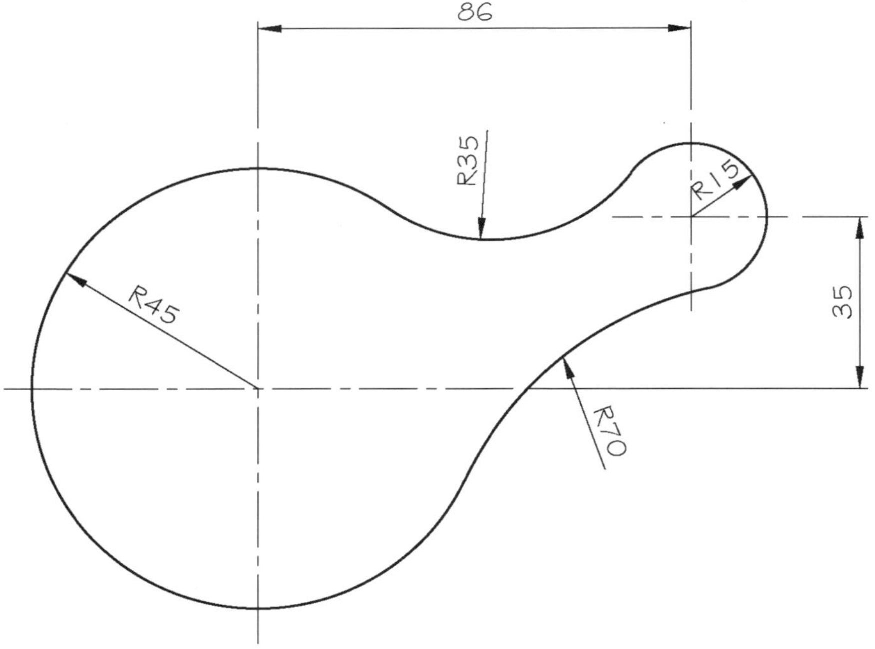

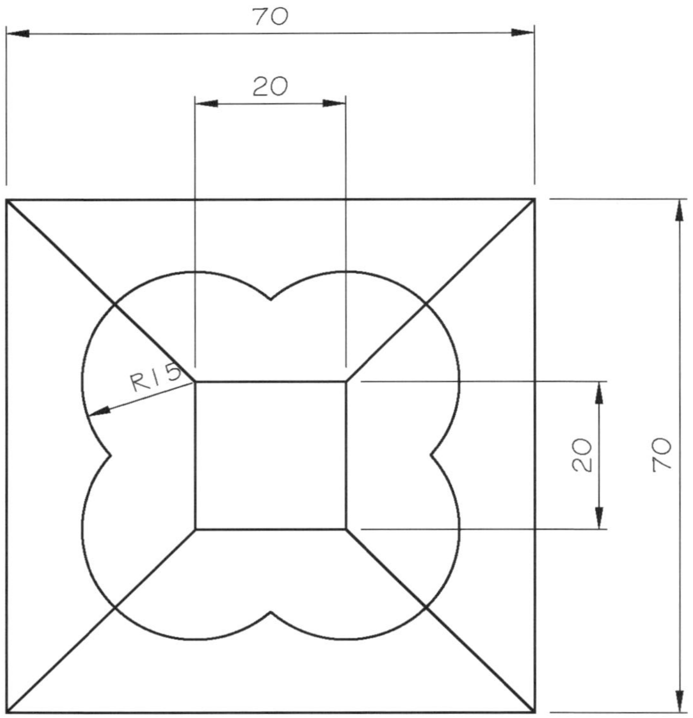

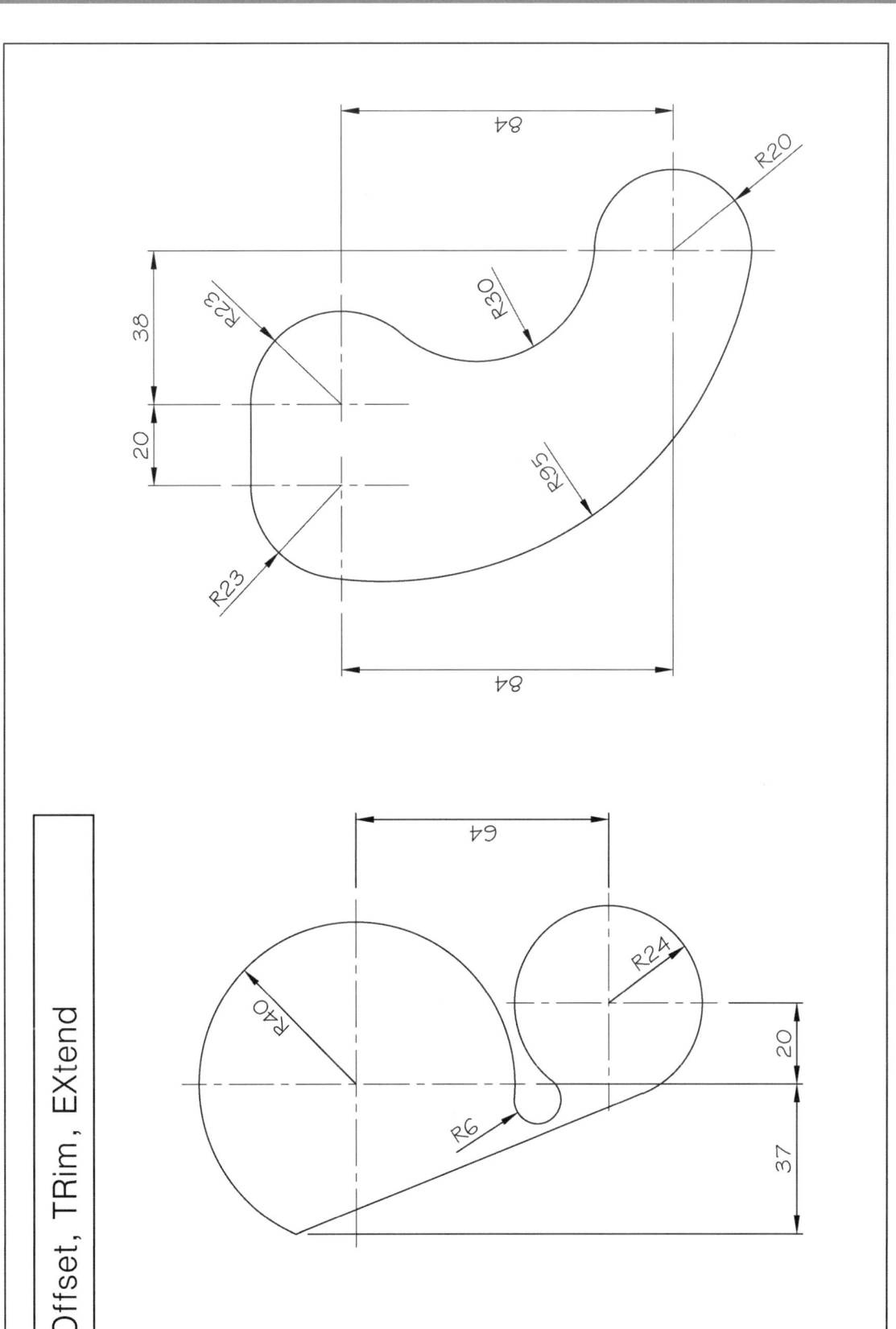

Offset, TRim, EXtend

예제로 배우는 AutoCAD

Offset, TRim, EXtend

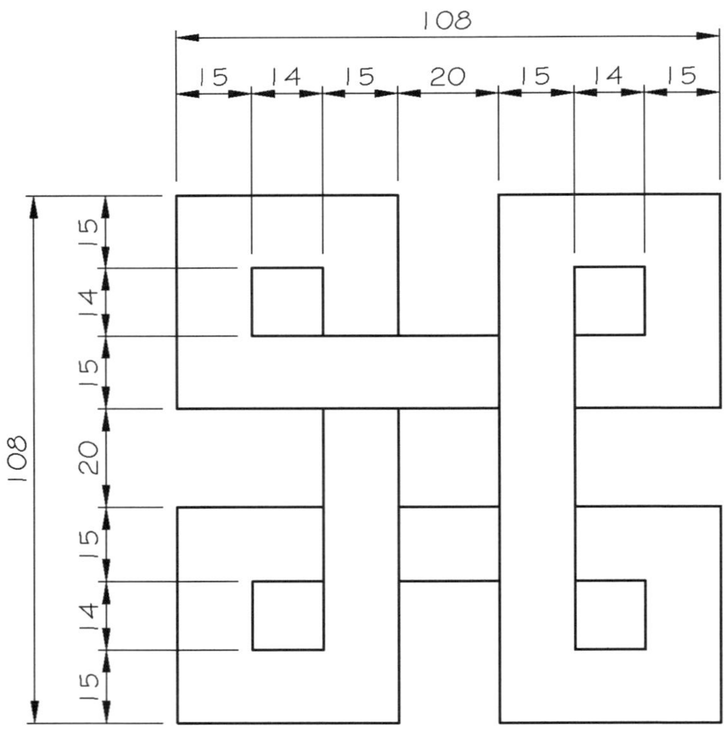

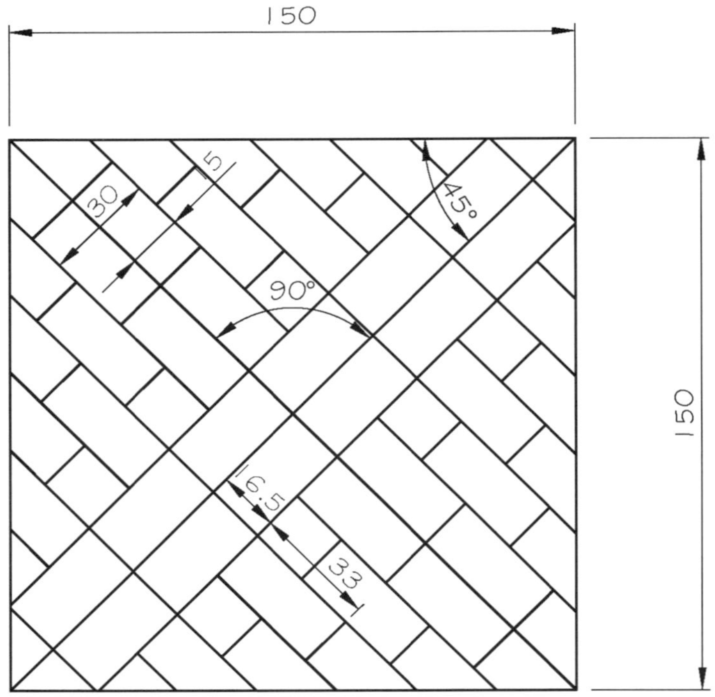

Section 03

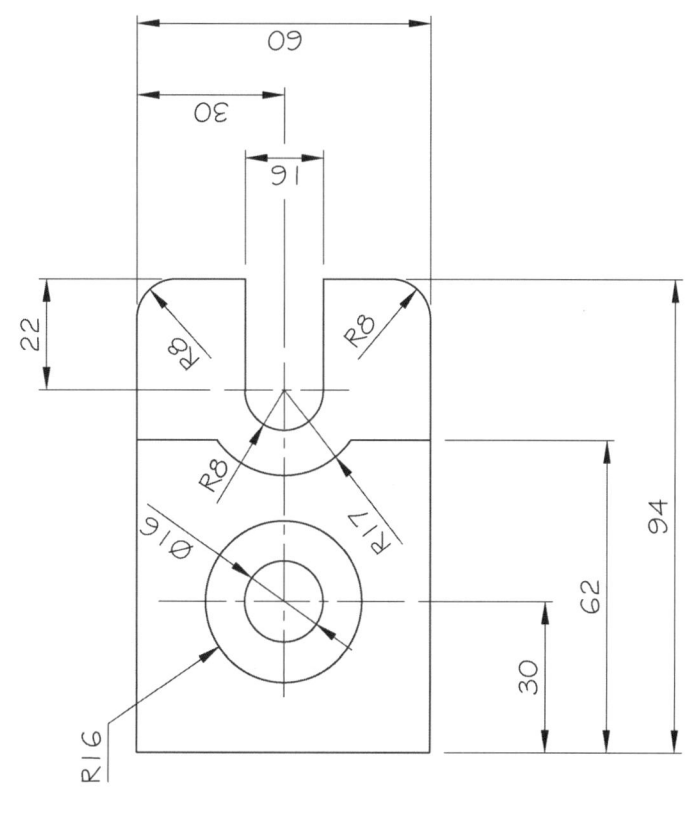

Offset, TRim, EXtend

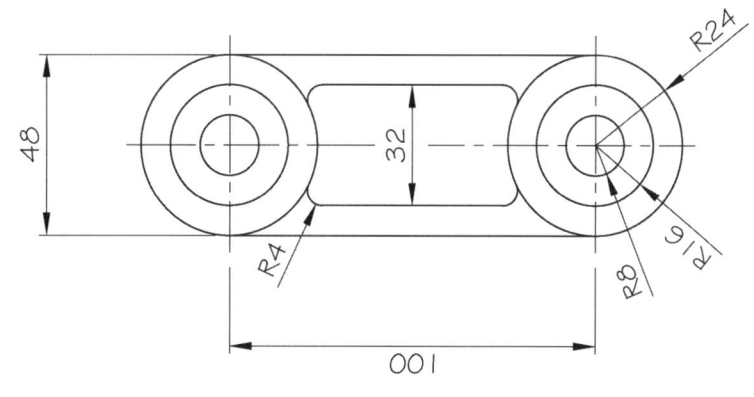

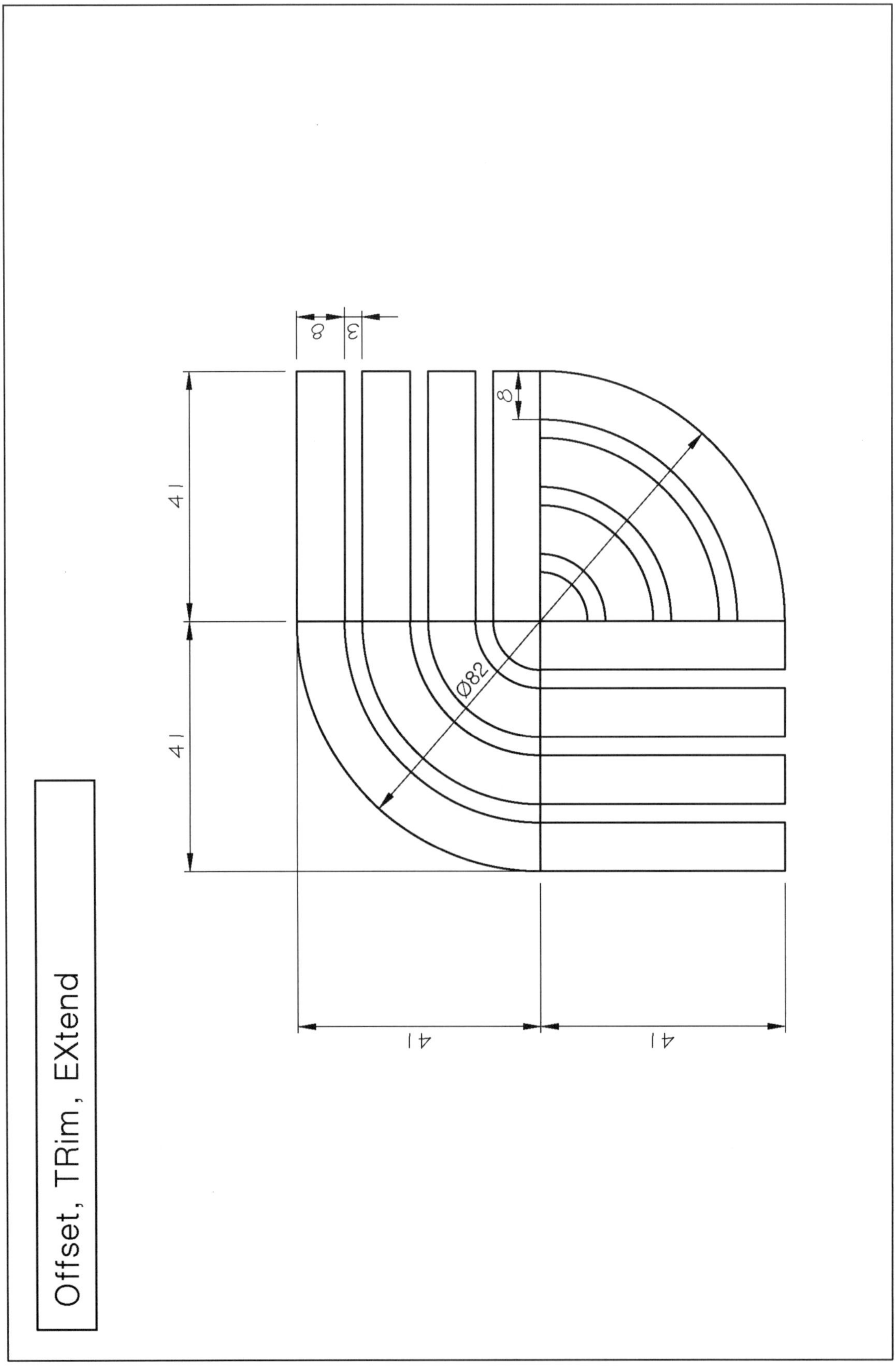

예제로 배우는 AutoCAD

Offset, TRim, EXtend

Section 03

Offset, TRim, EXtend

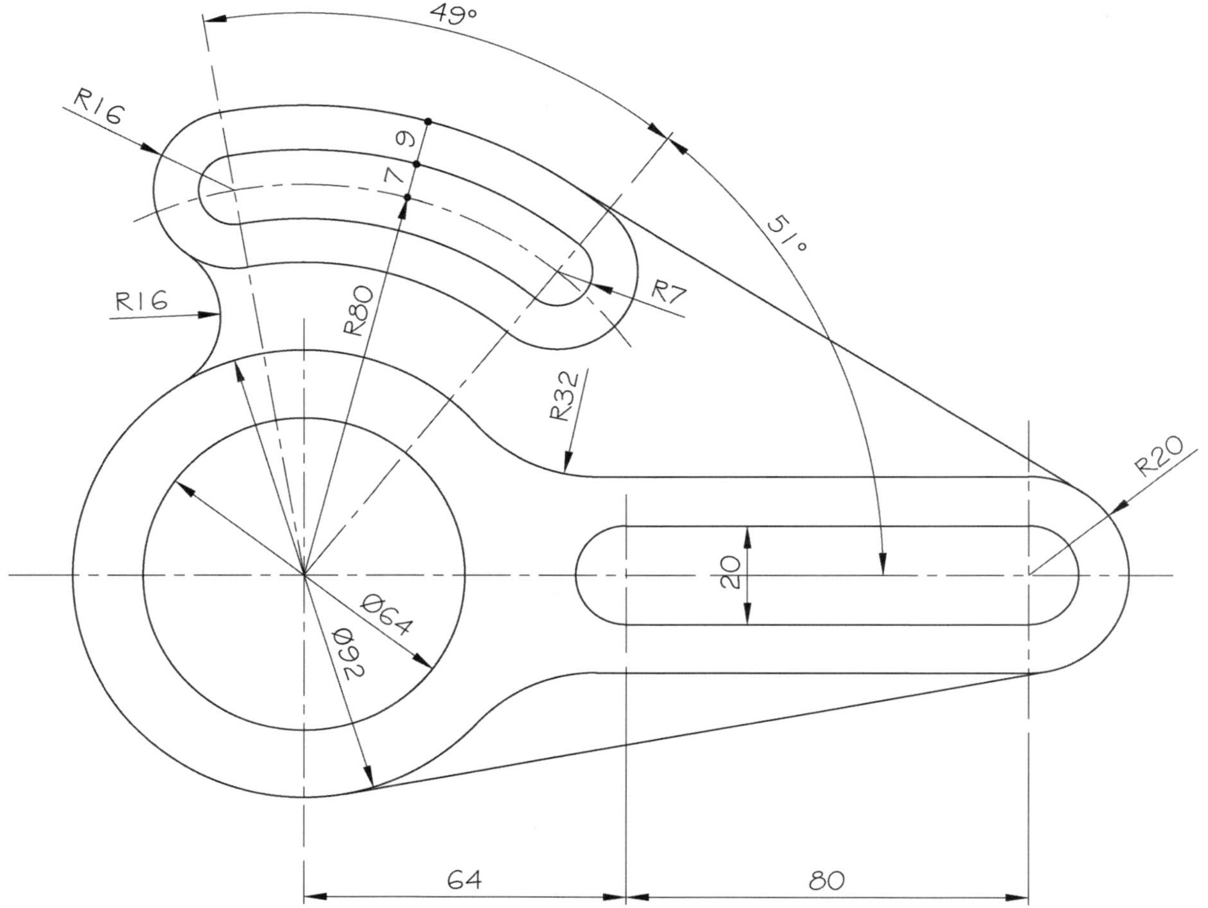

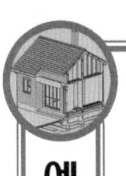

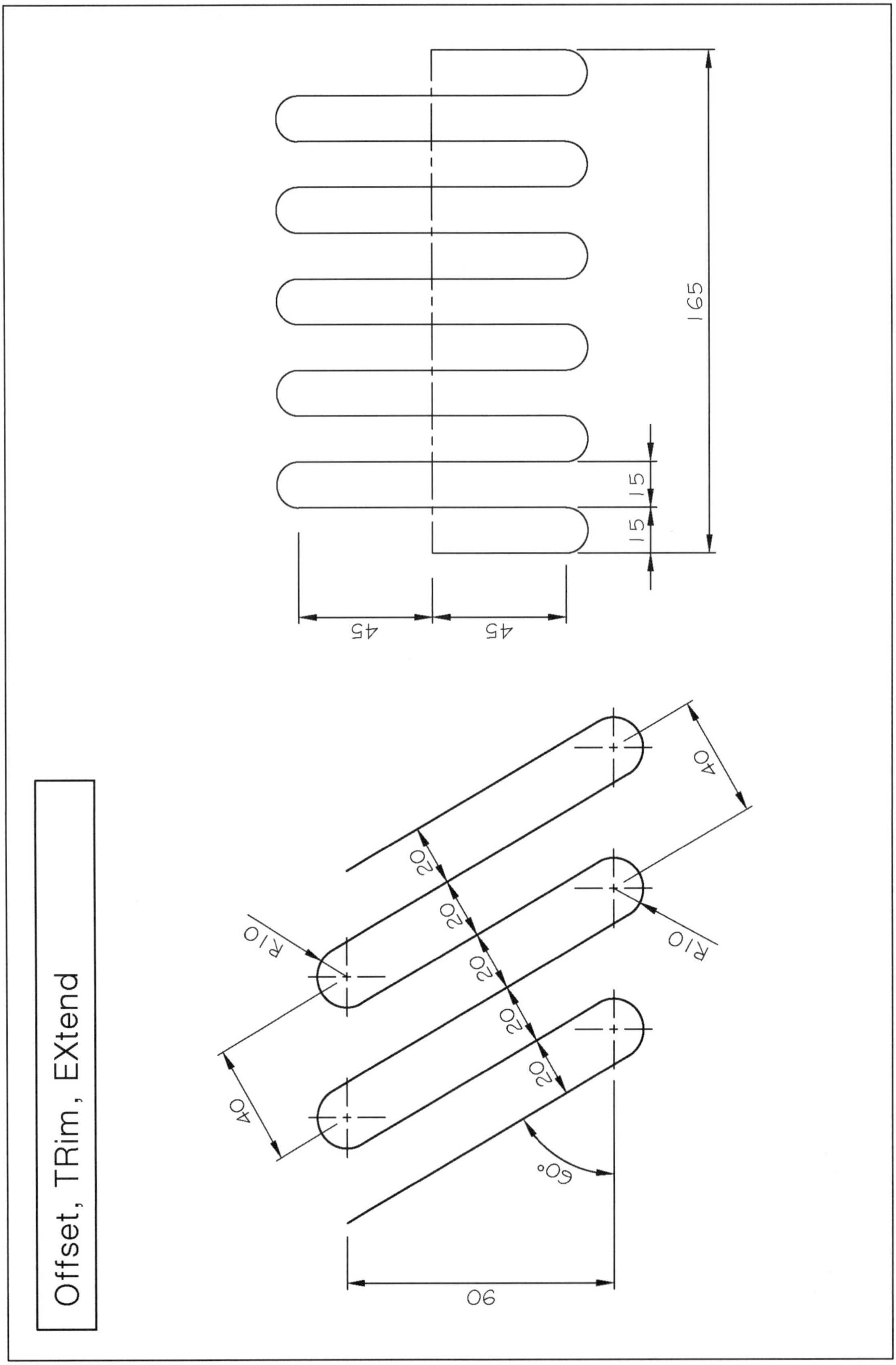
Offset, TRim, EXtend
165
15
15
45
45
40
40
20
20
20
20
20
R10
R10
60°
90

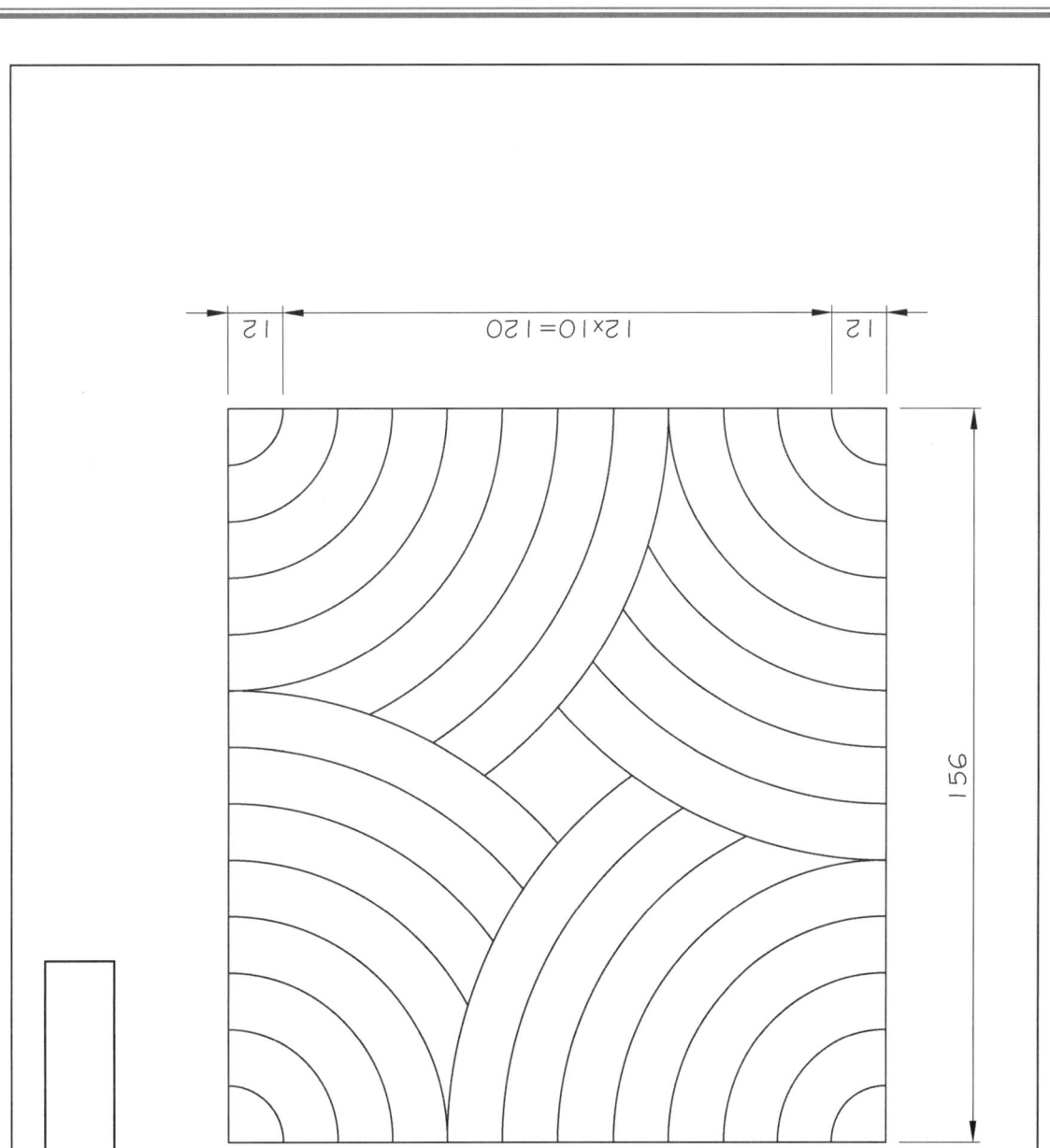

Offset, TRim, EXtend

예제로 배우는 AutoCAD

Offset, TRim, EXtend

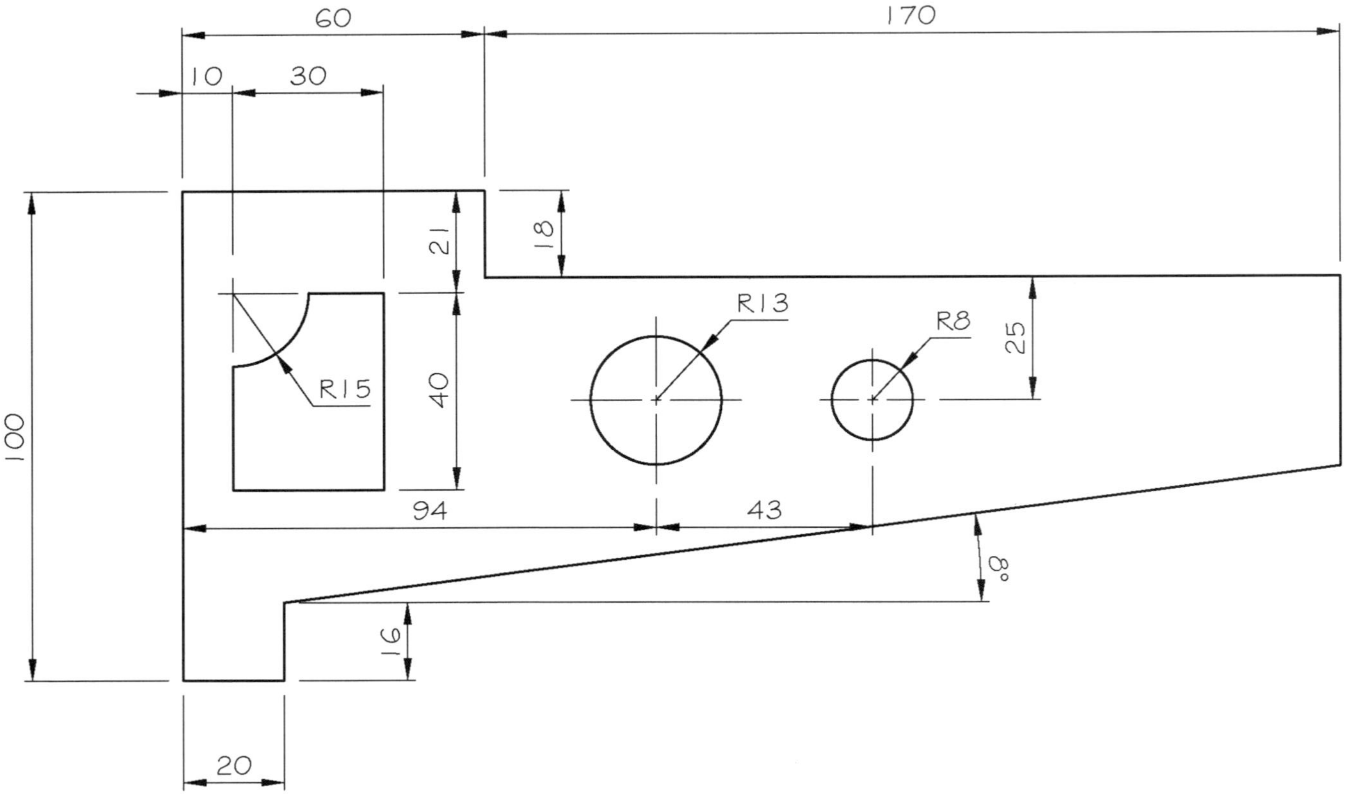

168

Section 03

Offset, TRim, EXtend

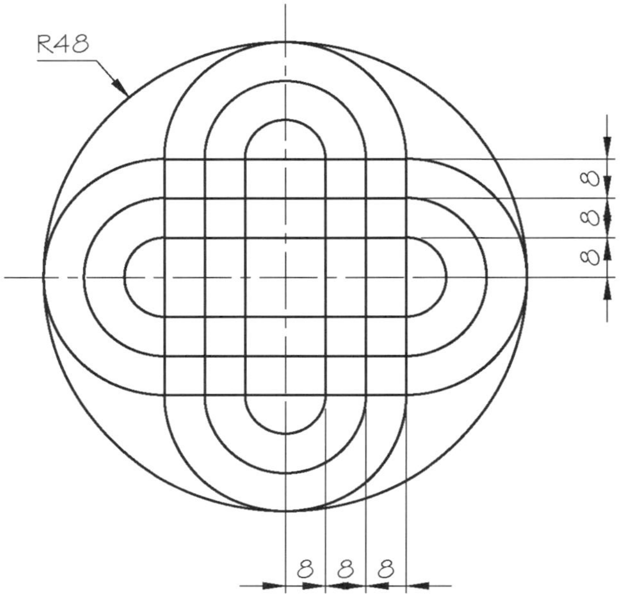

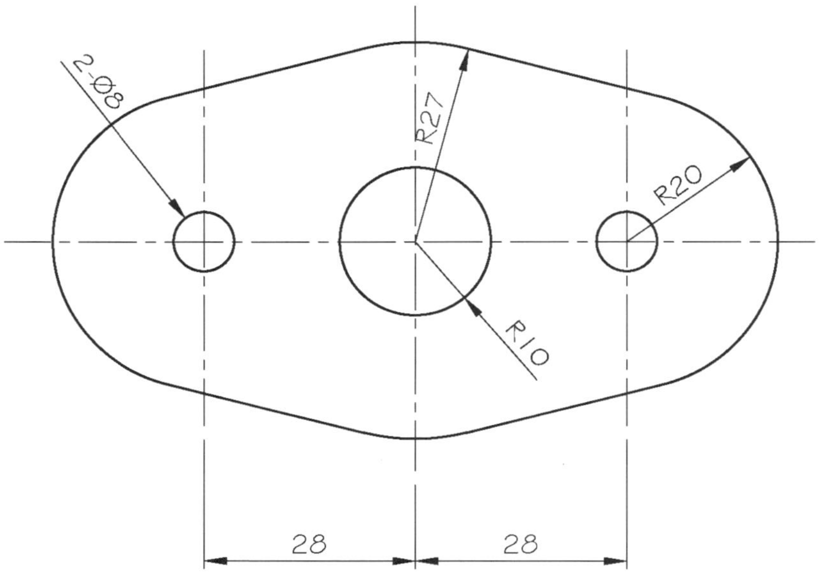

예제로 배우는 AutoCAD

Offset, TRim, EXtend

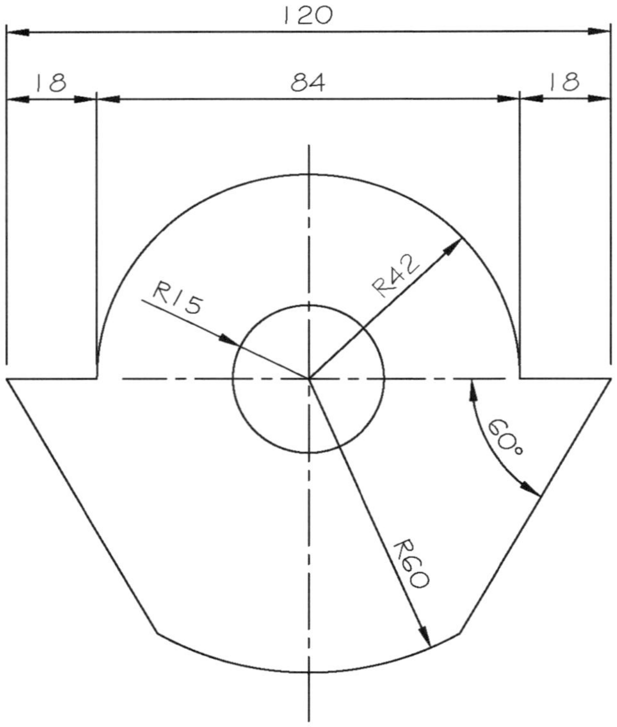

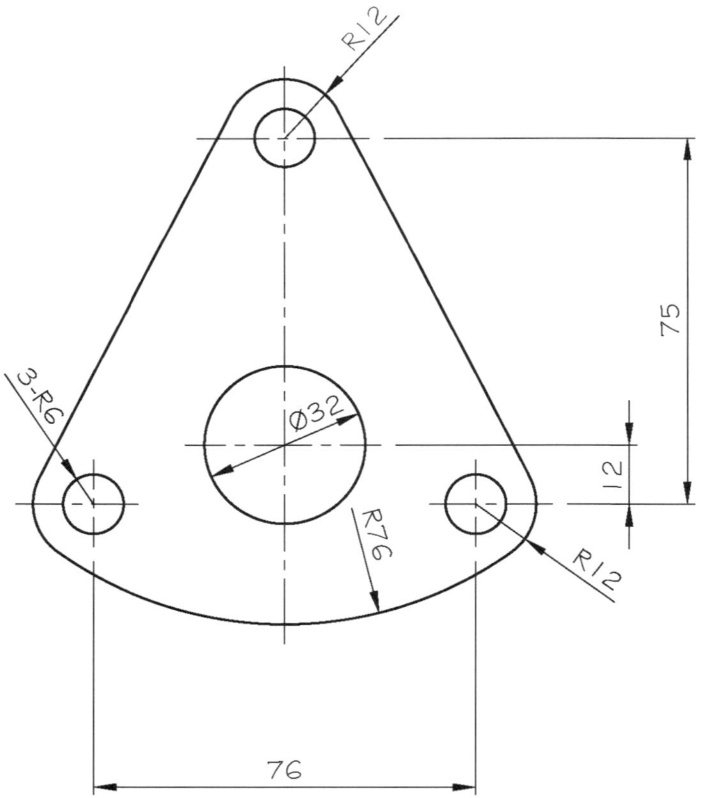

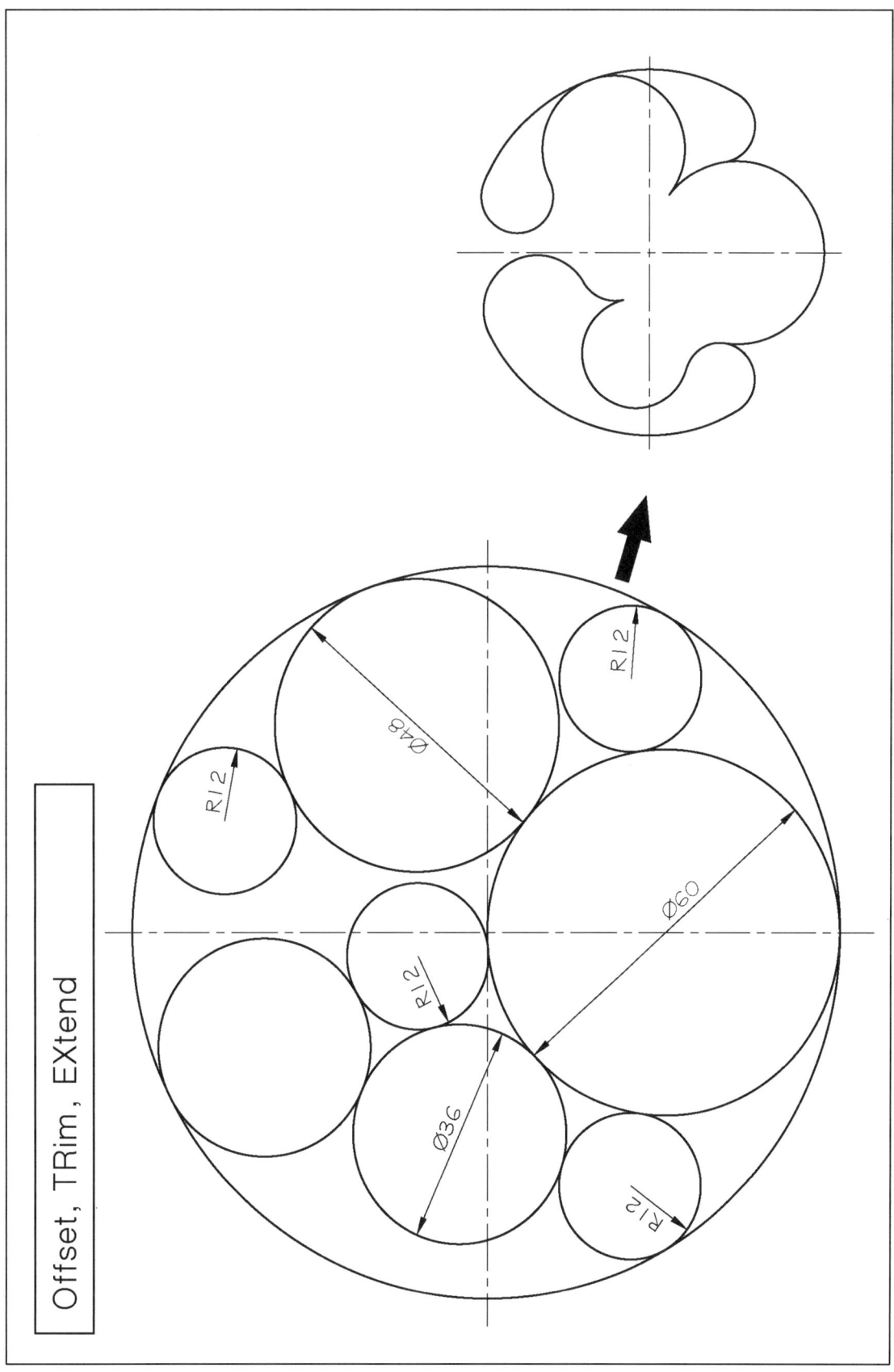

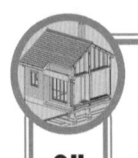

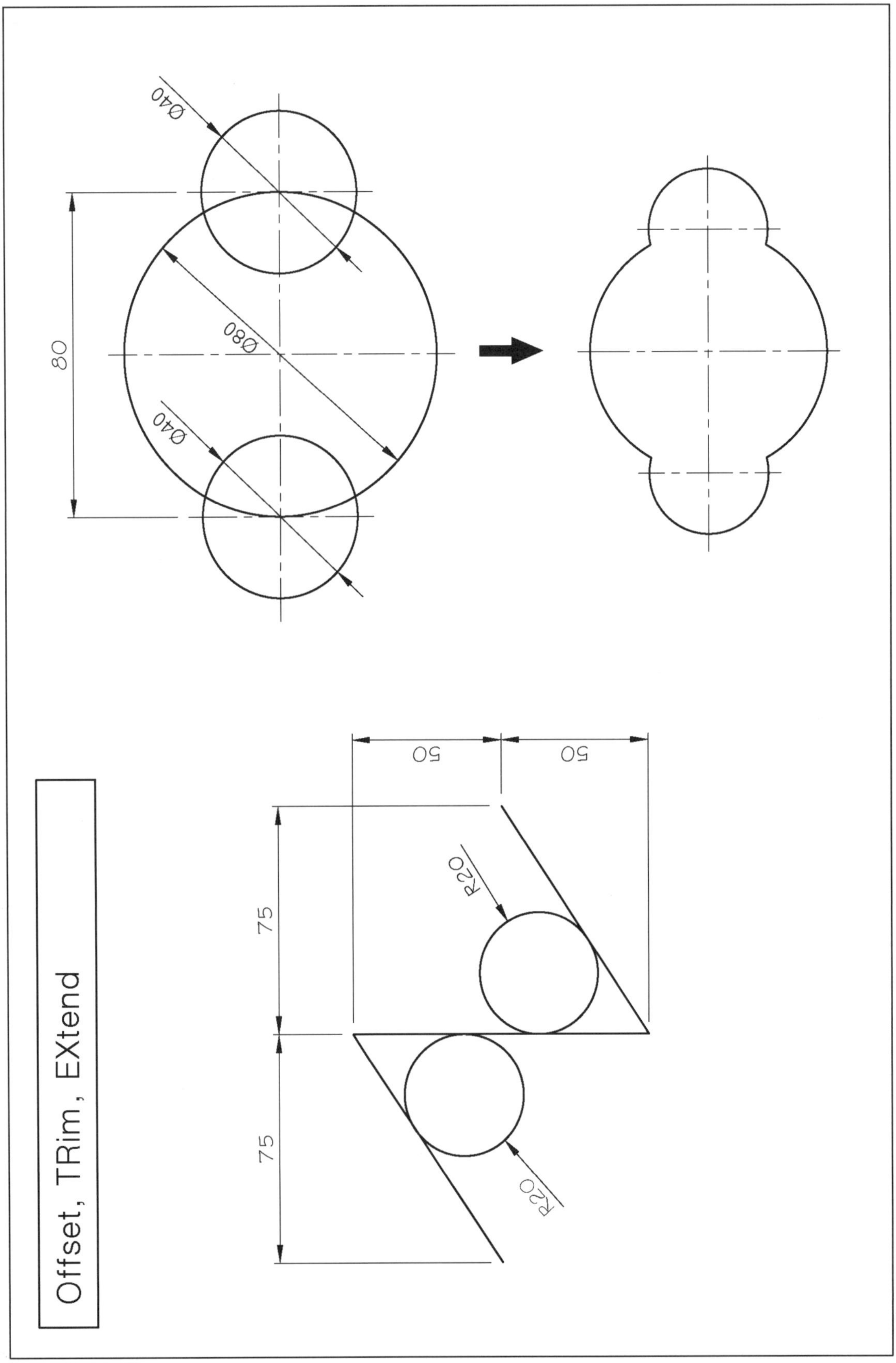
Offset, TRim, EXtend
Ø40
Ø80
Ø40
80
50
50
75
75
R20
R20

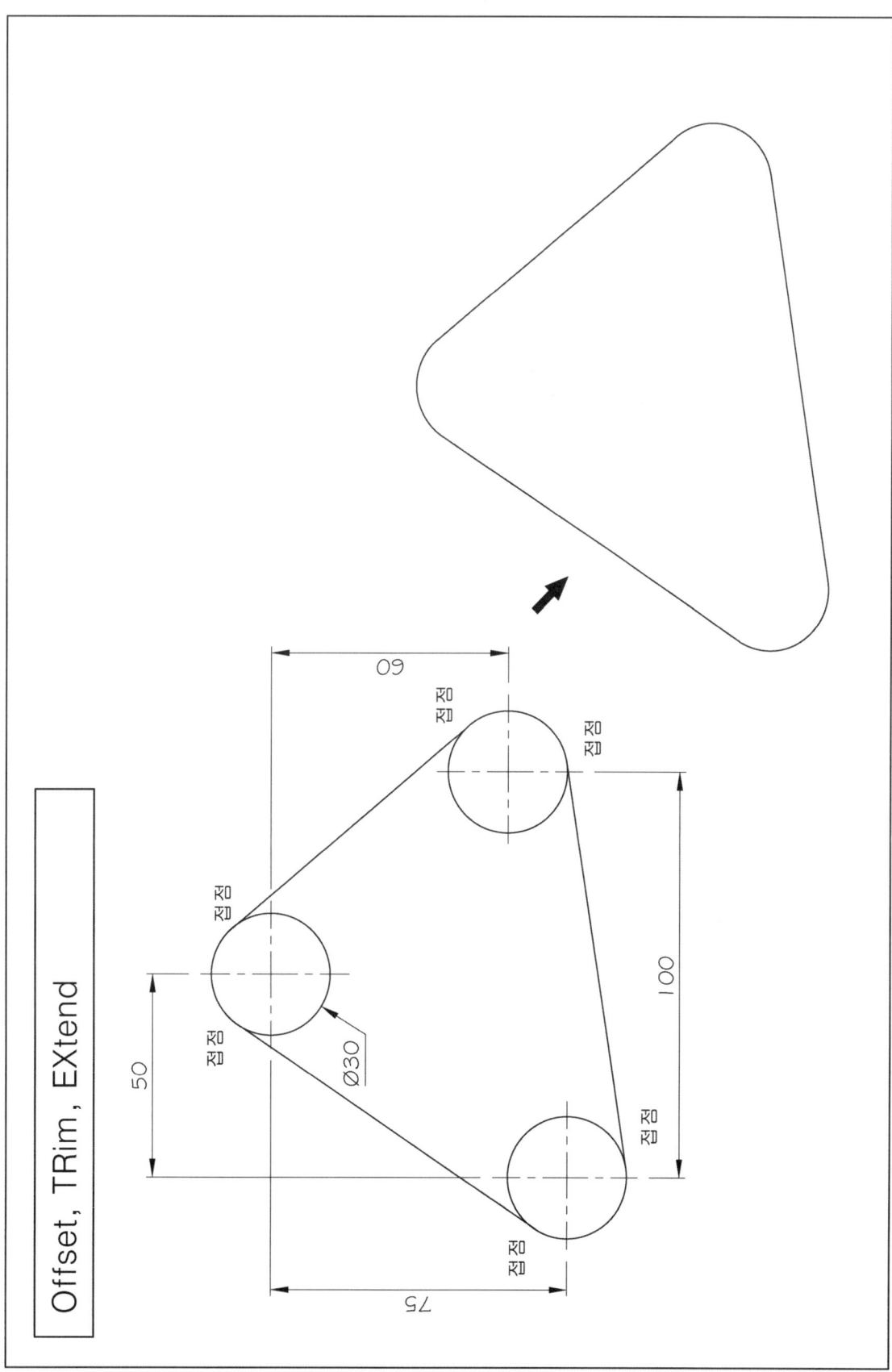

예제로 배우는 AutoCAD

Offset, TRim, EXtend

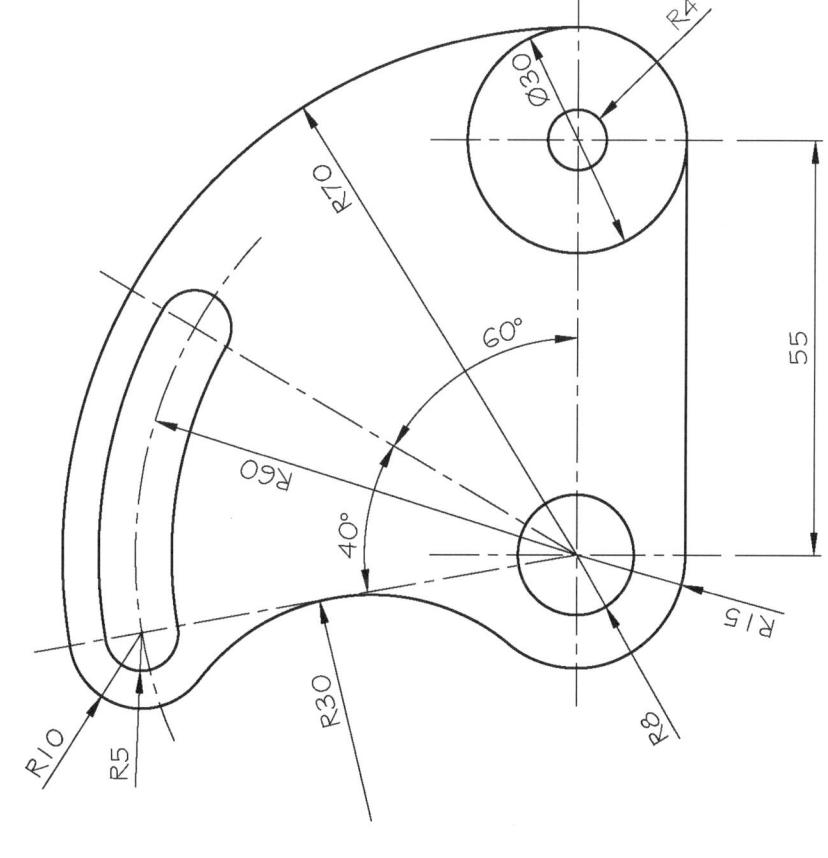

Offset, TRim, EXtend

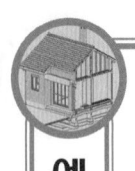

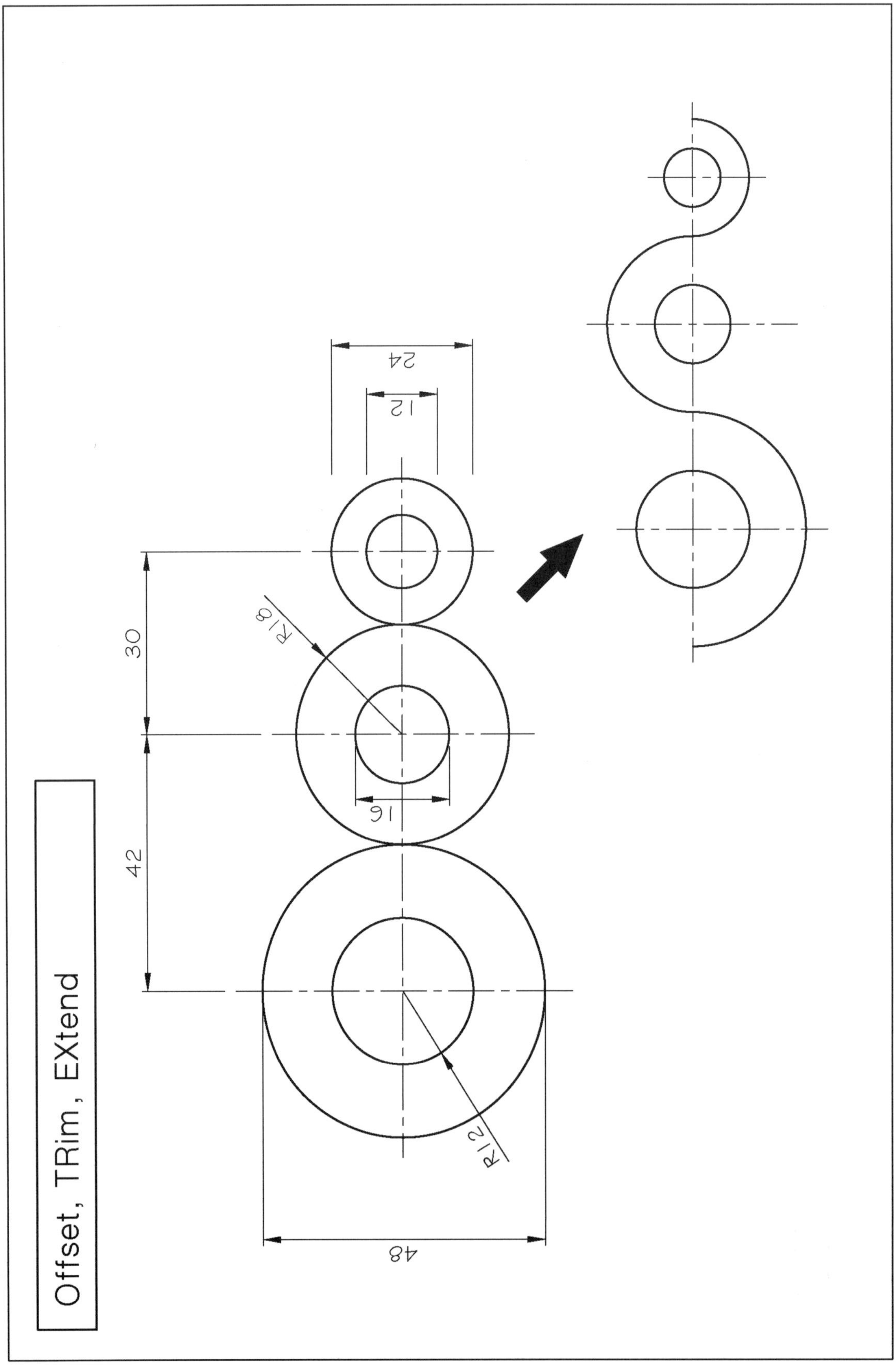
Offset, TRim, EXtend
24
12
30
42
16
R18
R12
48

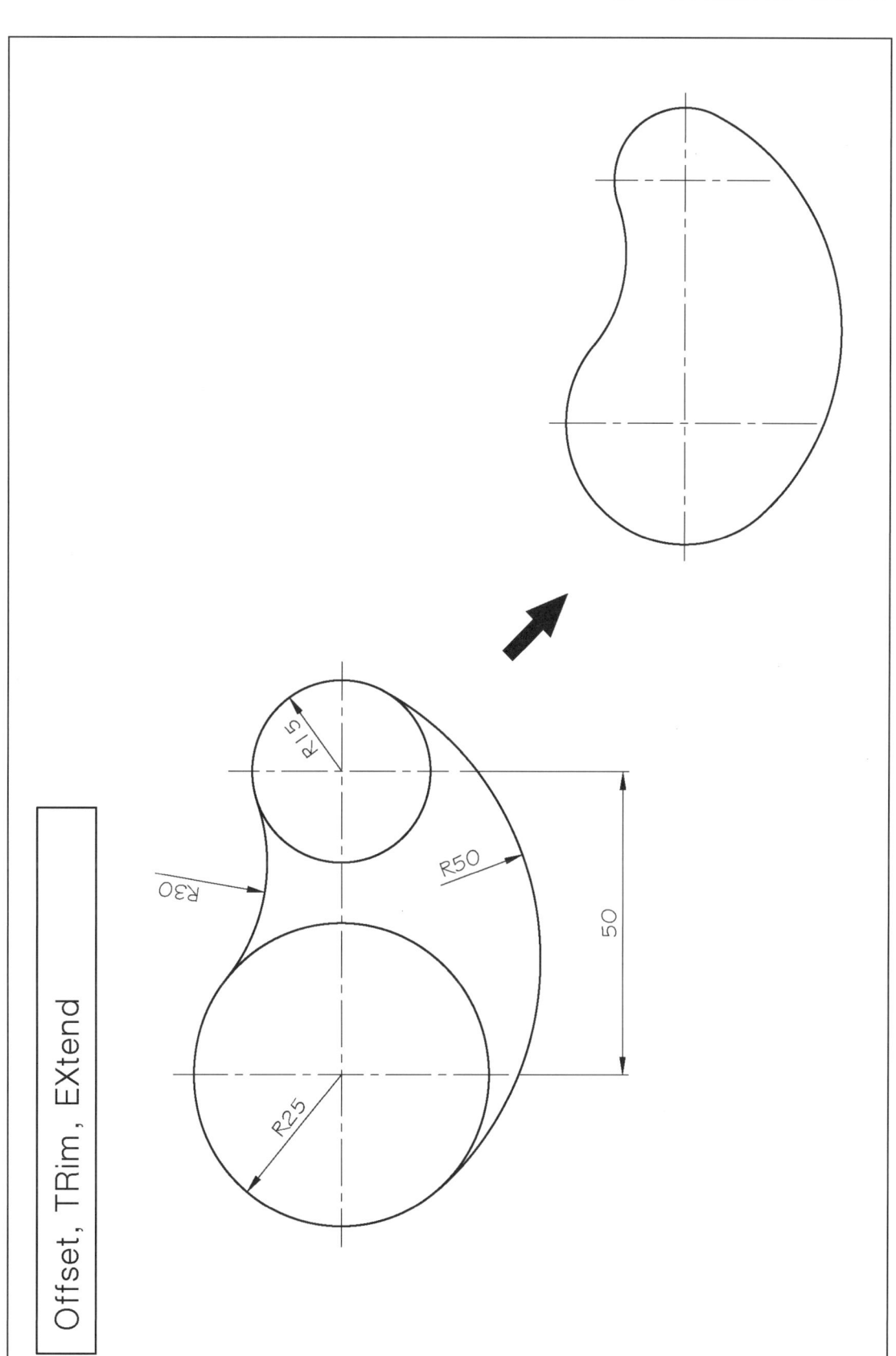

예제로 배우는 AutoCAD

Offset, TRim, EXtend

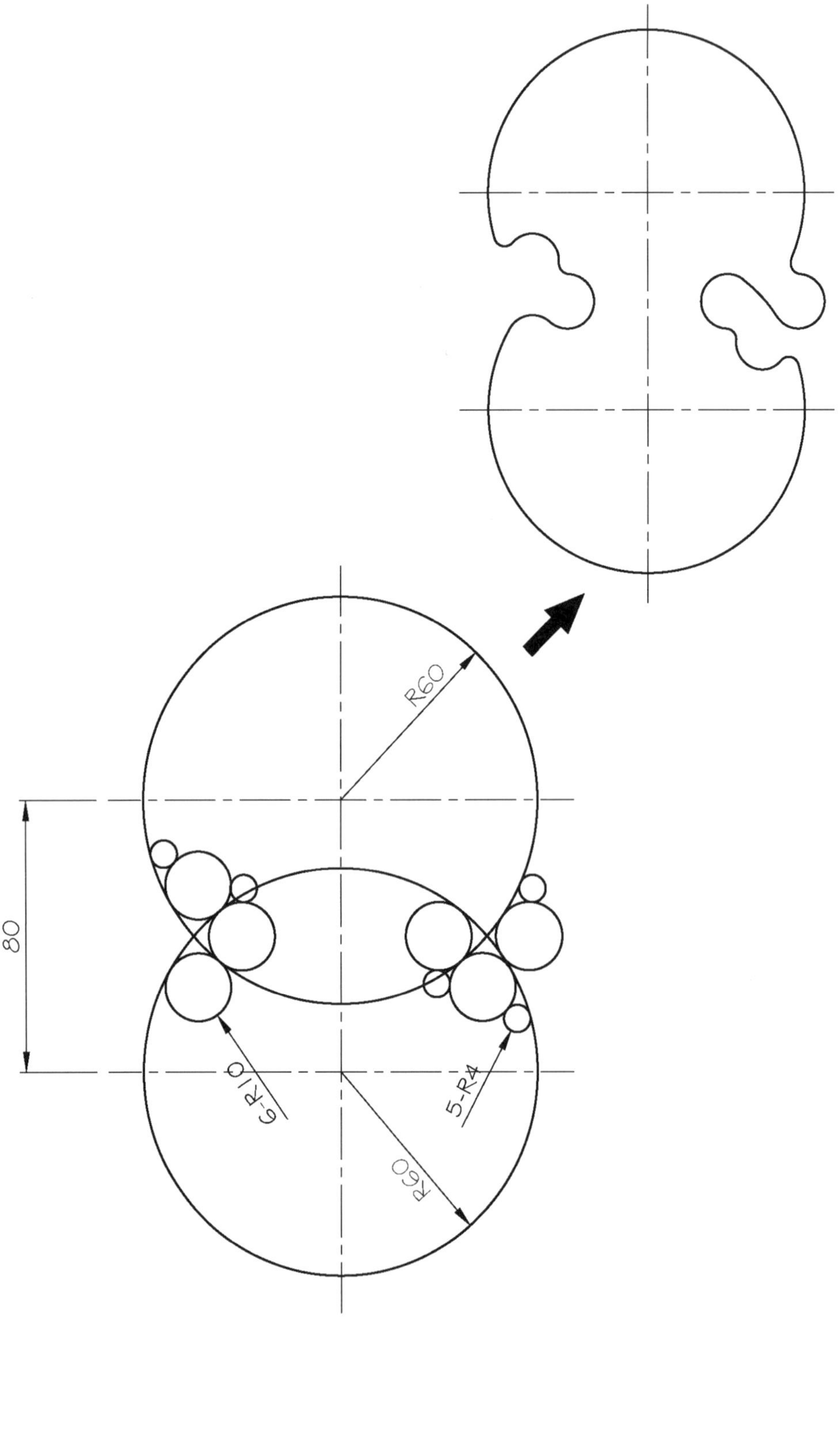

Section 03

Offset, TRim, EXtend

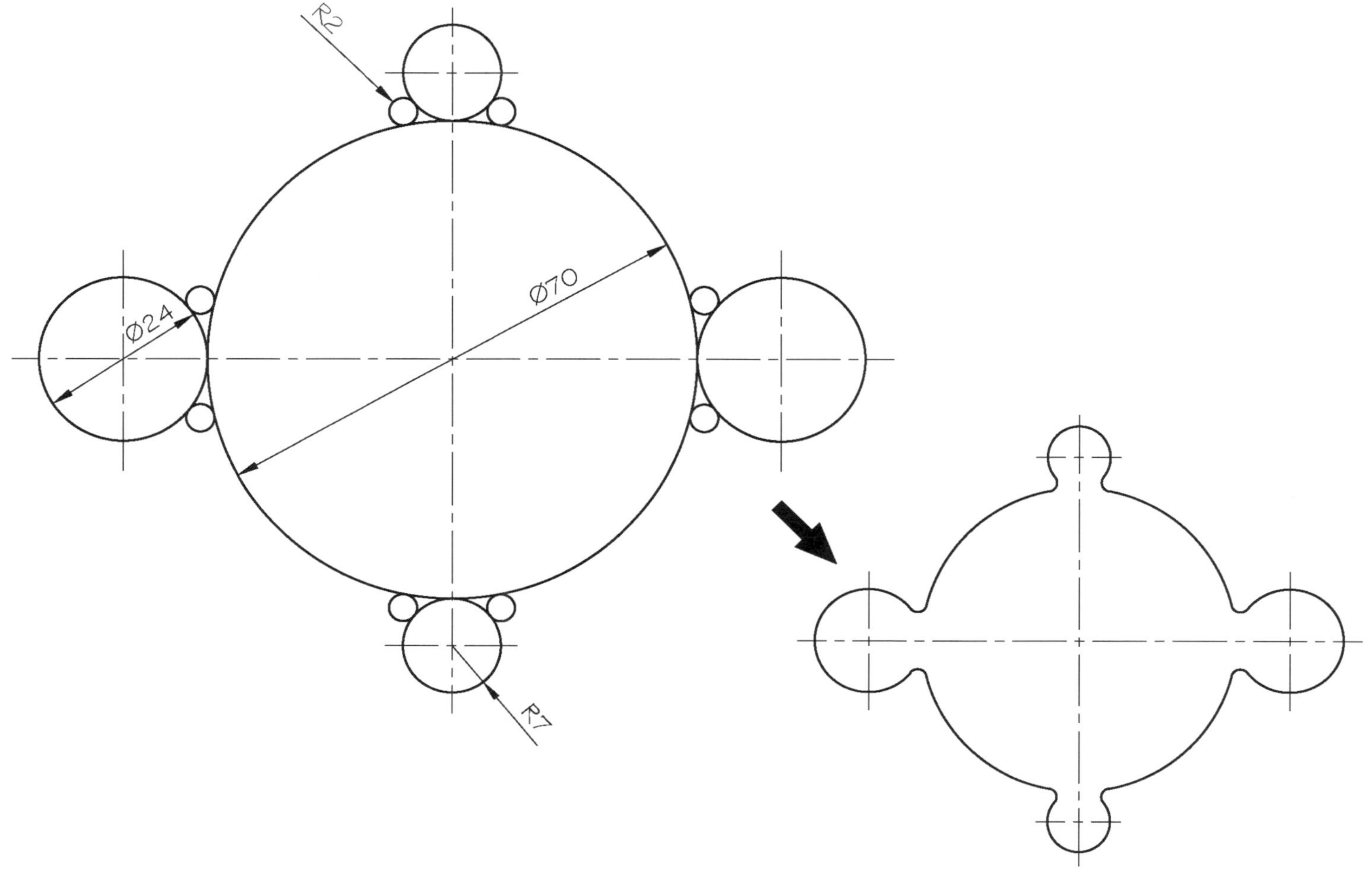

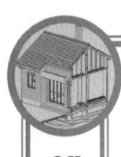

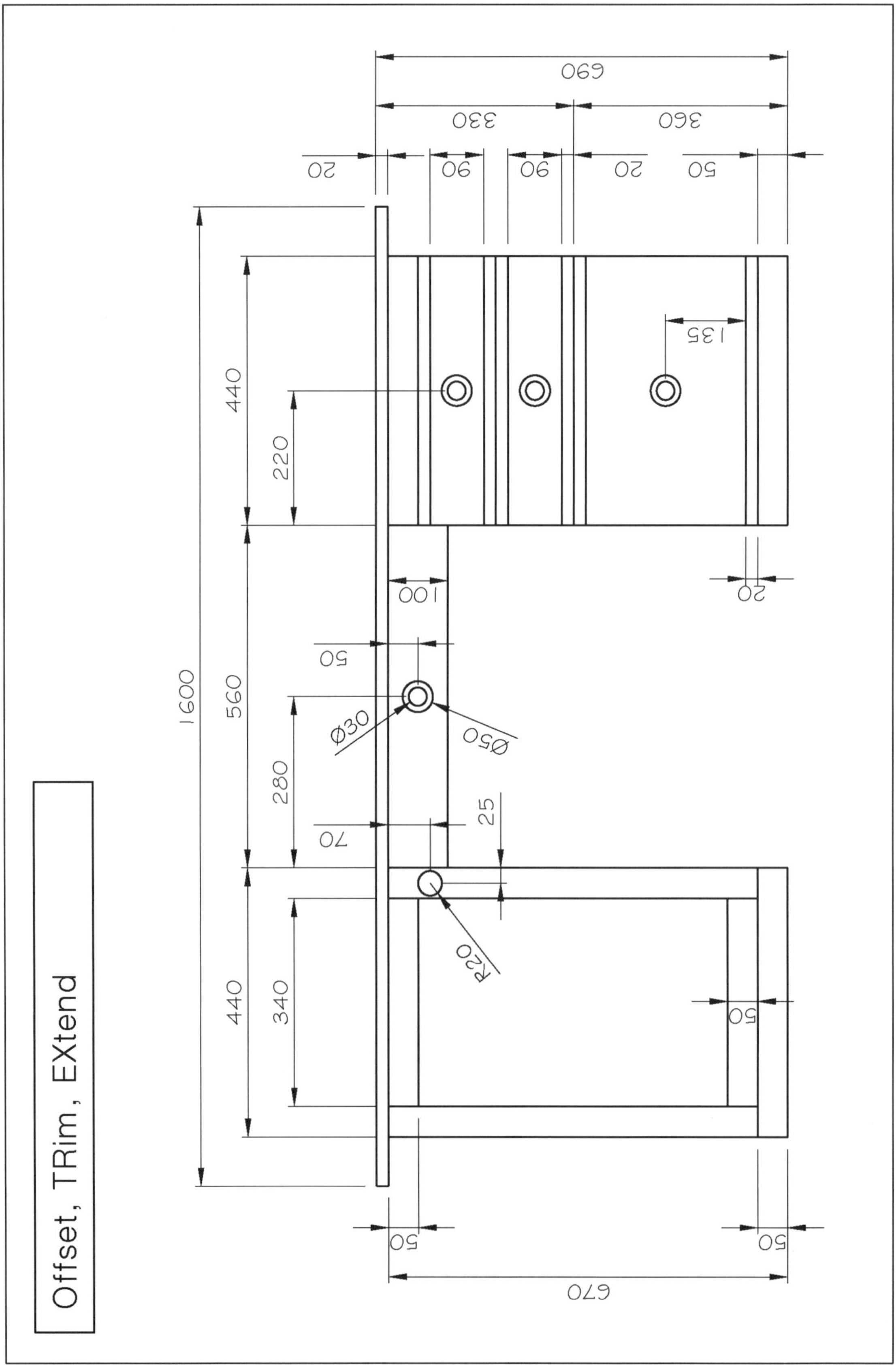
Offset, TRim, EXtend
690
330
360
20
90
90
20
50
1600
440
220
135
560
100
20
50
Ø30
Ø50
280
25
70
440
340
R20
50
50
50
670

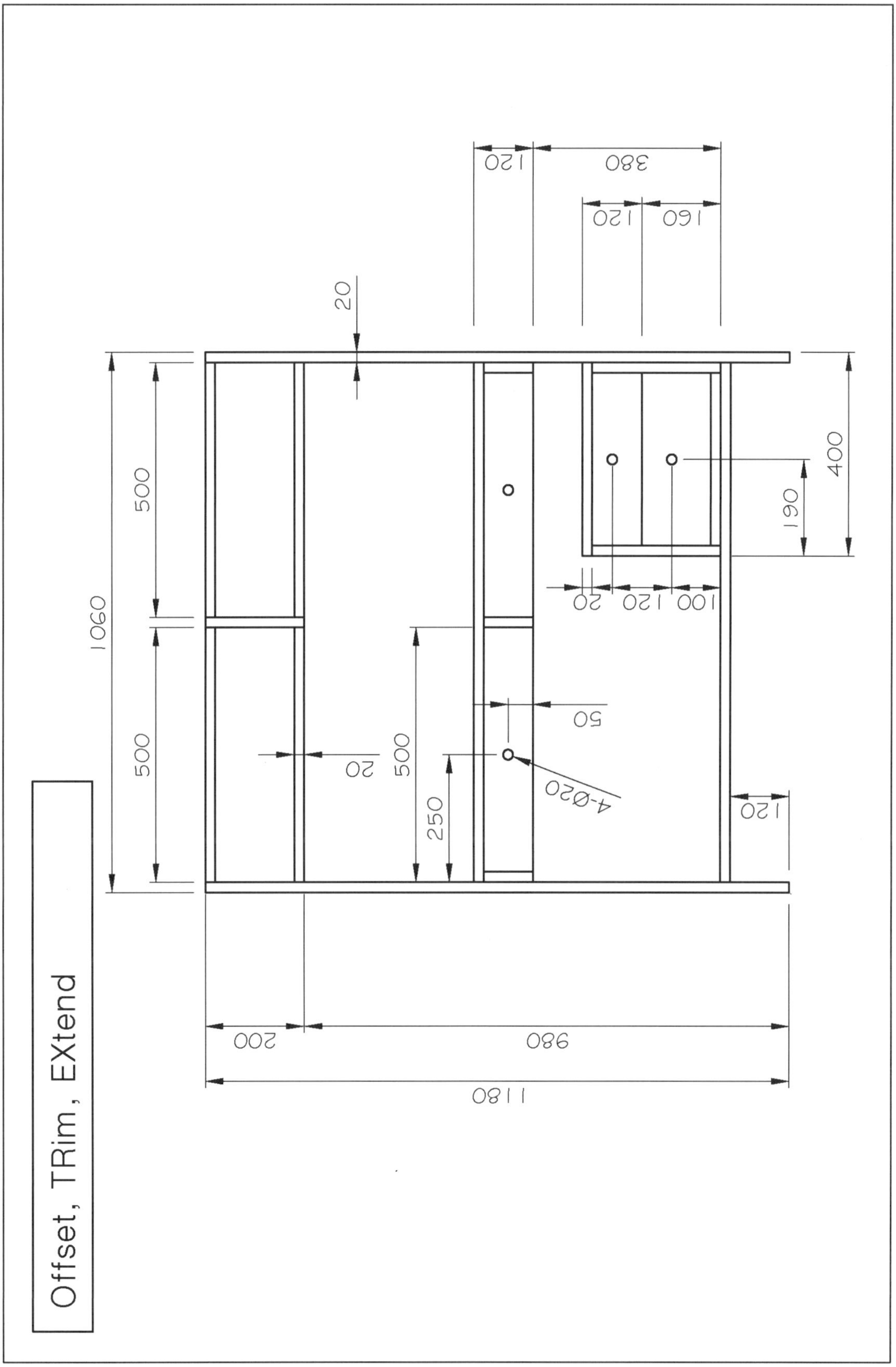
Offset, TRim, EXtend
1060
500
500
20
20
500
250
50
4-Ø20
120
380
120
160
400
190
20
120
100
120
200
980
1180

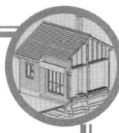

예제로 배우는 AutoCAD

RECtang, ELlipse, POLygon

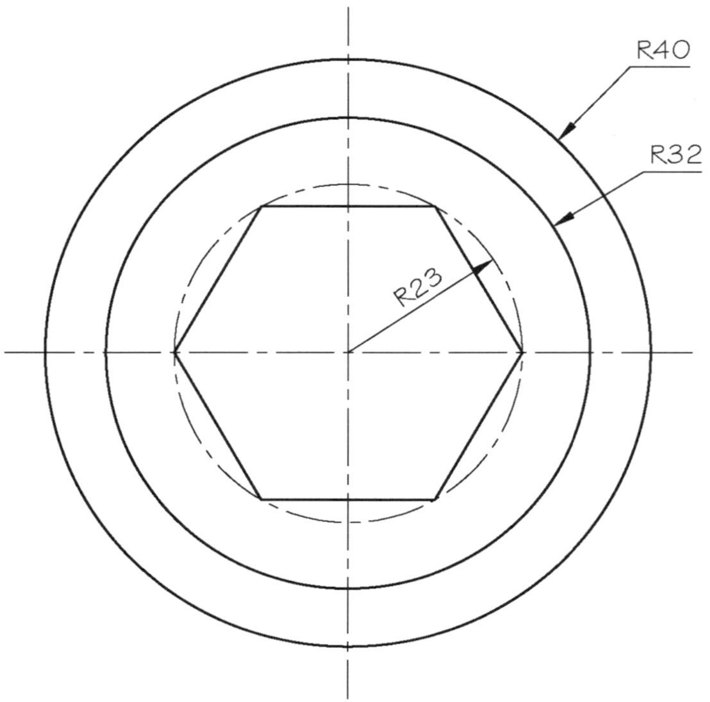

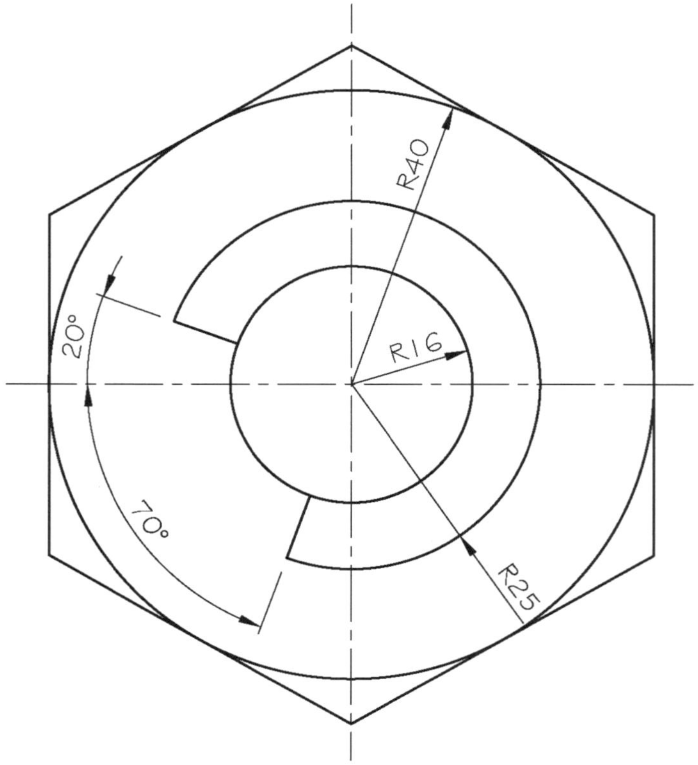

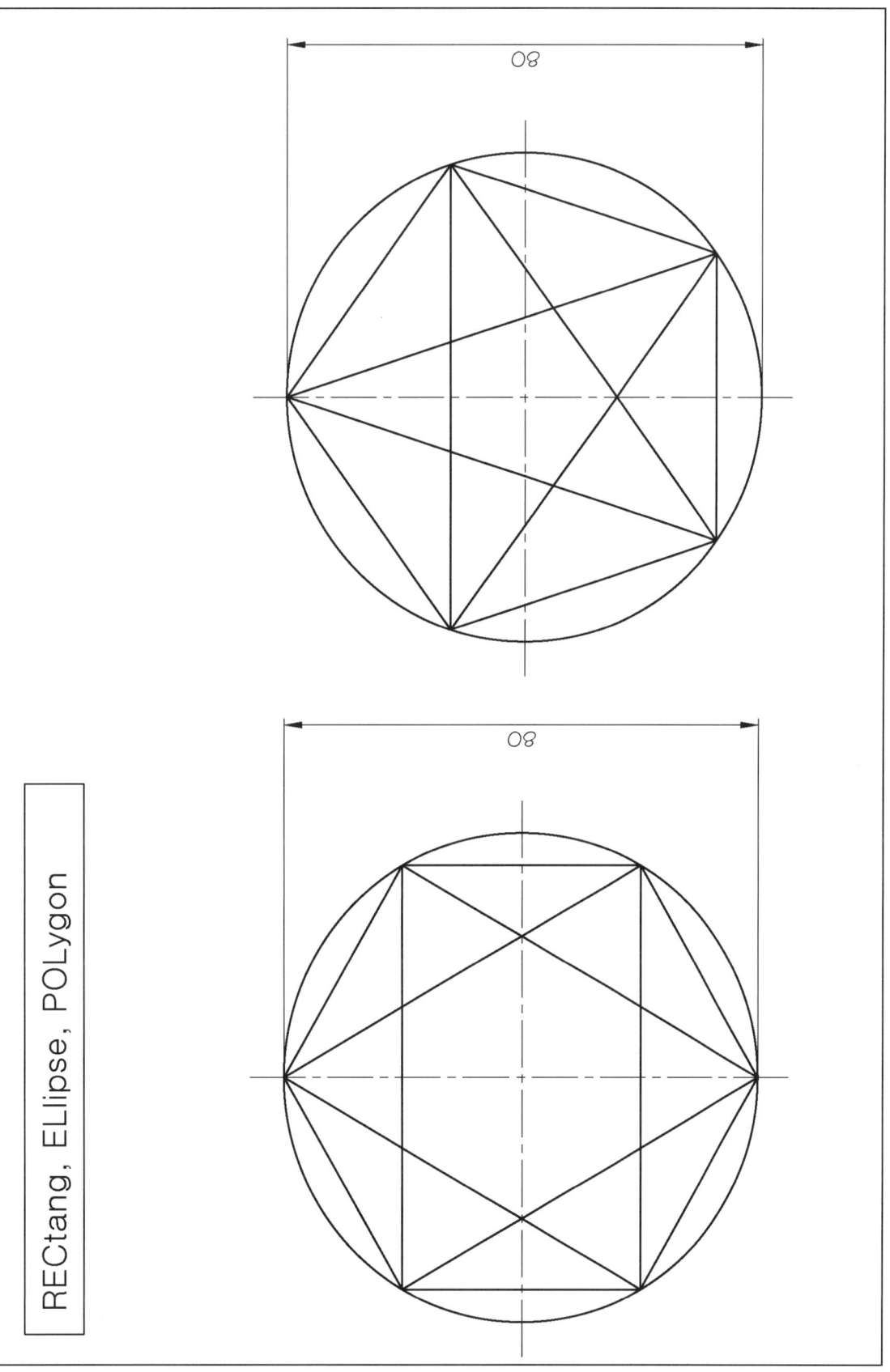

예제로 배우는 AutoCAD

RECtang, ELlipse, POLygon

원과 접하는 타원 그리는 방법

폴리선으로 표현된 타원을 작성한다.
명령 : pellipse
PELLIPSE에 대한 새 값 입력 <0> : 1로 설정 후
명령 : ellipse 를 이용하여 타원을 그린다.

RECtang, ELlipse, POLygon

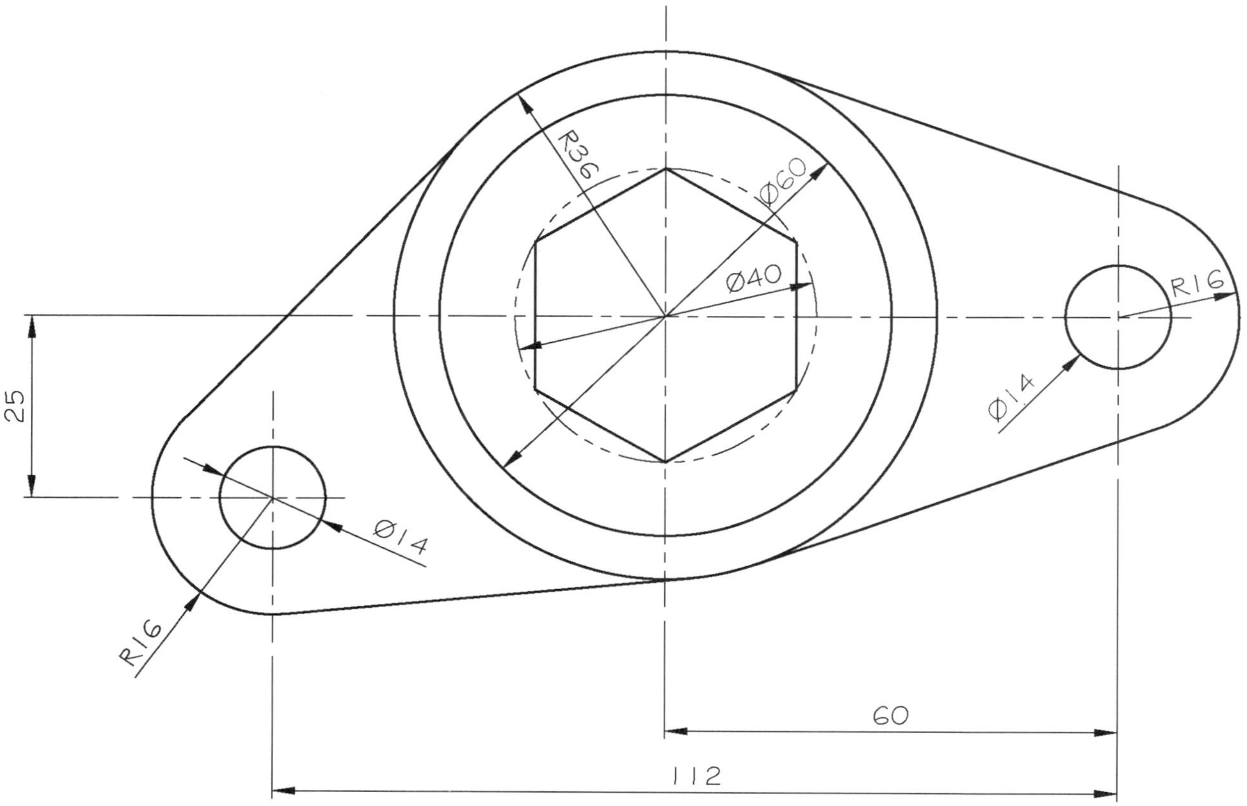

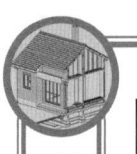

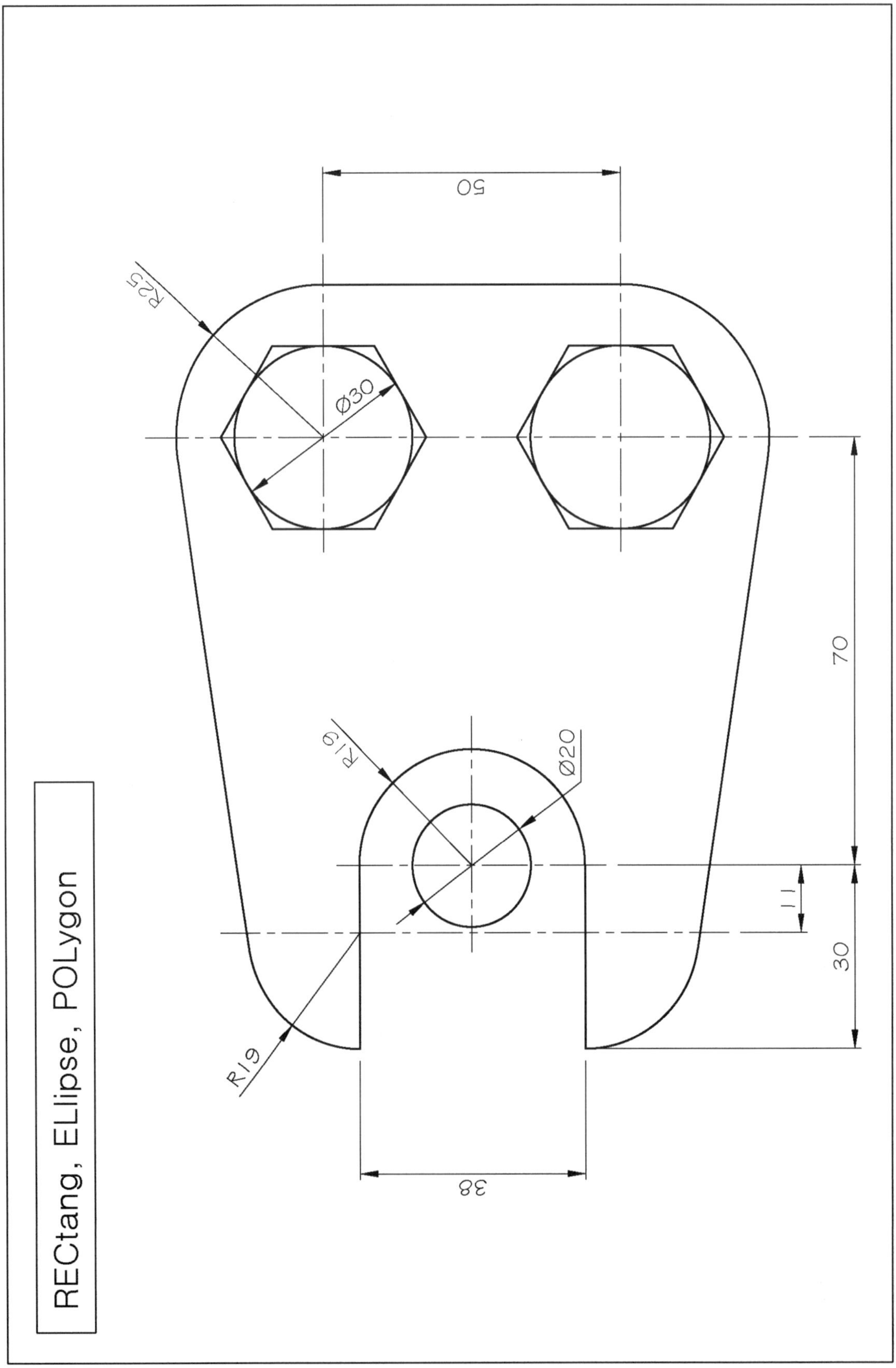
RECtang, ELlipse, POLygon
50
R25
Ø30
70
R19
Ø20
11
30
R19
38

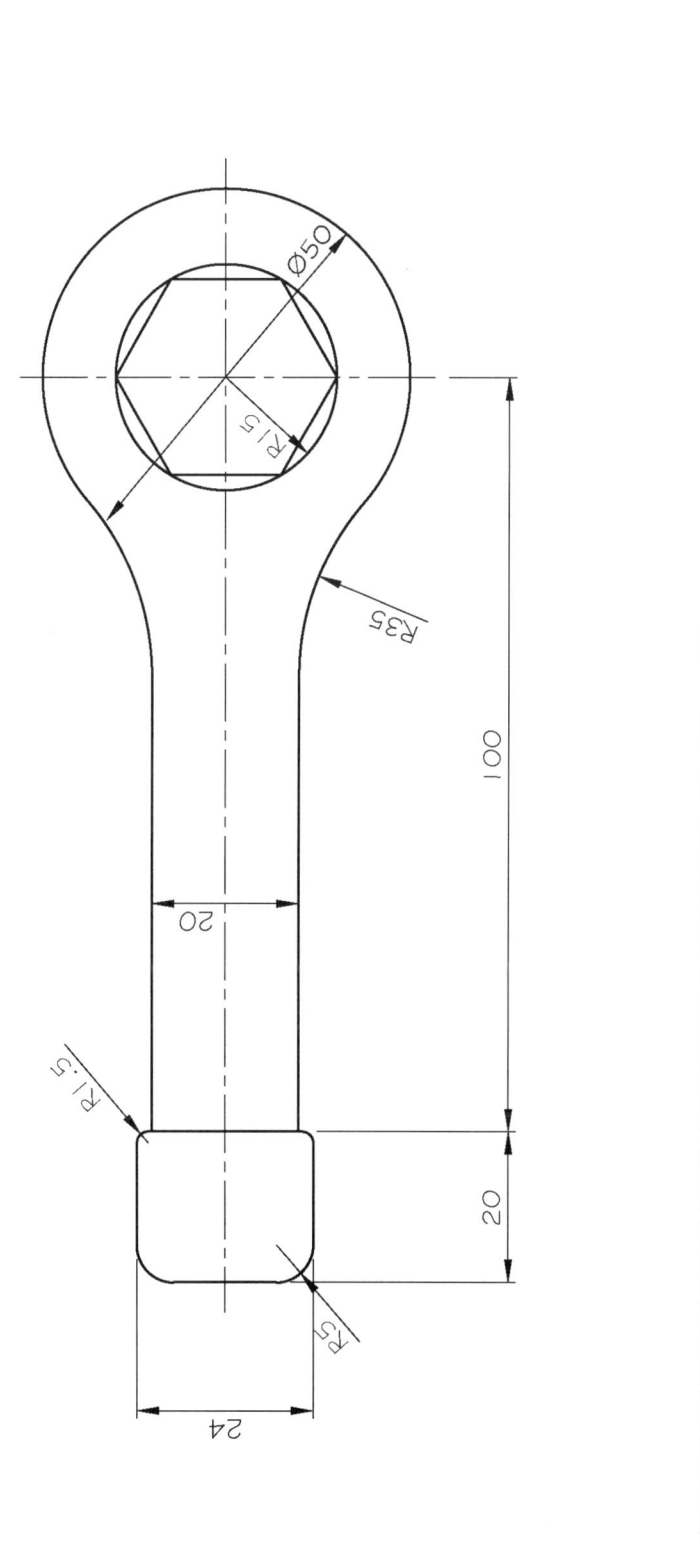

RECtang, ELlipse, POLygon

예제로 배우는 AutoCAD

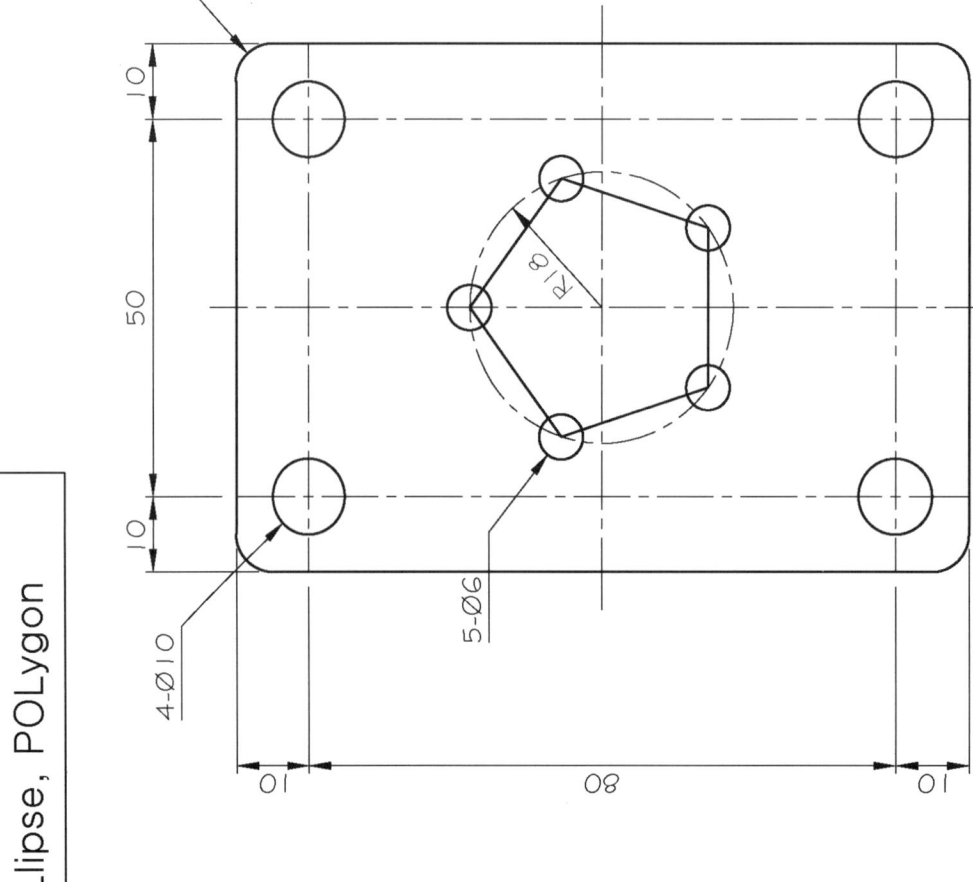

RECtang, ELlipse, POLygon

Section 03

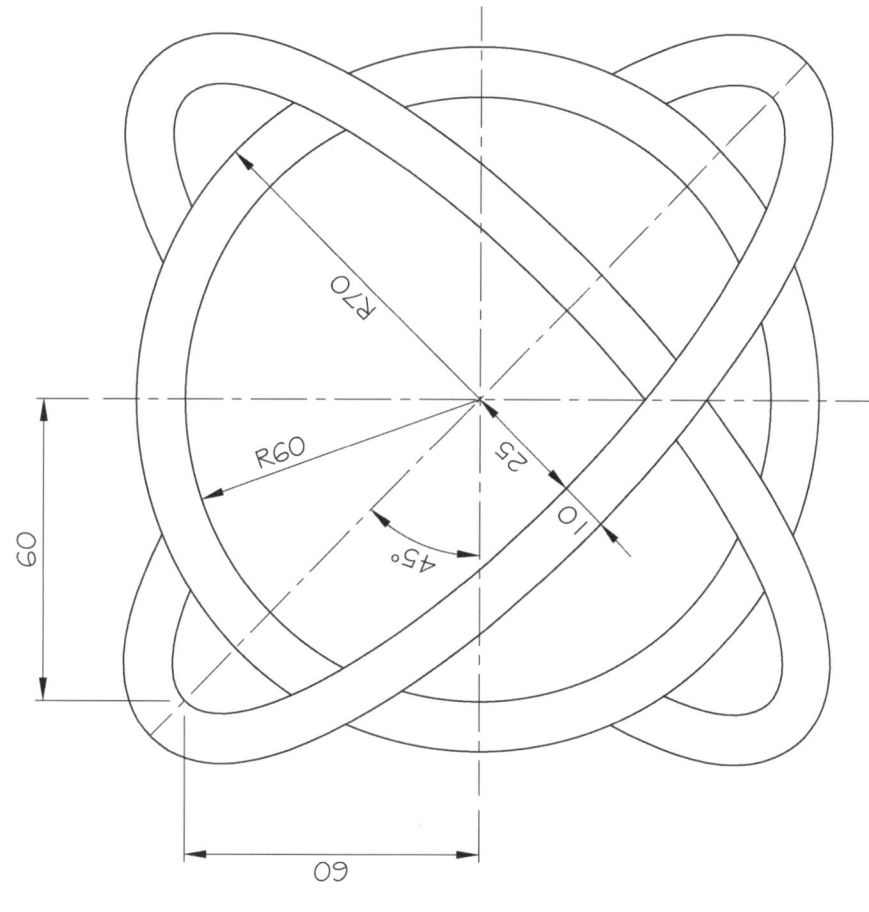

RECtang, ELlipse, POLygon

예제로 배우는 AutoCAD

RECtang, ELlipse, POLygon

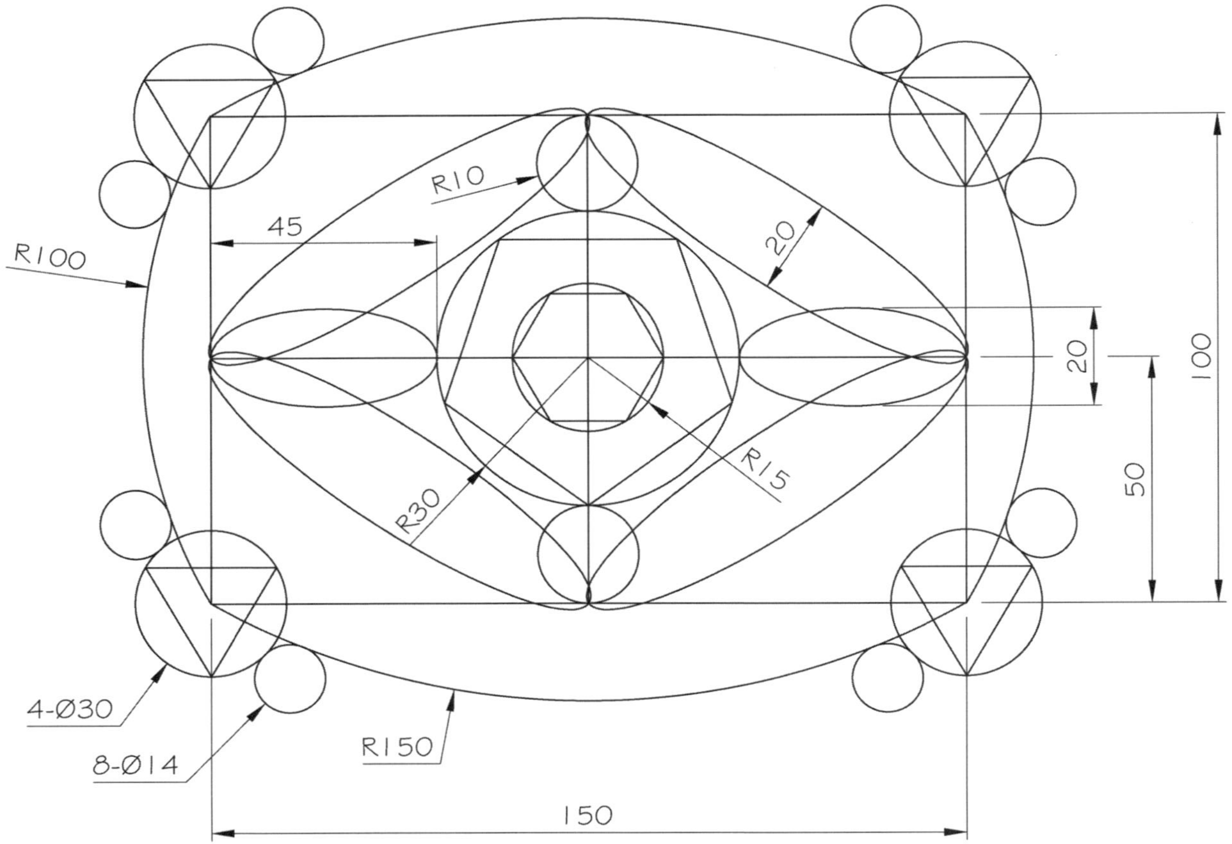

Move, COpy, 다양한 객체선택 방법

객체선택방법 Window – 실선상자선택
  Crossing – 점선상자선택
  Add – 기존 객체에 추가선택
  Remove – 기존 객체에서 객체제거
  Previous – 이전 선택객체 재선택
  Last – 마지막 객체 선택

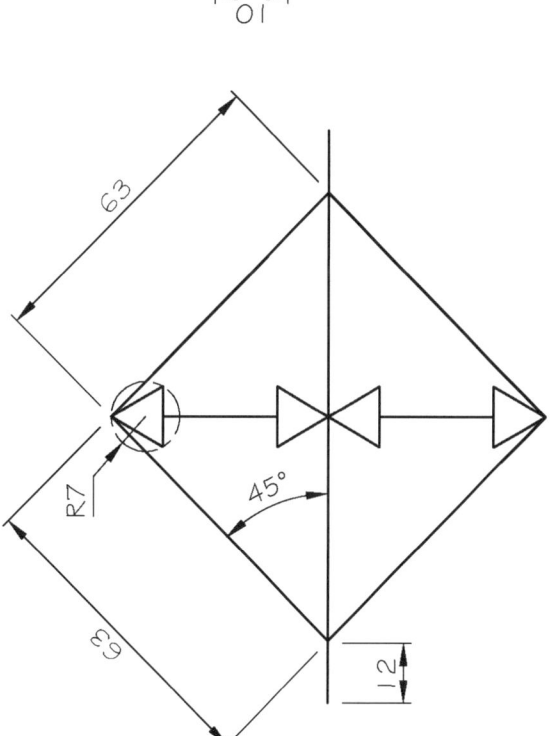

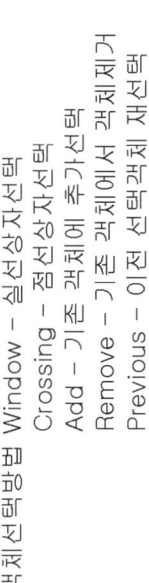

예제로 배우는 AutoCAD

Move, COpy, 다양한 객체선택 방법

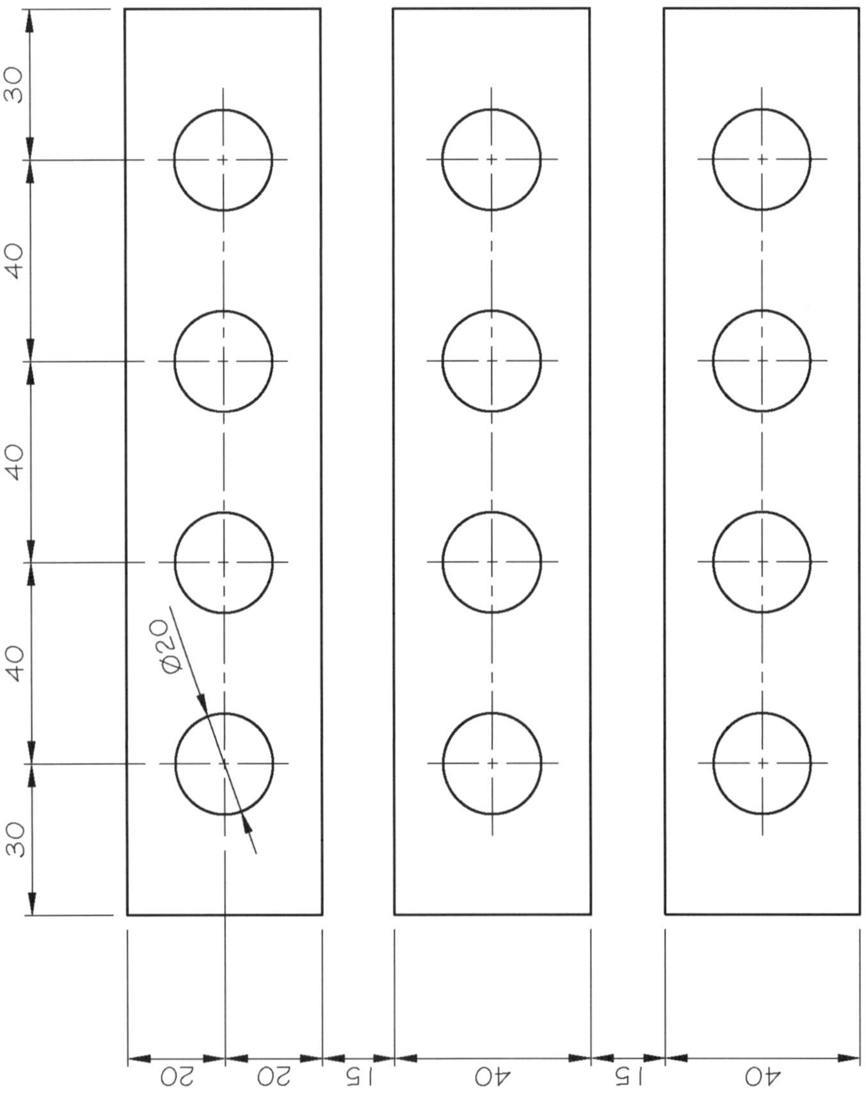

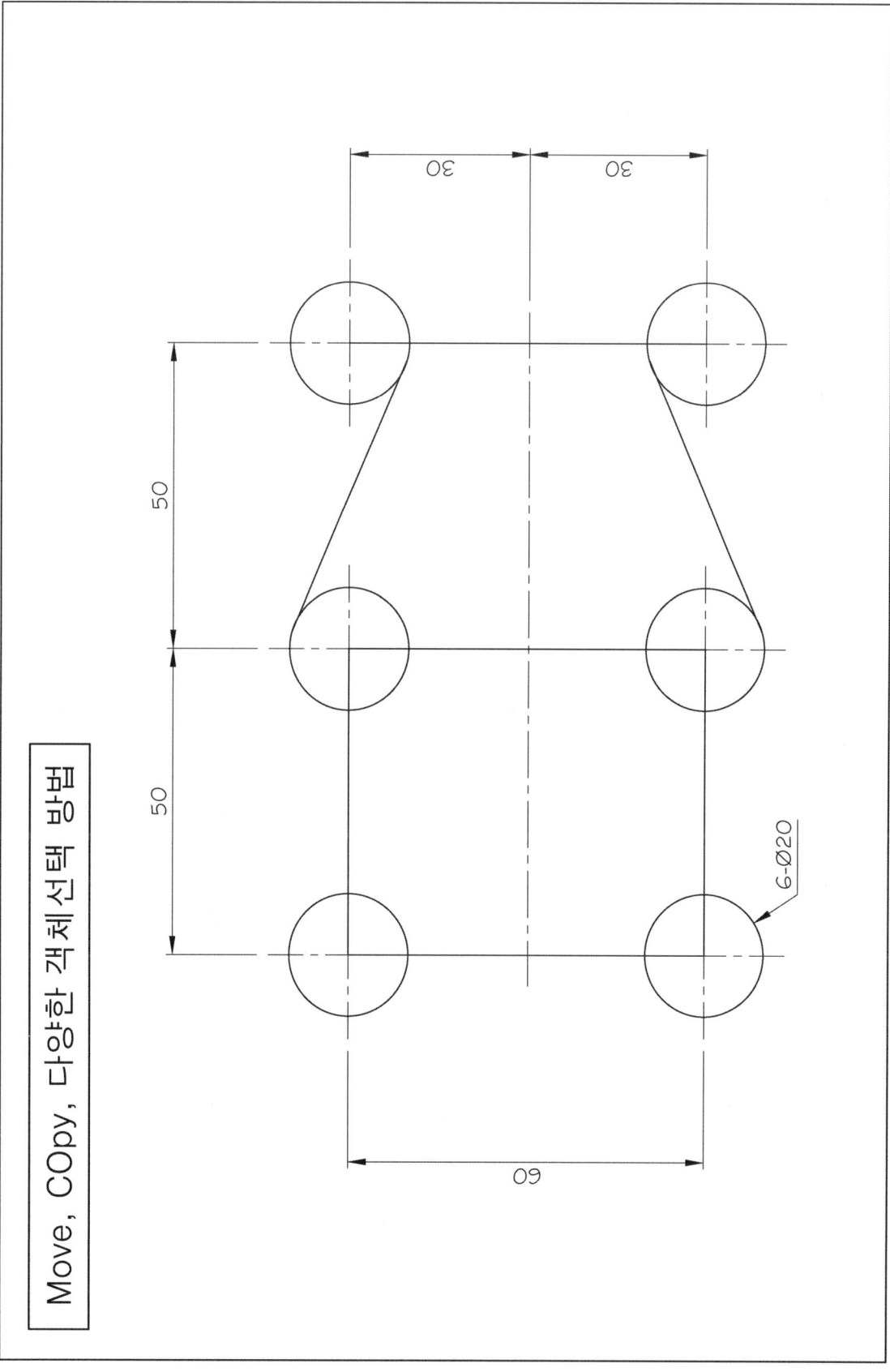

예제로 배우는 AutoCAD

Move, COpy, 다양한 객체선택 방법

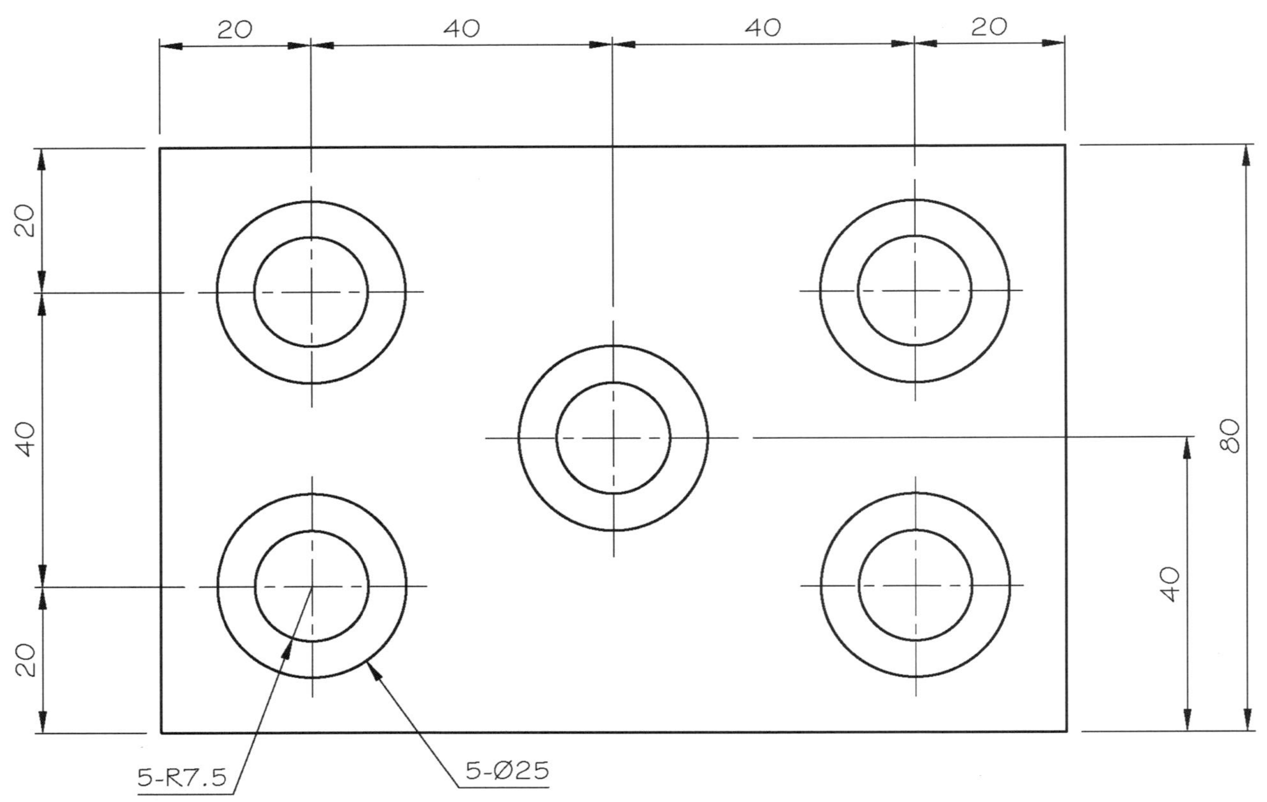

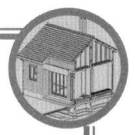

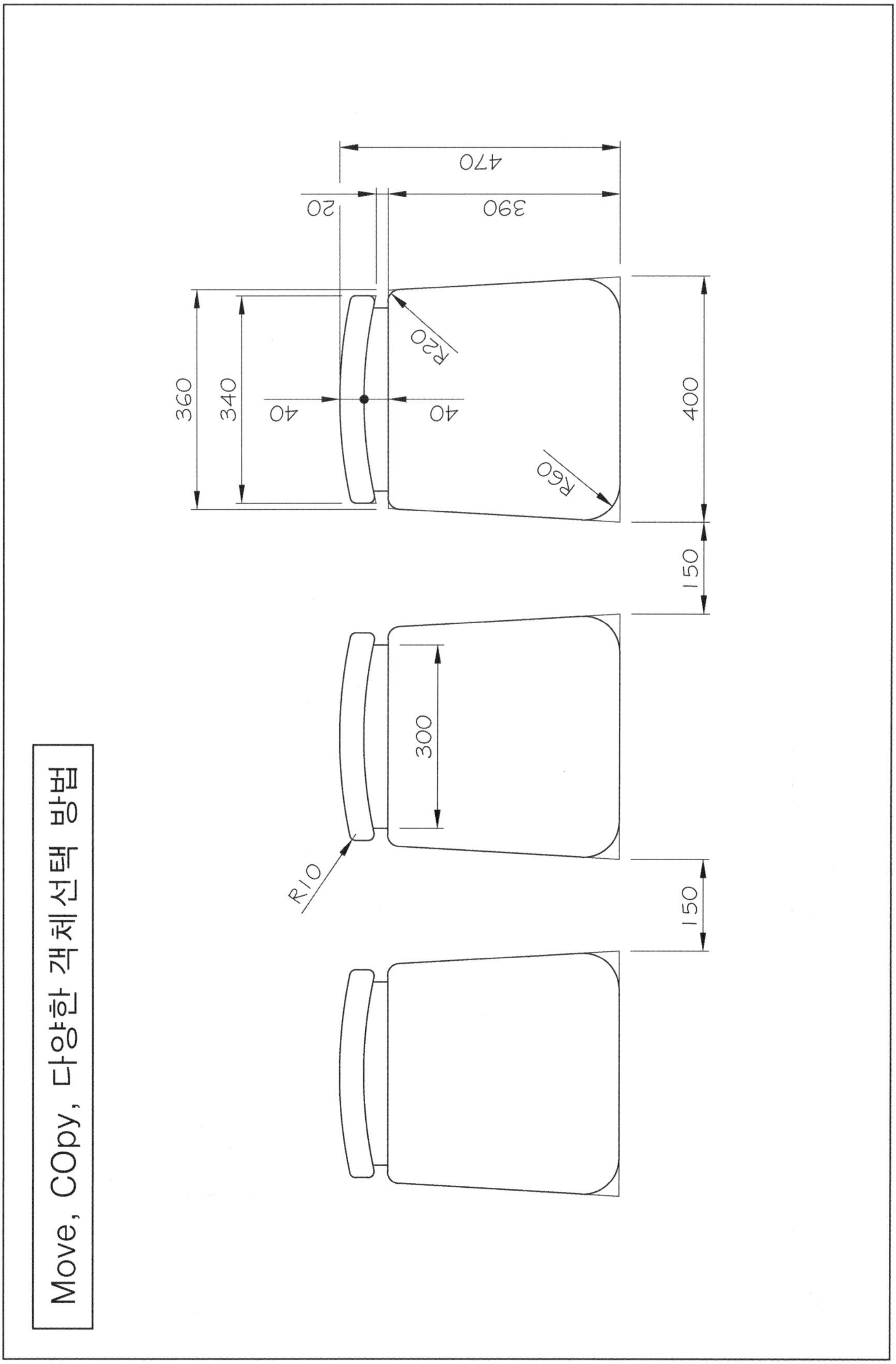
Move, COpy, 다양한 객체 선택 방법
470
390
20
360
340
40
40
R20
R60
400
150
300
R10
150

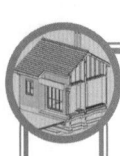

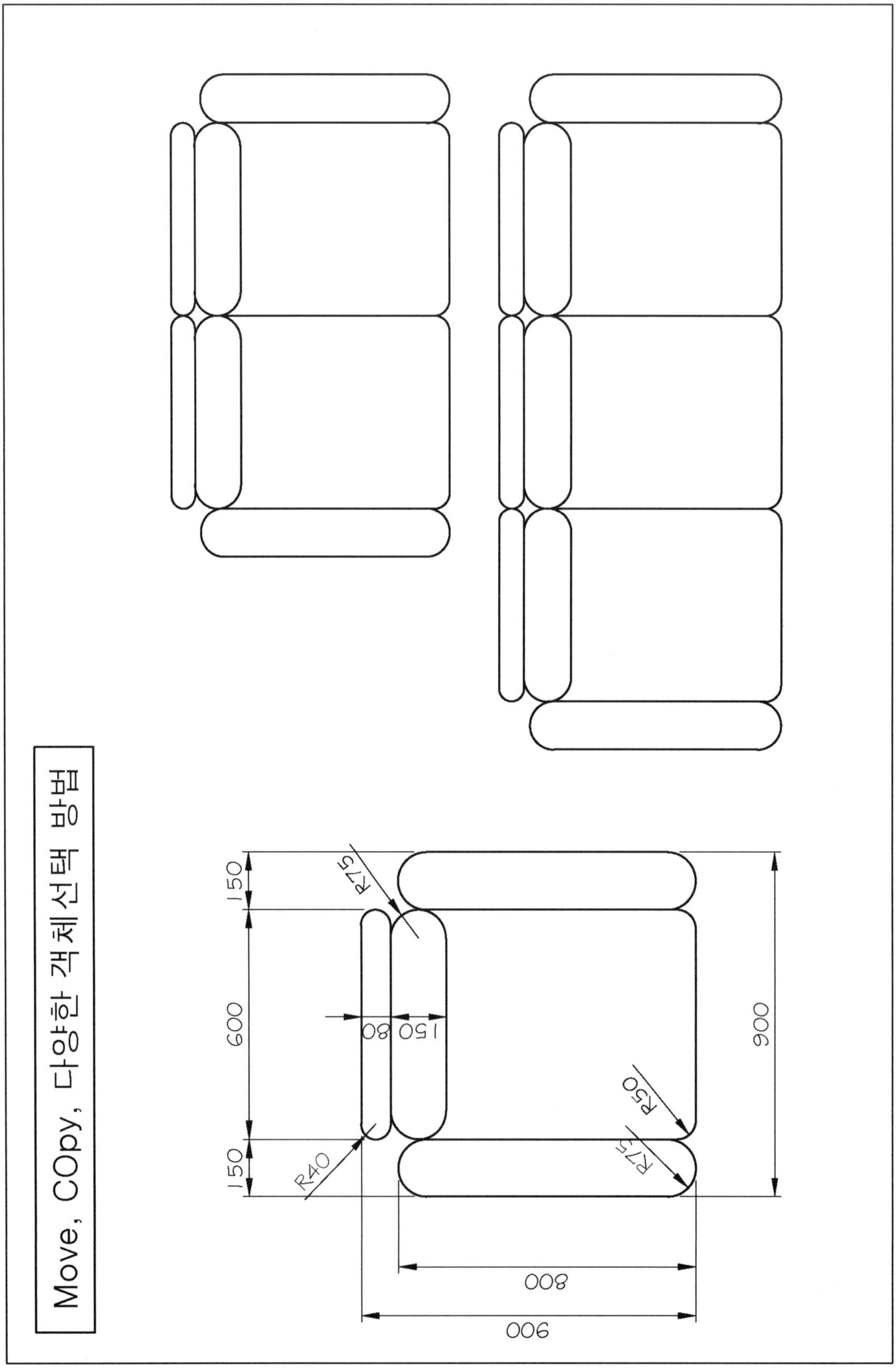
Move, COpy, 다양한 객체 선택 방법
150
600
150
R75
R40
80
150
R50
R75
900
800
900

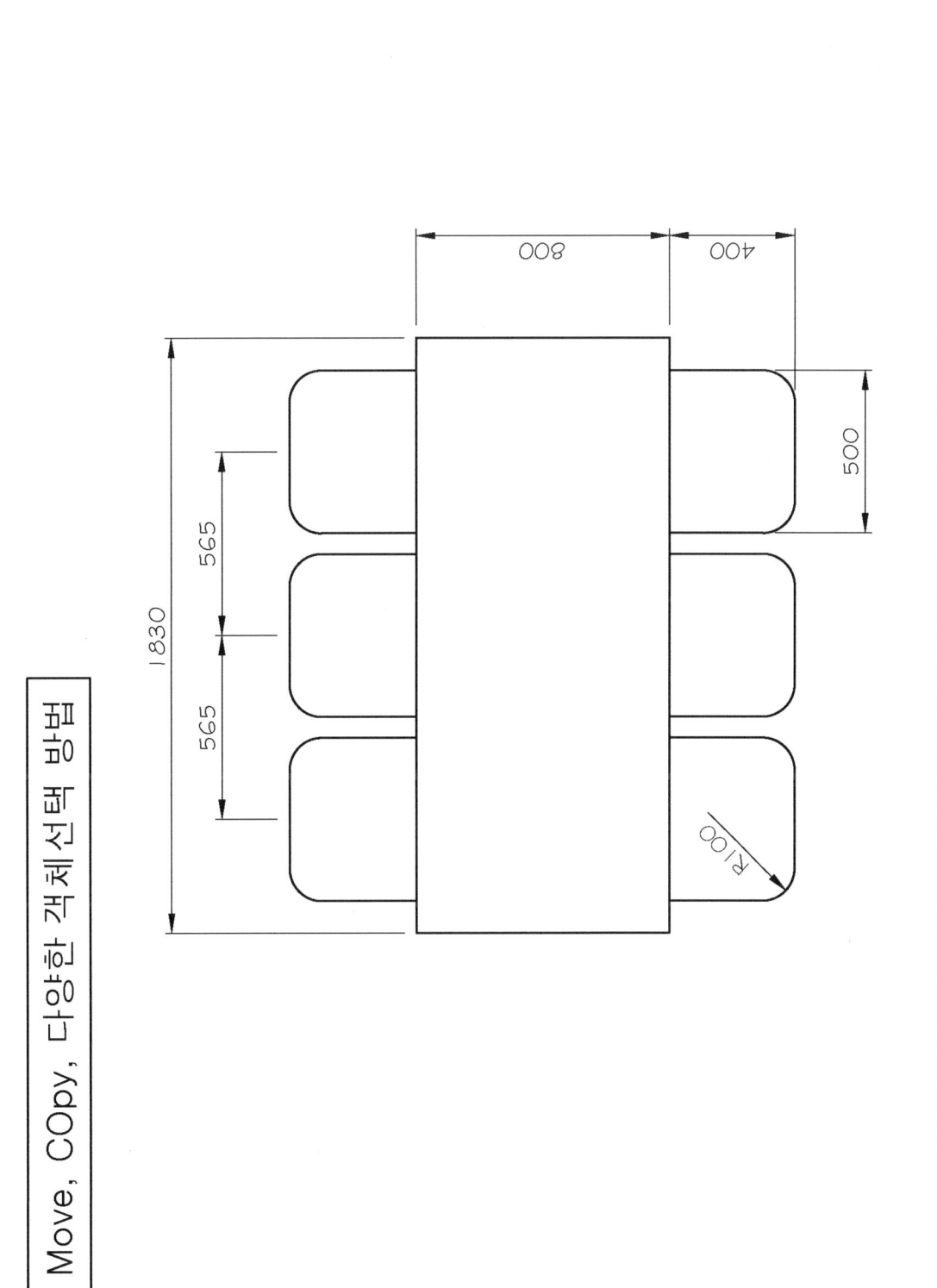

Move, COpy, 다양한 객체선택 방법

예제로 배우는 AutoCAD

snap을 이용한 등각투상도 그리기

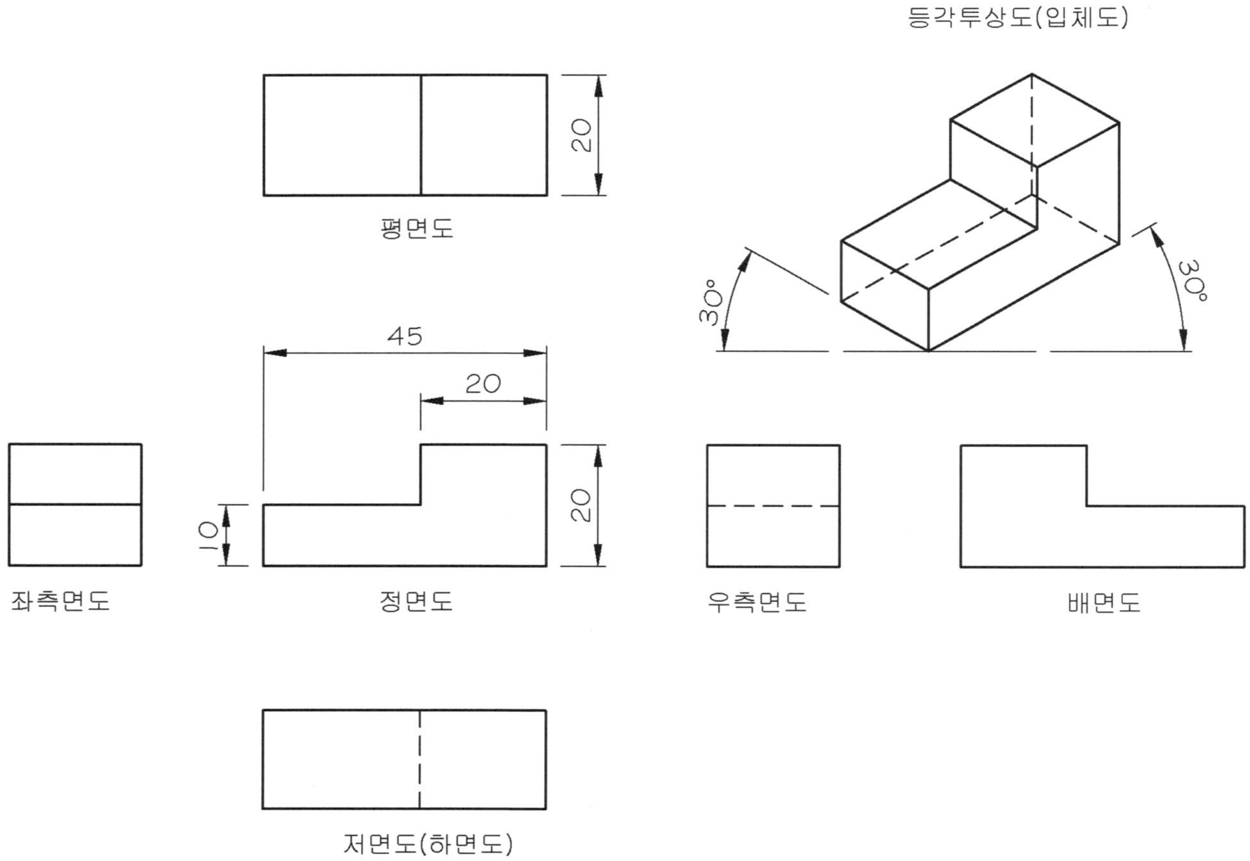

- 등각투상도(입체도)
- 배면도
- 우측면도
- 평면도
- 정면도
- 저면도(하면도)
- 좌측면도

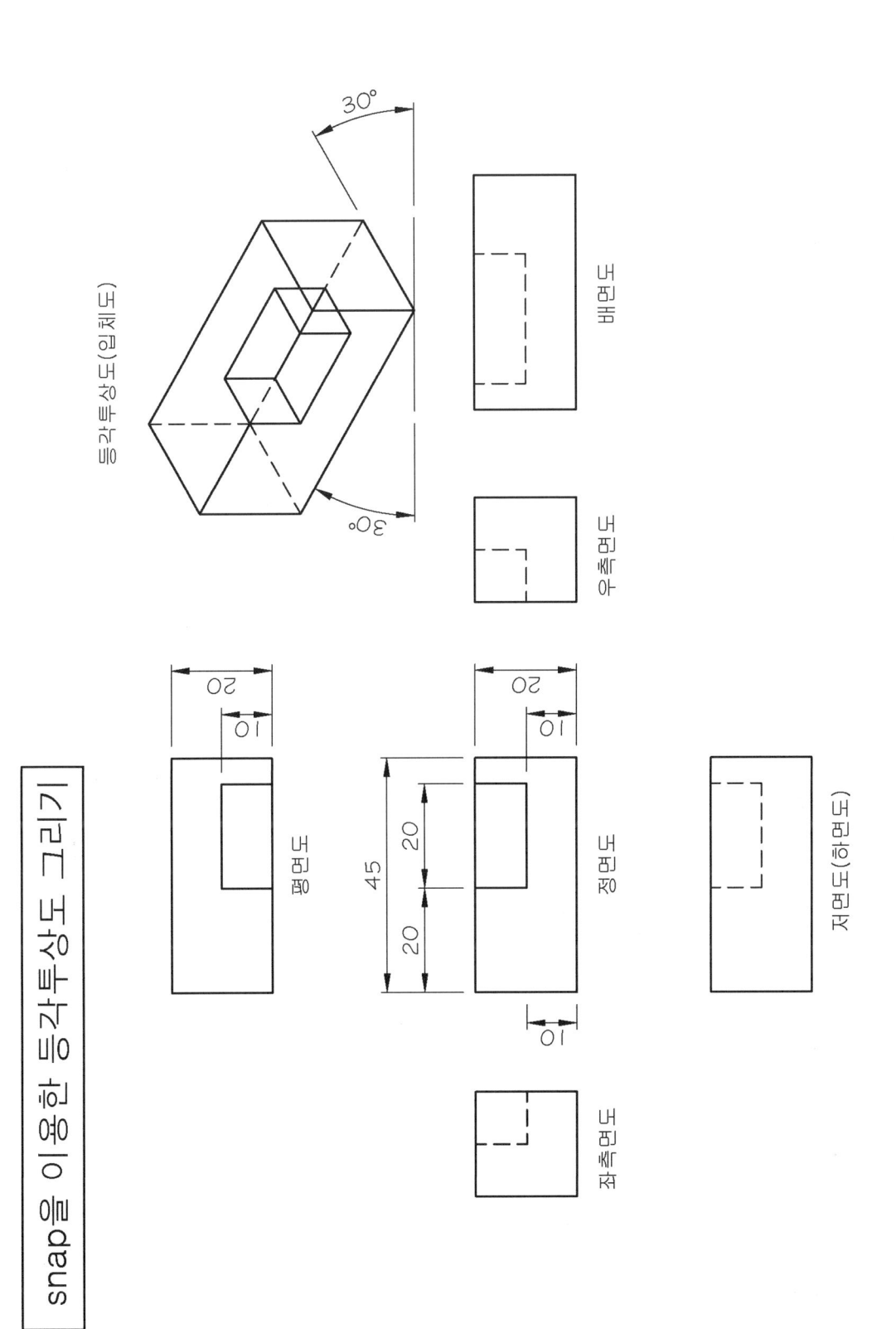

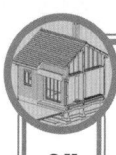

snap을 이용한 등각투상도 그리기

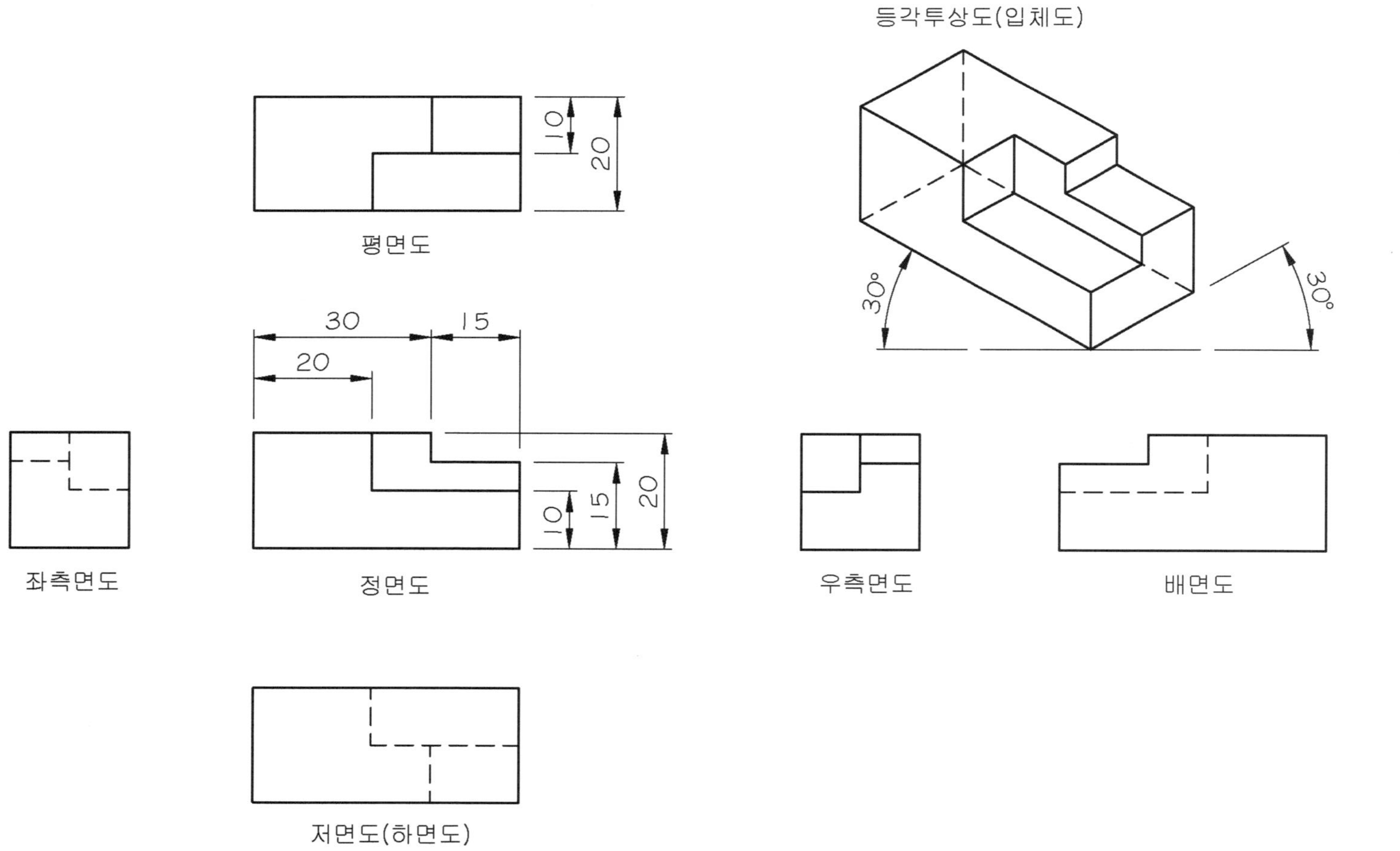
등각투상도(입체도)
30°
30°
10
20
평면도
30
15
20
10
15
20
좌측면도
정면도
우측면도
배면도
저면도(하면도)

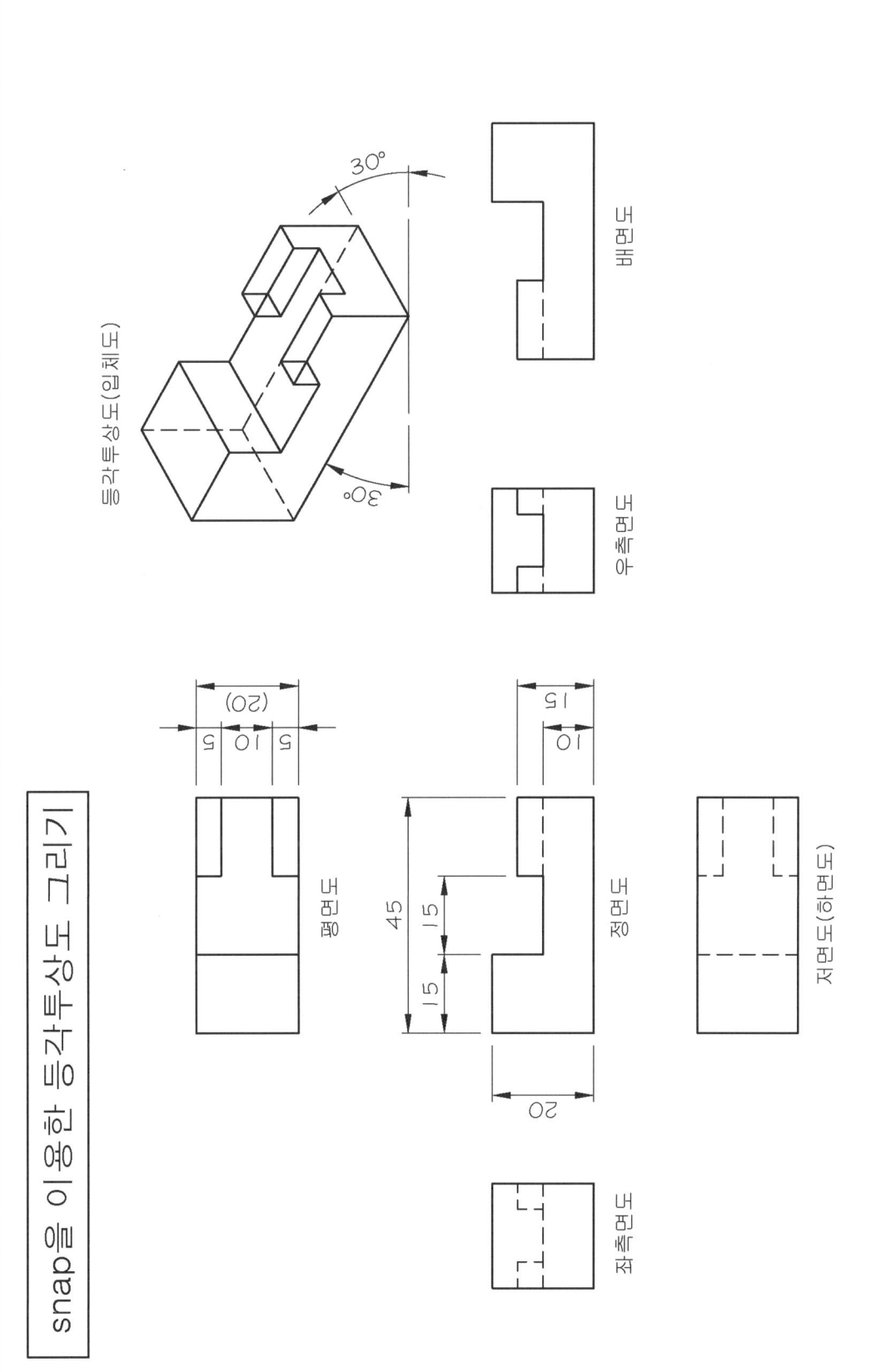

예제로 배우는 AutoCAD

snap을 이용한 등각투상도 그리기

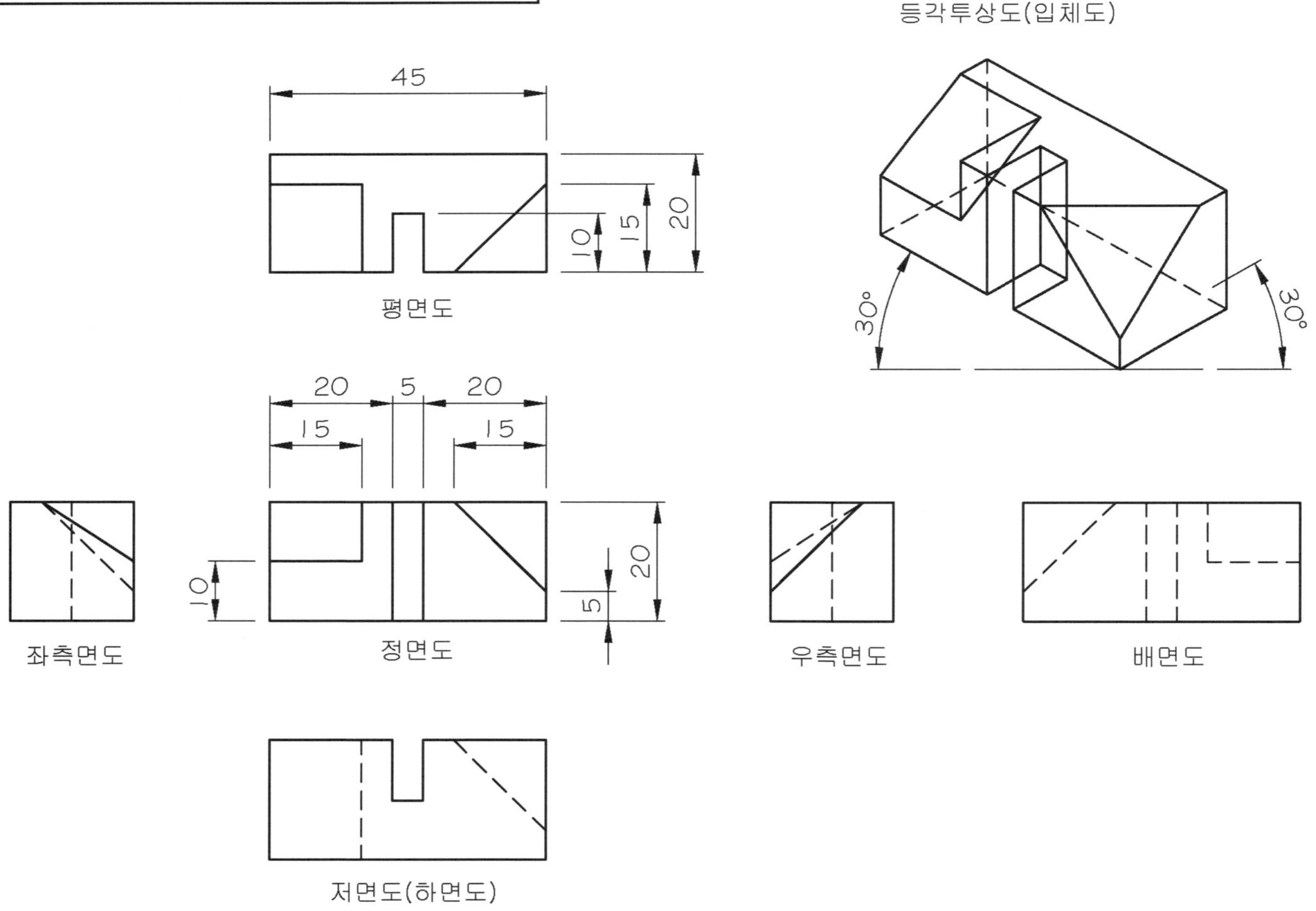

Section 03

snap을 이용한 등각투상도 그리기

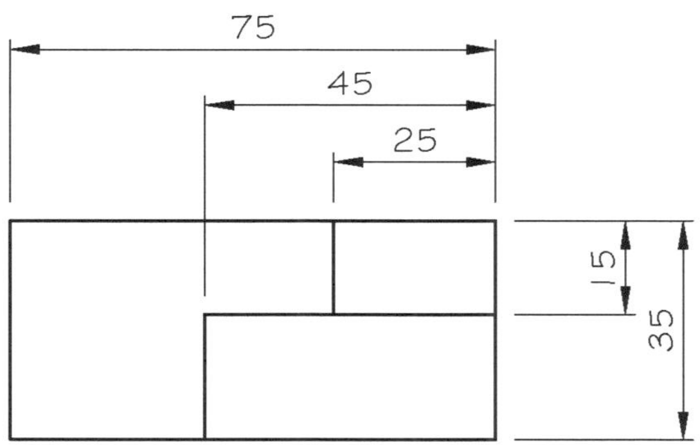

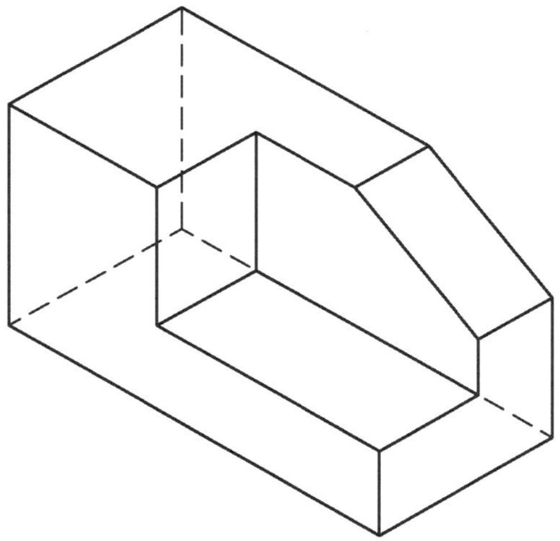

등각투상도(입체도)

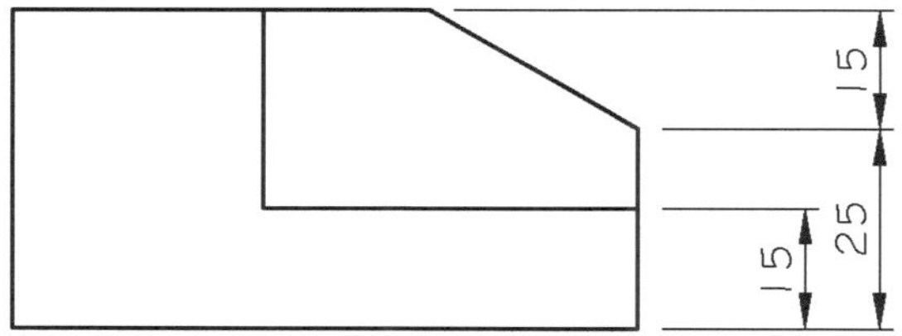

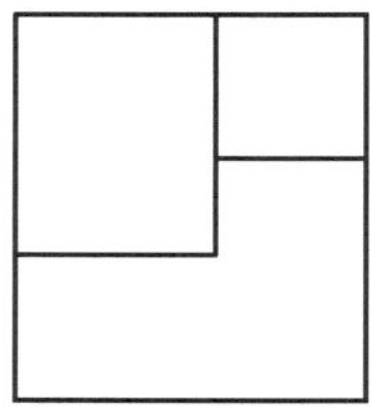

우측면도

평면도

정면도

예제로 배우는 AutoCAD

snap을 이용한 등각투상도 그리기

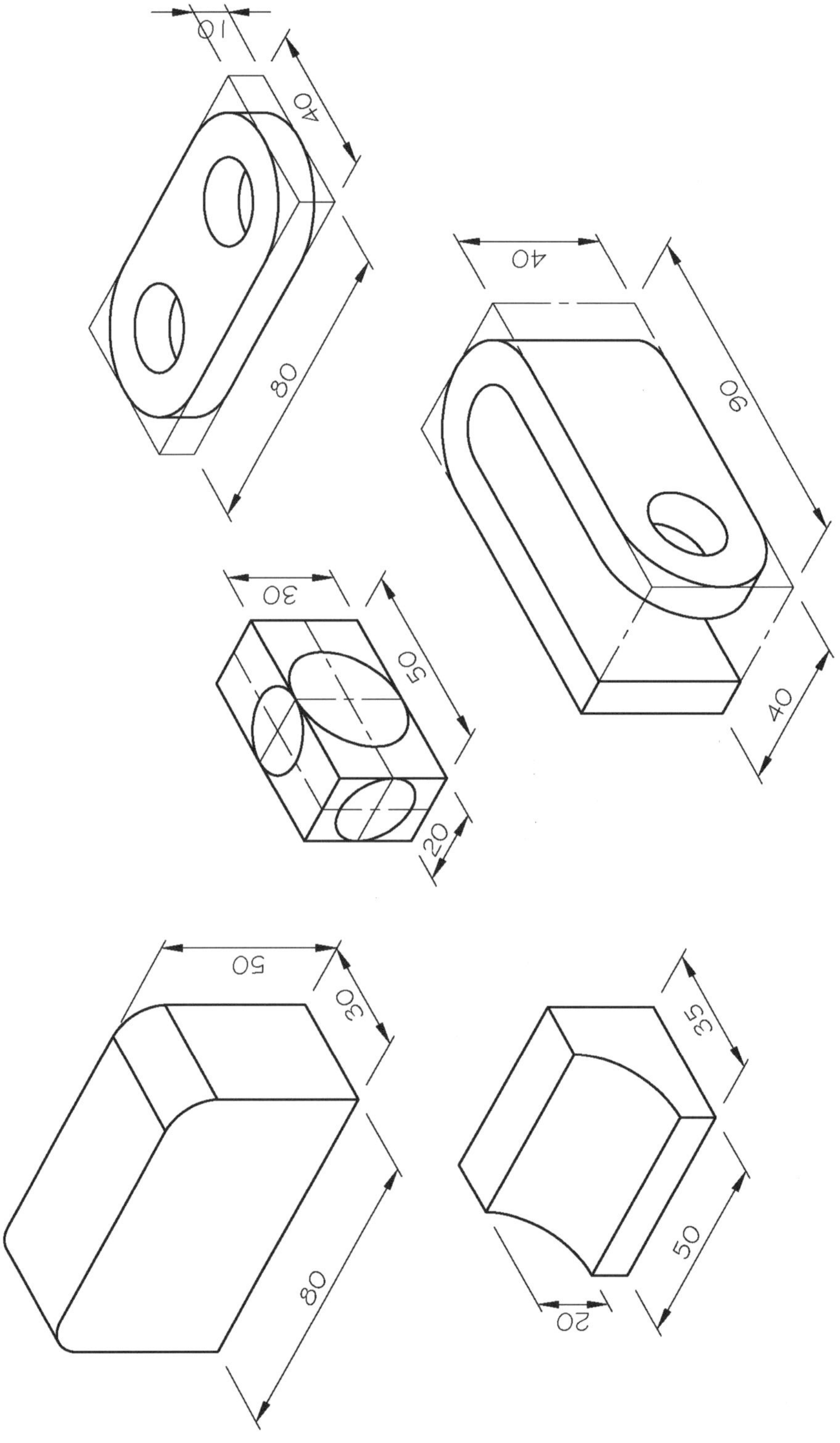

Section 03

snap을 이용한 등각투상도 그리기

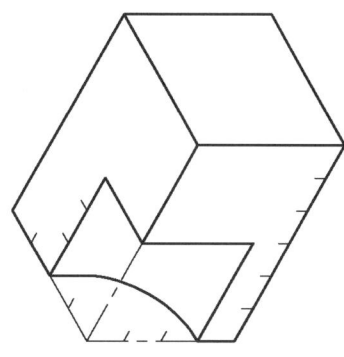
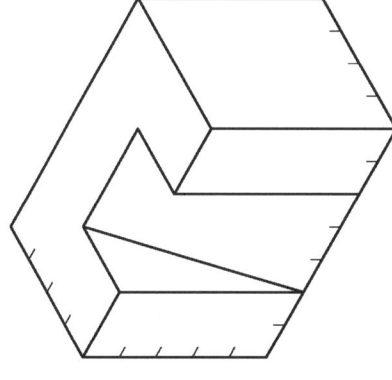
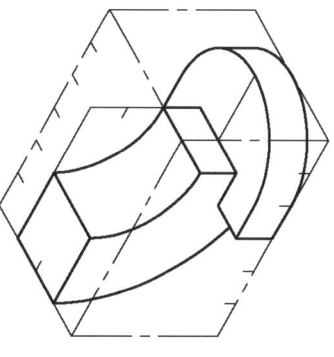
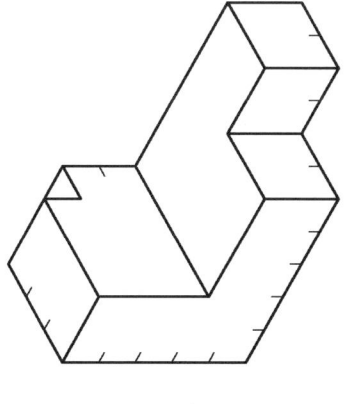
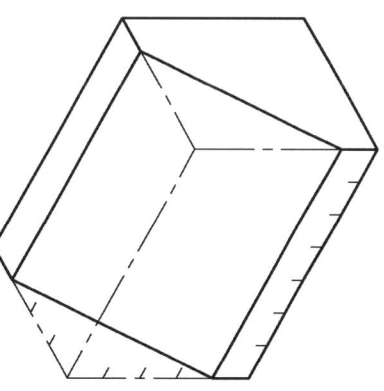

-한칸의 눈금을 10으로 한다.

예제로 배우는 AutoCAD

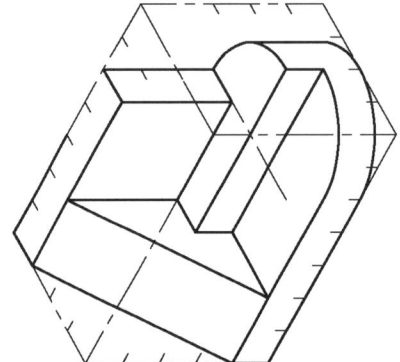
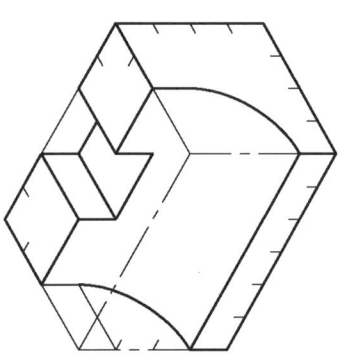
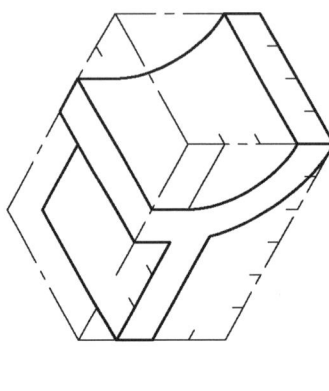
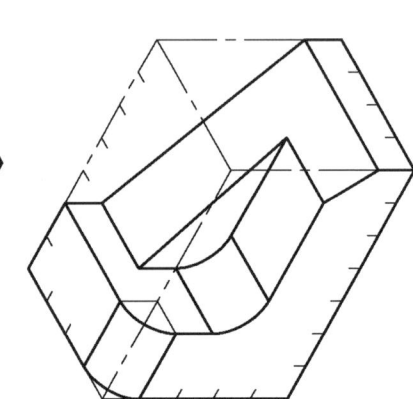

snap을 이용한 등각투상도 그리기

- 한라산 -

-한라산은 녹음이 좋다.

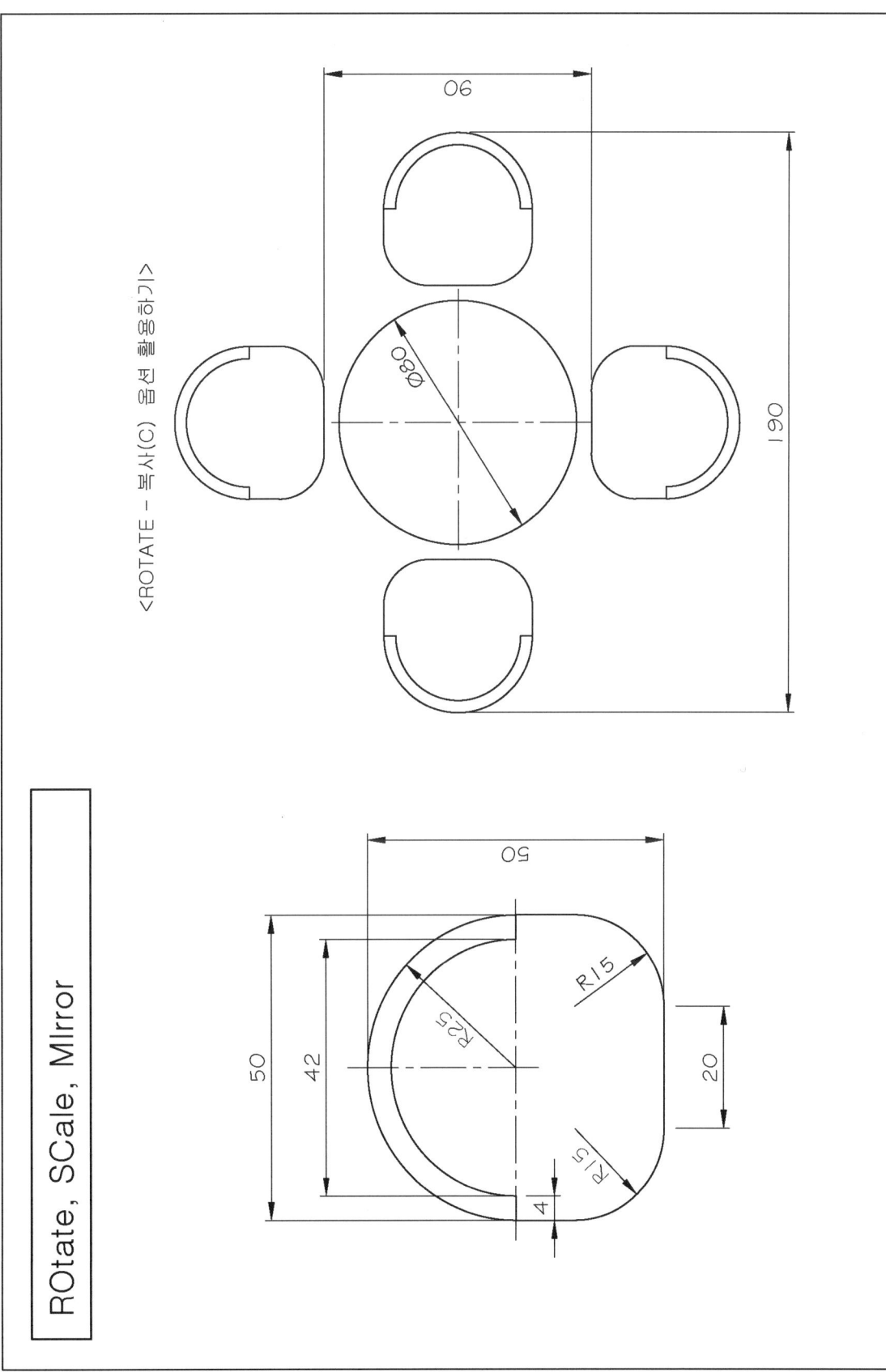

예제로 배우는 AutoCAD

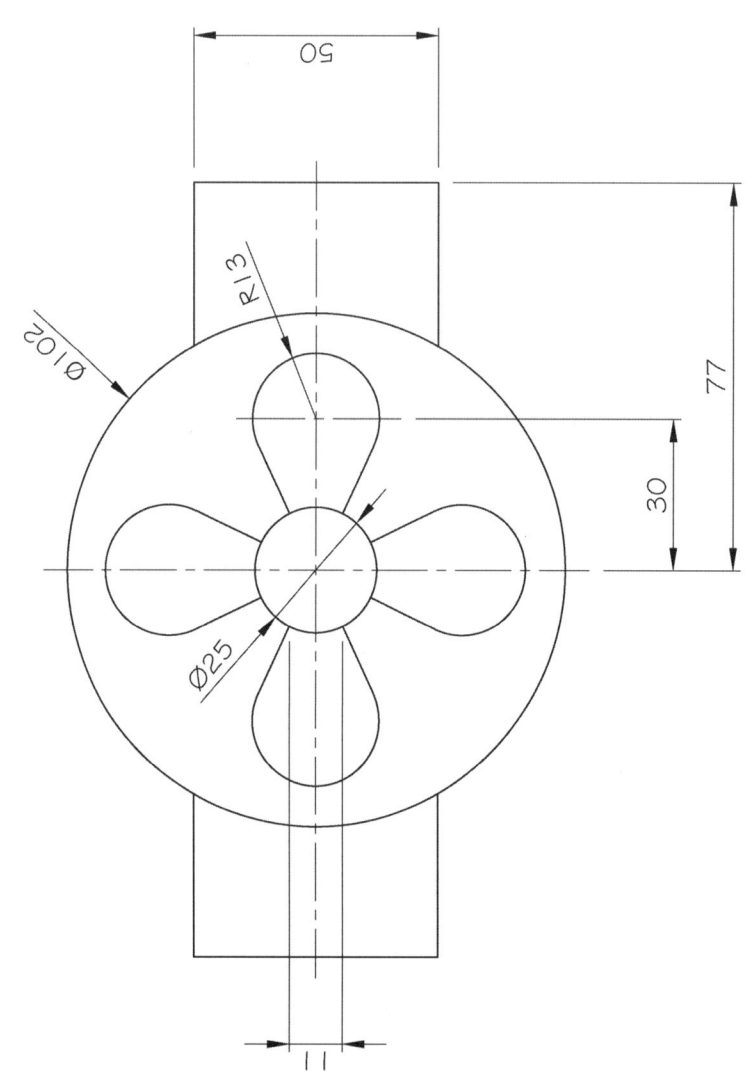

ROtate, SCale, MIrror

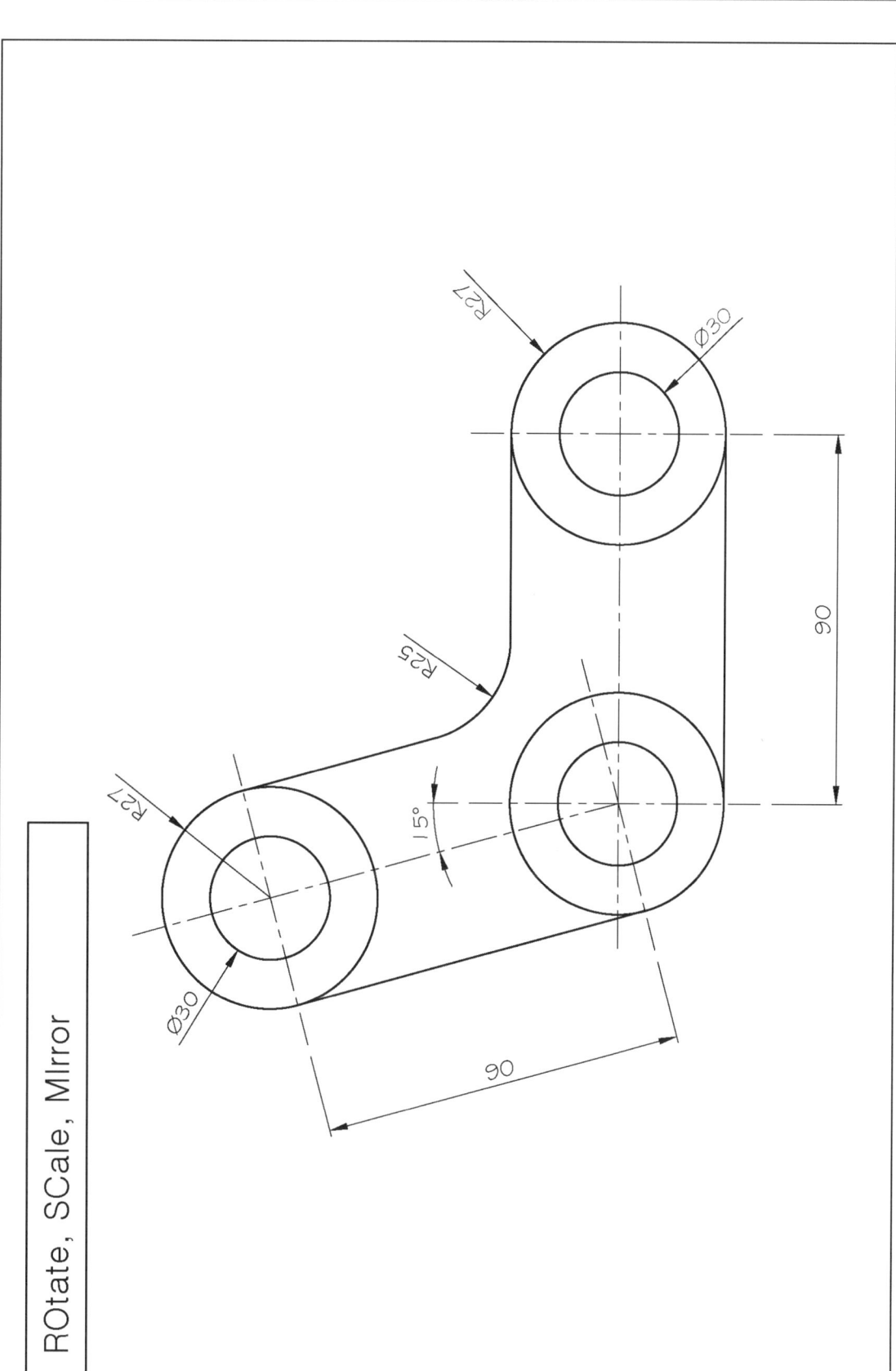

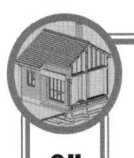

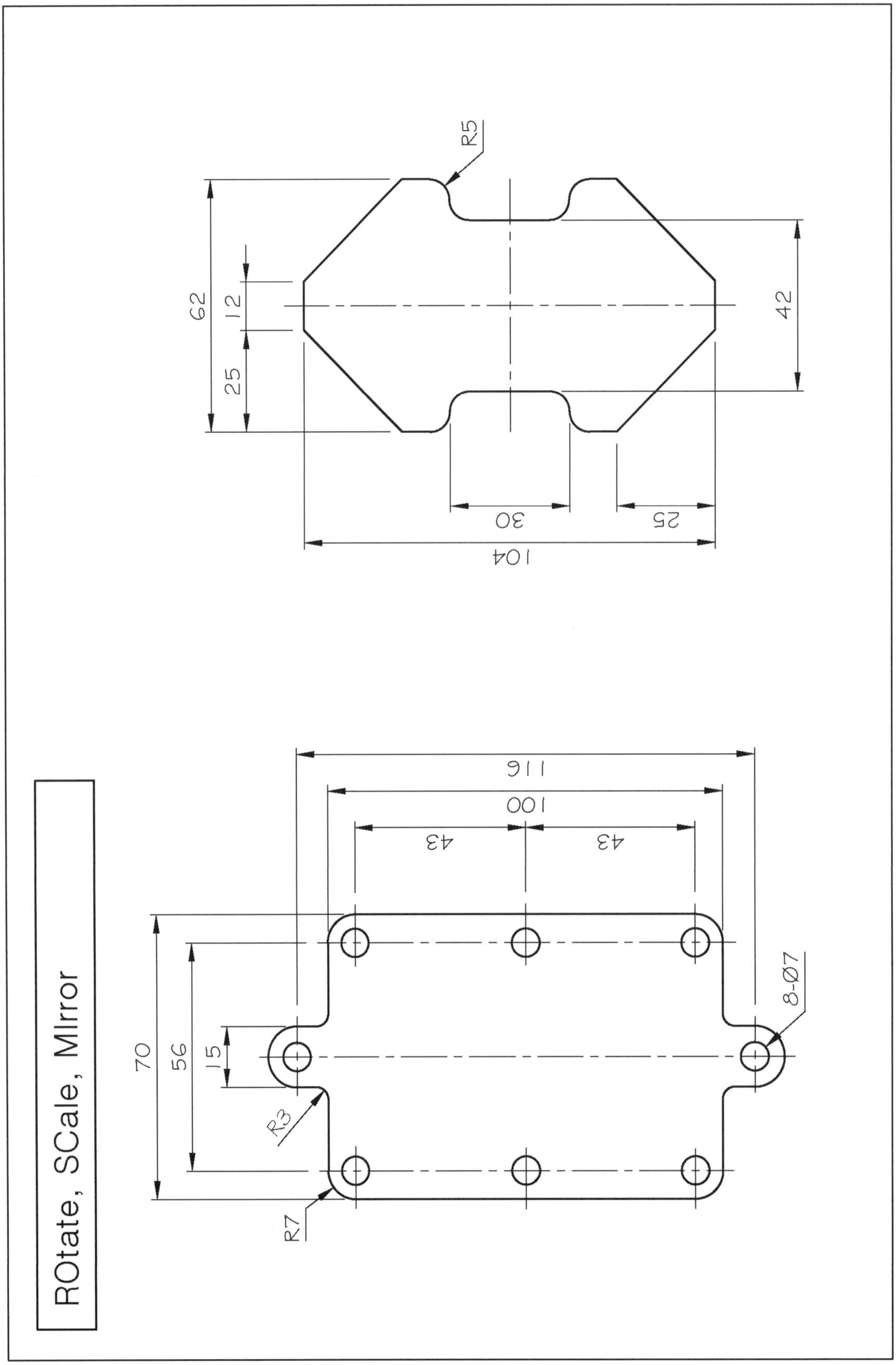
ROtate, SCale, MIrror
R5
62
12
25
42
30
25
104
116
100
43
43
70
56
15
R3
R7
8-Ø7

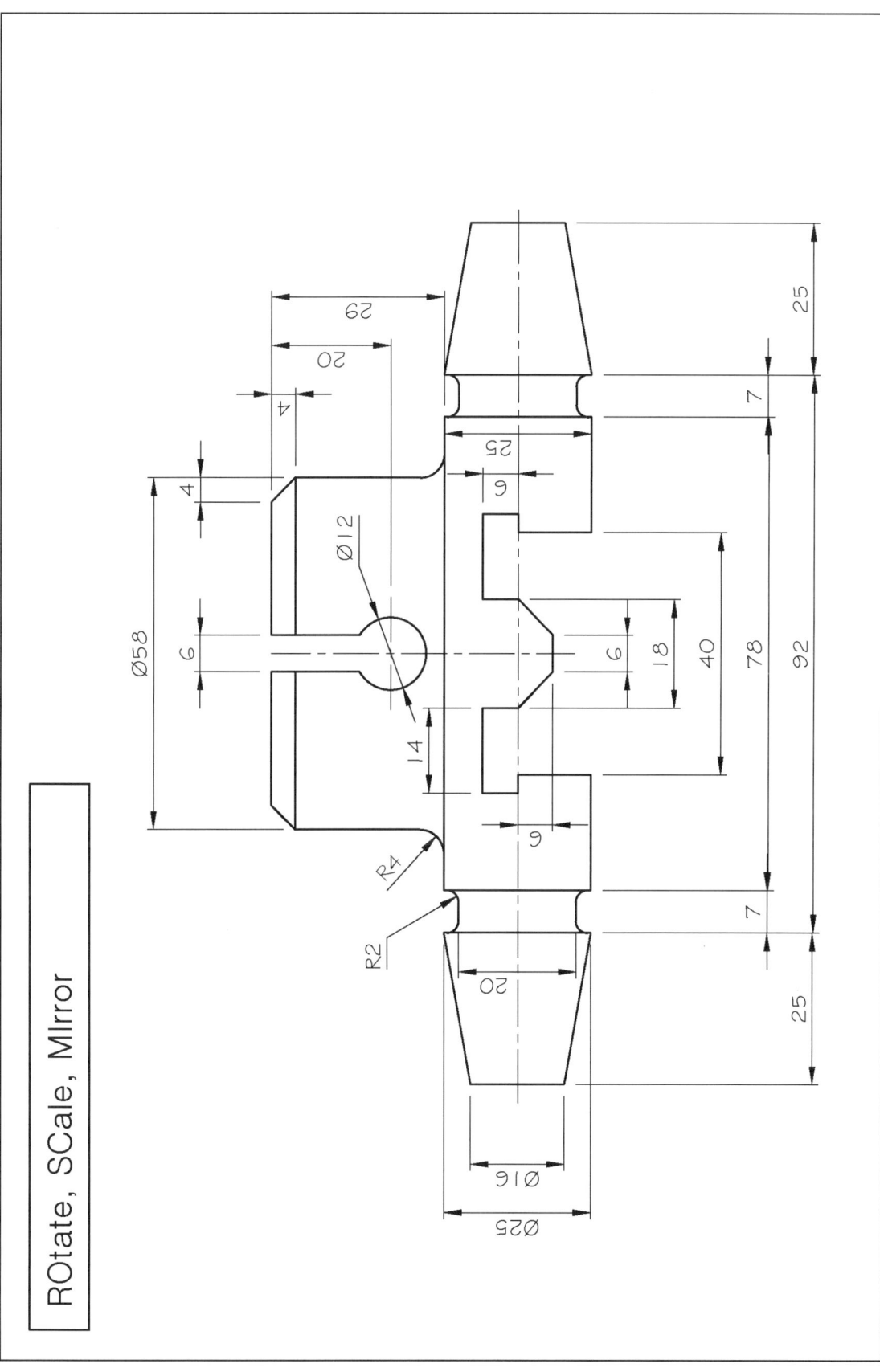

예제로 배우는 AutoCAD

ROtate, SCale, MIrror

<SCALE - 참조(R) 옵션 활용하기>

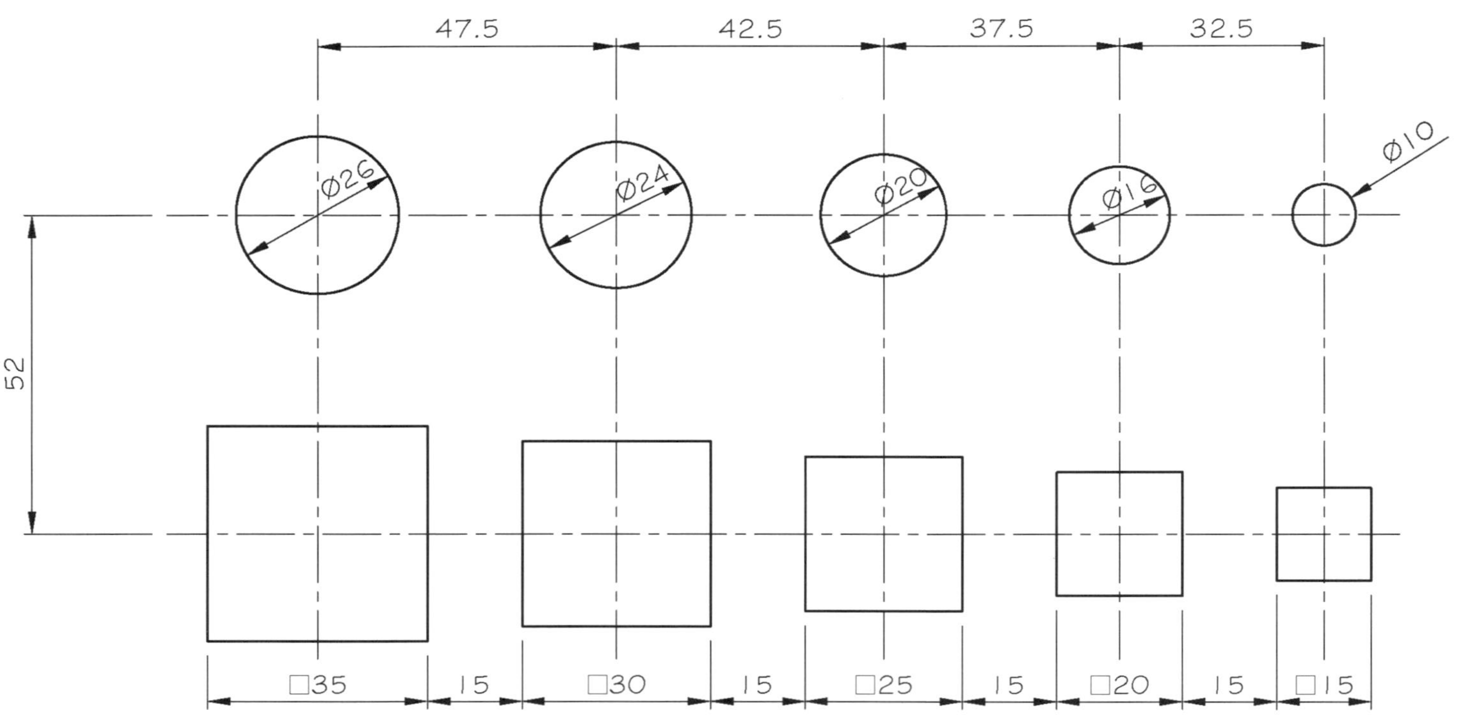

ROtate, SCale, MIrror

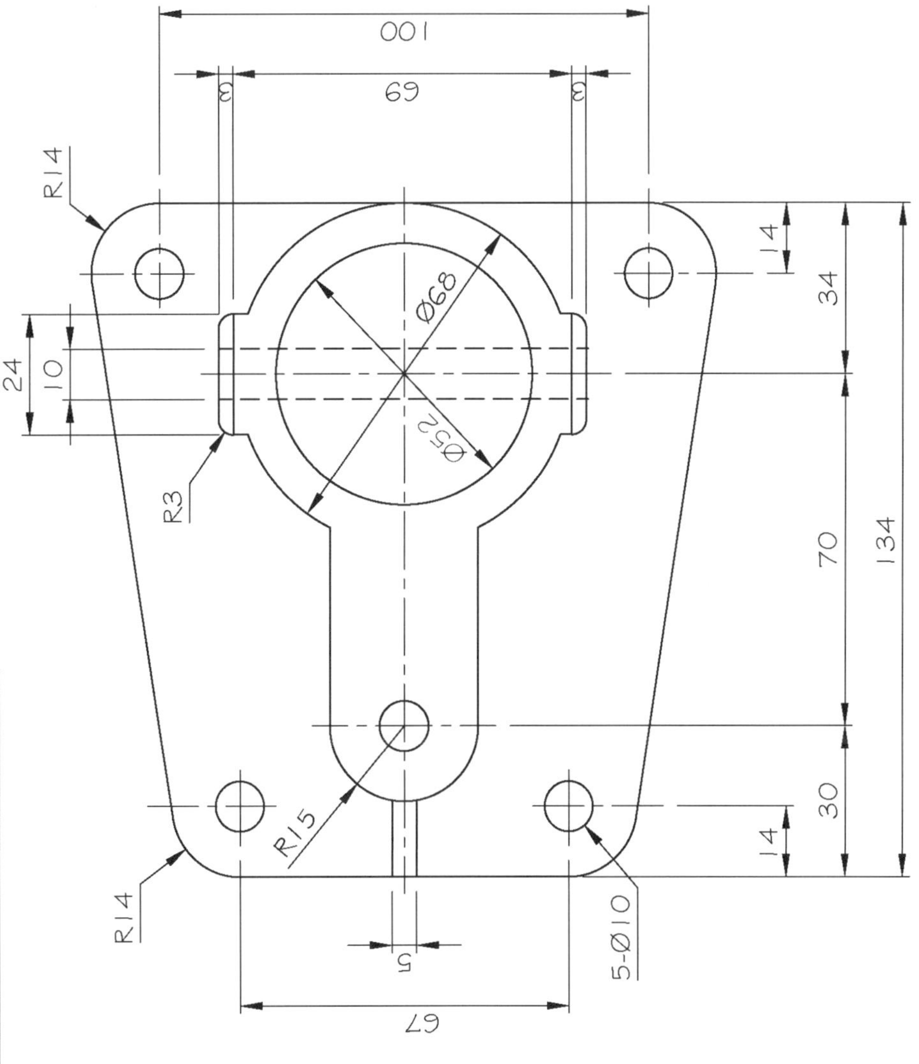

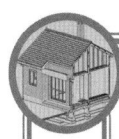

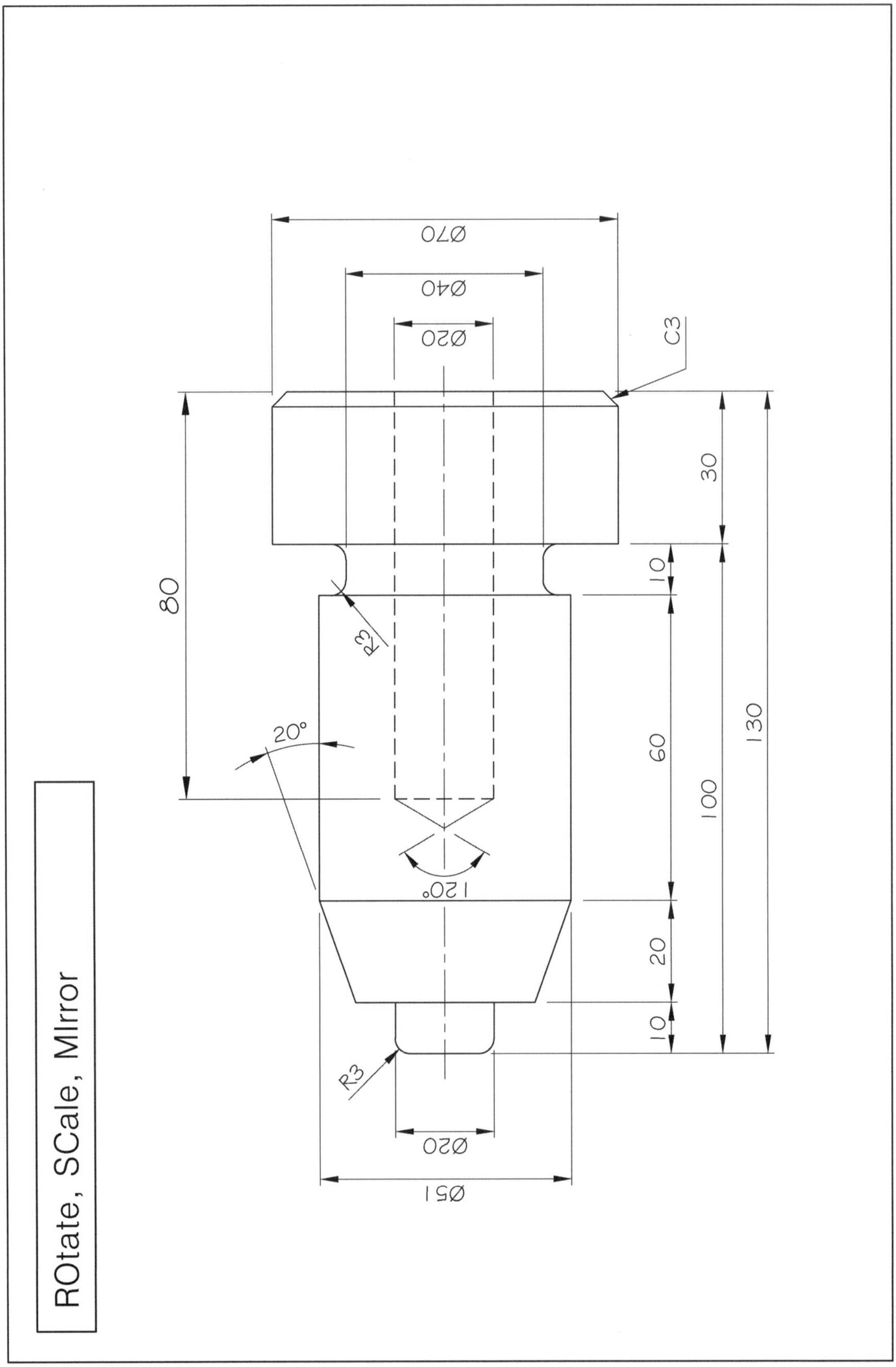
Ø70
Ø40
Ø20
C3
30
10
60
100
130
80
R3
20°
120°
20
10
R3
Ø20
Ø51
ROtate, SCale, MIrror

Section 03

ROtate, SCale, MIrror

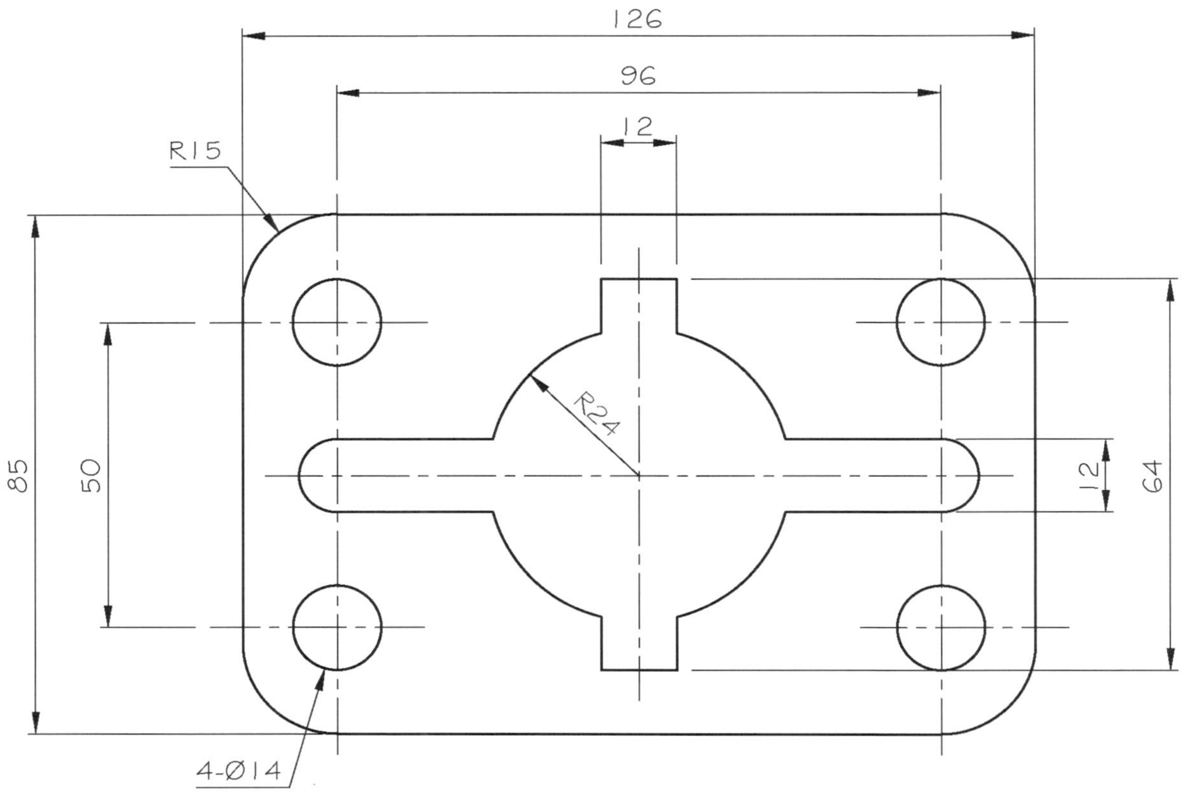

예제로 배우는 AutoCAD

ROtate, SCale, MIrror

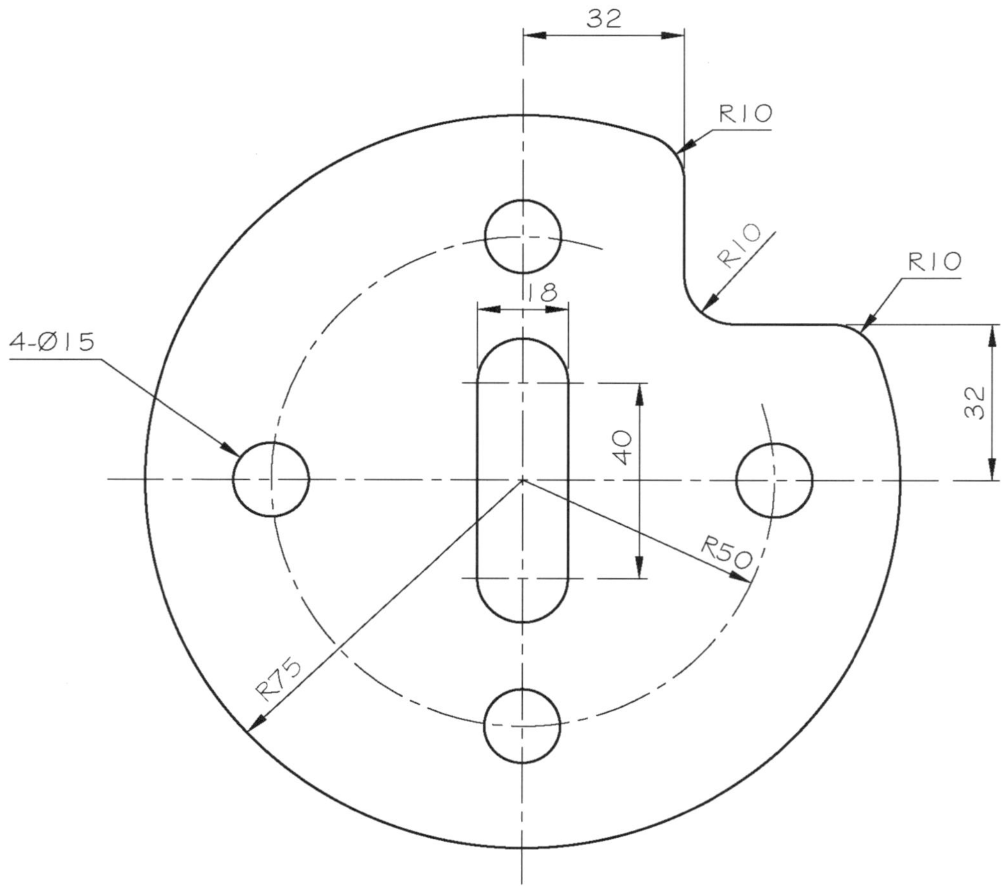

ROtate, SCale, MIrror

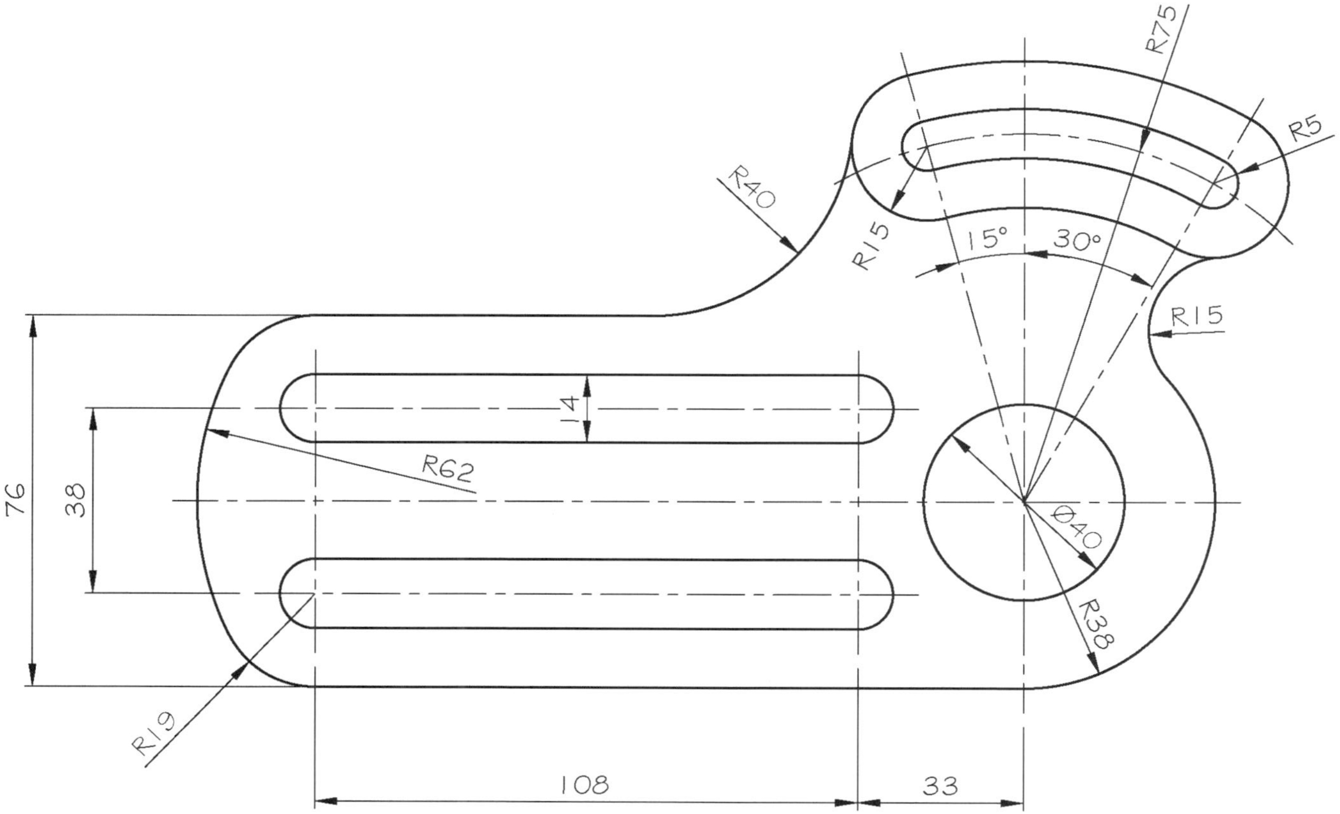

예제로 배우는 AutoCAD

Stretch, LENgthen, ARray

<STRETCH 활용하기>

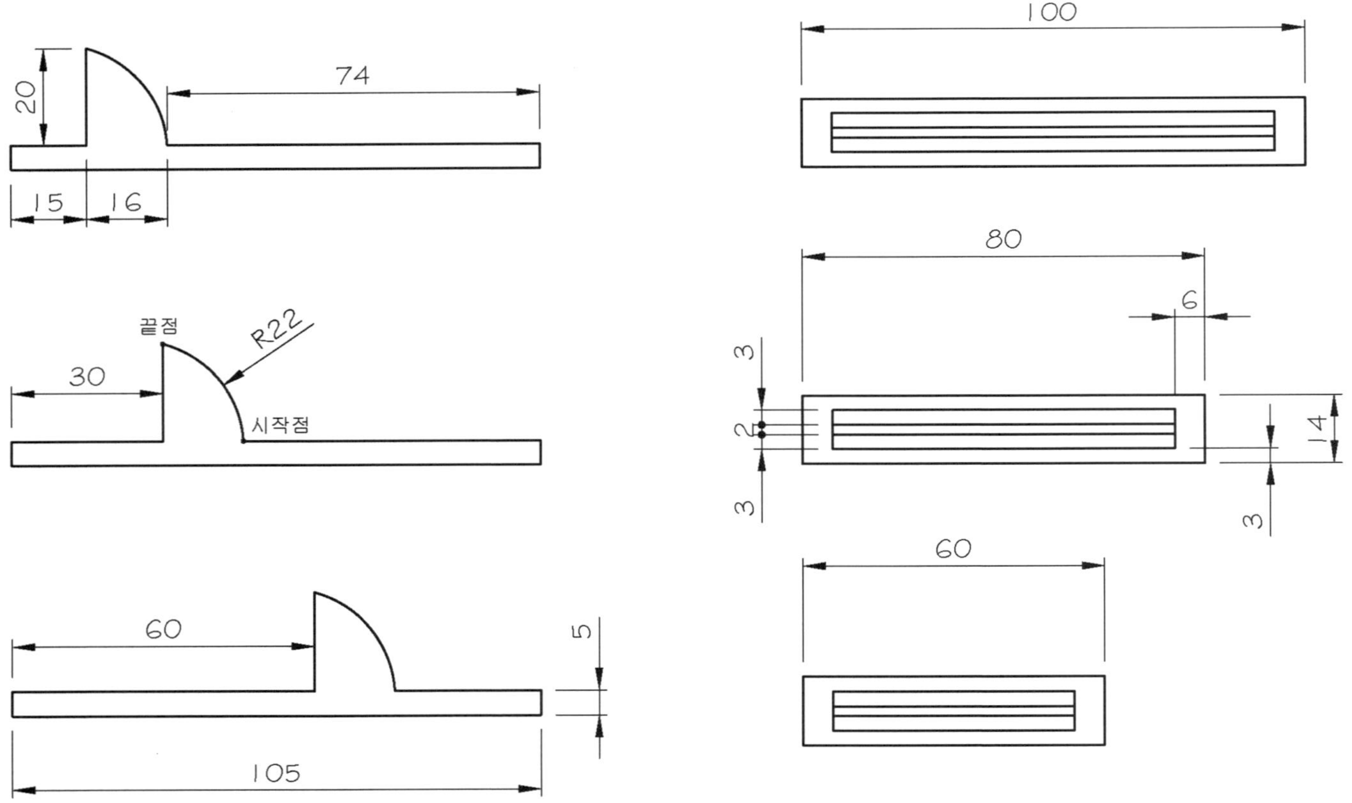

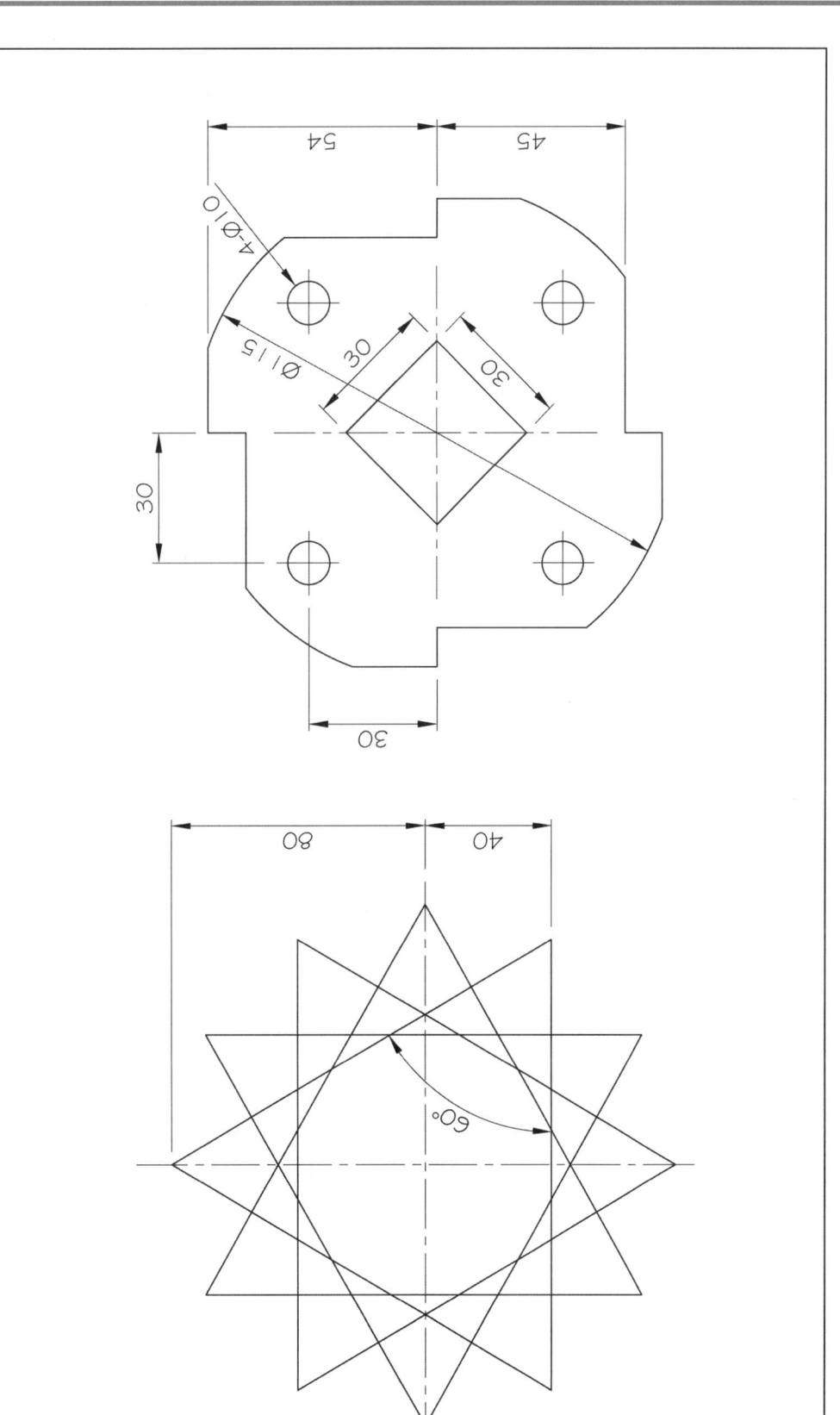

Stretch, LENgthen, ARray

예제로 배우는 AutoCAD

Stretch, LENgthen, ARray

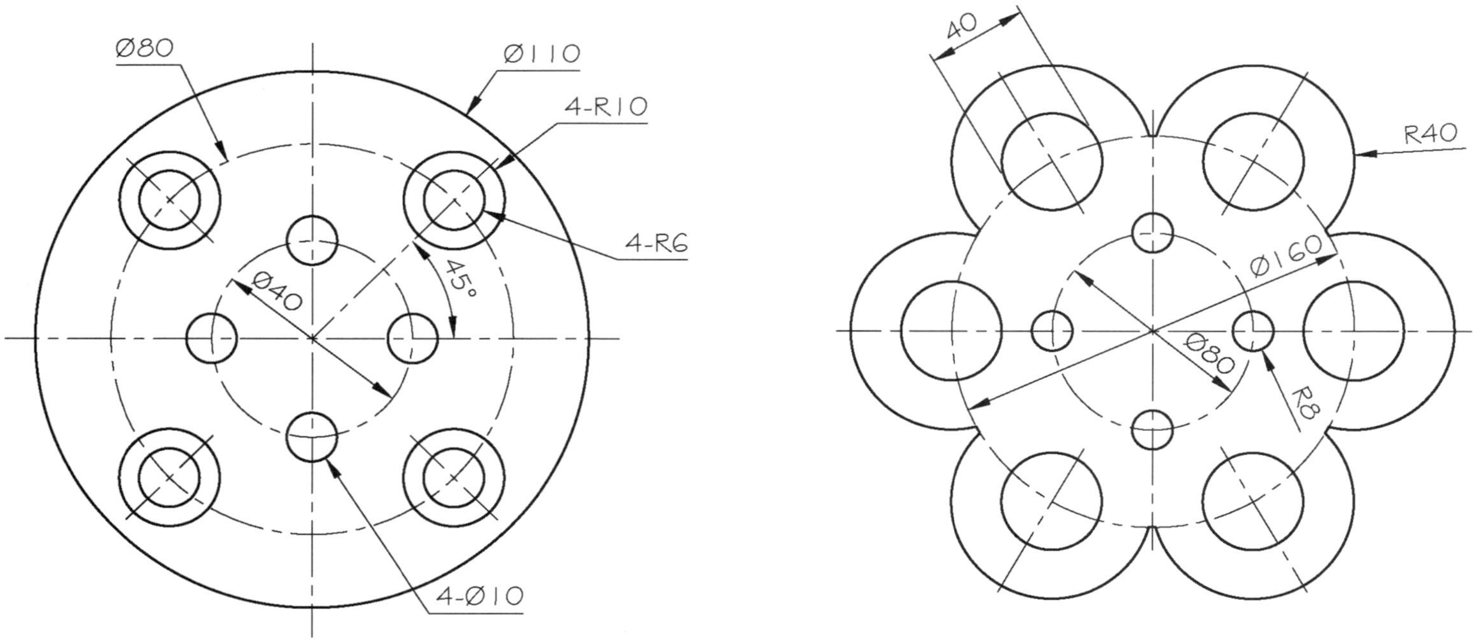

Section 03

Stretch, LENgthen, ARray

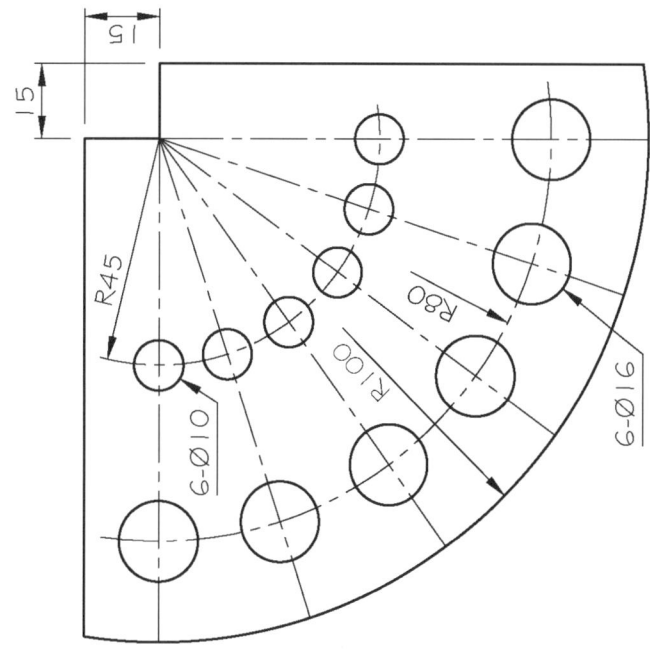
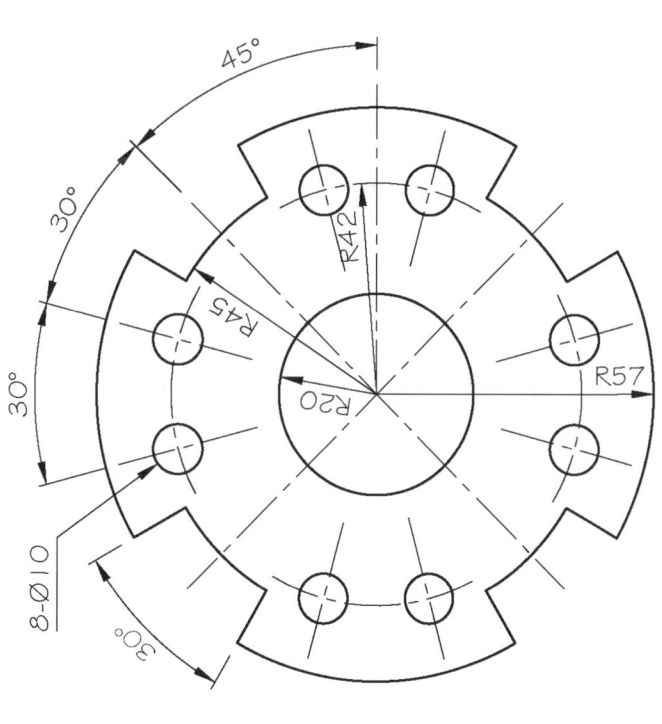

예제로 배우는 AutoCAD

Stretch, LENgthen, ARray

222

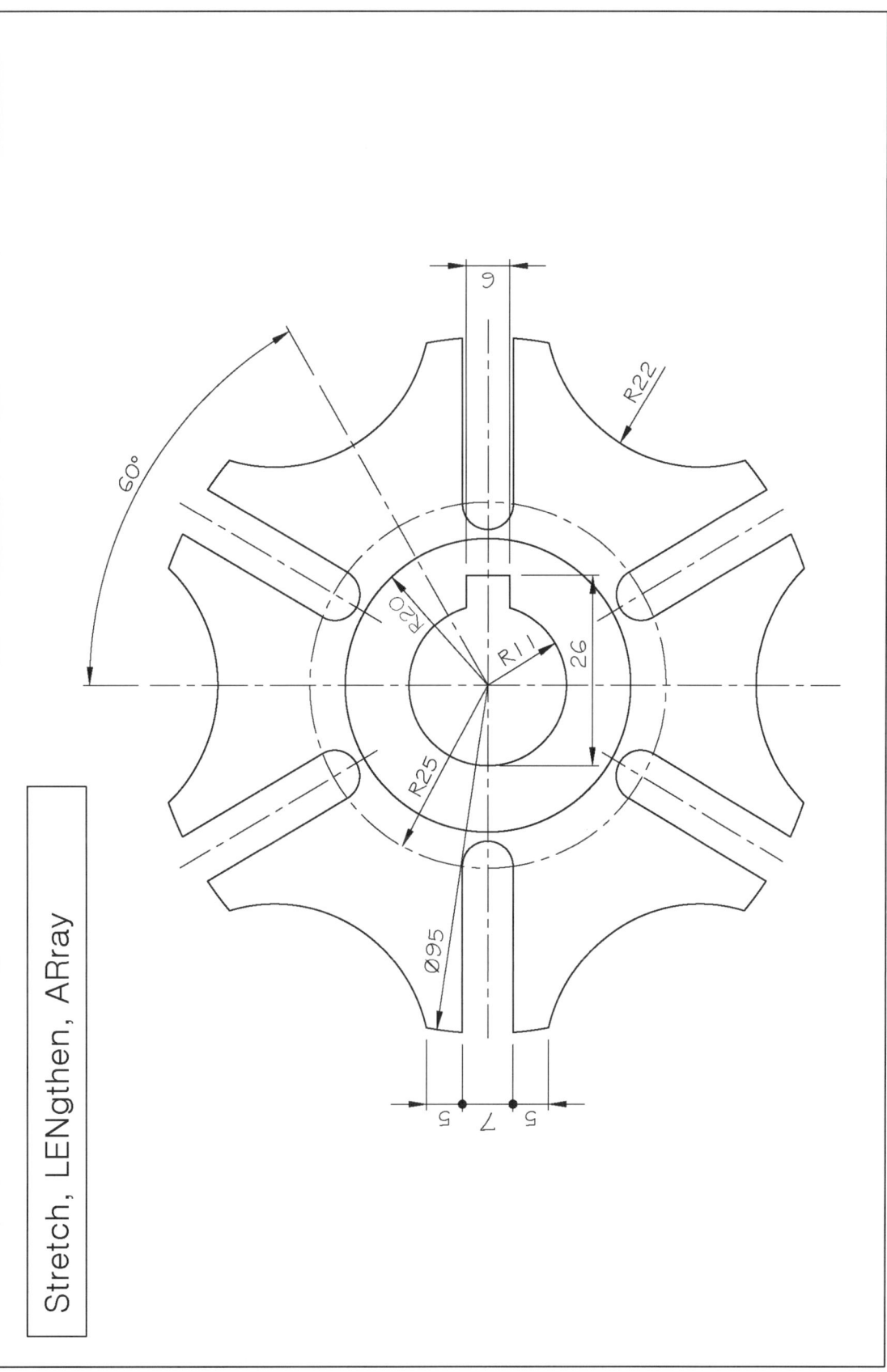

Stretch, LENgthen, ARray

예제로 배우는 AutoCAD

Stretch, LENgthen, ARray

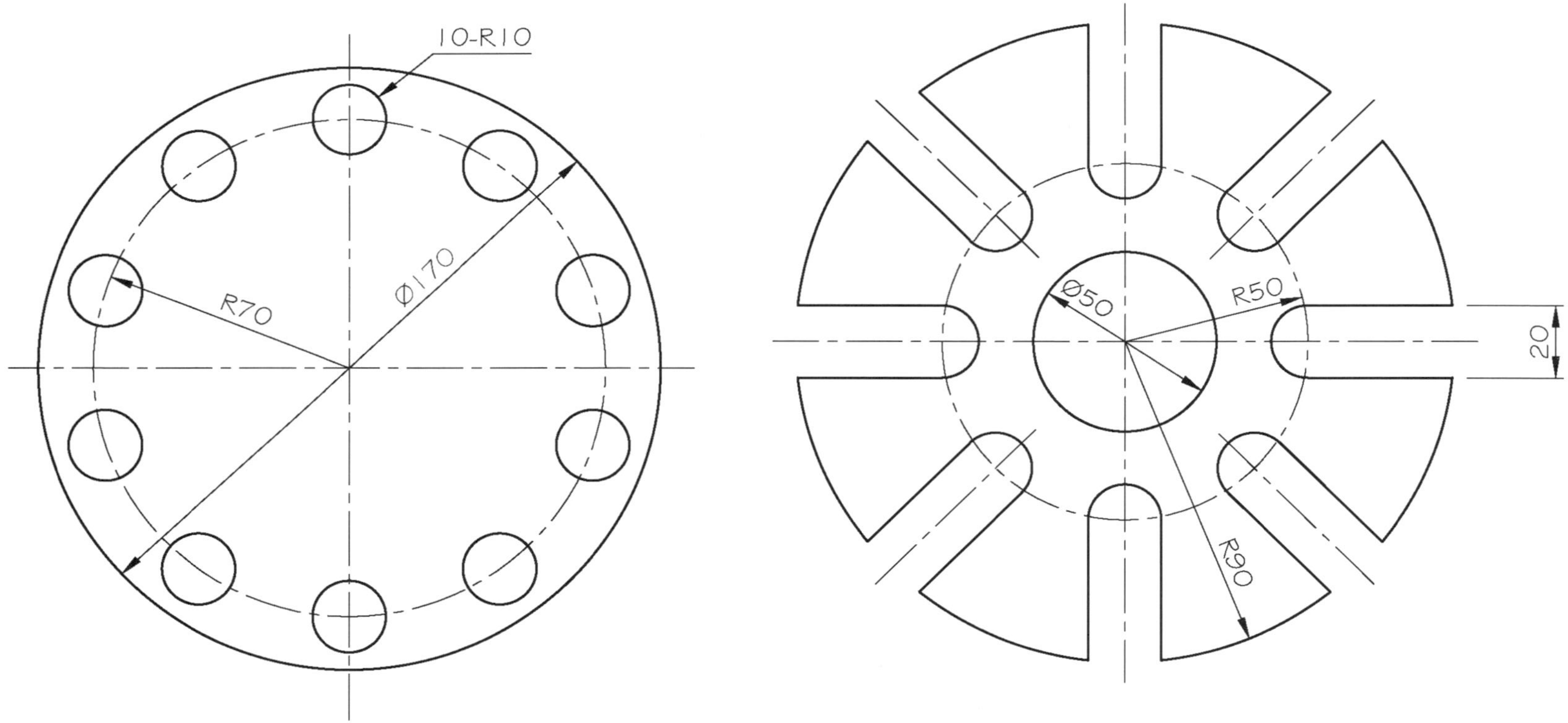

Section 03

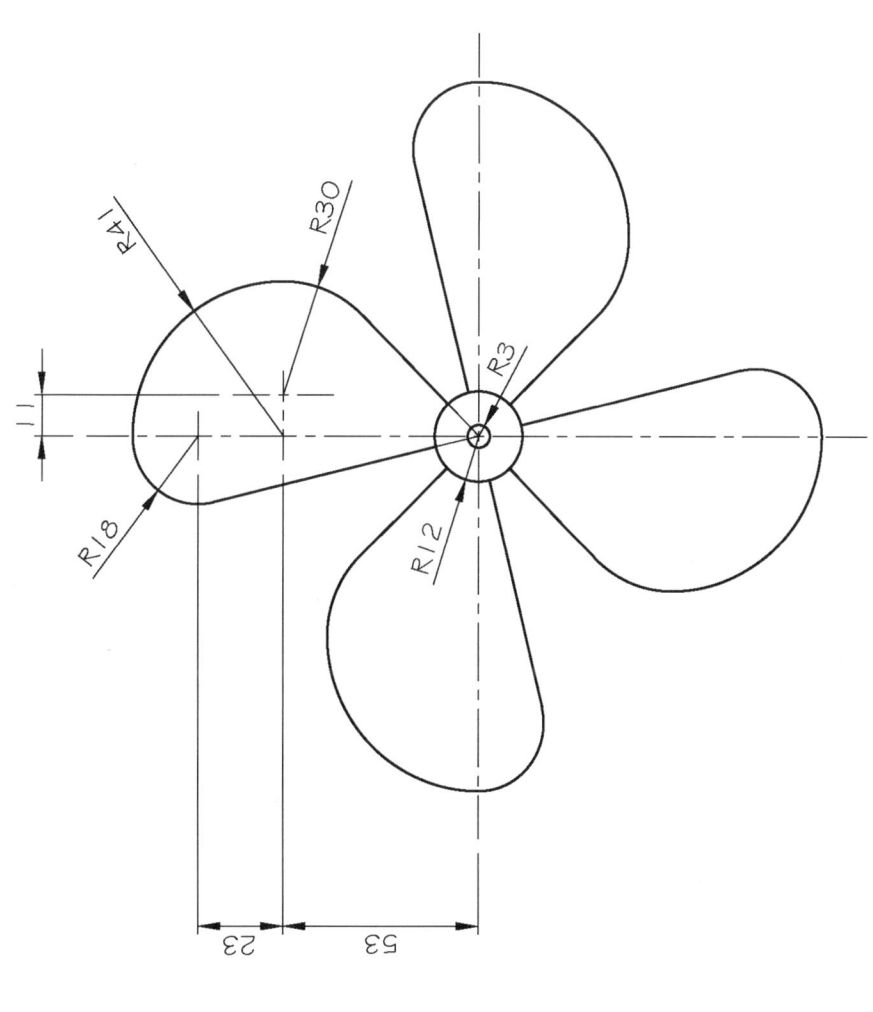

Stretch, LENgthen, ARray

예제로 배우는 AutoCAD

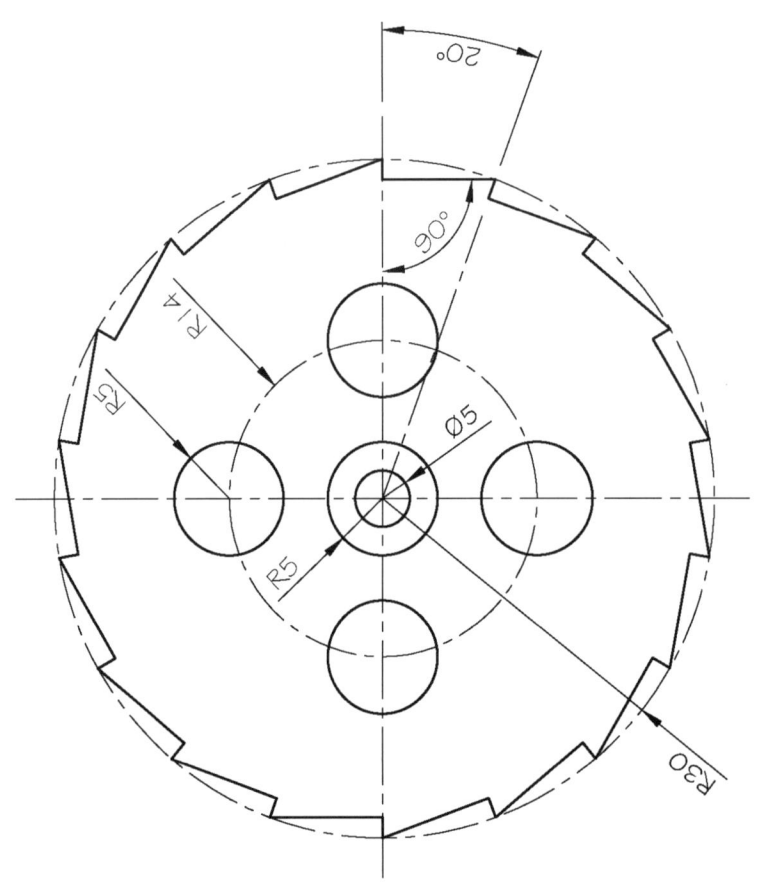

Stretch, LENgthen, ARray

Section 03

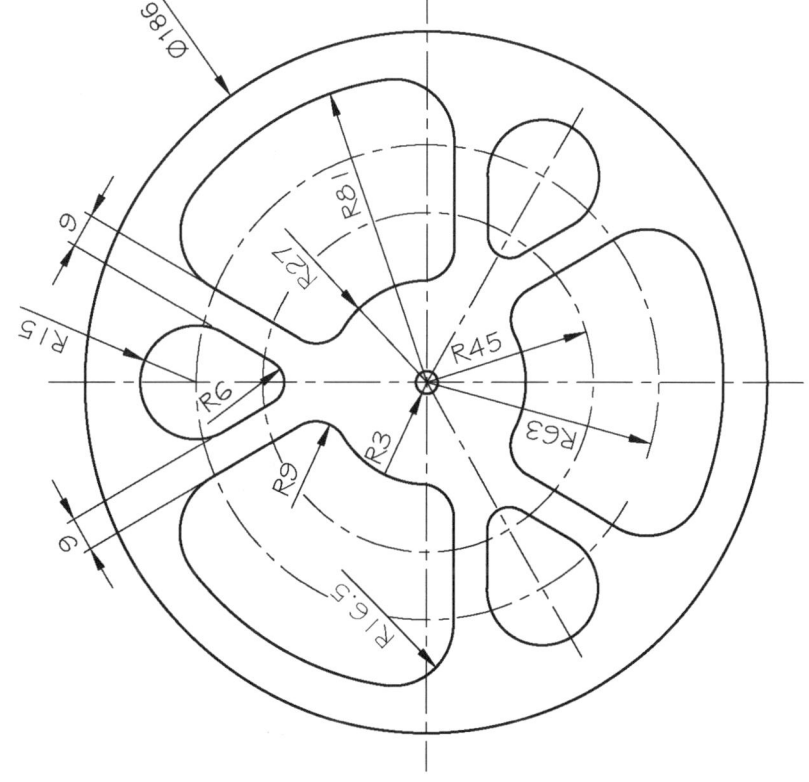

Stretch, LENgthen, ARray

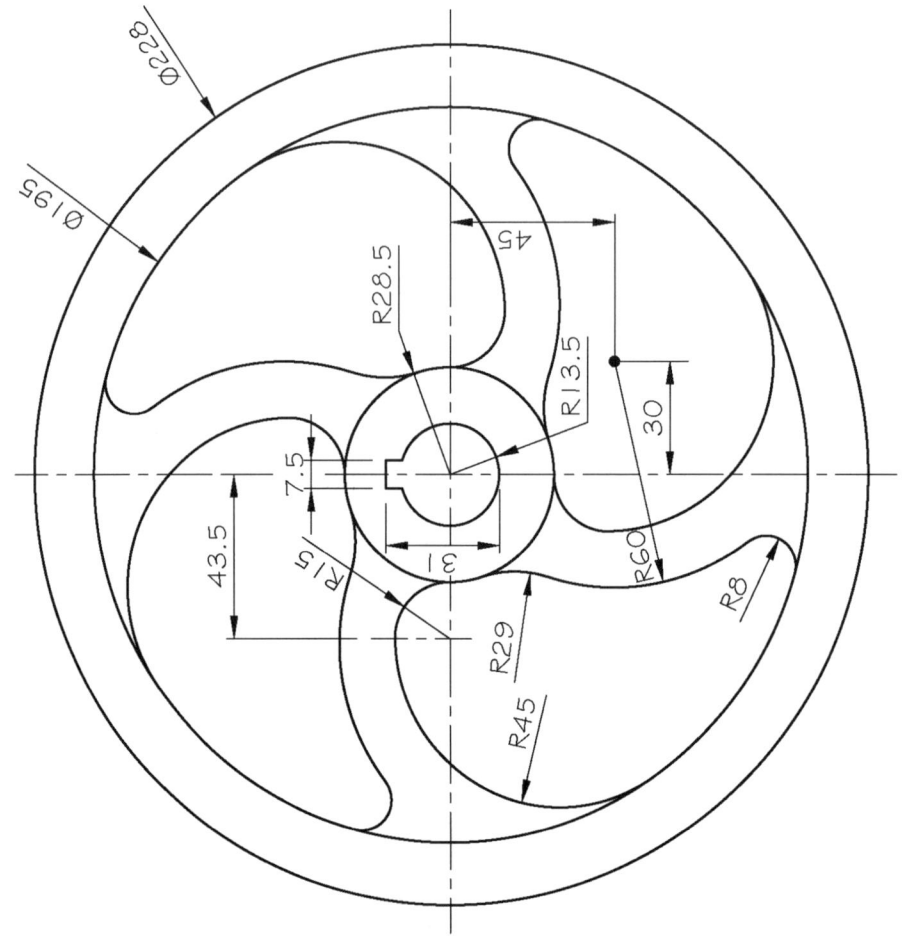

Stretch, LENgthen, ARray

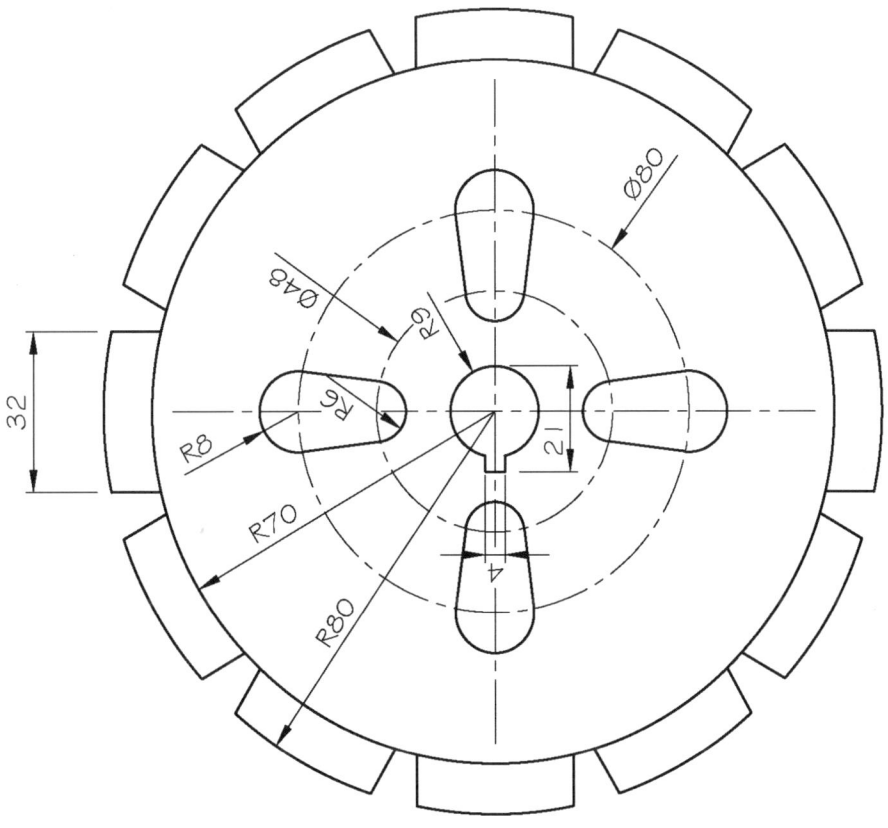

Stretch, LENgthen, ARray

예제로 배우는 AutoCAD

Stretch, LENgthen, ARray

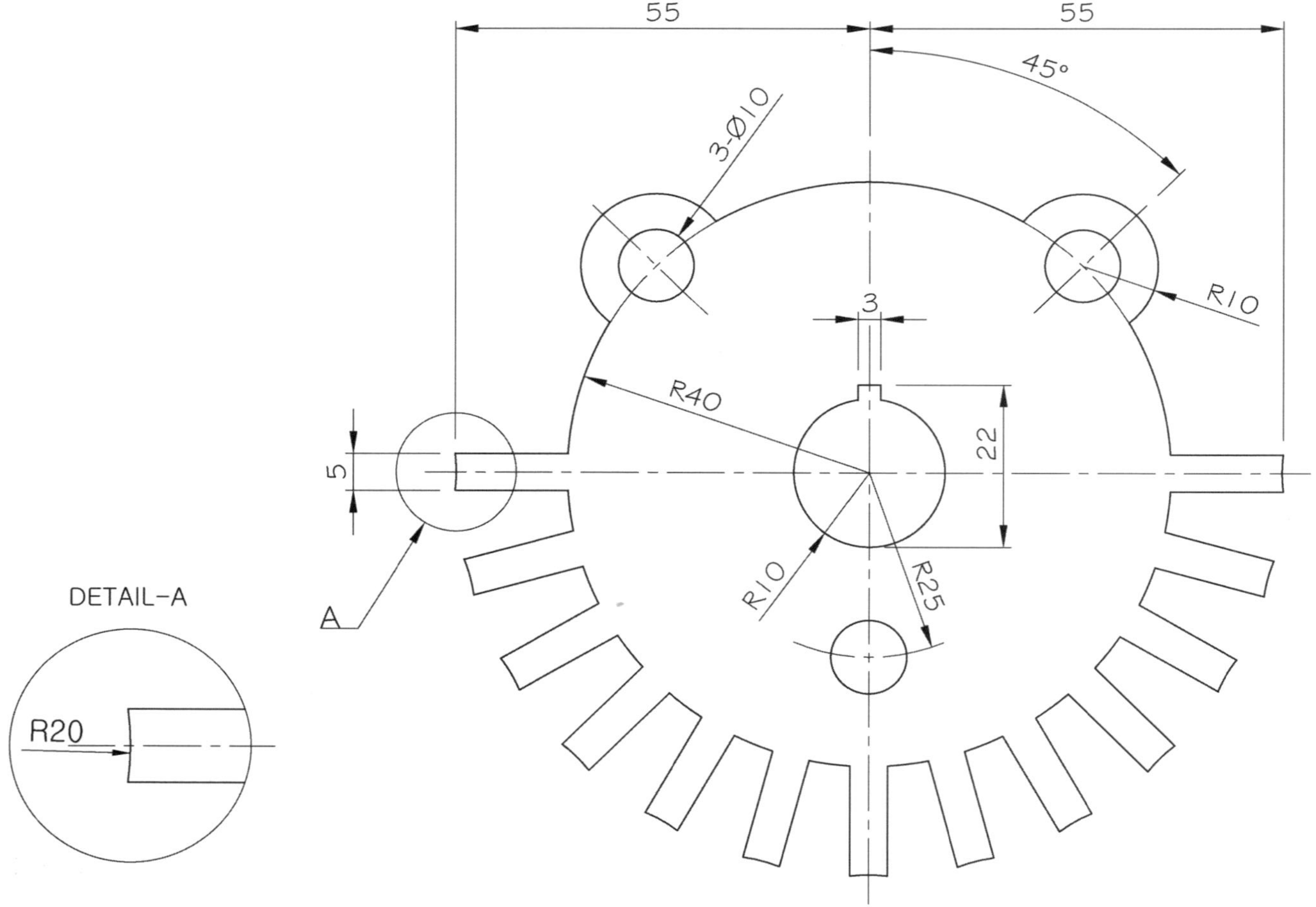

DETAIL-A

Section 03

Stretch, LENgthen, ARray

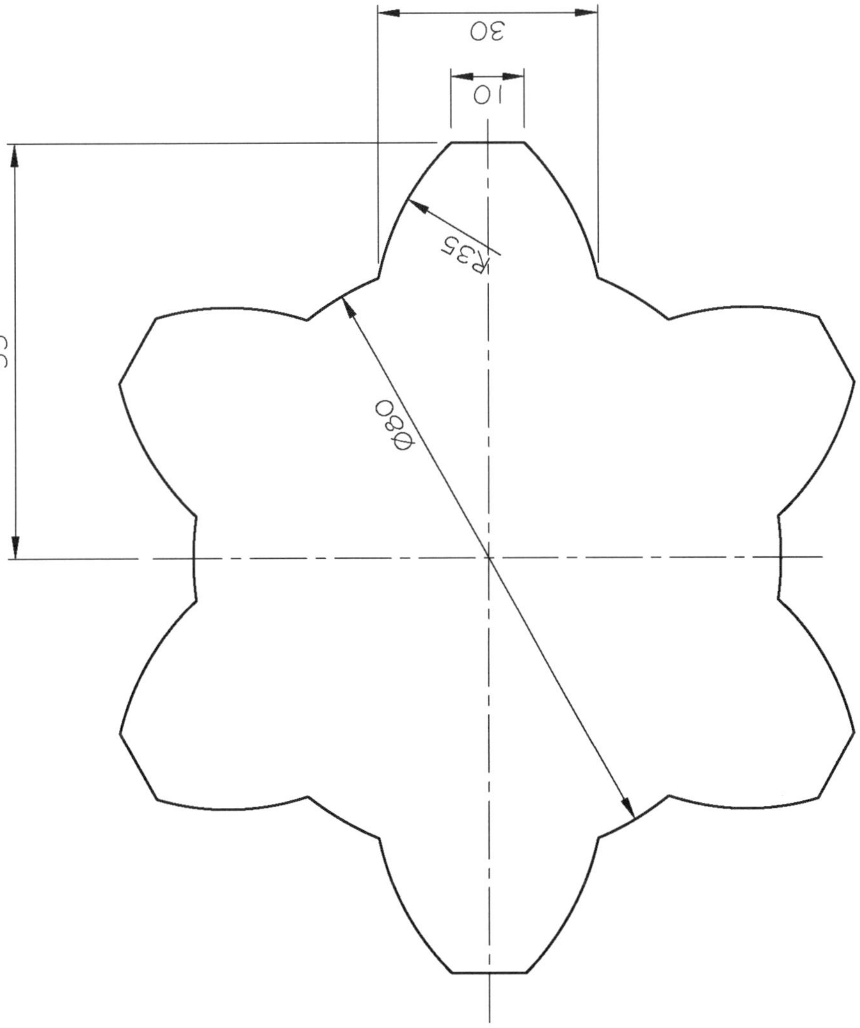

Stretch, LENgthen, ARray
30°
30°
Ø120
R50
R30
R17
8
R40
4-Ø14
4-Ø10

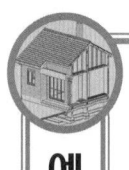

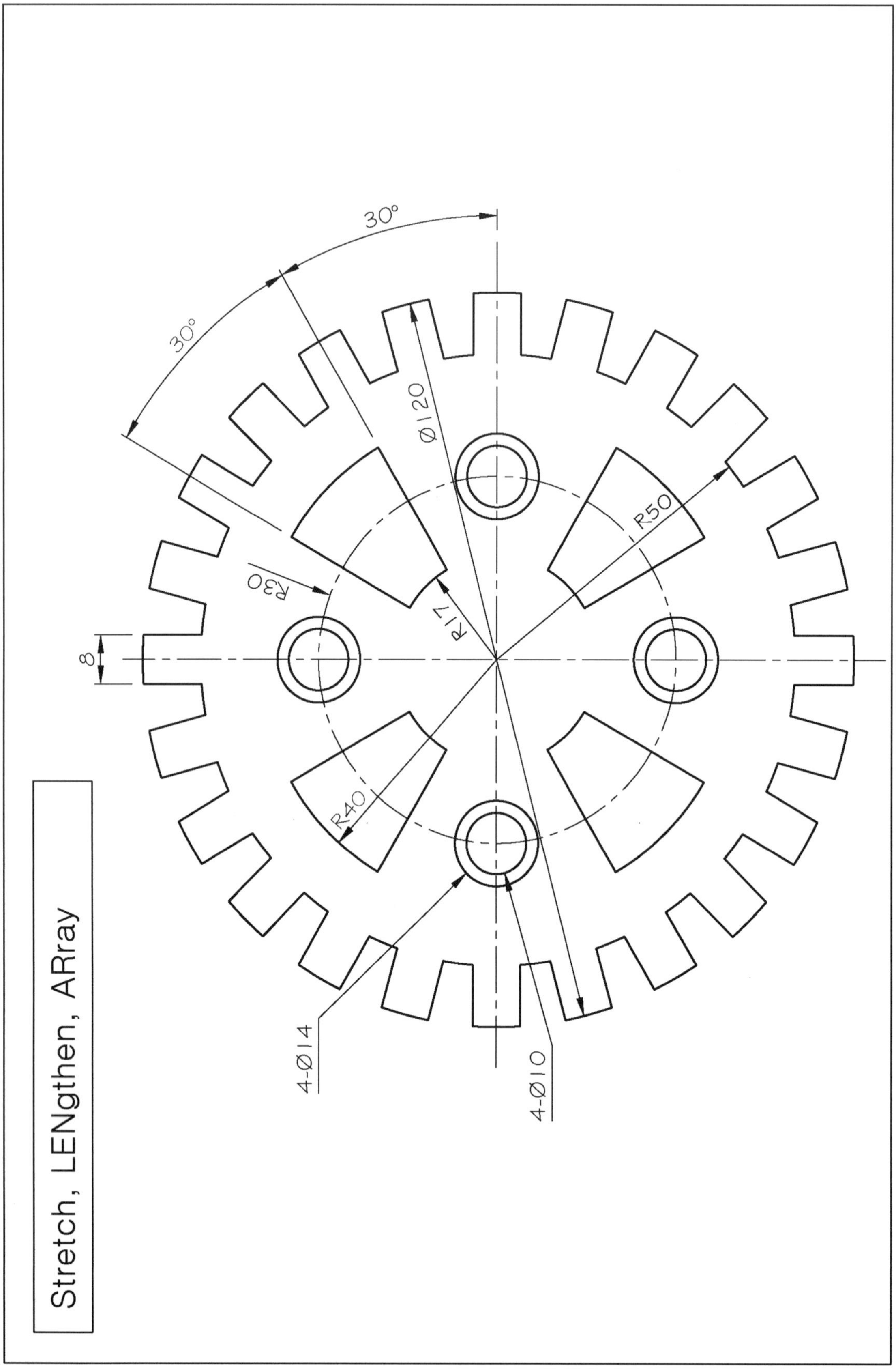

Stretch, LENgthen, ARray

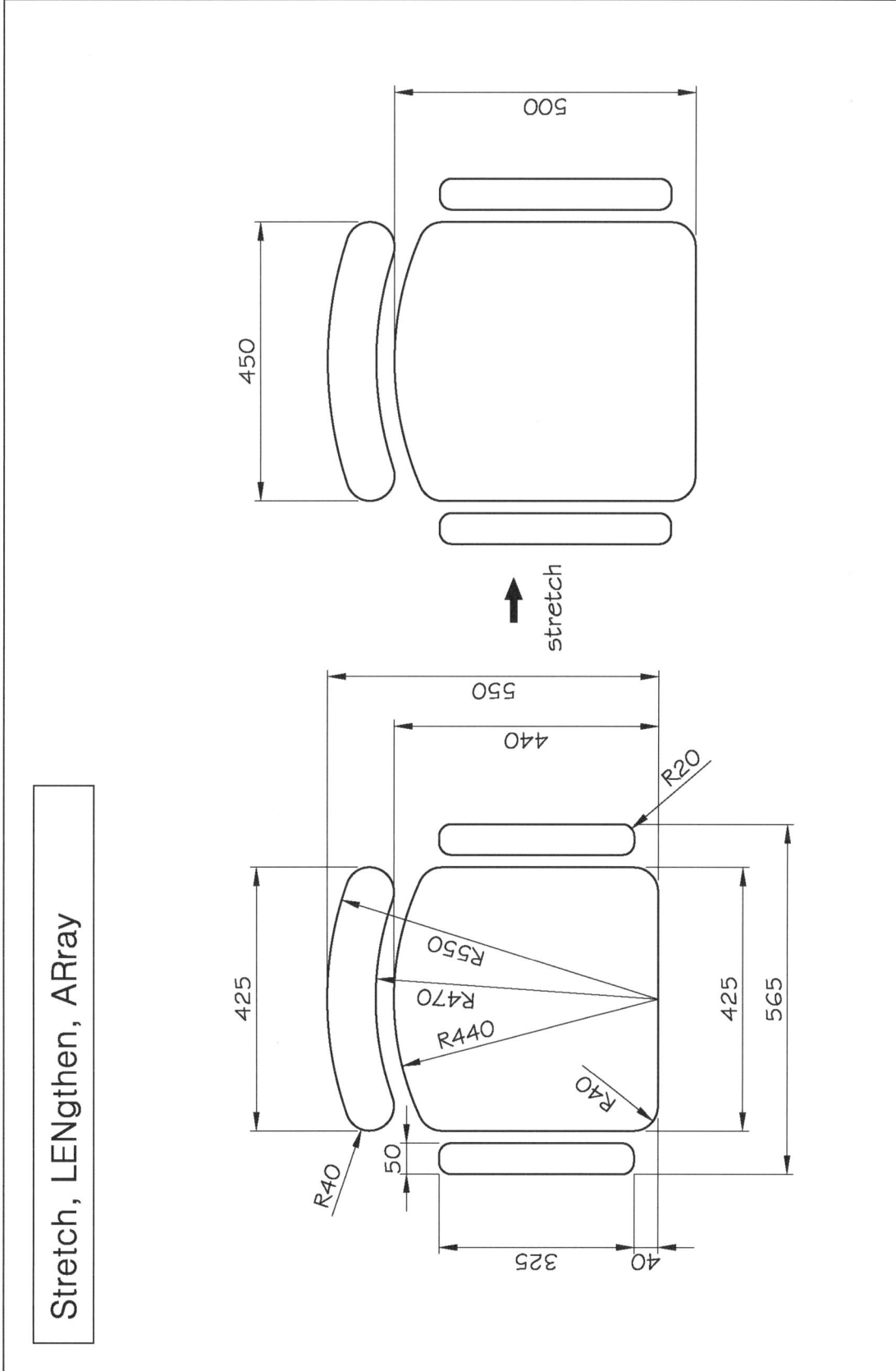

예제로 배우는 AutoCAD

Stretch, LENgthen, ARray

<ARRAY 직사각형배열 활용하기>

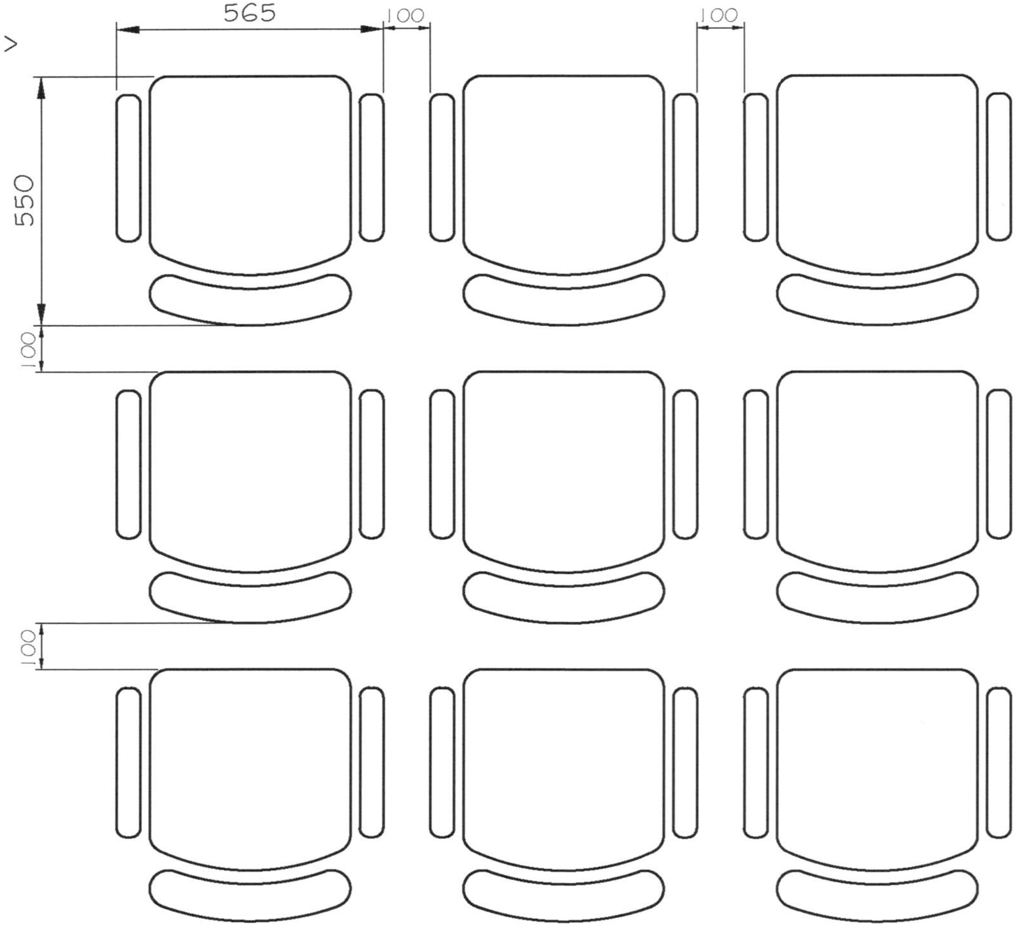

Section 03

PLine, PEdit, eXplode

예제로 배우는 AutoCAD

PLine, PEdit, eXplode

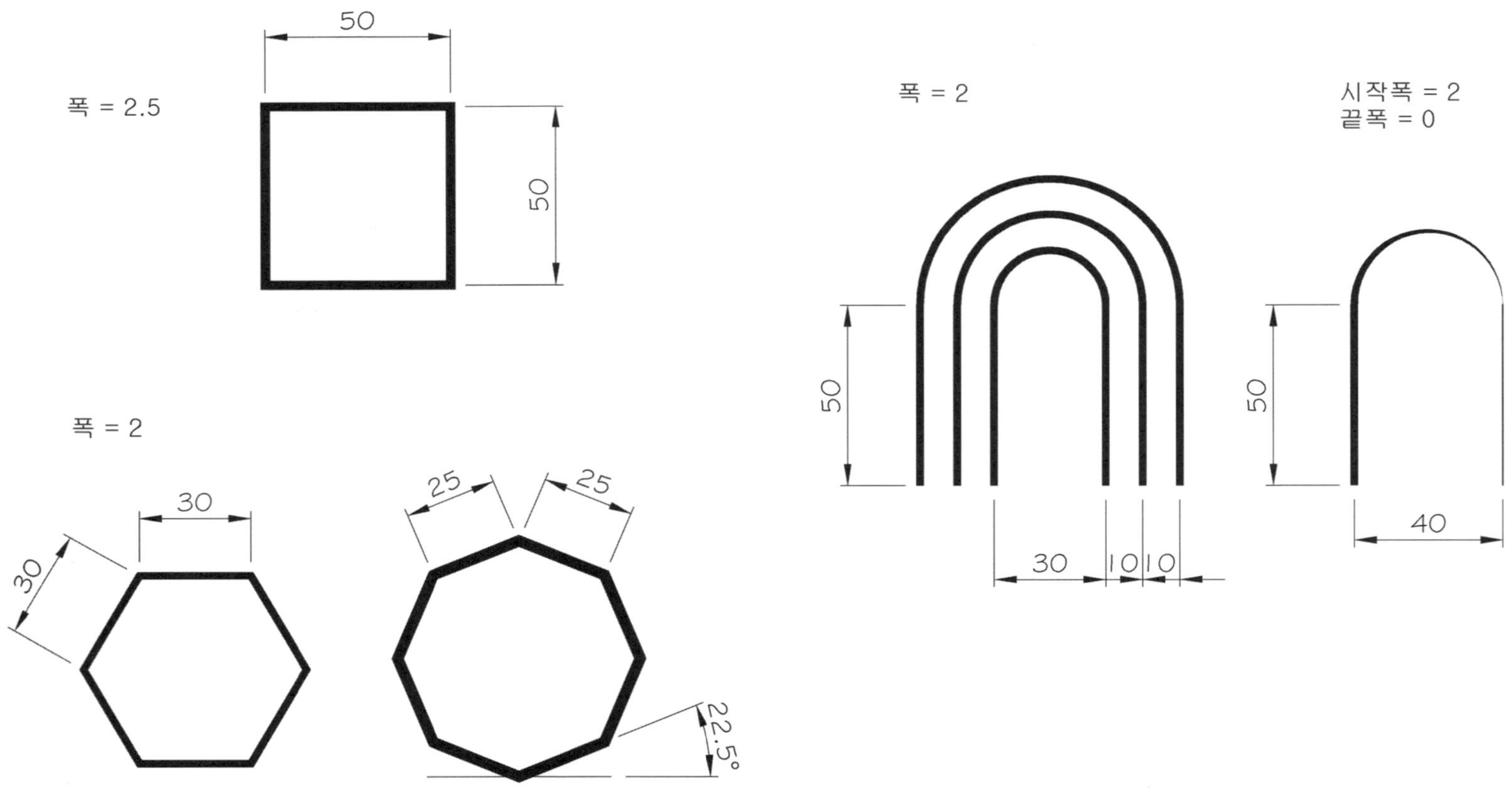

폭 = 2

시작폭 = 2
끝폭 = 0

폭 = 2.5

폭 = 2

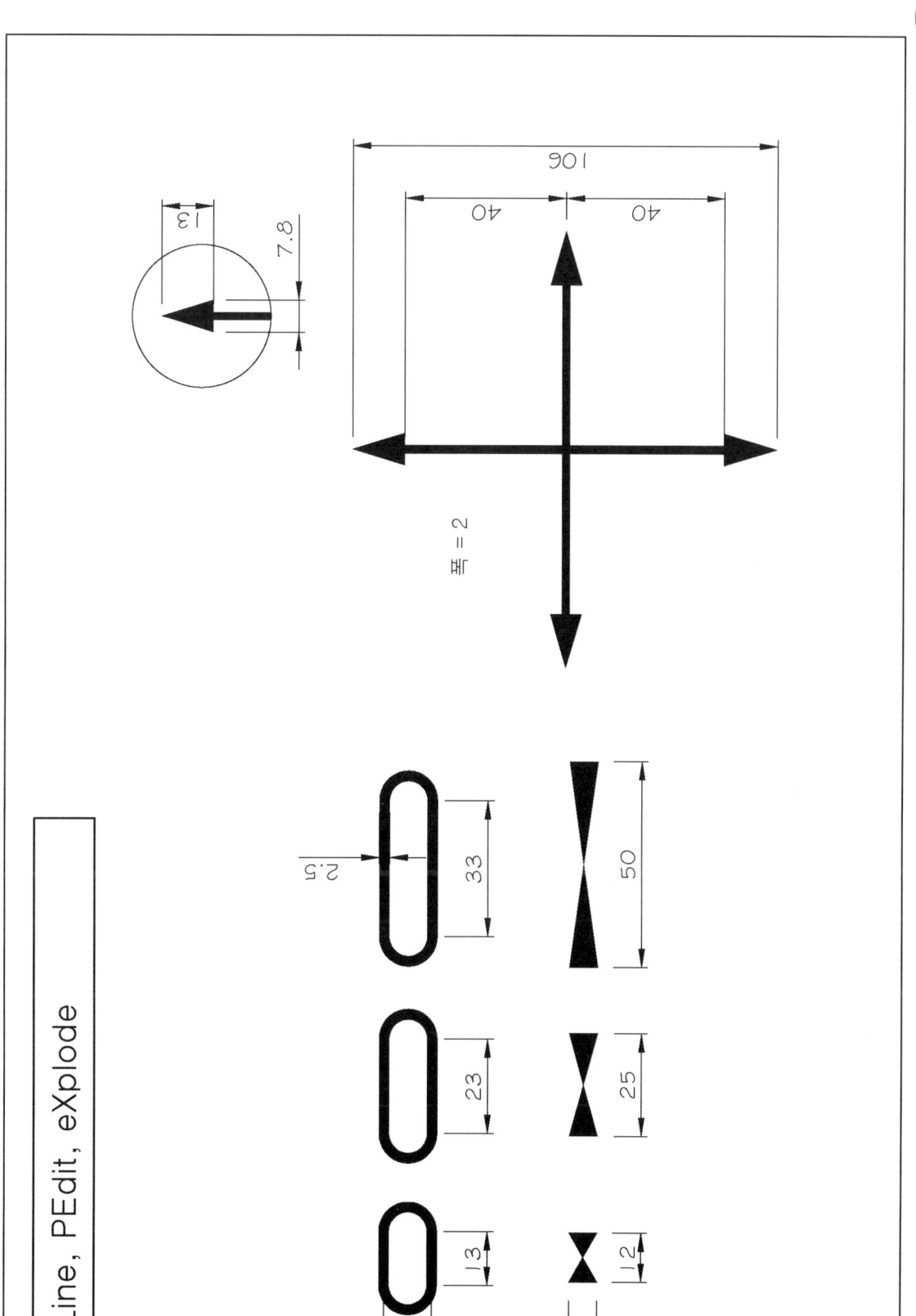

PLine, PEdit, eXplode

예제로 배우는 AutoCAD

PLine, PEdit, eXplode

척 = 1

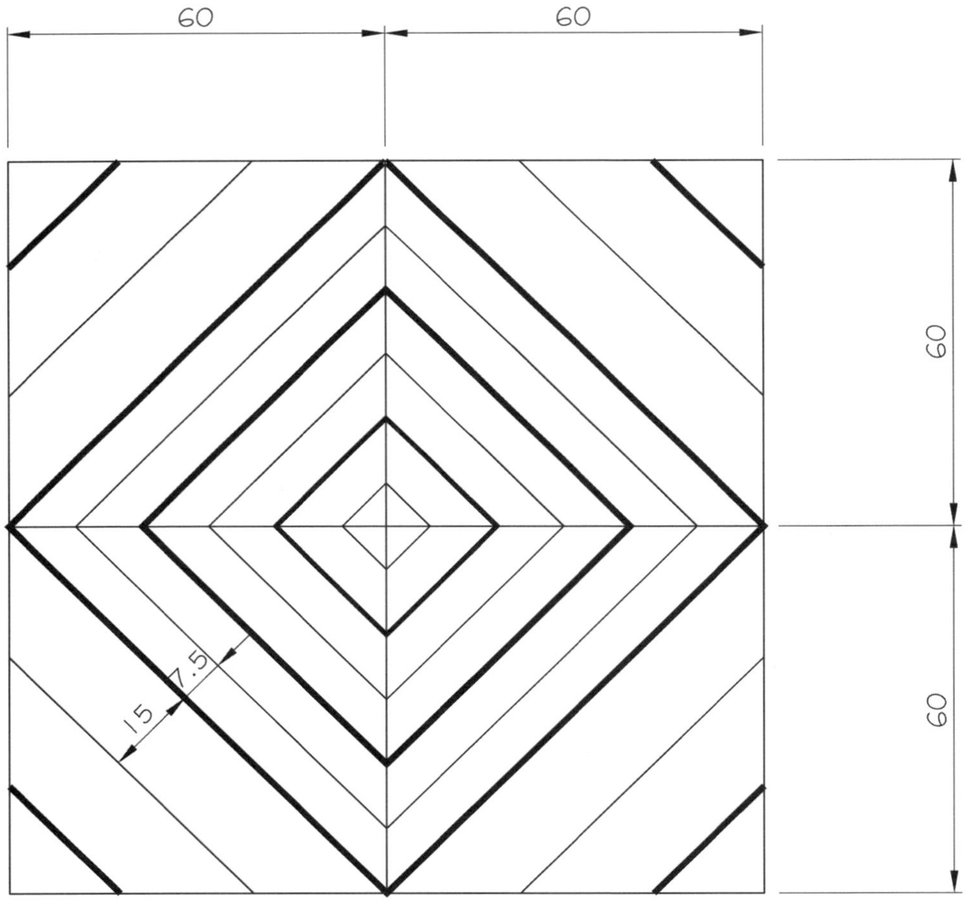

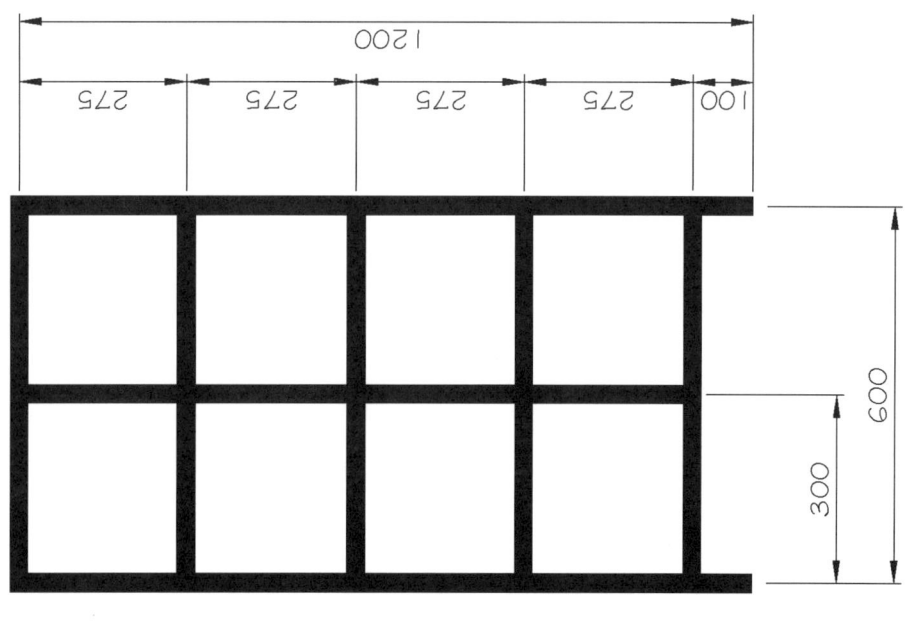

폭 = 30

PLine, PEdit, eXplode

예제로 배우는 AutoCAD

Fillet, CHAmfer, BReak, Join

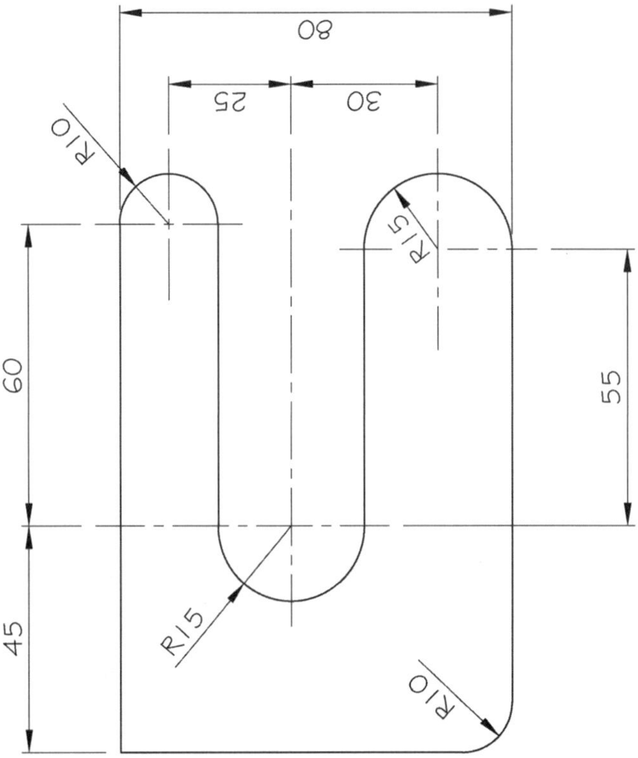

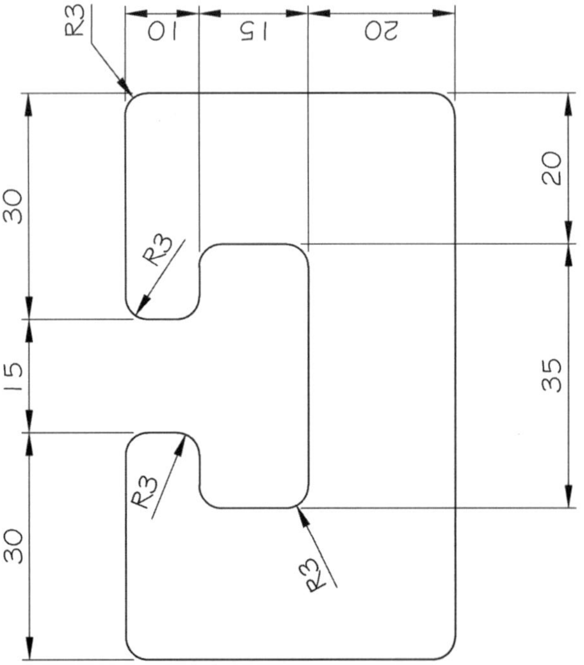

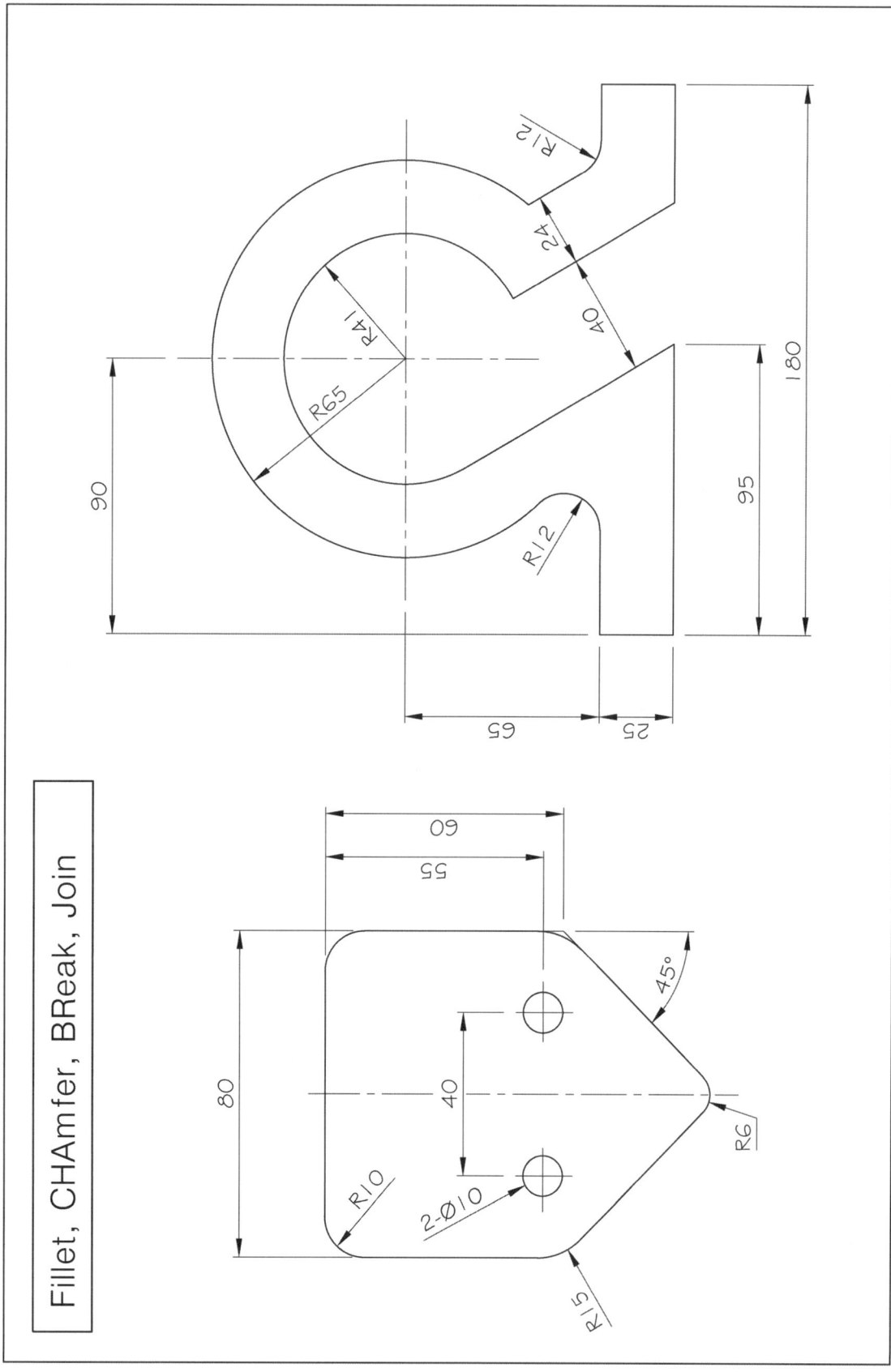

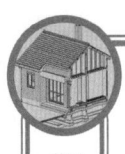

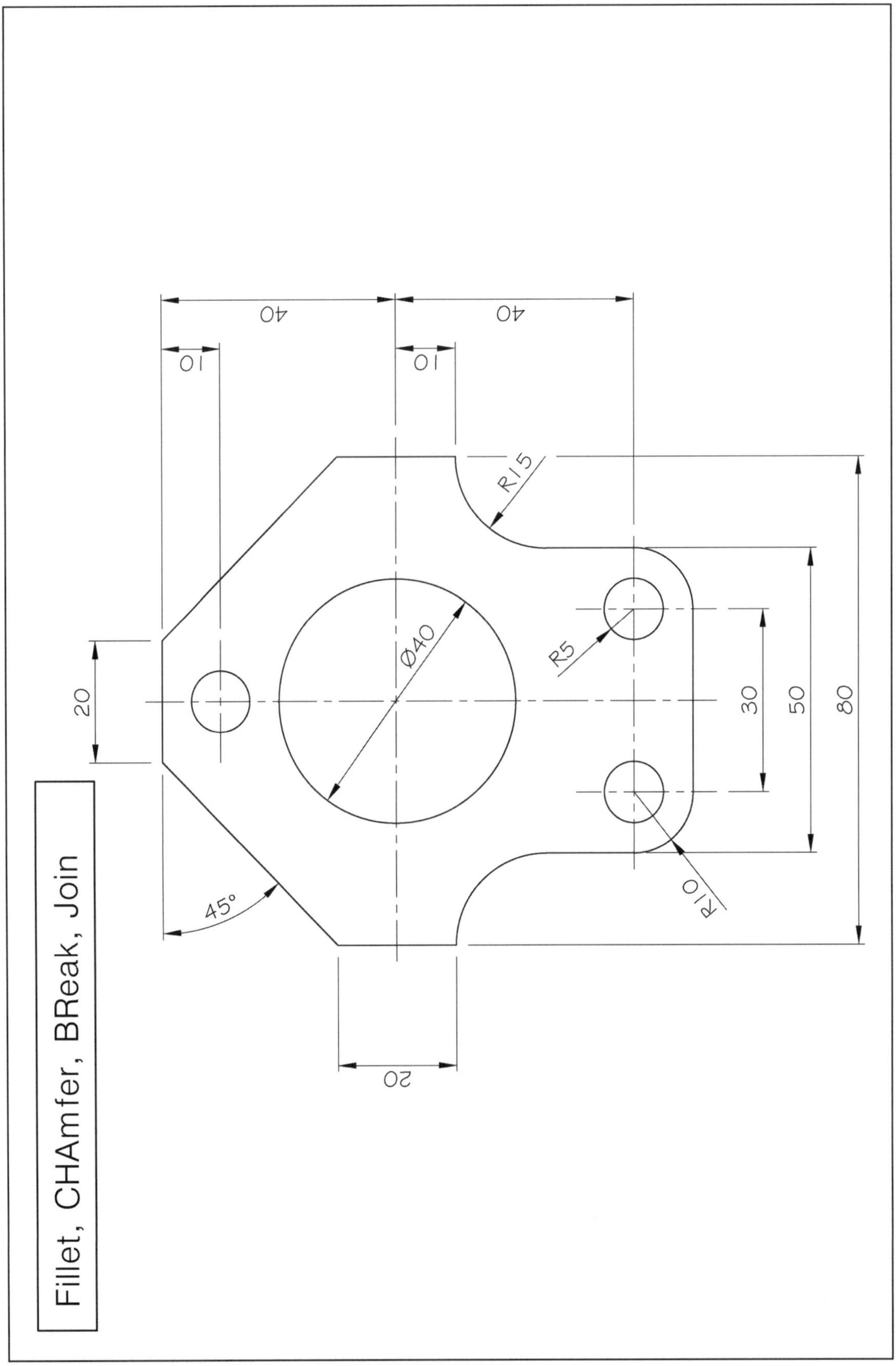
Fillet, CHAmfer, BReak, Join
40
40
10
10
R15
R5
Ø40
20
30
50
80
R10
45°
20

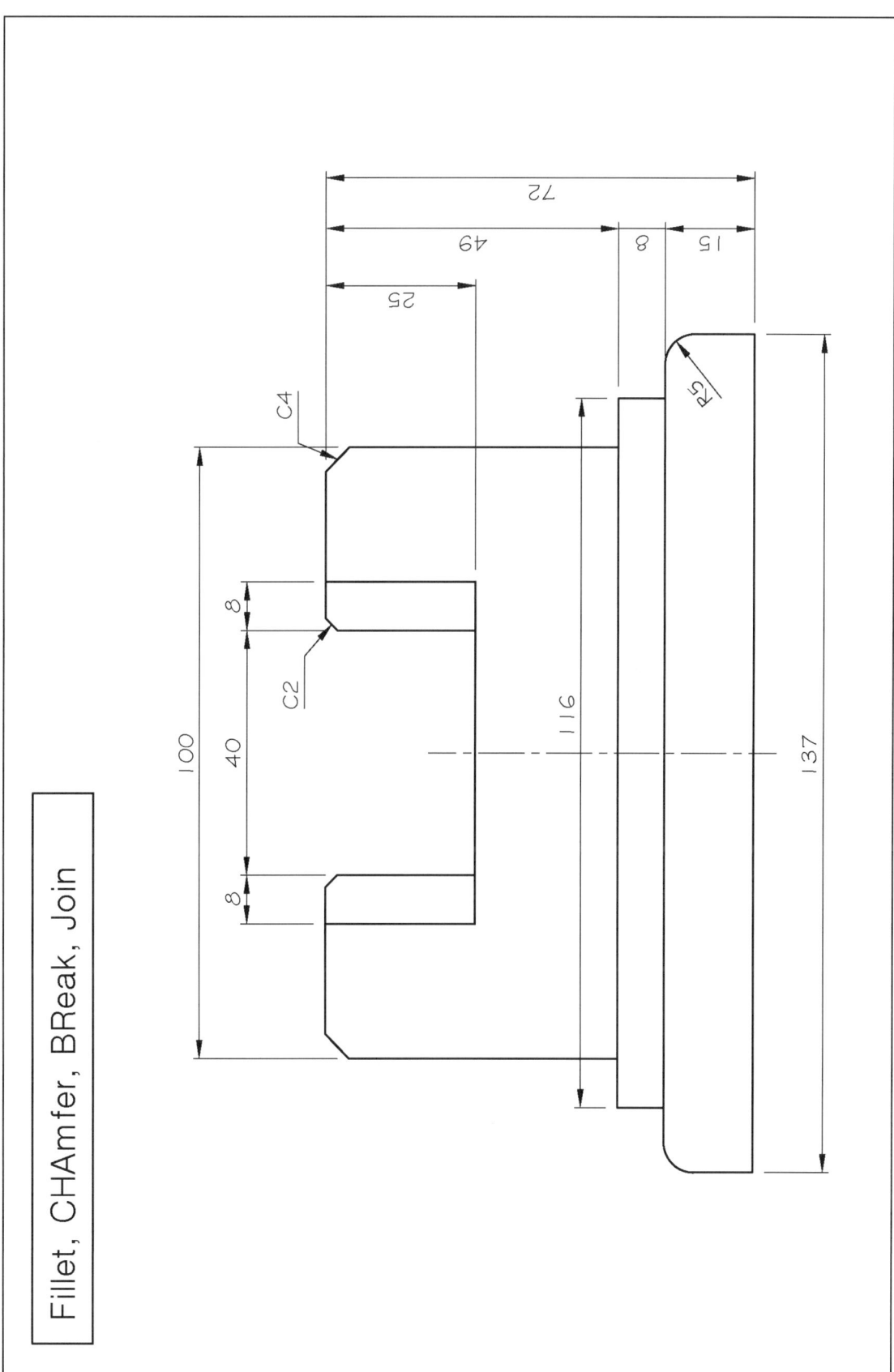

Fillet, CHAmfer, BReak, Join

예제로 배우는 AutoCAD

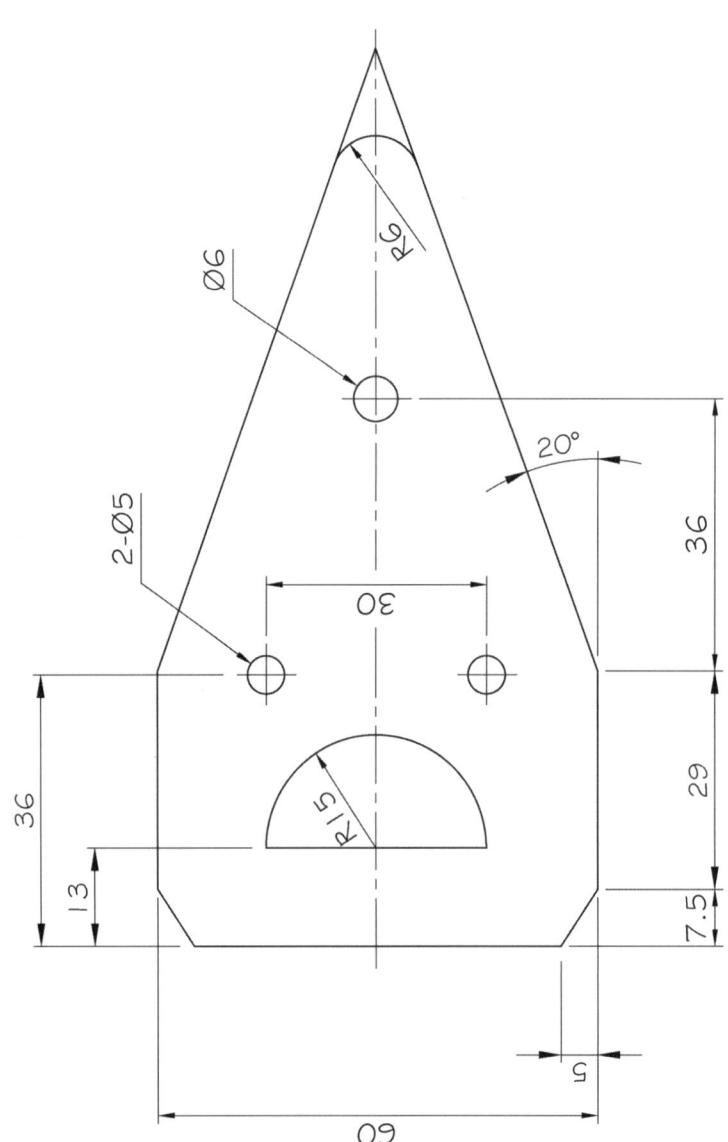

Fillet, CHAmfer, BReak, Join

Section 03

Fillet, CHAmfer, BReak, Join

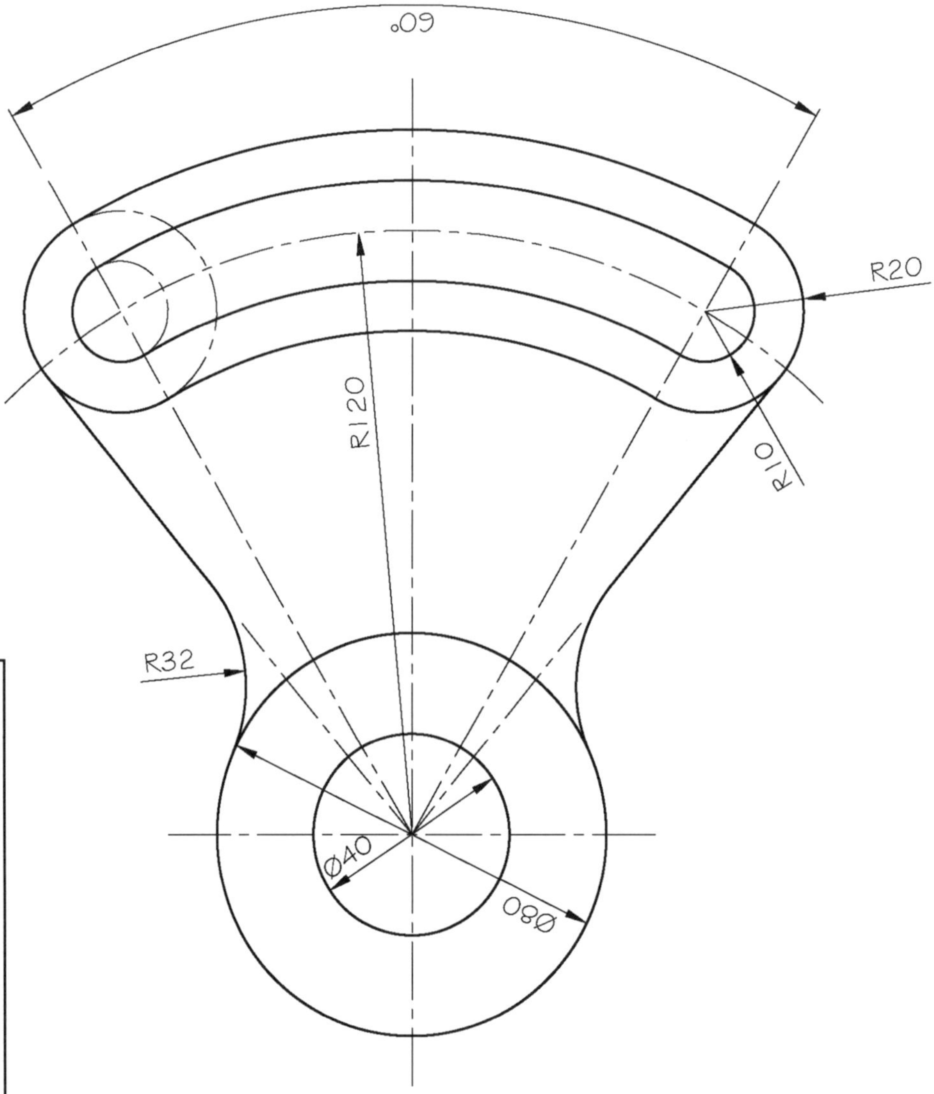

예제로 배우는 AutoCAD

Fillet, CHAmfer, BReak, Join

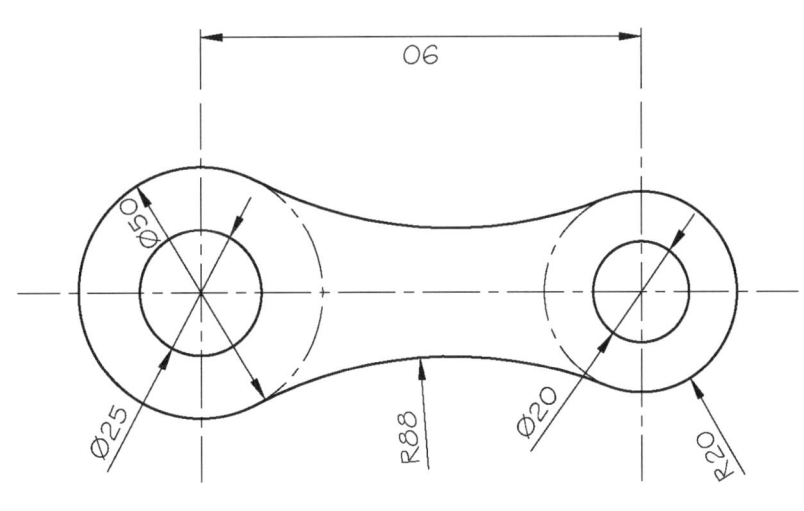

Fillet, CHAmfer, BReak, Join

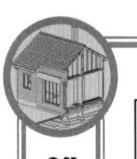

예제로 배우는 AutoCAD

Fillet, CHAmfer, BReak, Join

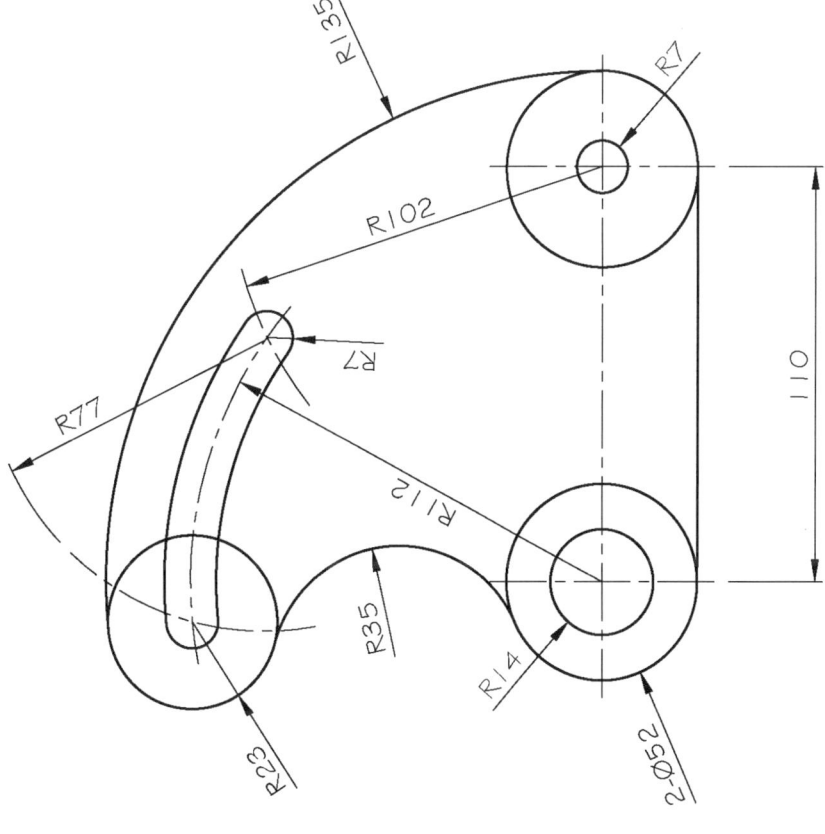

Fillet, CHAmfer, BReak, Join

예제로 배우는 AutoCAD

Fillet, CHAmfer, BReak, Join

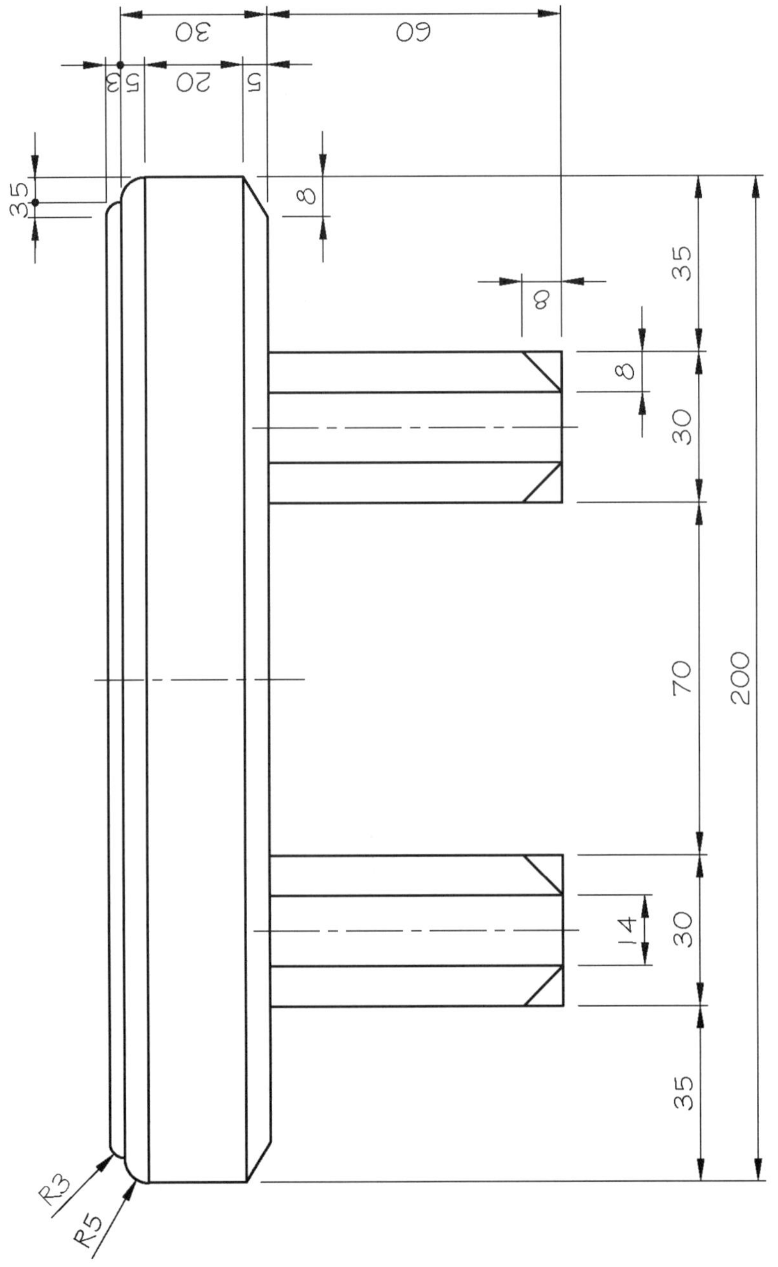

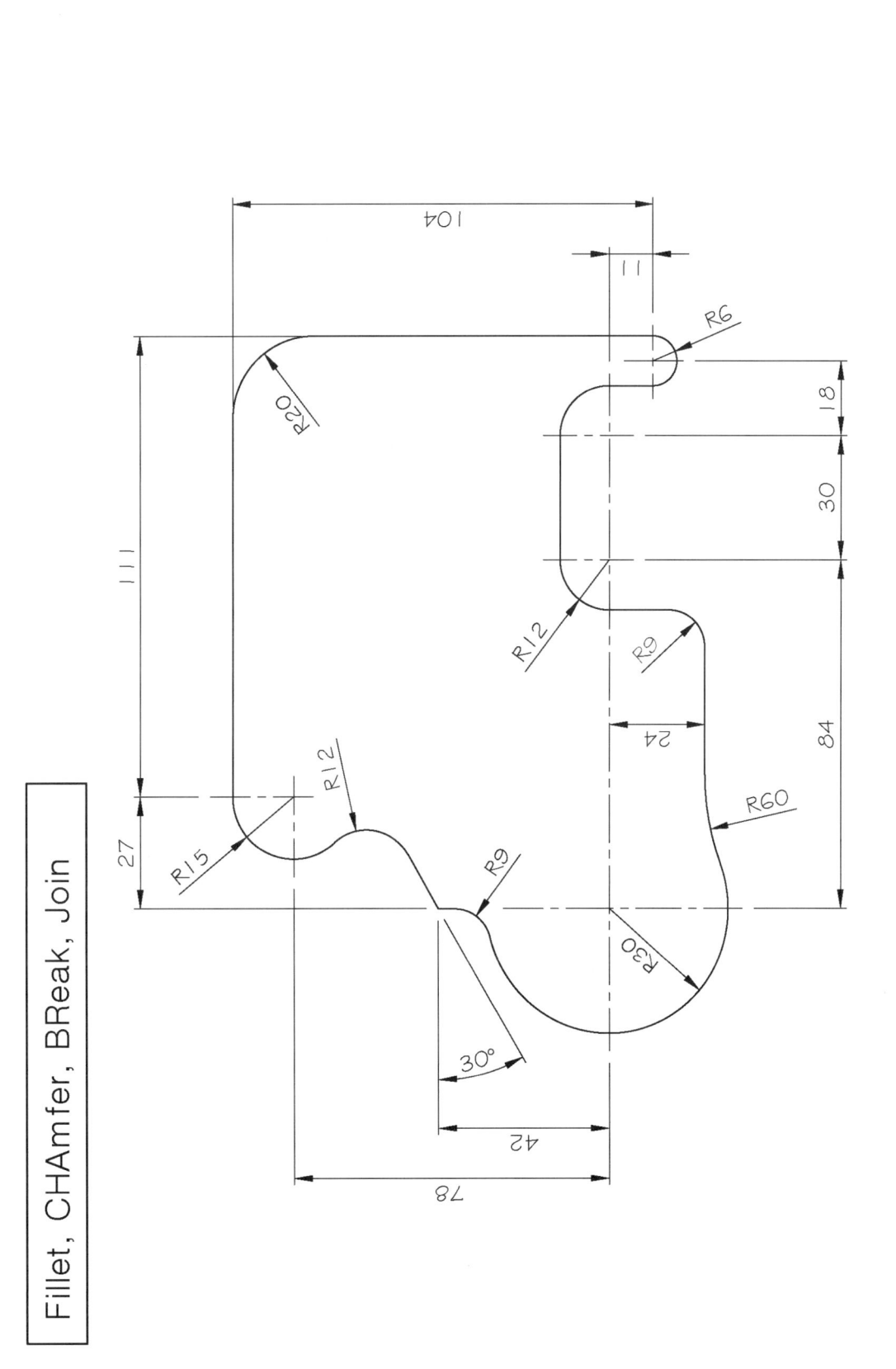

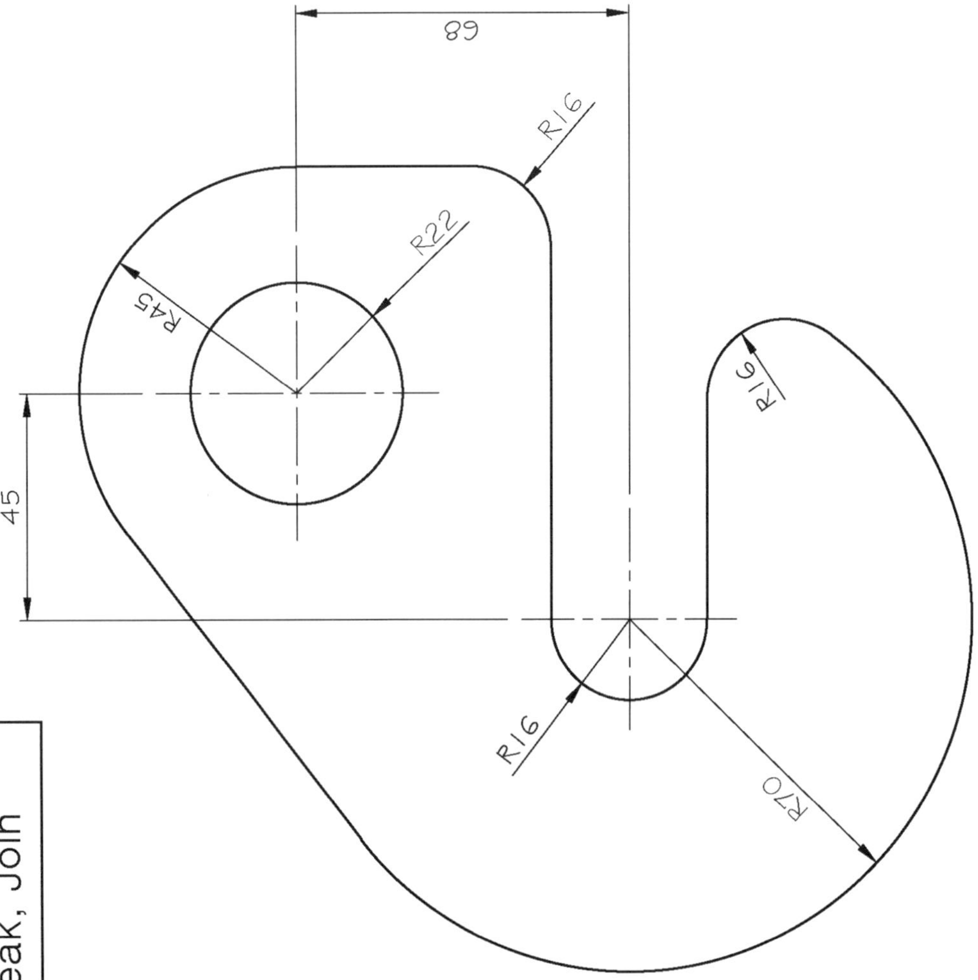

예제로 배우는 AutoCAD

Fillet, CHAmfer, BReak, Join

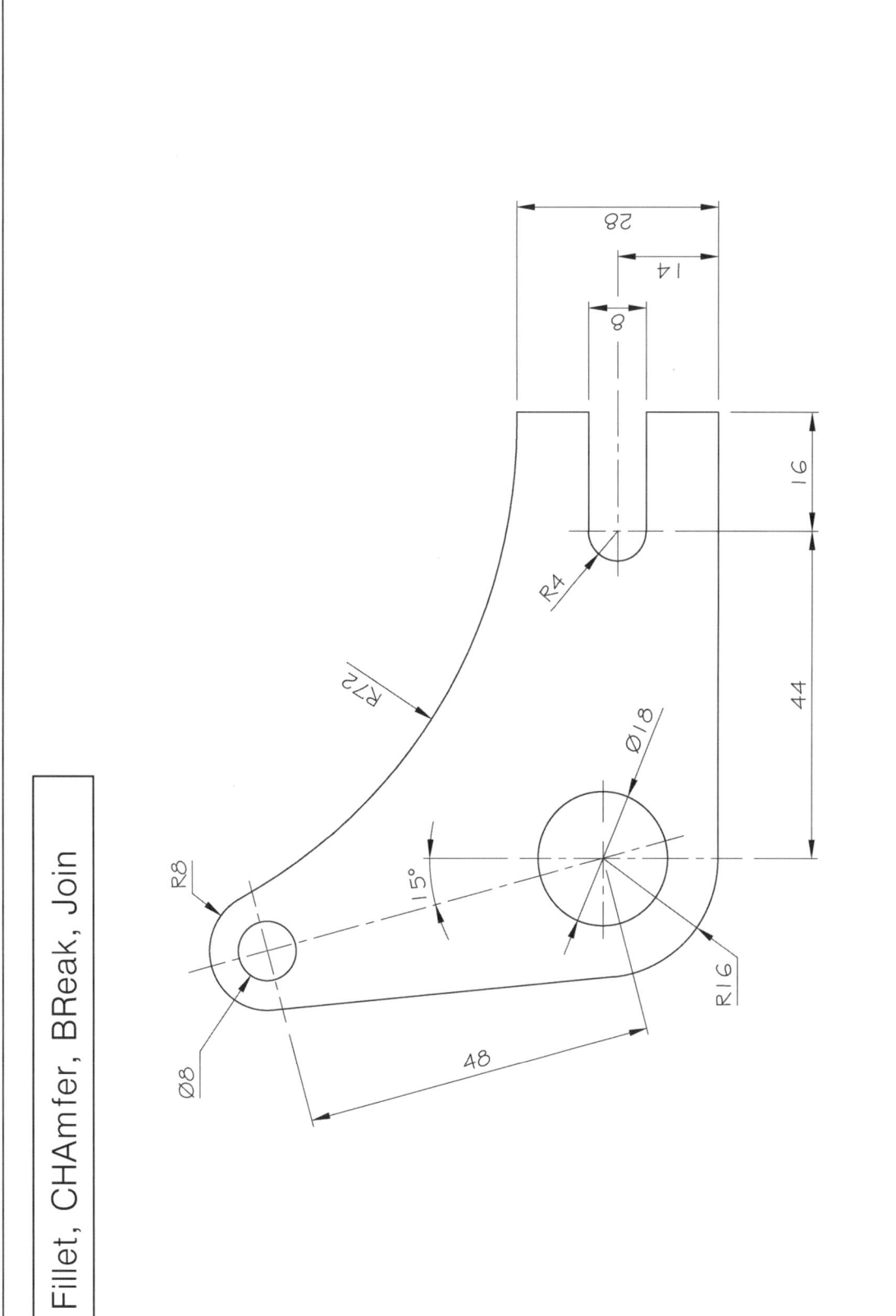

Fillet, CHAmfer, BReak, Join

예제로 배우는 AutoCAD

Fillet, CHAmfer, BReak, Join

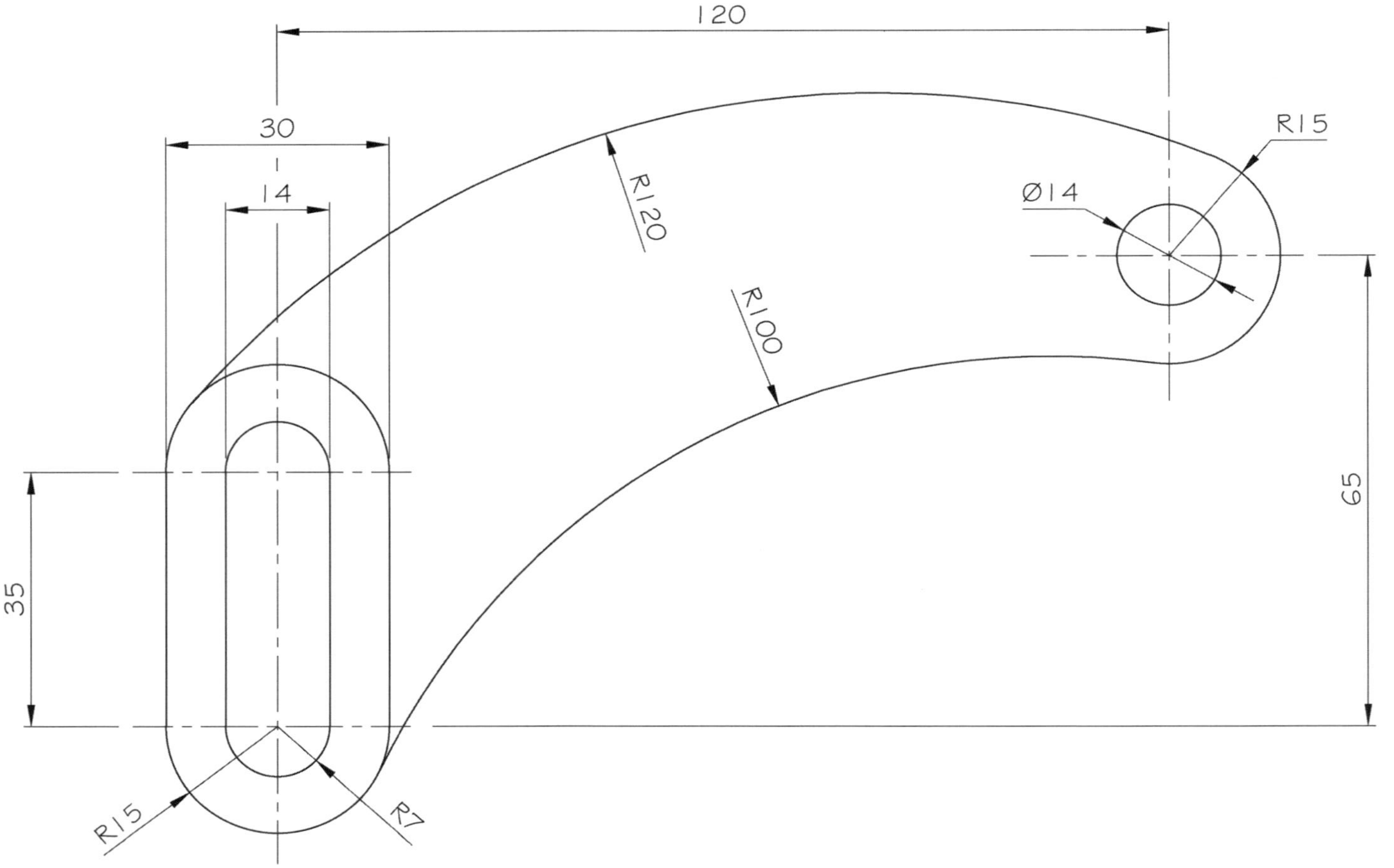

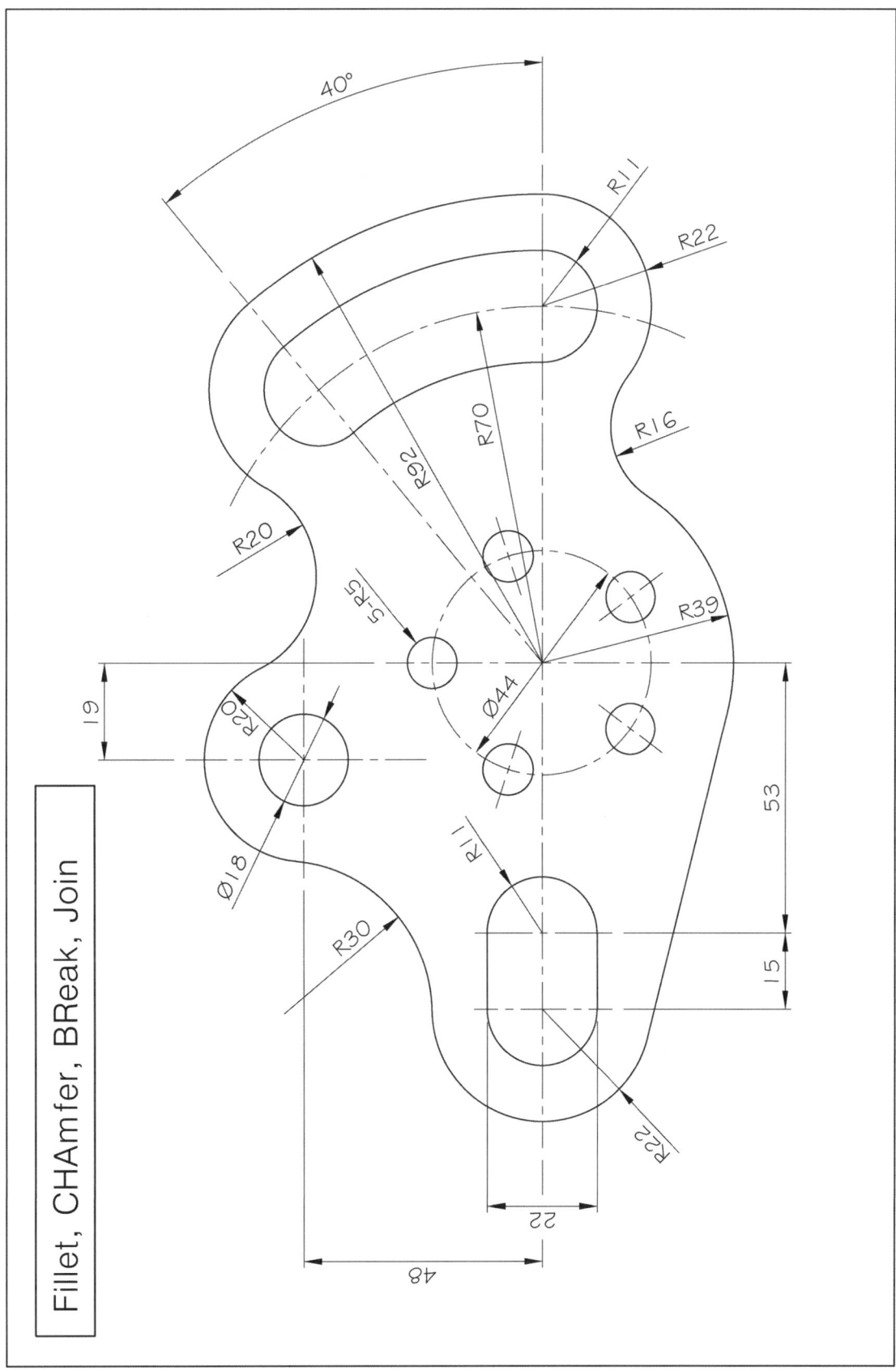

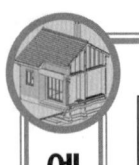

Fillet, CHAmfer, BReak, Join

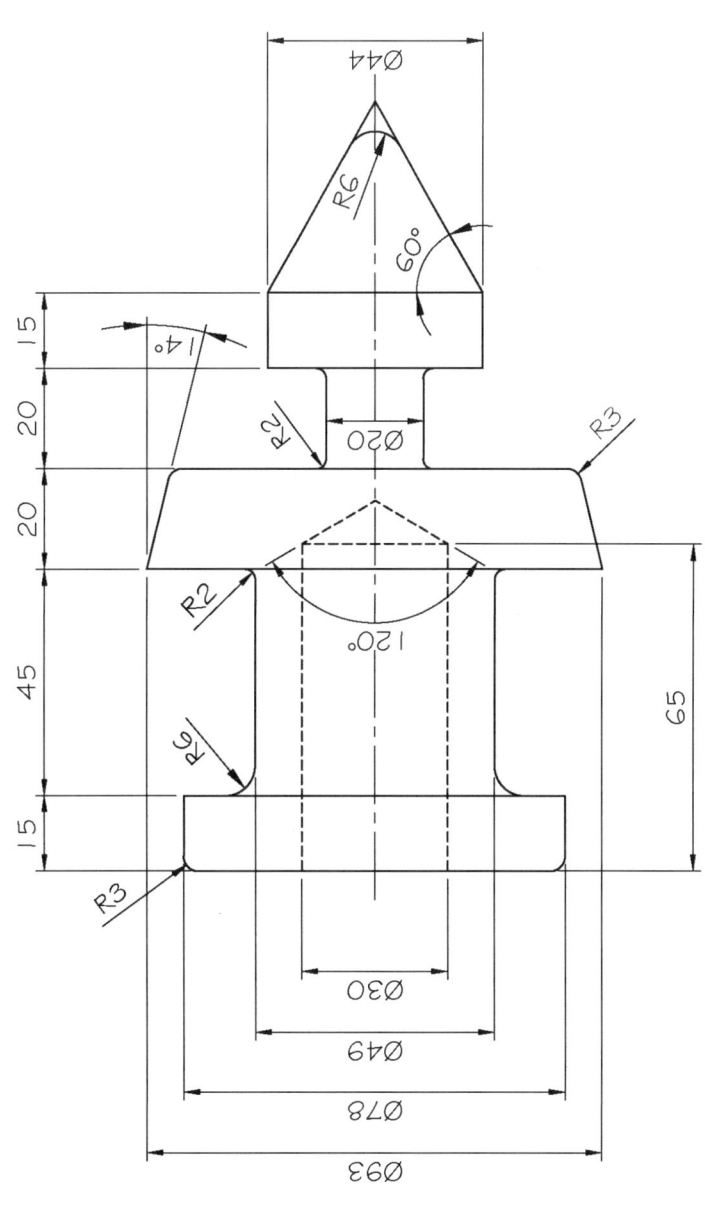

Fillet, CHAmfer, BReak, Join

예제로 배우는 AutoCAD

Fillet, CHAmfer, BReak, Join

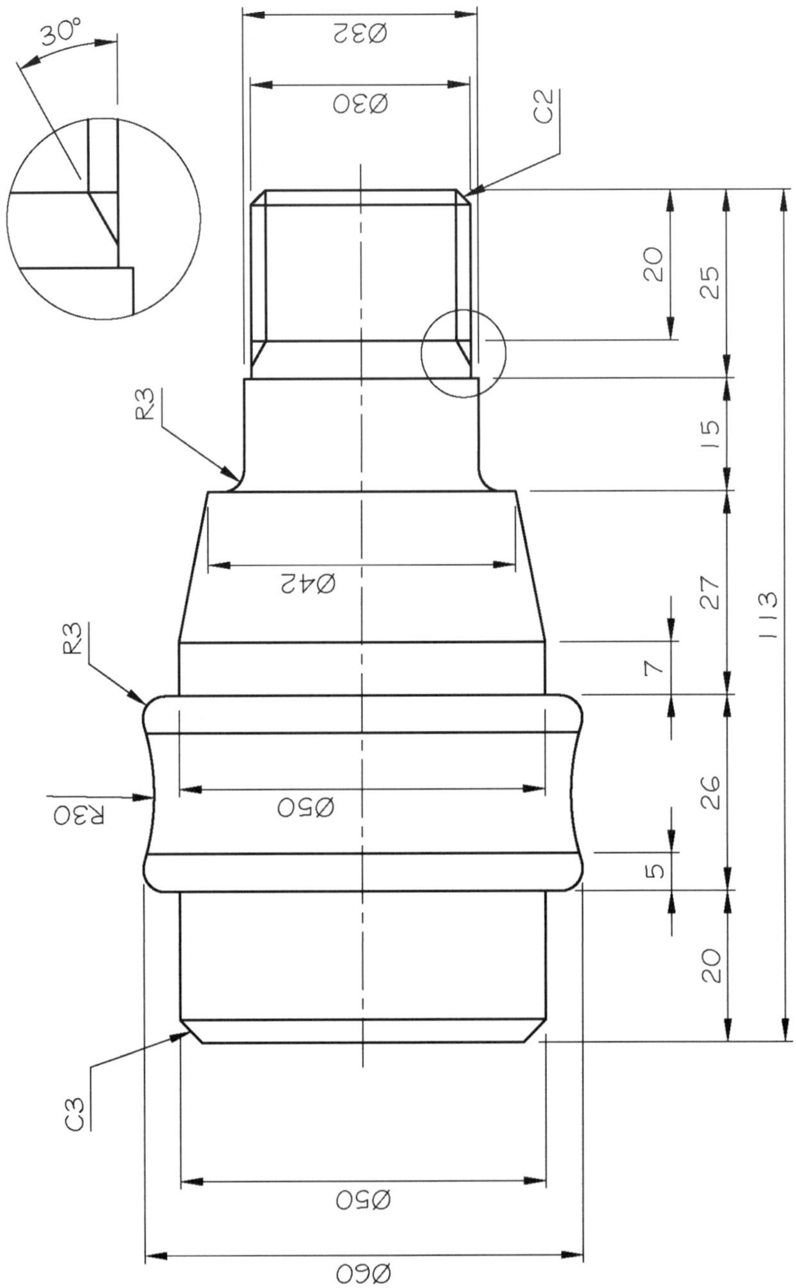

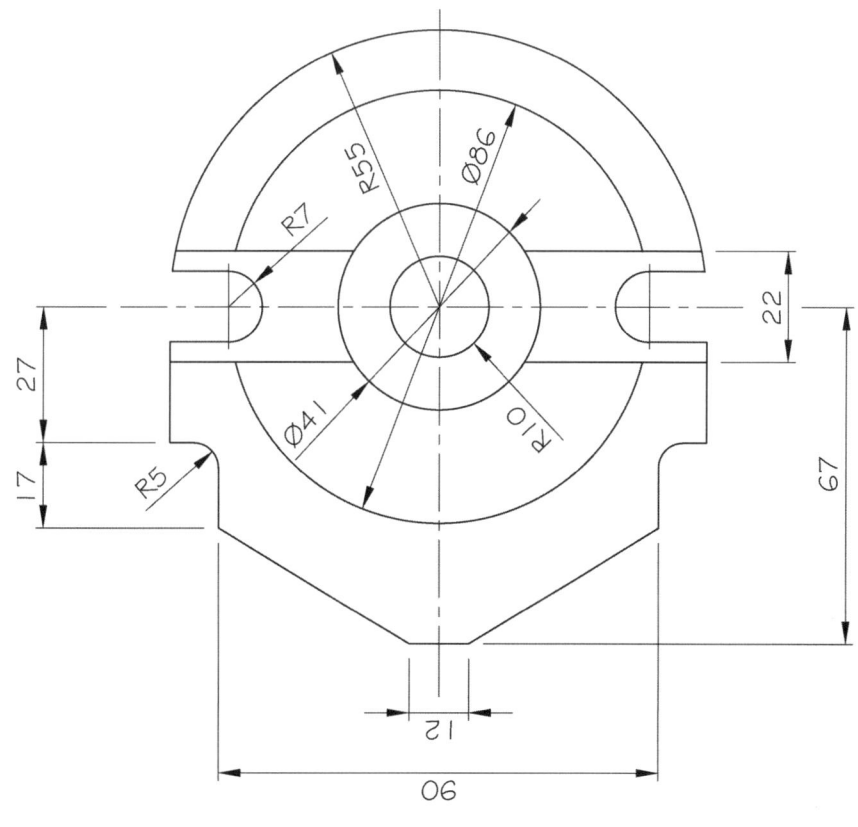

Fillet, CHAmfer, BReak, Join

예제로 배우는 AutoCAD

Fillet, CHAmfer, BReak, Join

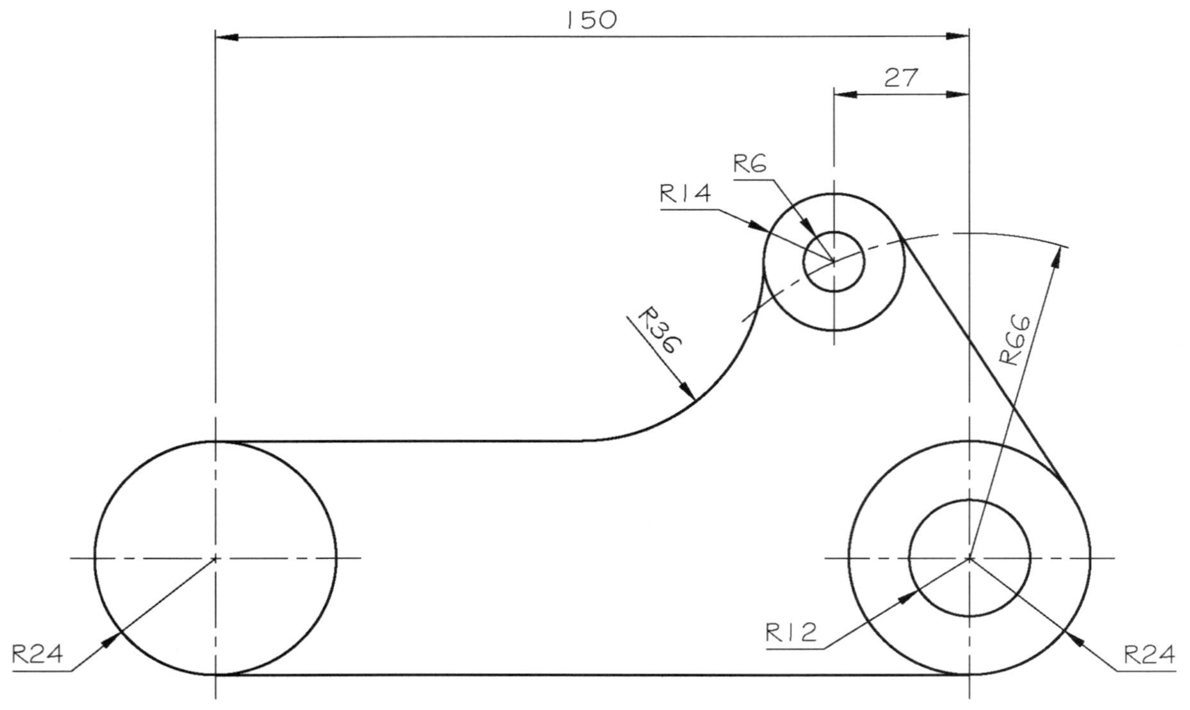

Section 03

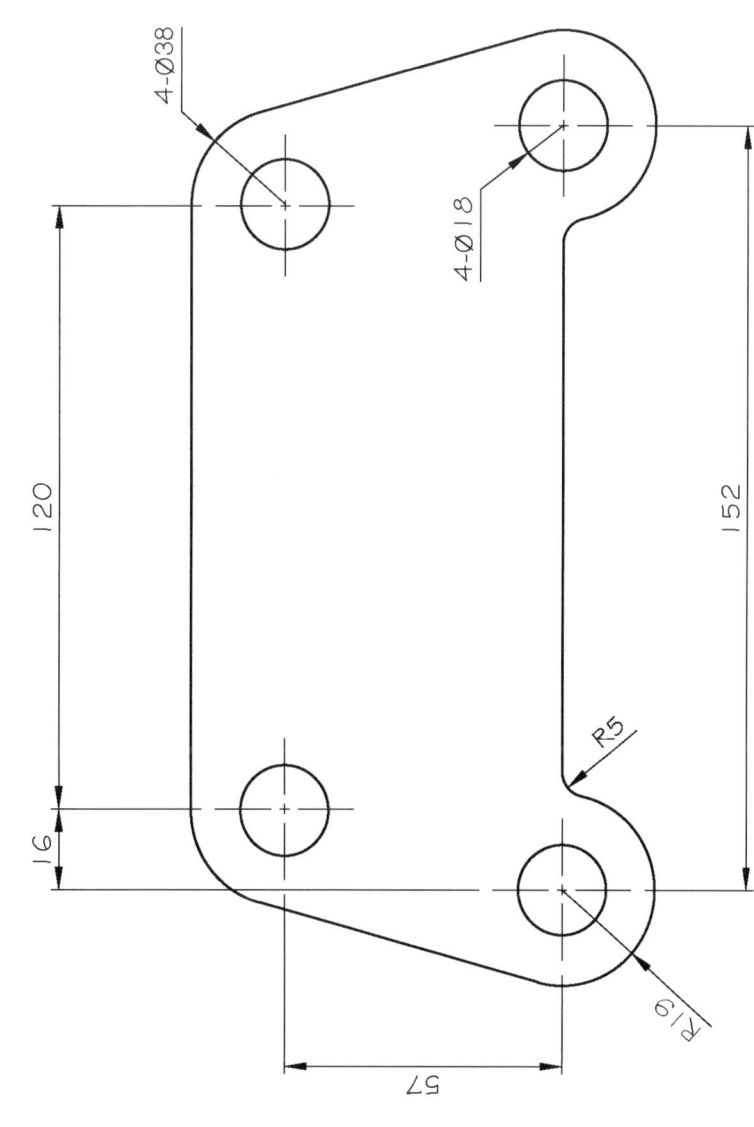

Fillet, CHAmfer, BReak, Join

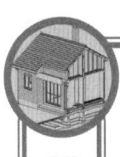

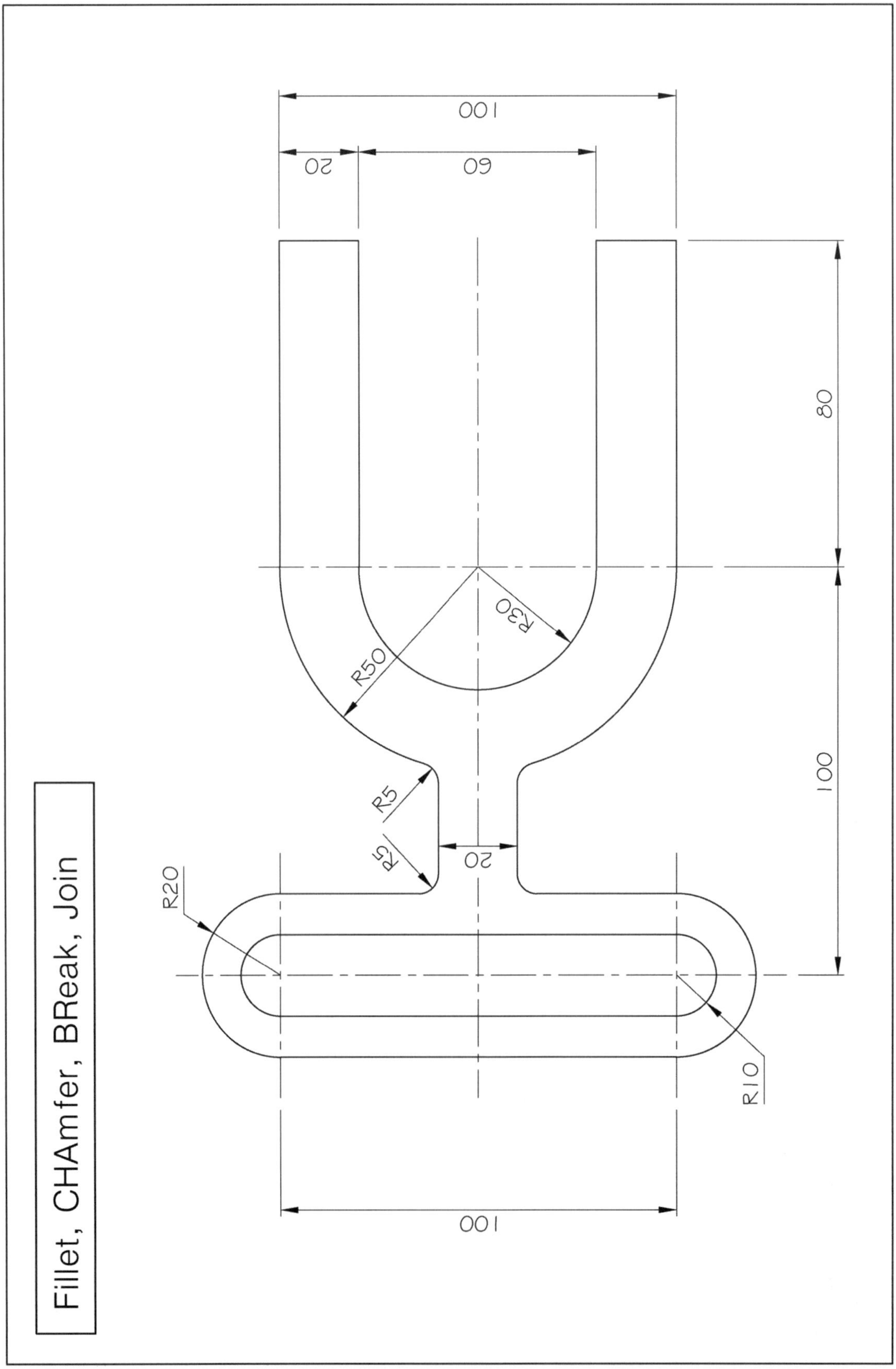
Fillet, CHAmfer, BReak, Join
100
20
60
80
100
R30
R50
R5
R5
20
R20
R10
100

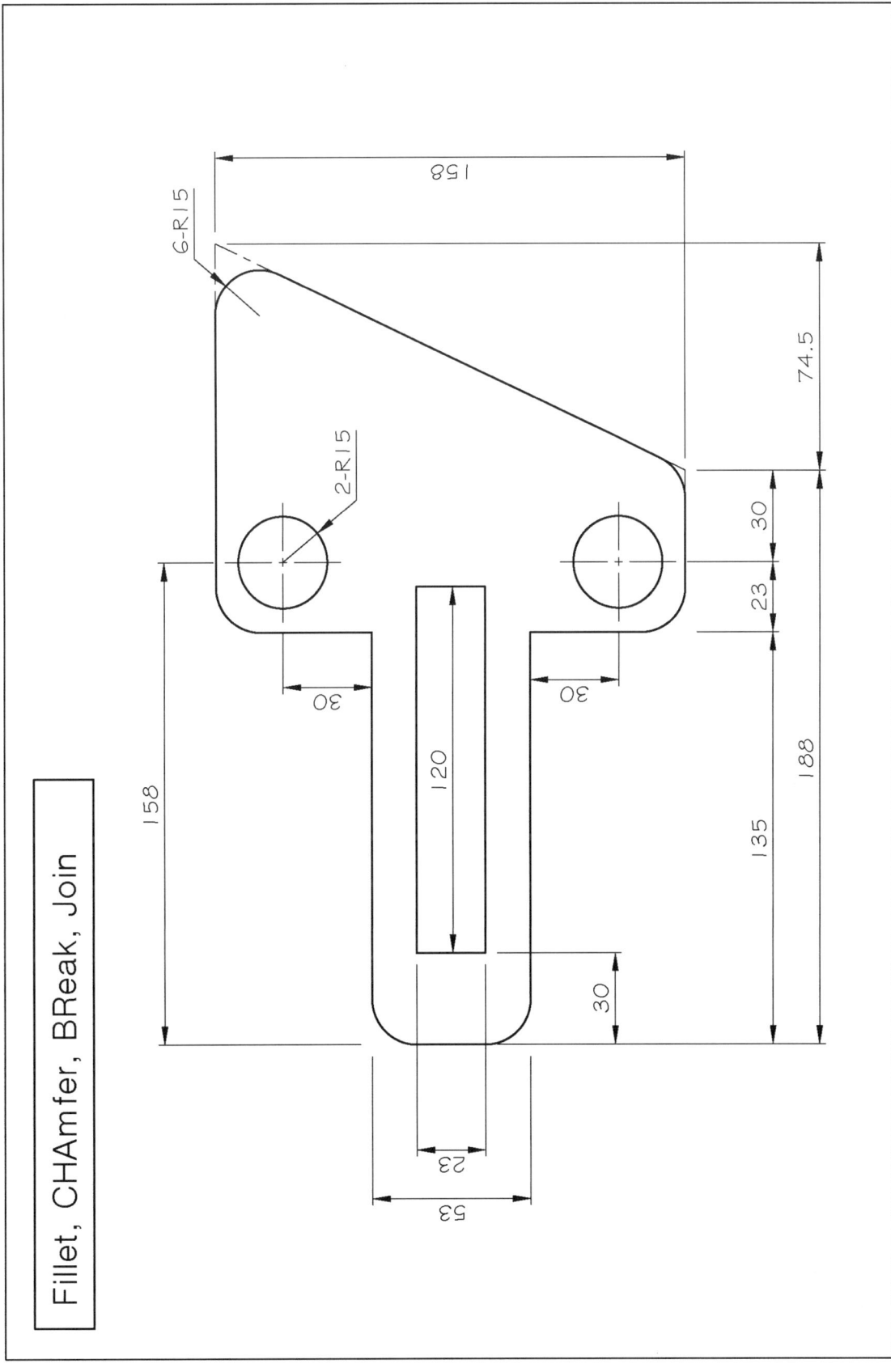

예제로 배우는 AutoCAD

Fillet, CHAmfer, BReak, Join

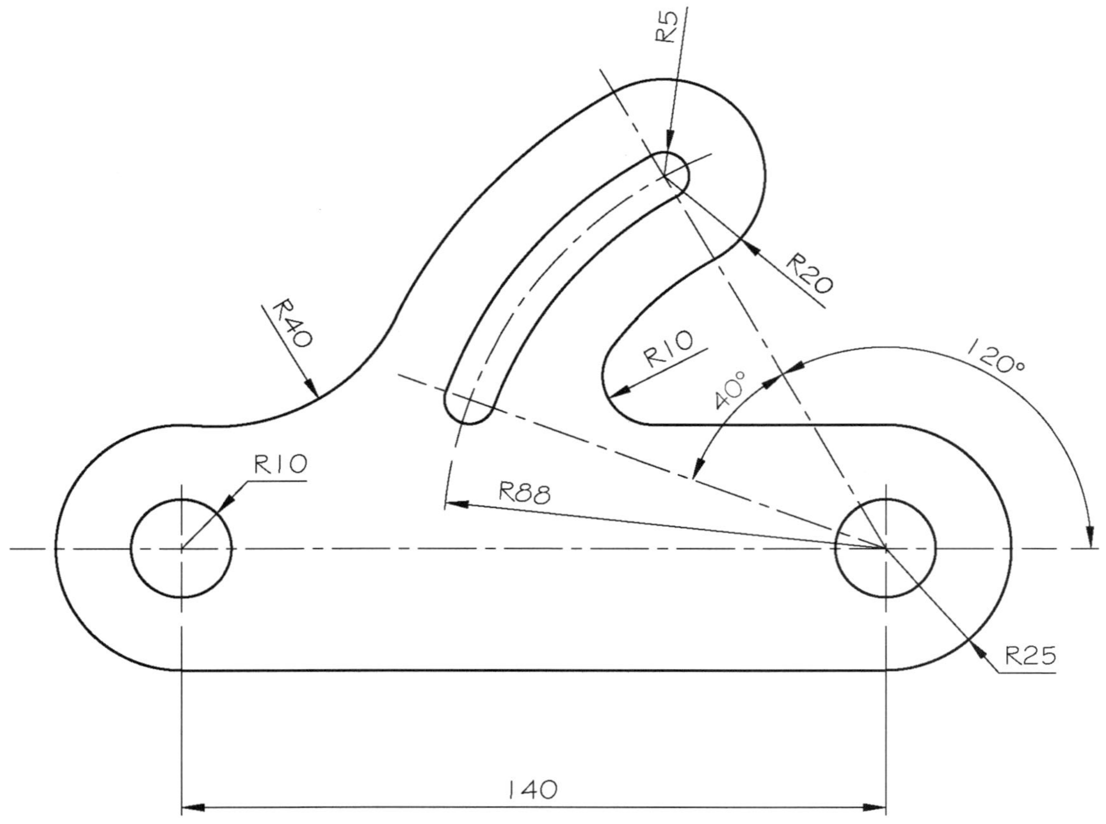

Fillet, CHAmfer, BReak, Join

예제로 배우는 AutoCAD

Fillet, CHAmfer, BReak, Join

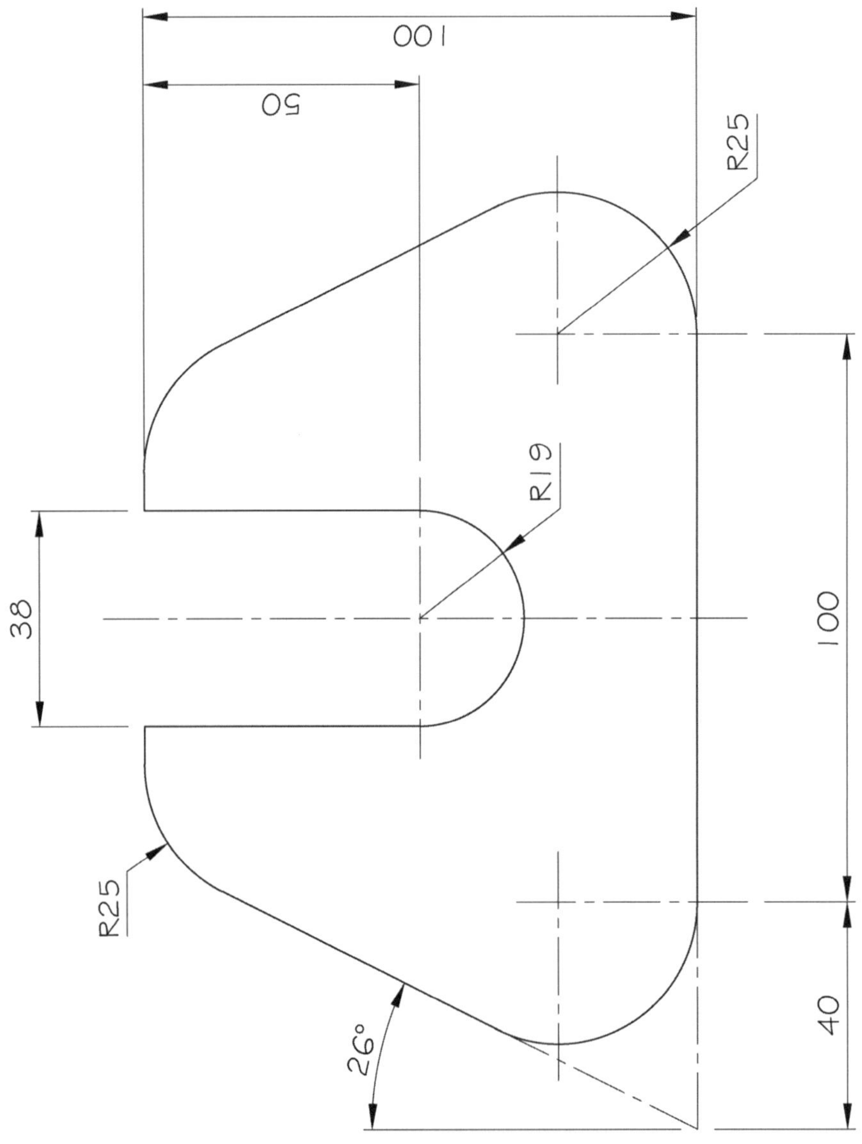

Section 03

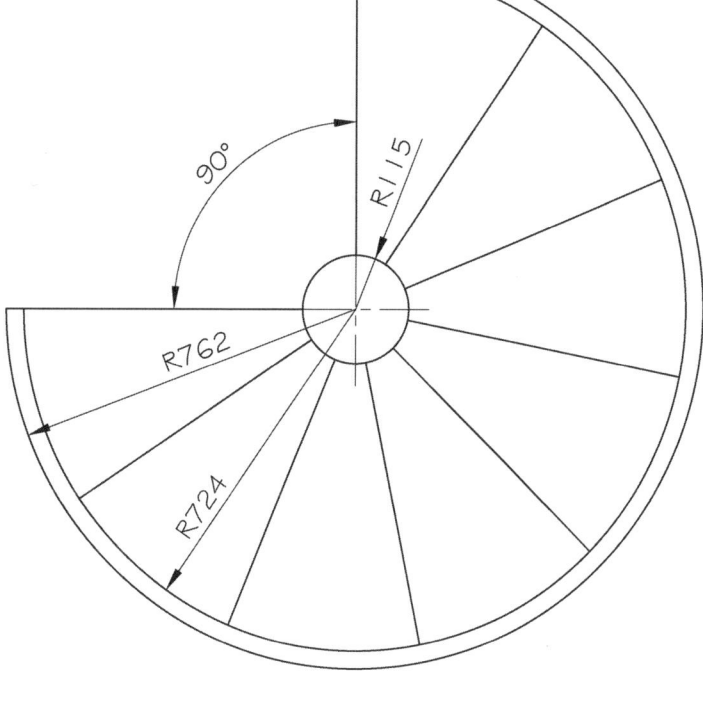

POint, ddptype, DIVide, MEasure

POint, ddptype, DIVide, MEasure

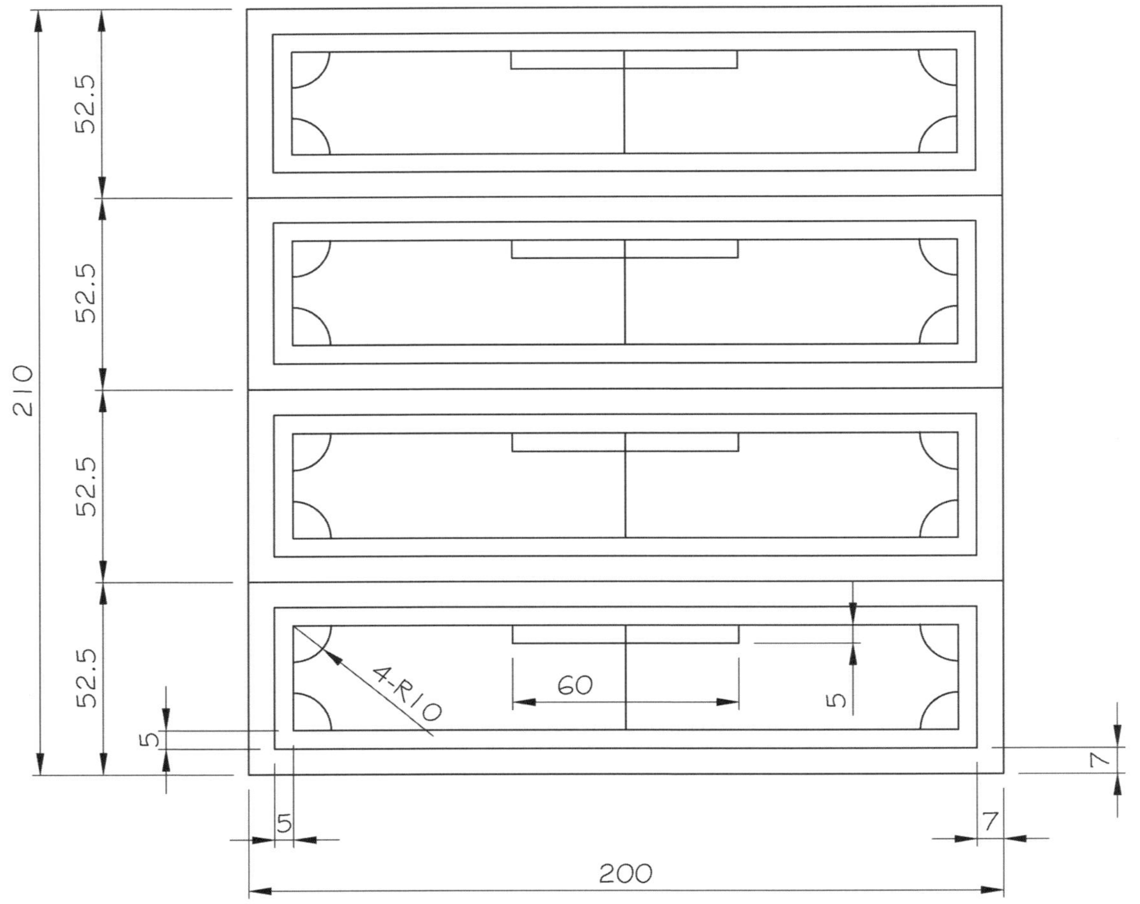

POint, ddptype, DIVide, MEasure

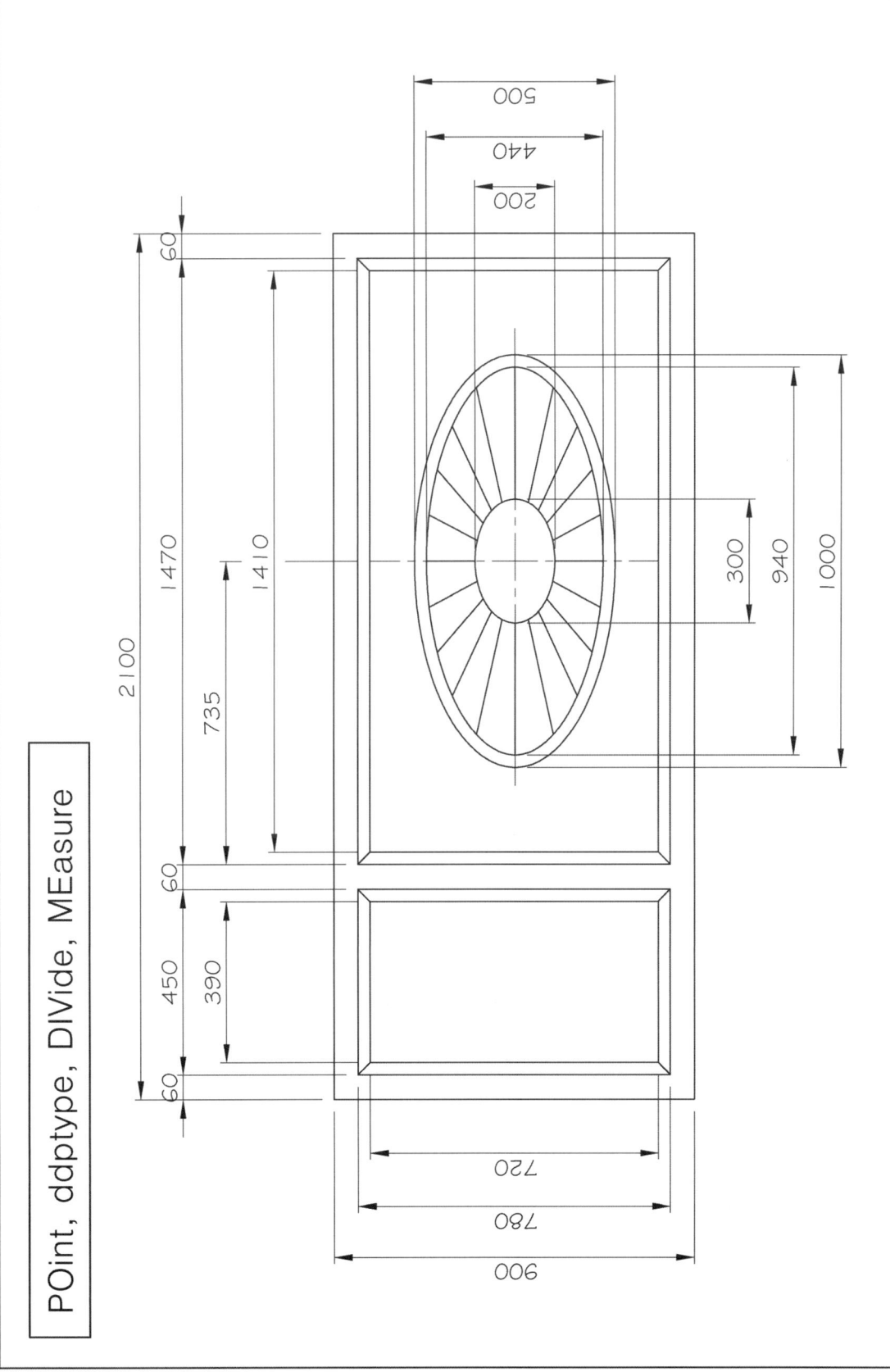

예제로 배우는 AutoCAD

DOnut, COLor, LineType, LTScale

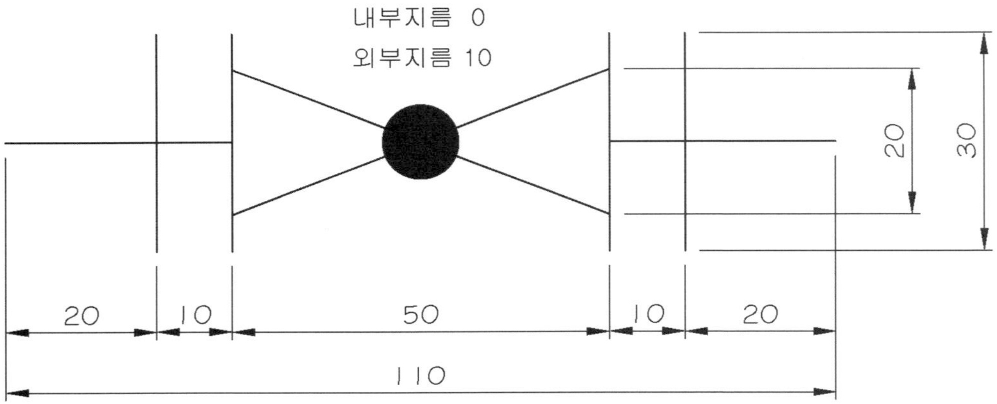

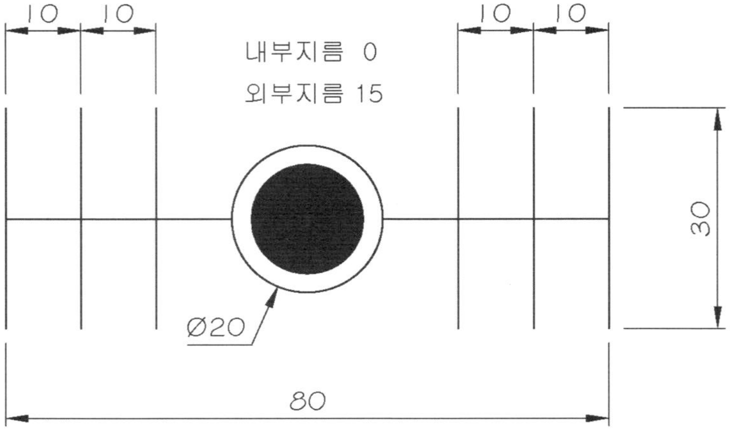

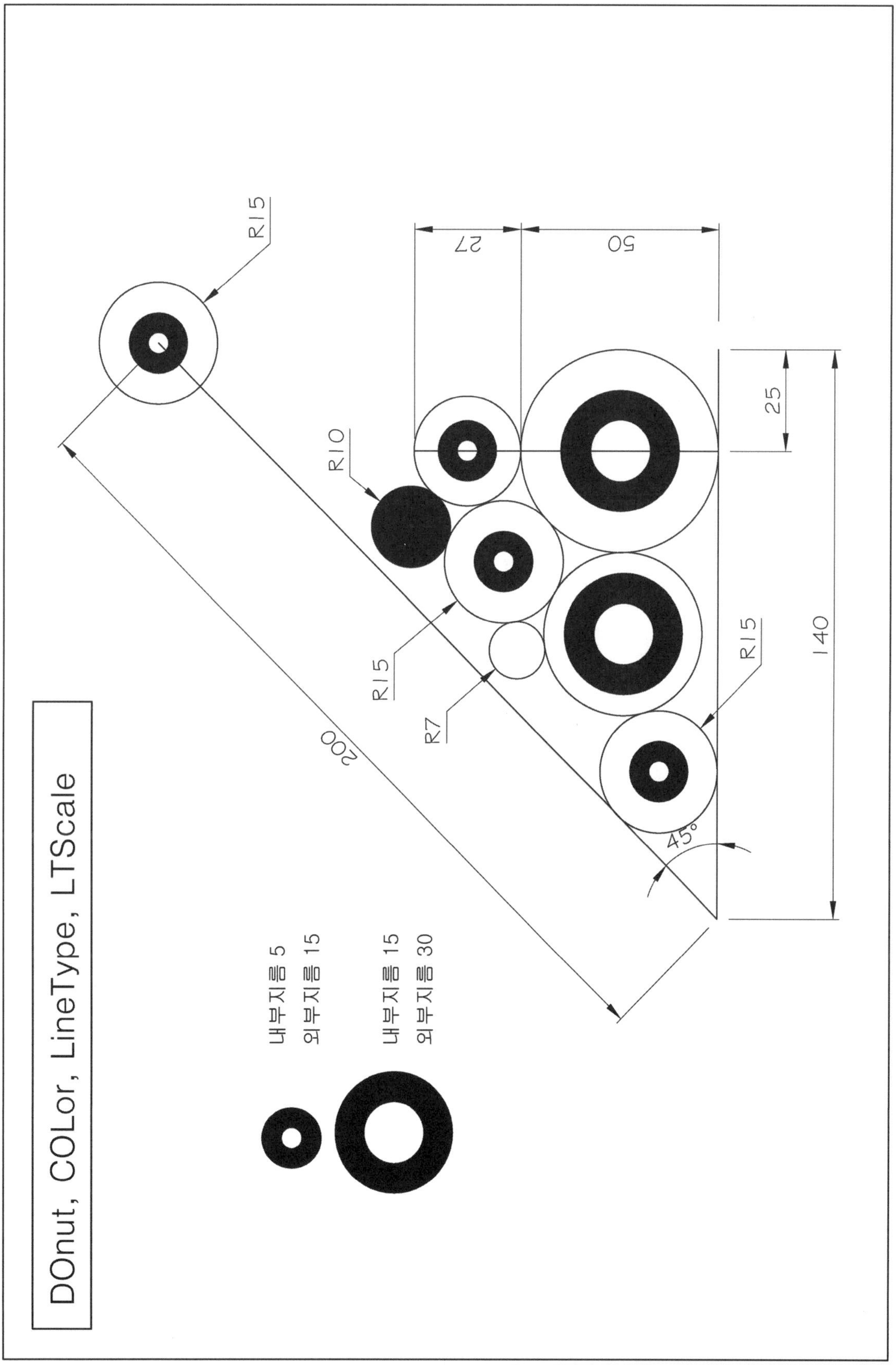

Section 03

DOnut, COLor, LineType, LTScale

내부지름 5
외부지름 15

내부지름 15
외부지름 30

R15
R10
R15
R7
R15
200
27
50
25
140
45°

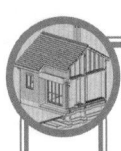

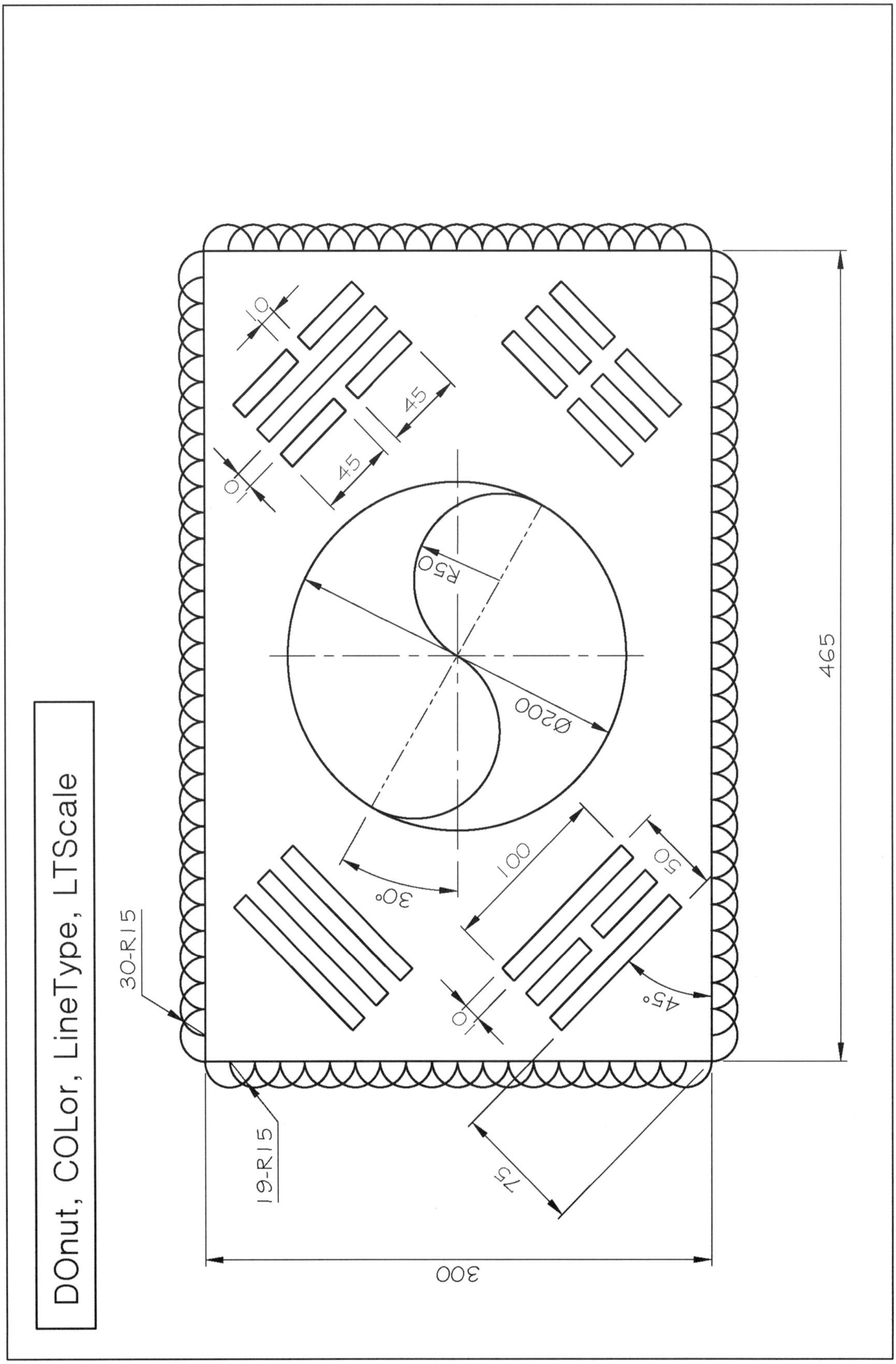
DOnut, COLor, LineType, LTScale
30-R15
19-R15
300
465
Ø200
R50
30°
100
50
45°
10
75
45
45
10
10

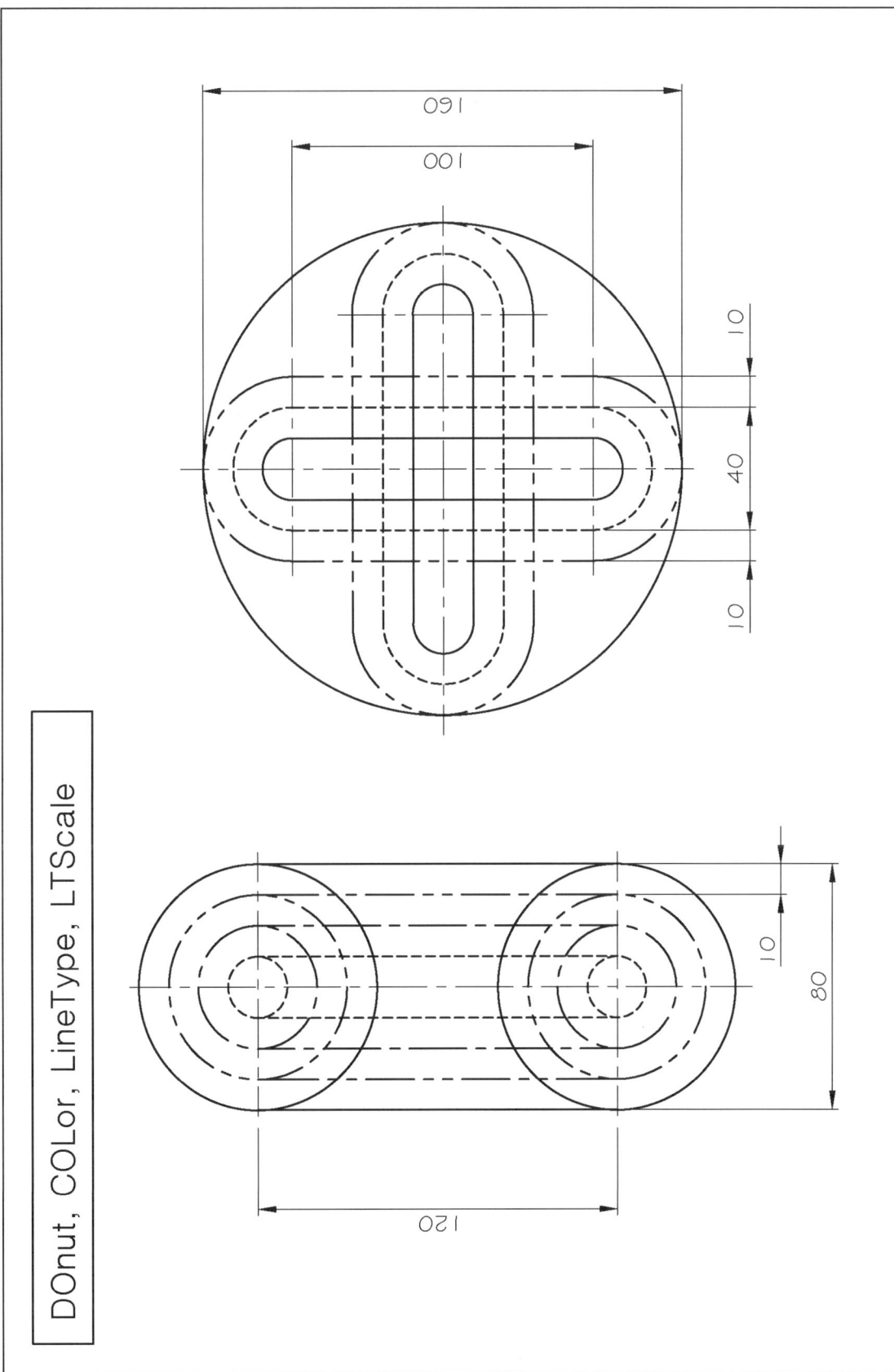

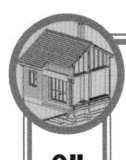

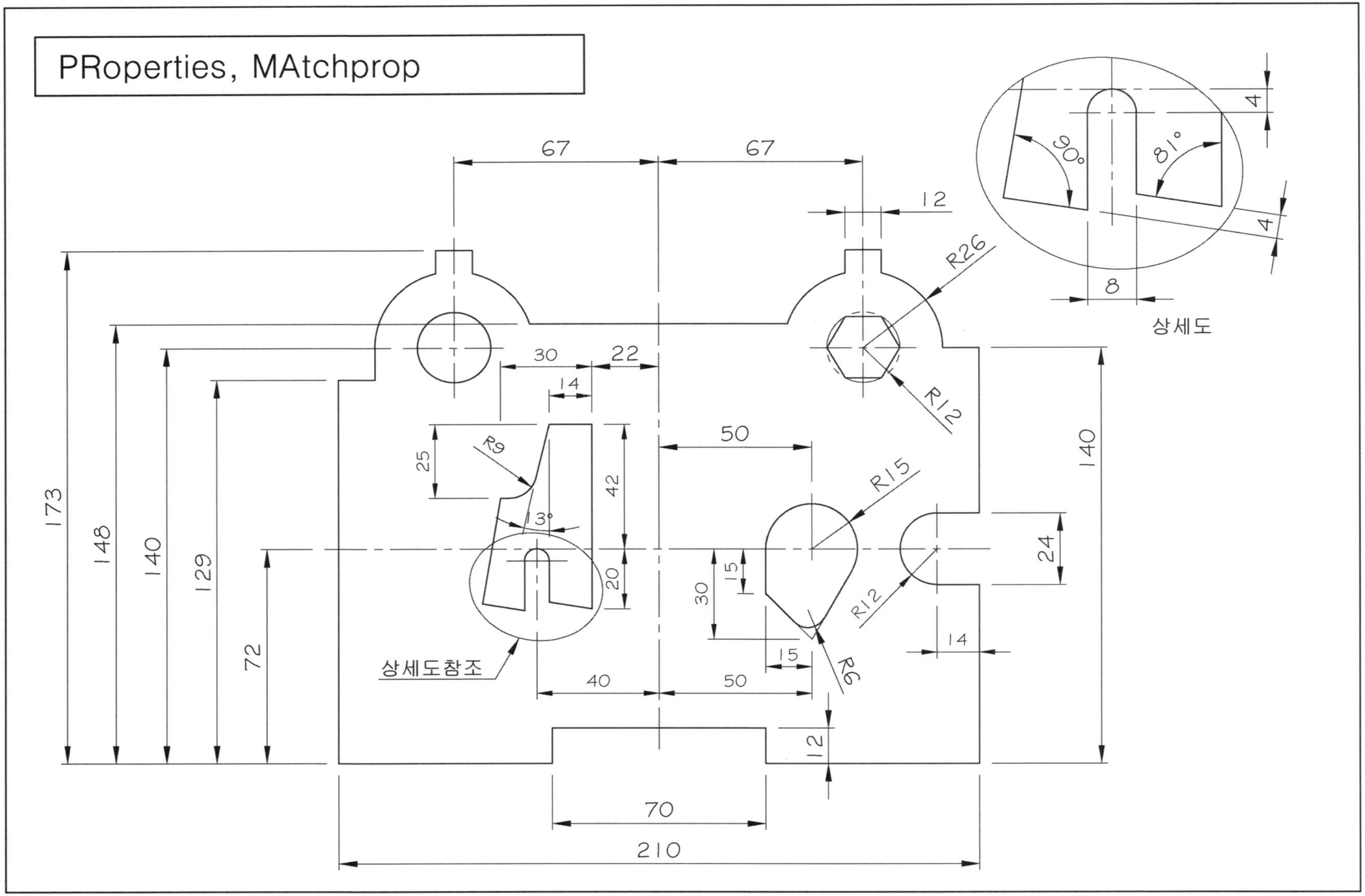
PRoperties, MAtchprop
67
67
12
R26
R12
8
4
4
90°
81°
상세도
30
22
14
R9
25
42
13°
20
50
R15
R12
R6
140
24
14
15
30
15
40
50
12
상세도참조
173
148
140
129
72
70
210

PRoperties, MAtchprop

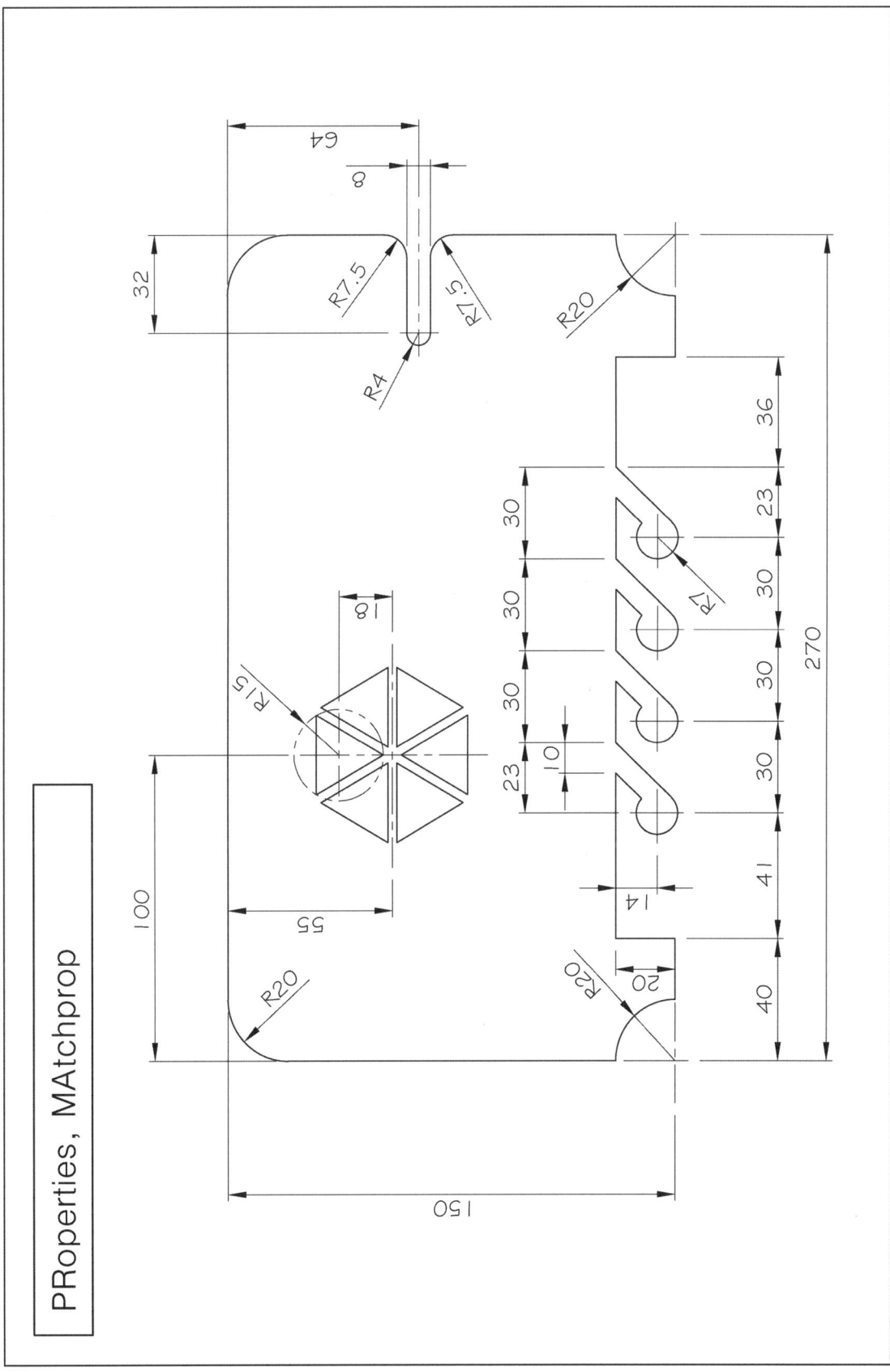

PRoperties, MAtchprop

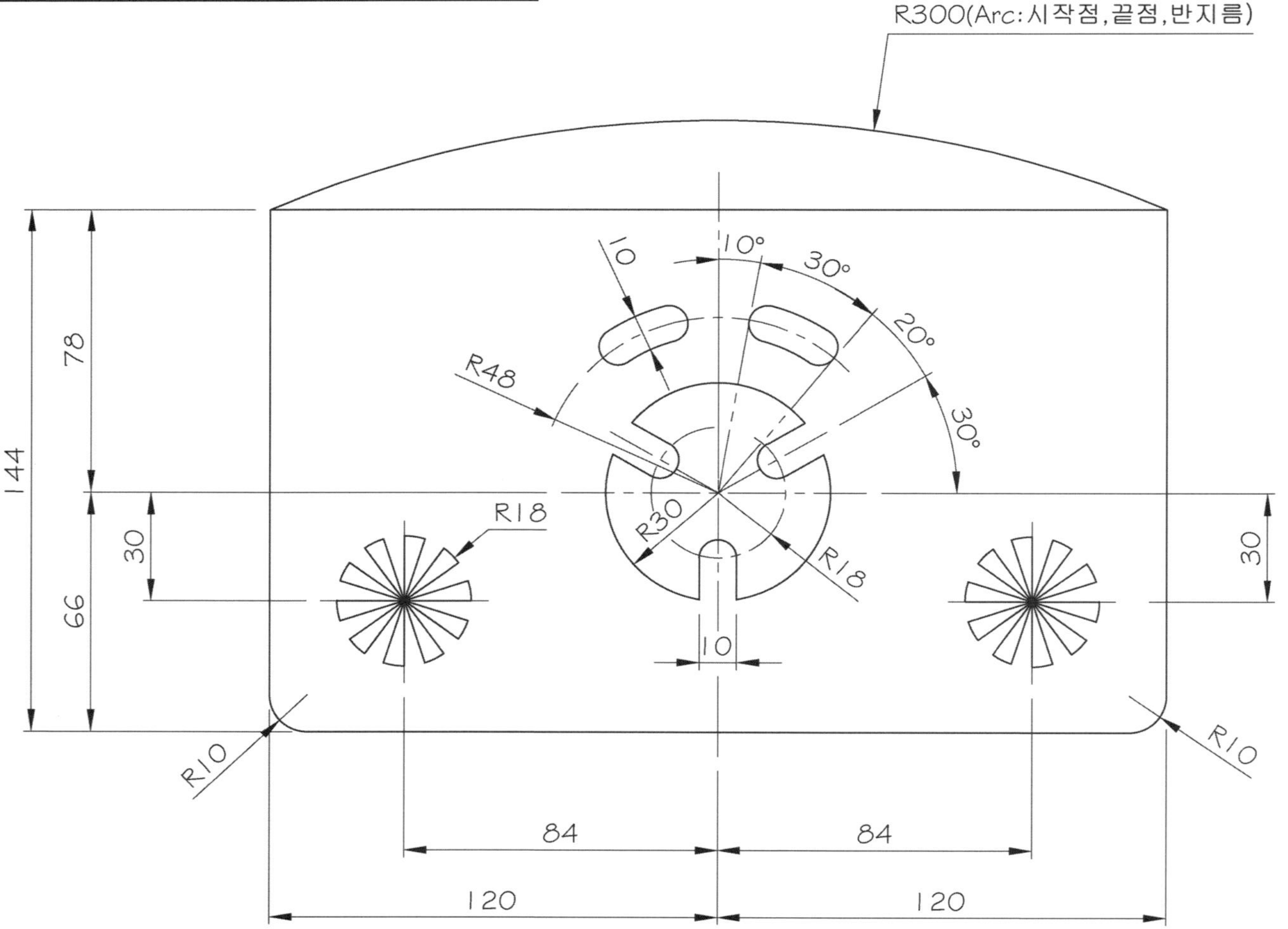

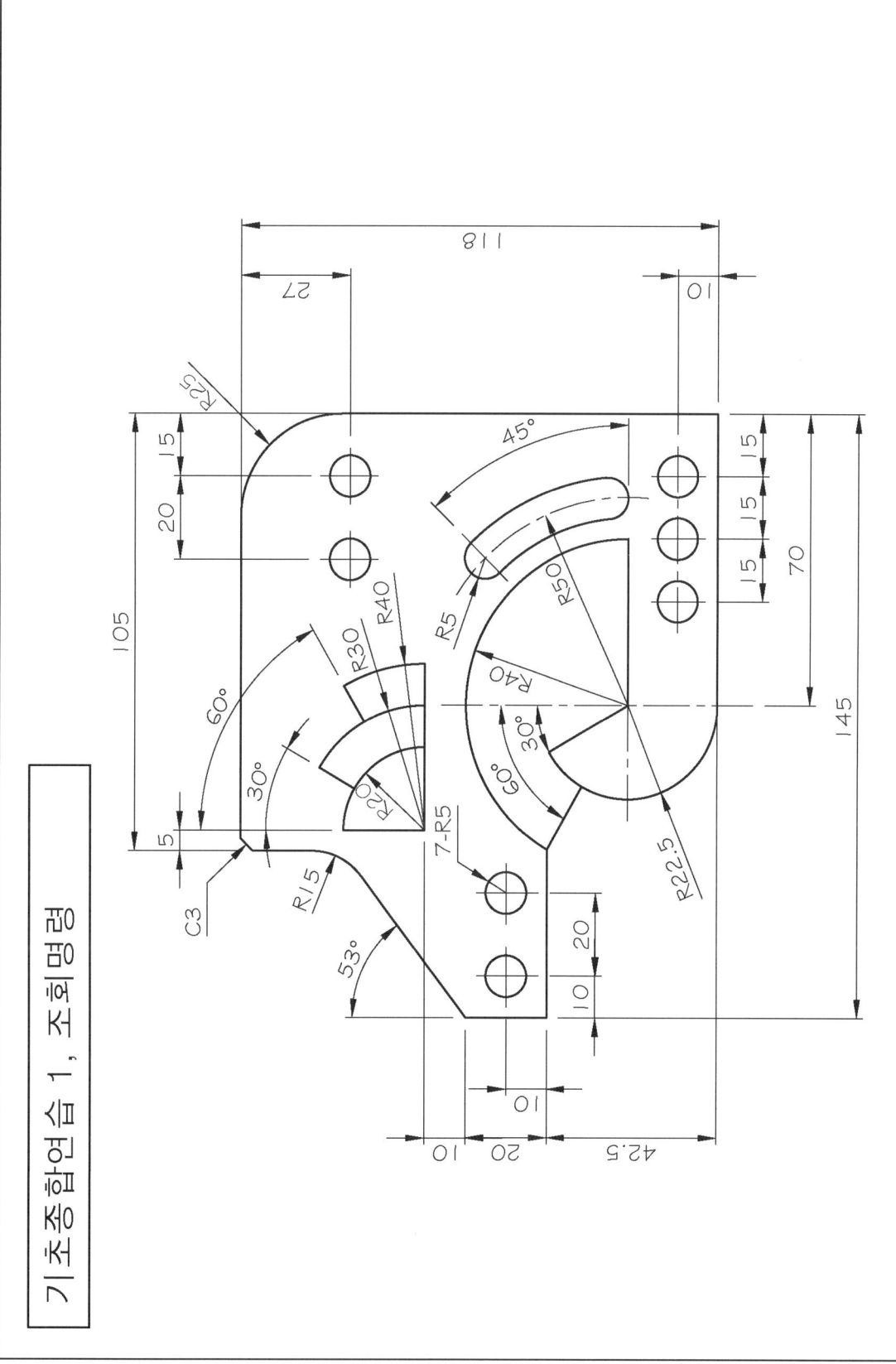

기초종합연습 2

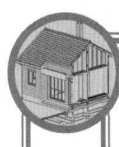

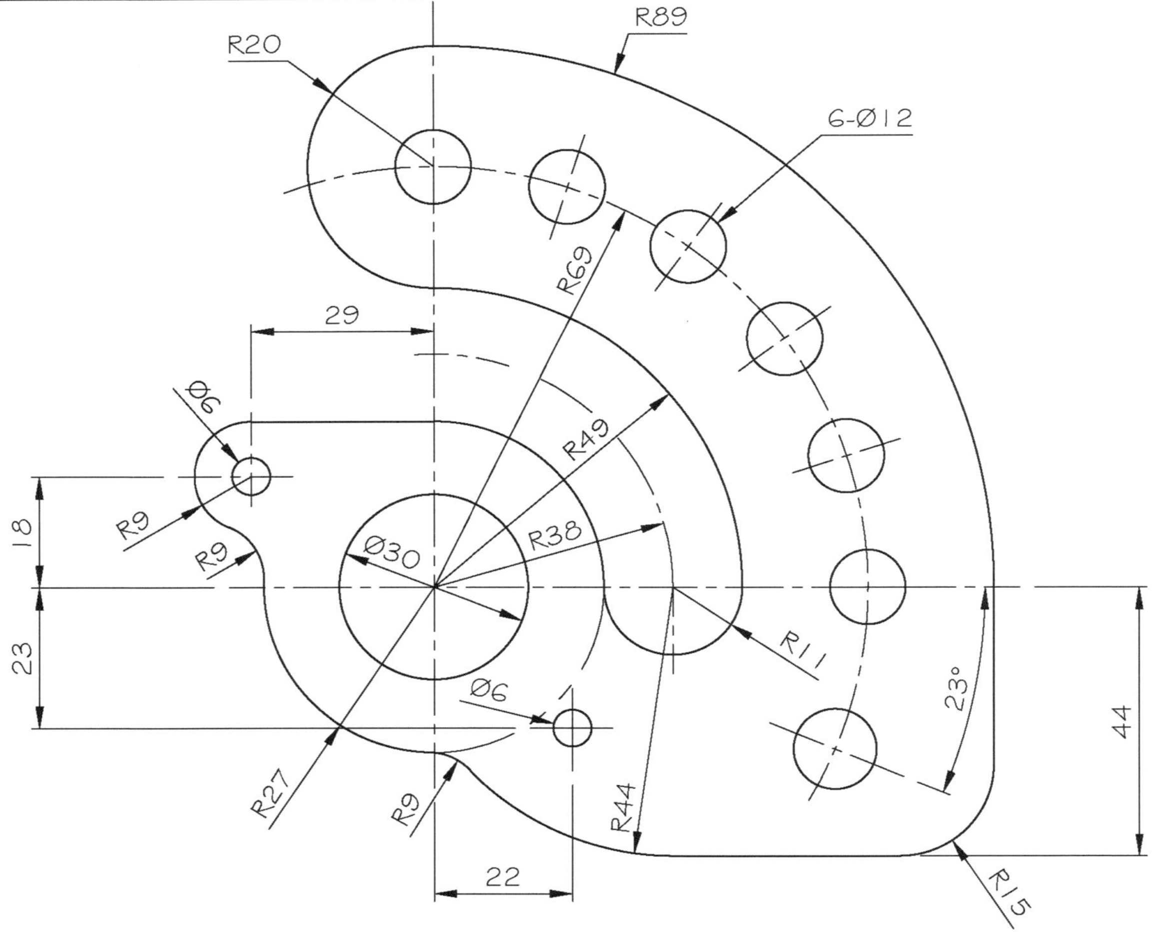
R20
R89
6-Ø12
R69
29
Ø6
R49
R9
18
R9
Ø30
R38
23
Ø6
R11
23°
44
R27
R9
R44
22
R15

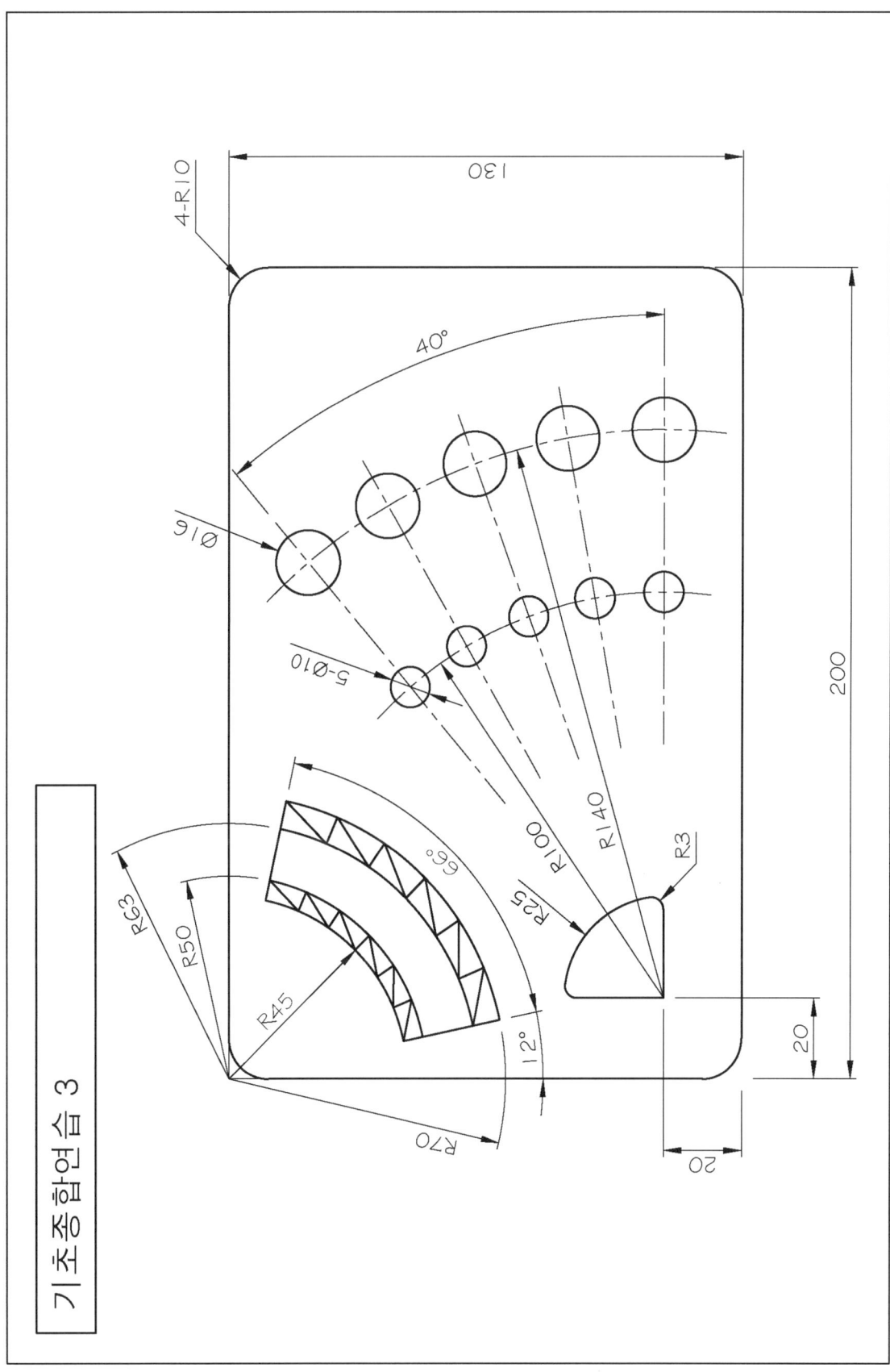

기초종합연습 4

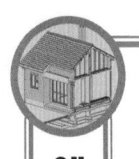

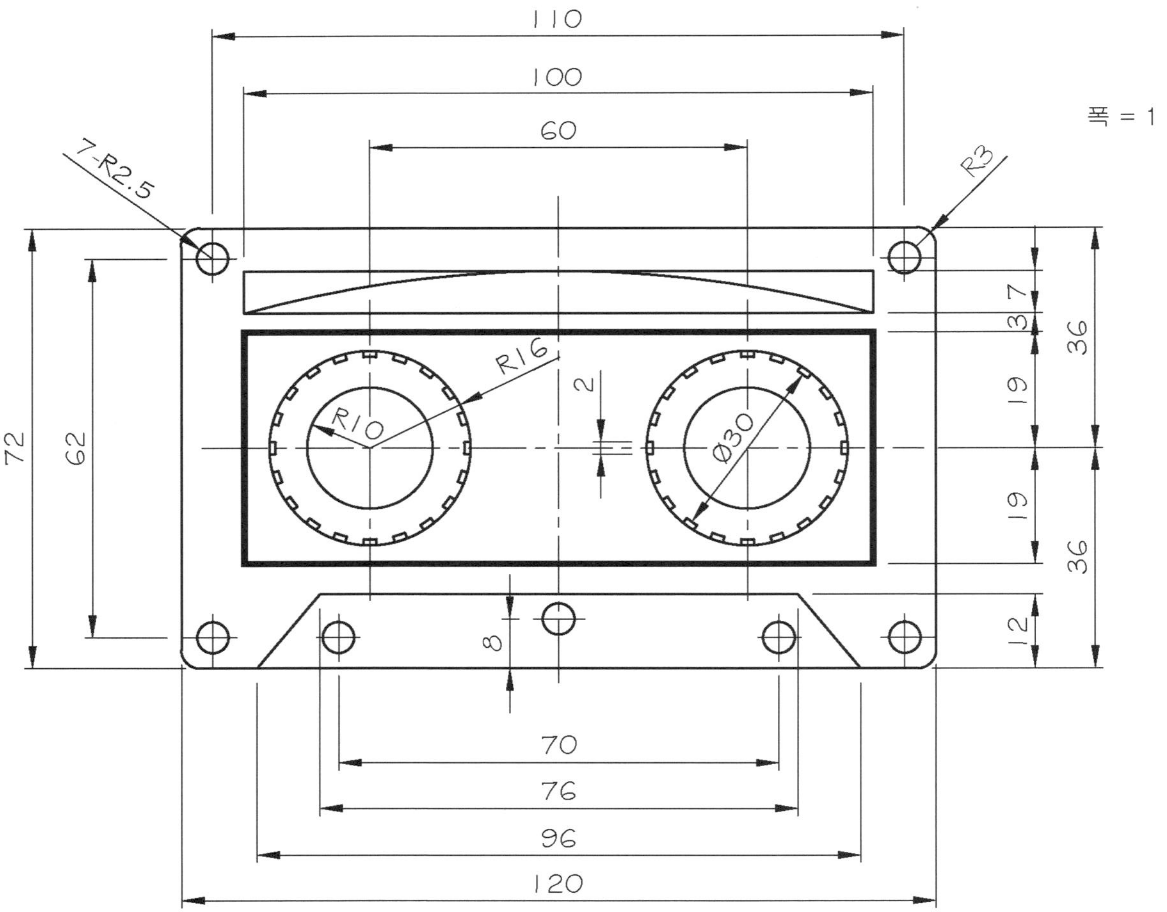
폭 = 1
110
100
60
7-R2.5
R3
R16
R10
Ø30
2
8
72
62
7
3
19
19
36
36
12
70
76
96
120

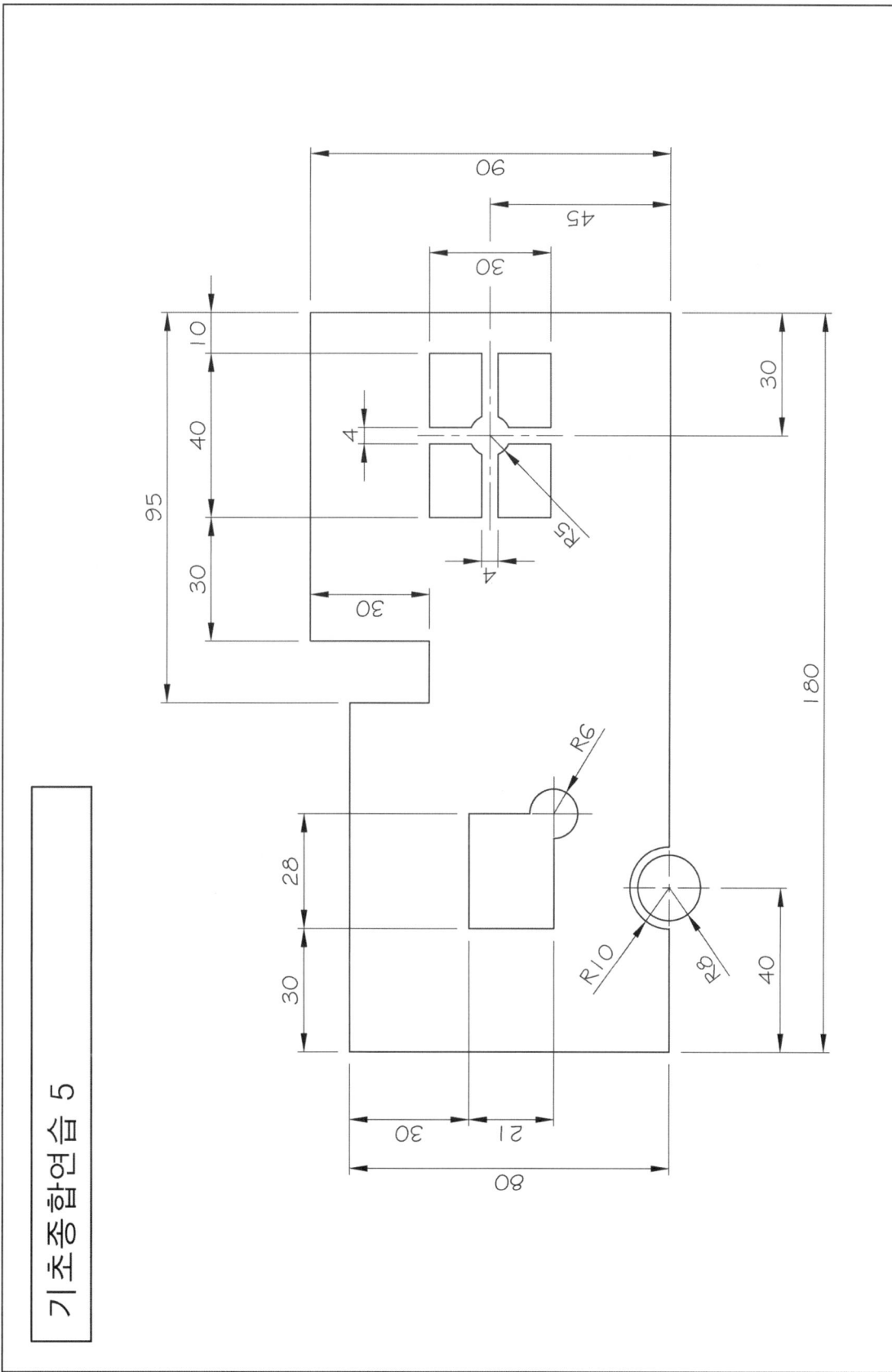

기초종합연습 6

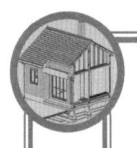

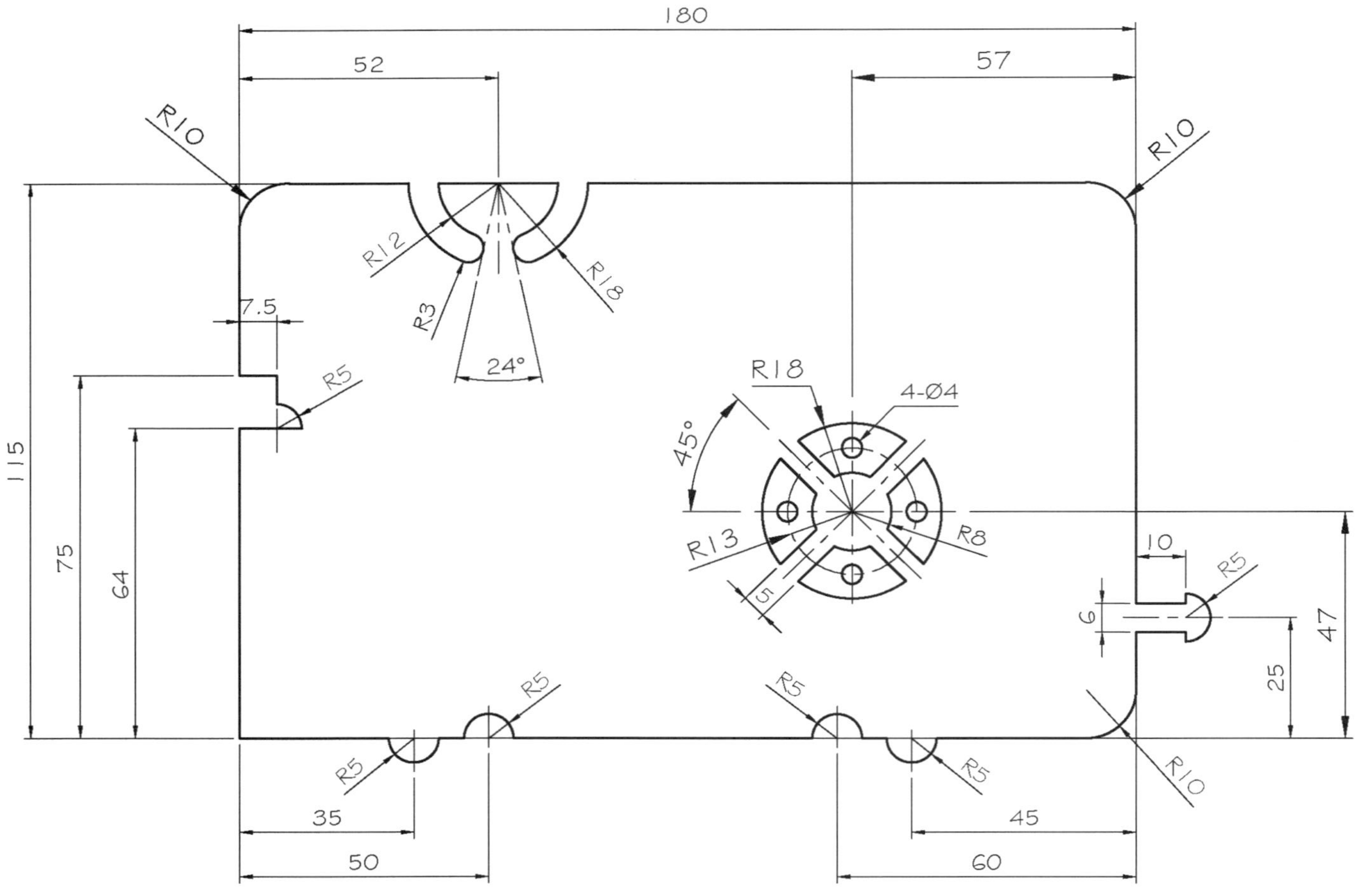
180
52
57
R10
R10
R12
R18
R3
24°
7.5
R5
R18
4-Ø4
45°
R13
R8
5
10
R5
6
47
25
115
75
64
R5
R5
R5
R5
R10
35
50
45
60

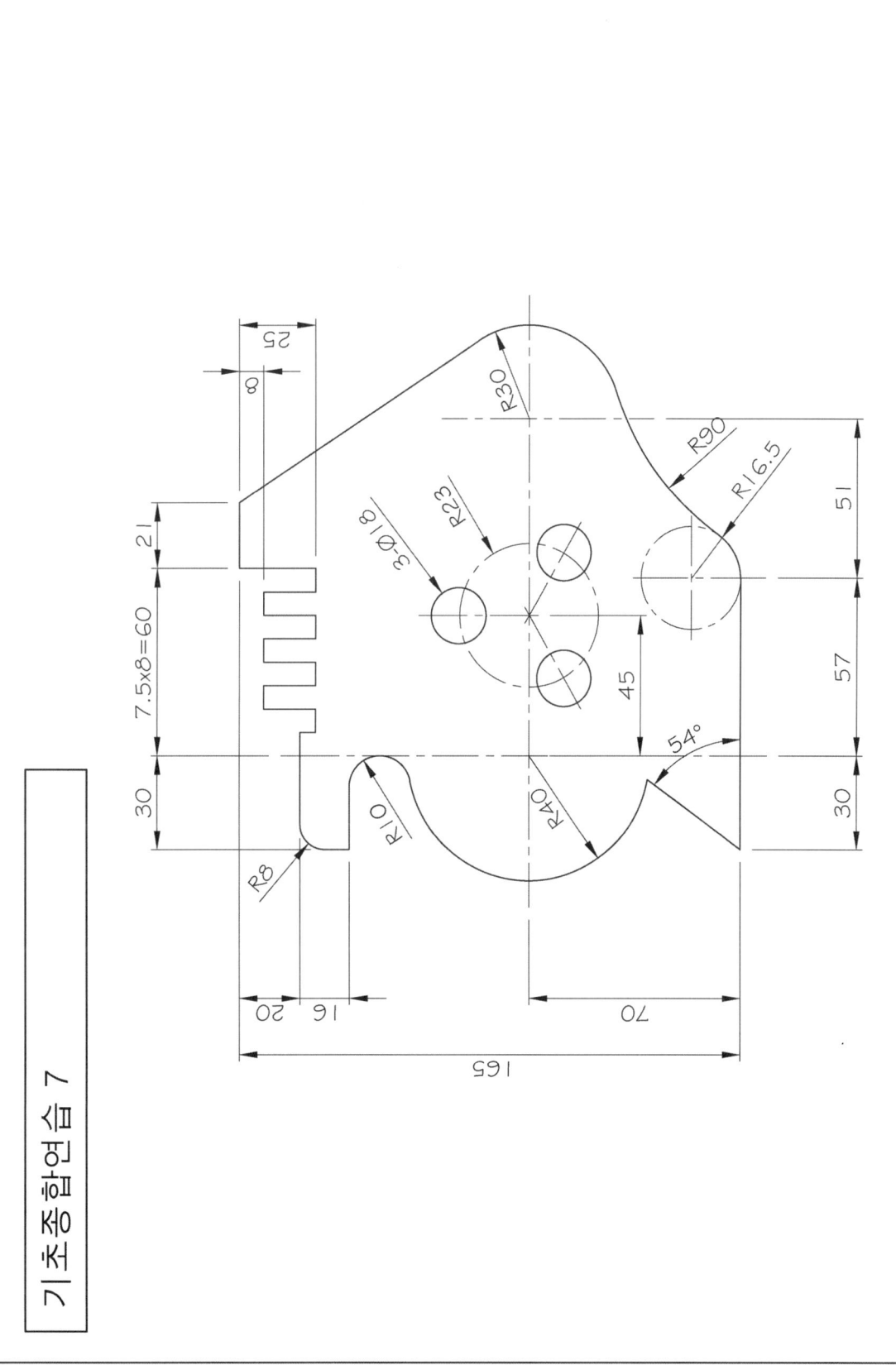

기초종합연습 8

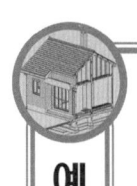

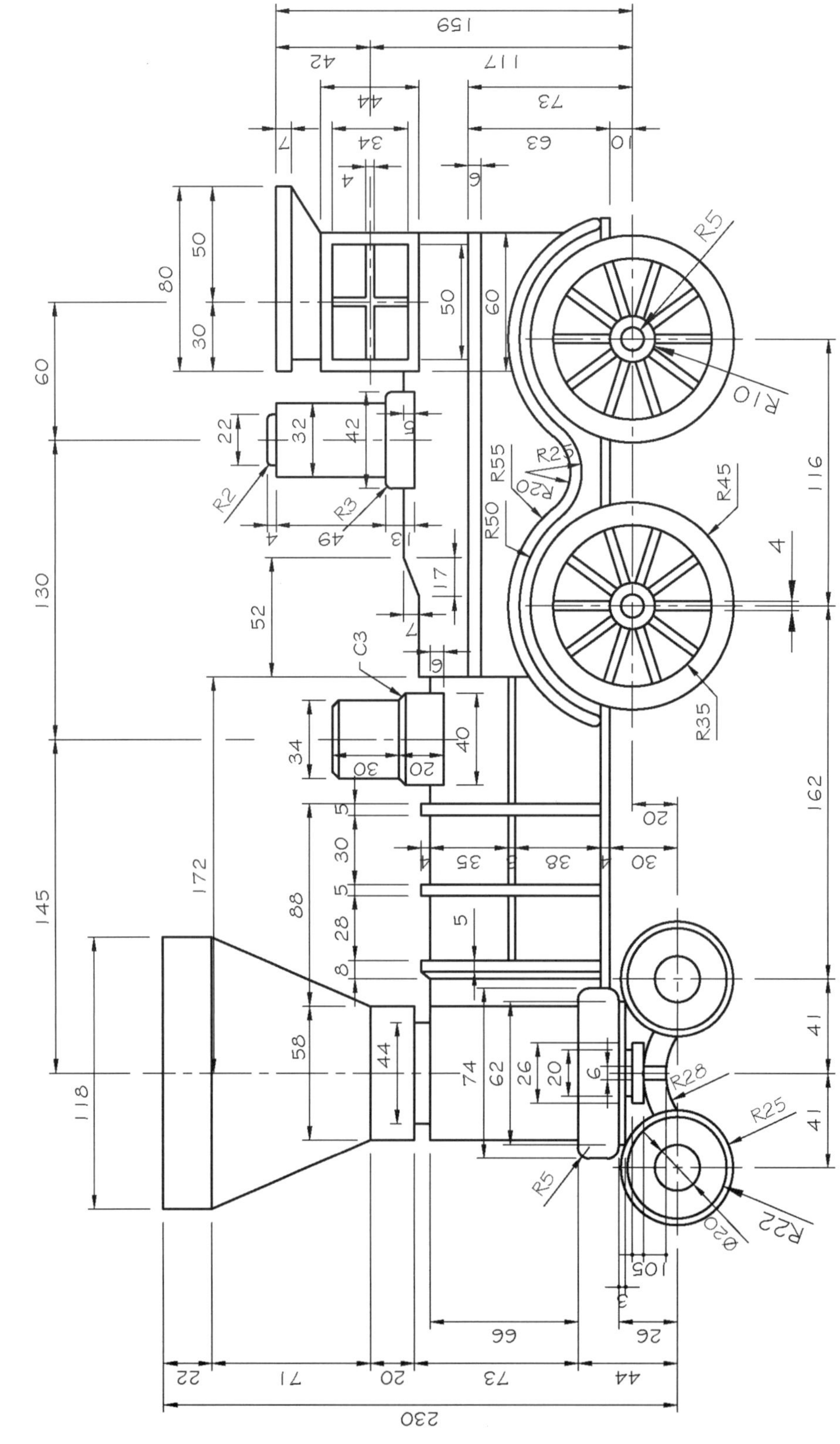

159
117
42
73
44
34
63
10
7
4
6
80
50
30
60
R5
R10
22
32
42
10
R2
R3
4
49
13
R55
R20
R25
R50
R45
116
4
52
17
7
6
C3
R35
130
34
30
20
40
162
20
5
30
4
35
3
38
4
30
145
172
88
5
28
5
8
118
58
44
74
62
26
20
6
R28
41
41
R25
R5
Ø20
R22
10.5
3
66
26
22
71
20
73
44
230

DText, ddEDit, STyle

CHproperties를 이용하여 글씨 속성 바꾸기

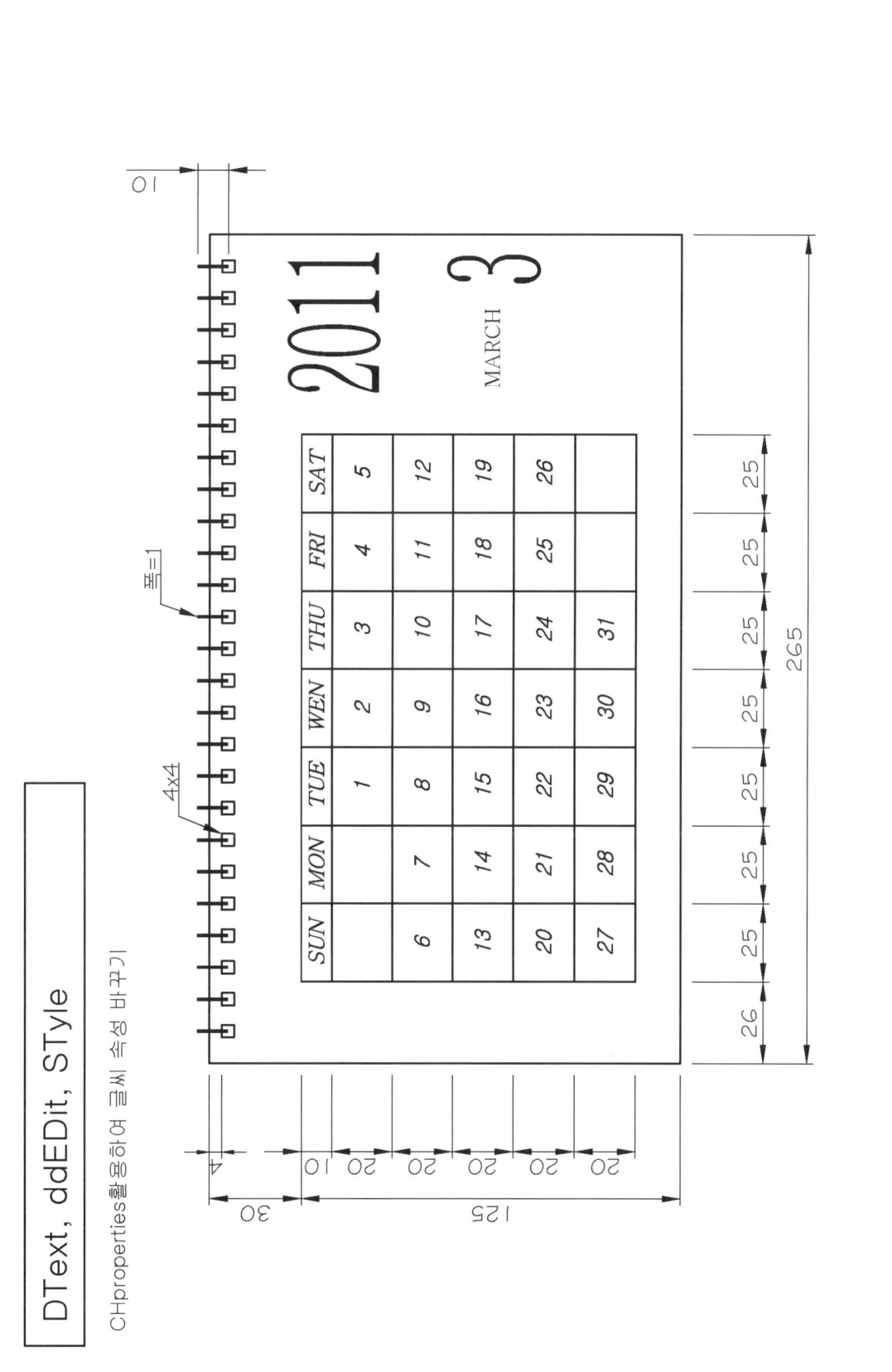

예제로 배우는 AutoCAD

DText, ddEDit, STyle

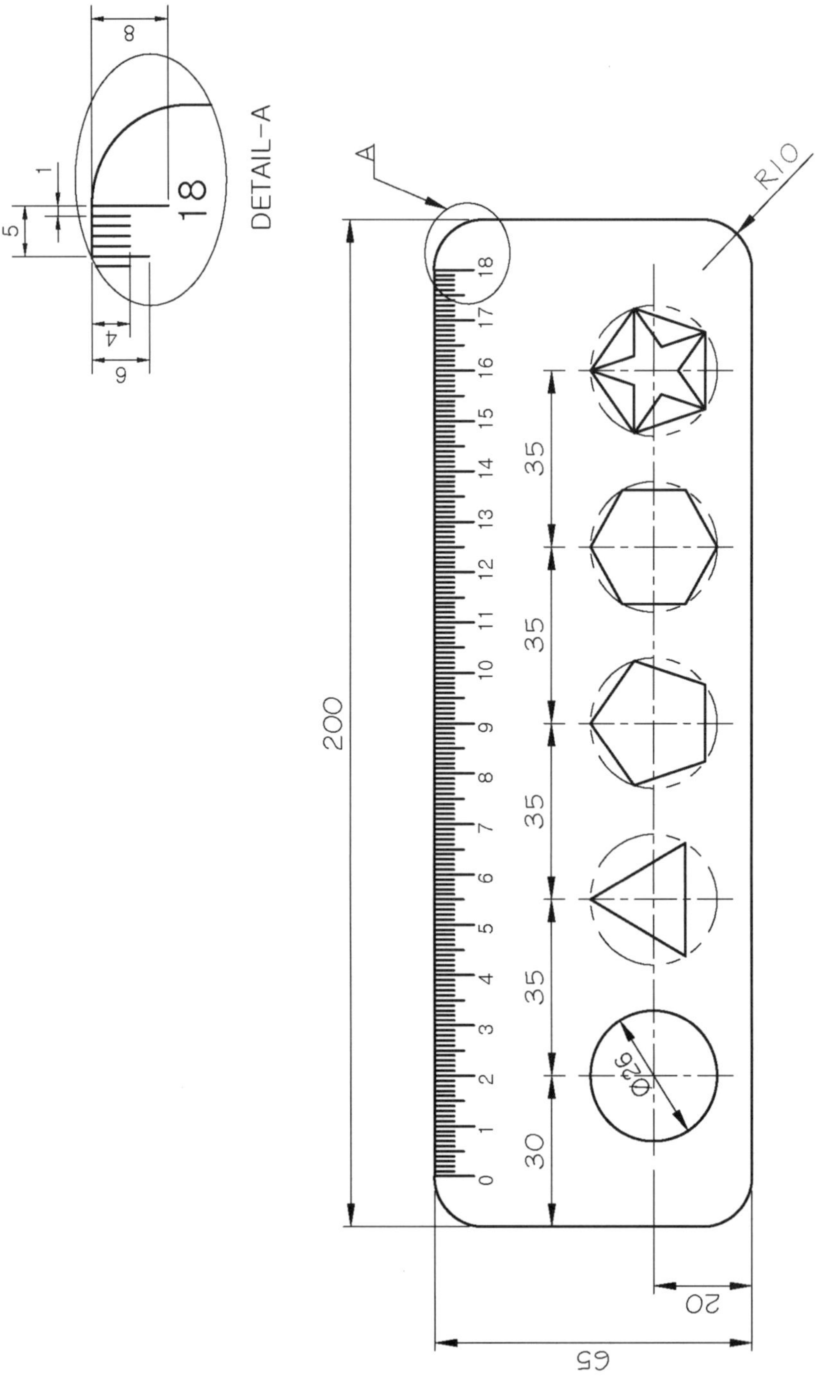

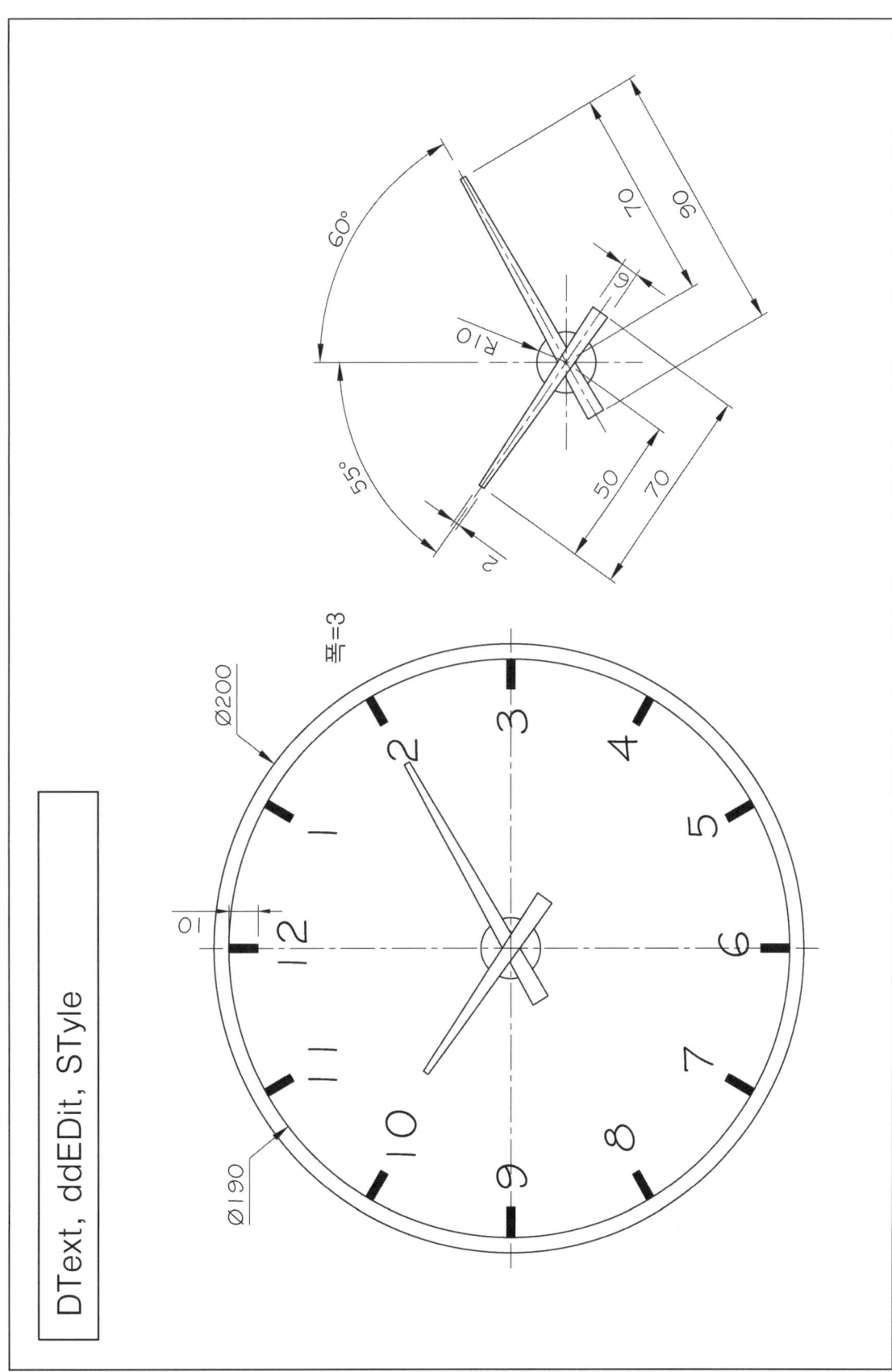

예제로 배우는 AutoCAD

DText, ddEDit, STyle

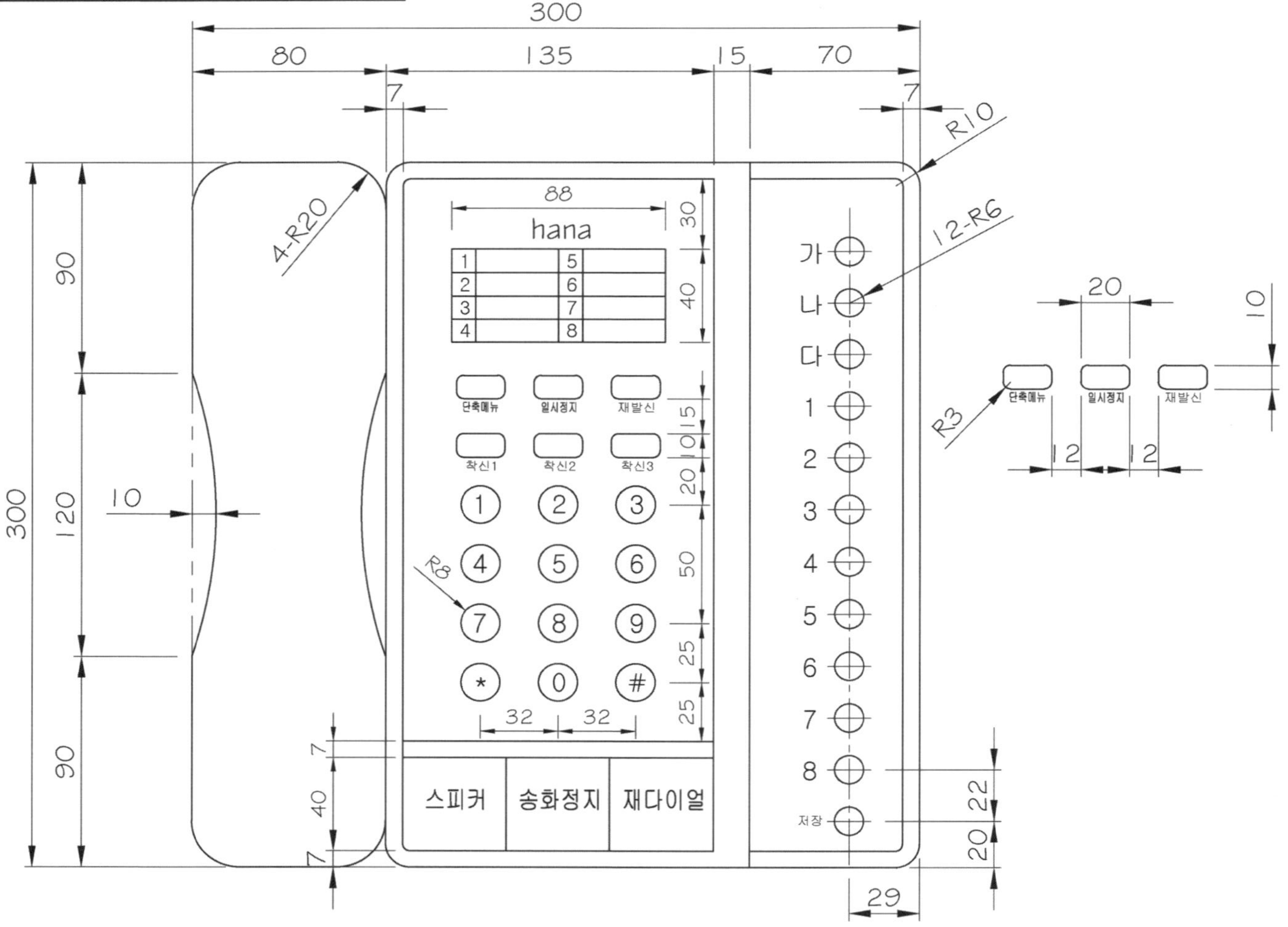

Section 03

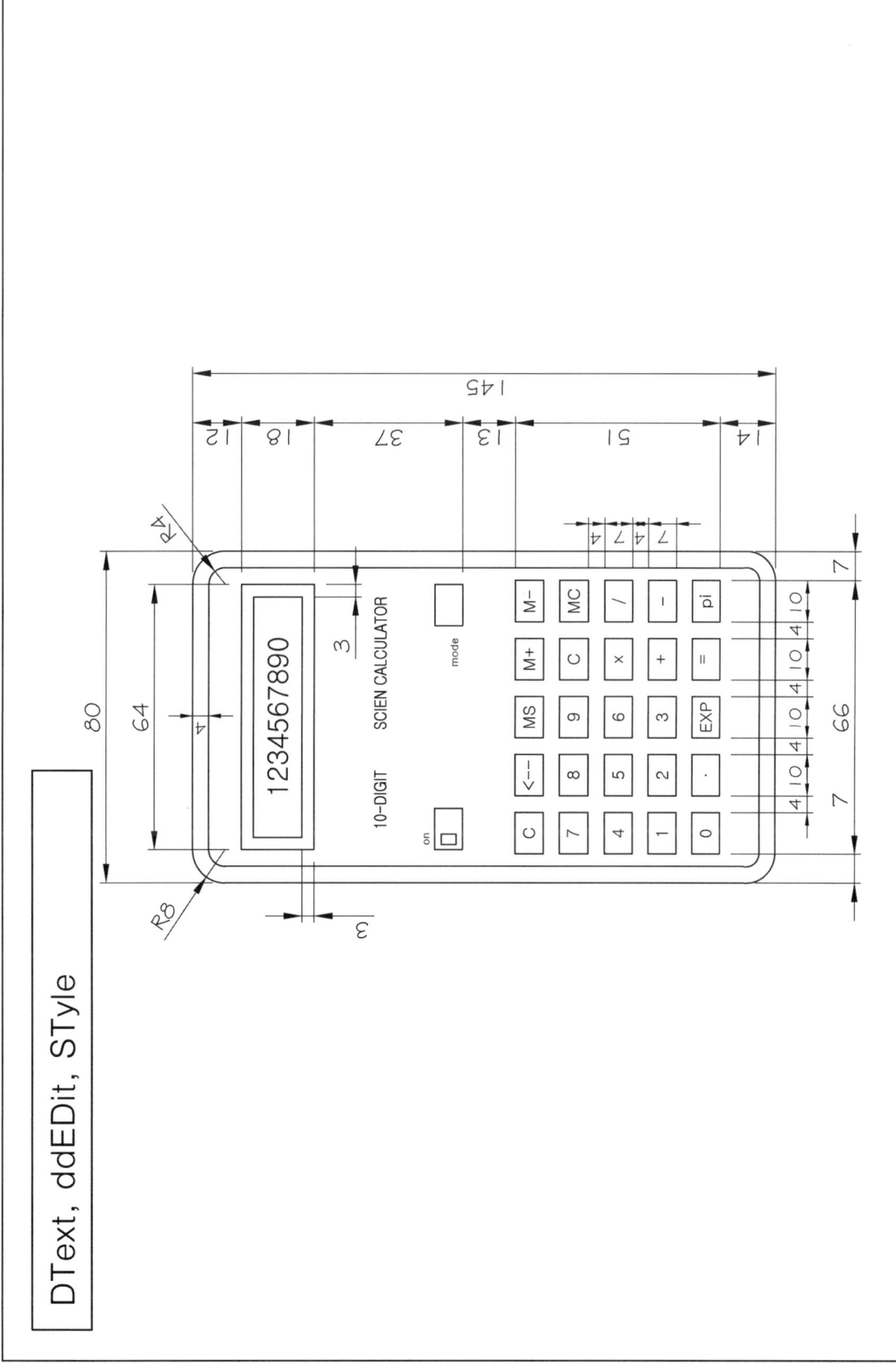

DText, ddEDit, STyle

예제로 배우는 AutoCAD

DText, ddEDit, STyle

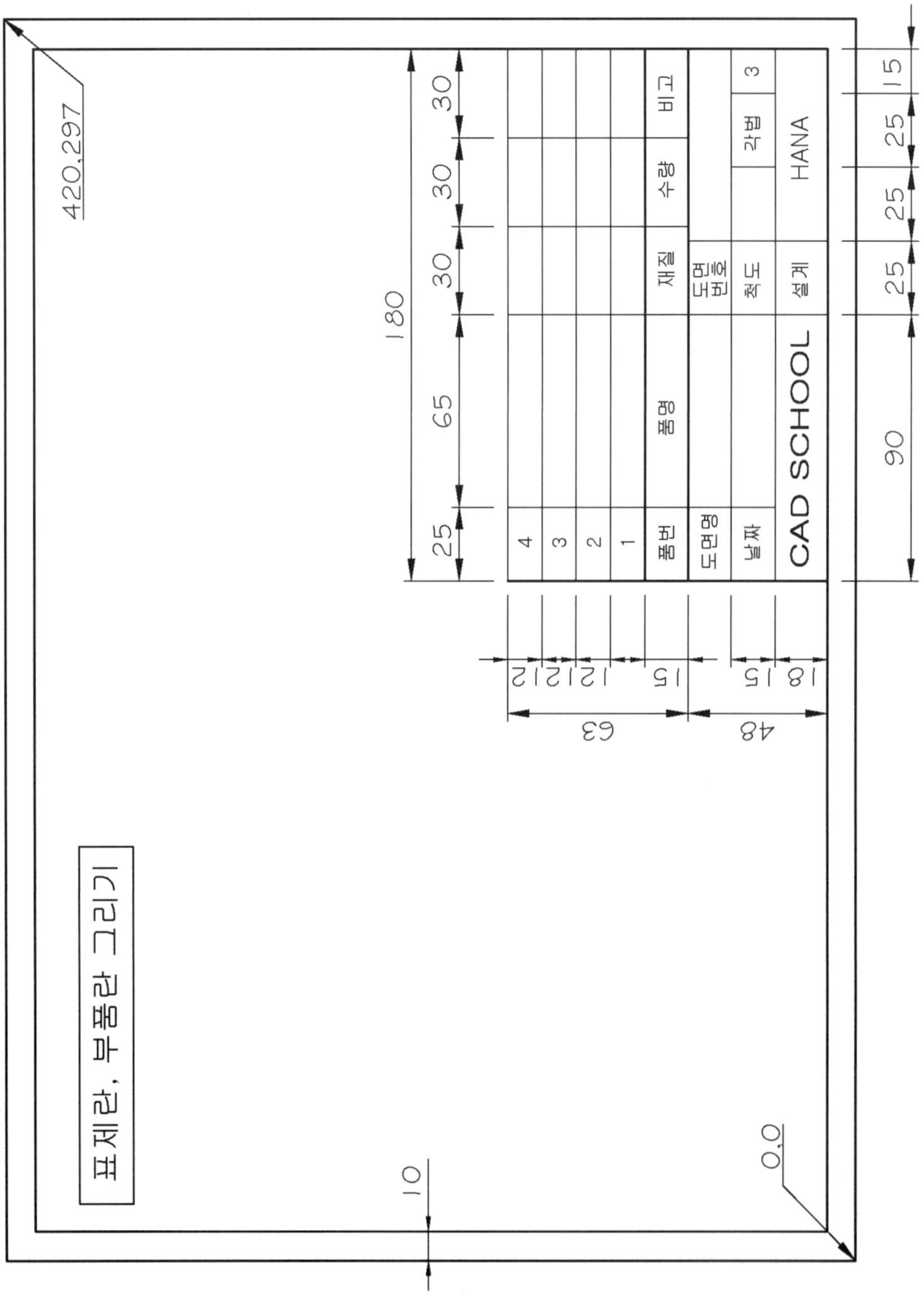

표제란, 부품란 그리기

DText, ddEDit, STyle

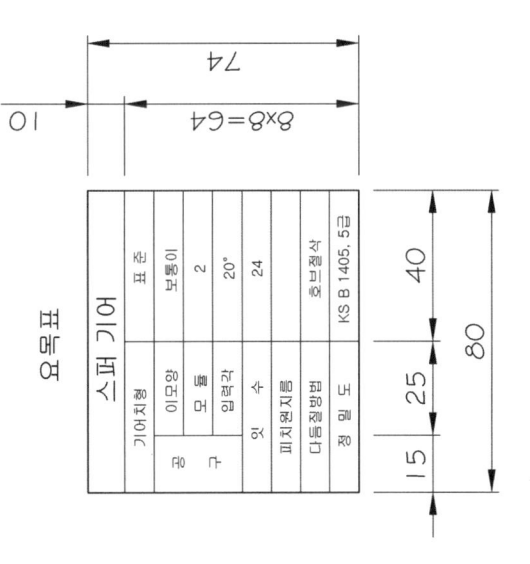
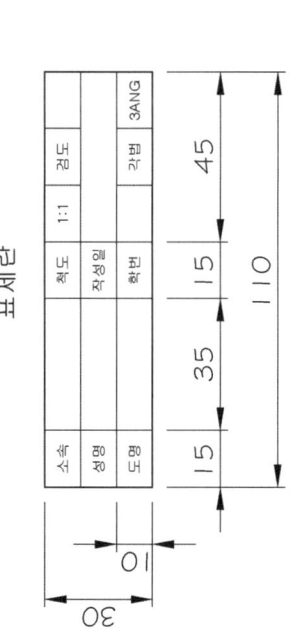

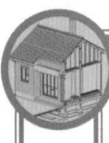

MText, mtprop

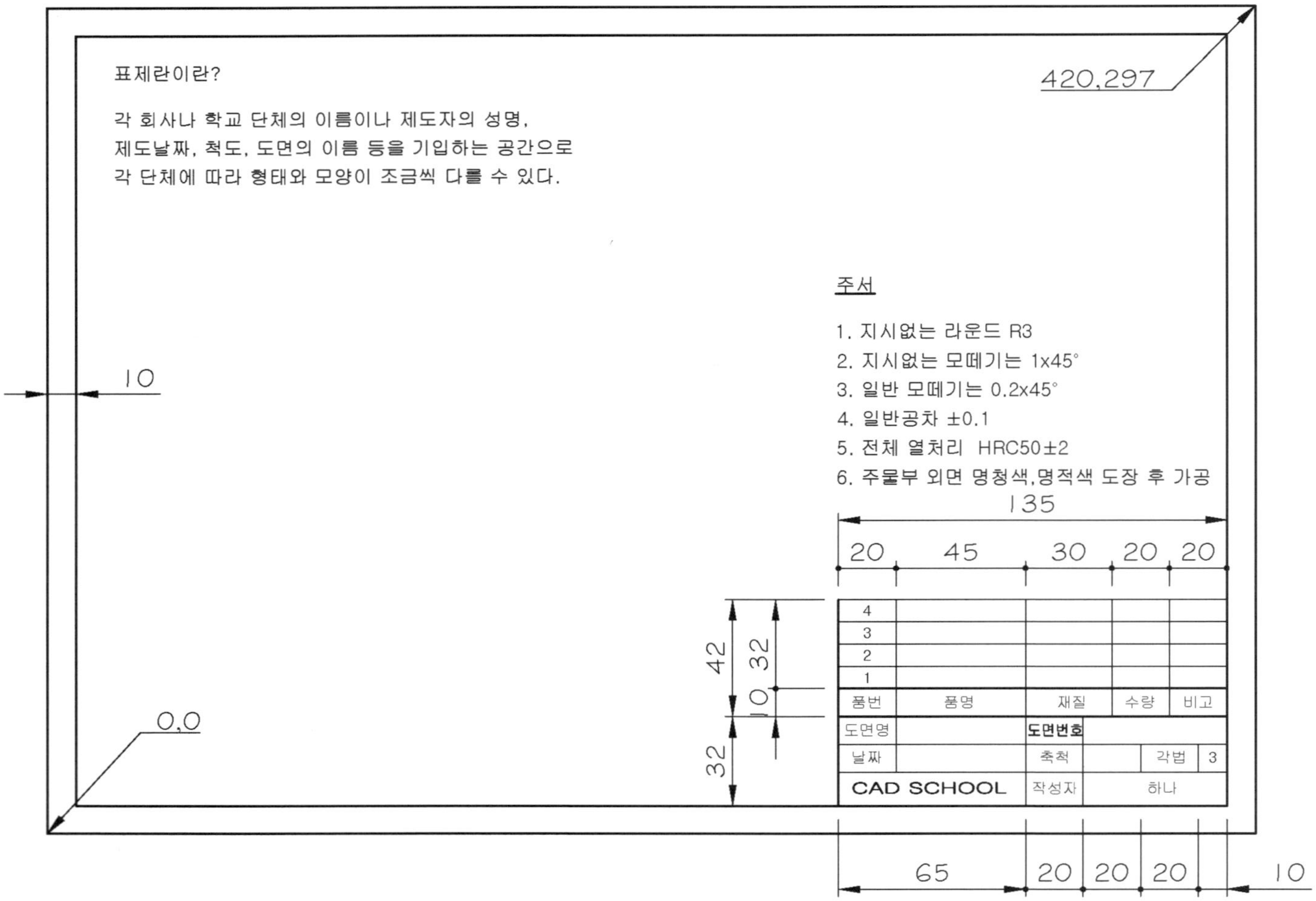
표제란이란?
각 회사나 학교 단체의 이름이나 제도자의 성명,
제도날짜, 척도, 도면의 이름 등을 기입하는 공간으로
각 단체에 따라 형태와 모양이 조금씩 다를 수 있다.
420,297
0,0
주서
1. 지시없는 라운드 R3
2. 지시없는 모떼기는 1x45°
3. 일반 모떼기는 0.2x45°
4. 일반공차 ±0.1
5. 전체 열처리 HRC50±2
6. 주물부 외면 명청색,명적색 도장 후 가공
135
20 45 30 20 20
4
3
2
1
품번
품명
재질
수량
비고
도면명
도면번호
날짜
축척
각법
3
CAD SCHOOL
작성자
하나
42
32
10
32
65 20 20 20 10
10

MText, mtprop

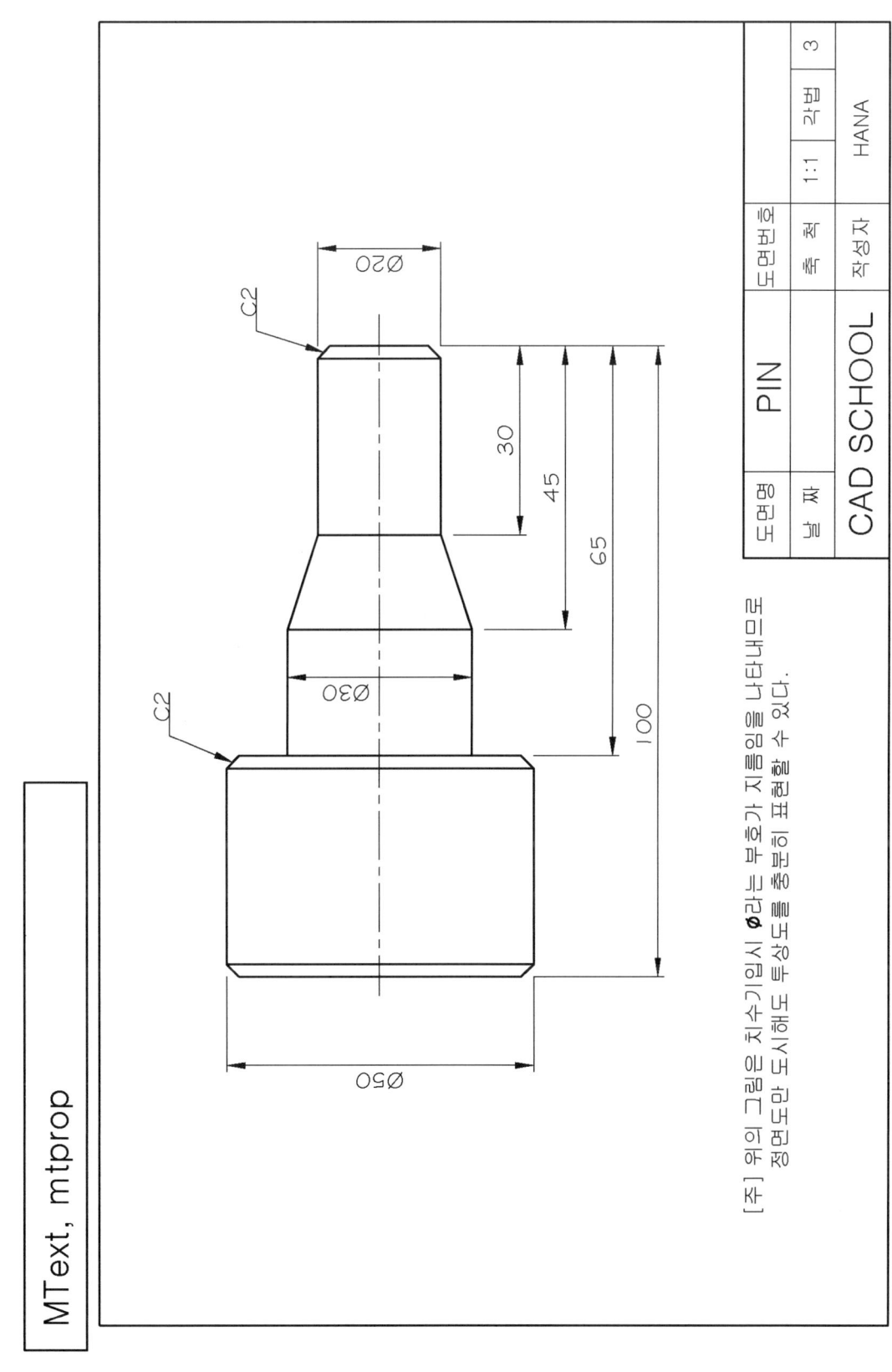

[주] 위의 그림은 치수기입시 ∅라는 부호가 지름임을 나타내므로 정면도만 도시해도 투상도를 충분히 표현할 수 있다.

도면명	PIN	도면번호			
날 짜		축 척	1:1	각법	3
CAD SCHOOL		작성자		HANA	

번호	품 명	규 격	수량	비 고
1	중앙실험대	3600x1500x850/1850	1	
2	중앙실험대	3600x1500x850/1850	1	
3	중앙실험대	3600x1500x850/1850	1	
4	벽면실험대	1200x750x850/1850	3	
5	벽면실험대	1200x750x850/1850	2	
6	벽면실험대	1500x750x850/1850	1	
7	벽면실험대	2400x750x850/950	1	
8	씽크대	900x750x800	2	
9	씽크대	1200x750x850	1	
10	작업대	1200x800x850	1	
11	작업대	1800x900x850	1	
12	약품기구장	1200x450x1800	1	
13	약품기구장	1200x450x1800	1	
14	약품기구장	600x500x1800	2	

TaBle, TableStyle, tabledit

TaBle, TableStyle, tabledit

[수종 및 수량명세표]

수종명	규격	단위	수량	비고
이팝나무	H3.0 x R8	주	93	
은행나무	H3.0 x B8	주	182	
	H2.5 x B4	주	5	
철쭉	H0.4 x W0.4	주	140	
영산홍	H0.4 x W0.5	주	140	
등나무	L3.5 x R8	주	12	
매	H2.5 x R7	주	4	
	H2.0 x R5	주	5	
개나리	H1.2 x 5가지	주	333	
잣나무	H2.5 x W1.2	주	5	
장미	3년생 x 2가지	주	25	
무궁화	H1.2 x W0.3	주	10	
박태철쭉	H0.4 x W0.4	주	164	
떼		m²	3,544	

예제로 배우는 AutoCAD

TaBle, TableStyle, tabledit

공 사 수 량 표

명 칭	규 격	단 위	수 량	비 고
점토블럭	230L x 114W x 50T	m²	398	
도로경계석	150 x 150 x 1000	m	113	직선
	150 x 150 x 1000	m	17	곡선
집 수 정	0.6 x 0.6	EA	2	
U형측구	B = 300mm	m	41.8	
이중벽PE관	D = 300mm	m	6	
잔디식재	0.3 x 0.3 x 0.3	m²	251	평떼
화강석벤치	W1800 x D400 x H400	개소	6	
사각정자		개소	1	

296

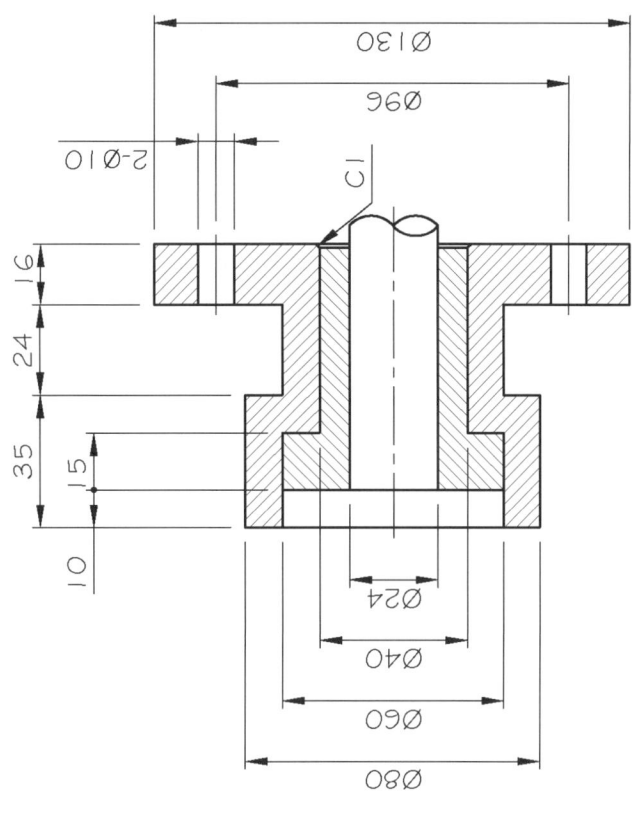

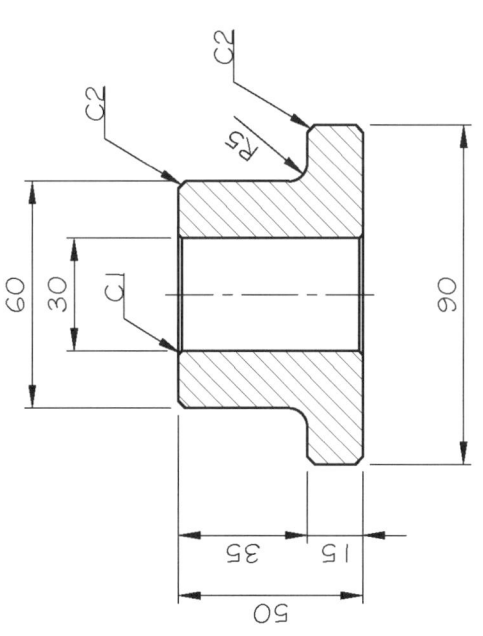

bHatch, HatchEdit, BpOly

예제로 배우는 AutoCAD

bHatch, HatchEdit, BpOly

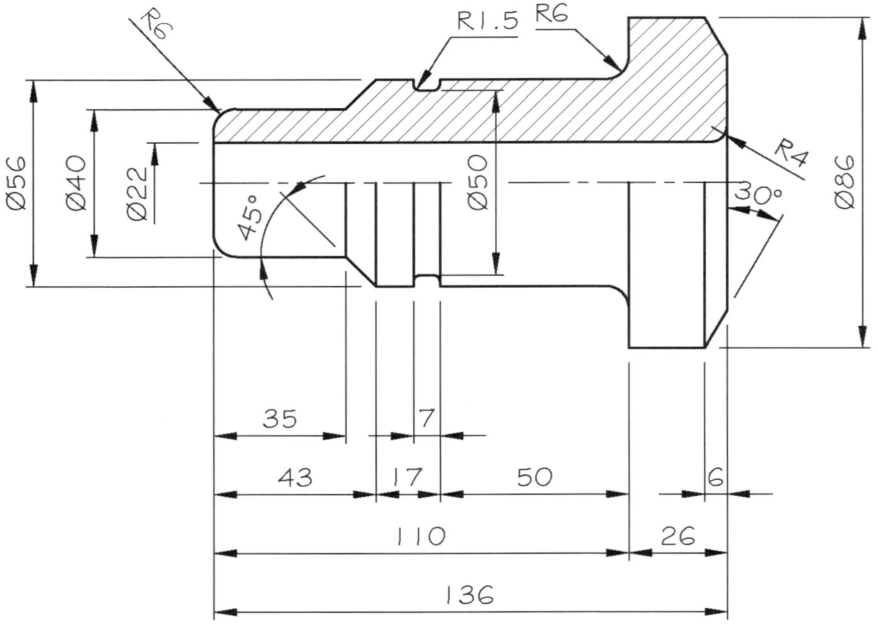

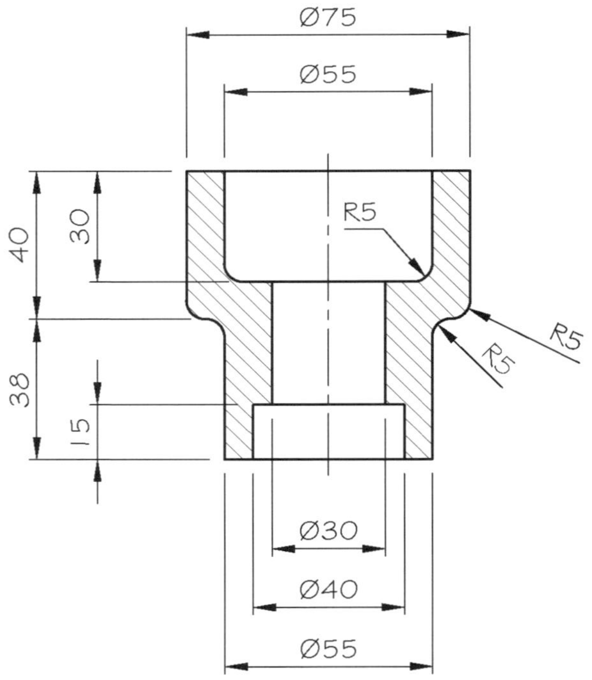

Section 03

bHatch, HatchEdit, BpOly

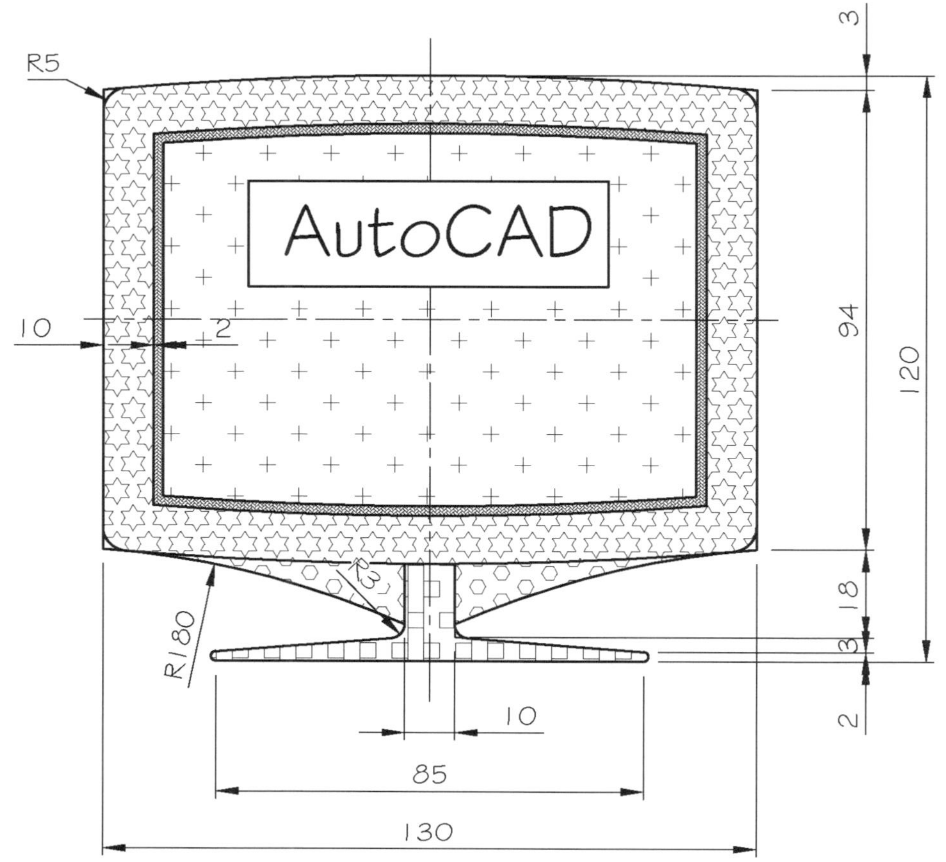

예제로 배우는 AutoCAD

bHatch, HatchEdit, BpOly

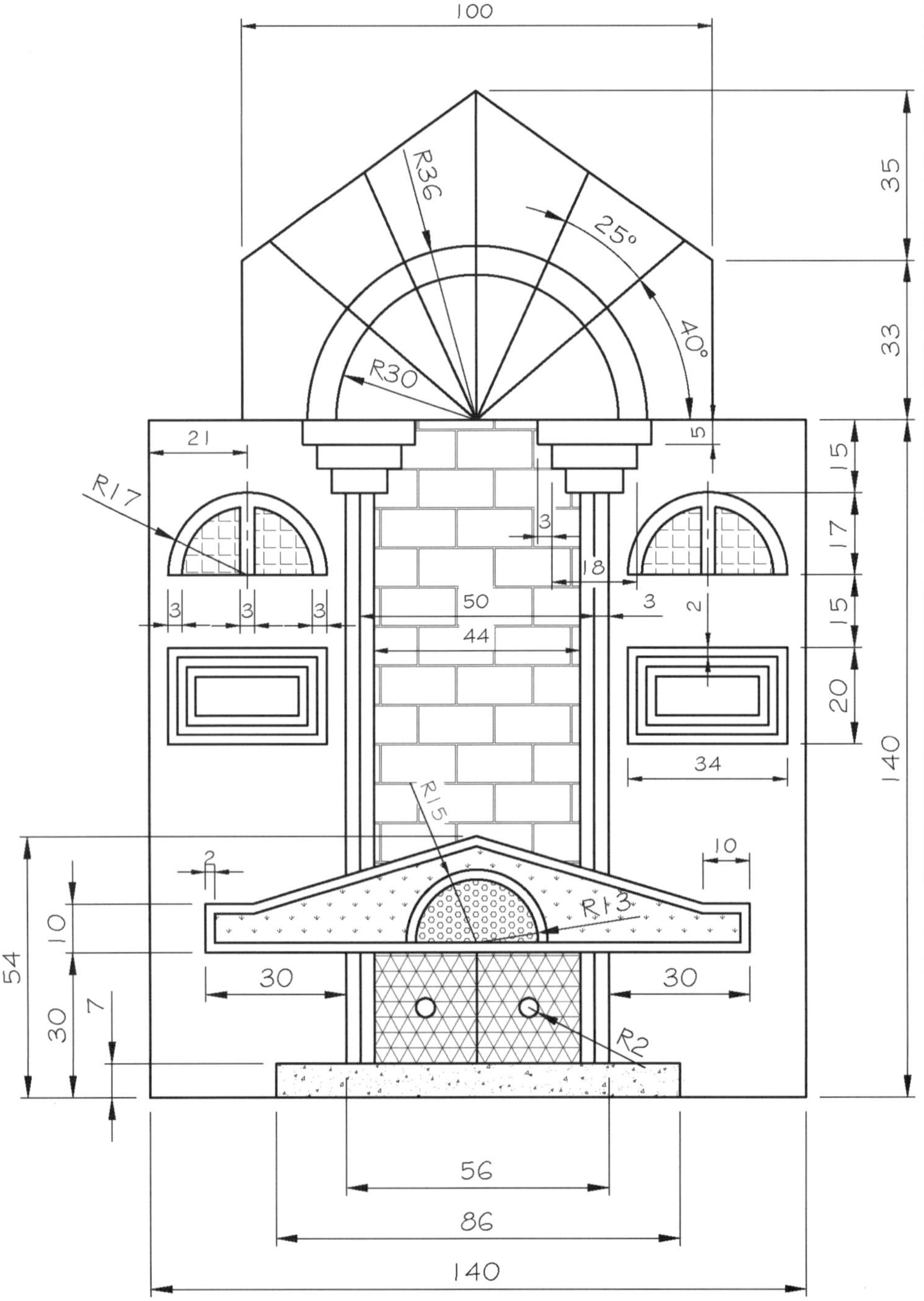

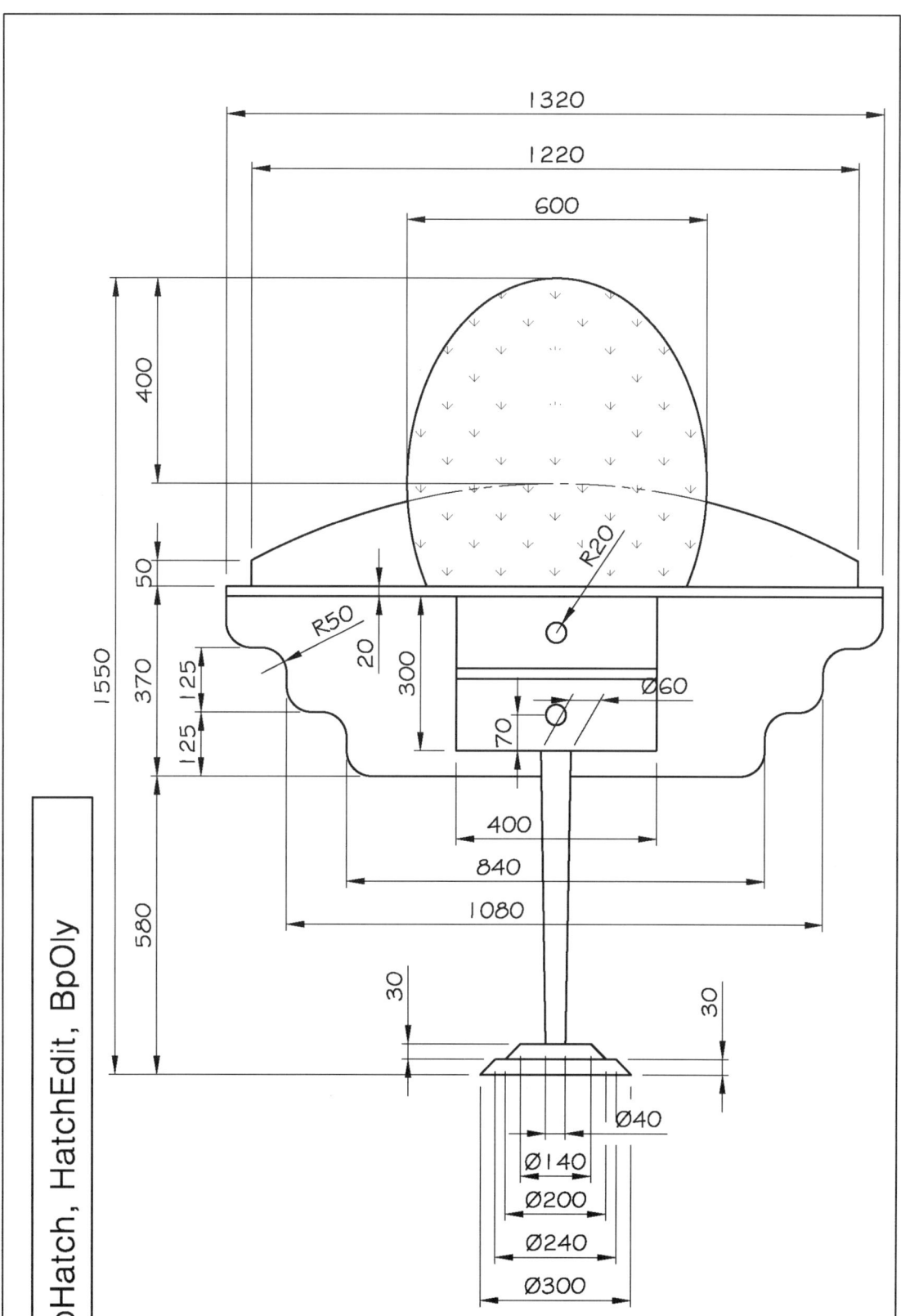

bHatch, HatchEdit, BpOly

예제로 배우는 AutoCAD

SPLine, splinedit, XLine, ray

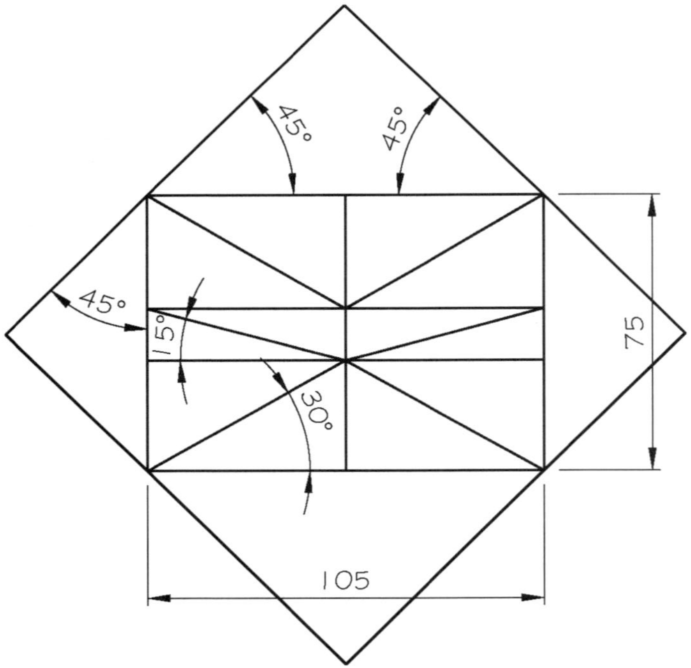

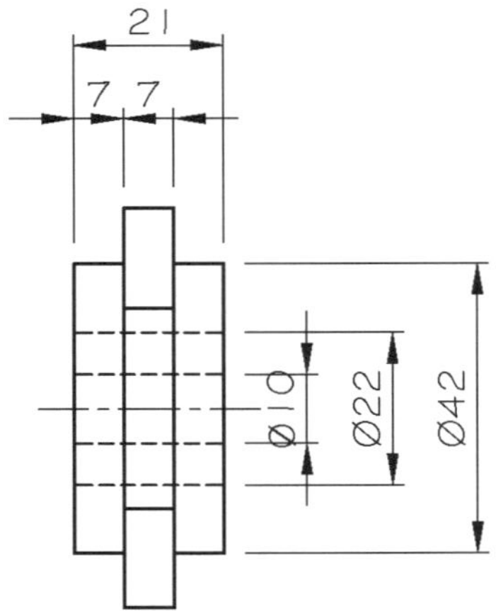

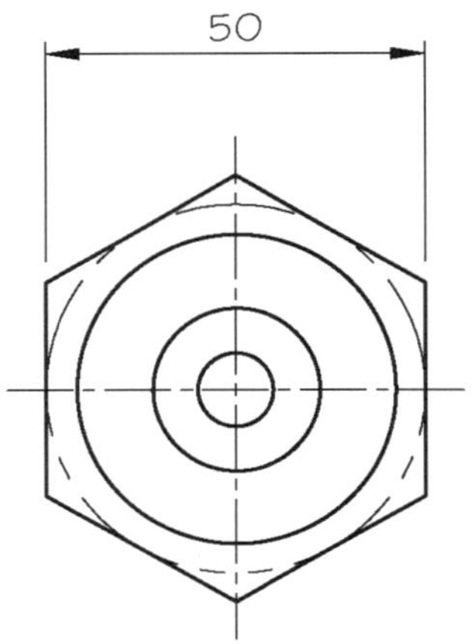

Section 03

SPLine, splinedit, XLine, ray

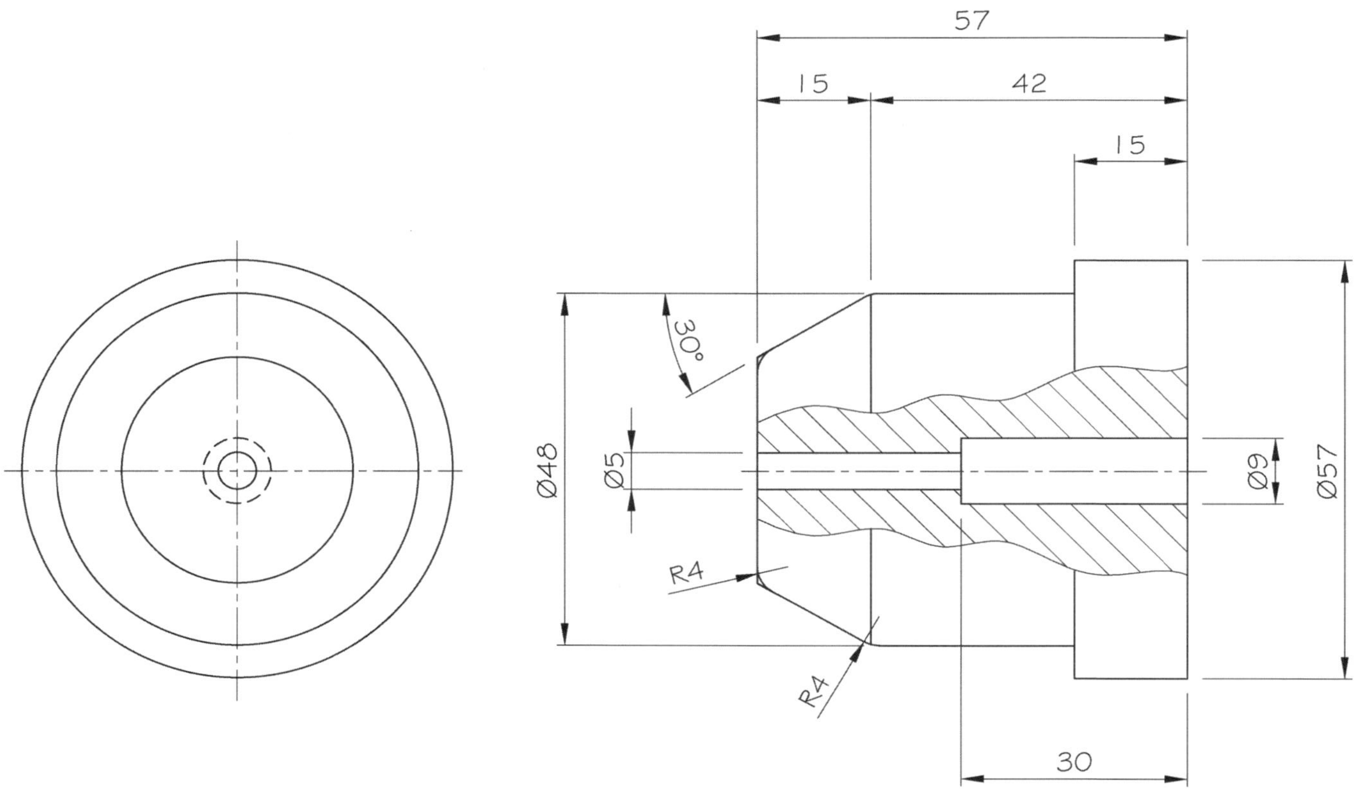

예제로 배우는 AutoCAD

SPLine, splinedit, XLine, ray

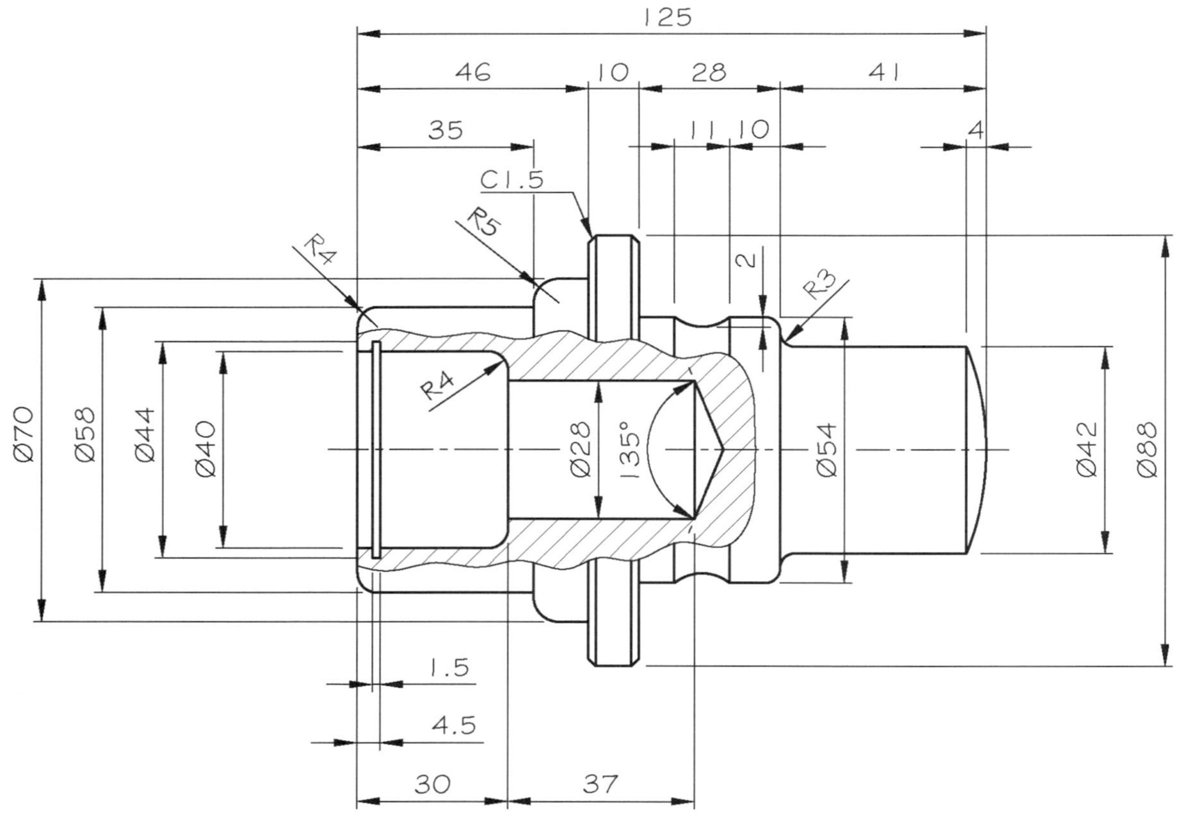

SPLine, splinedit, XLine, ray

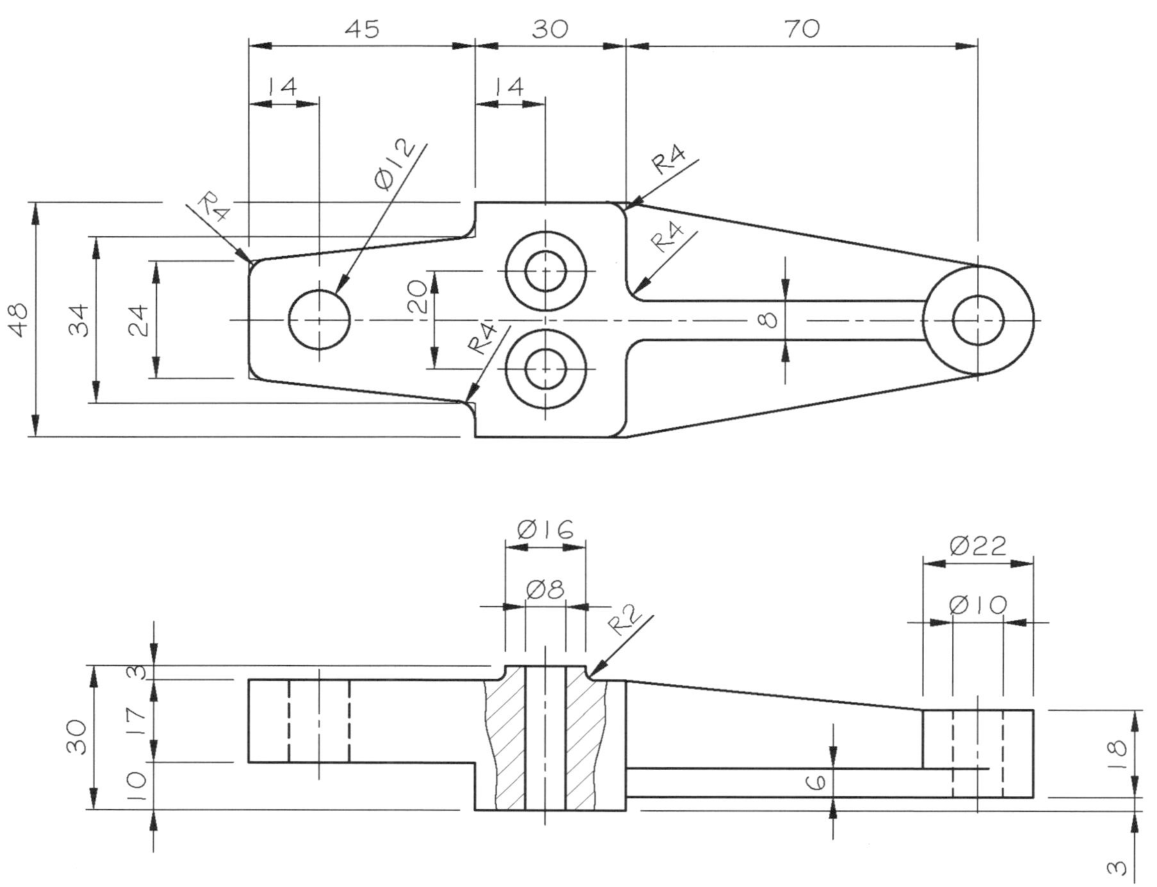

예제로 배우는 AutoCAD

SPLine, splinedit, XLine, ray

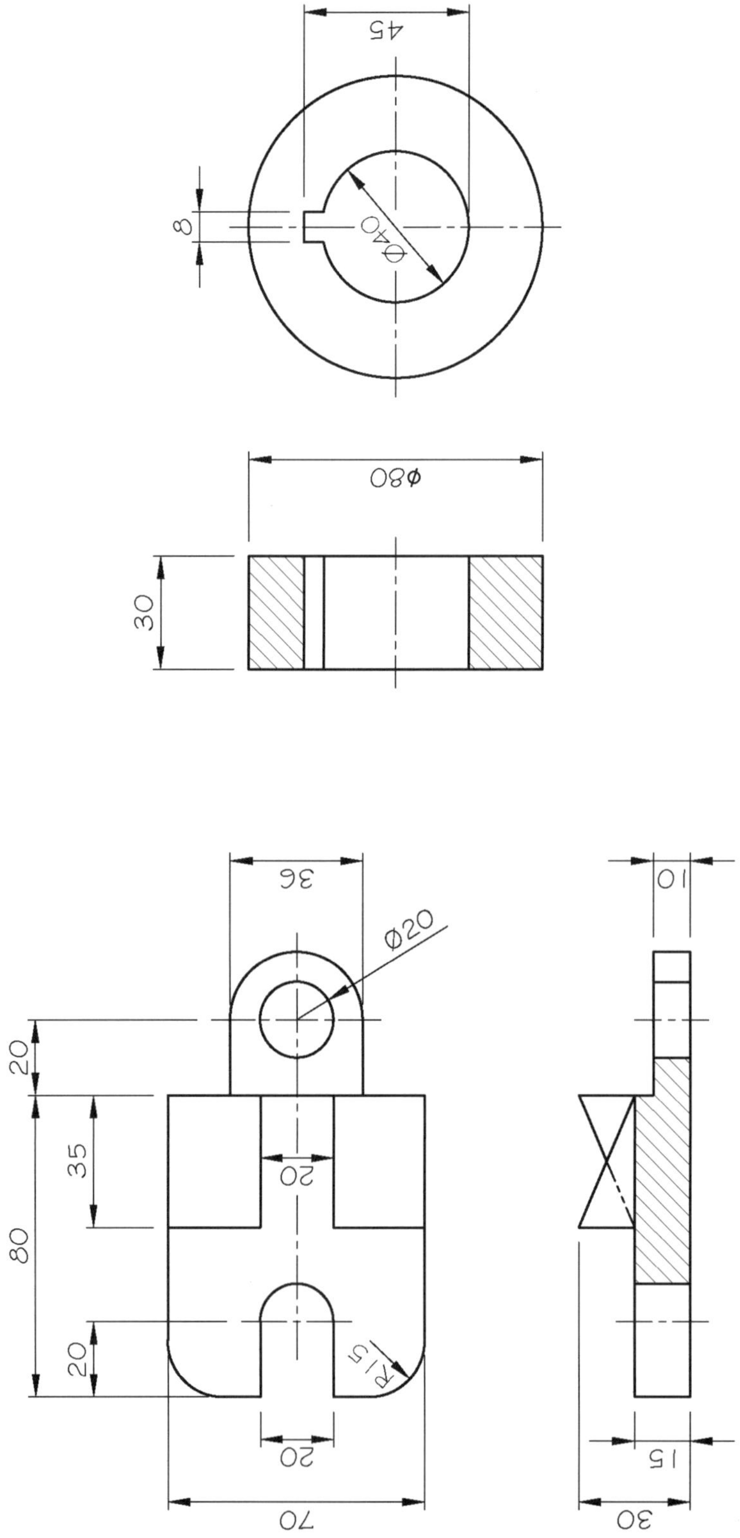

SPLine, splinedit, XLine, ray

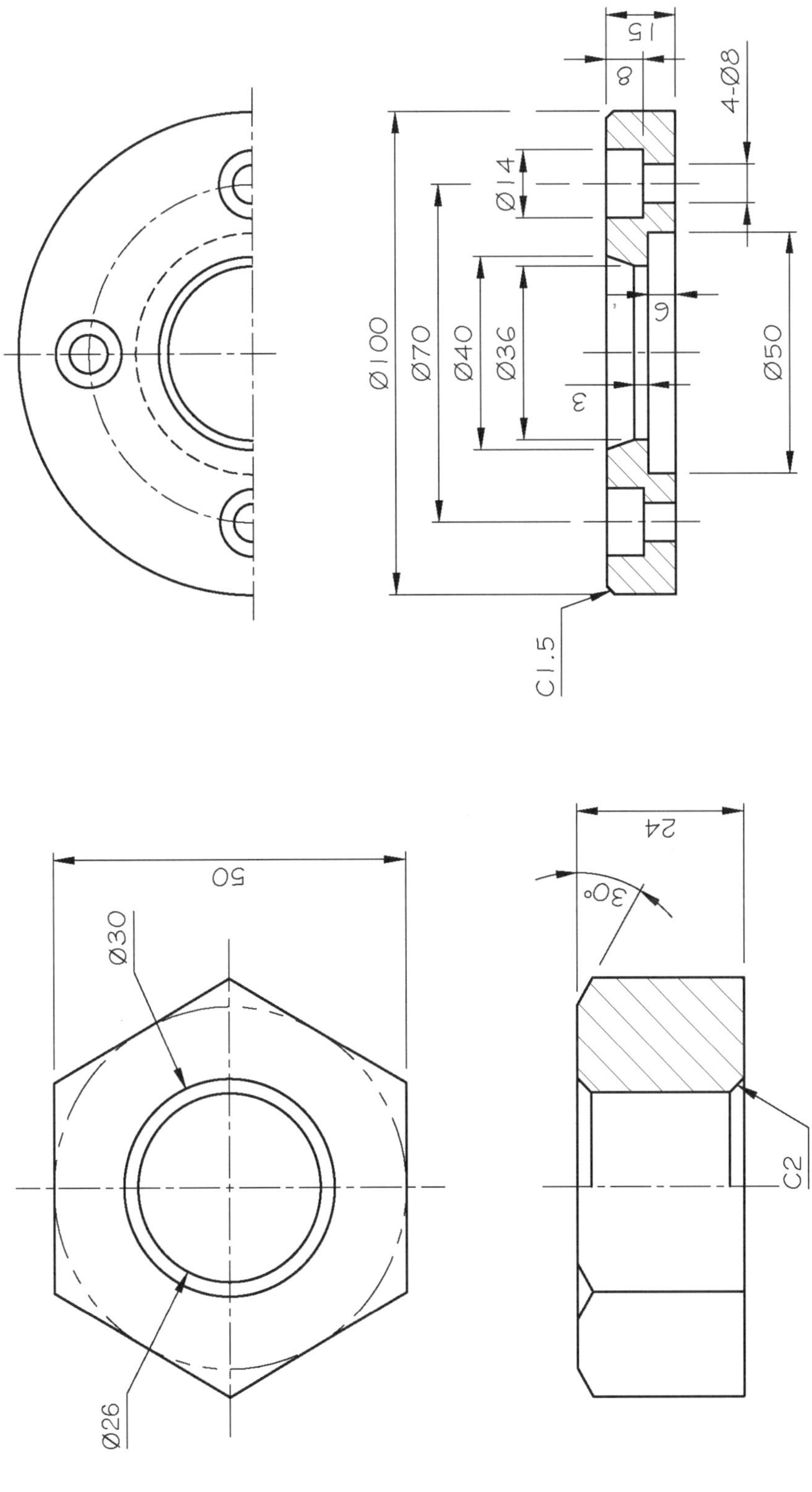

예제로 배우는 AutoCAD

SPLine, splinedit, XLine, ray

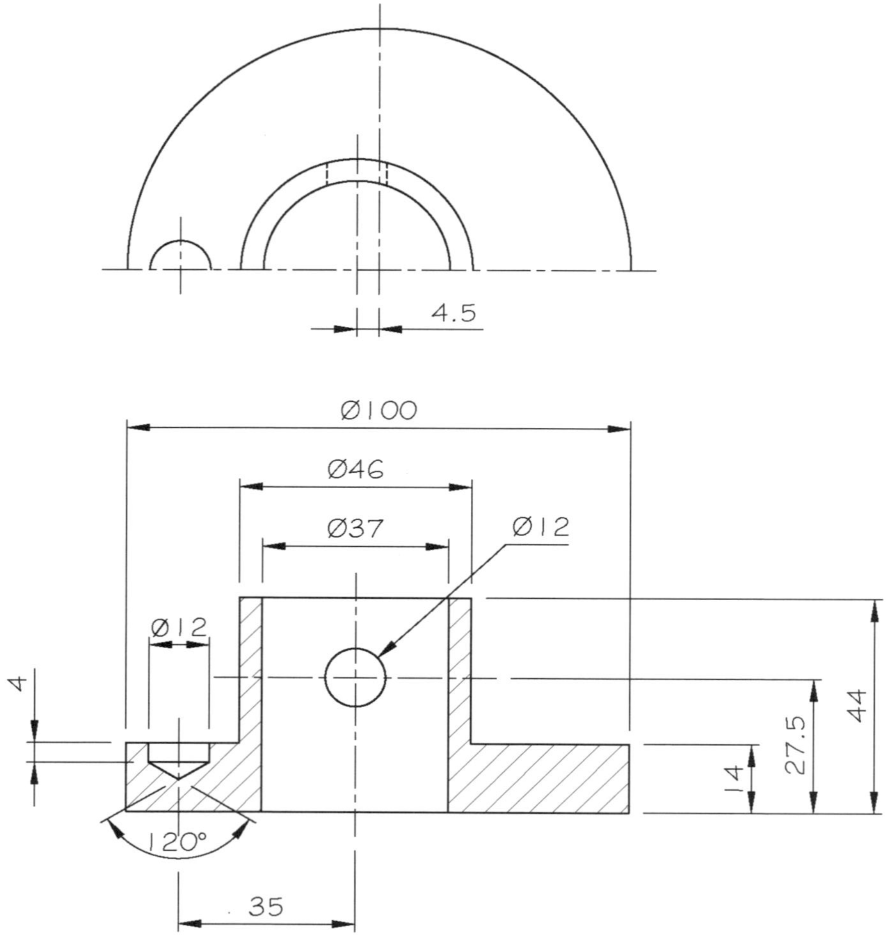

SPLine, splinedit, XLine, ray

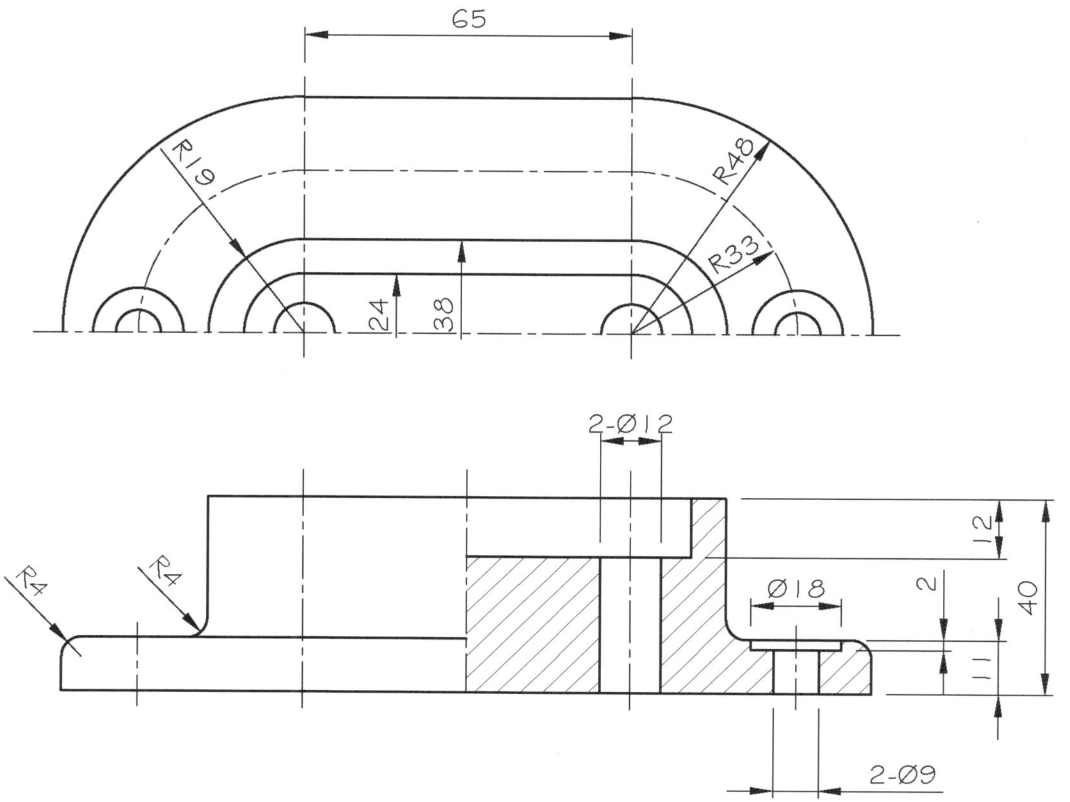

예제로 배우는 AutoCAD

SPLine, splinedit, XLine, ray

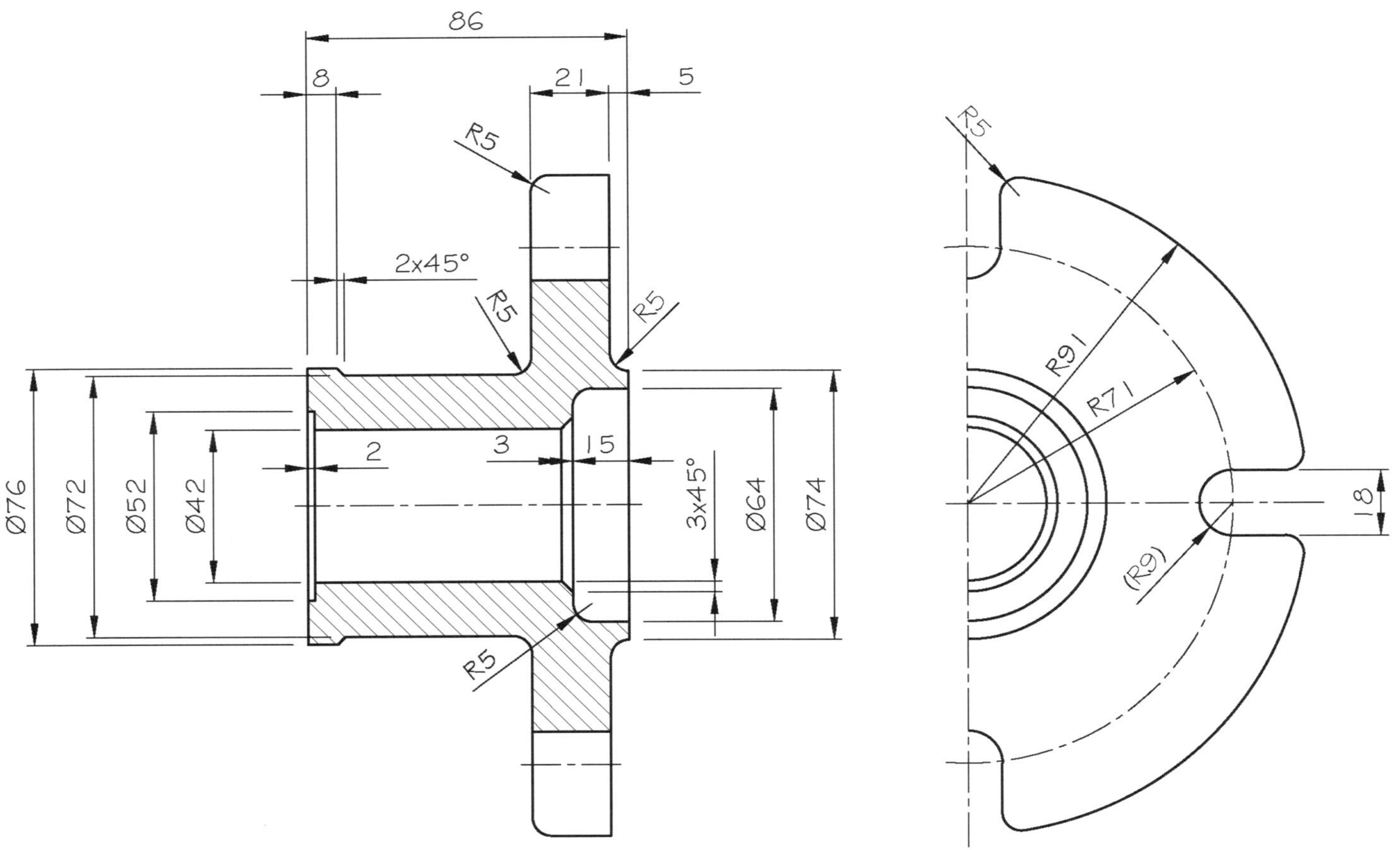

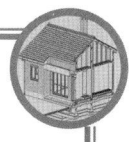

SPLine, splinedit, XLine, ray

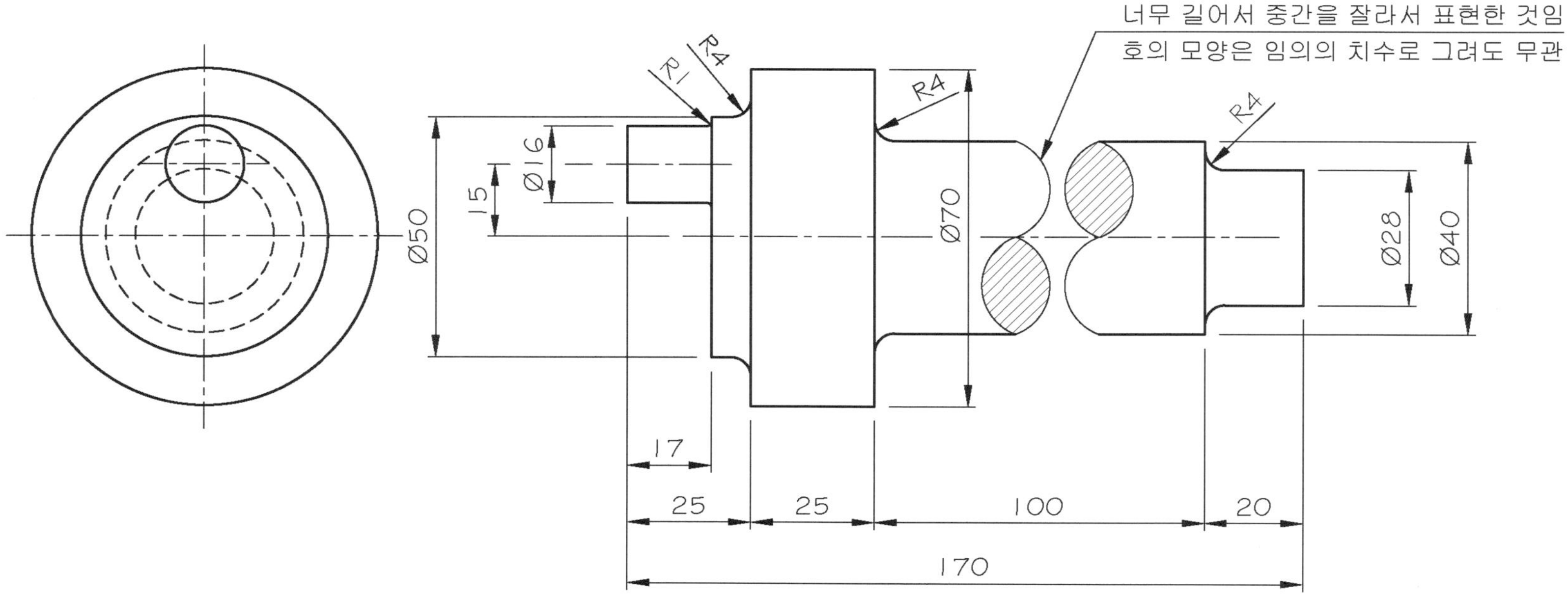
R4
R1
R4
R4
너무 길어서 중간을 잘라서 표현한 것임
호의 모양은 임의의 치수로 그려도 무관
Ø16
15
Ø50
Ø70
Ø28
Ø40
17
25
25
100
20
170

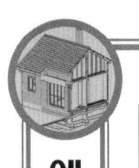

예제로 배우는 AutoCAD

SPLine, splinedit, XLine, ray

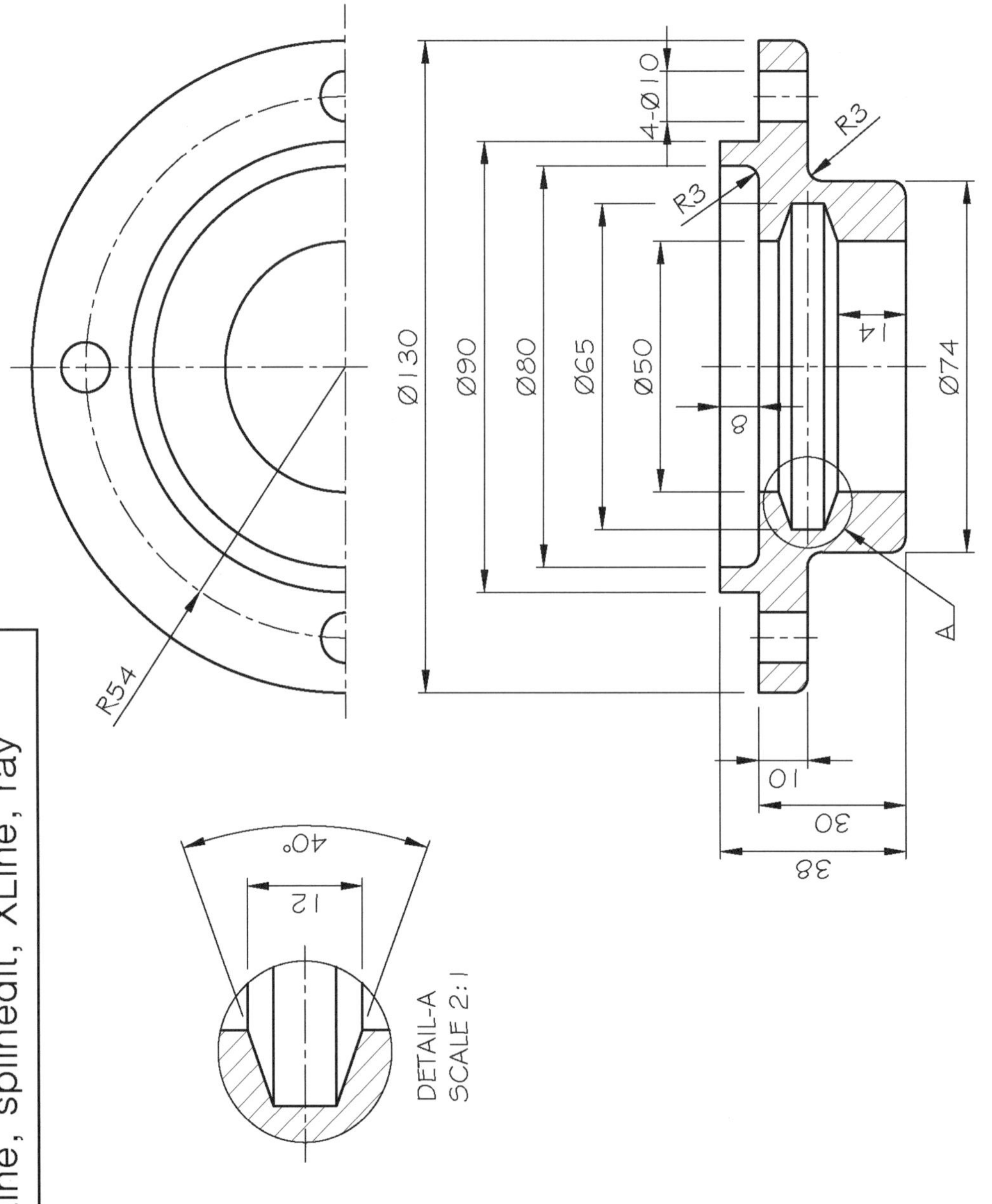

DETAIL-A
SCALE 2:1

SPLine, splinedit, XLine, ray

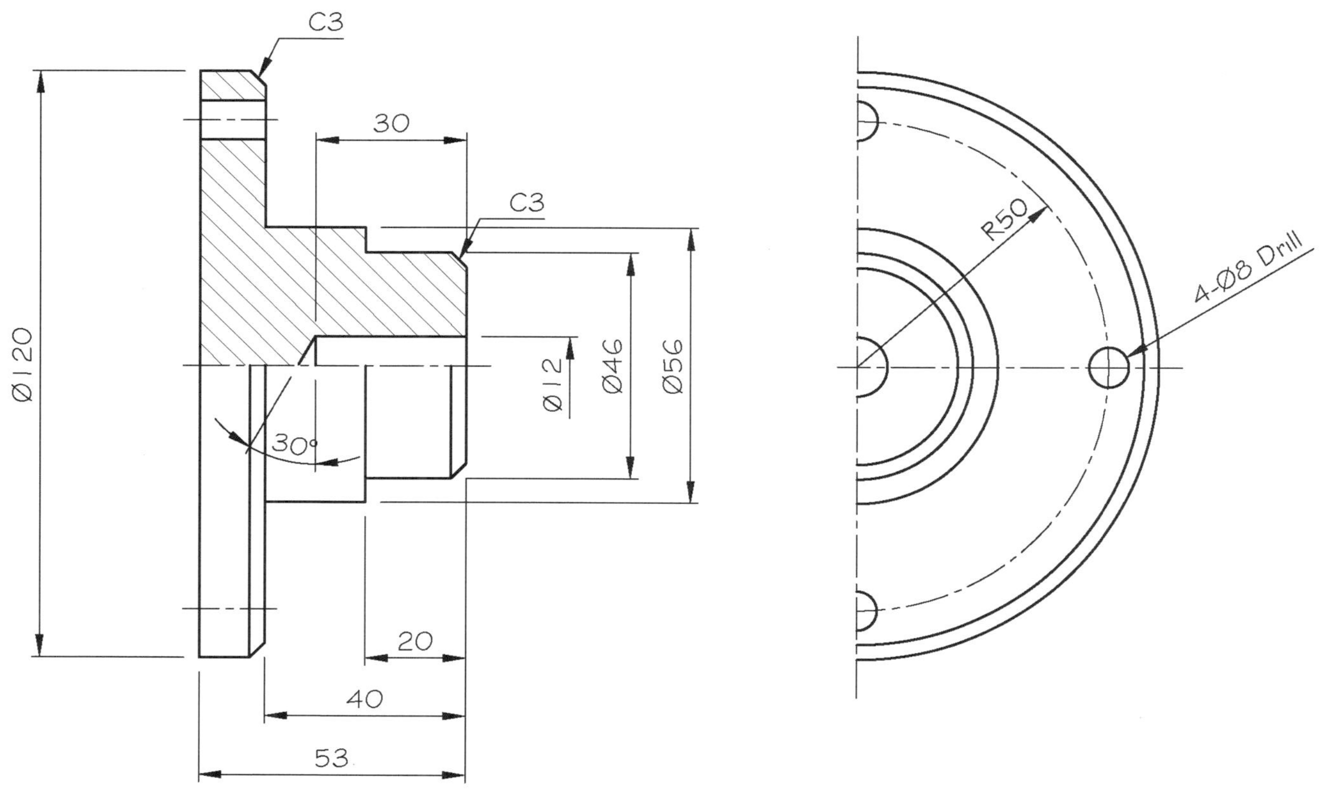

예제로 배우는 AutoCAD

SPLine, splinedit, XLine, ray

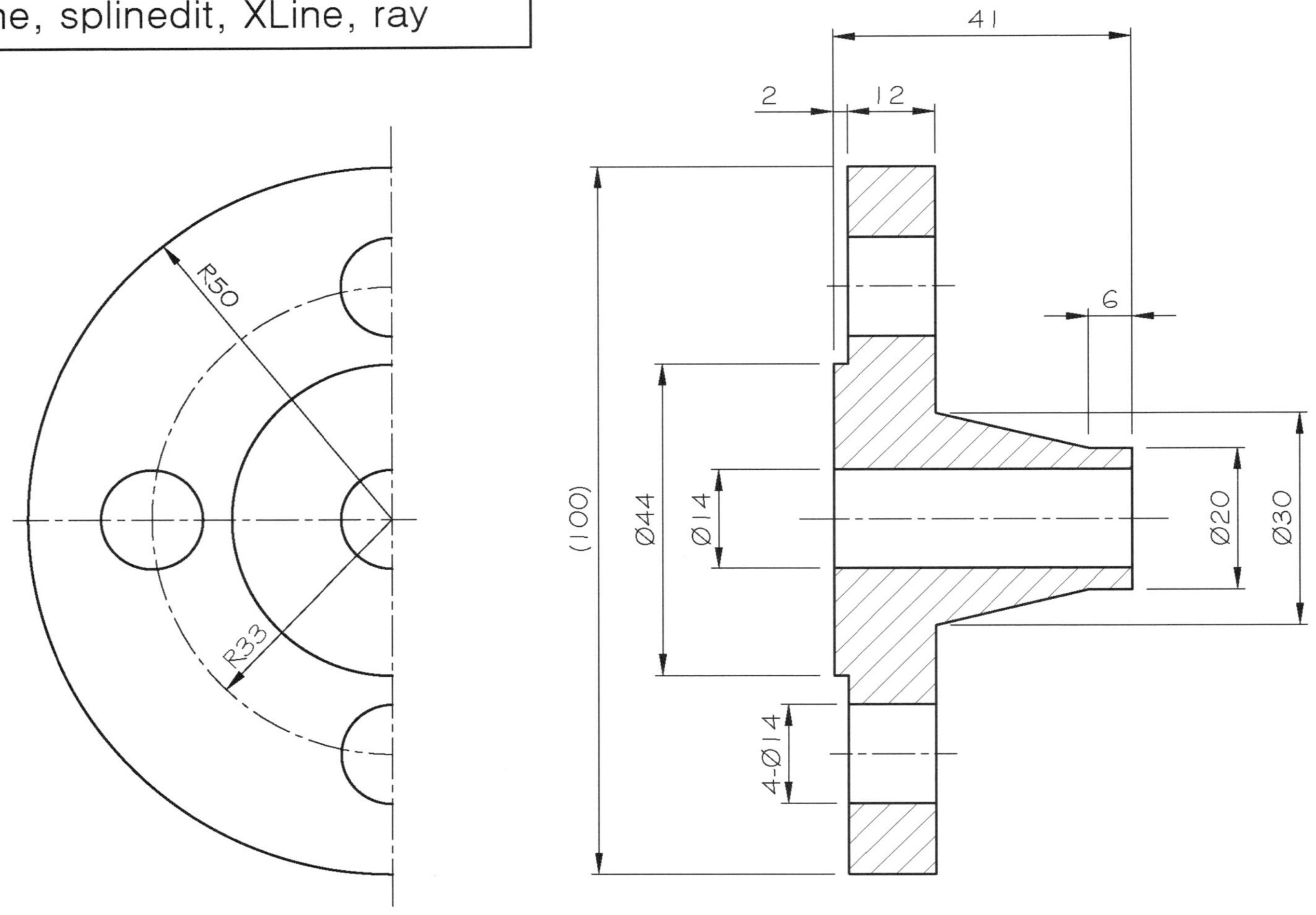

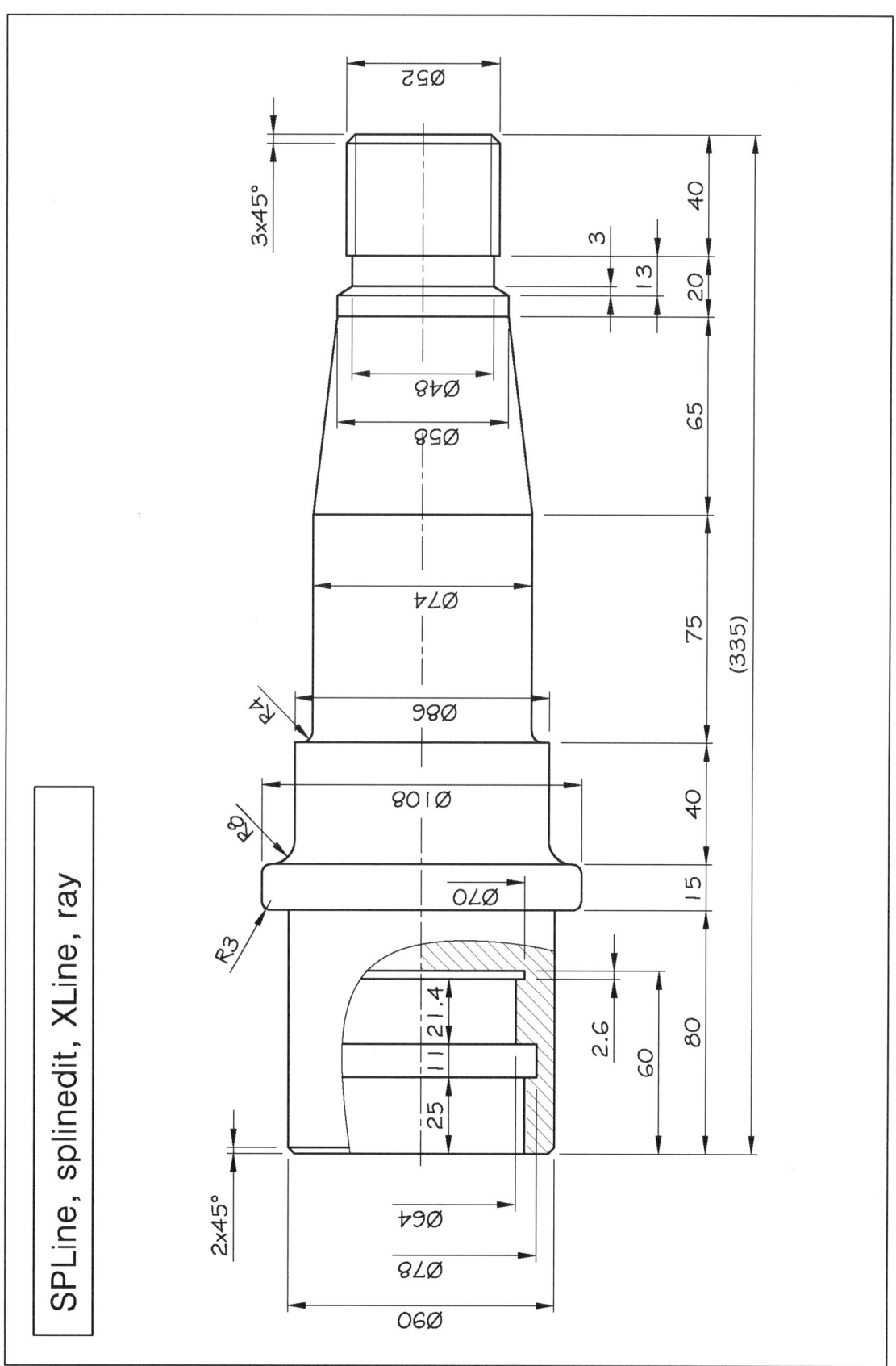

SPLine, splinedit, XLine, ray

치수기입, 치수스타일관리자

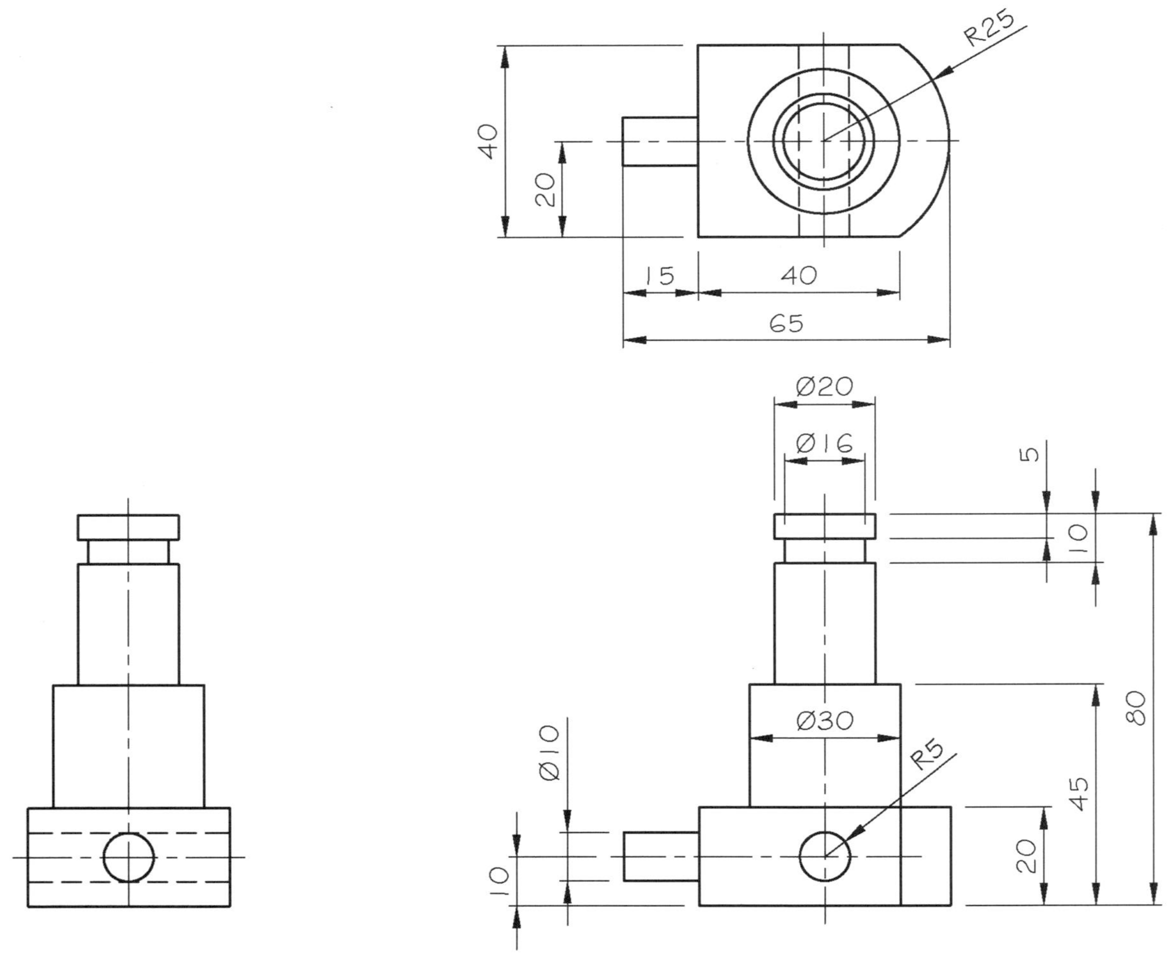

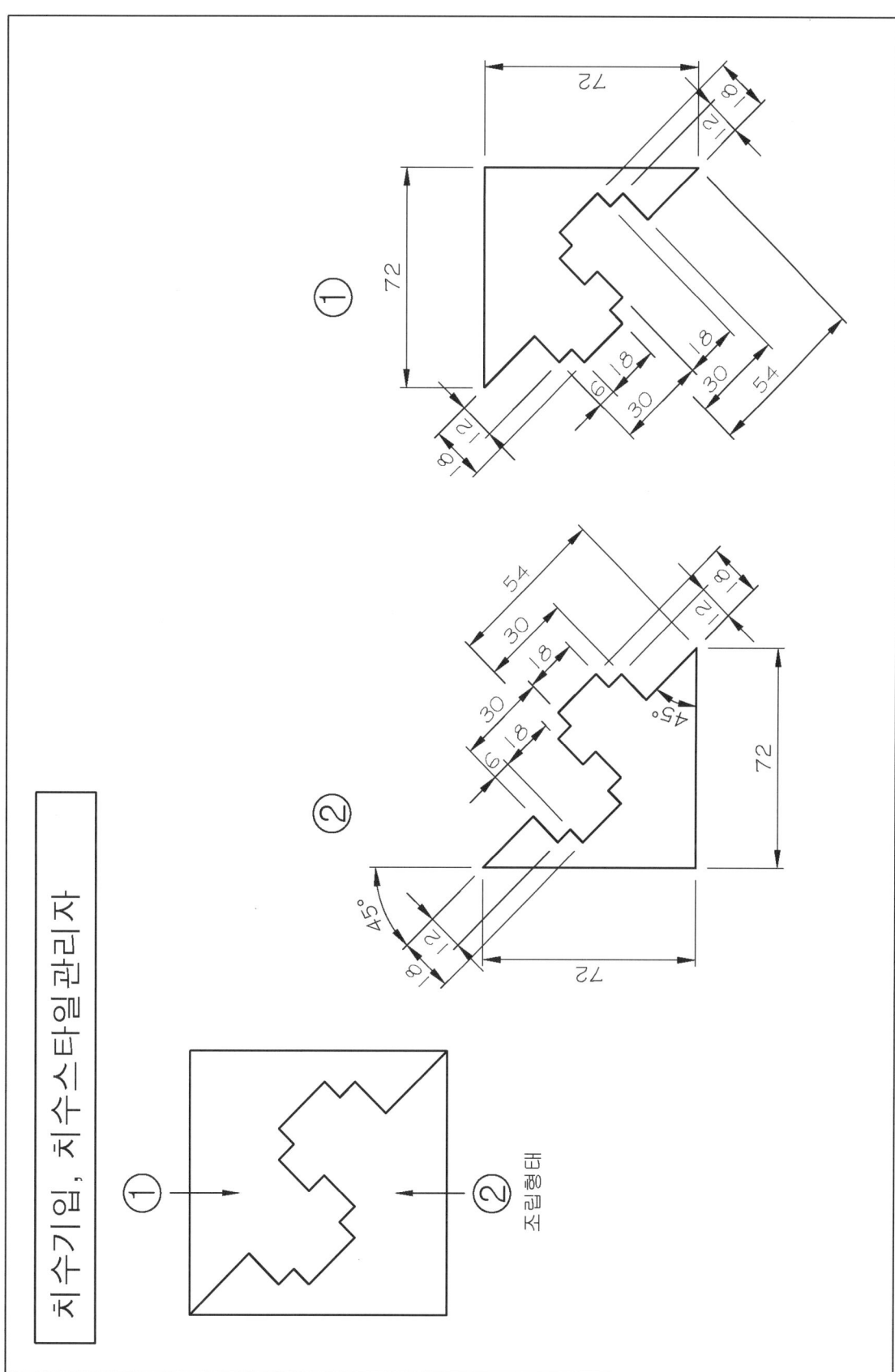

예제로 배우는 AutoCAD

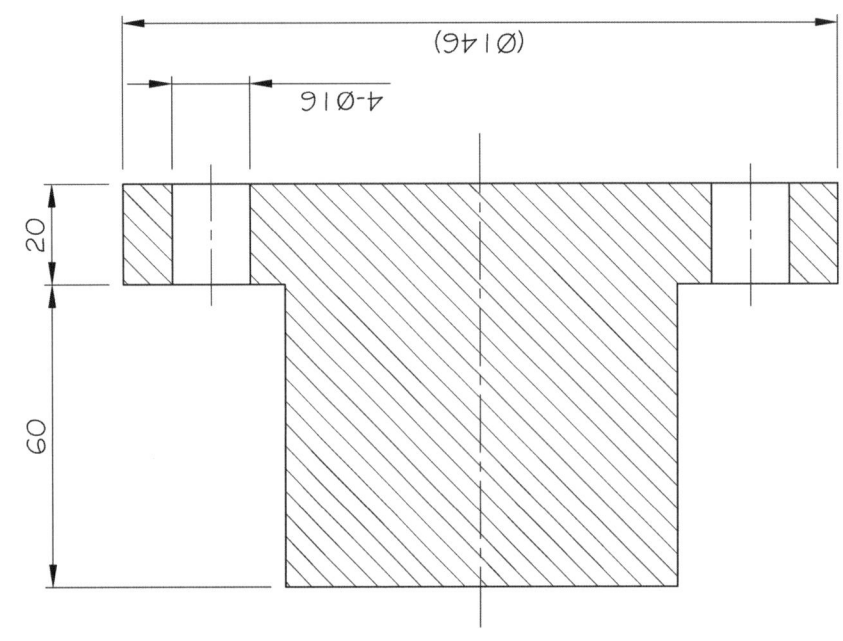

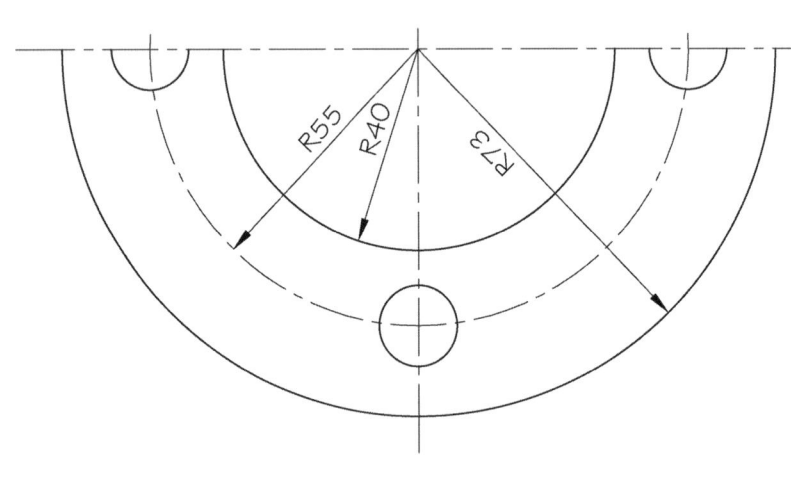

치수기입, 치수스타일관리자

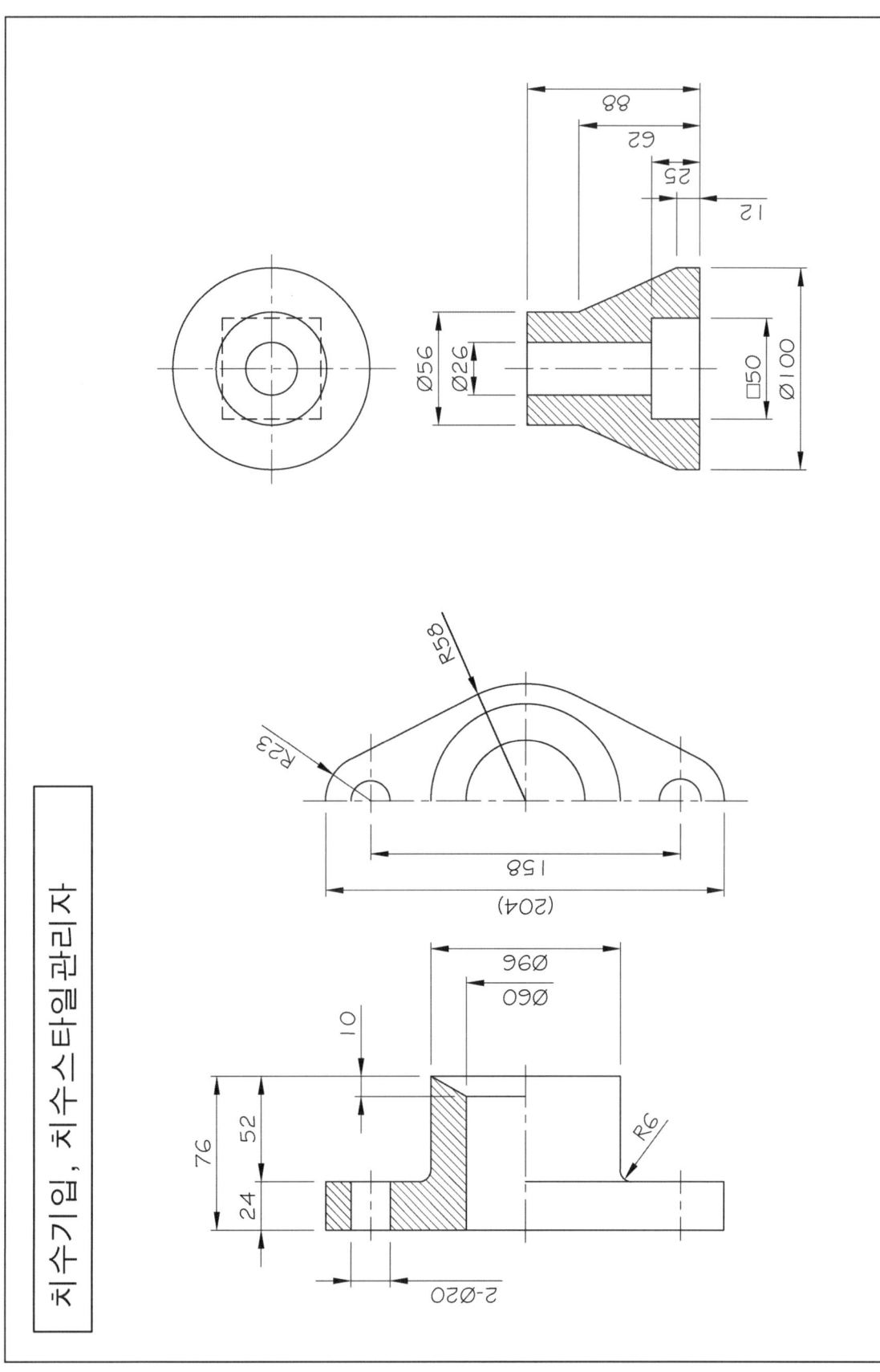

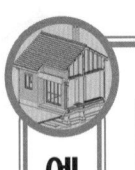

예제로 배우는 AutoCAD

치수기입, 치수스타일관리자, 지시선

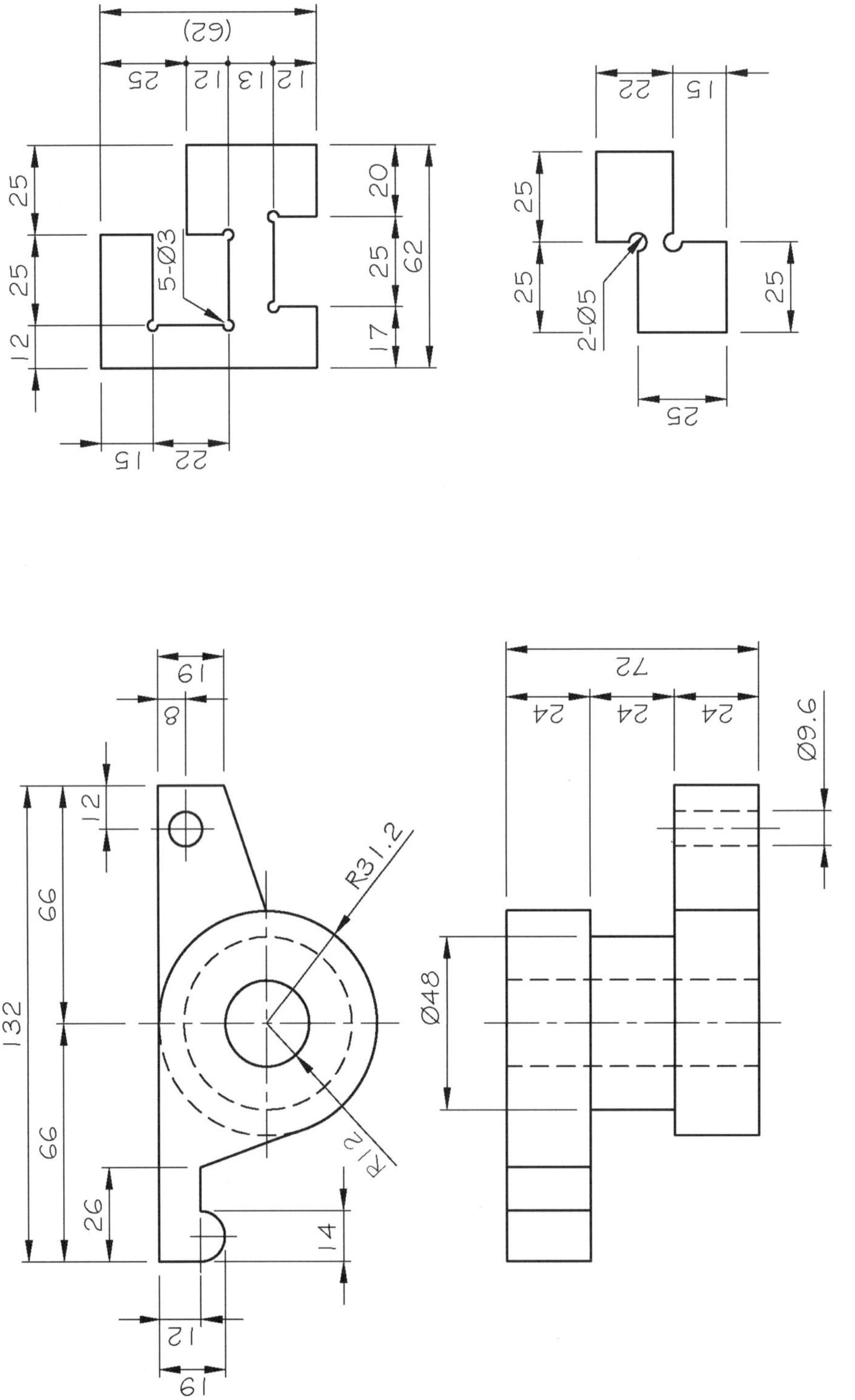

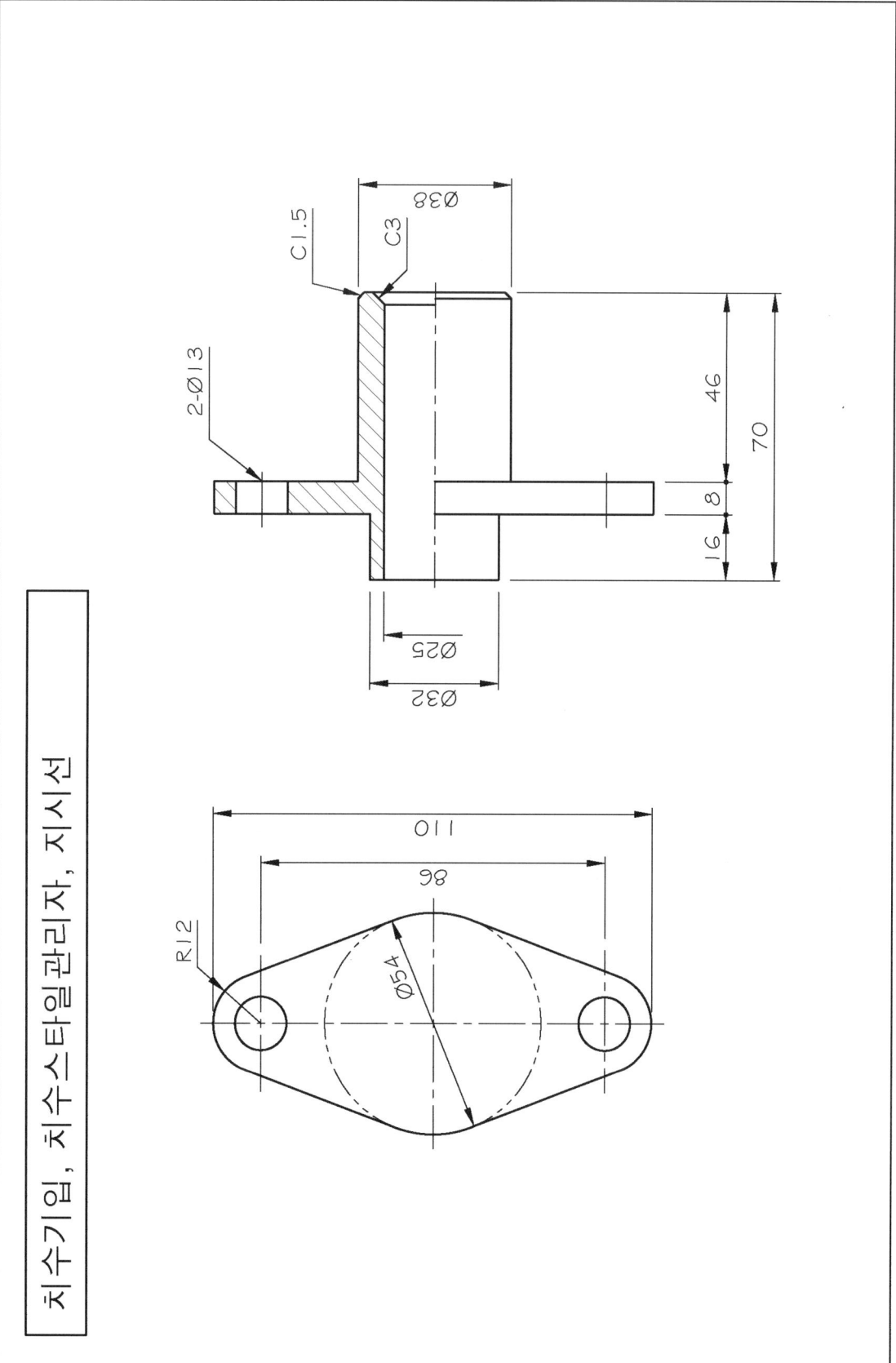

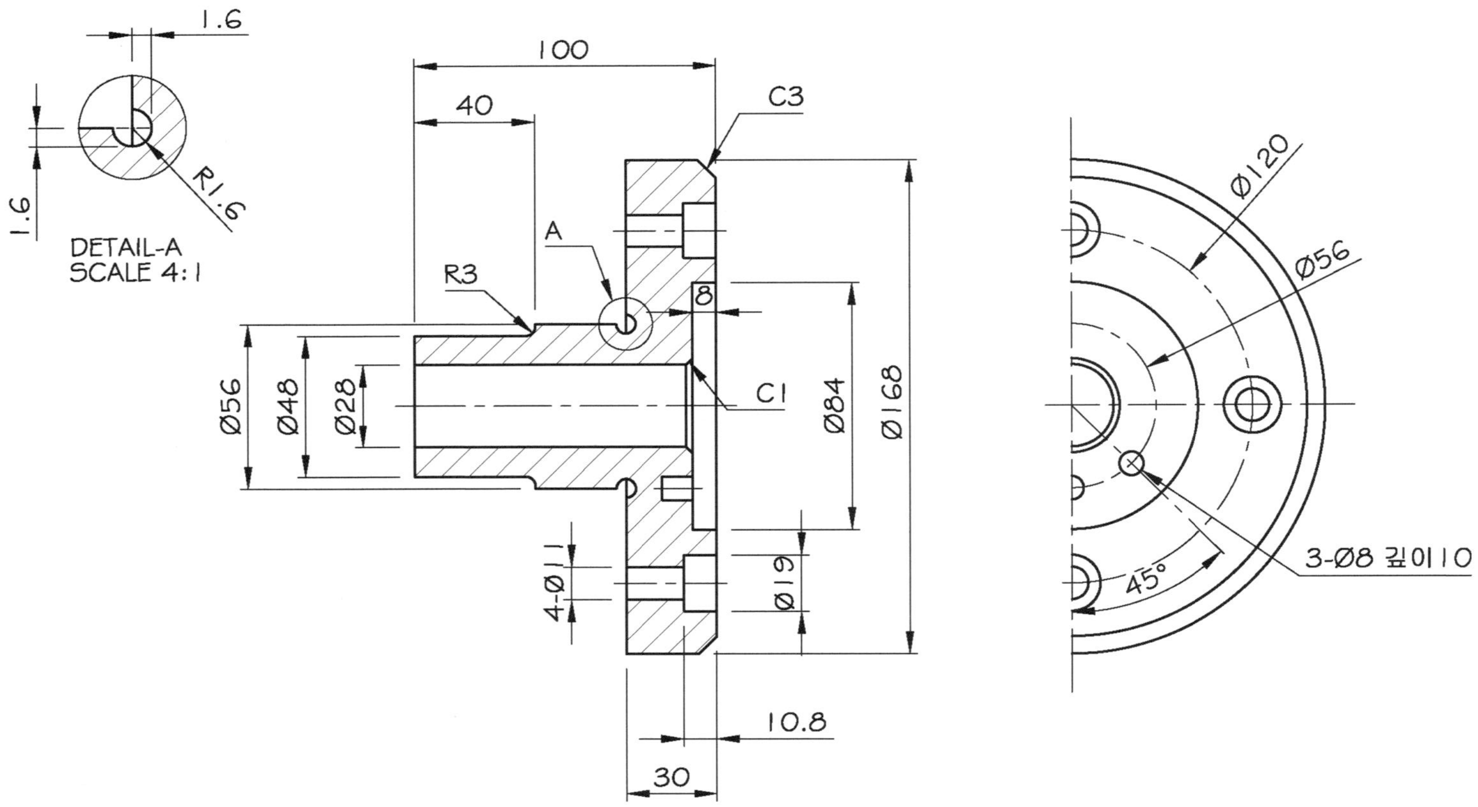

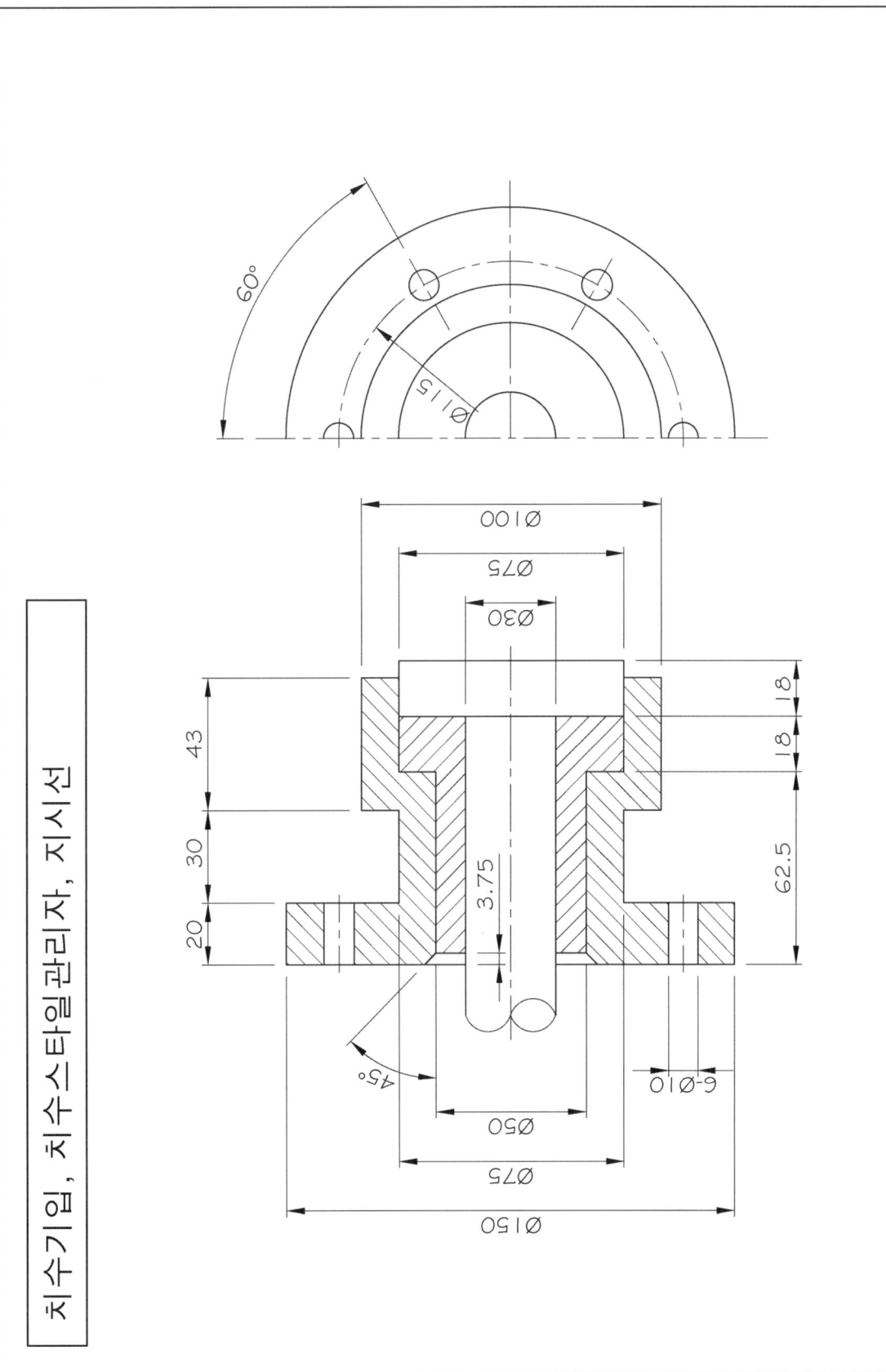

예제로 배우는 AutoCAD

치수기입, 치수스타일관리자, 지시선

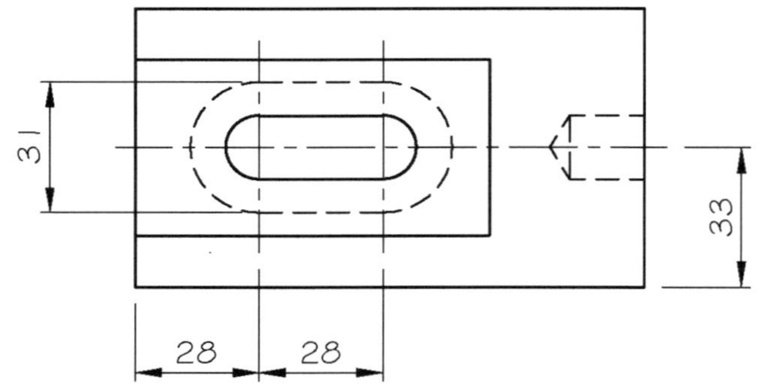

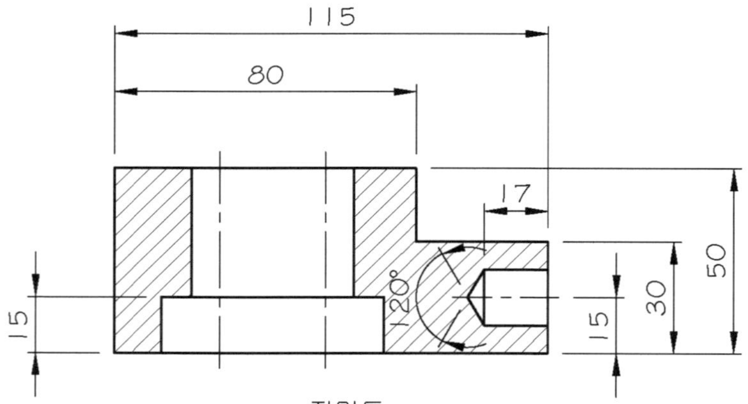

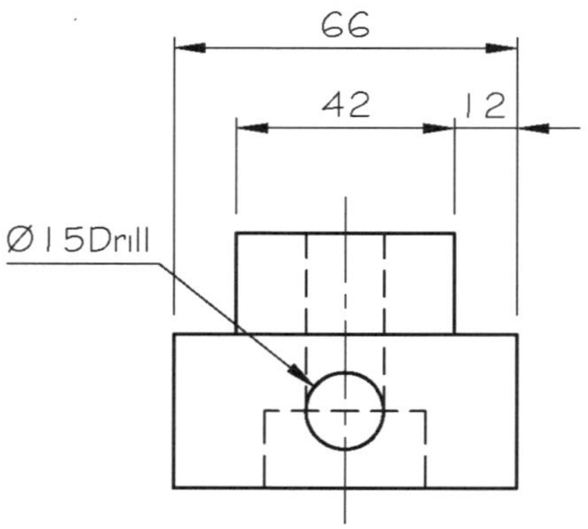

Section 03

치수기입, 치수스타일관리자, 지시선

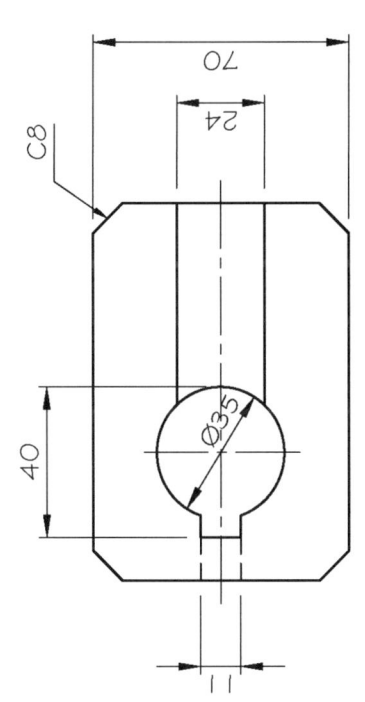

평면도

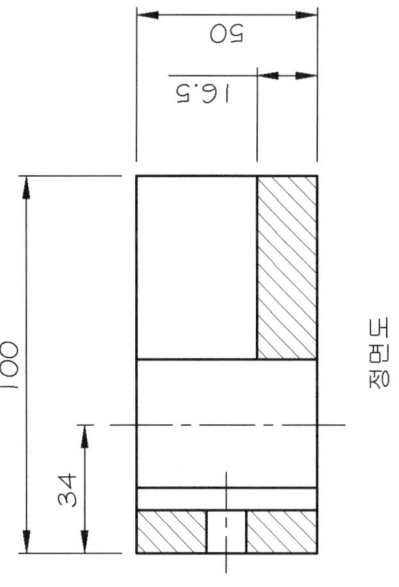

정면도

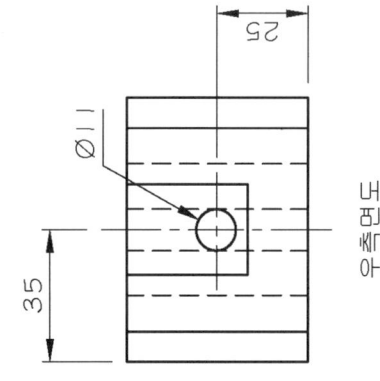

우측면도

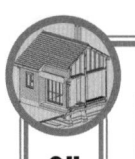

예제로 배우는 AutoCAD

치수기입, 치수스타일관리자, 지시선

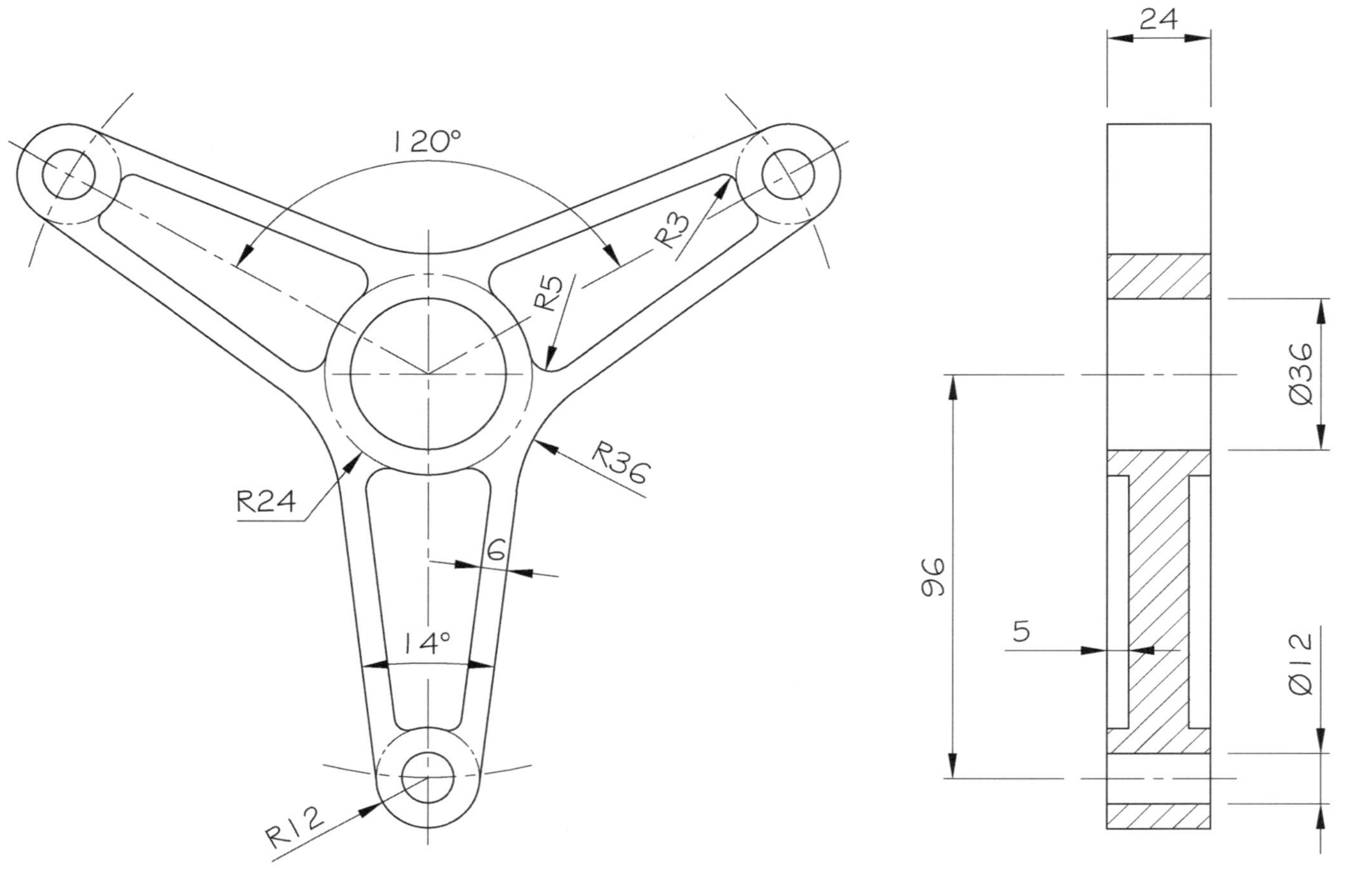

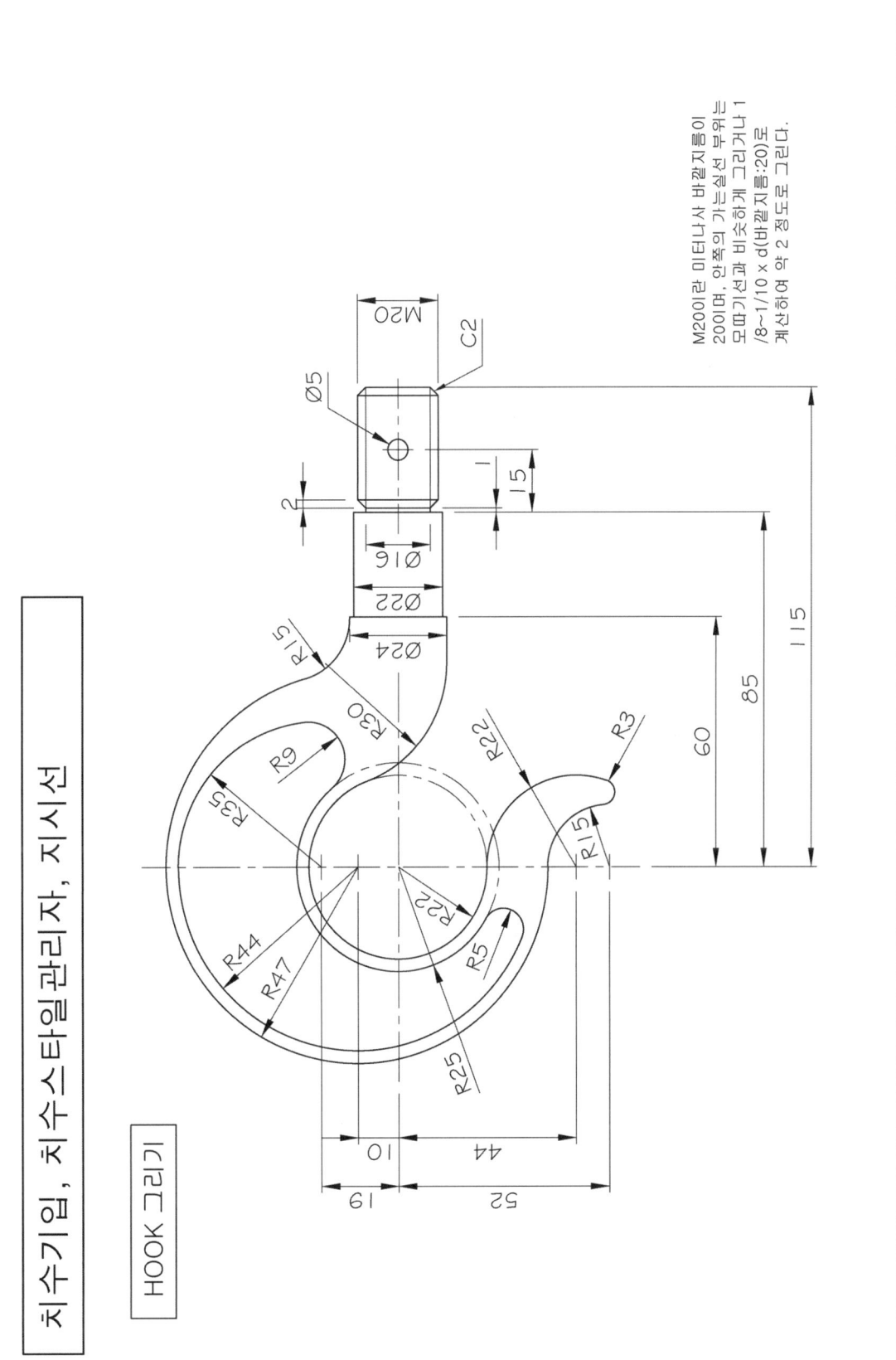

HOOK 그리기

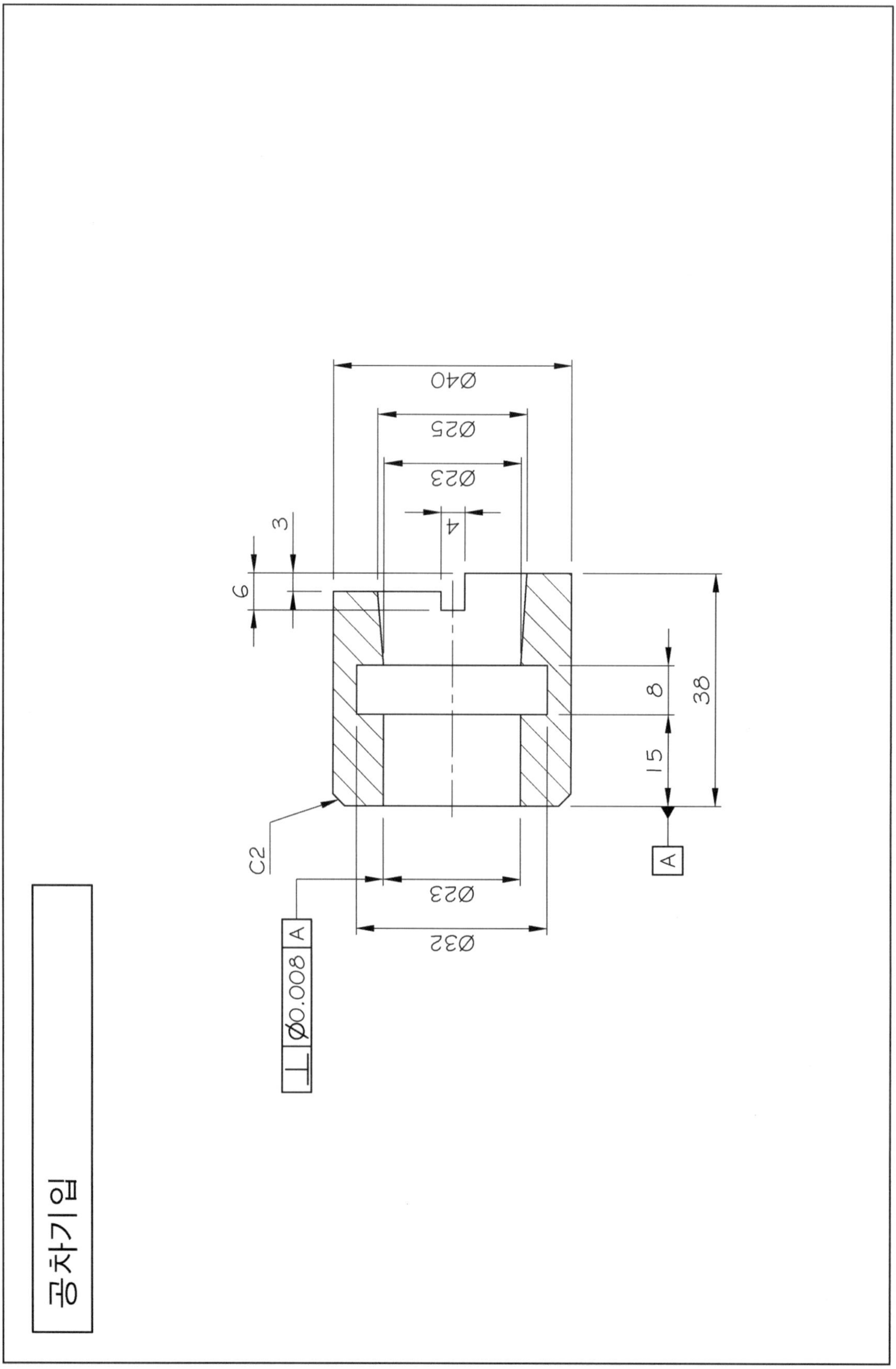

예제로 배우는 AutoCAD

공차기입

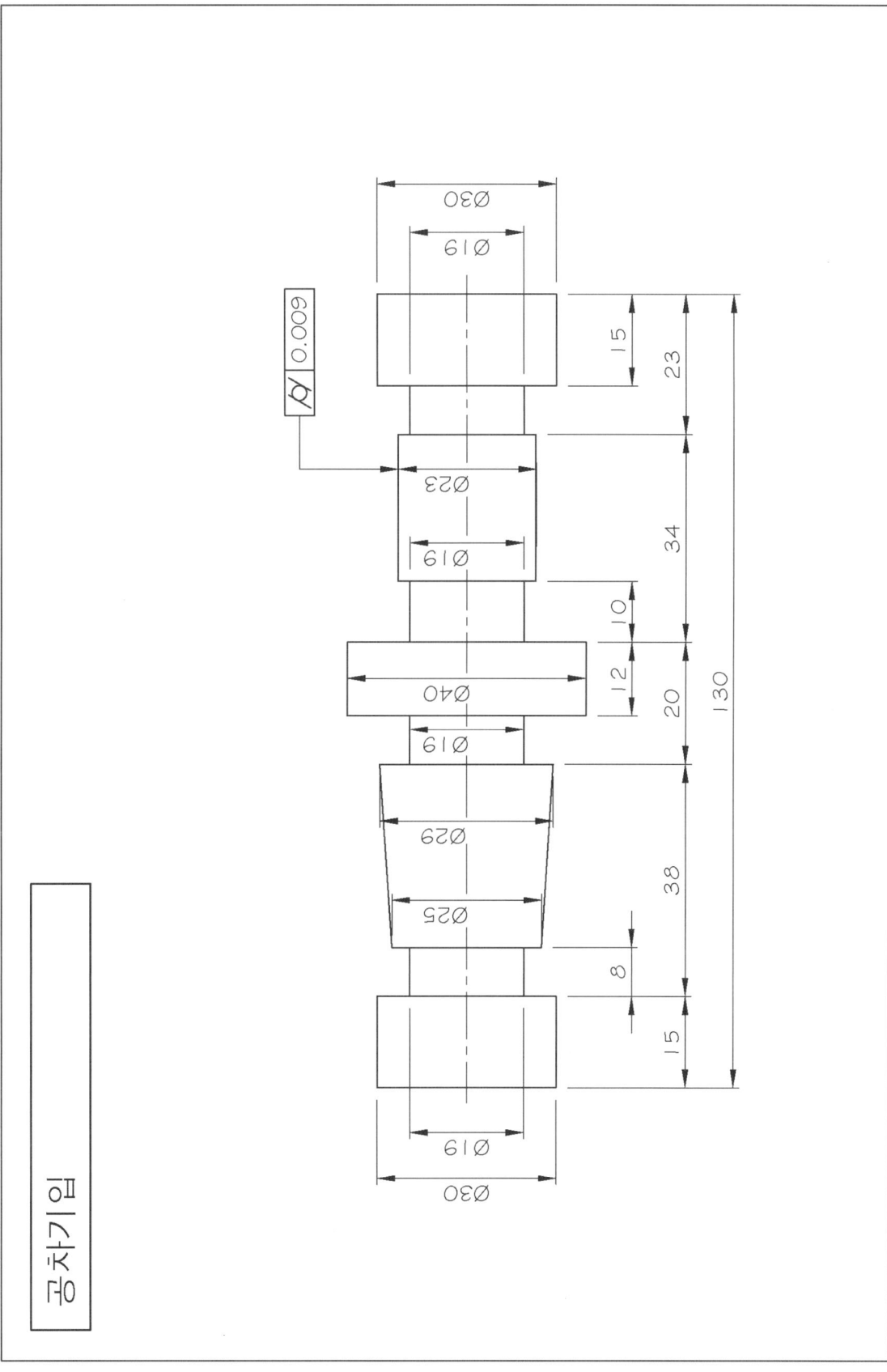

예제로 배우는 AutoCAD

공차기입

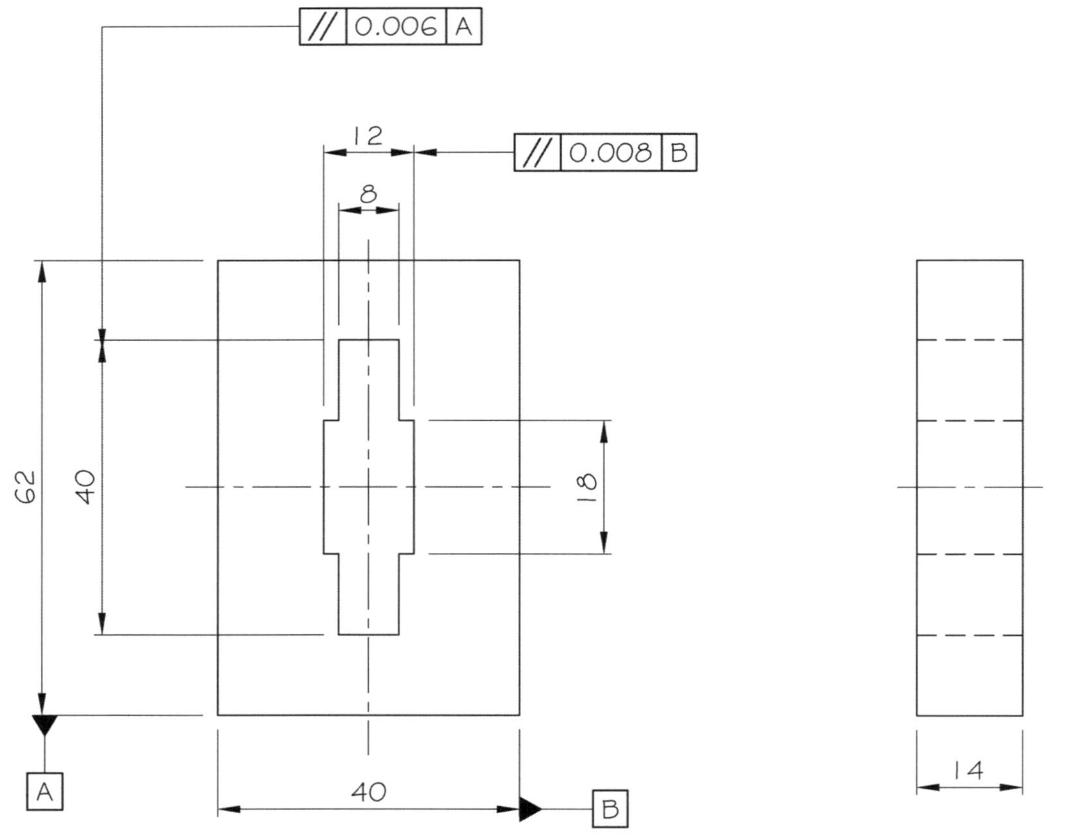

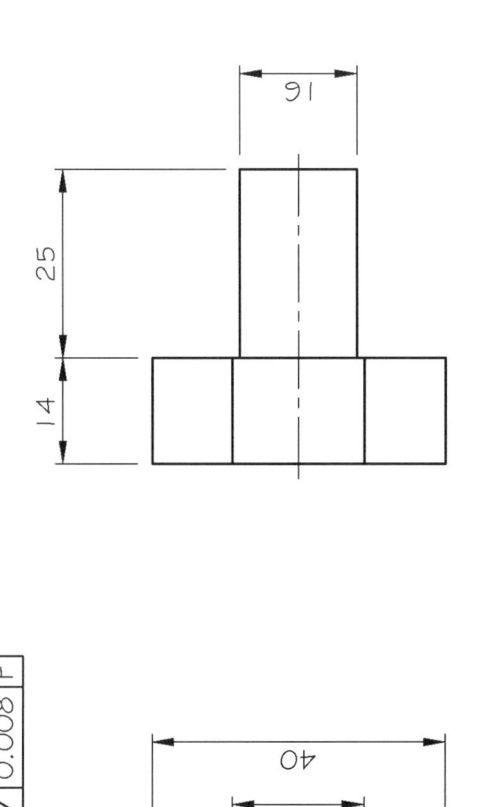

공차기입

예제로 배우는 AutoCAD

다중지시선, 지시선스타일, 지시선편집

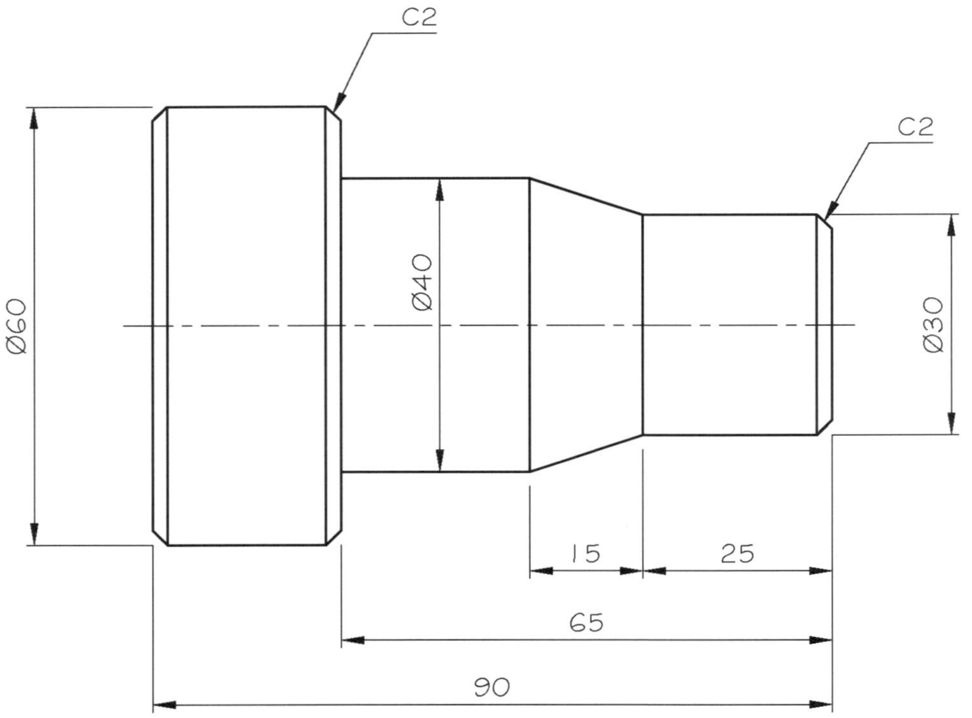

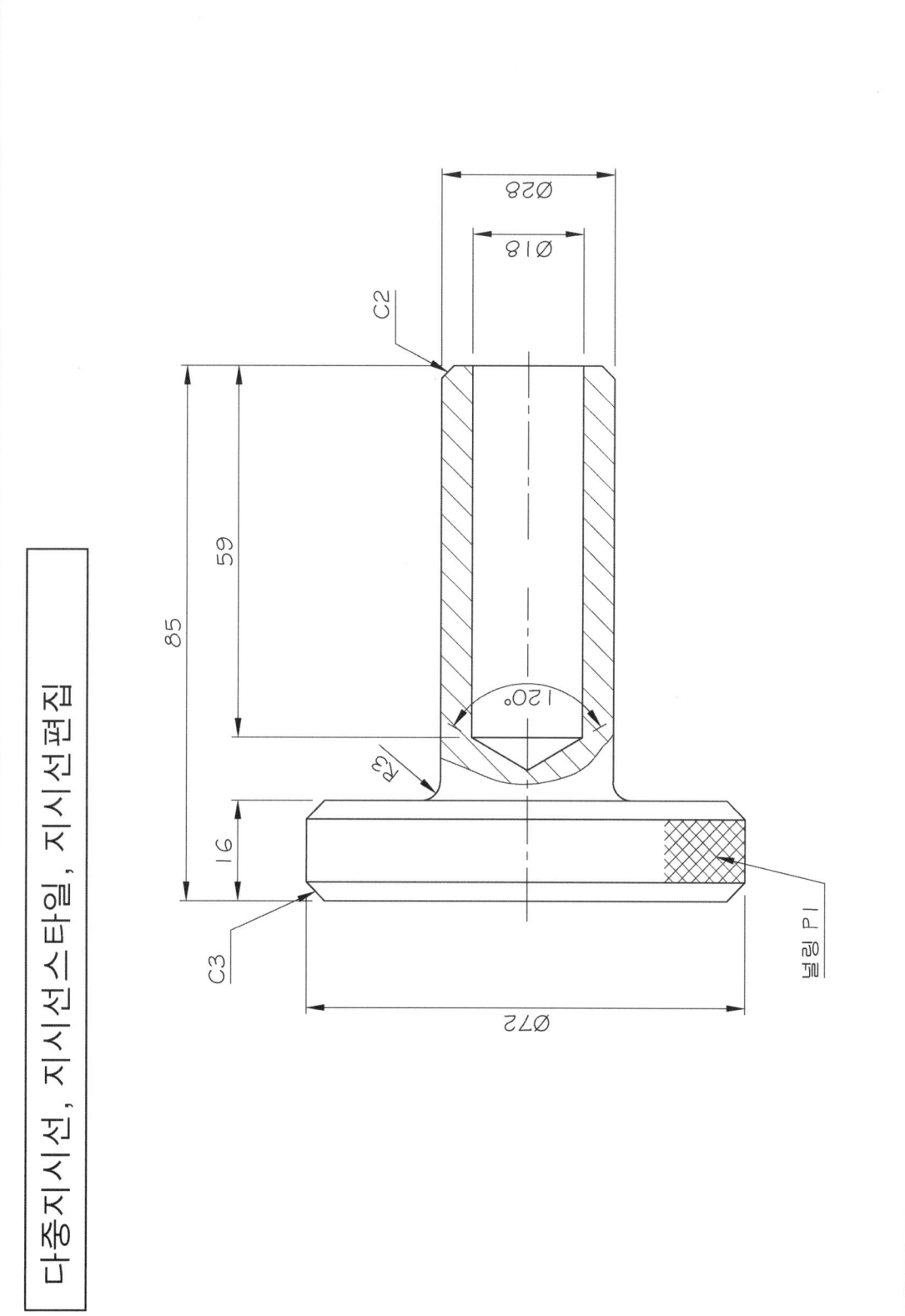

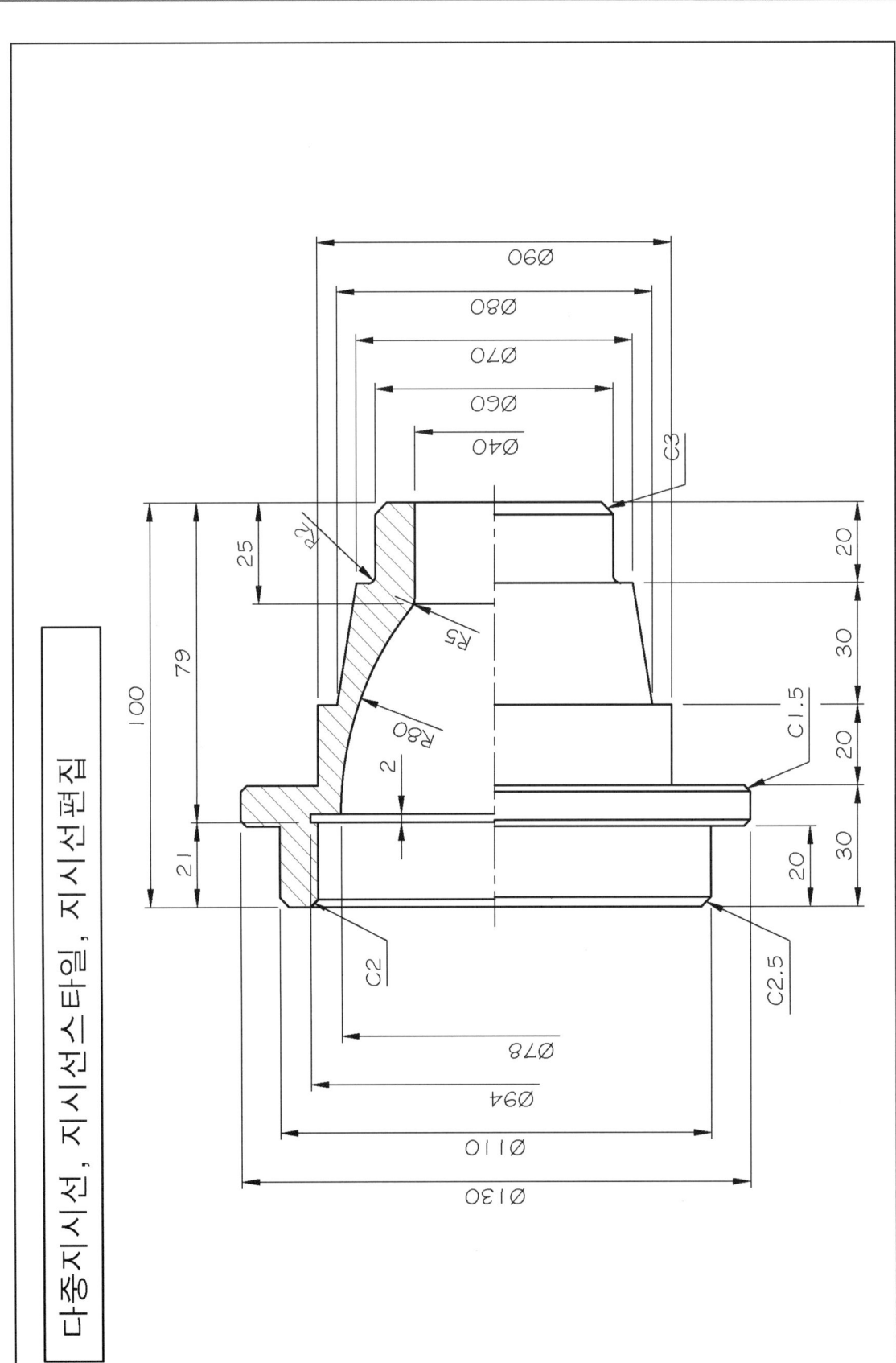

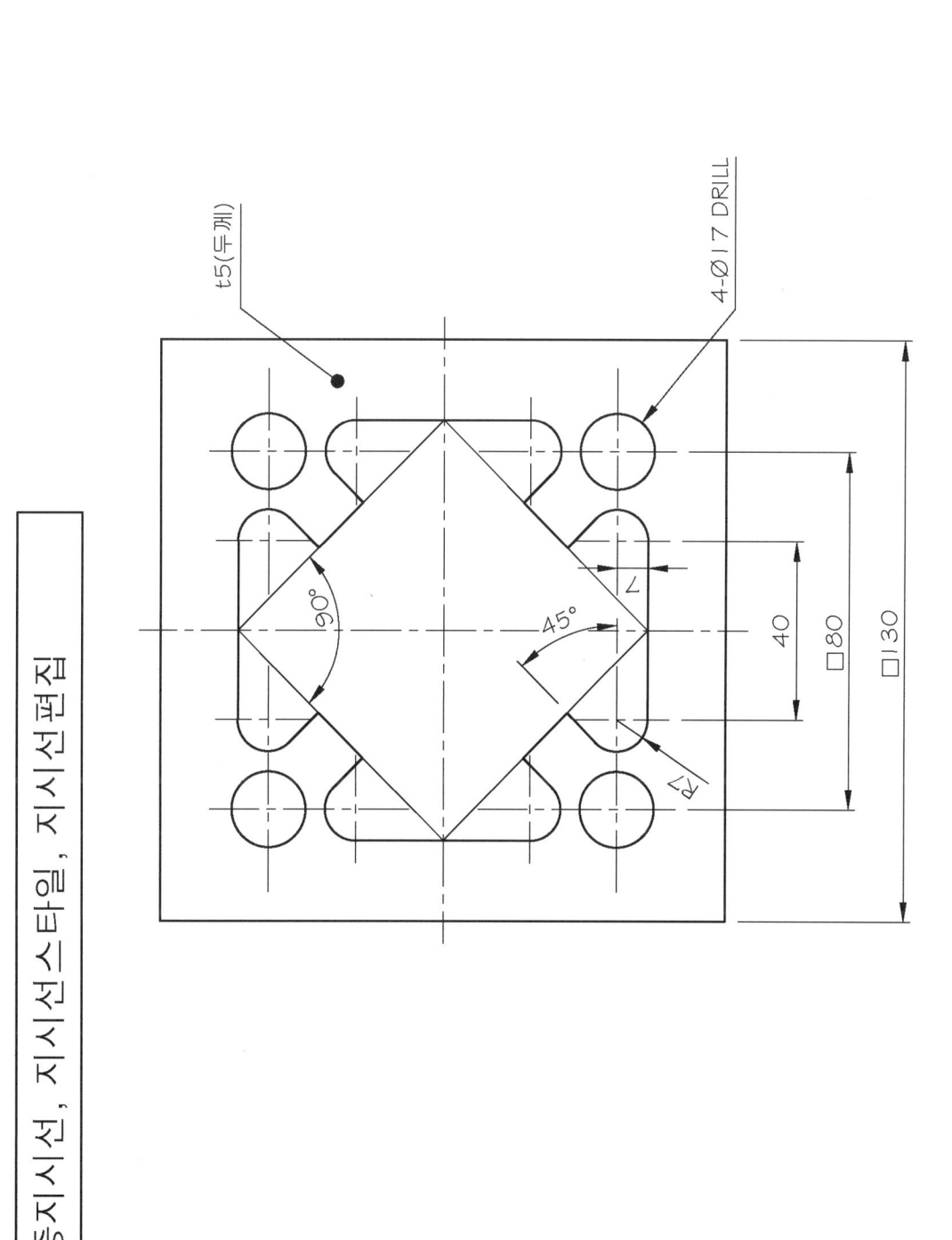

예제로 배우는 AutoCAD

다중지시선, 지시선스타일, 지시선편집

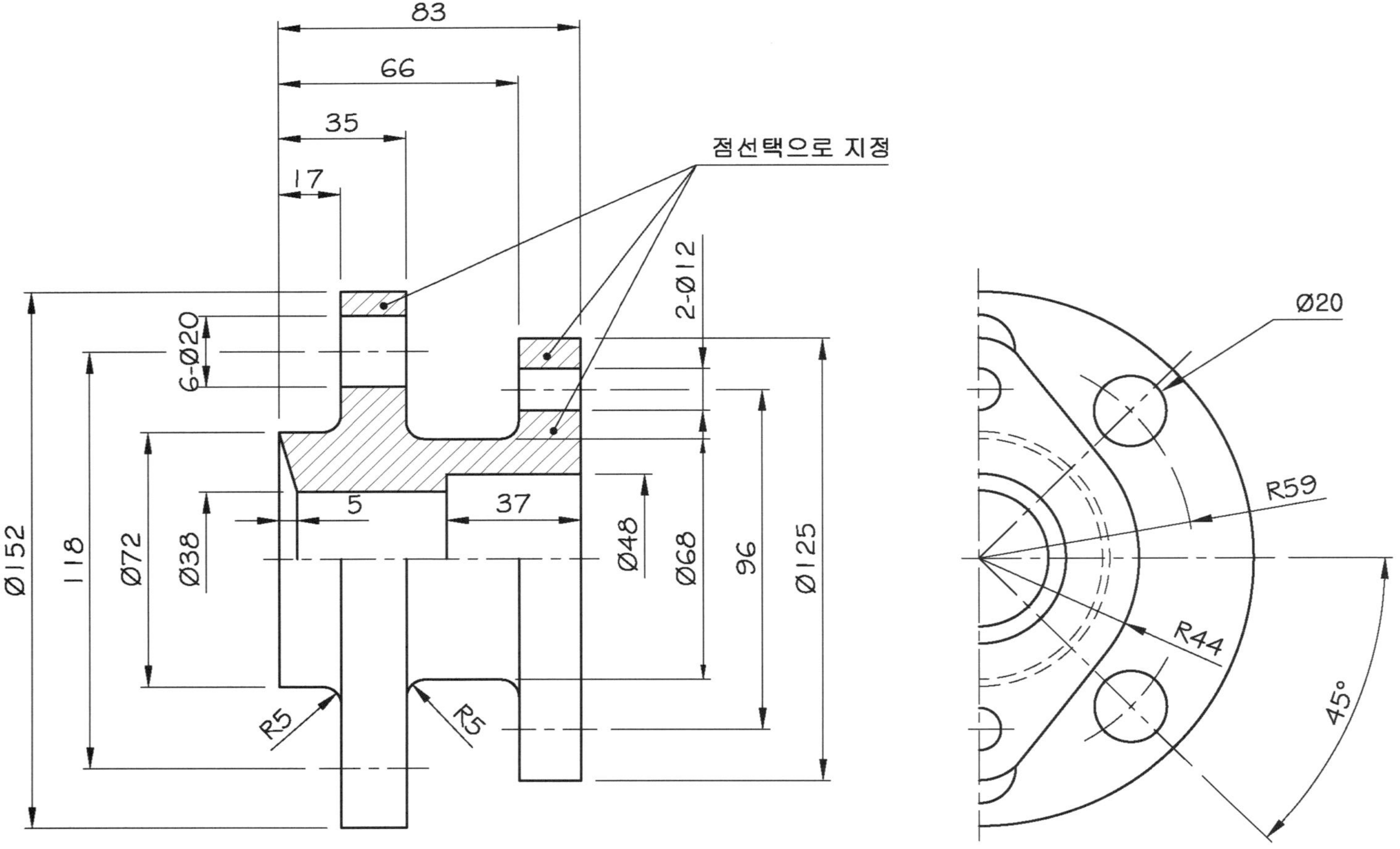

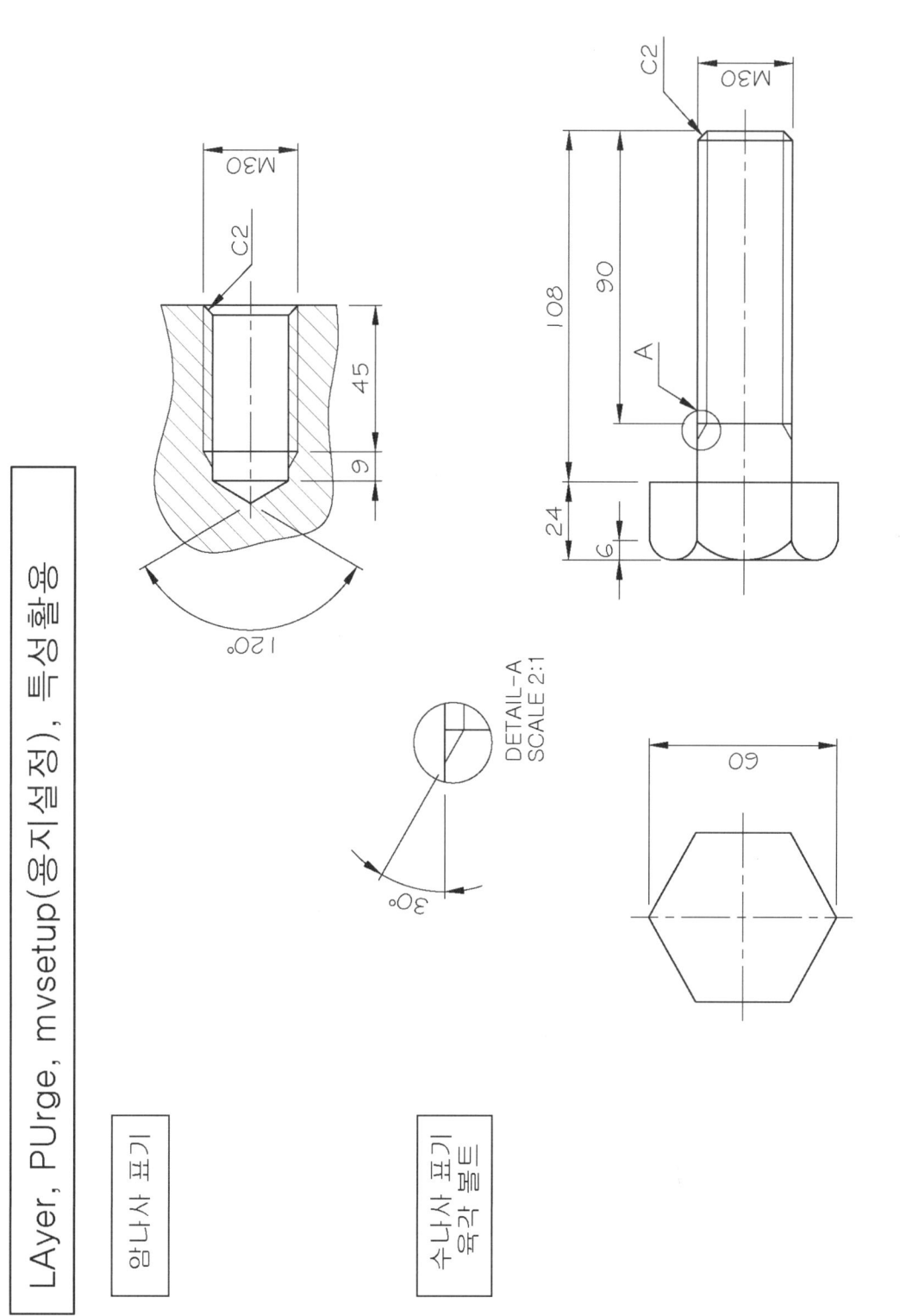

예제로 배우는 AutoCAD

LAyer, PUrge, mvsetup(용지설정), 특성활용

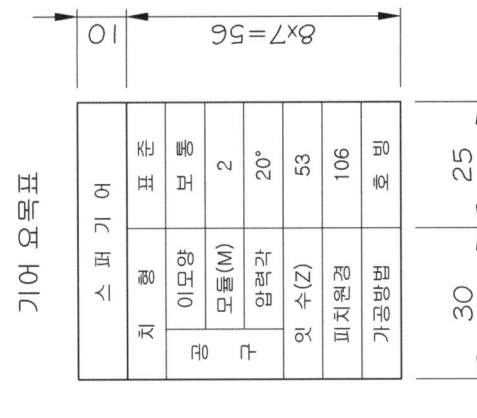

기어 요목표

스퍼기어		표준
공구	이모양	보통
	모듈(M)	2
	압력각	20°
	잇 수(Z)	53
	피치원경	106
가공방법		호브

M=2
Z=53
P.C.D = 2(M)×53(Z)

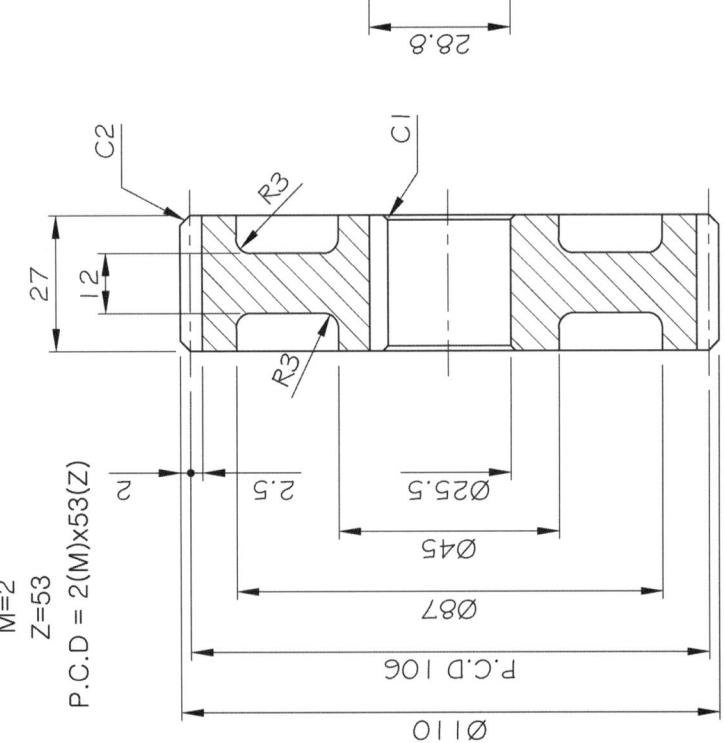

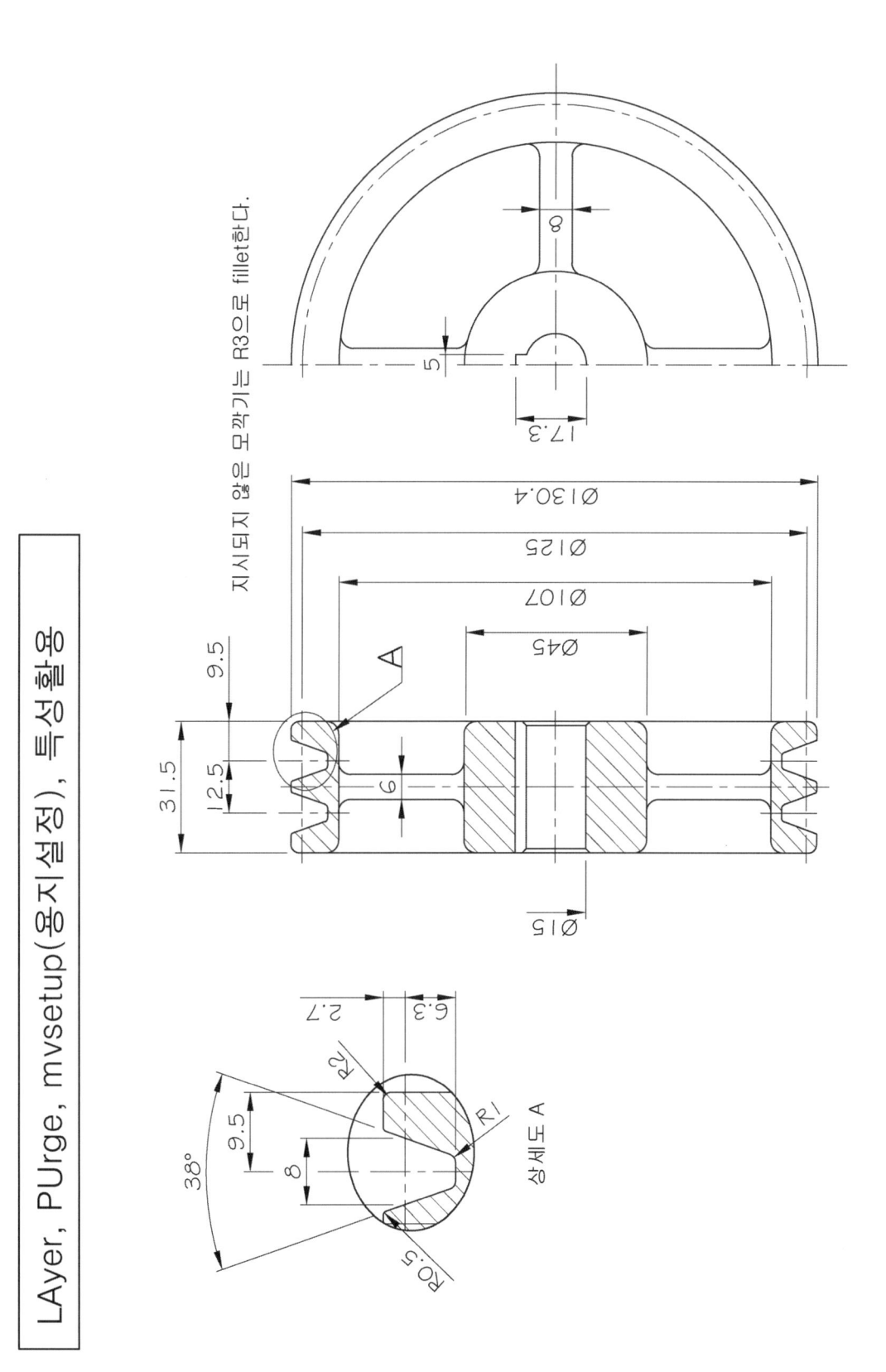

LAyer, PUrge, mvsetup(용지설정), 특성활용

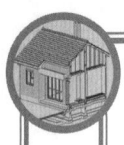

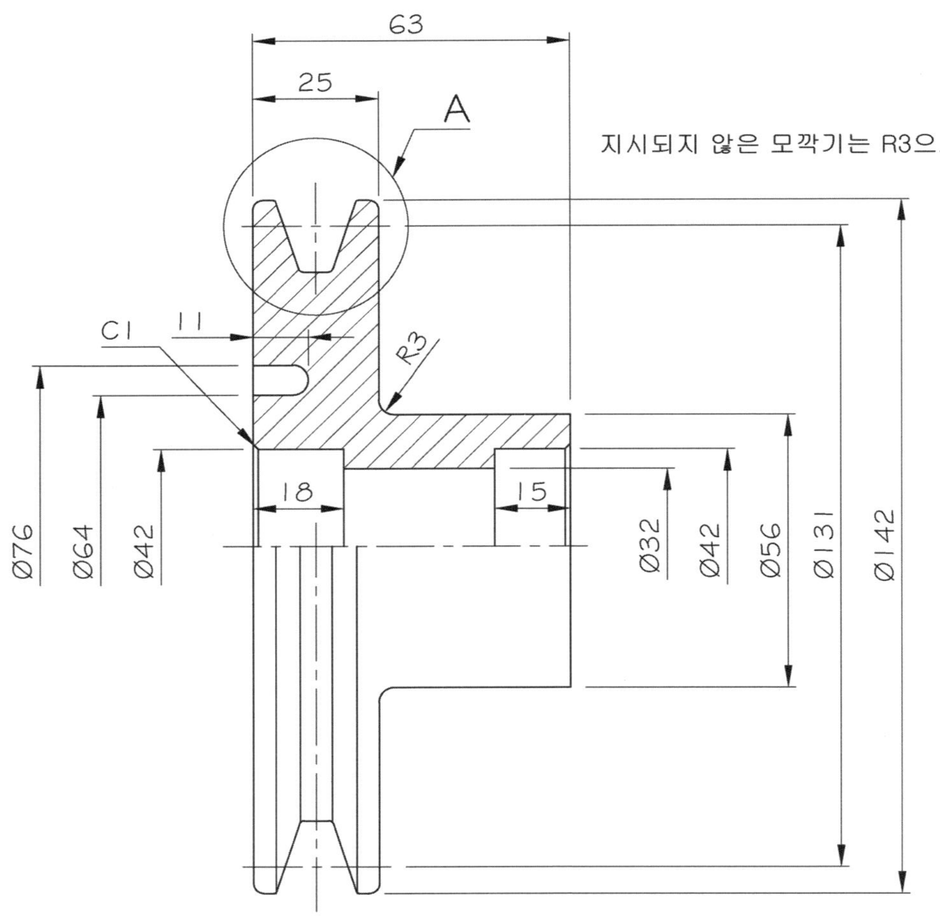

지시되지 않은 모깍기는 R3으로 fillet한다.

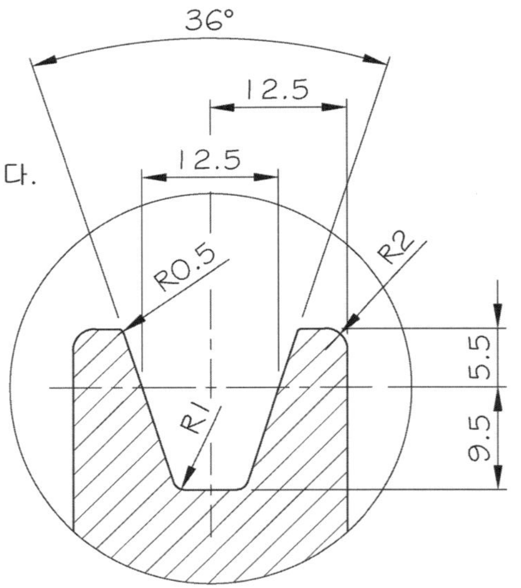

DETAIL-A
SCALE 2:1

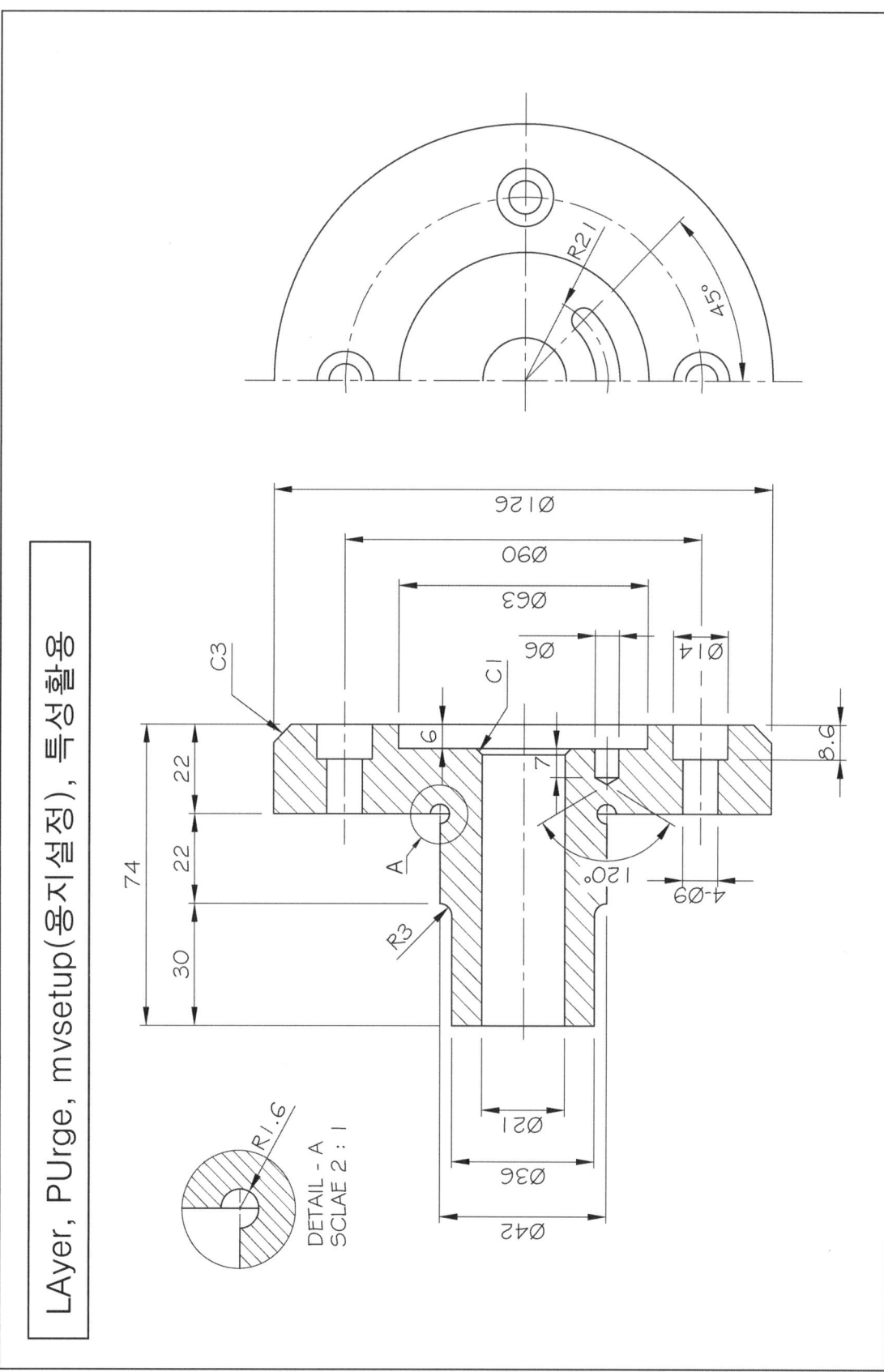

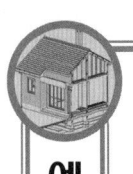

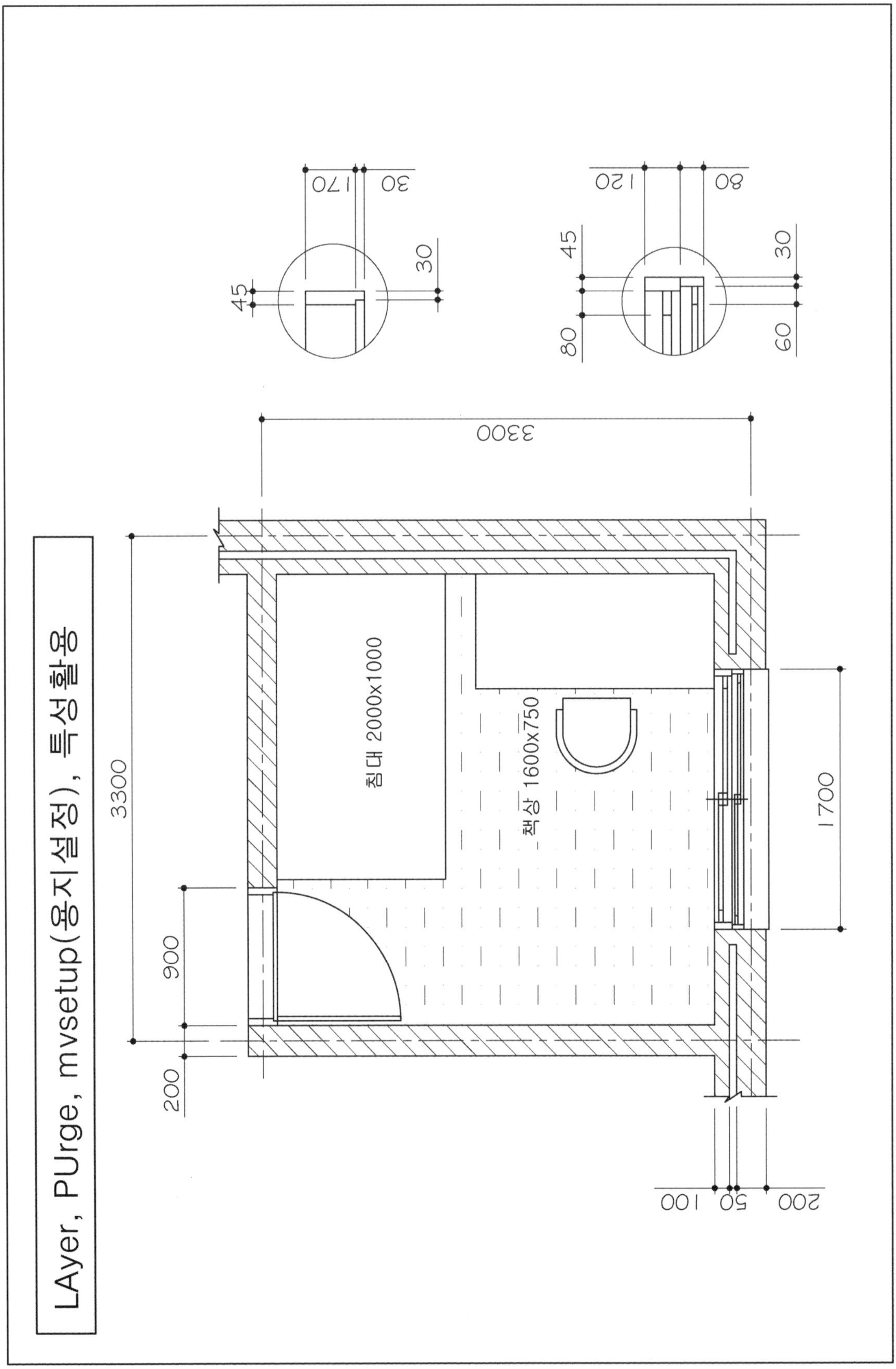
LAyer, PUrge, mvsetup(용지설정), 특성활용
침대 2000x1000
책상 1600x750
3300
3300
1700
900
200
200
50
100
170
30
30
45
120
80
45
30
80
60

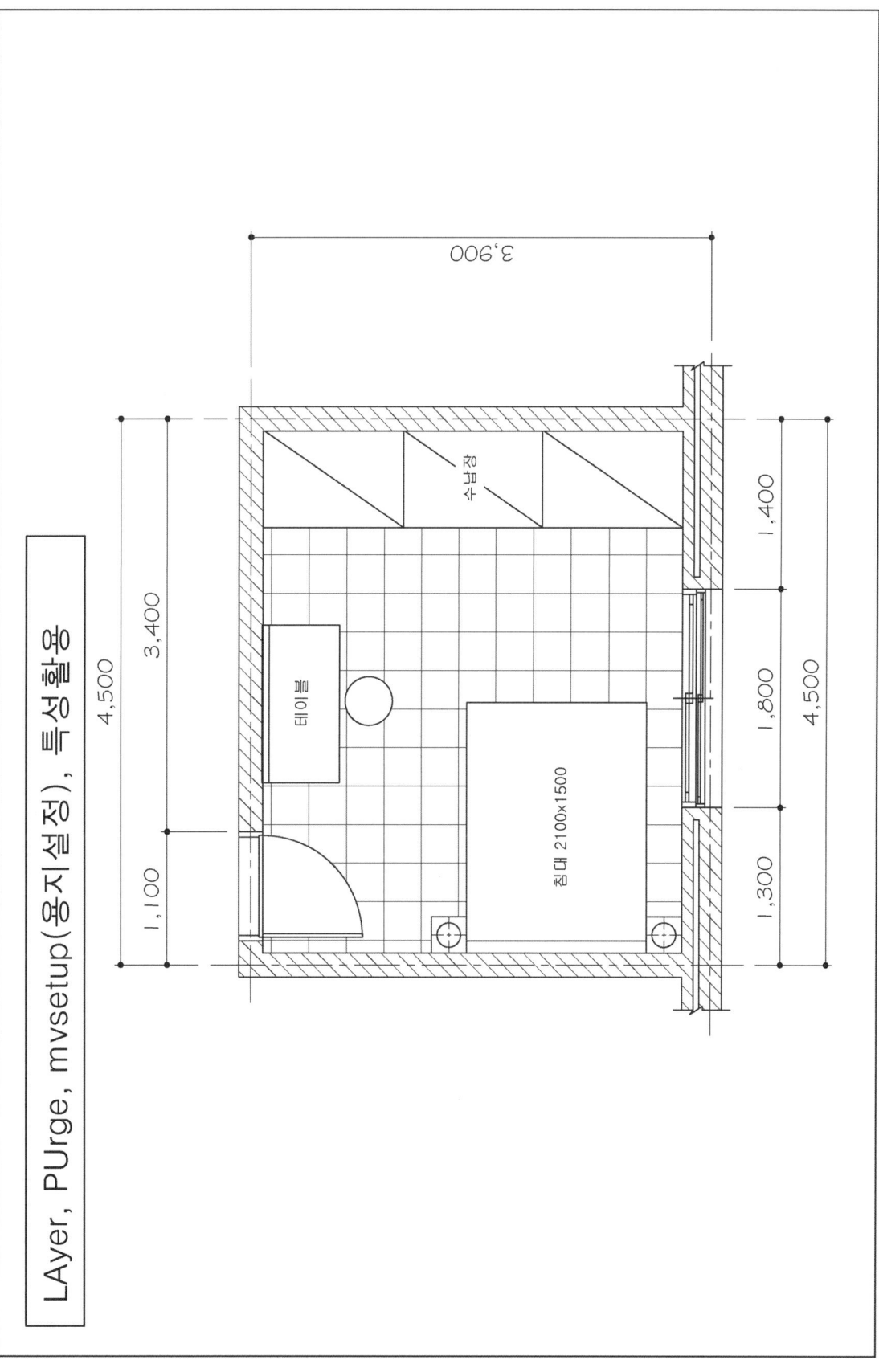

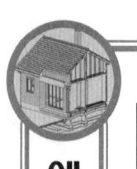

예제로 배우는 AutoCAD

Block, Wblock, Insert, 디자인센터 활용

침대 평면도

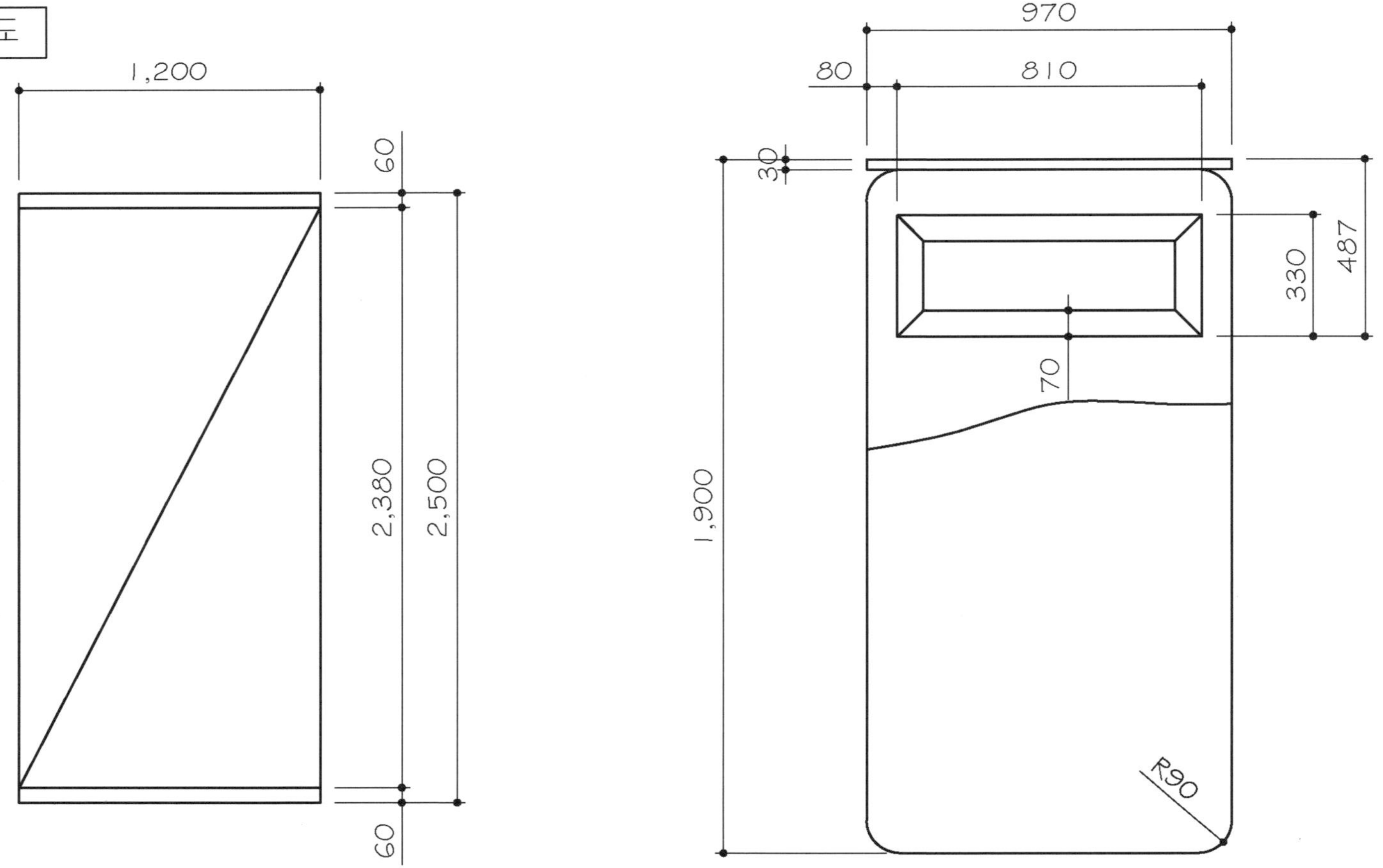

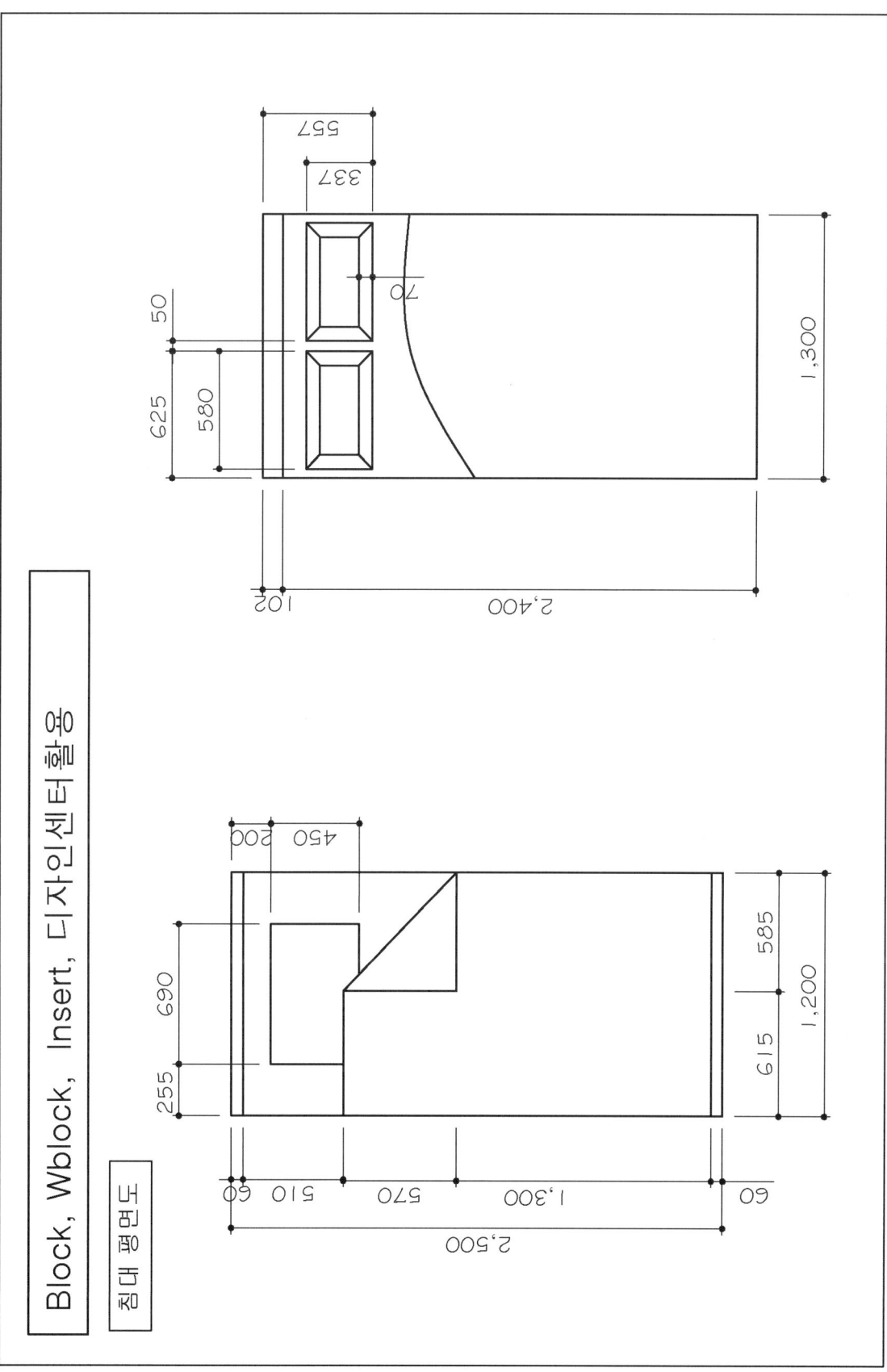

예제로 배우는 AutoCAD

Block, Wblock, Insert, 디자인센터 활용

세면기+변기 평면도

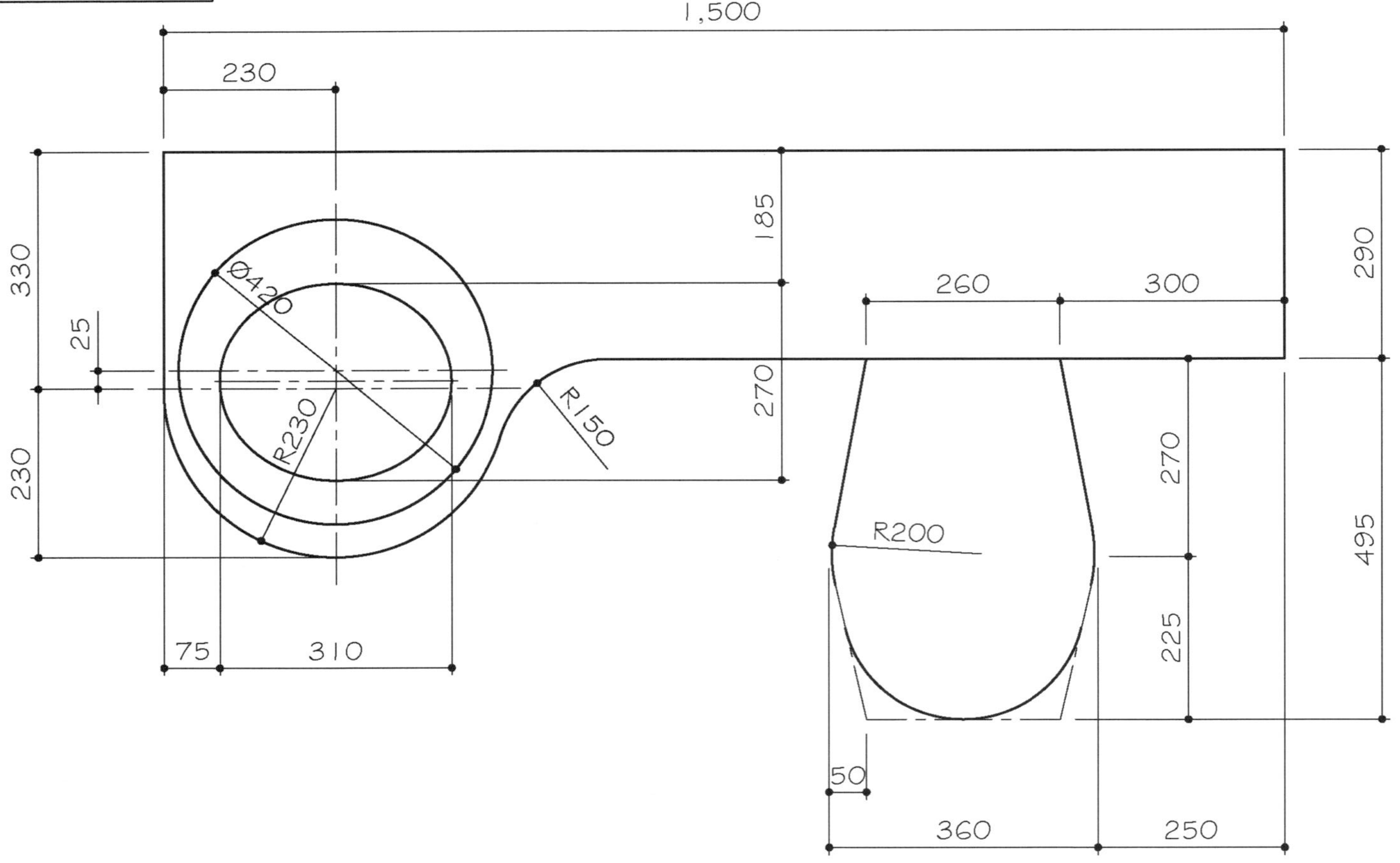

Section 03

Block, Wblock, Insert, 디자인센터활용

세면기평면도

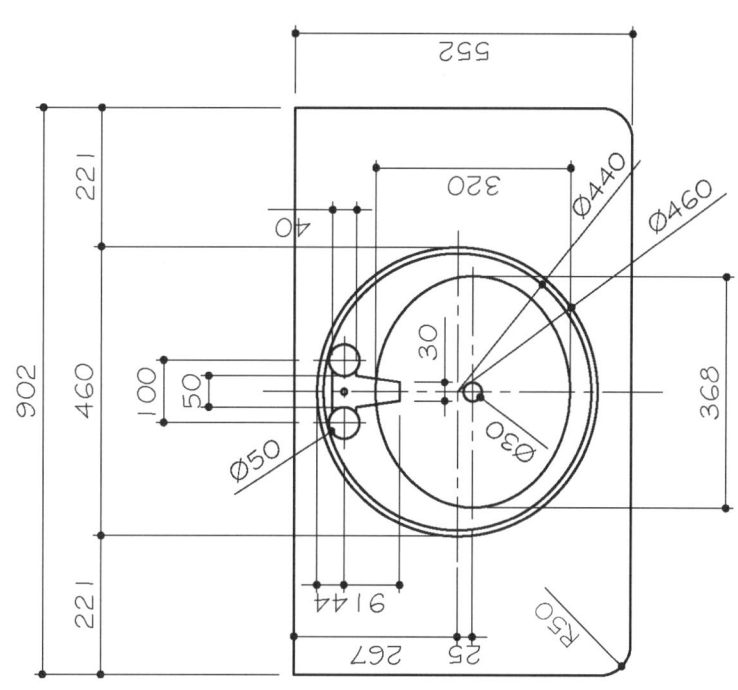
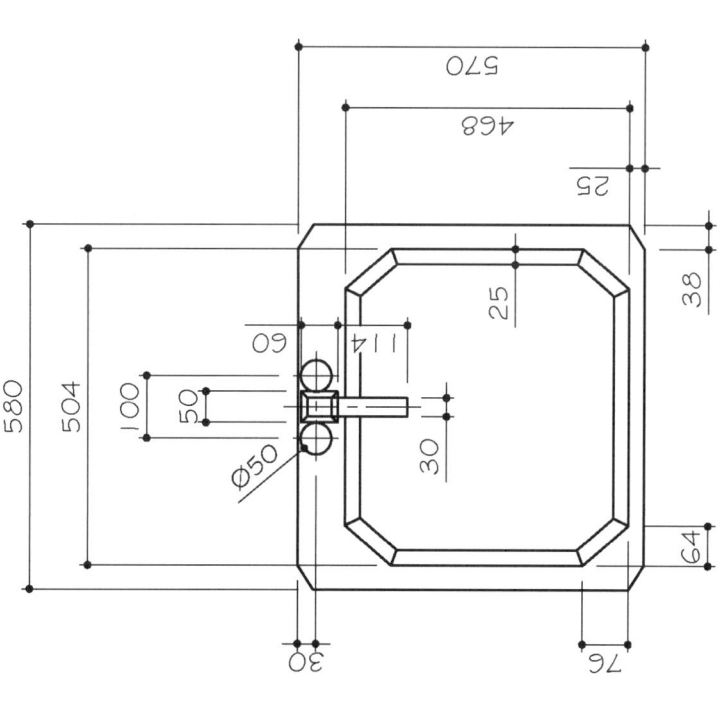

예제로 배우는 AutoCAD

Block, Wblock, Insert, 디자인센터활용

변기평면도

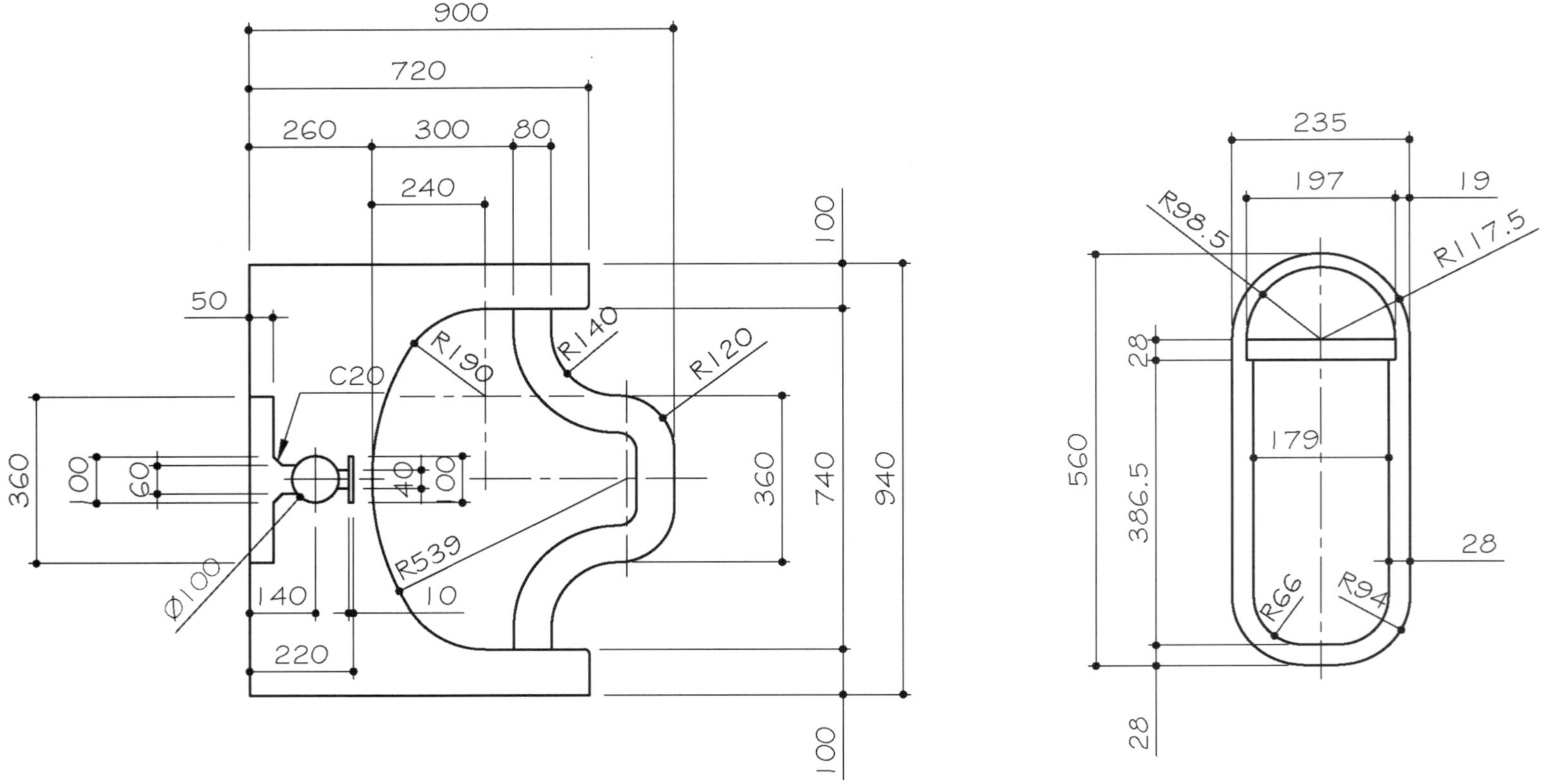

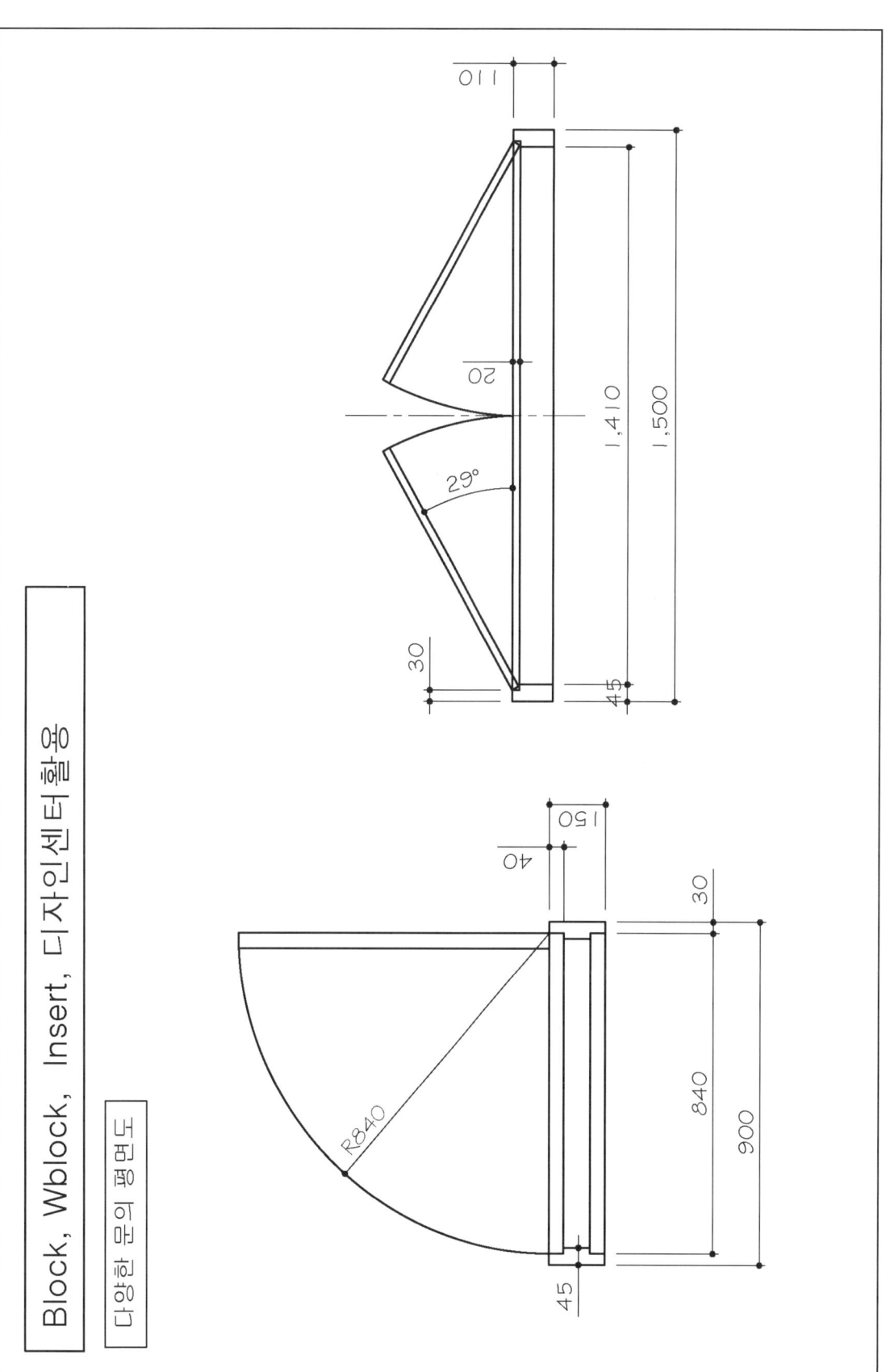

예제로 배우는 AutoCAD

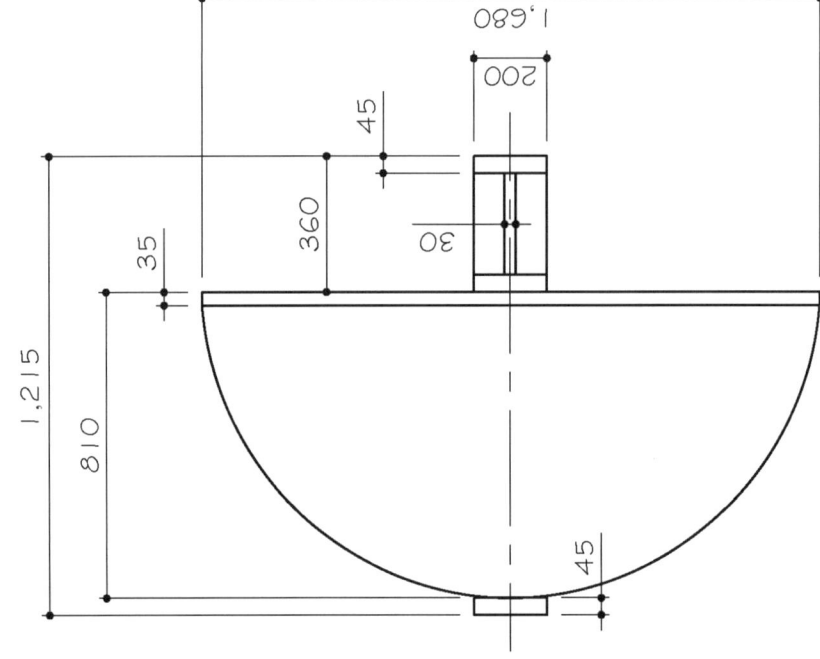

Block, Wblock, Insert, 디자인센터활용

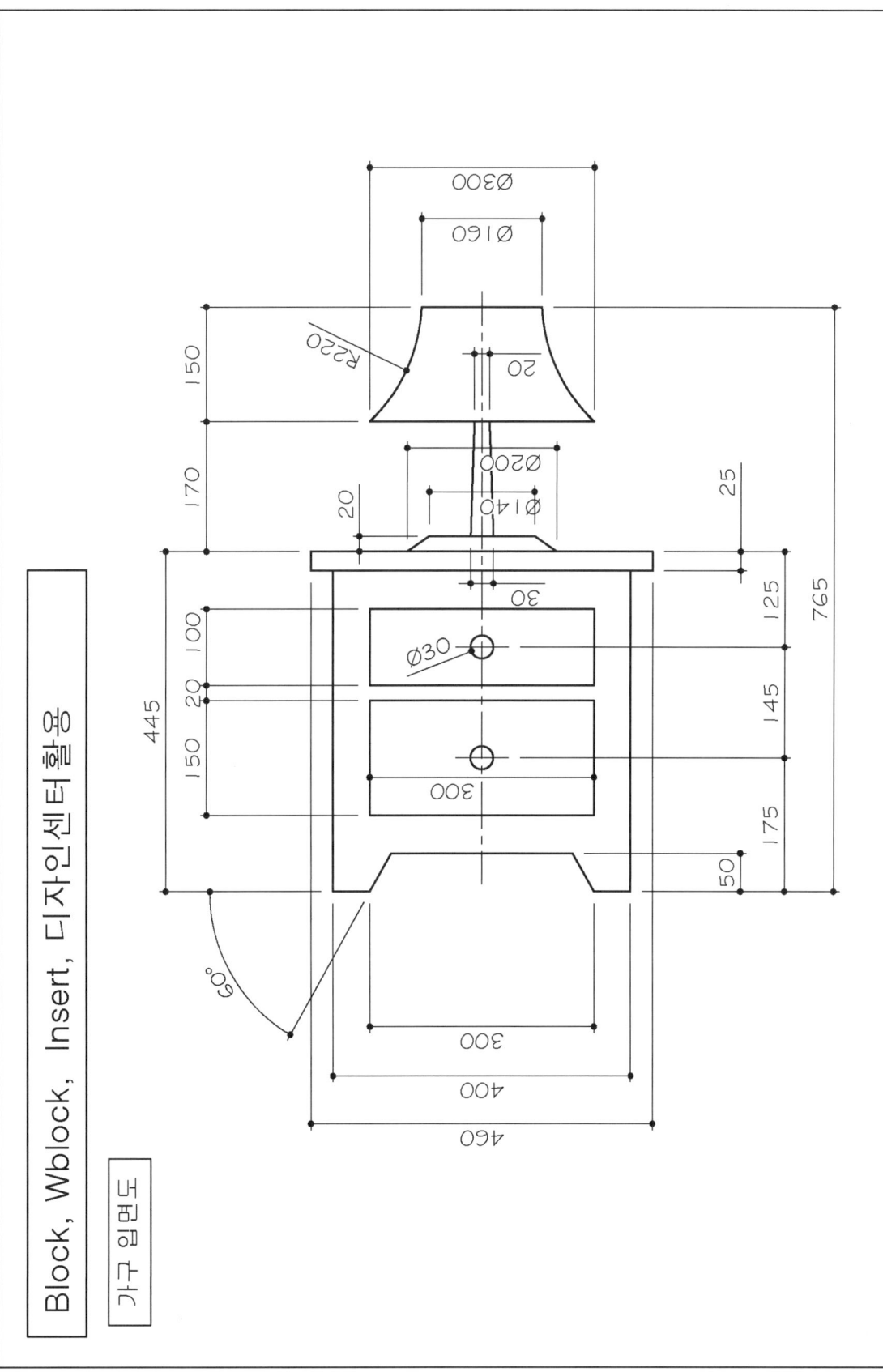

예제로 배우는 AutoCAD

Block, Wblock, Insert, 디자인센터활용

계단평면도

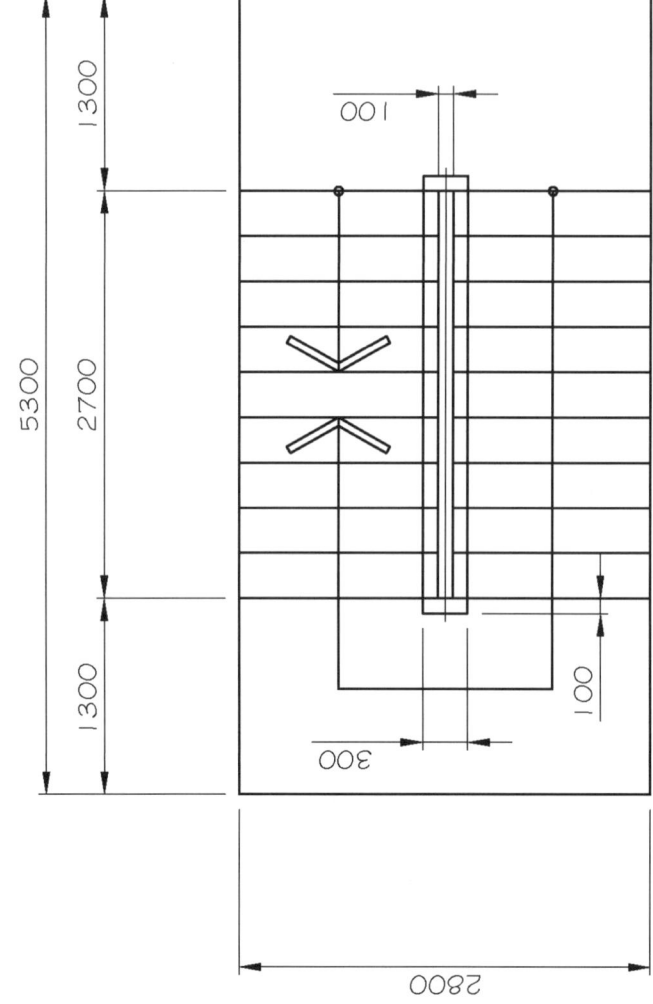

치수는 참고용임(변경가능)

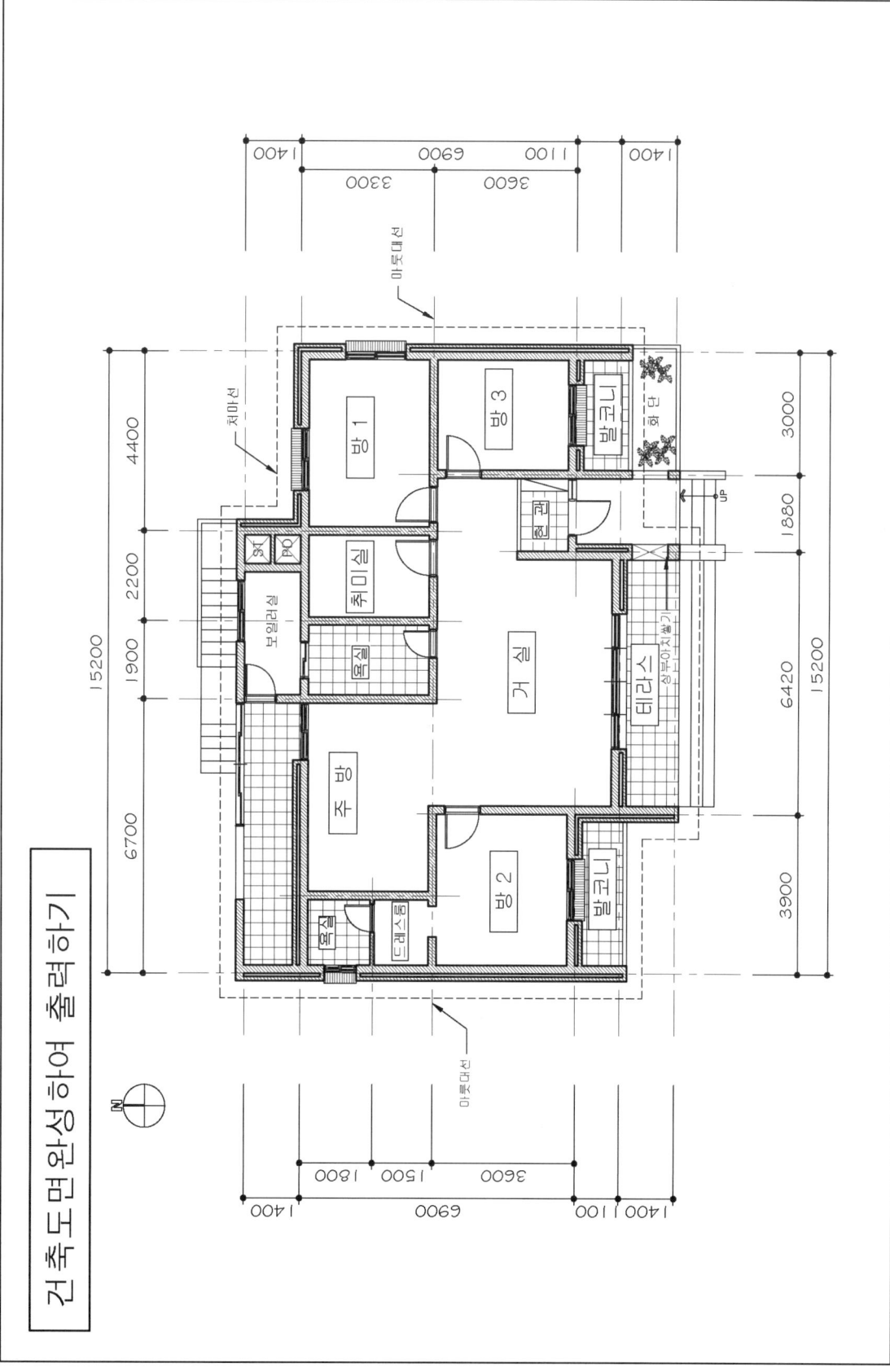

예제로 배우는 AutoCAD

건축도면완성하여 출력하기

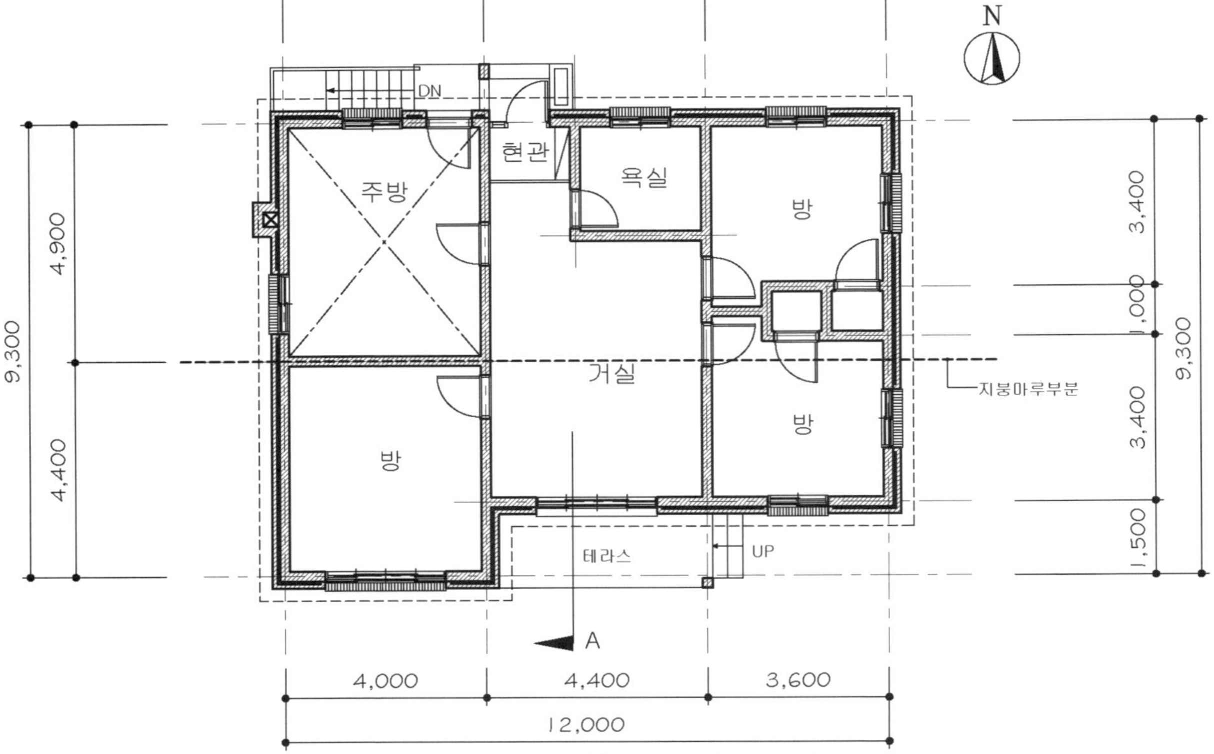

평 면 도
SCALE 1/100

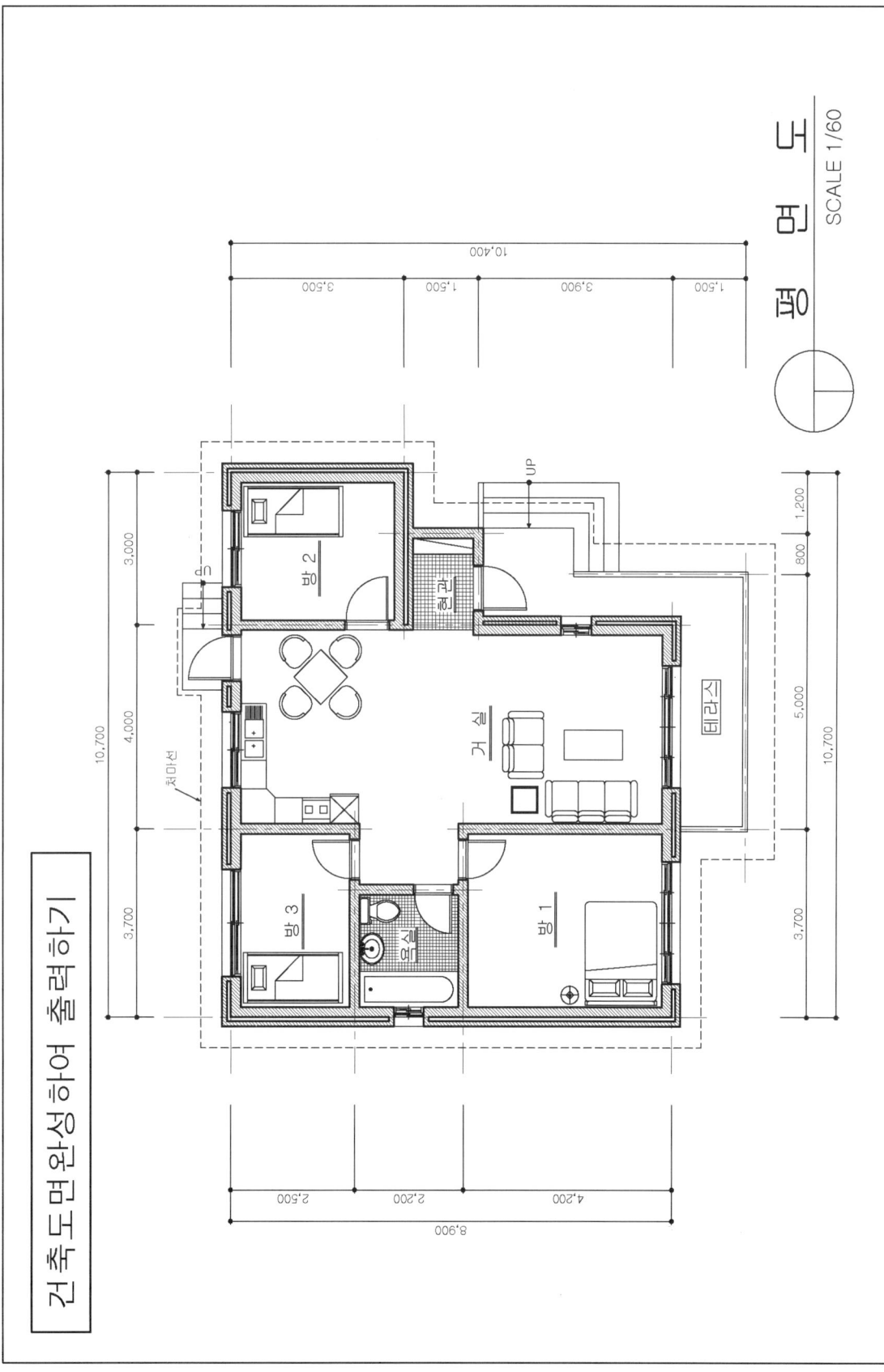

국가기술자격검정 실기시험

자격종목	전산응용건축제도기능사	과제명	주　　택

비번호 :

○ **시험시간** : 표준시간 – 4시간 10분, 연장시간 – 없음

1. **요구사항**

    ※ 주어진 평면도를 보고 CAD를 이용하여 아래 조건에 맞게 다음 도면을 작도한 후 지급된 용지에 본인이 직접 흑백으로 출력하고 USB 메모리에 저장하여 함께 제출하시오.

    1) A부분 단면 상세도를 축척 1/40로 작도하시오.
    2) 남측 입면도를 축척 1/50로 작도하되 벽면재료 표시 및 주위의 배경 등 도면의 요소를 충분히 고려하시오.

[조 건]

- 기초 및 지하실 벽체 : 철근콘크리트 구조로 한다.
- 벽체 : 외벽 – 외부로부터 붉은 벽돌 0.5B, 단열재, 시멘트 벽돌 1.0B로 하시오.
         내벽 – 두께 1.0B 시멘트 벽돌 쌓기로 하시오.
- 단열재 : 외벽 120mm, 바닥 85mm, 지붕 180mm로 하시오.
- 지붕 : 철근콘크리트 경사슬래브 위 시멘트 기와잇기 마감으로 하시오.
         (물매 : 4.0/10 이상)
- 처마 나옴 : 벽체 중심에서 600mm
- 반자높이 : 2,400mm, 처마반자 설치
- 창호 : 목재창호로 하되 2중창인 경우 외부창호는 알루미늄 새시로 하시오.
- 각 실의 난방 : 온수파이프 온돌난방으로 하시오.
- 1층 바닥슬래브와 기초는 일체식으로 표현하시오.
- 평면도에 표현되지 않은 현관 상부 캐노피는 작도하지 않습니다.
- 기타 각 부분의 마감, 치수 등 주어지지 않은 조건은 일반적인 시공수준으로 하시오.

    ※ 선의 통일을 기하기 위하여 아래와 같이 선의 색을 정리하여 출력하시오.

    · 흰색(7-White) – 0.3mm　　　· 녹색(3-Green) – 0.2mm
    · 노랑(2-Yellow) – 0.4mm　　· 하늘색(4-Cyan) – 0.3mm
    · 빨강(1-Red) – 0.2mm　　　· 파랑(5-Blue) – 0.1mm

2. 수검자 유의사항

※ 다음 유의사항을 고려하여 요구사항을 완성하시오.

1) 명기되지 않은 조건은 건축법, 건축구조 및 건축제도 원칙에 따릅니다.
2) 시험시작 전 바탕화면에 본인 비번호로 폴더를 생성하고, 폴더 안에 작업내용을 저장하도록 합니다.
3) 정전 및 기계고장 등에 의한 자료손실을 방지하기 위하여 수시로 저장합니다.
4) 다음과 같은 경우는 부정행위로 처리됩니다.
   가) 노트 및 서적, 디스켓을 소지하거나 주고받는 행위
   나) 건물의 구조 부분의 상세나 글씨 등을 사전에 블록으로 설정하여 지참 사용하는 경우
5) 작업이 끝나면 감독위원의 확인을 받은 후 문제지를 제출하고 본부요원 입회하에 본인이 직접 A3 용지에 흑백으로 도면을 출력하도록 합니다. 이때 수검자의 운영 미숙으로 도면이 출력이 안 되는 경우나 출력시간이 20분을 초과할 경우는 실격 처리 됩니다.
6) 장비 조작 미숙으로 장비의 파손 및 고장을 일으킬 염려가 있을 경우 실격됩니다.
7) 다음과 같은 경우에는 채점 대상에서 제외됩니다.
   가) 시험시간(표준시간) 내에 요구사항을 완성하지 못한 경우
   나) 시험시간 내에 제출된 작품이라도 다음과 같은 경우
      (1) 주어진 조건을 지키지 않고 작도한 경우
      (2) 요구한 전 도면을 작도하지 않은 경우
      (3) 건축제도 통칙을 준수하지 않거나 건축 CAD의 기능이 없는 상태에서 완성된 도면으로 시험위원 전원이 합의하여 판단한 경우
8) 수험번호, 성명은 도면 좌측 상단에 아래와 같이 표제란을 만들어 기재합니다.

9) 감독위원은 시험 시작 후 수검자에게 표제란을 우선 작도 후 도면을 작도하도록 하여야 하며 수검자가 감독위원의 동지시를 따르지 않을 경우 실격 처리됩니다.
10) 테두리선의 여백은 10mm로 합니다.

자격종목	전산응용건축제도기능사	과제명	주 택	척도	N.S

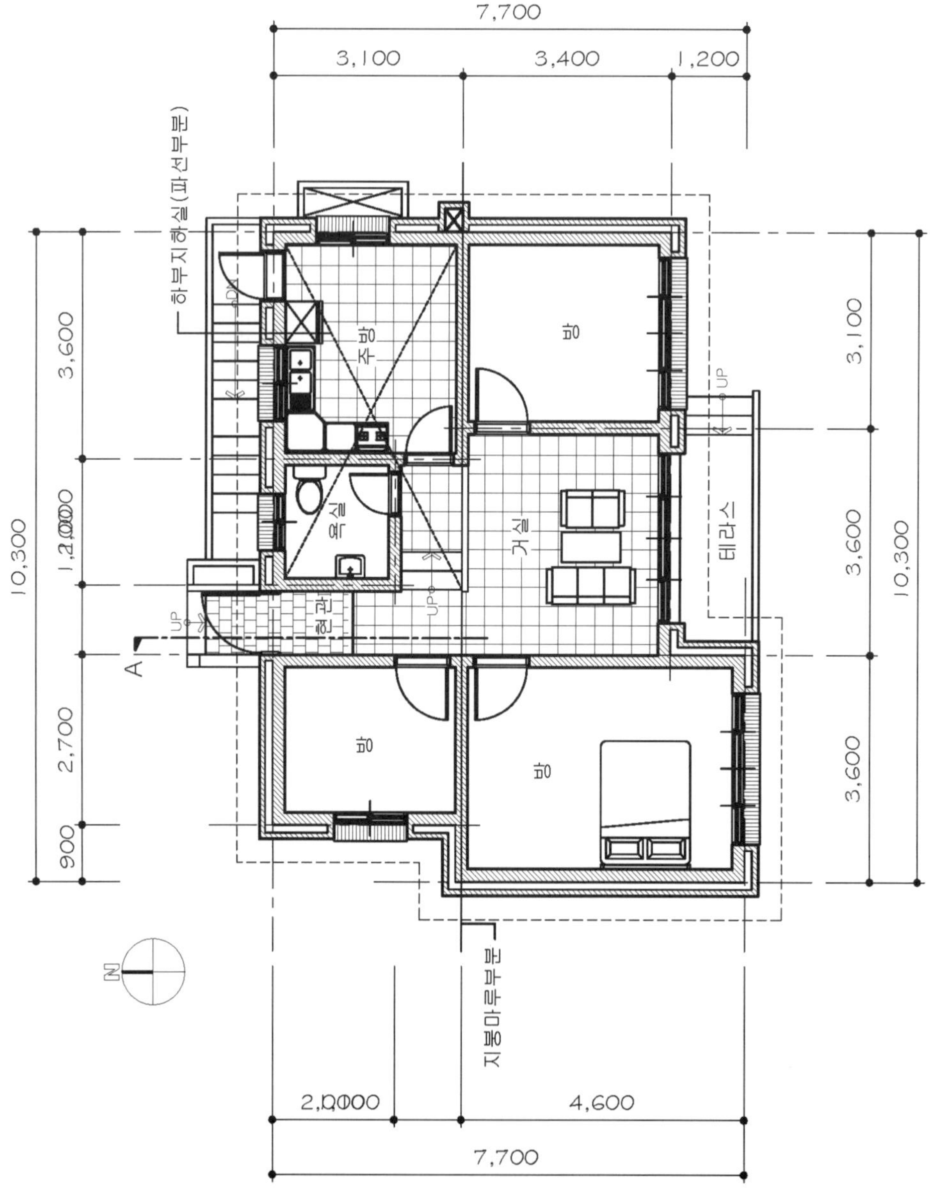

수검번호		전산응용건축제도기능사
성　　명		
감독확인		

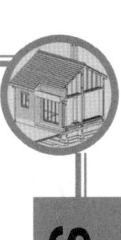

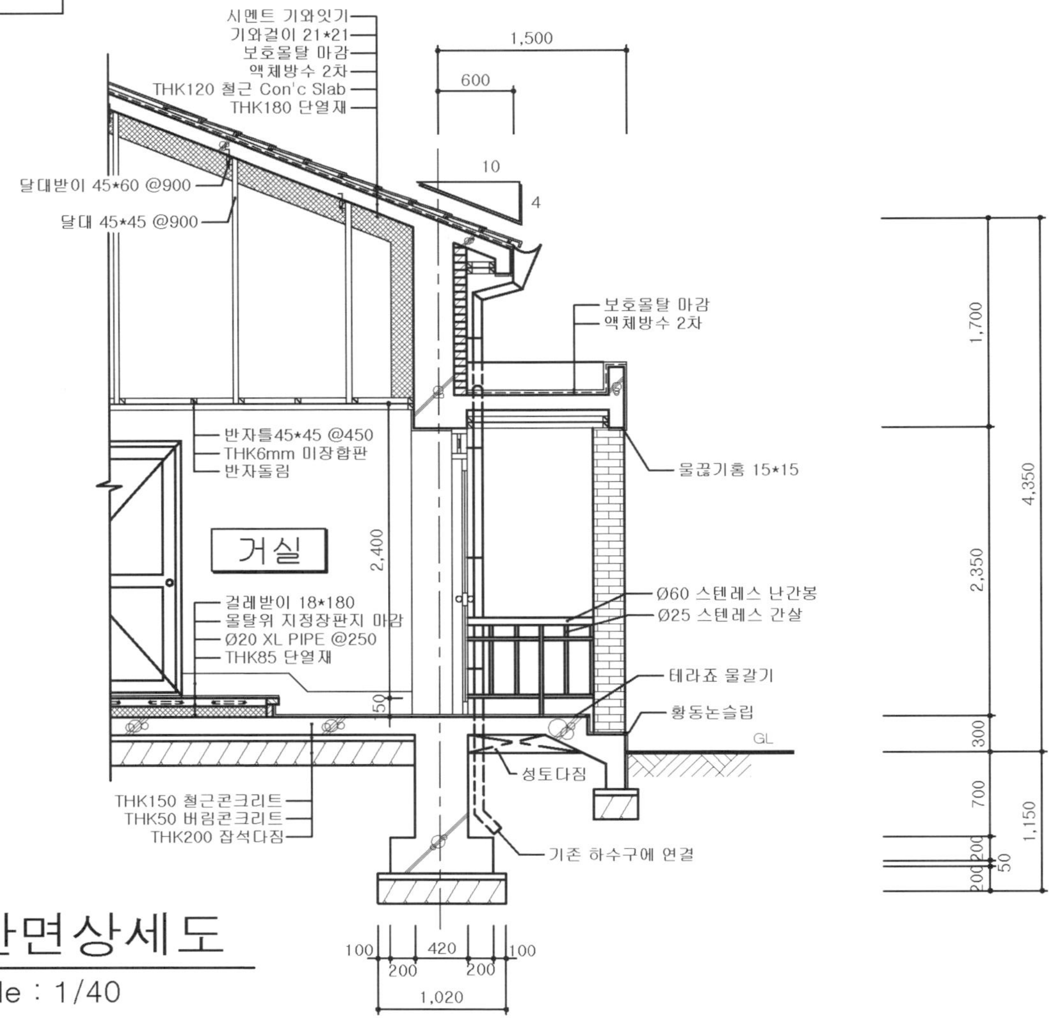

A부분단면상세도

scale : 1/40

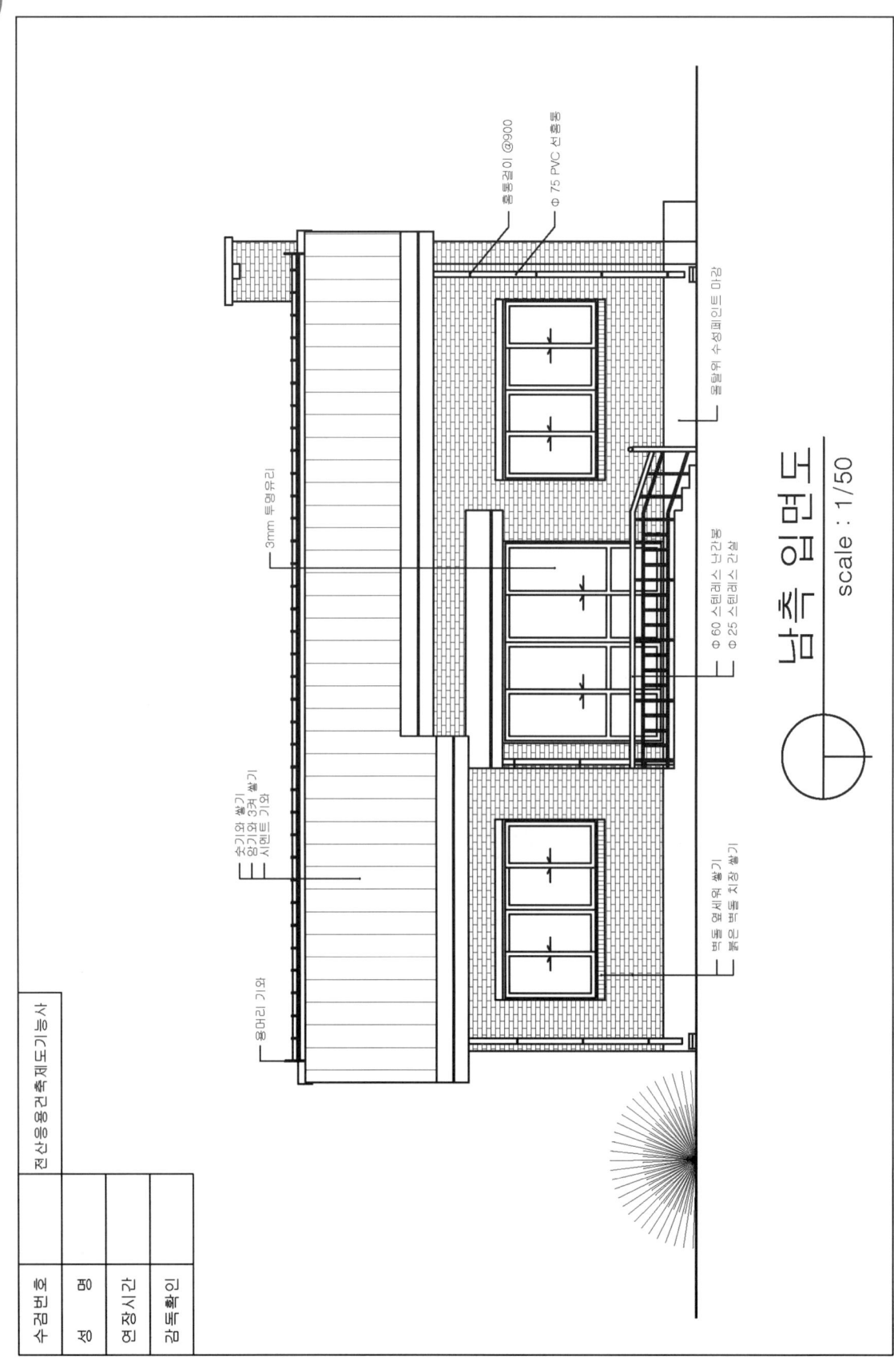

기초단면그리기

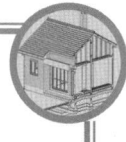

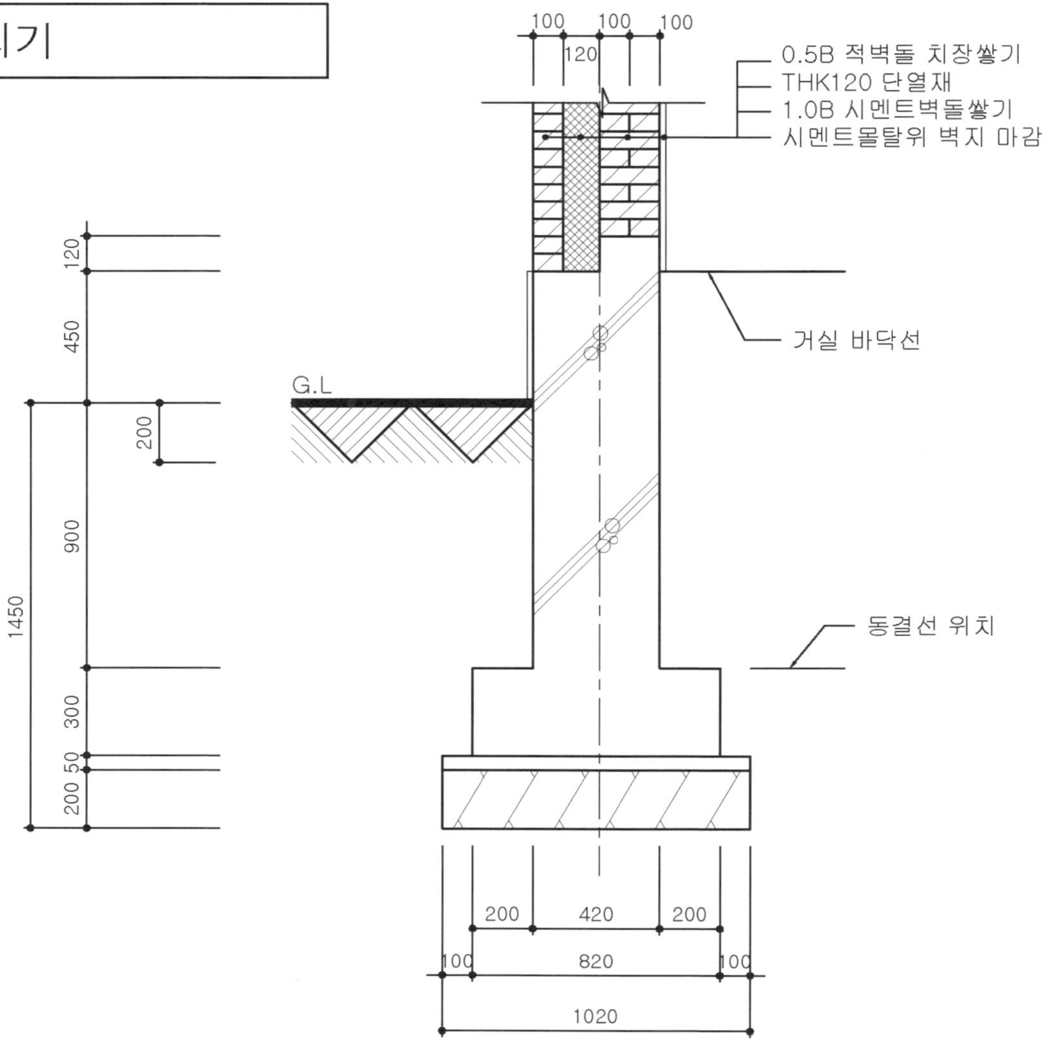
100
100
100
120
0.5B 적벽돌 치장쌓기
THK120 단열재
1.0B 시멘트벽돌쌓기
시멘트몰탈위 벽지 마감
거실 바닥선
G.L
동결선 위치
120
450
200
900
1450
300
50
200
200
420
200
100
820
100
1020

예제로 배우는 AutoCAD

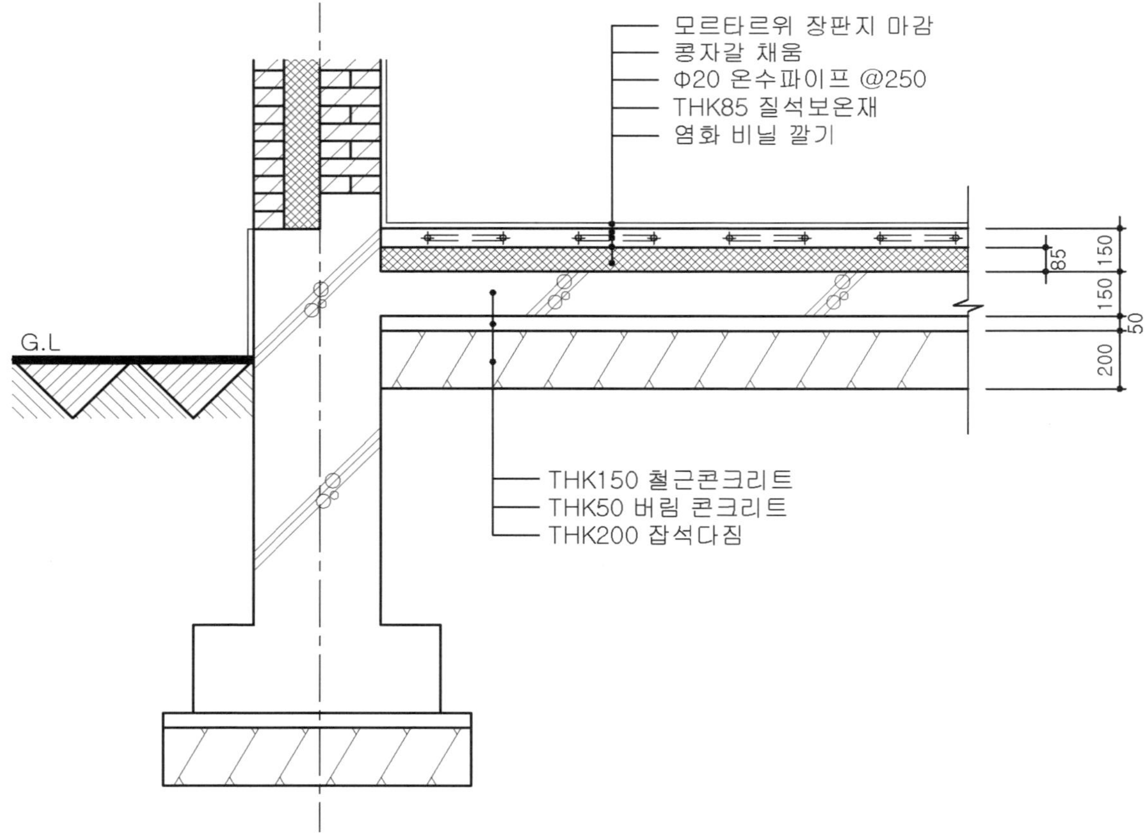

모르타르위에 장판지 마감
콩자갈 채움
Φ20 온수파이프 @250
THK85 질석보온재
염화 비닐 깔기

THK150 철근콘크리트
THK50 버림 콘크리트
THK200 잡석다짐

G.L

방바닥그리기

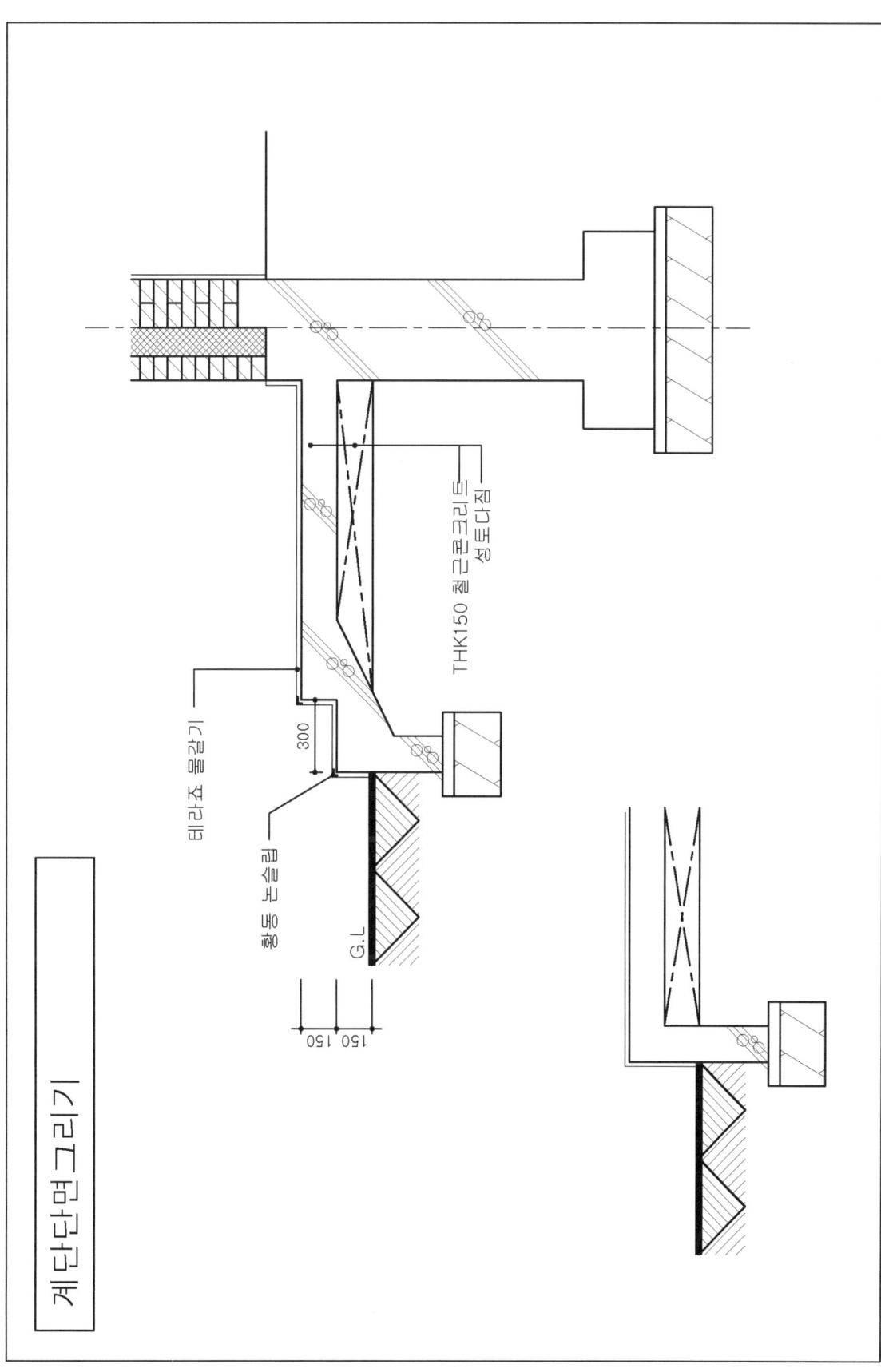

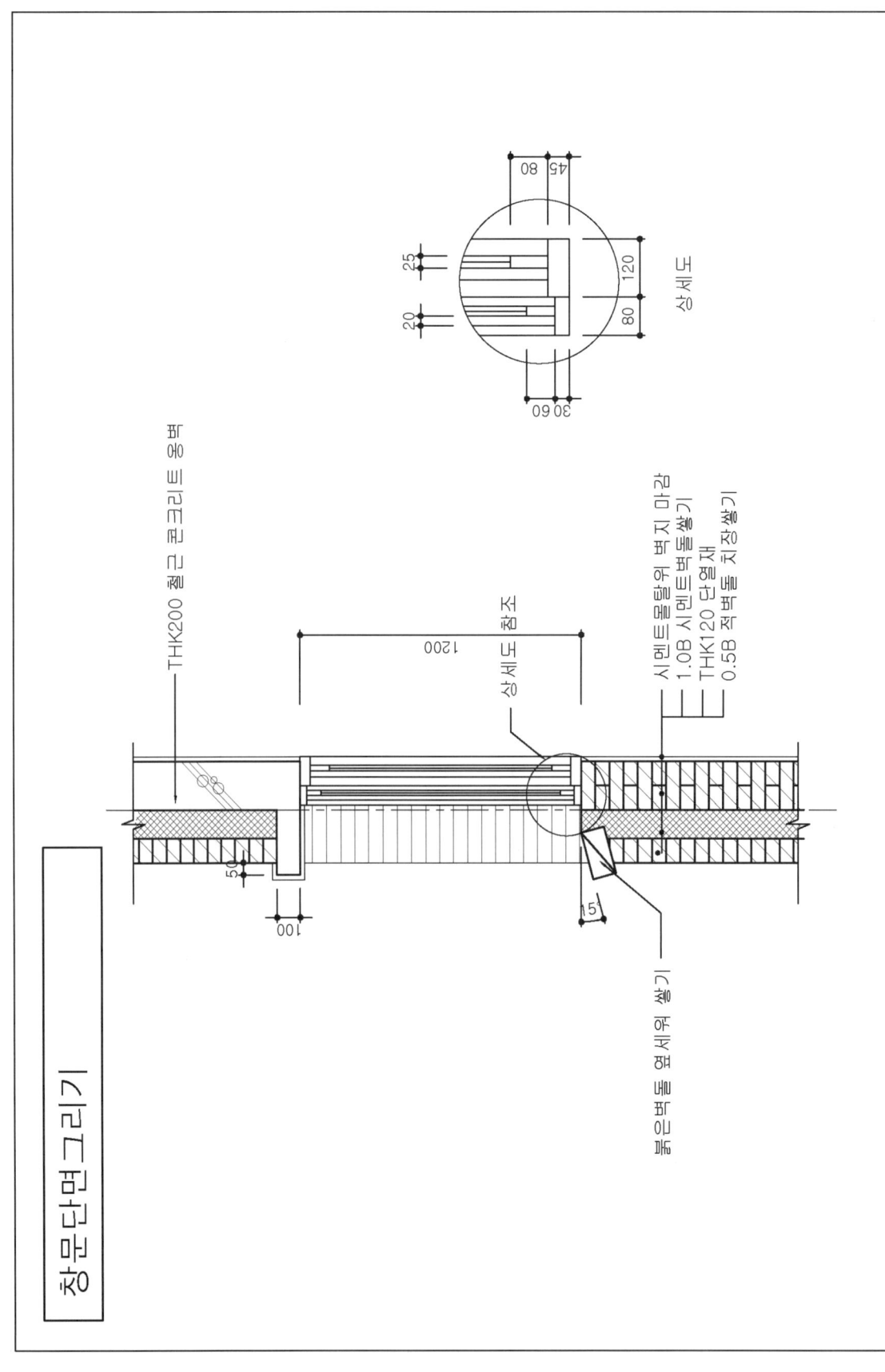

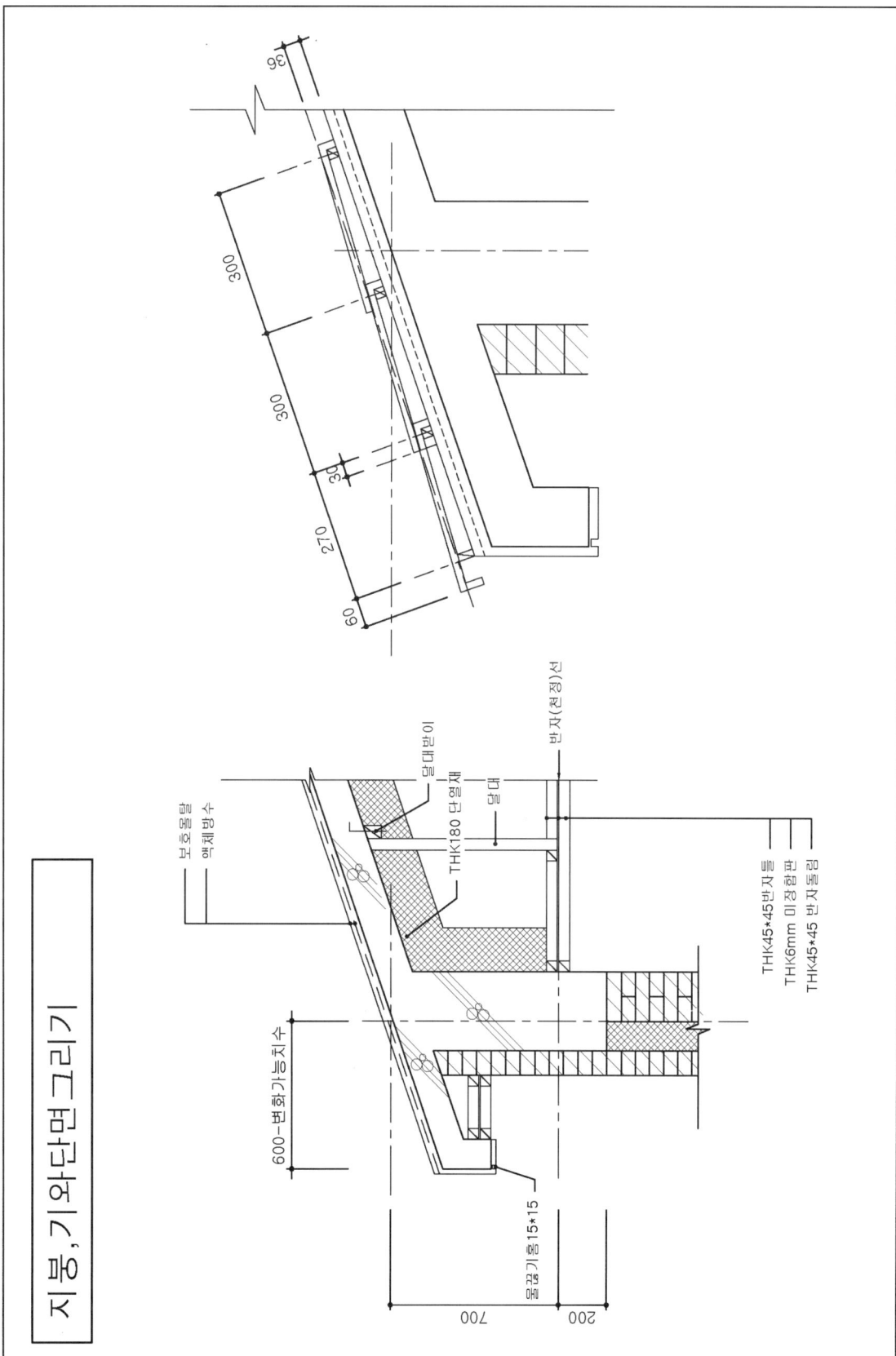

예제로 배우는 AutoCAD

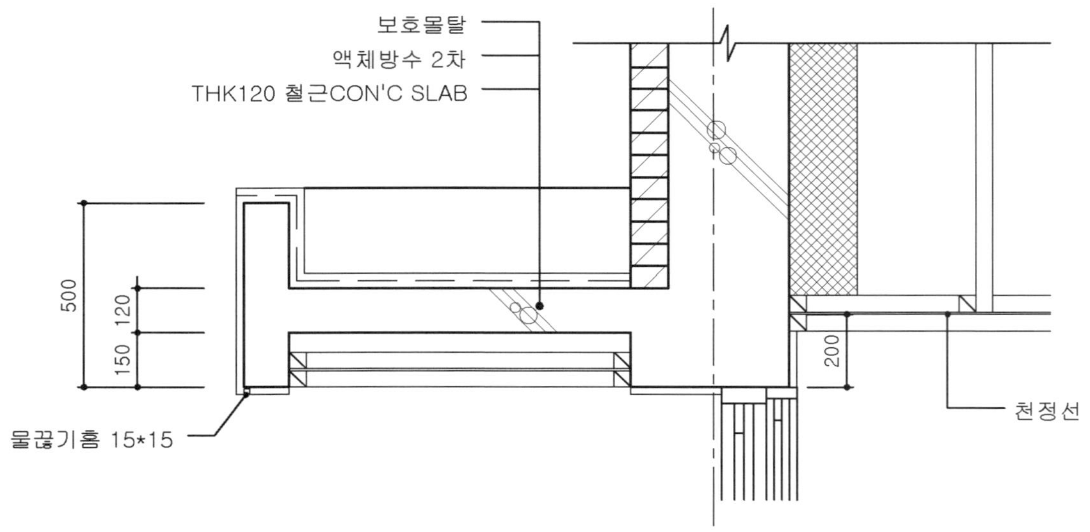

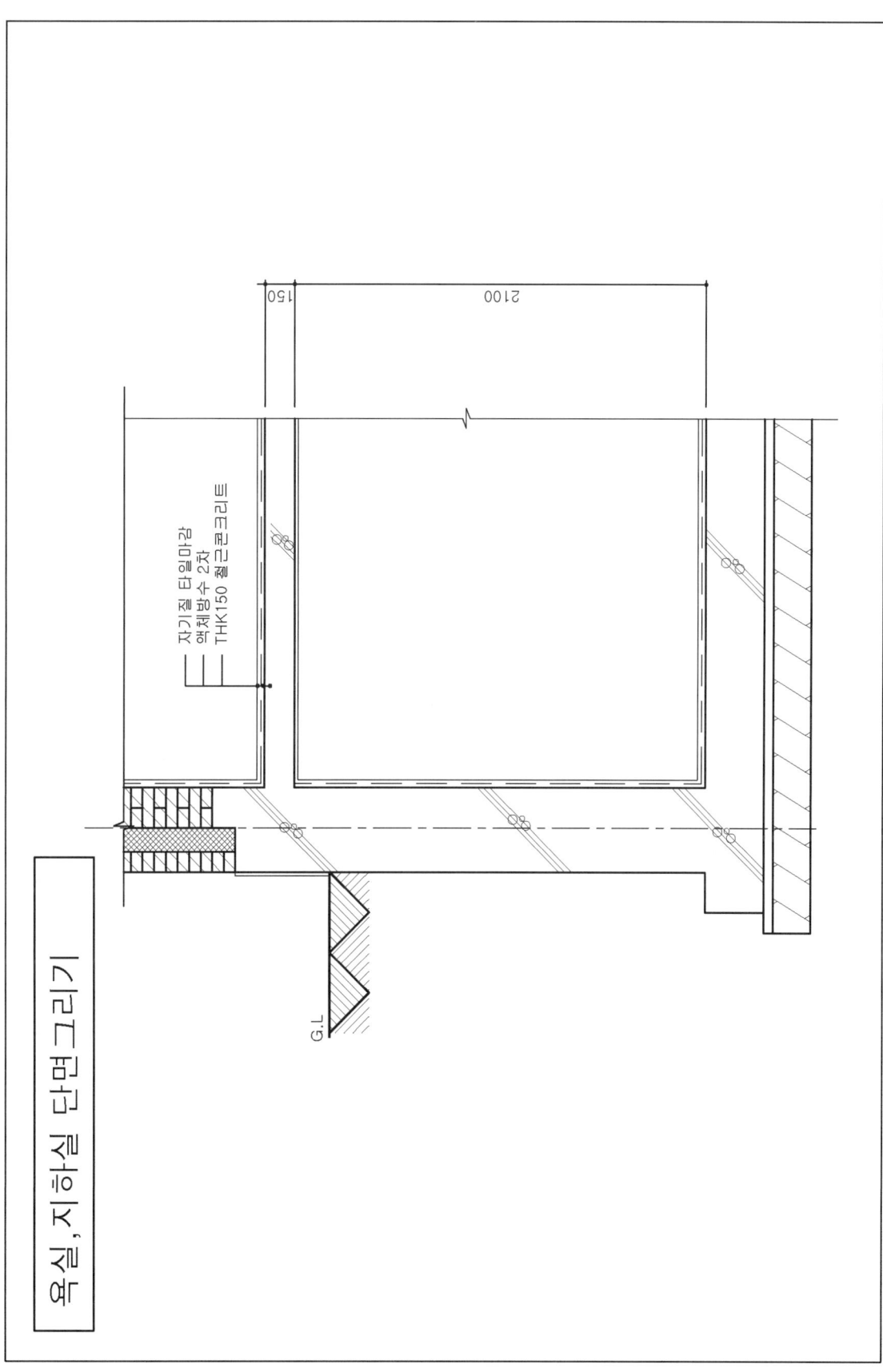

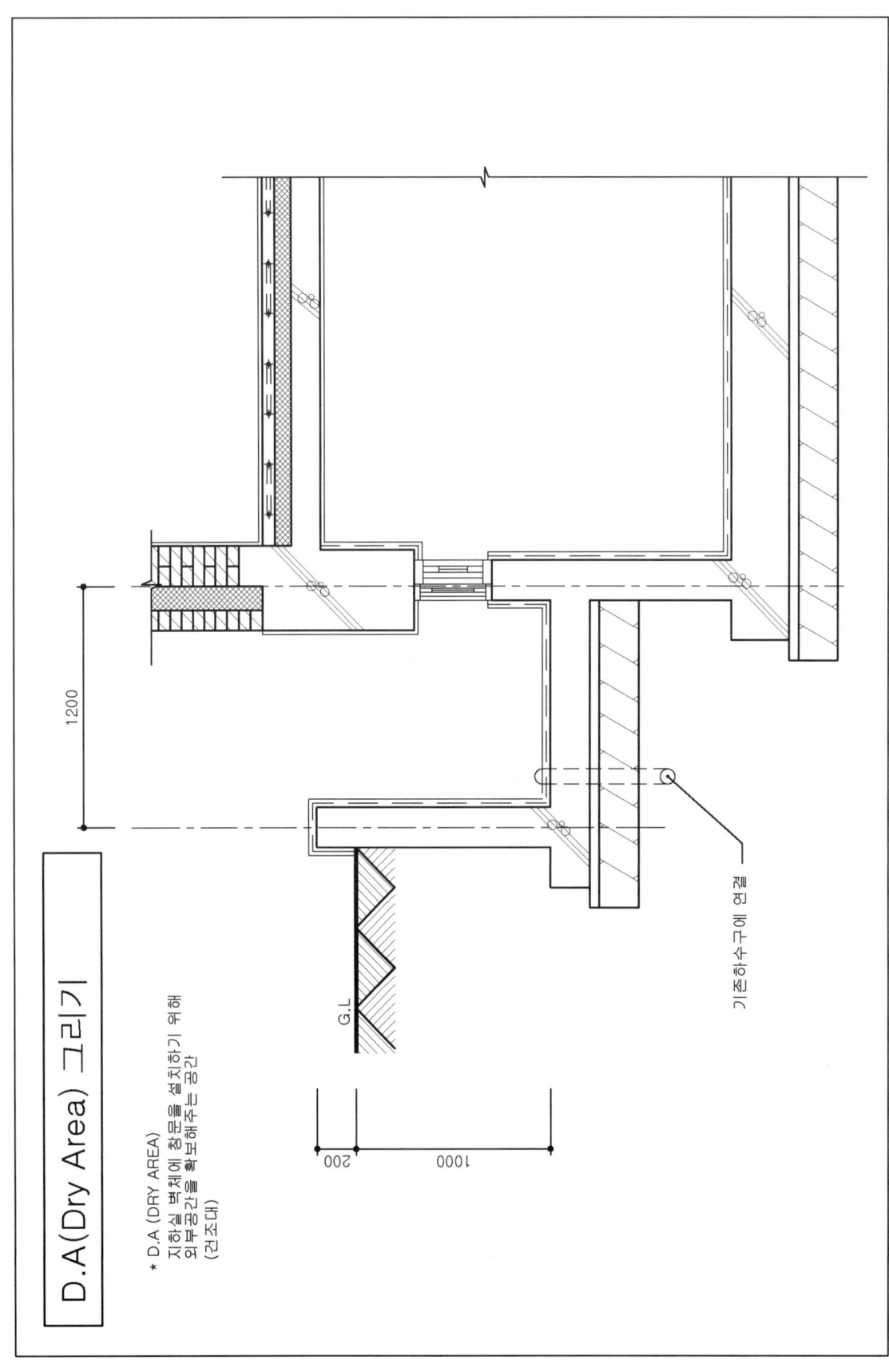

국가기술자격검정 실기시험

자격종목	전산응용토목제도기능사	과제명	옹벽 구조도 도로 토공 횡단면도 도로 토공 종단면도

※ 문제지는 시험종료 후 반드시 반납하시기 바랍니다.

비번호		시험일시		시험장명	

○ **시험시간** : 3시간

1. 요구사항

※ 주어진 도면 (1), (2), (3)을 보고 CAD프로그램을 이용하여 아래 조건에 맞게 도면을 작도하여 감독위원의 지시에 따라 저장하고, 주어진 축척에 맞게 A3(420×297)용지에 **흑백으로 가로**로 각각 출력하여 파일과 함께 제출하시오.

가. 옹벽 구조도
   1) 주어진 도면 (1)을 참고하여 표준 단면도(1:30)와 일반도(1:60)를 작도하고, 표준 단면도는 도면의 좌측에, 일반도는 우측에 적절히 배치하시오.
   2) 도면상단에 과제명과 축척을 도면의 크기에 어울리게 작도하시오.

나. 도로 토공 횡단면도
   1) 주어진 도면 (2)를 참고하여 도로 토공 횡단면도(1:100)를 작도하고, 도로 포장 단면의 표층, 기층, 보조기층을 아래의 단면 표시에 따라 출력물에서 구분될 수 있도록 적당한 크기로 해칭하여 완성하시오.

단 면 표 시			
표층(T=50) ■	기층(T=150) ▨	보조기층(T=300) ▩	

   2) 도면상단에 과제명과 축척을 도면의 크기에 어울리게 작도하시오.

다. 도로 토공 종단면도
   1) 주어진 도면 (3)을 참고하여 도로 토공 종단면도(이하 야장표 제외)를 가로 축척(H), 세로 축척(V)에 맞게 작도하고, 절토고 및 성토고 표를 적당한 크기로 완성하여 종단면도의 우측에 배치하시오.
   2) 도면상단에 과제명과 축척을 도면의 크기에 어울리게 작도하시오.

2. 수검자 유의사항

※ 다음 유의사항을 고려하여 요구사항을 완성하시오.

1) 명시되지 않은 조건은 토목제도의 원칙에 따르시오.
2) 정전 및 기계고장 등에 의한 자료손실을 방지하기 위하여 수시로 저장하시오.
3) 계산이 필요한 경우 CAD내 계산기(명령어: QUICKCALC 또는 QC)만을 사용하며, 이외의 계산기 및 문서 프로그램(excel 등)은 사용할 수 없습니다.
4) 윤곽선의 여백은 상하좌우 모두 15mm범위가 되도록 작도하고, 철근의 단면은 출력결과물에 지름 1mm가 되도록 작도하시오.
5) 시험 시작 후 우선 도면 좌측 상단에 아래와 같이 표제란을 만들어 수험번호, 성명을 기재하시오.(단, 표제란의 축척은 1:1로 하시오.)

6) 작업이 끝나면 감독위원의 확인을 받은 후 파일과 문제지를 제출하고 본부위원의 지시에 따라 흑백(출력결과물에서 선의 진하고 연함이 없이 선의 굵기로만 구분되도록 출력:AutoCAD의 monochrome.ctb 기준)으로 도면을 요구사항에 따라 출력하시오. [출력시간은 시험시간에서 제외(20분을 초과할 수 없음)하고 출력은 주어진 축척에 맞게 수험자가 직접 하여야 합니다.]
7) 선의 굵기를 구분하기 위하여 선의 색을 다음과 같이 정하여 작도하시오.

선 굵기	색상(color)	용 도
0.7mm	파란색(5-Blue)	윤곽선
0.4mm	빨강(1-Red)	철근선
0.3mm	하늘색(4-Cyan)	계획선, 측구, 포장층
0.2mm	선홍색(6-Magenta)	중심선, 파단선
0.2mm	초록색(3-Green)	외벽선, 철근기호, 지반선, 인출선
0.15mm	흰색(7-White)	치수, 치수선, 표, 스케일
0.15mm	회색(8-Gray)	원지반선

8) 다음 사항은 실격에 해당하여 채점 대상에서 제외됩니다.
   가) 수험자 본인이 수험 도중 시험에 대한 포기 의사를 표현하는 경우

나) 장비조작 미숙으로 파손 및 고장을 일으킬 것으로 시험위원이 합의하거나 출력시간이 20분을 초과할 경우
다) 3개 과제 중 1과제라도 0점인 경우
라) 출력작업을 시작한 후 작업내용을 수정할 경우
마) 수험자는 컴퓨터에 어떤 프로그램도 설치 또는 제거하여서는 안 되며 별도의 저장장치를 휴대하거나 작업시 타인과 대화하는 경우
바) 시험시간 내에 3개 과제(옹벽 구조도, 도로 토공 횡단면도, 도로 토공 종단면도)를 제출하지 못한 경우
사) 과제별 도면 명칭, 기울기, 치수선, 철근 종류 등 10개소 이상 누락된 경우
아) 도면 축척이 틀리거나 지시한 내용과 다르게 출력되어 채점이 불가한 경우

※ 각 과제별 제출 도면 배치(예시)

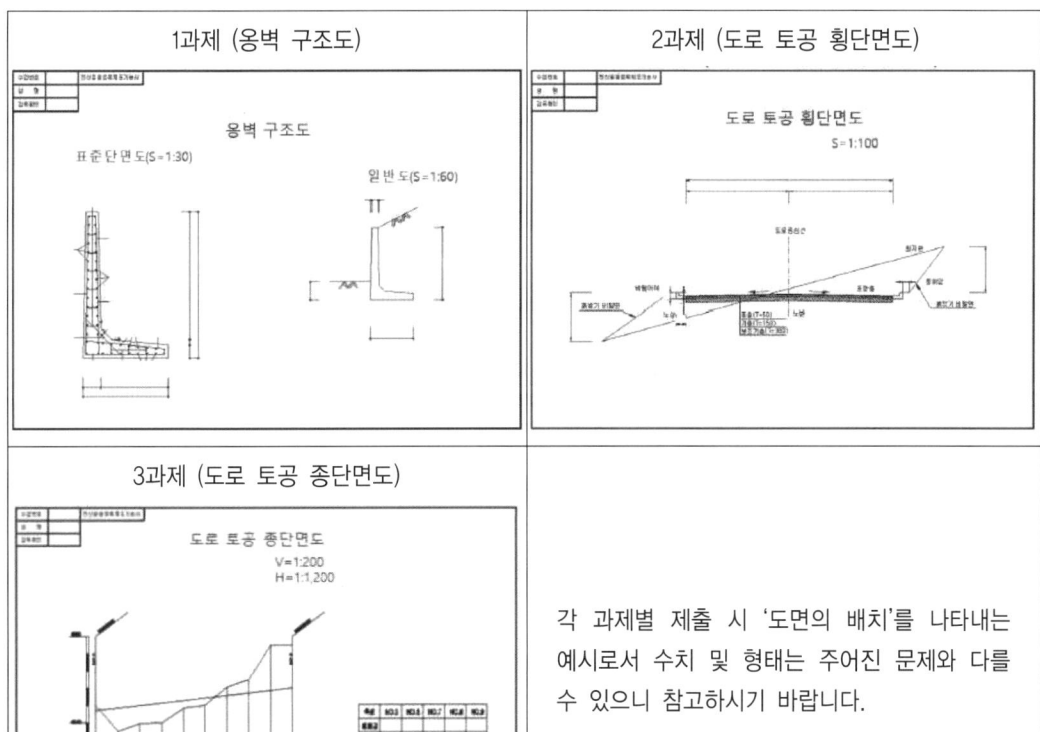

도면 (1)

| 자격종목 | 전산응용토목제도기능사 | 과제명 | 옹벽 구조도 | 척도 | N.S |

표준단면도

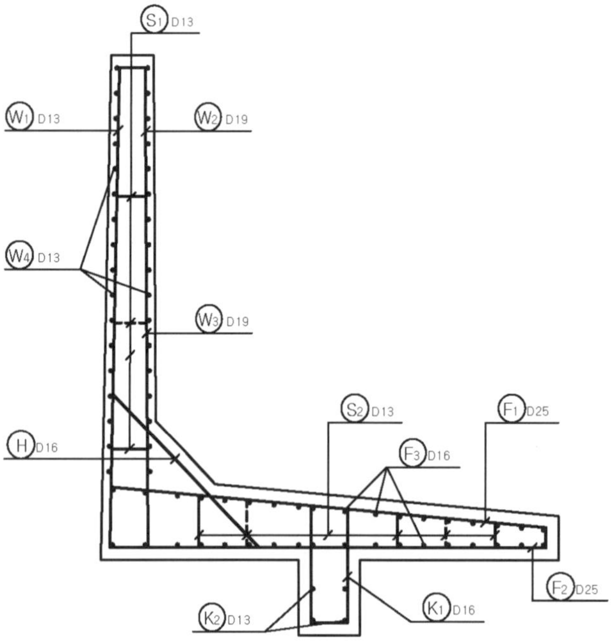

벽 체
전 면   후 면

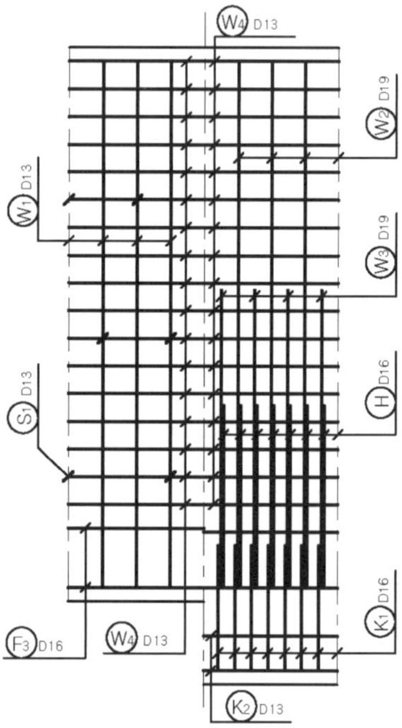

저 판

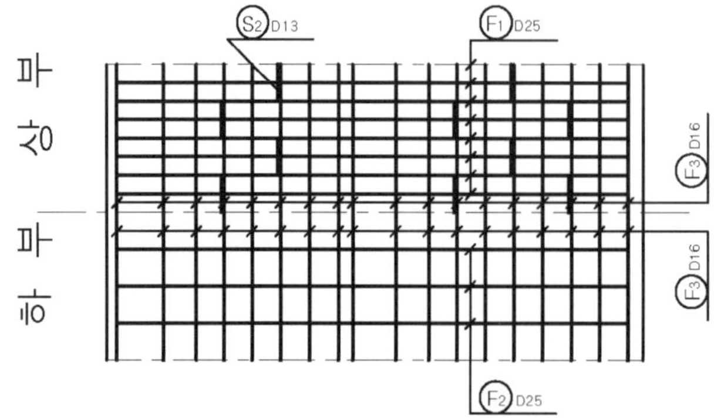

일 반 도

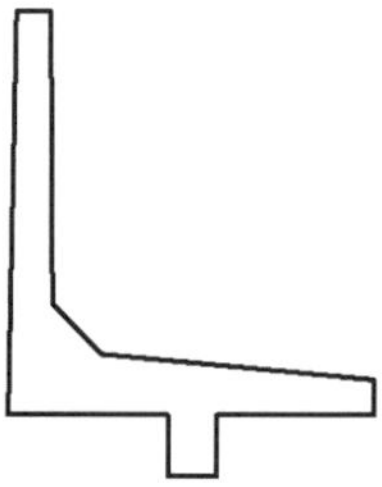

도면 (2)

자격종목	전산응용토목제도기능사	과제명	도로 토공 횡단면도	척도	N.S

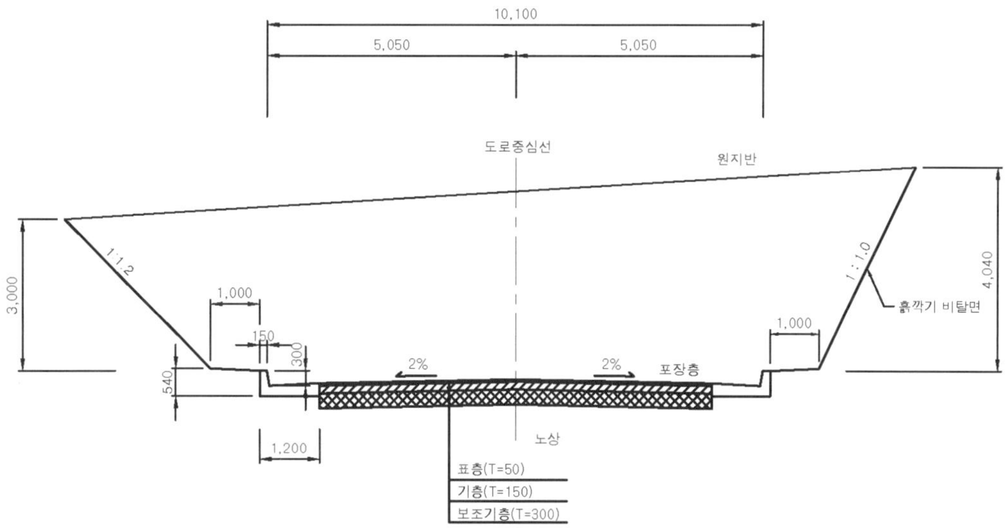

도면 (3)

| 자격종목 | 전산응용토목제도기능사 | 과제명 | 도로 토공 종단면도 | 척도 | N.S |

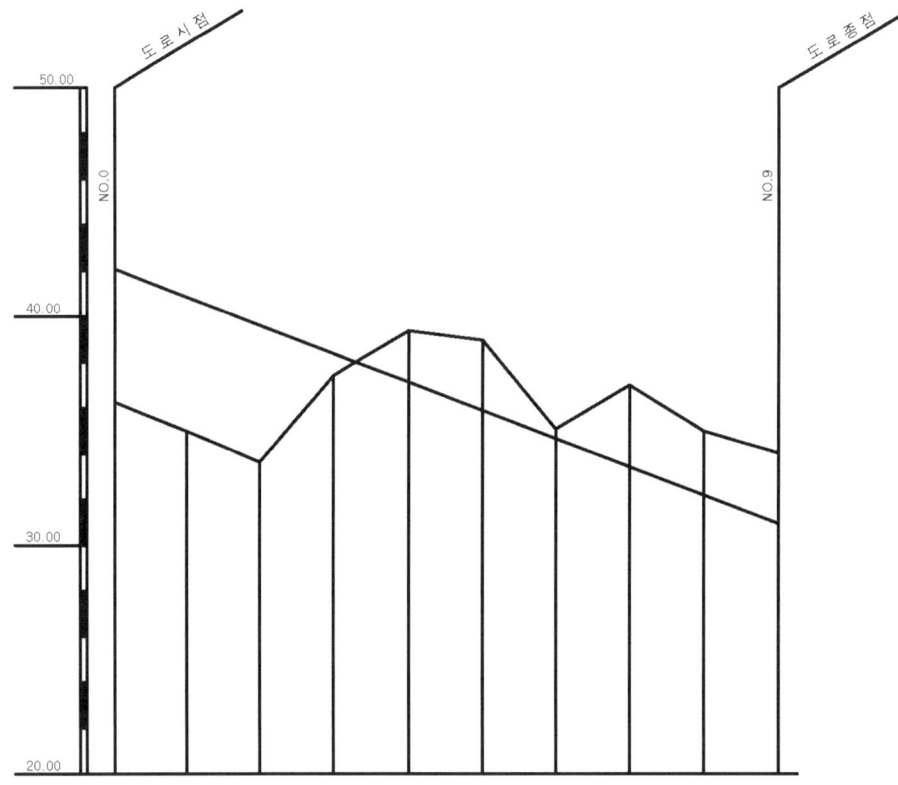

측점	NO.0	NO.1	NO.2	NO.3	NO.4
절토고					
성토고					

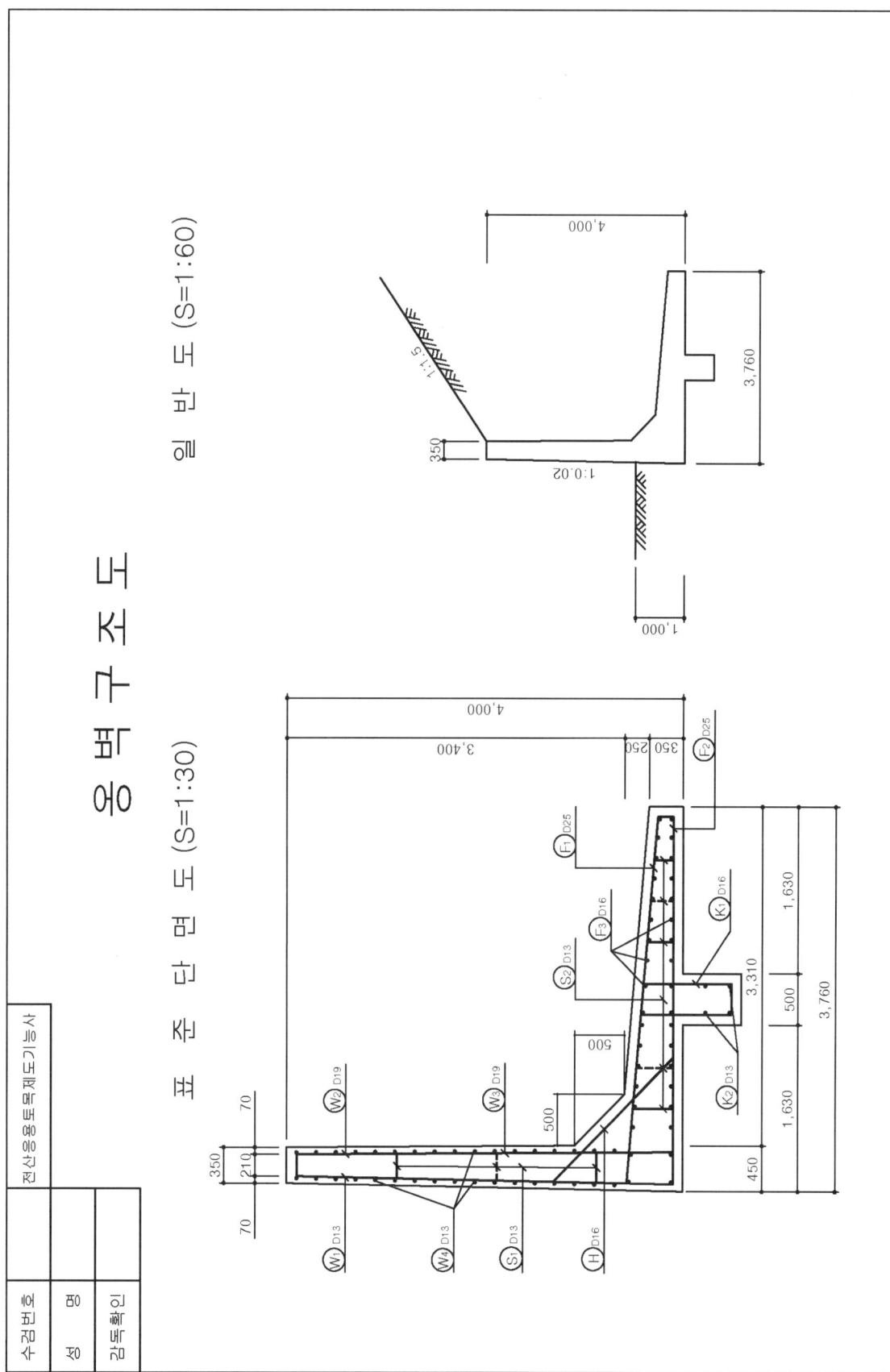

수검번호		전산응용토목제도기능사
성　　명		
감독확인		

도로 토공 횡단면도

(S=1:100)

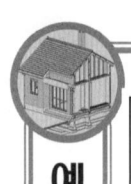

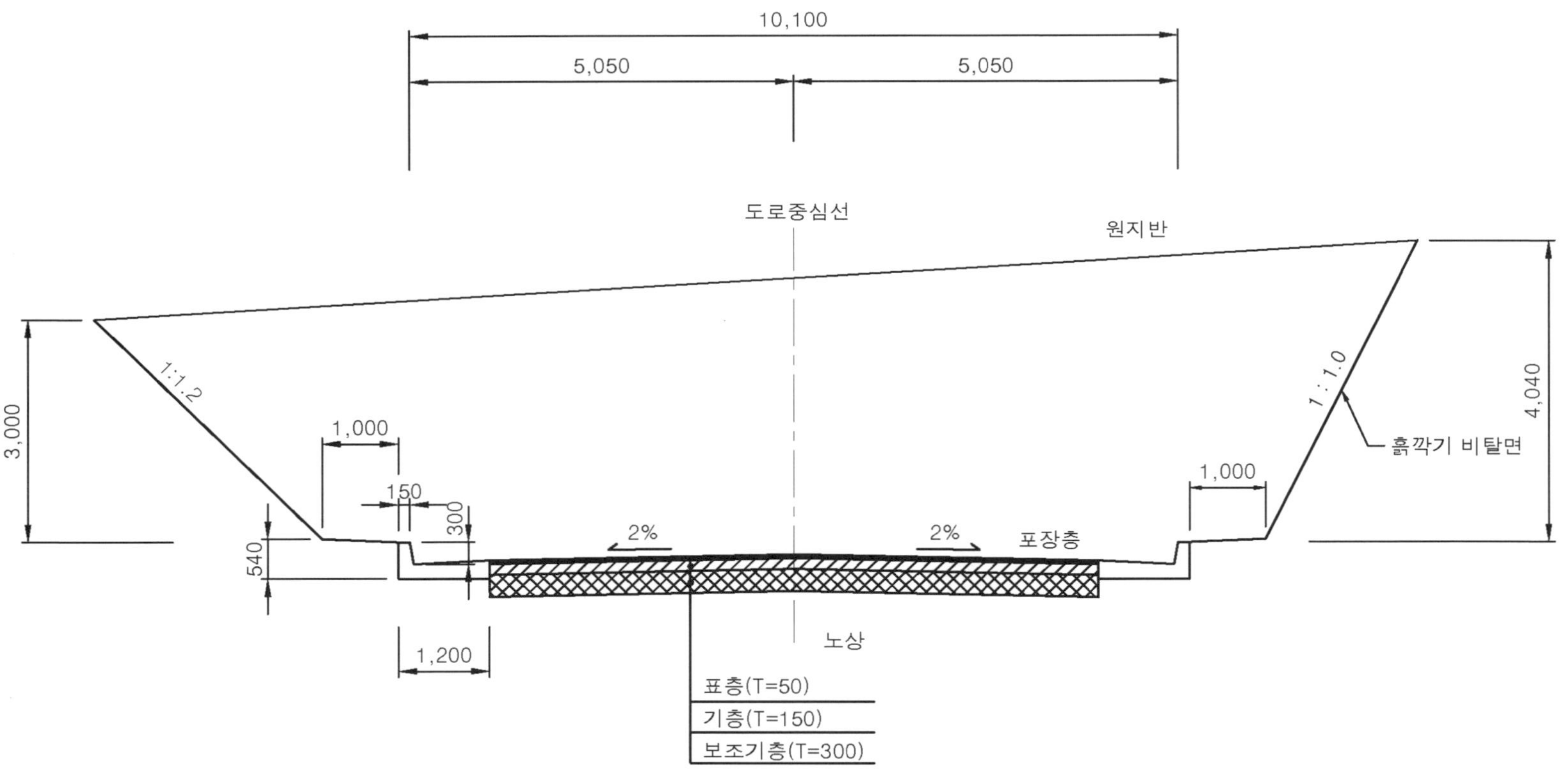

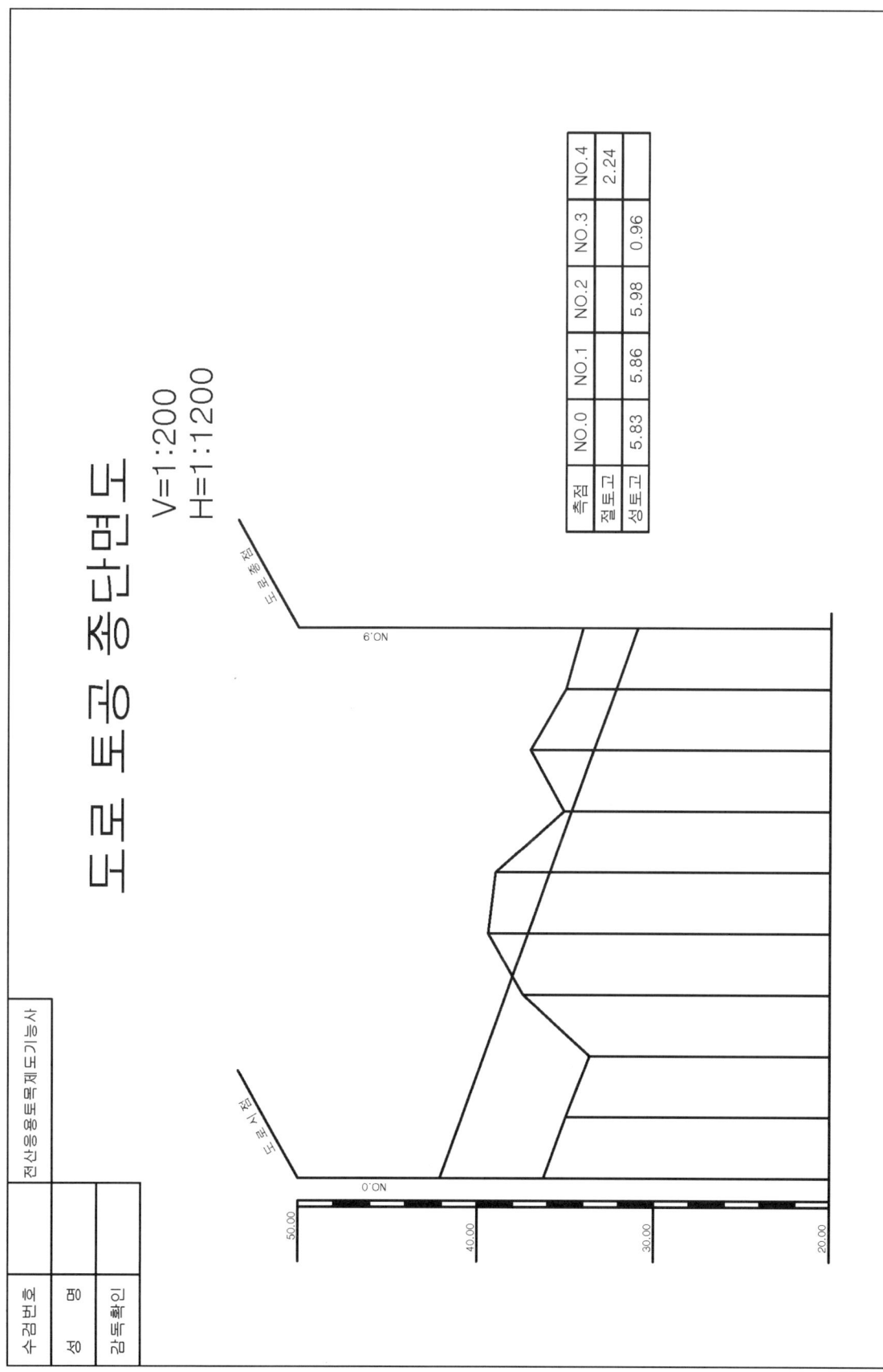

국가기술자격검정 실기시험

자격종목	전산응용기계제도기능사	과제명	도면참조

※ 문제지는 시험종료 후 반드시 반납하시기 바랍니다.

비번호		시험일시		시험장명	

○ **시험시간** : 5시간

1. **요구사항**

    ※ 지급된 재료 및 시설을 이용하여 가. 부품도(2D) 제도 및 나. 렌더링 등각 투상도(3D) 제도를 순서에 관계없이, 다음의 요구사항들에 따라 제도하시오.

    가. 부품도(2D) 제도

    1) 주어진 문제의 조립도면에 표시된 부품번호(①, ②, ③, ④)의 부품도를 CAD 프로그램을 이용하여 A2 용지에 척도는 1:1로 투상법은 제3각법으로 제도하시오.
    2) 각 부품들의 형상이 잘 나타나도록 투상도와 단면도 등을 빠짐없이 제도하고, 설계 목적에 맞는 기능 및 작동을 할 수 있도록 치수 및 치수공차, 끼워맞춤공차와 기하공차기호, 표면거칠기 기호, 표면처리, 열처리, 주서 등 제품제작에 필요한 사항을 모두 기입하시오.
    3) 제도 완료 후 지급된 A3(420×297) 크기의 용지(트레이싱지)에 수험자가 직접 흑백으로 출력하여 확인하고 제출하시오.

    나. 렌더링 등각 투상도(3D)제도

    1) 주어진 문제의 조립도면에 표시된 부품번호(②, ④)의 부품을 파라메트릭 솔리드 모델링을 하고 모양과 윤곽을 알아보기 쉽도록 뚜렷한 음영, 렌더링 처리를 하여 A3 용지에 제도하시오.
    2) 음영과 렌더링 처리는 예시 그림과 같이 형상이 잘 나타나도록 등각 축 2개를 정해 척도는 NS로 실물의 크기를 고려하여 제도하시오.(단, 형상은 단면하여 표시하지 않는다.)
    3) 부품란 "비고"에는 모델링한 부품 중 (④) 부품의 질량을 g단위로 소수점 첫째자리에서 반올림하여 기입하시오.
        - 질량은 렌더링 등각 투상도(3D) 부품란의 비고에 기입하며, 반드시 재질과 상관없이 비중을 7.85로 계산하시기 바랍니다.

4) 제도 완료 후, 지급된 A3(420×297) 크기의 용지(트레이싱지)에 수험자가 직접 흑백으로 출력하여 확인하고 제출하시오.

다. 부품도 제도, 렌더링 등각 투상도 제도 – 공통

1) 도면 작성 양식과 3D 모델링도는 아래 그림을 참고하여 나타내고, 좌측상단 A부에 수험번호, 성명을 먼저 작성하고, 오른쪽 하단에 B부에는 표제란과 부품란을 작성한 후 제도작업을 합니다.(A부와 B부는 부품도(2D)와 렌더링 등각 투상도(3D)에 모두 작성해야 합니다.)

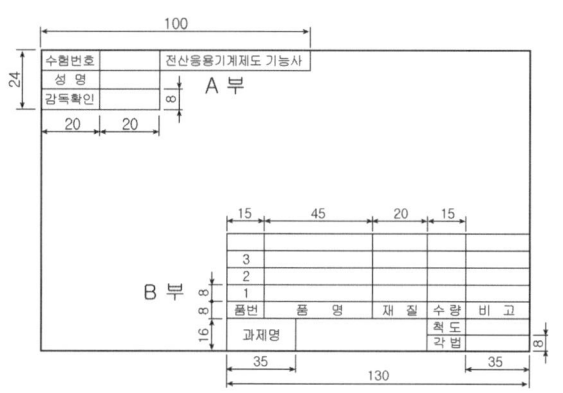

〈도면 작성 양식(2D 및 3D)〉

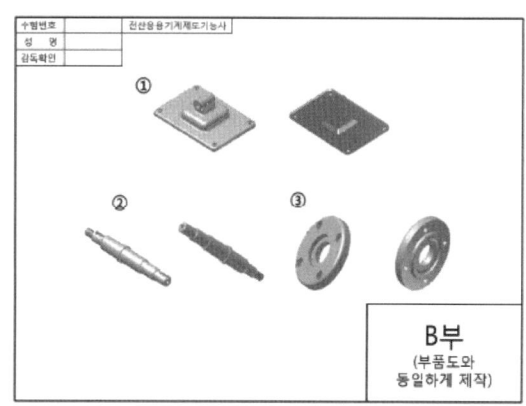

〈3D 모델링도 예시〉

2) 도면의 크기별 한계설정(Limits), 윤곽선 및 중심마크 크기는 다음과 같이 설정하고, a와 b의 도면의 한계선(도면의 가장자리 선)이 출력되지 않도록 하시오.

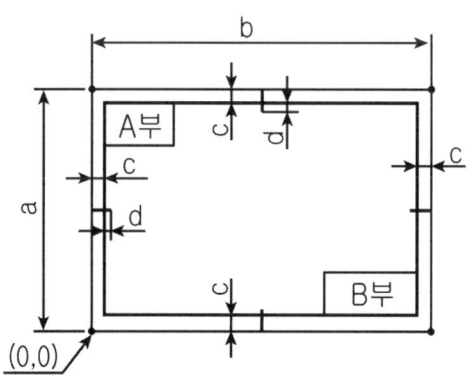

구 분	도면의 한계		중심마크	
도면크기 \ 기호	a	b	c	d
A2(부품도)	420	594	10	5

〈도면의 크기 및 한계설정, 윤곽선 및 중심마크〉

3) 문자, 숫자, 기호의 크기, 선 굵기는 다음 표에서 지정한 용도별 크기를 구분하는 색상을 지정하여 제도하시오.

문자, 숫자, 기호의 높이	선 굵기	지정 색상(color)	용 도
7.0mm	0.70mm	청(파란)색(Blue)	윤곽선, 표제란과 부품란의 윤곽선 등
5.0mm	0.50mm	초록(Green), 갈색(Brown)	외형선, 부품번호, 개별주서, 중심마크 등
3.5mm	0.35mm	황(노란)색(Yellow)	숨은선, 치수와 기호, 일반주서 등
2.5mm	0.25mm	흰색(White), 빨강(Red)	해치선, 치수선, 치수보조선, 중심선, 가상선 등

※ 위 표는 Autocad 프로그램 상에서 출력을 용이하게 하기 위한 설정이므로 다른 프로그램을 사용할 경우 위 항목에 맞도록 문자, 숫자, 기호의 크기, 선 굵기를 지정하시기 바랍니다.
※ 출력도면에서 문자, 숫자, 기호의 크기 및 선 굵기 등이 옳지 않을 경우 감점이나 혹은 채점대상에서 제외가 될 수 있으니 이 점 참고하시기 바랍니다.

4) 아라비아 숫자, 로마자는 컴퓨터에 탑재된 ISO 표준을 사용하고, 한글은 굴림 또는 굴림체를 사용하시오.

2. 수검자 유의사항

※ 다음 유의사항을 고려하여 요구사항을 완성하시오.
   1) 제공한 KS 데이터에 수록되지 않은 제도규격이나 데이터는 과제로 제시된 도면을 기준으로 하여 제도하거나 ISO 규격과 관례에 따르시오.
   2) 문제의 조립도면에서 표시되지 않은 제도규격은 지급한 KS 규격 데이터에서 선정하여 제도하시오.
   3) 문제의 조립도면에서 치수와 규격이 일치하지 않을 때는 해당 규격으로 제도하시오.(단, 과제도면에 치수가 명시되어 있을 때는 명시된 치수로 작성해야 합니다.)
   4) 마련한 양식의 A부 내용을 기입하고 감독위원의 확인 서명을 받아야 하며, B부는 수험자가 작성하시오.
   5) 수험자에게 주어진 문제는 비번호, 시험일시, 시험장명을 기재하여 반드시 제출하시오.
   6) 시작 전 감독위원이 지정한 곳에 본인 비번호로 폴더를 생성한 후 이 폴더에 비번호를 파일명으로 작업 내용을 저장하고, 작업이 끝나면 비번호 폴더 전체를 감독위원에게 제출하시오.(파일제출 후에는 도면(파일) 수정 불가) 그리고 시험 종료 후 하드디스크의 작업내용은 삭제하시오.

7) 정전 또는 기계고장으로 인한 자료손실을 방지하기 위하여 수시로 저장하시오.
   - 이러한 문제 발생 시 "작업정지시간+5분"의 추가시간을 부여합니다.
8) 수험자는 제공된 장비의 안전한 사용과 작업 과정에서 안전수칙을 준수하시오.
9) 다음 사항에 대해서는 채점 대상에서 제외하니 특히 유의하시기 바랍니다.

가) 기권
   (1) 수험자 본인이 수험 도중 기권 의사를 표시한 경우

나) 실격
   (1) 시험 시작 전 program 설정 조정하거나 미리 작성된 Part program(도면, 단축 키 셋업 등) 또는 LISP과 같은 Block(도면양식, 표제란, 부품란, 요목표, 주서 및 표면 거칠기 등)을 사용한 경우
   (2) 채점 시 도면 내용이 다른 수험자와 일부 또는 전부가 동일한 경우
   (3) 파일로 제공한 KS 데이터에 의하지 않고 지참한 노트나 서적을 열람한 경우
   (4) 수험자의 장비조작 미숙으로 파손 및 고장을 일으킨 경우

다) 미완성
   (1) 시험시간 내에 부품도(1장), 렌더링 등각투상도(1장)를 하나라도 제출하지 아니한 경우
   (2) 수험자의 직접 출력시간이 10분을 초과한 경우(다만, 출력시간은 시험시간에서 제외하며, 출력된 도면의 크기 또는 색상 등이 채점하기 어렵다고 판단될 경우에는 감독위원의 판단에 의해 1회에 한하여 재출력이 허용됩니다.)
      - 단, 재출력 시 출력 설정만 변경해야 하며 도면 내용을 수정하거나 할 수는 없습니다.
   (3) 요구한 부품도, 렌더링 등각 투상도 중에서 1개라도 투상도가 제도되지 않은 경우(지시한 부품번호에 대하여 모두 작성해야 하며 하나라도 누락되면 미완성 처리)

라) 기 타
   (1) 요구한 도면 크기에 제도되지 않아 제시한 출력용지와 크기가 맞지 않는 작품
   (2) 각법이나 척도가 요구사항과 전혀 맞지 않은 도면

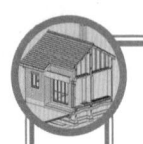

(3) 전반적으로 KS 제도규격에 의해 제도되지 않았다고 판단된 도면
(4) 지급된 용지(트레이싱지)에 출력되지 않은 도면
(5) 끼워 맞춤공차 기호를 부품도에 기입하지 않았거나 아무 위치에 지시하여 제도한 도면
(6) 끼워 맞춤 공차의 구멍 기호(대문자)와 축 기호(소문자)를 구분하지 않고 지시한 도면
(7) 기하공차 기호를 부품도에 기입하지 않았거나 아무 위치에 지시하여 제도한 도면
(8) 표면거칠기 기호를 부품도에 기입하지 않았거나 아무 위치에 지시하여 제도한 도면
(9) 조립상태(조립도 혹은 분해조립도)로 제도하여 기본지식이 없다고 판단되는 도면

※ 출력은 수험자 판단에 따라 CAD 프로그램 상에서 출력하거나 PDF 파일 또는 출력 가능한 호환성 있는 파일로 변환하여 출력하여도 무방합니다.
  - 이 경우 폰트 깨짐 등의 현상이 발생될 수 있으니 이점 유의하여 CAD 사용 환경을 적절히 설정하여 주시기 바랍니다.

| 자격종목 | 전산응용기계제도기능사 | 과제명 | 동력전달장치 | 척도 | N.S |

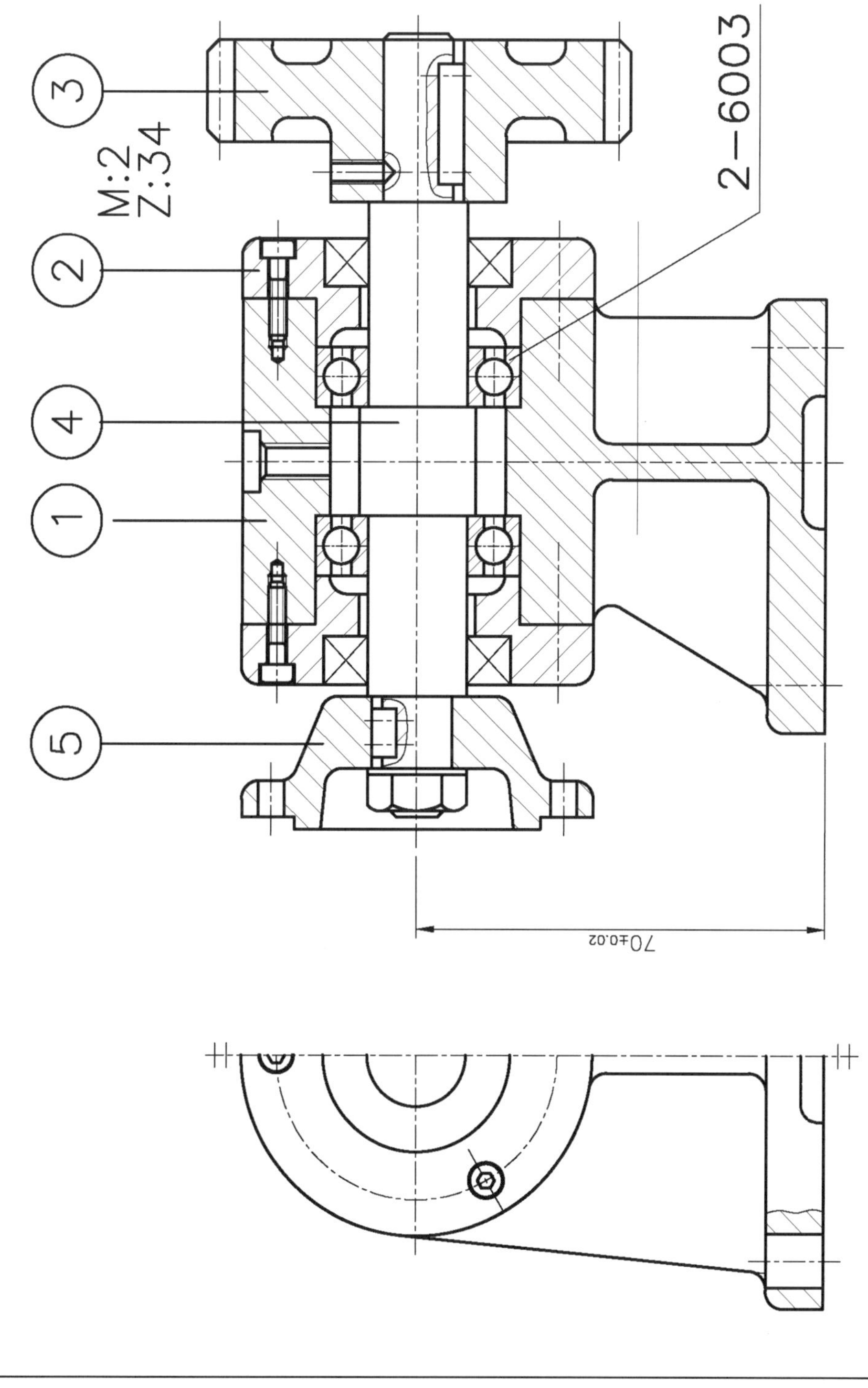

2-6003

M:2
Z:34

70±0.02

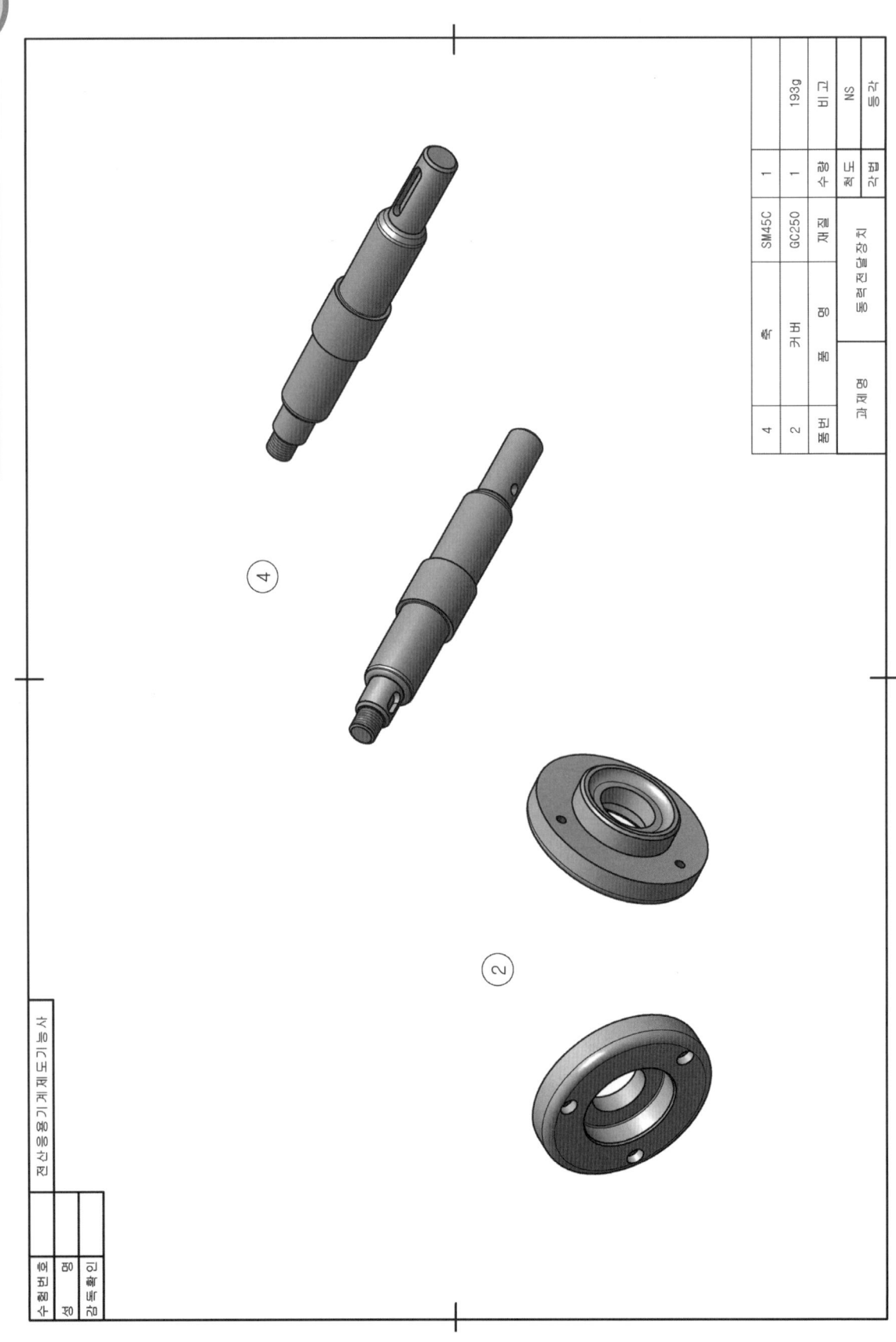

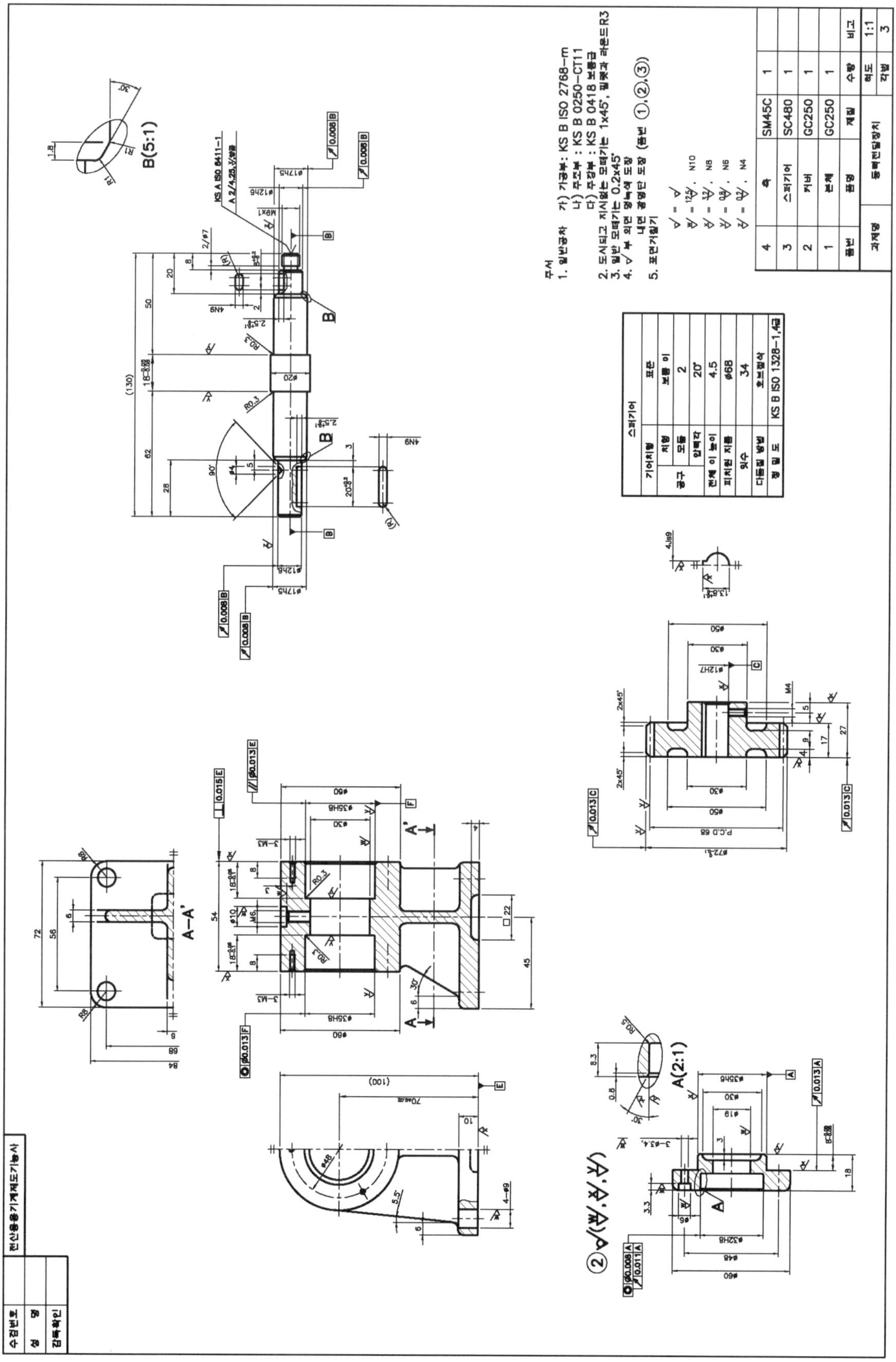
주서
1. 일반공차 가) 가공부: KS B ISO 2768-m
나) 주조부 : KS B 0250-CT11
다) 주강부 : KS B 0418 보통급
2. 도시되고 지시없는 모떼기는 1x45°, 필렛과 라운드R3
3. 일반 모떼기는 0.2x45°
4. 부 외면 명녹색 도장
내면 광명단 도장 (품번 ①,②,③)
5. 표면거칠기
N10
N8
N6
N4
스퍼기어
기어치형 표준
공구 치형 보통 이
모듈 2
압력각 20°
전체 이 높이 4.5
피치원 지름 ø68
잇수 34
다듬질 방법 호브절삭
정 밀 도 KS B ISO 1328-1,4급
4 축 SM45C 1
3 스퍼기어 SC480 1
2 커버 GC250 1
1 본체 GC250 1
품번 품명 재질 수량 비고
과제명 동력전달장치 척도 1:1
각법 3
B(5:1)
A(2:1)
A-A'
KS A ISO 6411-1
A 2/4.25
수검번호
성 명
감독확인
전산응용기계제도기능사

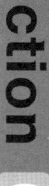

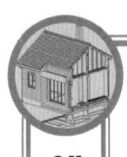

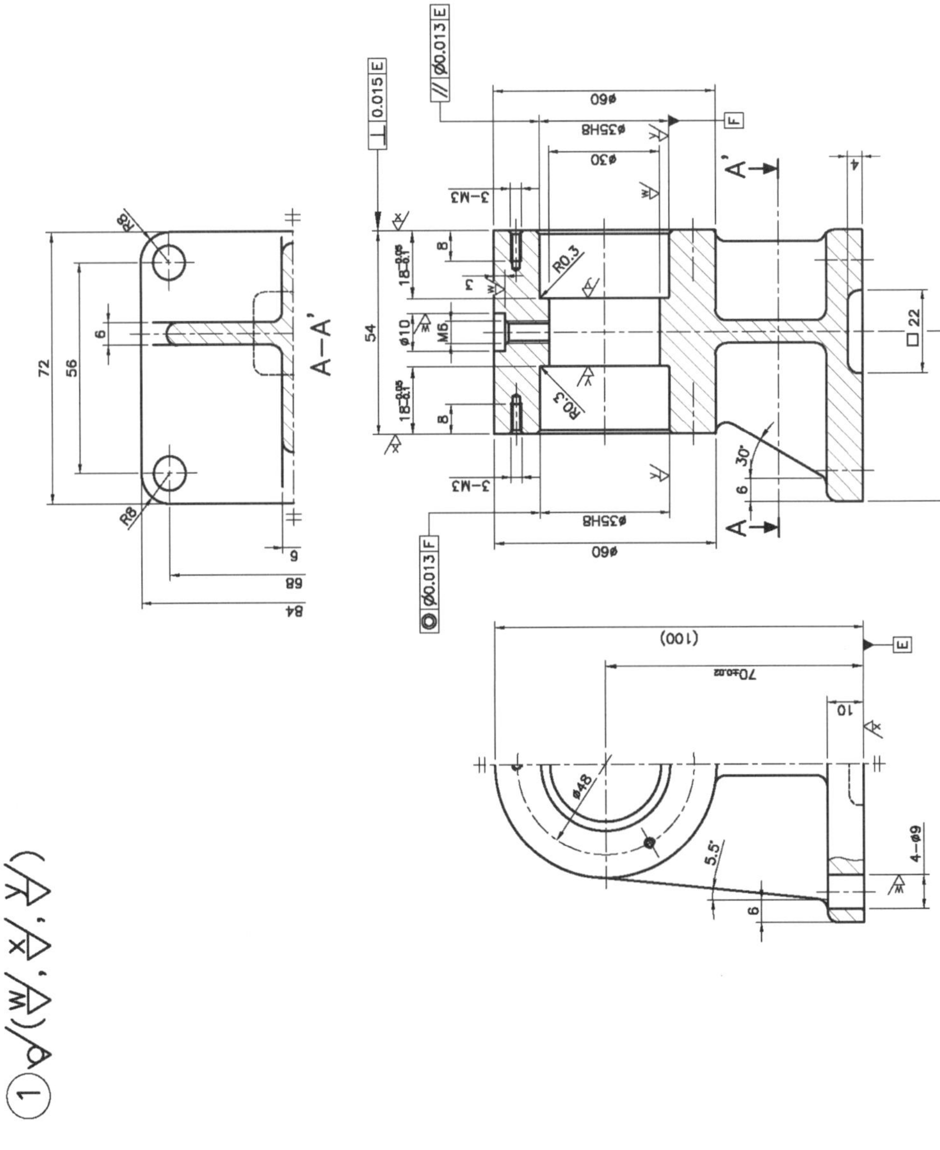
A-A'
72
56
84
68
54
φ60
φ35H8
φ30
3-M3
R0.3
M6
φ10
0.015 E
φ0.013 E
φ0.013 F
45
□ 22
(100)
10
φ48
5.5°
4-φ9
30°

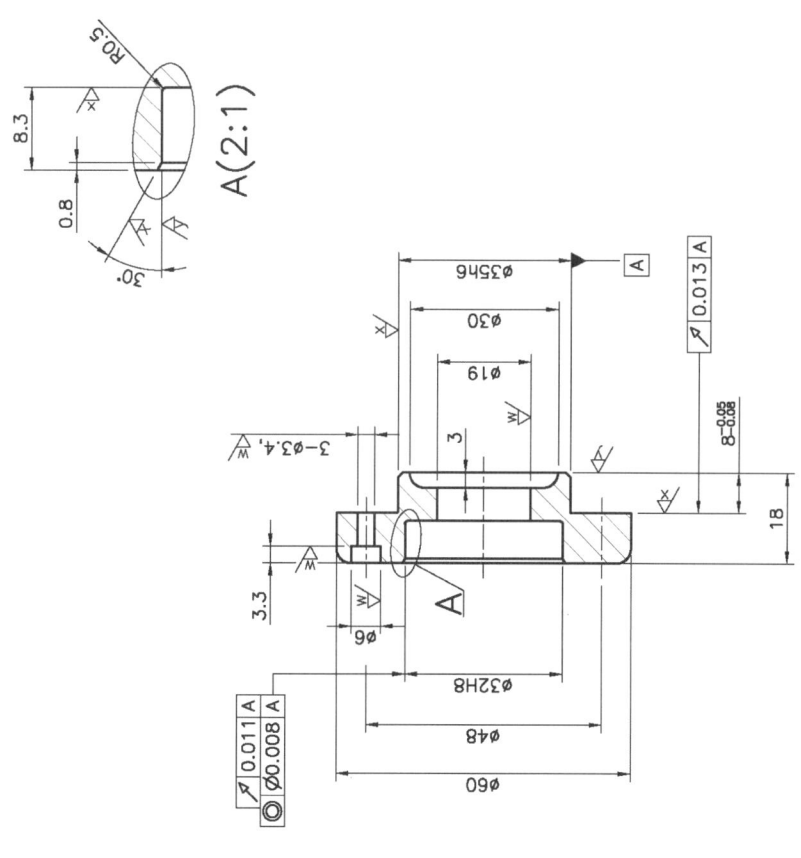

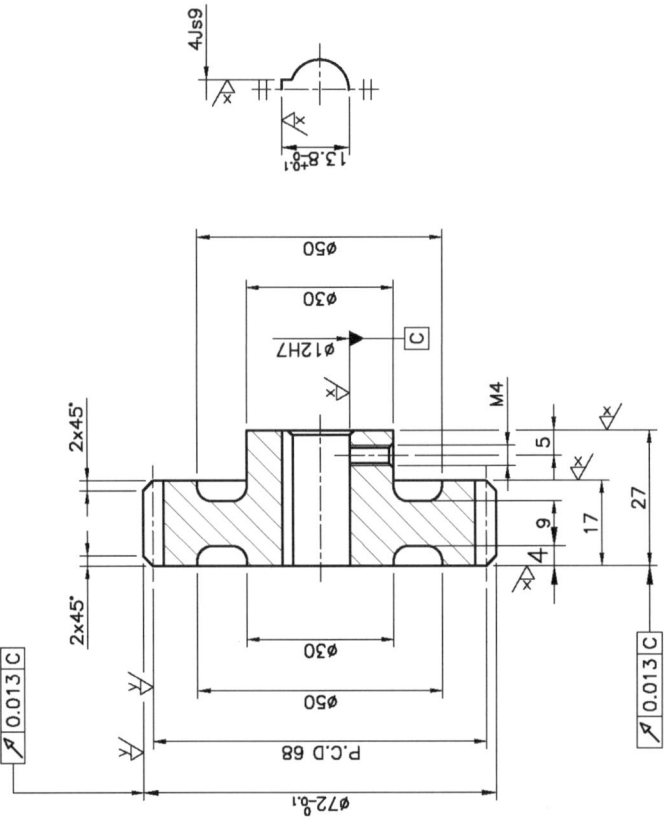

스퍼기어	
기어치형	표준
공구 치형	보통 이
공구 모듈	2
공구 압력각	20°
전체 이 높이	4.5
피치원 지름	⌀68
잇수	34
다듬질 방법	호브절삭
정 밀 도	KS B ISO 1328-1, 4급

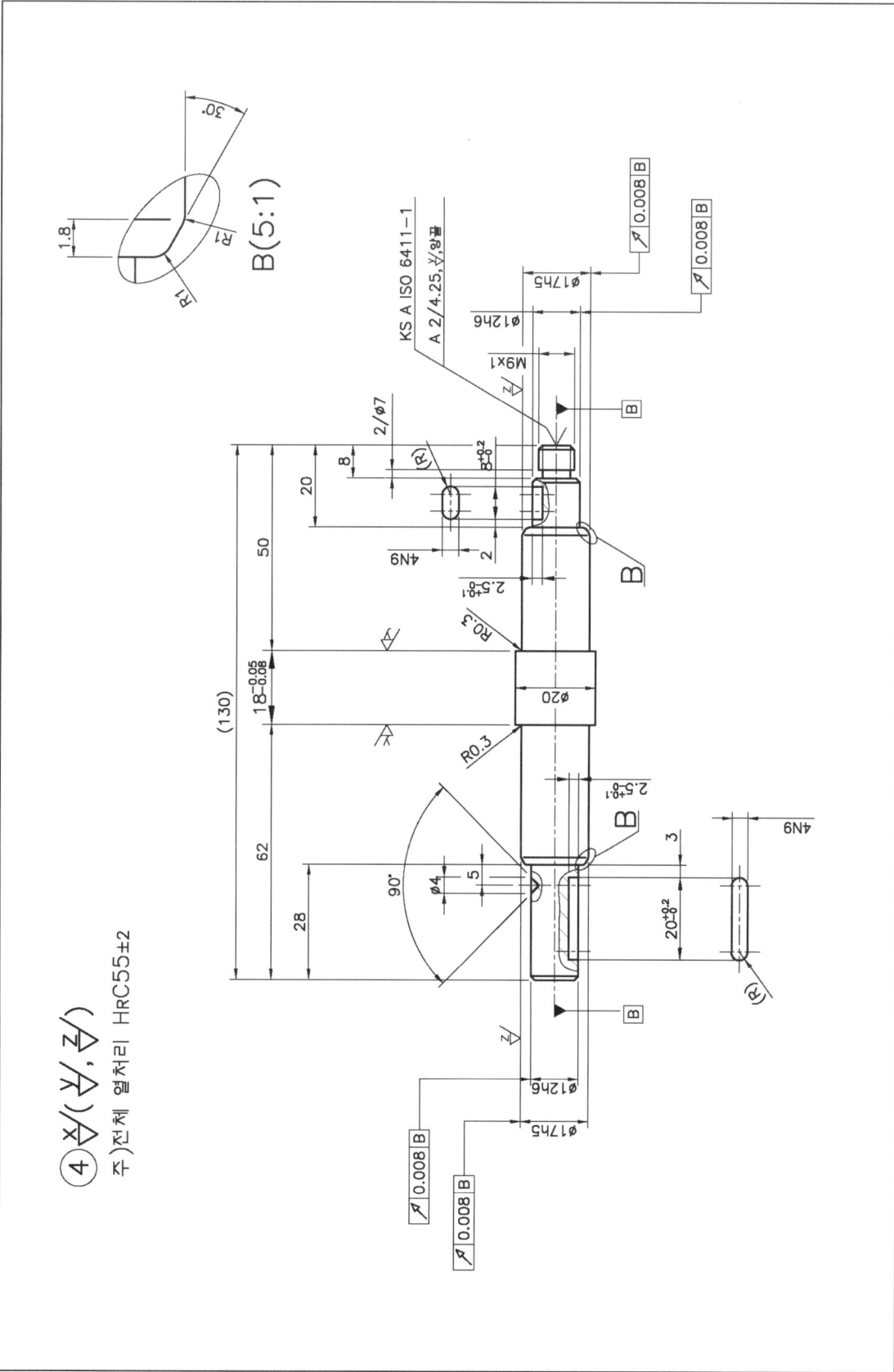

| 자격종목 | 전산응용기계제도기능사 | 과제명 | 래크와 피니언 | 척도 | N.S |

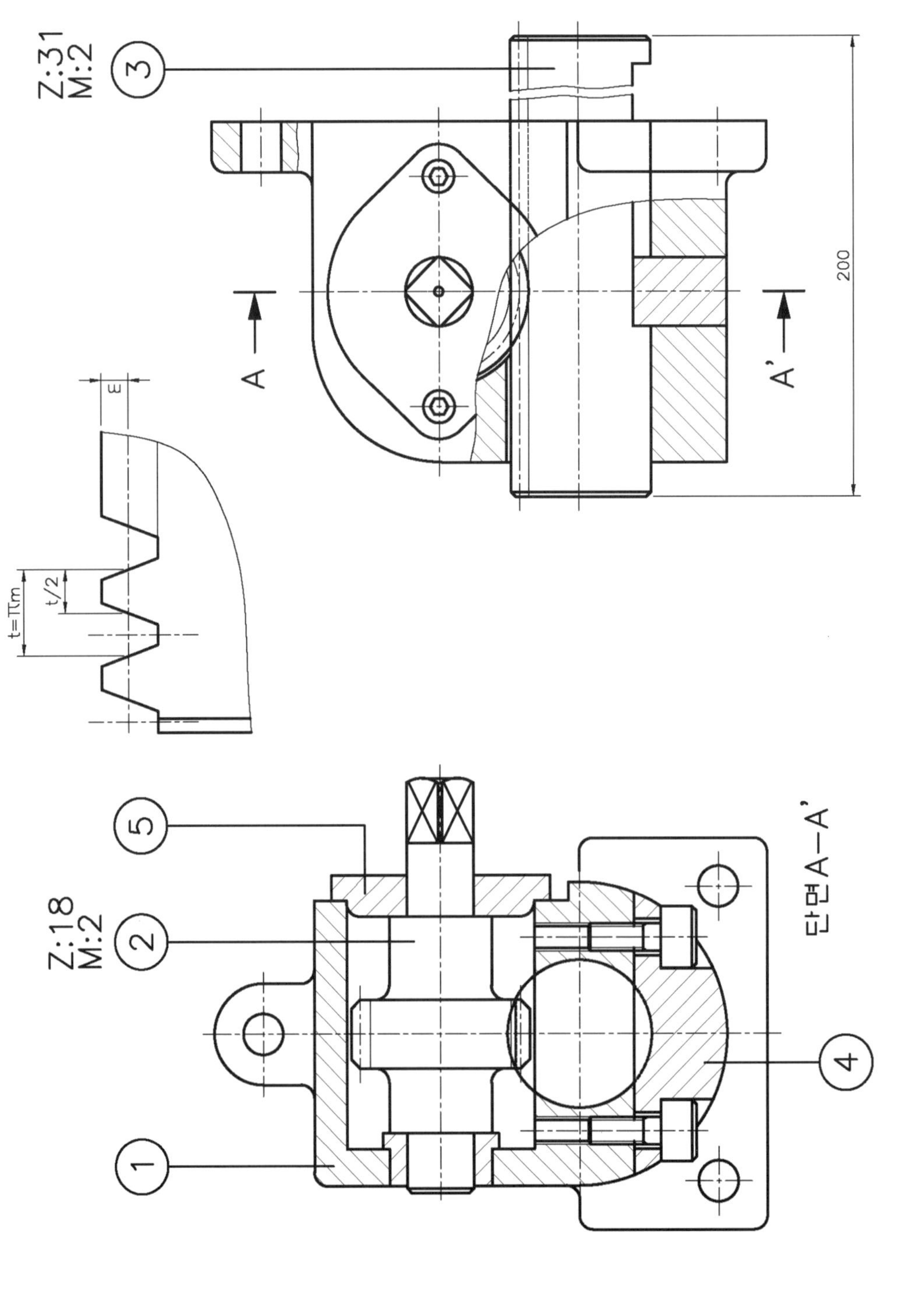

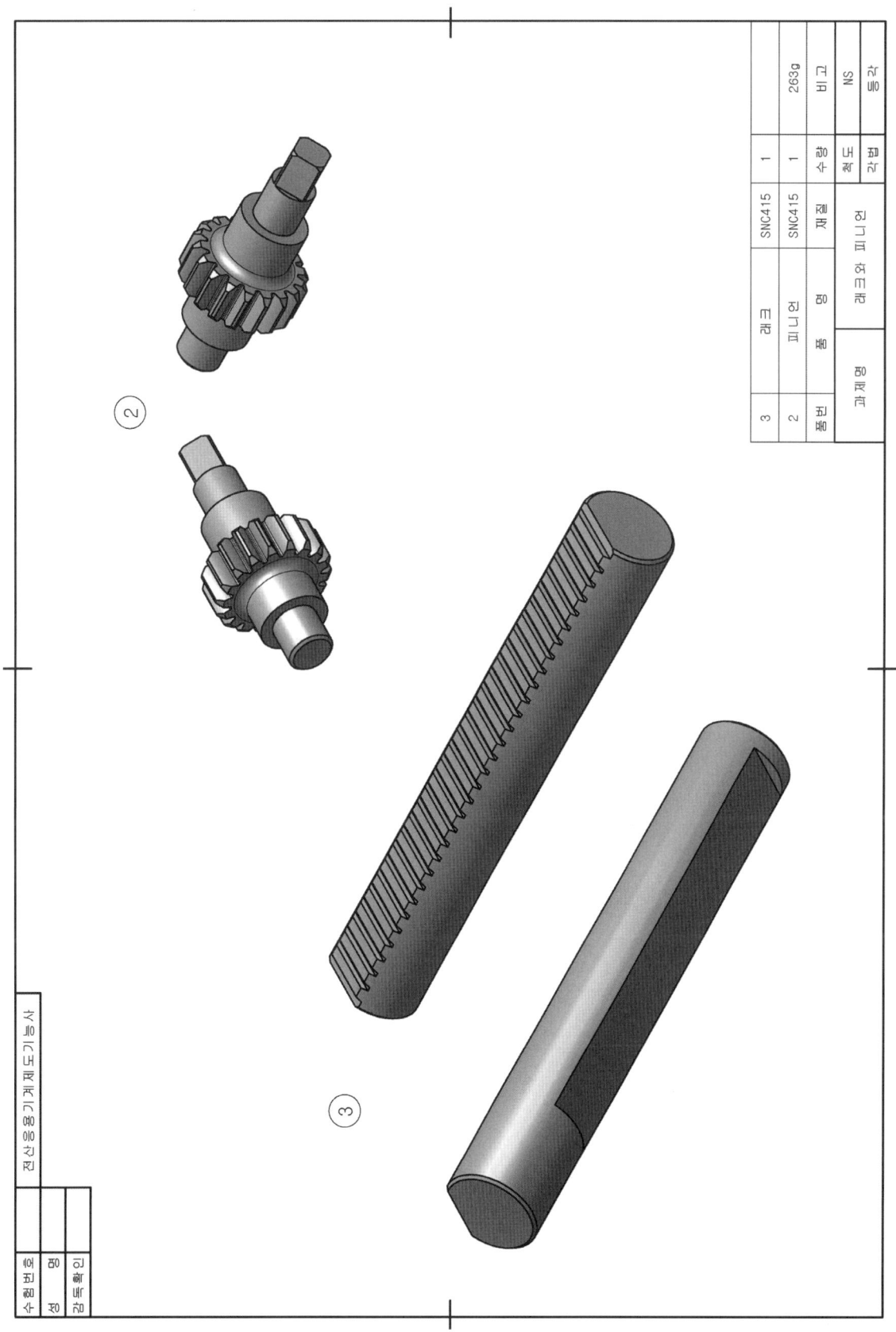

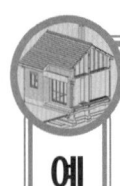

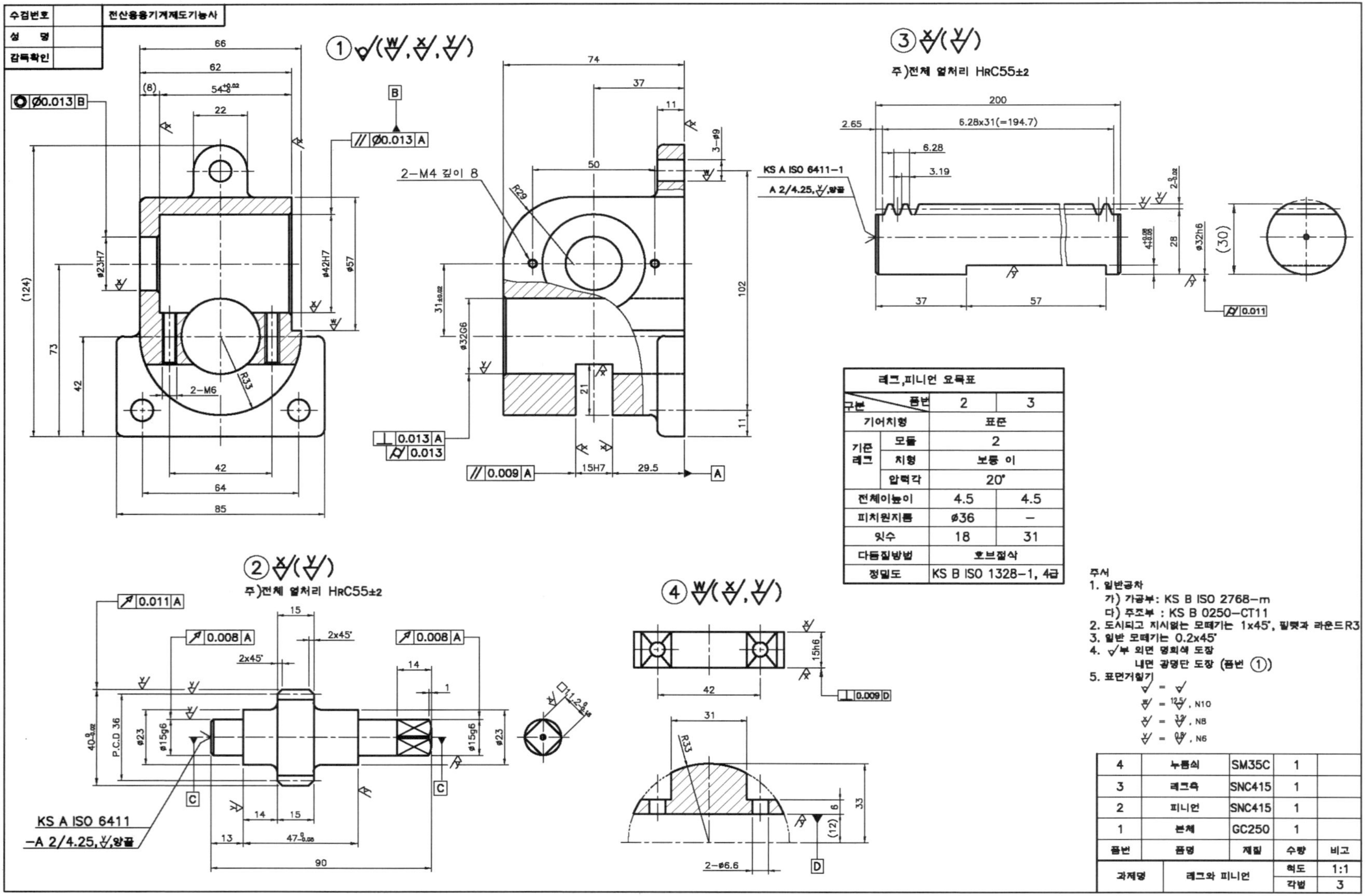

래크,피니언 요목표			
구분	품번	2	3
기어치형		표준	
기준 래크	모듈	2	
	치형	보통 이	
	압력각	20˚	
전체이높이		4.5	4.5
피치원지름		ø36	–
잇수		18	31
다듬질방법		호브절삭	
정밀도		KS B ISO 1328-1, 4급	

품번	품명	재질	수량	비고
4	누름쇠	SM35C	1	
3	래크축	SNC415	1	
2	피니언	SNC415	1	
1	본체	GC250	1	
과제명	래크와 피니언		척도	1:1
			각법	3

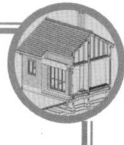

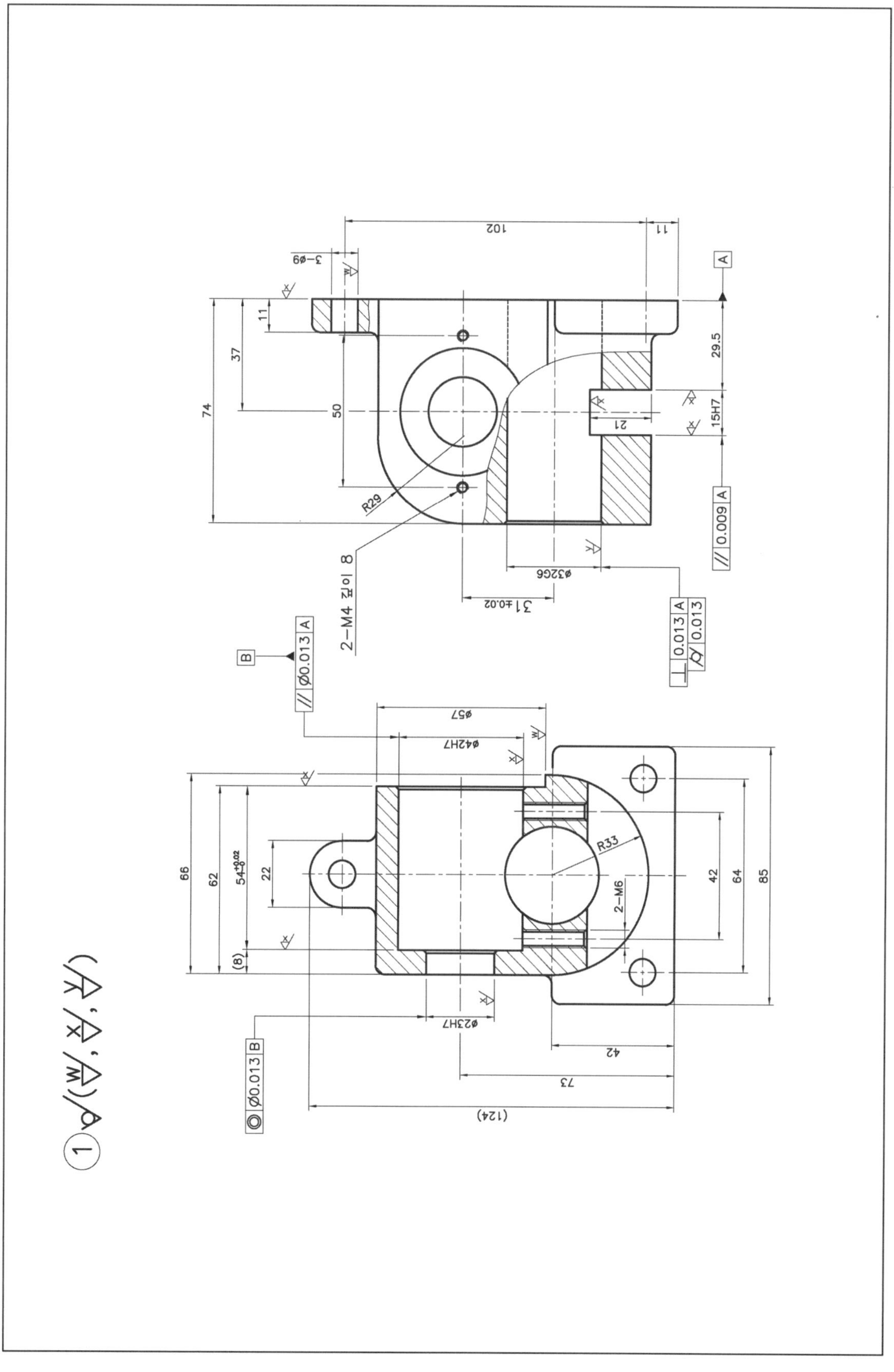
102
11
3−ø9
74
37
50
29.5
15H7
21
R29
2−M4 깊이 8
ø32G6
31±0.02
0.013 A
0.013
0.009 A
A
B
Ø0.013 A
ø57
ø42H7
66
62
22
(8)
R33
2−M6
42
64
85
ø23H7
42
73
(124)
Ø0.013 B

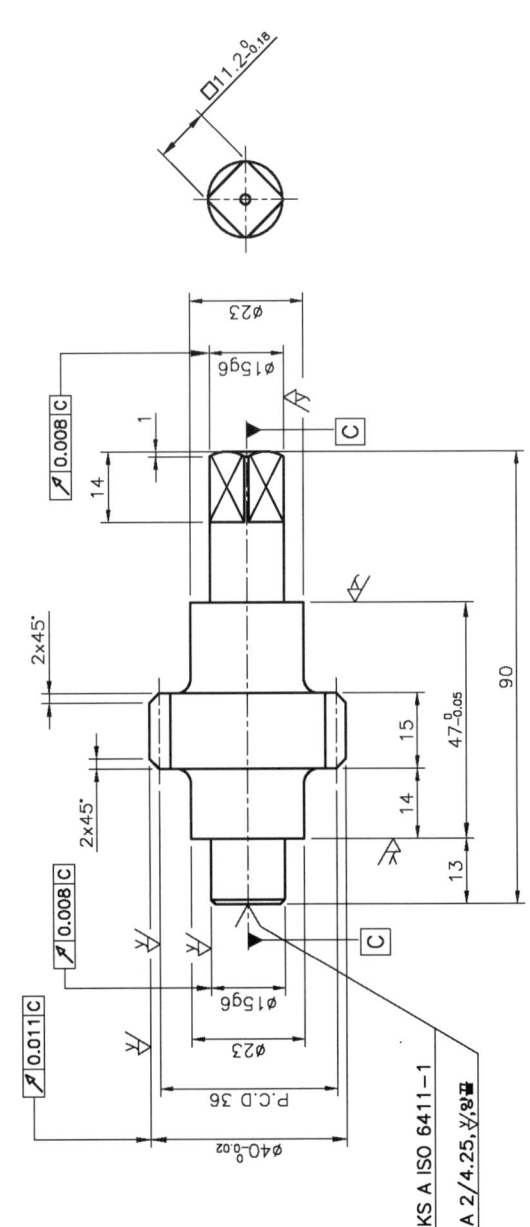

랙크, 피니언 요목표

구분	품번	2	3
기어치형		모듈	표준
기준 랙크	모듈	2	2
	치형	보통 이	
	압력각	20°	
전체이높이		4.5	4.5
피치원지름		ø36	—
잇수		18	31
다듬질방법		호브절삭	
정밀도		KS B ISO 1328-1, 4급	

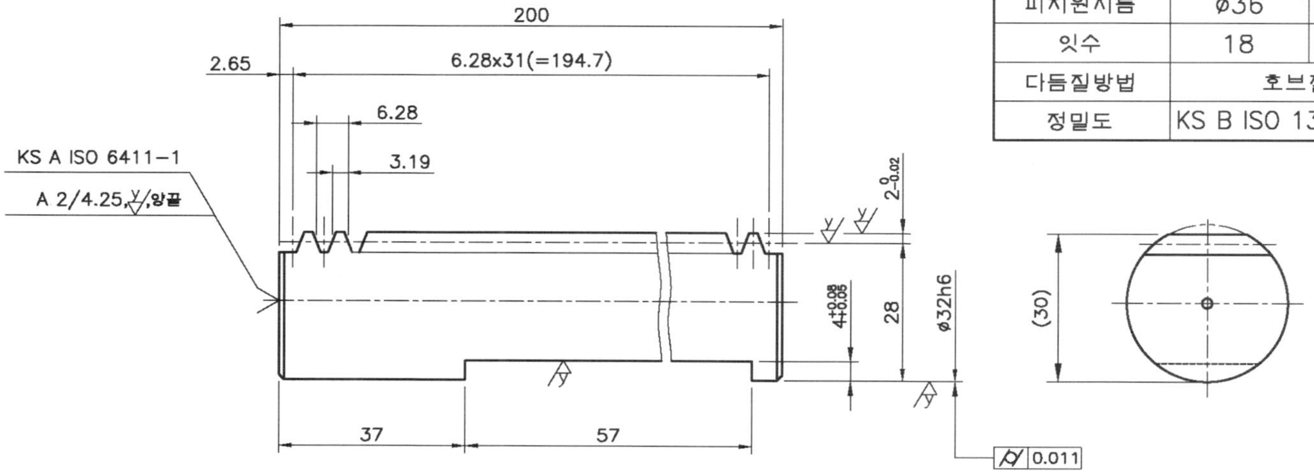

③ $\sqrt{}$ ($\sqrt{}$ /)

주) 전체 열처리 HRC55±2

KS A ISO 6411-1
A 2/4.25 상품

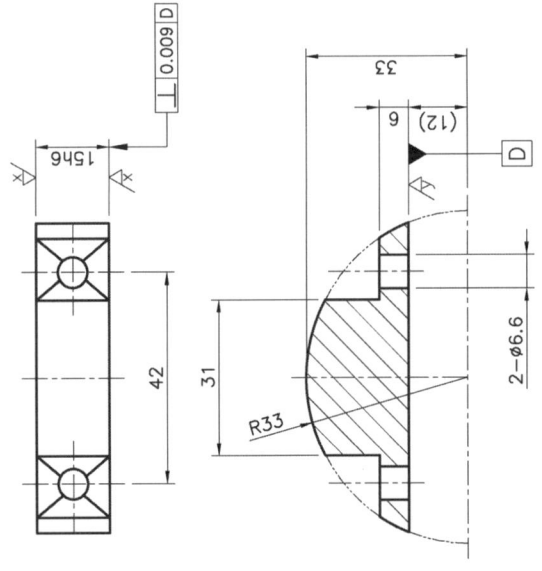

ATC캐드오퍼레이터

■ 시험 구성

1. 시험 개요 : CAD의 환경 설정, 2차원 도면 작성 및 편집, 치수와 문자 작성, 플롯에 관한 명령 이해를 확인하는 것으로 캐드 초보자가 꼭 알아야 할 부분을 습득할 수 있도록 도움을 주는 시험이다.
2. 시험 시간 : 실기시험 90분(객관식 및 실기 단답형)
3. 시험 내용 : CAD의 2차원 조작 및 설정에 필요한 명령어 관련 지식과 간단한 2차원 도면 작성과 편집기능 사용 여부를 평가하며 총 25문제(객관식 5문제, 실기 단답형 20문제)가 출제된다.
4. 합격 기준 : 실기시험 100점 만점 중 60점 이상이면 합격이다.

■ 시험의 특징 및 장점

1. 캐드 명령 사용의 꼭 알아야 할 기본적인 내용을 담아 기본기를 충실히 이행할 수 있도록 도움을 준다.
2. 건축, 기계, 토목 전공 분야의 지식이 없어도 설계 이론을 모르는 비전공자도 부담 없이 시험에 응시할 수 있다.
3. 25문항 중 15문항 이상이 정답이면 합격할 수 있고, 감점이 크지 않아 합격률을 높일 수 있다.
4. 기본 기능을 토대로 진행하는 시험이기 때문에 응시 준비 시간이 다른 시험에 비해 비교적 짧게 걸린다.
5. 분야별 전공자로 진입하기 전 기본 소양을 평가하는 시험으로 캐드 입문자라면 누구나 응시할 수 있다.

■ 출제 유형(객관식)

1. 제도의 기초 및 기본 동작 ◀ 1문제 출제

1. 척도의 종류와 값이 올바르게 나열된 것은 무엇인가?

　① 축척 - 1:2, 1:5, 1:10, 1:100, 1:200
　② 현척 - 1:2
　③ 배척 - 1:2, 1:5, 1:10, 1:100, 1:200
　④ N/S - 2:1, 5:1, 10:1, 20:1, 50:1

2. CAD 파일을 다른 이름으로 저장할 때 사용할 수 없는 파일 유형은 무엇인가?

   ① AutoCAD 2010 도면(*.dwg)
   ② AutoCAD 도면 표준(*.dws)
   ③ 도면 템플릿(*.dwt)
   ④ AutoCAD 2010 DWF(*.dwf)

3. 다음은 CAD 도면을 작성할 때 사용되는 좌표 입력에 관한 내용이다. 틀리게 설명된 것은 무엇인가?

   ① 좌표값을 입력할 때는 좌표계 원점을 기준으로 X값은 수평 거리를 지정하고 Y값은 수직 거리를 지정한다.
   ② 극좌표는 거리와 각도를 사용하여 점을 지정한다.
   ③ 커서를 이동하여 방향을 지정한 다음 거리를 입력하는 방법으로 점을 지정할 수도 있다.
   ④ 동적 입력이 켜진 상태에서는 좌표값을 입력할 수 없다.

4. 이전에 UNDO 또는 U 명령으로 취소한 명령을 복구하는 방법은 무엇인가?

   ① REGEN 명령을 실행하여 복구한다.
   ② Ctrl+S를 눌러 명령을 복구한다.
   ③ Ctrl+Z를 눌러 명령을 복구한다.
   ④ 오른쪽 클릭 바로 가기 메뉴에서 명령 복구(R)를 선택한다.

5. 뷰를 이동하는 방법이 아닌 것은 무엇인가?

   ① PAN 명령을 실행하여 마우스 왼쪽 버튼을 눌러 커서를 끌어 새 위치로 이동한다.
   ② 마우스 스크롤 휠 또는, 가운데 버튼을 누르고 커서를 끌어 초점 이동을 한다.
   ③ 오른쪽 클릭 바로 가기 메뉴에서 초점 이동(A)을 선택한다.
   ④ 오른쪽 클릭 바로 가기 메뉴에서 줌(Z)을 선택한다.

6. 도면 열기, 저장, 새로 만들기, 플롯 할 때 사용하는 단축키 설명이 틀린 것은 무엇인가?

   ① 도면 열기 - Ctrl+O   ② 도면 저장 - Ctrl+S
   ③ 새로 만들기 - Ctrl+M   ④ 플롯 - Ctrl+P

2. 그리기 ◀ 1문제 출제

1. RECTANG(직사각형)에 대한 설명으로 틀린 것은 무엇인가?

   ① 작성된 직사각형은 폴리선이다.
   ② 모따기 거리를 먼저 지정하면 모따기가 적용된 직사각형을 작성할 수 있다.
   ③ 모깎기 반지름을 먼저 지정하면 모깎기가 적용된 직사각형을 작성할 수 있다.
   ④ 길이 및 폭 값을 지정하여 직사각형을 작성할 수 없다.

2. 호 생성방식에 대한 설명으로 틀린 것은 무엇인가?

   ① [3점(3P)] 옵션은 세 점을 지정하여 호를 작성한다.
   ② [시작점, 중심점, 끝점(S, C, E)]을 이용한 호 생성방식을 기본값으로 한다.
   ③ [시작점, 끝점, 반지름(S, C, R)] 옵션을 사용하면 차례대로 시작점, 끝점을 지정하고 반지름값을 입력하여 호를 작성한다.
   ④ [시작점, 끝점, 방향(S, E, D)] 옵션은 시작점, 끝점을 지정한 후에 호의 접선 방향을 결정해 작성한다.

3. 이미지를 참조하여 원을 작성하는 데 사용한 옵션이 아닌 것은 무엇인가?

   ① [2점(2-Point)]
   ② [시작점, 중심점, 끝점]
   ③ [접선, 접선, 반지름(Tan, Tan, Radius)]
   ④ [접선, 접선, 접선(Tan, Tan, Tan)]

   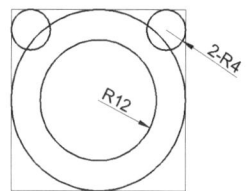

4. 다음 이미지와 같은 육각형을 작성할 때 사용하는 옵션은 무엇인가?

   ① 모서리(E)
   ② 원에 내접(I)
   ③ 원에 외접(C)
   ④ 축, 끝점

   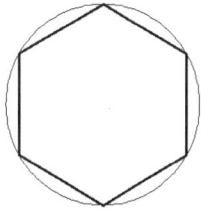

5. 다음 해치를 작성하는 방법 중에서 틀린 것은 무엇인가?

   ① 해치할 영역을 둘러싸고 있는 객체를 선택하여 해치를 작성한다.
   ② 닫힌 영역 내의 한 점(내부 점)을 지정하여 해치를 작성한다.
   ③ 벽돌 패턴을 작성하는 경우 새 원점을 지정하여 패턴의 시작점을 변경할 수 있다.
   ④ 특성 팔레트에서 해치 패턴을 끌어 닫힌 영역에 넣는 방법으로 해치를 작성한다.

6. 다음 폴리선 작성 및 사용 옵션에 관한 설명으로 틀린 것은 무엇인가?

   ① 폴리선 명령으로 선과 함께 호(A)도 작성할 수 있다.
   ② 폭이 있는 폴리선을 선택하면 시작점과 끝점은 선의 중심에 있다.
   ③ 폭(W) 옵션을 사용할 때 시작 폭과 끝 폭을 달리하여 작성할 수 있다.
   ④ 폭이 있는 폴리선을 분해하면 선이 되지만 폭은 그대로 유지한다.

3. 제도 보조 설정 및 편집 ◀ 2문제 출제

1. 객체를 작성할 때 도와주는 보조 도구들에 대한 설명으로 틀린 것은 무엇인가?

   ① 객체 스냅(F3) : 객체의 정확한 위치를 찾아주어 도면 작성에 도움을 준다.
   ② 그리드(F7) : 직사각형 그리드를 표시하여 편리성을 주지만 플롯이 되는 불편함이 있다.
   ③ 직교 모드(F8) : 수평선과 수직선을 작도하기 위해 사용한다.
   ④ 동적 입력(F12) : 명령을 입력하면 십자선 주변에 명령 리스트가 보인다.

2. 2D 객체 스냅 모드의 설명이 올바른 것은 무엇인가?

   ① 끝점(Endpoint) : 기하학적 객체의 중간점으로 스냅한다.
   ② 중간점(Midpoint) : 기하학적 객체의 끝점으로 스냅한다.
   ③ 삽입점(Insert) : 호, 원, 타원, 선, 폴리선 등 객체의 가장 근접한 점으로 스냅한다.
   ④ 중심점(Center) : 호, 원, 타원의 중심점으로 스냅한다.

3. 객체 선택 옵션 설명이 올바른 것은 무엇인가?

   ① 윈도우(W) : 모형 공간 또는 현재 배치에 있는 모든 객체를 선택한다.
   ② 걸치기(C) : 선택 울타리와 교차하는 모든 객체를 선택한다.
   ③ 울타리(F) : 2개의 점에 의해 정의된 직사각형 내에 포함되거나 교차하는 객체를 선택한다.
   ④ 윈도우 폴리곤(WP) : 점들로 정의된 폴리곤 내에 완전히 포함된 객체를 선택한다.

4. 방금 전에 선택한 객체를 그대로 다시 선택하여 명령을 수행할 때 사용할 수 있는 객체 선택 옵션은 무엇인가?

   ① 이전(P) ② 제거(R)
   ③ 추가(A) ④ 울타리(F)

5. 다음은 OFFSET(간격띄우기) 명령에 대한 설명이다. 틀린 것은 무엇인가?

   ① 동심원, 평행선을 작성한다.
   ② 객체를 지정한 거리만큼 또는 점을 통해 간격을 띄운다.
   ③ 다중(M) 옵션을 선택하면 지정한 간격띄우기 거리로 반복하여 작업을 할 수 있다.
   ④ 도면층(L) 옵션이 원본(S)이면 간격띄우기 한 객체는 현재 도면층의 설정대로 작성된다.

6. 다음은 TRIM(자르기) 명령에 대한 설명이다. 올바른 것은 무엇인가?

   ① 자르기 할 경계를 먼저 선택한 후 Enter를 눌러 자르려는 객체를 선택한다.
   ② 도면의 모든 객체를 지정하여 자르기 경계로 사용할 수 없다.
   ③ 모서리(E) 옵션을 사용하면 둥근 모서리를 만들 수 있다.
   ④ Alt를 누르면 객체를 연장할 수도 있다.

4. 도면층과 주석, 플롯 ◀ 1문제 출제

1. LAYER 명령에 대한 설명으로 올바른 것은 무엇인가?

    ① 도면층 및 도면층 특성을 관리한다.
    ② Defpoints 도면층은 기본으로 제공되는 도면층이며, 색상 및 선 두께를 편집할 수 없다.
    ③ [잠금(Lock)]으로 설정된 도면층도 편집할 수 있다
    ④ [끄기(Off)]로 설정된 도면층도 플롯 대상이 된다.

2. 도면층 특성 관리자에서 설정할 수 없는 항목은 무엇인가?

    ① [선종류]   ② [선가중치]
    ③ [스크리닝]   ④ [투명도]

3. 여러 줄 문자를 아래와 같이 해당 범위(사각형)의 중앙에 자리하여 작성하고자 할 때 알맞는 자리 맞추기 옵션은 무엇인가?

    ① 맨 위 왼쪽(TL)
    ② 중간 왼쪽(ML)
    ③ 중간 중심(MC)
    ④ 맨 아래 오른쪽(BR)

4. 작성한 문자 앞에 기호를 삽입하여 편집을 하고자 한다. 사용할 수 없는 방법은 무엇인가?

    ① 작성한 문자를 더블 클릭하여 문자 앞에 기호를 삽입하여 수정한다.
    ② 수정할 문자를 선택하고 특성 팔레트를 통해 문자의 내용을 수정한다.
    ③ DDEDIT 명령을 실행하여 편집할 문자를 선택해 수정한다.
    ④ MTEXTED 명령을 실행하여 편집할 문자를 선택해 수정한다.

5. 치수 스타일 관리자에 대한 설명으로 틀린 것은 무엇인가?

    ① 치수 문자의 형식, 배치 및 정렬을 설정할 수 있다.
    ② 치수선, 치수보조선, 화살촉, 중심 표식의 특성과 형식을 지정할 수 있다.
    ③ 1차 치수 단위의 형식과 정밀도는 설정할 수 없다.
    ④ 치수 문자 공차의 표시 및 형식을 지정할 수 있다.

6. 플롯에서 설정할 수 있는 플롯 영역에 대한 설명으로 틀린 것은 무엇인가?

① 윈도우(Window) : 사용자가 지정한 도면 부분을 모두 플롯한다.
② 범위(Extents) : 현재 모니터에 보이는 뷰 그대로 플롯한다.
③ 뷰(View) : 이전에 VIEW 명령을 사용하여 만든 저장된 뷰를 선택하여 플롯한다.
④ 화면표시(Display) : 현재 모니터에 보이는 뷰 그대로 플롯한다.

■ 출제 유형(실기 단답형)

1. 그리기 ◀ 8문제 출제

1. 이미지를 참조하여 객체를 작성하고 삼각형의 둘레를 구하시오.(단위 : mm, 정수만 입력)

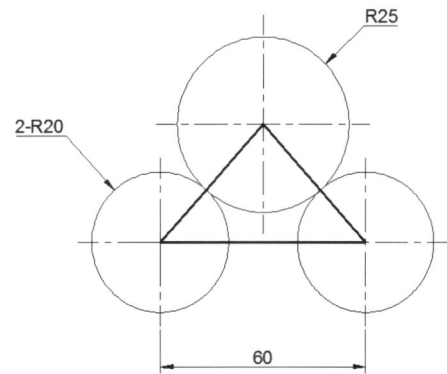

2. 이미지를 참조하여 객체를 작성하고 도형의 둘레를 구하시오.(단위 : mm, 소수 넷째 자리까지 입력)

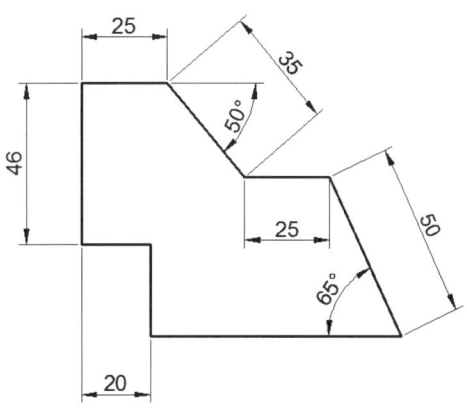

3. 이미지를 참조하여 객체를 작성하고 작은 화살표의 둘레를 구하시오. 이때 간격띄우기 거리 값은 모두 동일하게 6mm를 적용한다.(단위 : mm, 소수 넷째 자리까지 입력)

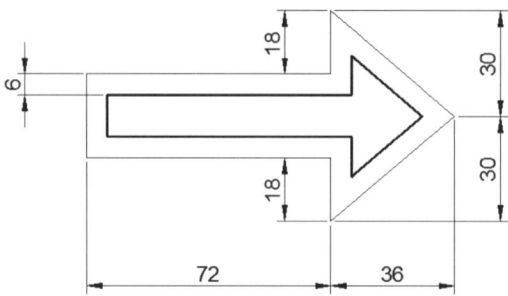

4. 이미지를 참조하여 객체를 작성하고 회색부분의 면적을 구하시오.(단위 : mm^2, 정수만 입력)

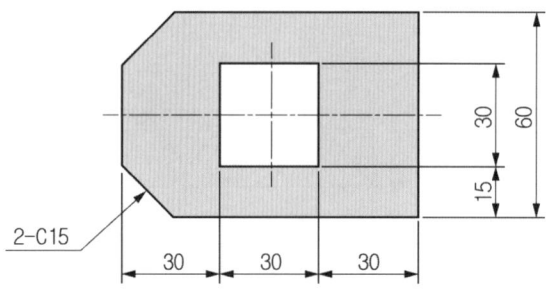

5. 이미지를 참조하여 객체를 작성하고 회색부분의 면적을 구하시오.(단위 : mm^2, 소수 넷째 자리까지 입력)

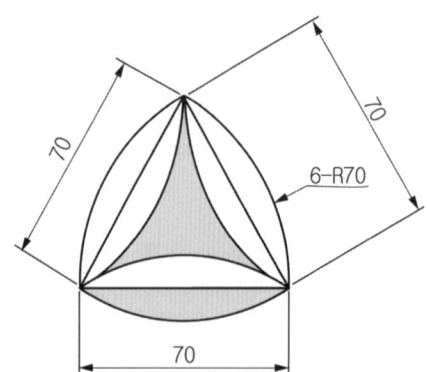

2. 편집 ◀ 10문제 출제

1. M-02.dwg 파일을 연다. 점 스타일을 변경하여 생성된 점(Point)의 위치를 먼저 파악한다. 그후 엘리베이터의 삽입점이 지정된 점(Point)의 위치가 되도록 이동한다. 이동 후 선형치수 A의 값을 구하시오.(단위 : mm, 정수만 입력)

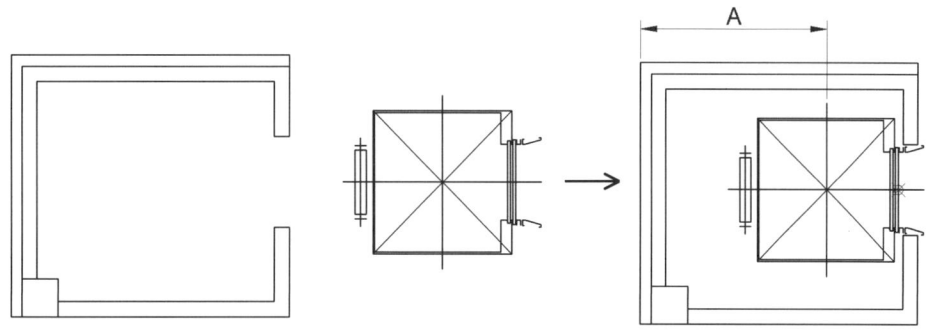

2. F-03.dwg 파일을 연다. 2개소에 반지름값이 10으로 모깎기가 되어 있다. 반지름값을 15로 수정하여 재작성후 회색부분의 면적을 구하시오.(단위 : mm^2, 소수 넷째 자리까지 입력)

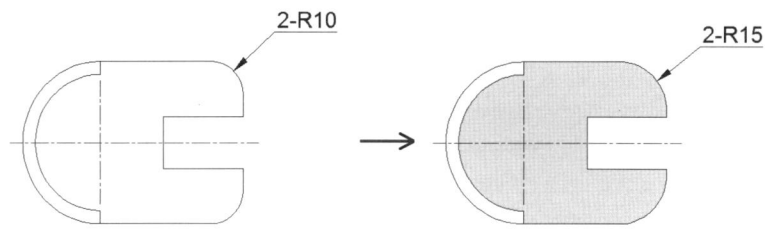

3. SC-01.dwg 파일을 연다. 반지름값 A가 70이 되도록 객체를 전부 선택하여 축척을 적용하여 변경한다. 축척 적용 후 B의 반지름값을 구하시오.(단위 : mm, 정수만 입력)

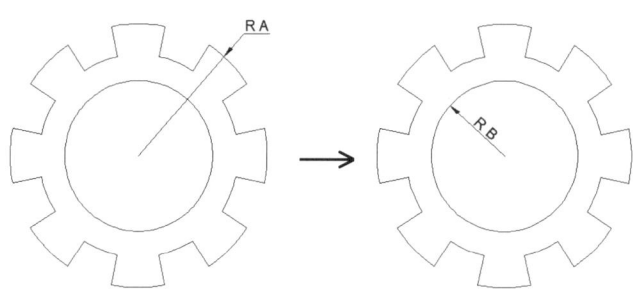

4. MI-02.dwg 파일을 연다. 이미지를 참조하여 대칭이 되도록 오른쪽에도 가구를 배치한다. 작성이 끝난 후 직선의 길이(의자의 삽입점간 거리)를 구하시오.(단위 : mm, 소수 넷째 자리까지 입력)

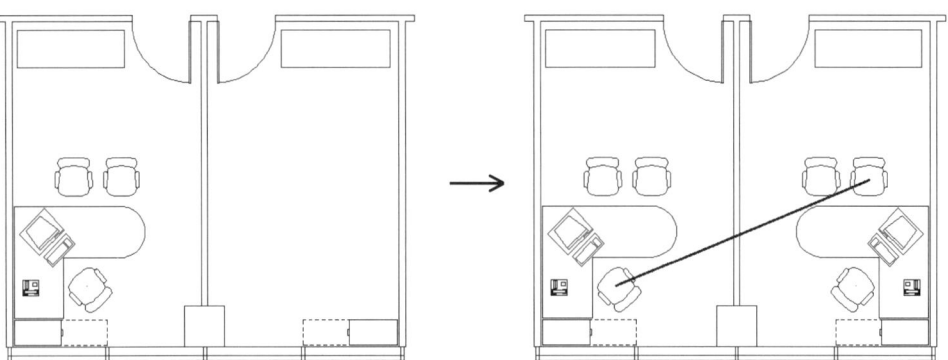

5. S-01.dwg 파일을 연다. 신축을 적용하여 길이를 120에서 100으로 줄인다. 수정 후 회색부분의 면적을 구하시오.(단위 : mm^2, 소수 넷째 자리까지 입력)

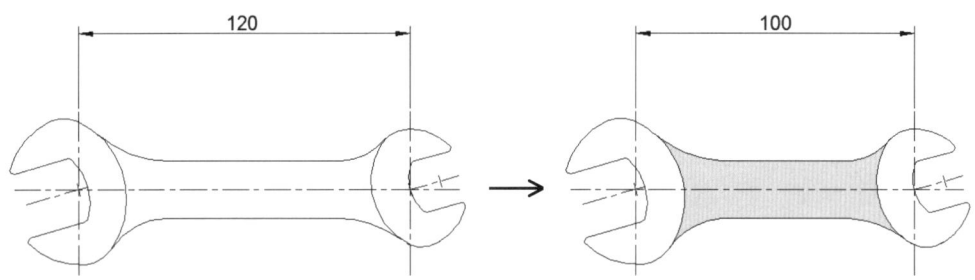

6. CHA-01.dwg 파일을 연다. 이미지를 참조하여 왼쪽에 모따기를 적용하고 회색부분의 면적을 구하시오.(단위 : mm^2, 소수 넷째 자리까지 입력)

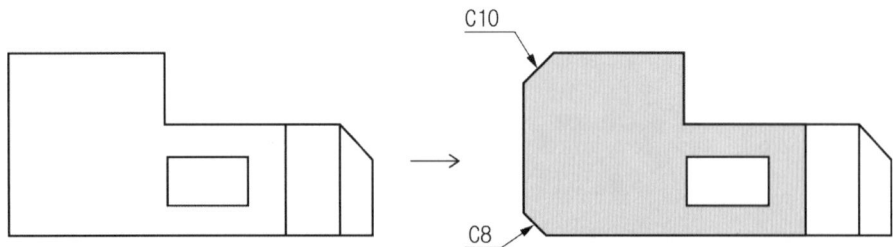

7. TR-01.dwg 파일을 연다. 자르기와 연장을 시행하여 오른쪽 이미지처럼 객체를 수정한다. 수정 후 회색부분의 면적을 구하시오.(단위 : mm², 정수만 입력)

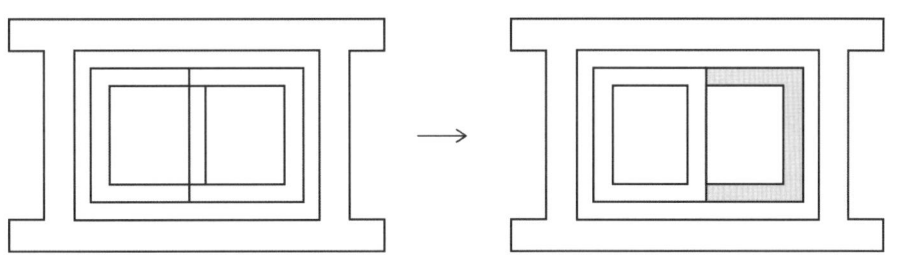

8. H-01.dwg 파일을 연다. 태극 문양을 살펴보니 작은 원이 그려져 전부 해치가 되지 못하였다. 작은 원을 삭제하고 해치를 재작성 한 후에 전체 태극 문양(원)의 면적을 구하시오.(단위 : mm², 소수 넷째 자리까지 입력)

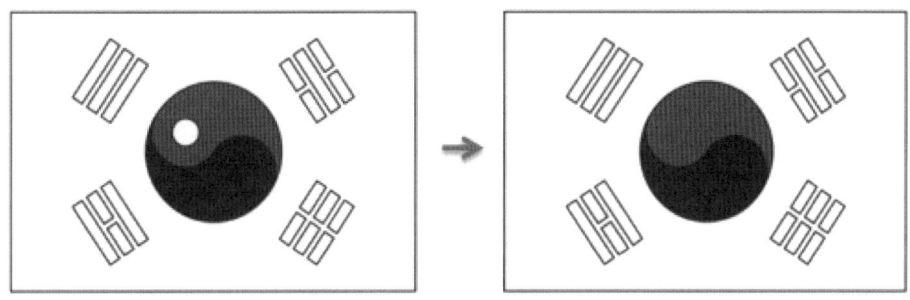

9. AR-01.dwg 파일을 연다. 원형 배열 명령을 사용하여 중심점을 기준으로 오른쪽 이미지처럼 객체를 완성한 후 직선의 길이(중심점 간의 거리)를 구하시오.(단위 : mm, 정수만 입력)

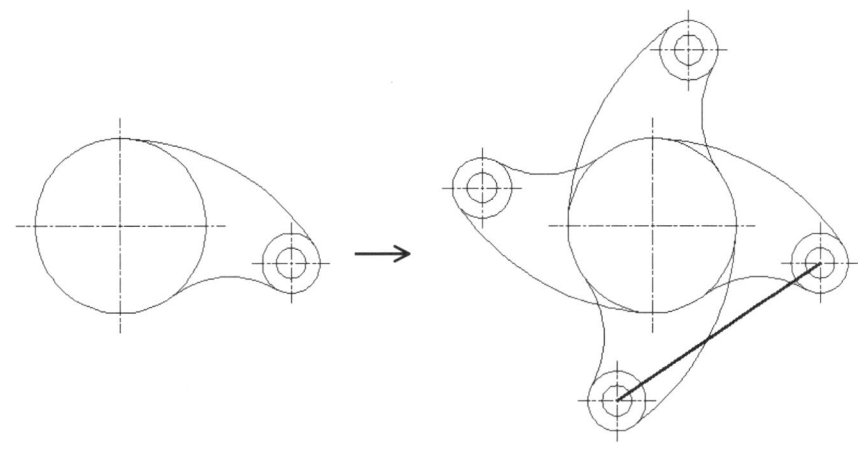

3. 도면 주석 ◀ 2문제 출제

1. T-01.dwg 파일을 연다. 도면 하단의 [DRAWING TITLE]란에 여러 줄 문자로 [평면 도]를 작성한다. 이때 작성 범위는 [DRAWING TITLE]란의 사각 범위(A,B)를 지정하고 문자 높이는 3.5, 자리맞추기는 중간중심(MC)으로 설정한다. 입력한 문자의 X 위치 값은 얼마인지 구하시오.(소수 넷째 자리까지 입력)

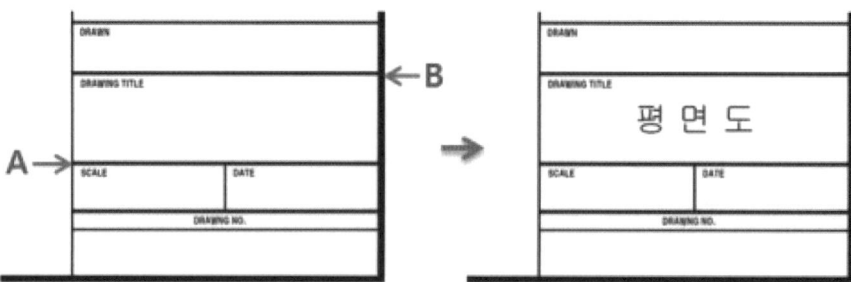

CAD 실무능력평가 2급

■ 응시 조건
- 주어진 도면 문제를 참고하여, 응시자가 신청한 2차원 캐드 프로그램으로 모형공간에서 해당 도면층에 객체 및 치수 작성을 한 후, 도면공간에서 뷰포트를 생성, 주어진 축척에 맞게 뷰포트 축척을 부여하고 그에 맞춰 뷰 정렬 및 타이틀 작성, 표제란을 기재한다. 마지막으로 페이지 설정 관리자에서 출력 설정까지 마친 후에 제출한다.
- 의무사항은 응시자가 반드시 지켜야 할 사항이며, 이로 인한 피해는 응시자에게 있으며, 실격사항 중 한 가지 이상 해당할 경우 채점 여부와 상관없이 불합격 처리된다.
- 평가항목을 기준으로 채점한 결과가 총 100점 만점 중 60점 이상이면 합격이다.

■ 의무 사항
1. 답안 작성용 템플릿 파일 내려 받기 및 사용, 저장
   - 시작 후 시험보기 창에 있는 템플릿 파일 다운로드 버튼을 눌러 바탕화면에 저장한다. 파일 이름은 응시자의 수험번호가 자동 기입된다.
   - 수험번호.dwg 템플릿 파일을 응시자가 신청한 캐드응용프로그램에서 열기(OPEN)로 가져와서 시험을 실시해야 한다.
   - 또한, 템플릿 파일 안에는 도면공간에서 작성할 뷰 제목(TITLE) 블록이 내포되어 있으므로, 이 블록을 사용하여 뷰 제목을 작성하도록 한다.
   - 답안 작성 중간에도 반드시 작업 파일을 저장하고 백업 파일을 생성해야 하며, 이를 지키지 않아 발생하는 예기치 못한 상황(시스템다운 등)에 대한 책임은 응시자에게 있다.

2. 답안 작성
   1) 템플릿 파일로 저장한 수험번호.dwg 파일을 열어 아래처럼 도면층을 작성하여 용도에 맞게 객체 및 치수를 작성한다.(선가중치는 없음)

도면층 이름	색상(번호)	선 종류	도면층 용도
0	흰색(7번)	Continuous	외곽선, 표제란, 뷰 제목 기호
가상선	선홍색(6번)	Phantom	가상선
문자	흰색(7번)	Continuous	문자(도면공간의 표제란 글씨, 평면도, 정면도, 우측면도 등 뷰 제목과 축척)
뷰포트	하늘색(4번)	Continuous	뷰포트(도면공간의 뷰포트 생성)
숨은선	노란색(2번)	Hidden	숨은선
외형선	초록색(3번)	Continuous	외형선
중심선	흰색(7번)	Center	중심선
치수	빨간색(1번)	Continuous	치수

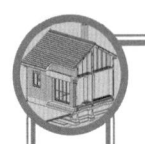

- 등각투상도가 포함된 출제 도면을 보고 문자 및 치수 스타일을 설정하고, 삼각 투상법에 따라 평면도, 정면도, 우측면도를 모형공간에 작성한다.
- 도면에 사용되는 모든 문자는 문자 도면층, 글꼴은 굴림을 적용하고, 문자 높이는 제시한 문자 크기를 따른다.
- 치수 스타일은 글꼴은 굴림, 문자 색상은 노란색으로 지정하고 그 외(화살표 크기, 치수 문자 높이 등)는 기본 값을 적용한다.
- 배치 작성 도면의 치수를 참조하여 외곽선, 표제란을 작성한다. 표제란에는 수험번호, 이름, 일자를 기입하고 문자 높이는 3으로 설정한다.
- 뷰포트를 생성하여 주어진 축척에 따라 평면도, 정면도, 우측면도를 정렬 배치한다.
- 템플릿 파일에서 제공한 "TITLE" 블록을 도면공간에 삽입한 후 뷰 제목과 축척을 기입한다. 뷰 제목의 문자 높이는 3.5, 축척의 문자 높이는 2.5로 설정한다.
- 페이지 설정 관리자를 아래와 같이 설정하고 최종 내용을 저장한다.

3. 파일 제출
   - 작성한 최종 도면인 수험번호.dwg 파일을 시험 문제 창에서 제공하는 파일 업로드 기능을 이용하여 제출한다.
   - 답안 제출 시간도 시험 시간(90분)에 포함되어 있으며 별도로 제공하지 않는다.
   - 파일 제출 전에는 반드시 파일의 저장 상태를 확인하고, 파일 제출 후에도 제출한 파일이 맞는지 다시 한 번 확인한다.
   - 파일은 시험 종료 후에도 삭제해서는 안 되며, 파일을 가지고 갈 수 없으며 도면을 유출 시에는 실격사유에 해당한다.

– 시험 시간 안에 파일을 제출하고 감독관 동의 없이 임의로 연장 시간을 사용한 경우도 답안 작성 여부와 관계없이 실격처리 된다.

■ 실격사항

1. 템플릿 파일로 도면을 작성하지 않은 경우
2. 모형공간 또는 배치(도면공간) 작성을 하지 않은 경우
3. 제출된 파일의 내용이 없는 경우
4. 도면공간에서 뷰포트를 사용하지 않은 경우
5. 전체 도형을 축척을 줄여서 작성한 경우
6. 위치틀림이 10개소 이상인 경우
7. 치수가 50% 미만으로 작성된 경우

■ 주요 감점사항

1. 선이 누락되었거나 위치틀림(18점) – 위치틀림이란 주어진 치수가 틀렸거나 연관점을 유추하는 데서 잘못 따온 경우를 말한다.
2. 불필요한 객체 남음(16점) – 객체 작성을 위한 45도 보조선과 자르기(TRIM)가 덜 된 객체, 그 외 잔여 객체를 말한다.
3. 선종류 불량(16점) – 외형선을 숨은선이나 중심선으로 그리거나 그 반대의 경우를 말한다.
4. 선 연결 상태 불량(8점) – 선 연장 및 모서리 정리가 잘 안 된 경우를 말한다.
5. 선 겹침(중복)(8점) – 선 중복은 외형선, 숨은선, 중심선끼리 겹침을 말한다.
6. 중심선 틀림(8점) – 중심선을 잘못 그리거나 그리지 않은 경우를 말한다.
7. 필요한 도면층을 의무사항대로 하지 않았거나 용도별로 객체가 해당 도면층에 없는 경우(10점 이내)
8. 치수가 누락되거나 유형이 다른 경우, 치수보조선이 객체의 선과 겹친 경우, 치수가 분해가 된 경우(15점 이내)
9. 뷰포트 3개 생성이 아닌 경우, 도면의 축척이 다르거나 정렬로 균형 배치가 안 된 경우(20점 이내)
10. 뷰포트 동결 또는 끄기 설정이 아닌 경우(5점 이내)
11. 도면 외곽선, 표제란을 작성하지 않거나 "TITLE" 블록을 사용해 뷰 제목을 작성하지 않은 경우(15점 이내)
12. 선종류 축척을 조절하여 도면(배치탭) 공간에서 출제도면과 같이 선이 구분되게 보이지 않은 경우(5점 이내)
13. 출력을 하기 위한 페이지 설정 관리자를 주어진 조건대로 설정하지 않은 경우(5점 이내)

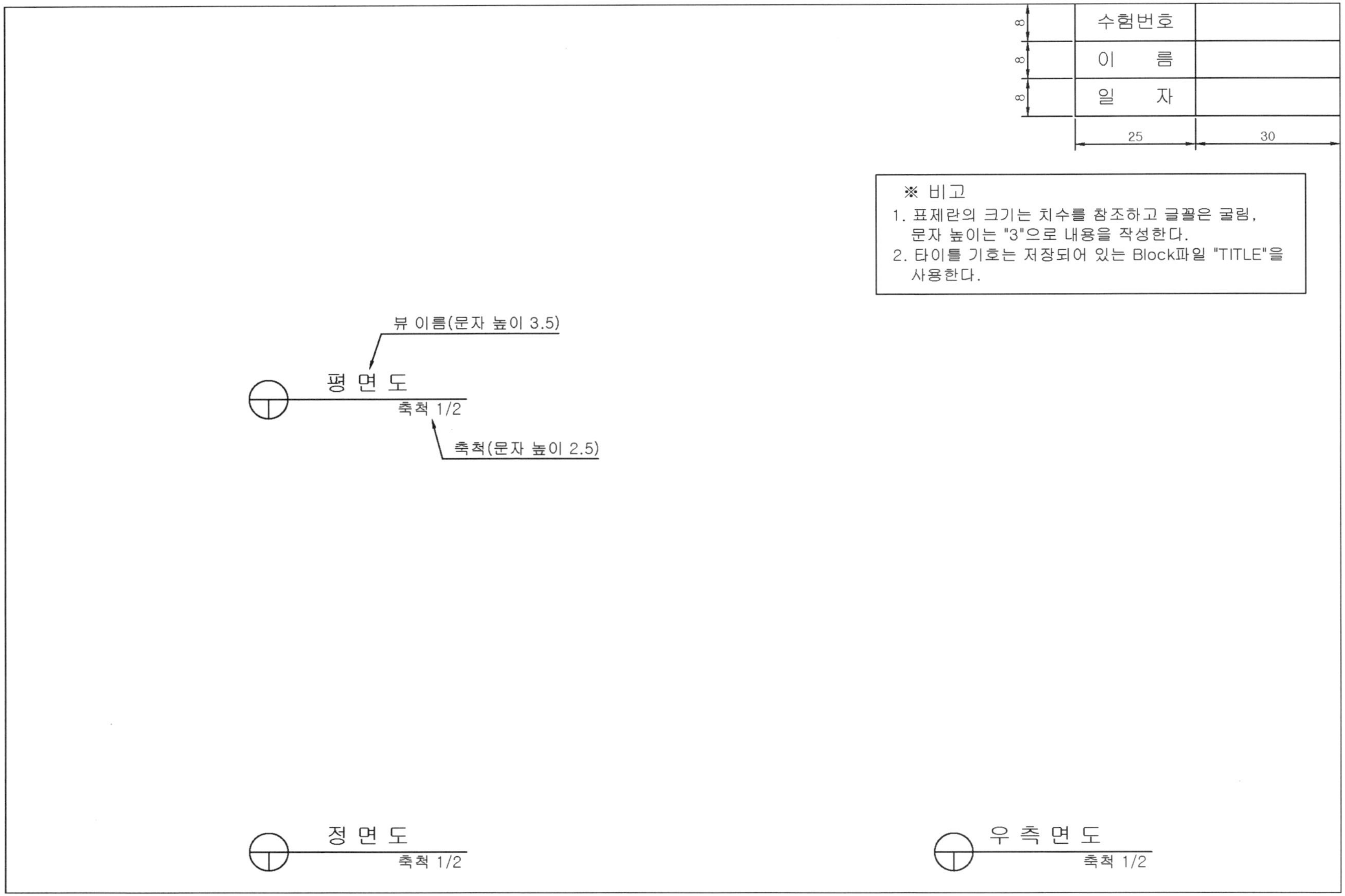

예제로 배우는 AutoCAD

수험번호	
이름	
일자	

※ 비고
1. 표제란의 크기는 치수를 참조하고 글꼴은 굴림, 문자 높이는 "3"으로 내용을 작성한다.
2. 타이틀 기호는 저장되어 있는 Block파일 "TITLE"을 사용한다.

부 이름(문자 높이 3.5)

평면도 축척(문자 높이 2.5) 축척 1/2

정면도 축척 1/2

우측면도 축척 1/2

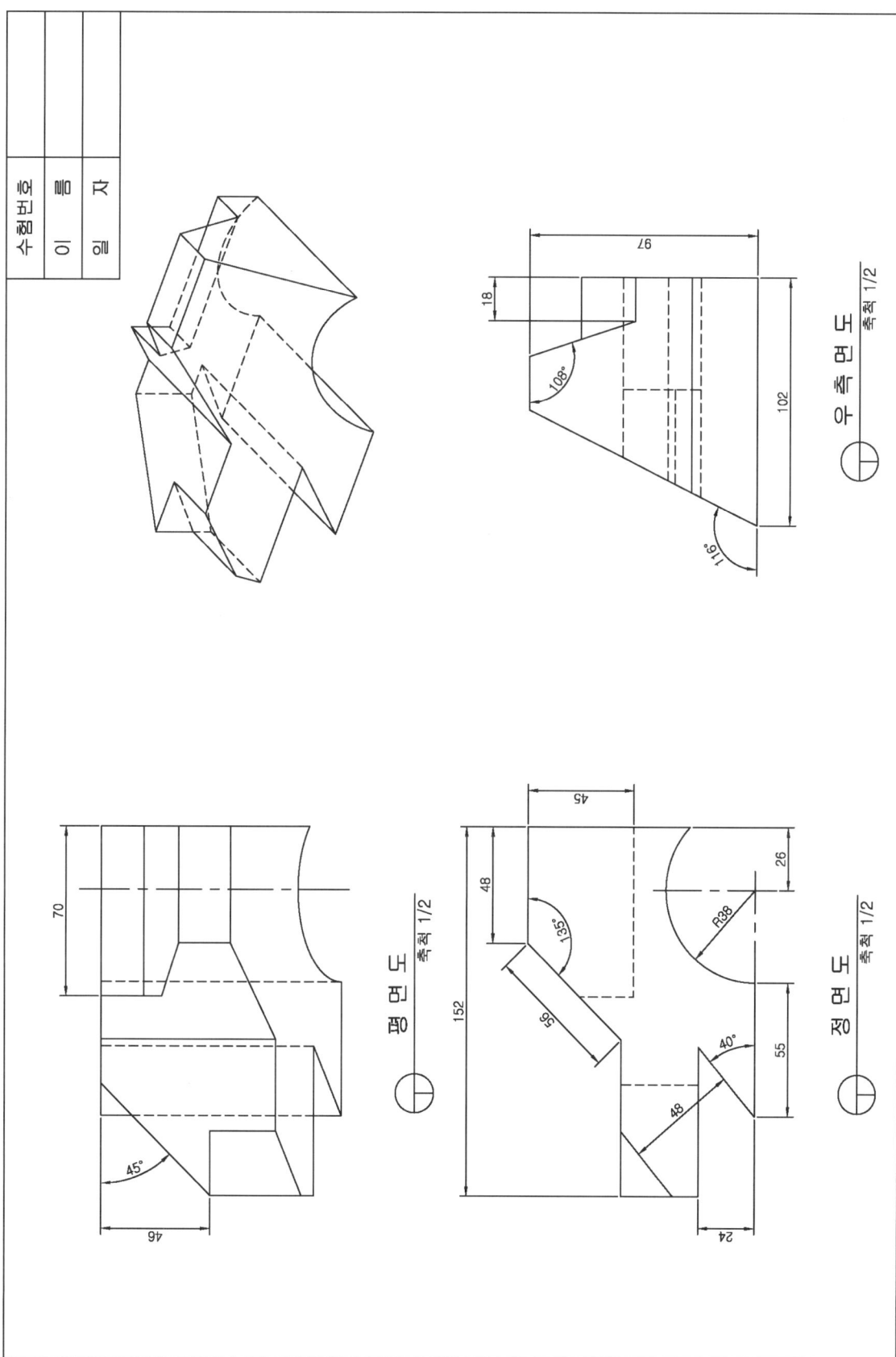

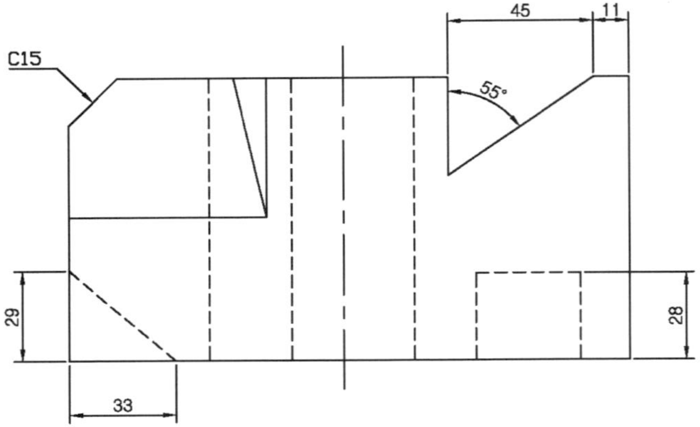

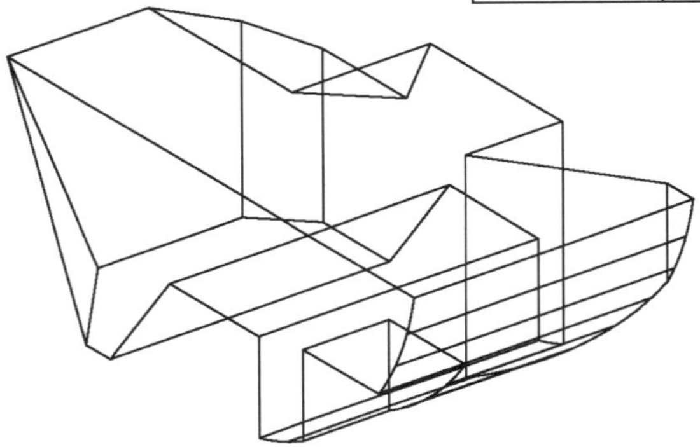

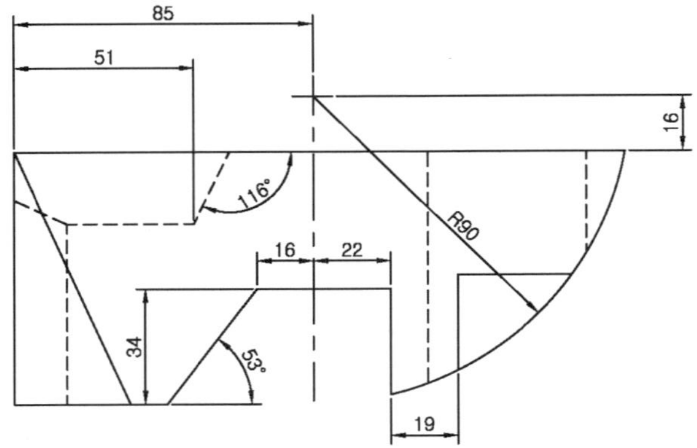

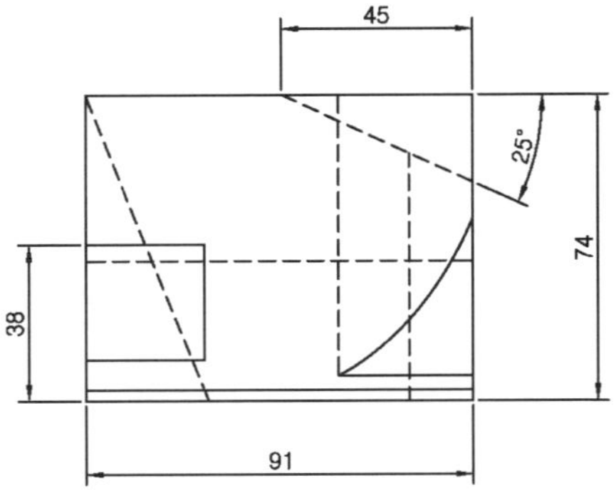

ATC기계캐드마스터 2급

■ 시험 구성

1. 시험 개요 : 국가직무능력표준(NCS)를 바탕으로 산업현장에서 필요한 CAD 활용 능력 및 기계도면을 해독하고, 작성하는 능력을 평가하는 시험으로 산업체에서 제품개발 및 설계 기술자들이 산업표준 규격에 준하여 3D 형상모델링 및 2D 도면을 작성하는 업무 등의 직무 수행을 가능하게 하고자 한다.
2. 시험 문제 : 실기 – CAD 프로그램을 이용하여 기계부품 도면 작성 및 관리
   필기 – 기계 설계에 필요한 일반 지식과 기계부품 도면 해독과 관련된 문제
3. 시험 시간 : 실기시험 120분, 필기시험 30분
4. 시험 내용
   1) 주어진 도면에서 부품을 KS 규격을 참조하여 CAD 프로그램으로 제시된 조건에 맞게 제 3각법으로 도면을 작성하고, 제출한다.
   2) 제도 및 기계 일반 상식에 대한 물음에 답을 기입한다.(25문항)
5. 합격 기준 : KS제도 규격에 준하는 부품 도면을 작성하고, 필기문항 답안을 근거하여 실기 100점 만점 기준 60점 이상, 필기시험 100점 만점 기준 60점 이상 합격이다.
   ※ 실기에 대한 모범 답안은 있지만, KS제도 규격에 준하여 도면을 작성하는 자격시험이다.

■ 시험 평가항목

1. 주어진 조건을 확인하고 치수스타일, 도면층, 선가중치 설정 등 CAD 프로그램의 환경을 설정한다.
2. 주어진 도면을 이해하고 2D 부품도면을 작성한다.
3. KS규격에 근거하여 부품도면을 작성하고 적절하게 배치한다.
4. 주어진 도면을 참조하여 치수, 치수공차와 끼워맞춤공차, 기하공차기호, 표면 거칠기 기호 등 부품 제작에 필요한 사항들을 기입한다.

■ 응시 조건

[응시 기준]

문제에 주어진 도면을 참조하여 CAD 프로그램(2D/3D)을 이용해 부품도면을 작성한다. 도면에 표기된 형상과 치수를 근거로 도면을 작성하며, 문제에 언급되지 않은 내용은 기계설계 일반 상식과 KS제도 규격에 의거한다. 의무사항은 응시과정에서 응시자가 반드시 지켜야 할 사항이며, 자동실격사유 중 한 가지 이상 해당될 경우 채점 여부에 상관없이 자동으로 실격 처리된다. 평가항목을 기준으로 채점한 결과가 실기시험 60점 이상, 필기시험 60점 이상일 때 합격이다.

[의무사항]

1. 답안 작성 시 의무사항
   - 시험 시작 후 홈페이지를 통해 KS규격.PDF 파일과 템플릿 파일을 포함하고 있는 압축파일(*.zip)을 바탕화면에 다운로드 한다.
   - 압축파일(*.zip)을 풀기하고, 폴더의 이름은 수험번호 폴더가 되도록 한다.
   - Template.dwg 를 수험번호.dwg로 파일 이름을 변경한다.
   - 모든 길이의 단위는 [mm], 각도 단위는 [deg]를 사용한다.
   - 답안 도면은 주어진 도면 템플릿 파일을 이용하여 출제된 도면양식 및 윤곽선과 표제란을 작성하고 문제도면을 참조하여 2D 부품 도면을 작성한다.
   - 시스템다운 등 예기치 못한 상황에 대비해 응시자는 답안 작성 중 수시로 작업 파일을 저장한다. 파일 미저장으로 야기되는 사항에 대한 책임은 응시자에게 있다.

2. 답안 제출 시 의무사항
   - 작성된 도면은 선가중치를 적용하여 흑백으로 출력된 PDF 파일로 수험번호 폴더에 저장한다. 출력 시 조건은 다음과 같다.

용지 크기	출력 척도	작성 도면	저장 경로	저장 파일명
A2(594×420)	1:1	2D 부품	수험번호 폴더	수험번호.PDF

   - CAD 프로그램에서 작성된 2D 부품 도면은 [수험번호.dwg] 파일로 수험번호 폴더에 저장한다.
   - 수험번호 폴더에 저장된 [수험번호.dwg]파일과 [수험번호.PDF] 파일을 [수험번호.zip] 파일로 압축한 후 압축파일을 제출한다.

[자동실격사유]

다음 항목에 해당되는 경우 자동으로 실격 처리된다.

1. 고사장에 설치된 2D, 3D CAD 이외에 다른 프로그램을 사용하여 답안을 작성하는 경우
   ※ 윈도우 운영체제 기본 프로그램인 계산기, 메모리가 초기화된 공학용 계산기는 사용 가능하다.
   ※ 문제 풀이를 위한 종이(백지), 필기도구는 사용 가능하다.
2. 제공된 템플릿 파일을 사용하지 않은 경우
3. 모형공간에서 도면을 생성하지 않은 경우
4. 2D 부품도면이 미완성인 경우(모범답안 기준)
5. 제시된 조건에서 요구한 도면 크기, 각법, 척도가 맞지 않는 경우

6. KS제도 규격에 준하여 작성되지 않은 도면의 경우
7. 치수, 공차, 끼워맞춤공차, 기하공차, 표면거칠기 표시, 데이텀 표시 등이 1개의 부품을 기준으로 각 항목당 50% 미만 또는 옳지 않은 위치에 제도한 도면의 경우(모범답안 기준)
8. 수험번호.dwg, 수험번호.PDF 파일을 제출하지 않은 경우
9. 필기시험이 60점 미만인 경우
10. 본인의 작성 파일 또는 문제도면을 외부로 유출할 경우(합격 후에도 발각 시에는 바로 실격처리됨)
11. 타인의 답안으로 제출하거나 타인에게 답안을 제공하는 경우
12. 시험 도중에 시험장소를 벗어난 경우(포기로 간주)
13. 감독관의 허락 없이 임의로 연장시간을 사용한 경우
14. 감독관의 정당한 요청 및 지시사항에 응하지 않은 경우

1. 제도 환경 설정

1-1. 윤곽선 및 표제란 작성

제공된 템플릿에서 도면의 크기별 한계설정(Limits), 윤곽선 및 중심마크, 표제란을 다음과 같이 작성하고, 수험번호.PDF 파일 출력 시 도면의 한계선이 출력되지 않도록 한다. 도면에 표기하는 문자는 CAD 프로그램에 탑재된 ISO표준 및 트루타입(굴림, 돋움, 바탕 등) 글꼴을 사용하고, 답안 도면 및 PDF 출력시 폰트 깨짐 등의 현상이 발생되지 않도록 CAD 프로그램 사용환경을 적절하게 설정한다.
(※ 굴림체를 사용하여 PDF로 출력할 경우 글자 사이 여백이 발생하면 굴림 글꼴을 적용한다.)

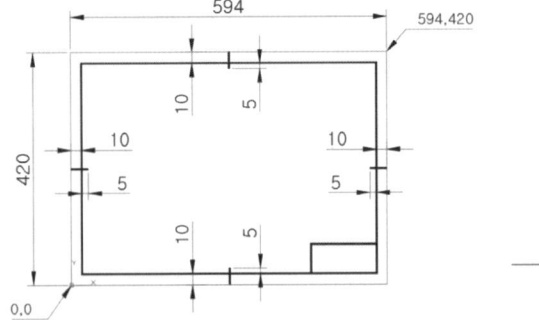

[윤곽선 및 중심마크]

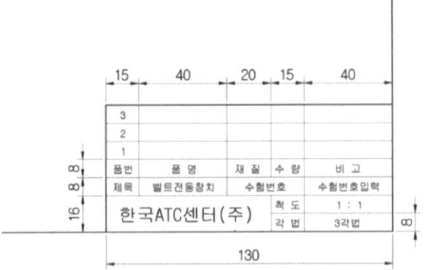

[표제란 작성 예]

1-2. 색상별 용도 및 높이 지정

문자, 숫자, 기호의 높이 (mm)	선 굵기 (mm)	지정 색상(Color)	용도
7.0	0.7	파란색(Blue)	윤곽선, 표제란의 윤곽선
5.0	0.5	초록색(Green)	외형선, 부품번호, 개별주서, 중심마크, 요목표의 윤곽선 등
3.5	0.35	노란색(Yellow)	숨은선, 일반주서, 표제란의 문자, 요목표의 문자, 치수 등
2.5	0.25	빨간색(Red) 또는 흰색(White)	가는실선, 치수선, 치수보조선, 가상선, 중심선, 해치선, 대칭선, 표제란과 요목표의 내부실선 등

[도면층 특성 설정 적용 예]

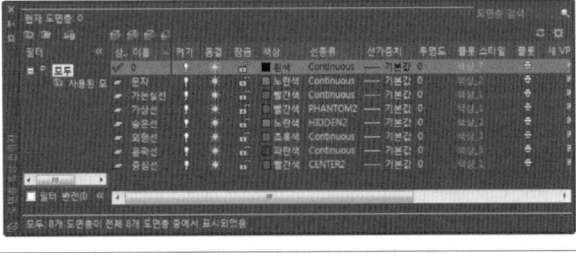

※ 위 항목은 AutoCAD 프로그램에서 도면 작성을 위한 설정이므로 다른 CAD 프로그램을 사용할 경우 위
  항목에 맞도록 지정하고, 색상별 용도 및 높이, 출력시 선 굵기 지정이 옳지 않을 경우 감점이 될 수 있다.
※ 도면 작성시 언급되지 않은 용도의 문자, 숫자, 기호, 선은 KS제도규격에 준하여 출력시 선 굵기가
  적용되도록 한다.
※ 사용 문자 높이는 2.5, 3.5, 5.0, 7.0을 사용하고, KS제도규격에 의거 적절하게 사용한다.

※ 작성된 답안 파일은 수험번호.zip 으로 압축하여 파일로 제출한다.

① 수험번호.PDF ② 수험번호.dwg

2. 답안 작성 조건

주어진 조립 도면을 검토하고, KS제도규격에 준하여 2D 부품 도면을 작성하며, 제시된 조건들에 의해 답안을 작성한다.

2-1. 2D 부품 도면 작성 (1)

1) 제공된 문제 도면에서 제시된 조건을 확인하고, 품번 (2)의 부품을 CAD 프로그램을 사용하여 A2 용지크기에 척도는 1:1로 설정하고, 제3각법으로 문제 도면과 동일하게 부품 도면을 작성한다.
2) 현재 적용된 문자스타일을 사용하여 제공된 문제 도면대로 주서, 표제란의 문자, 기호 등을 작성한다.
3) 제공된 문제 도면대로 용도에 맞게 선을 사용하여 부품도를 구성한다.
4) 문제 도면과 동일하게 중심선, 절단면, 해치선 등을 표현한다.
5) 조립 도면에서 각 부품들의 특징과 기능, 동작 원리를 고려하여 투상도와 단면도 등을 제공된 문제 도면대로 작성하고, 설계 목적에 맞도록 치수, 치수공차, 끼워맞춤공차, 기하공차, 표면거칠기 기호, 주서 등 부품 제작에 필요한 모든 사항을 KS제도규격에 준하여 작성한다.
6) 표면거칠기 기호는 템플릿 파일에 포함된 블록을 분해하여 사용할 수 있으며, 치수는 분해하여 작성해도 된다.
7) "?"에 해당하는 부분은 정답을 답안 도면에 기입한다.
8) 문제에 언급되지 않은 내용은 임의대로 작성하되 일반적인 상식과 KS제도규격에 의거한다.

2-2. 2D 부품 도면 작성 (2)

1) 제공된 입체 도면을 검토하고, 제시된 조건에 맞게 품번 (3)의 부품을 답안 도면에 작성하여 도면을 완성한다.
2) 척도는 1:1로 설정하고, 제3각법으로 KS제도규격에 준하여 투상도를 작성한다.
3) 용도에 맞게 선을 사용하여 부품도를 구성한다.
4) 조립 도면에서 각 부품들의 특징과 기능, 동작 원리를 고려하여 투상도와 단면도 등을 작성하고, 설계 목적에 맞도록 치수, 치수공차, 끼워맞춤공차, 기하공차, 표면거칠기 기호, 주서 등 부품 제작에 필요한 모든 사항을 KS제도규격에 준하여 작성한다.
5) "?"에 해당하는 부분은 정답을 답안 도면에 기입한다.
6) 문제에 언급되지 않은 내용은 임의대로 작성하되 일반적인 상식과 KS제도규격에 의거한다.
7) 작성된 도면은 A2 용지크기로 선가중치를 적용하여 흑백으로 출력된 PDF 파일로 수험번호 폴더에 저장한다. (**수험번호.PDF**)
8) 작성된 도면은 **수험번호.dwg**로 수험번호 폴더에 저장한다.

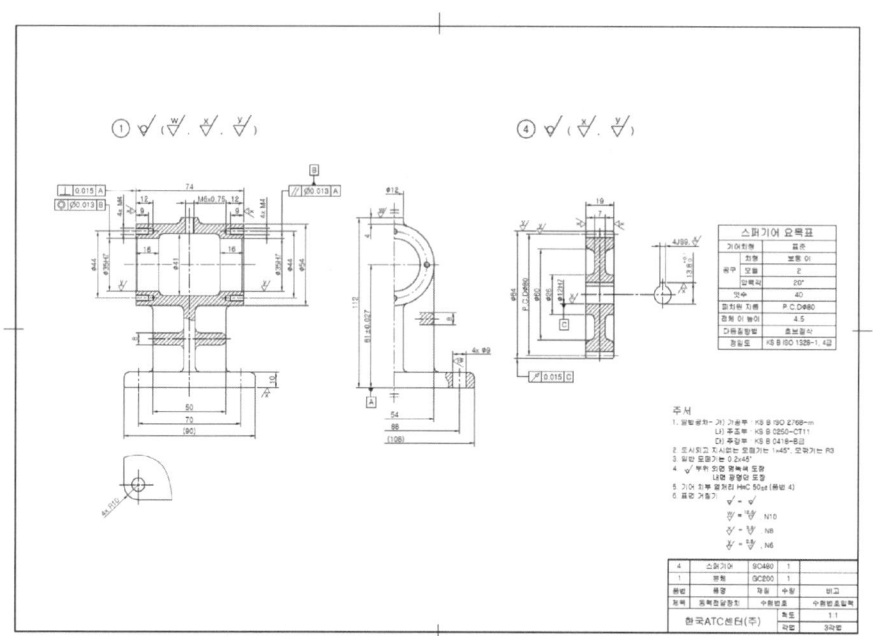

[답안 도면 예시]-수험번호.PDF

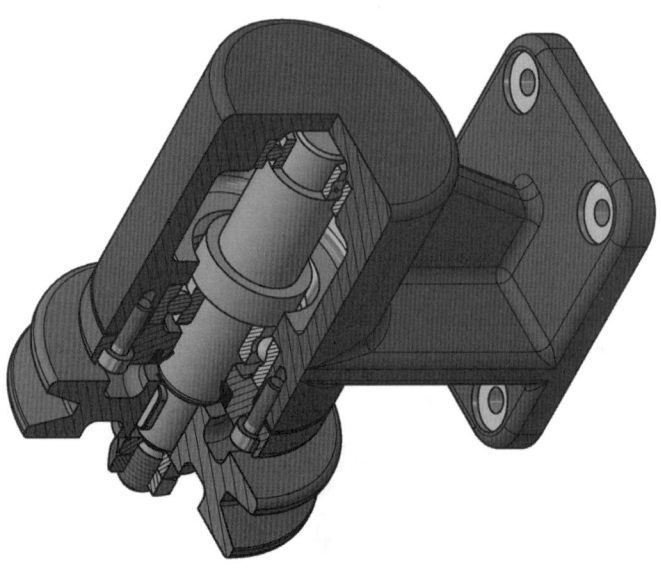
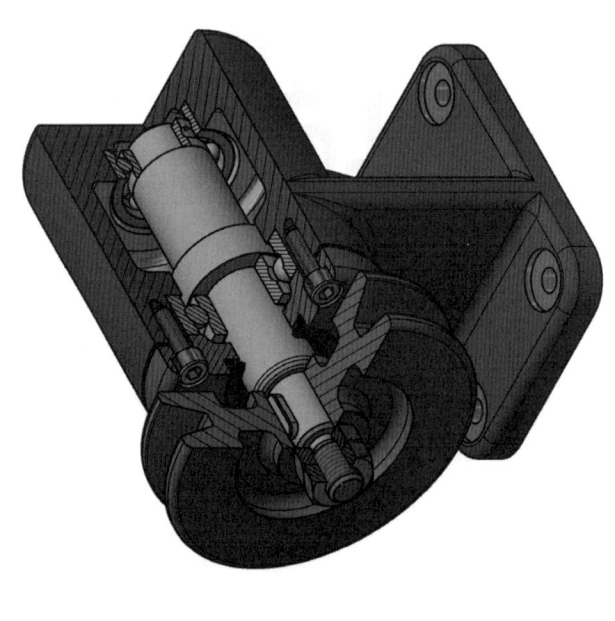

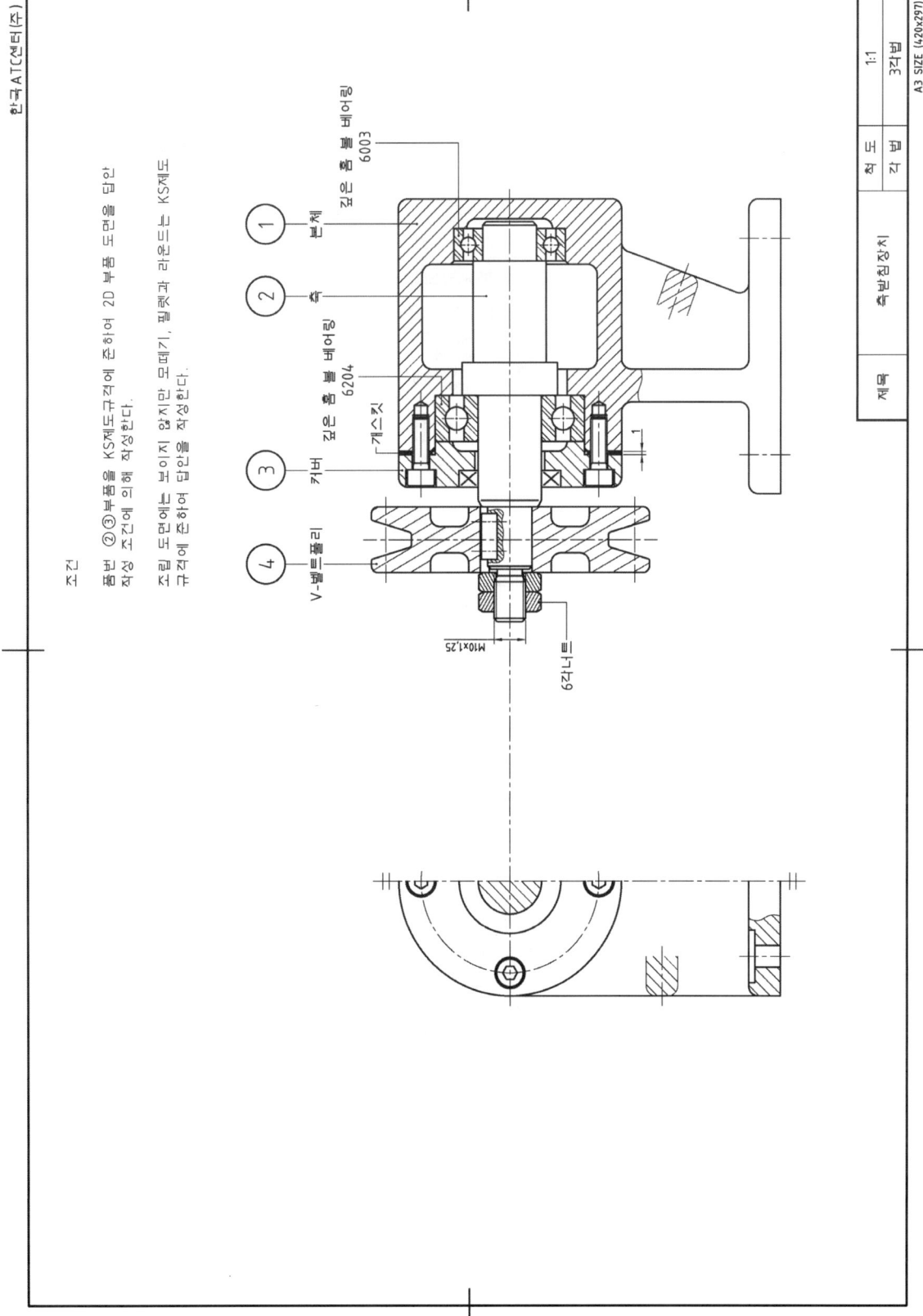

예제로 배우는 AutoCAD

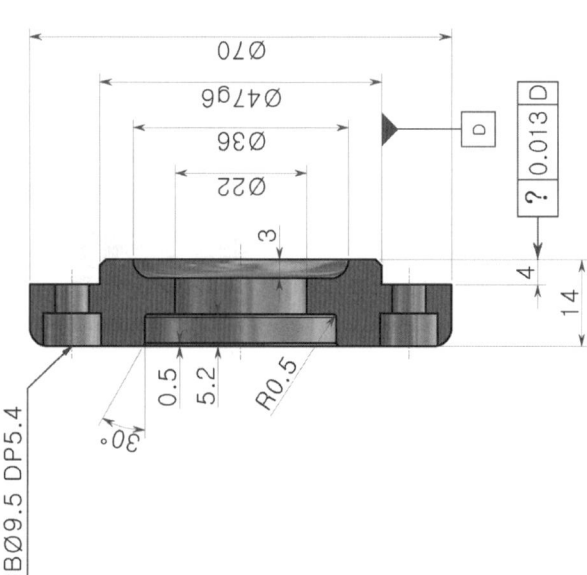

품명 # 커버

아래에 주어진 문제는 품번 3 "커버"이다. 제3각법으로 단한 도면에 투상도를 작성하시오.
이 때, 치수, 치수공차, 끼워맞춤공차, 기하공차, 표면거칠기 기호, 주서 등 부품 제작에 필요한 모든 사항을 KS제도규격에 준하여 작성한다.
(지시하지 않은 모떼기는 R3, 모떼기는 1X45°이다.)

(1) "?"에 해당하는 값은 KS제도규격을 참고하여 작도한 후, 값을 입력하시오.
(2) 작성 예 : 정면 전 단면도, 상세도(오일 실 부착부), 필요하다고 판단되는 투상도를 작성하시오.

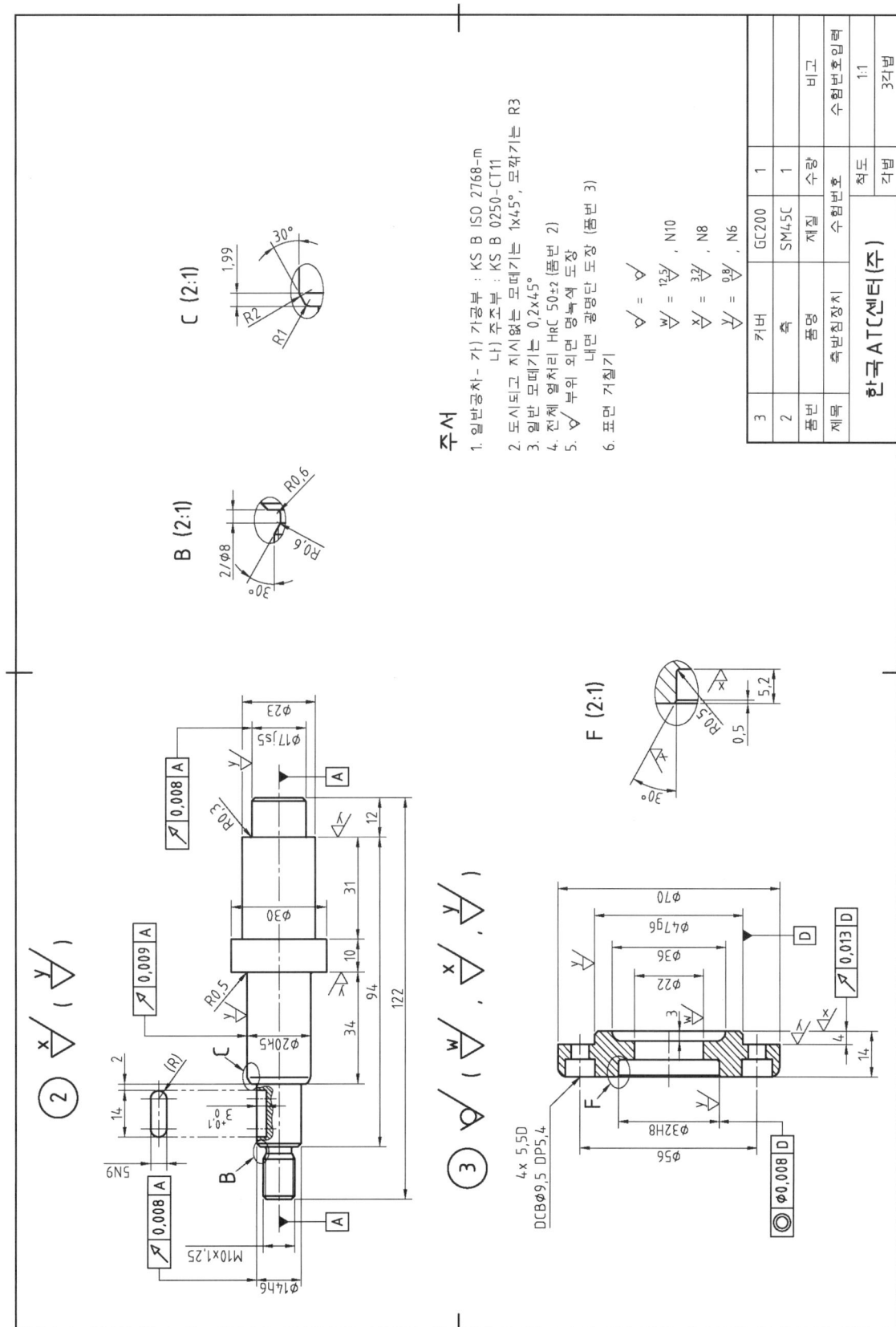

3D 도면예제

Section 04

예제로 배우는 AutoCAD

ddVPoint, 3dFace, HIde, SHADE, SHAdemode

wireframe : 숨은선이 모두 보이는 상태
regen : hide상태에서 wireframe으로 전환

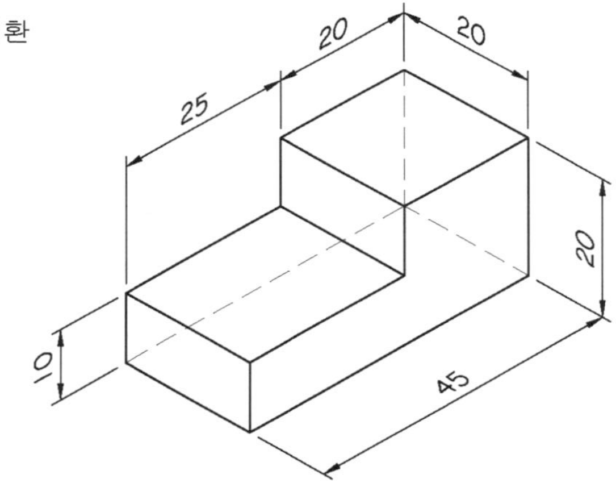

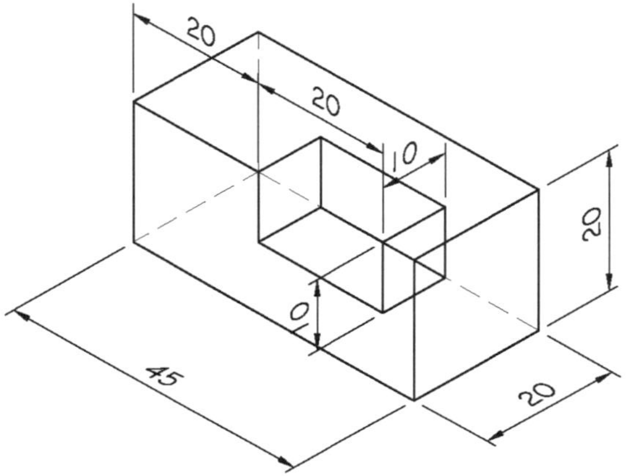

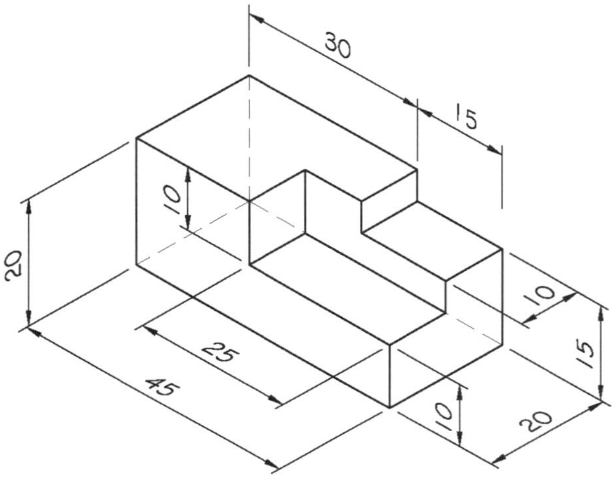

Section 04

ddVPoint, 3dFace, HIde, SHADE, SHAdemode

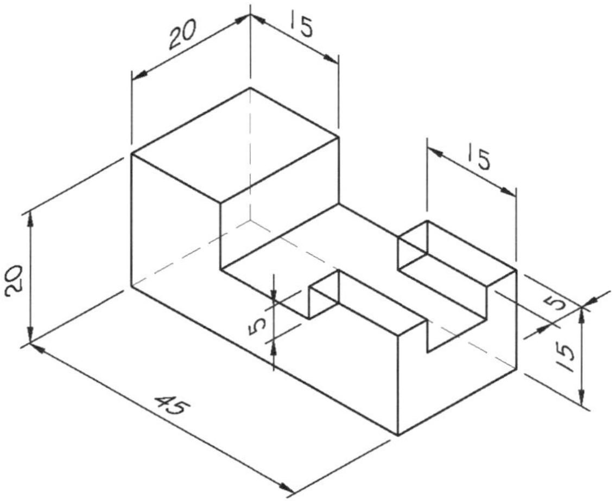

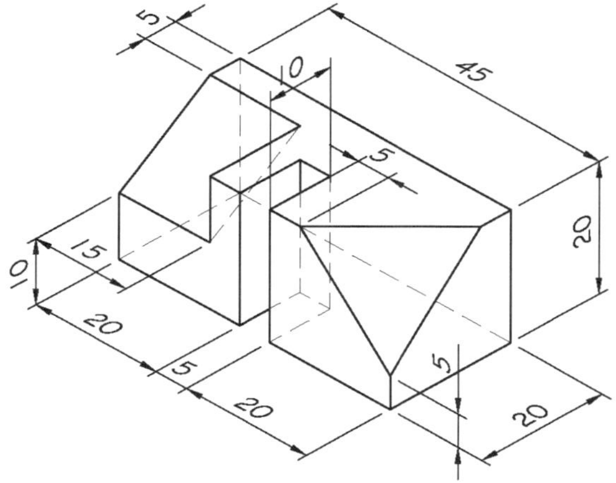

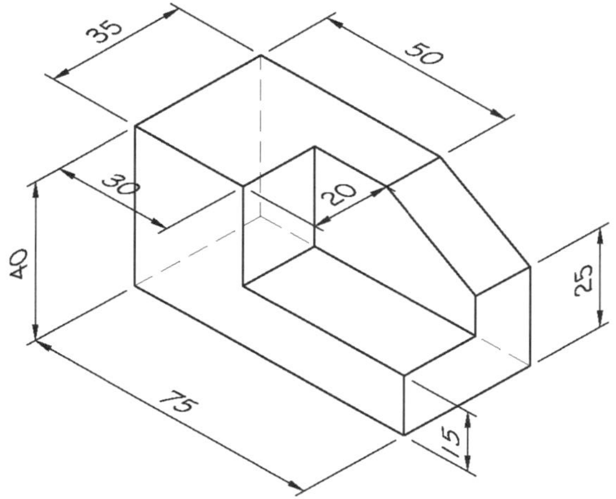

예제로 배우는 AutoCAD

ddVPoint, 3dFace, HIde, SHADE, SHAdemode

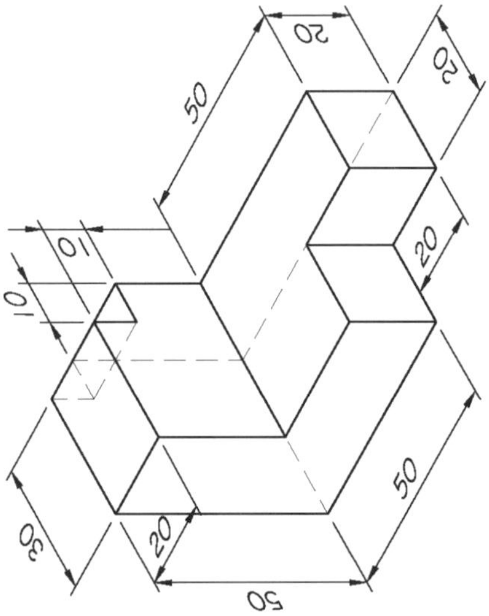

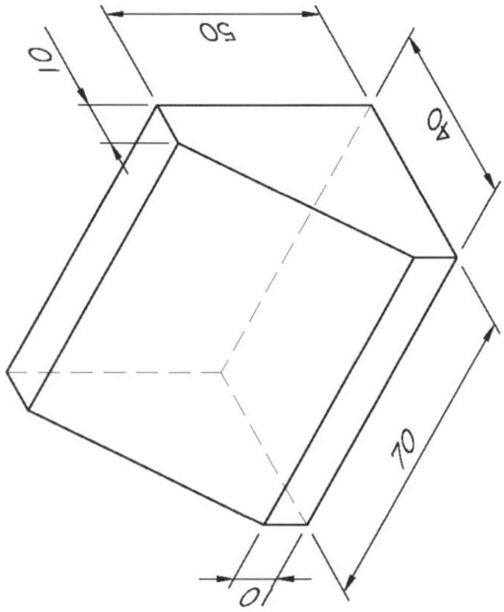

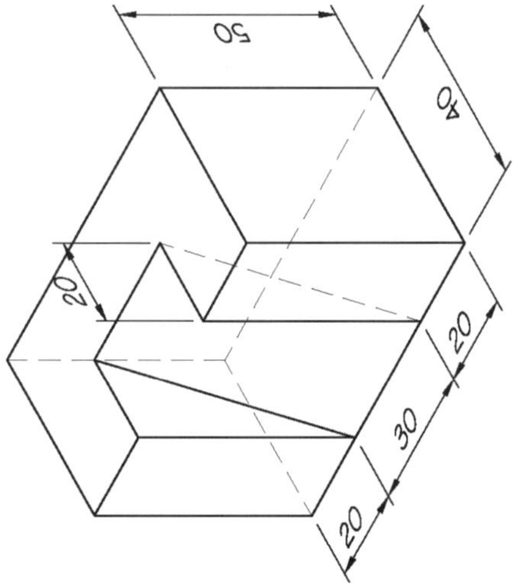

Section 04

THickness, ELEVation

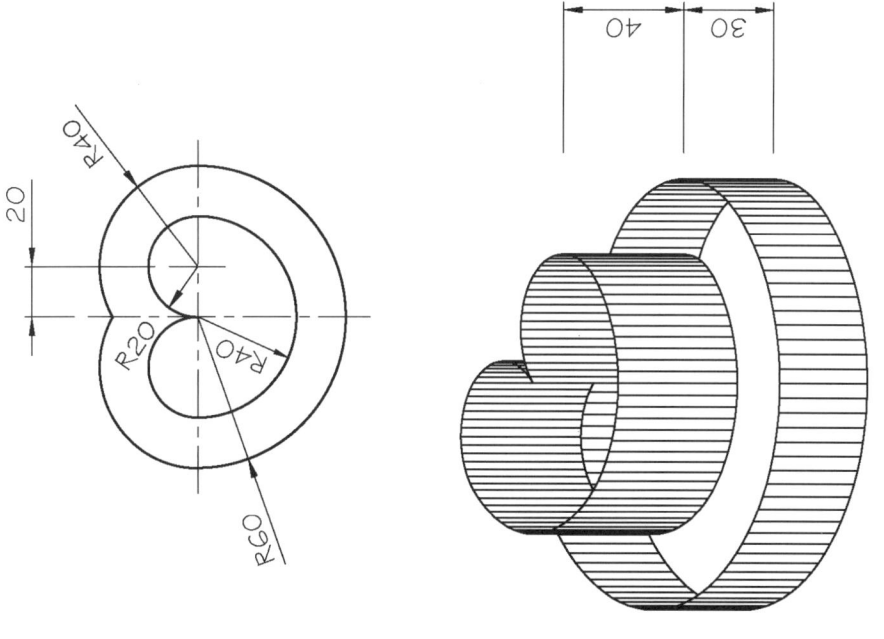
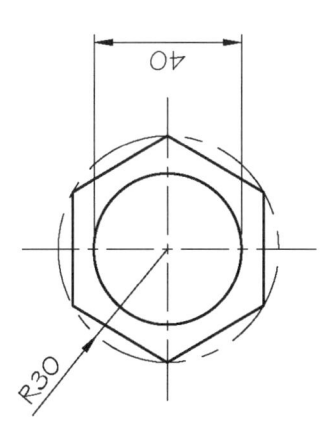
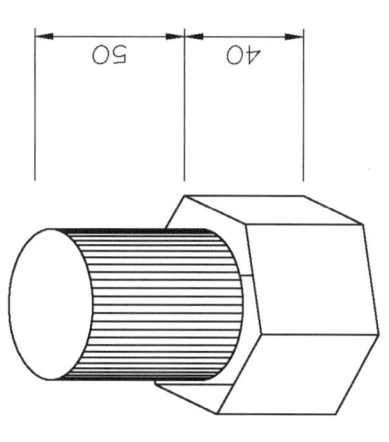

예제로 배우는 AutoCAD

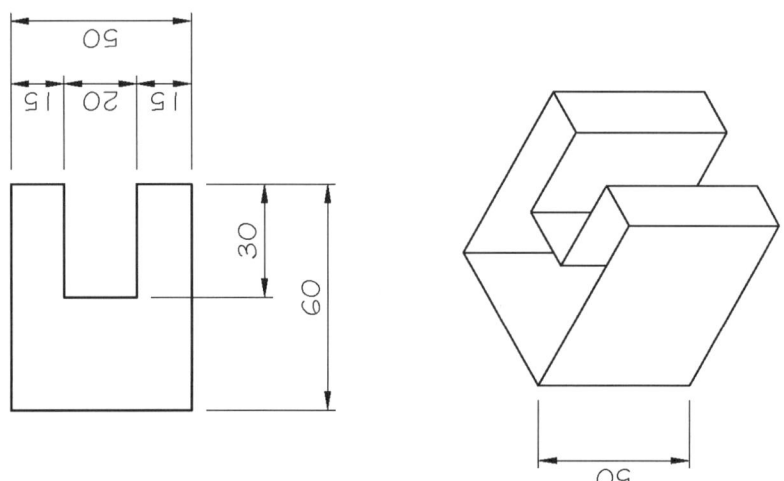

THickness, ELEVation

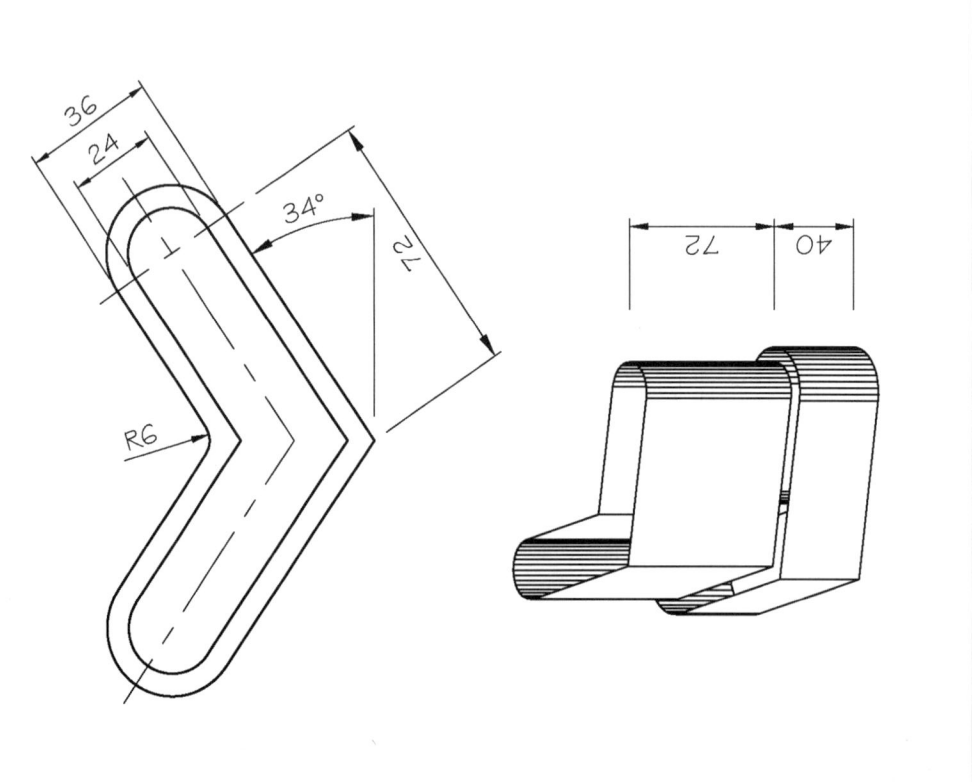

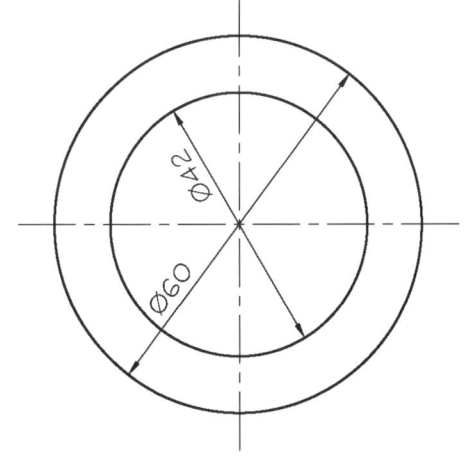

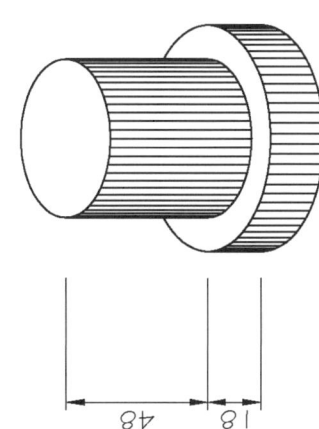

THickness, ELEVation

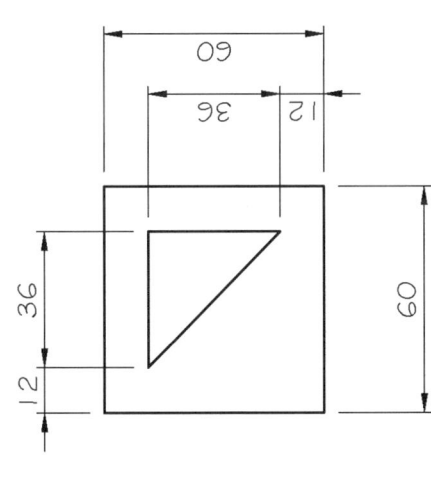

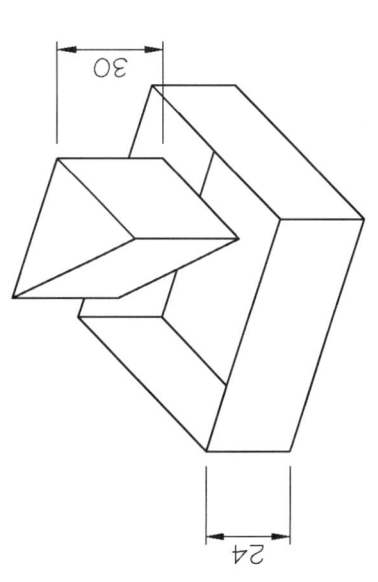

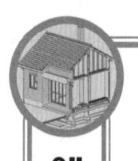

THickness, ELEVation

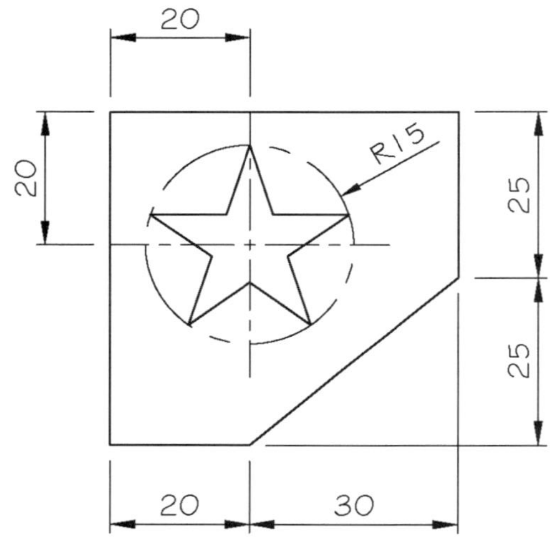

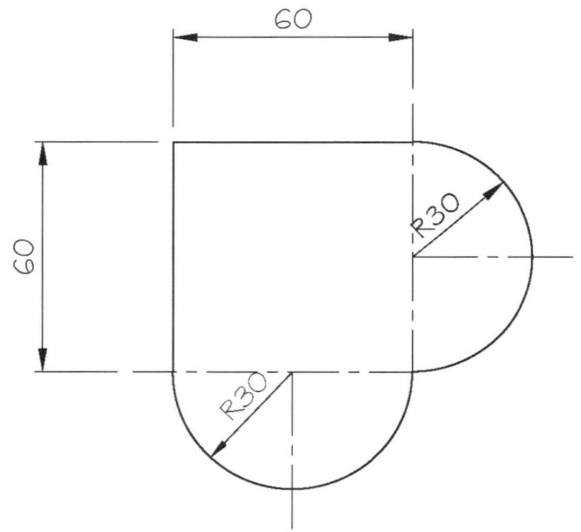

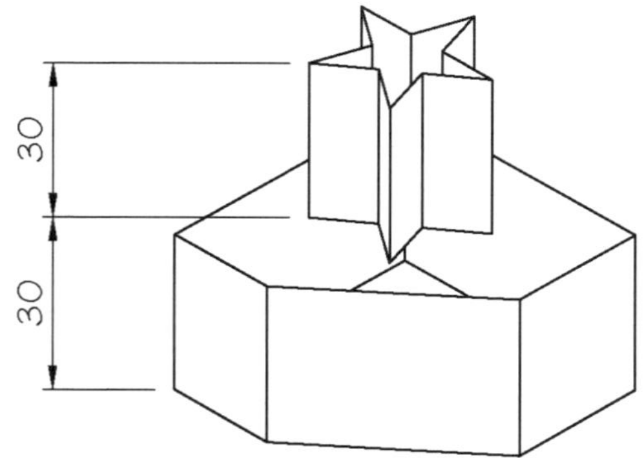

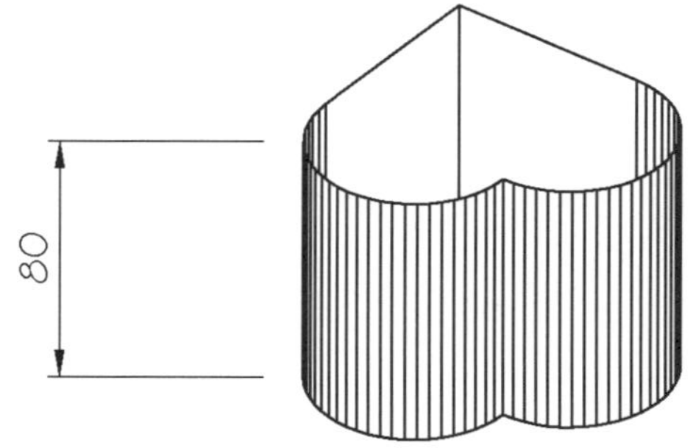

Section 04

THickness, ELEVation

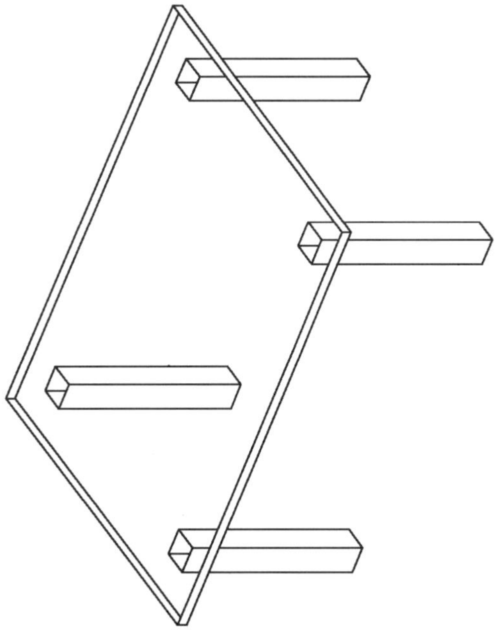

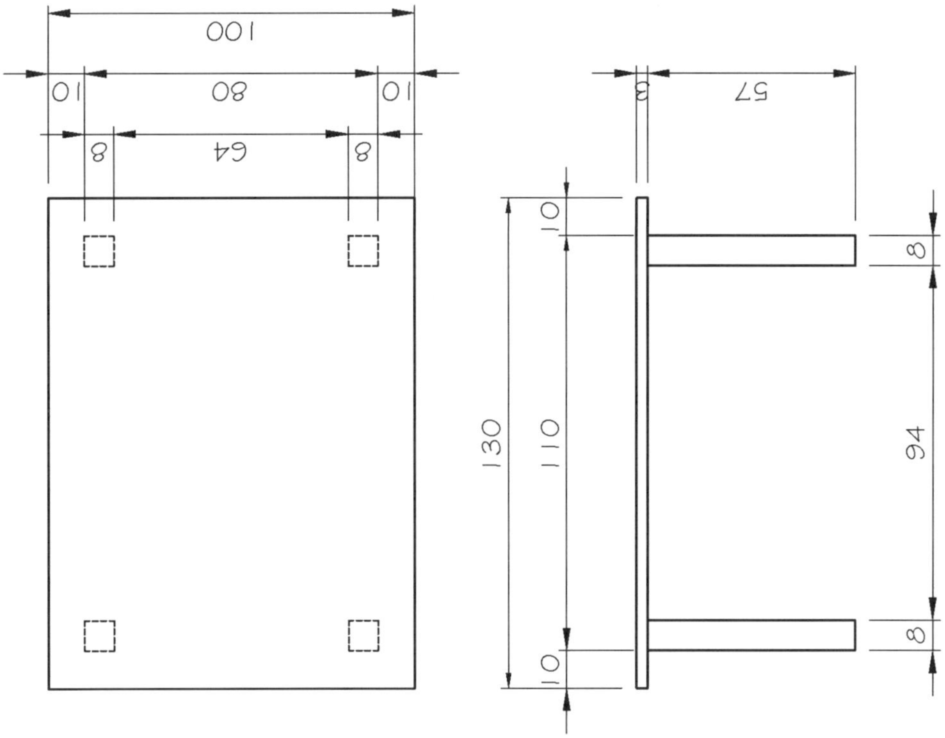

THickness, ELEVation

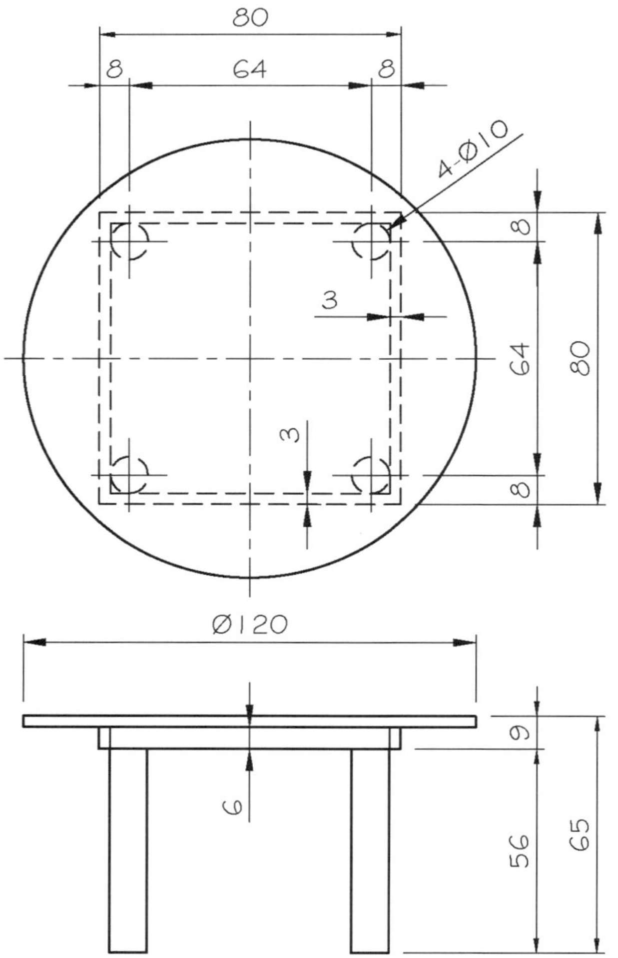

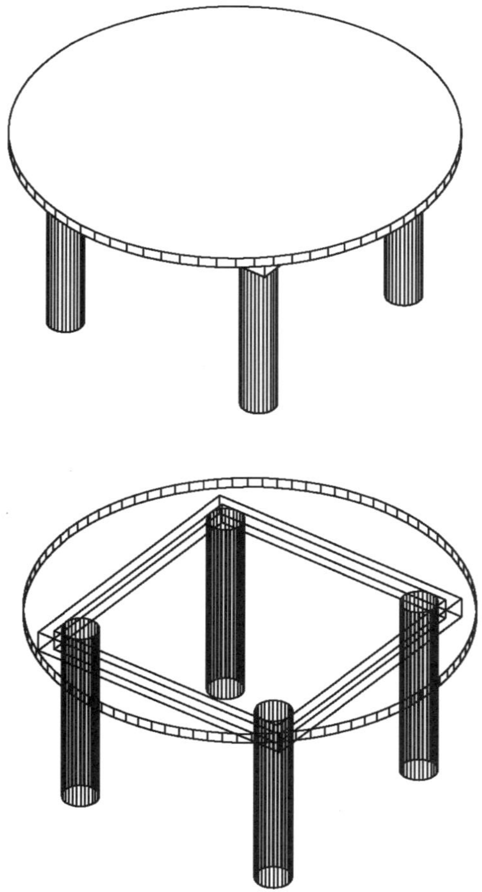

Section 04

THickness, ELEVation

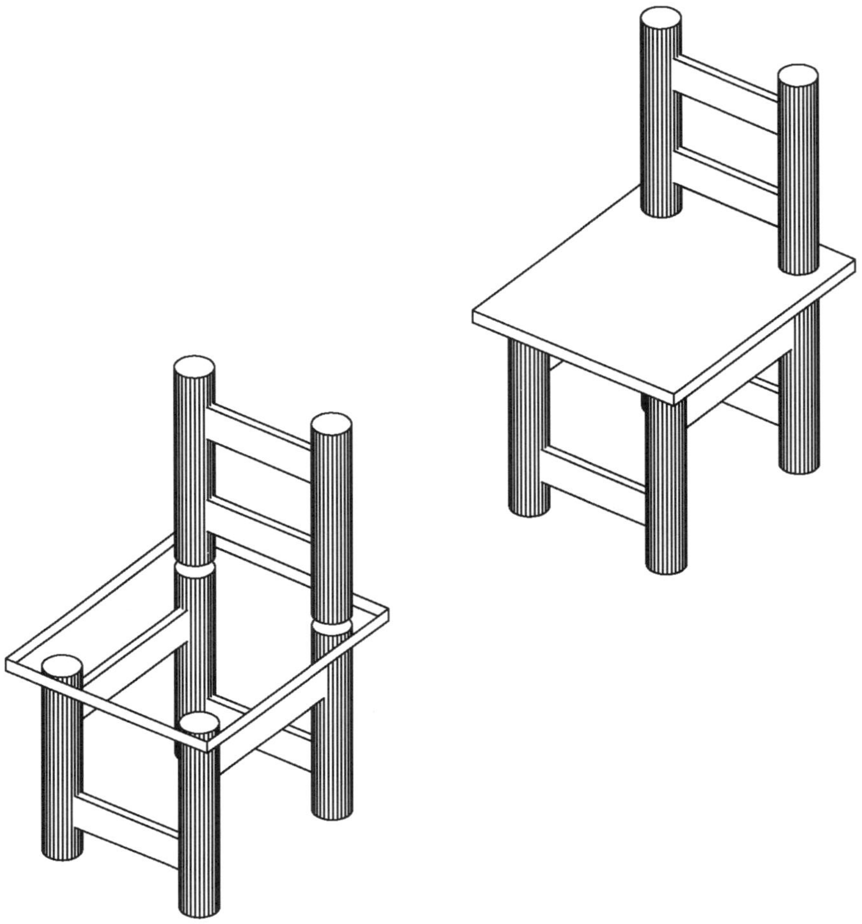

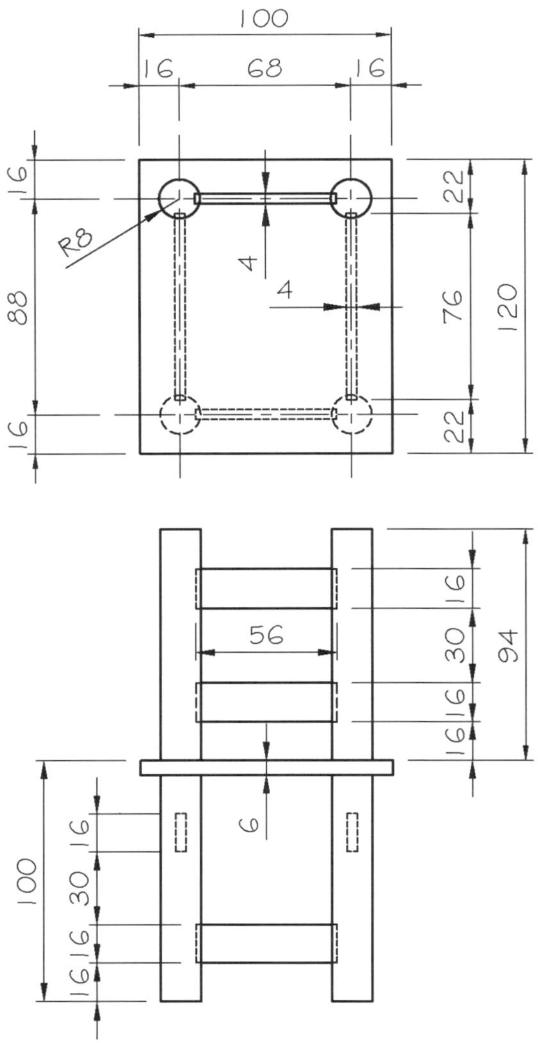

900
720
540
540
540
Ø600
R180
R35
THickness, ELEVation

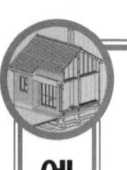

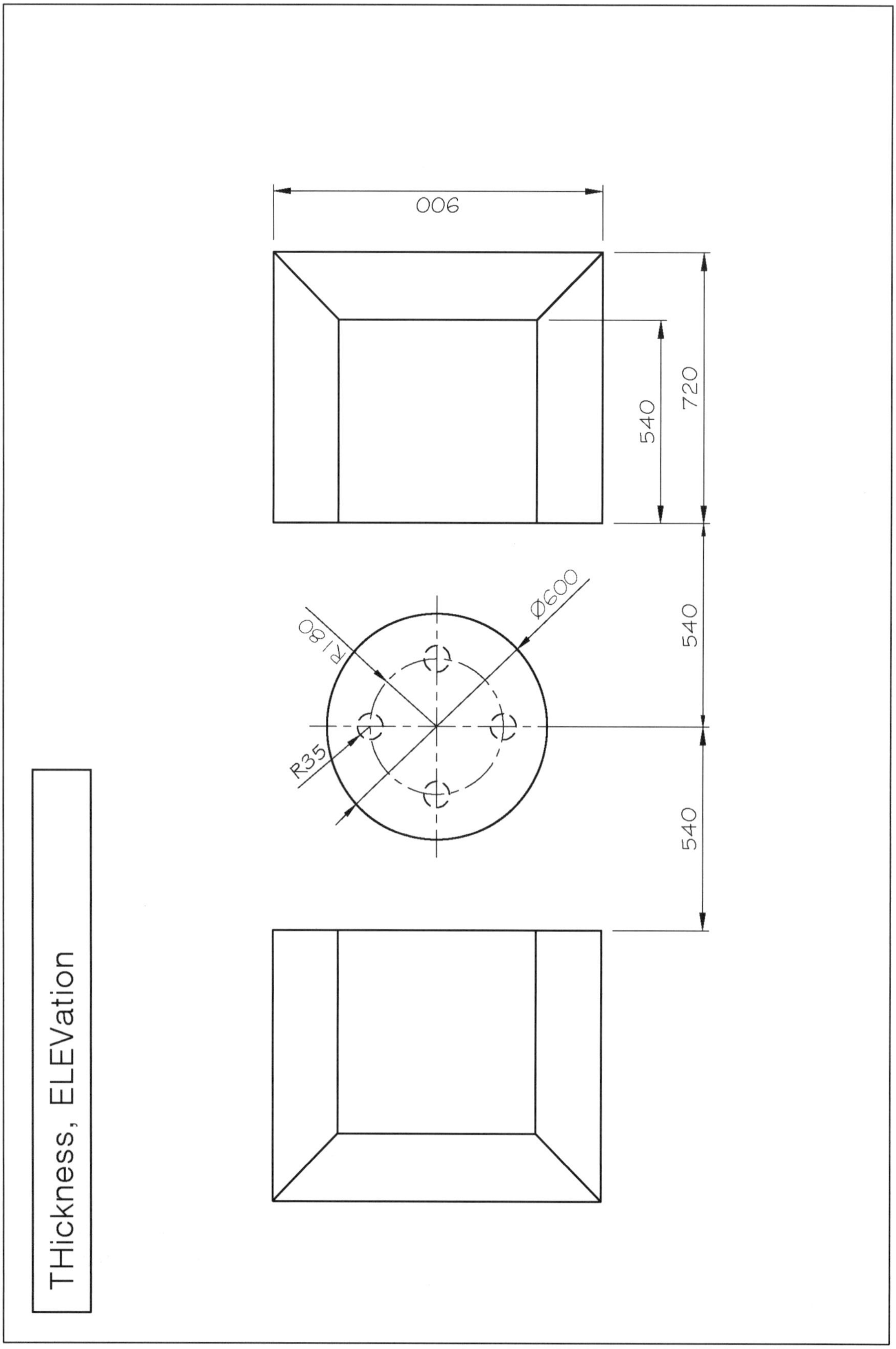

Section 04

THickness, ELEVation

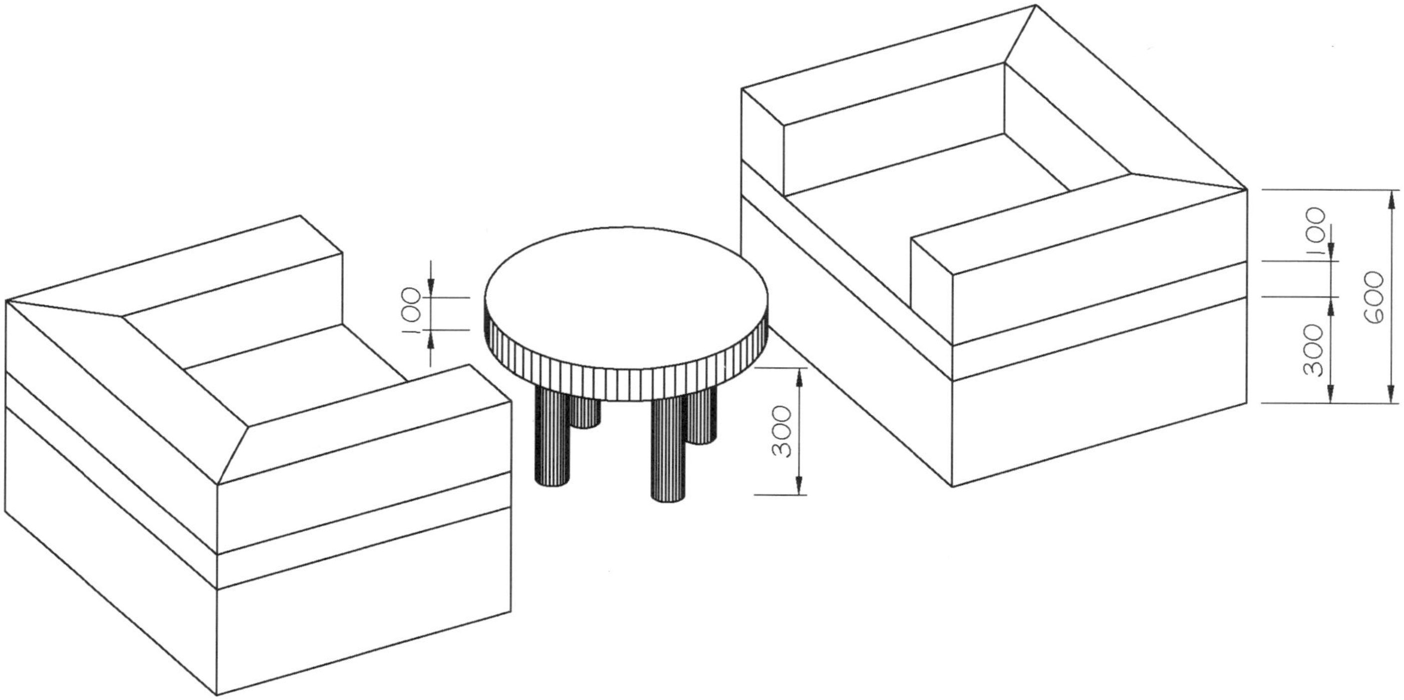

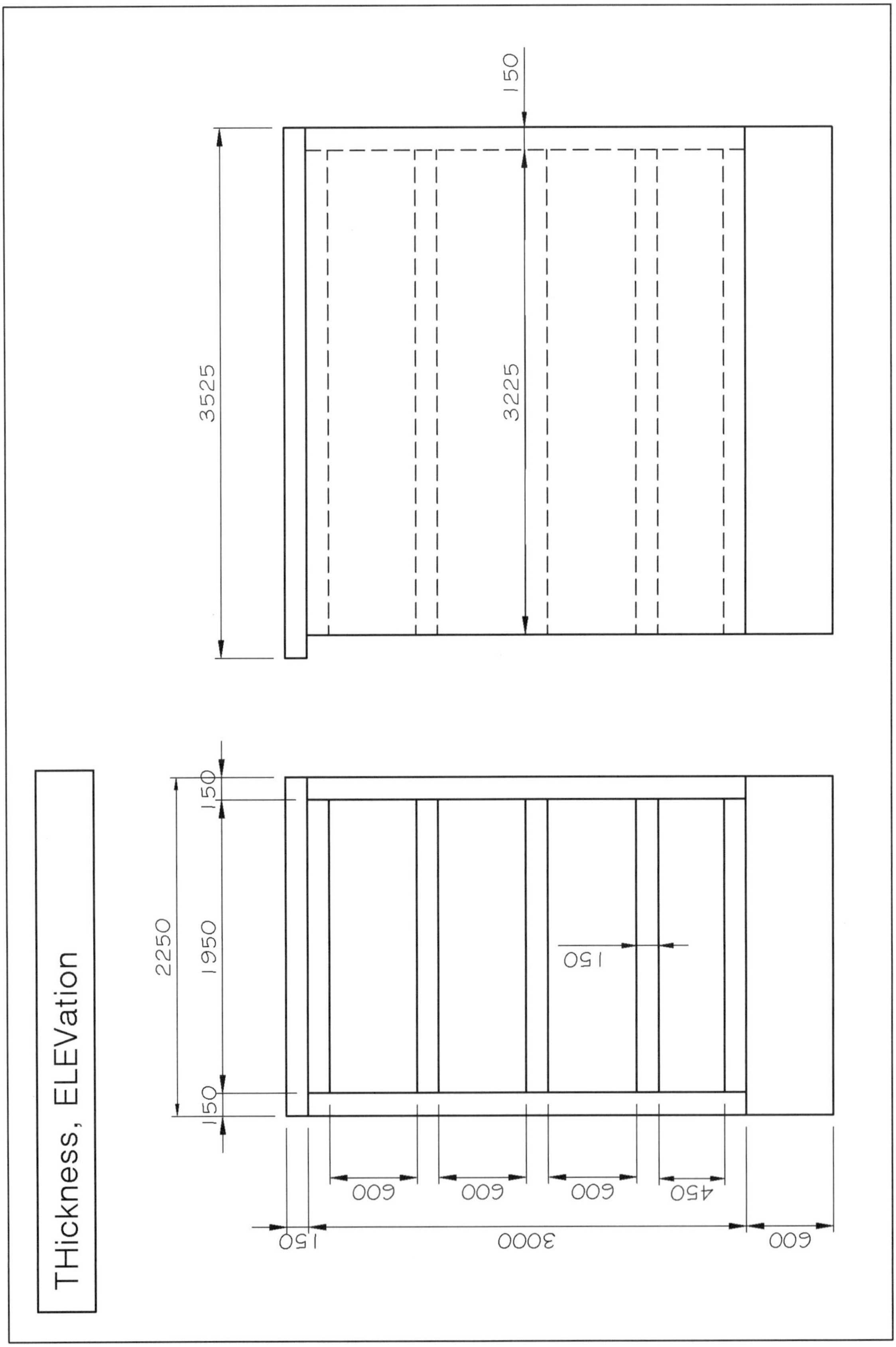

예제로 배우는 AutoCAD

THickness, ELEVation

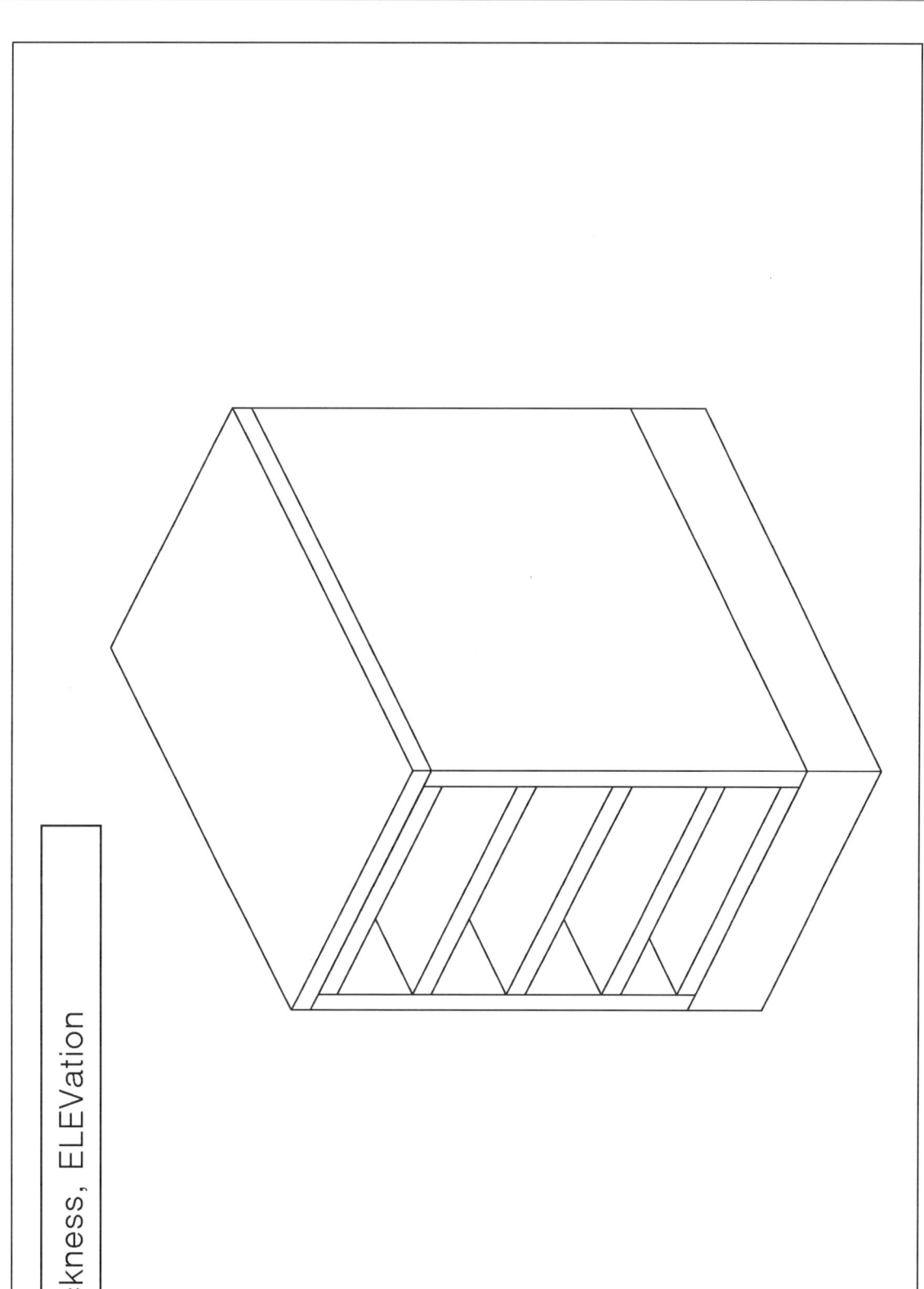

THickness, ELEVation

Section 04

439

예제로 배우는 AutoCAD

UCS, UCSICON

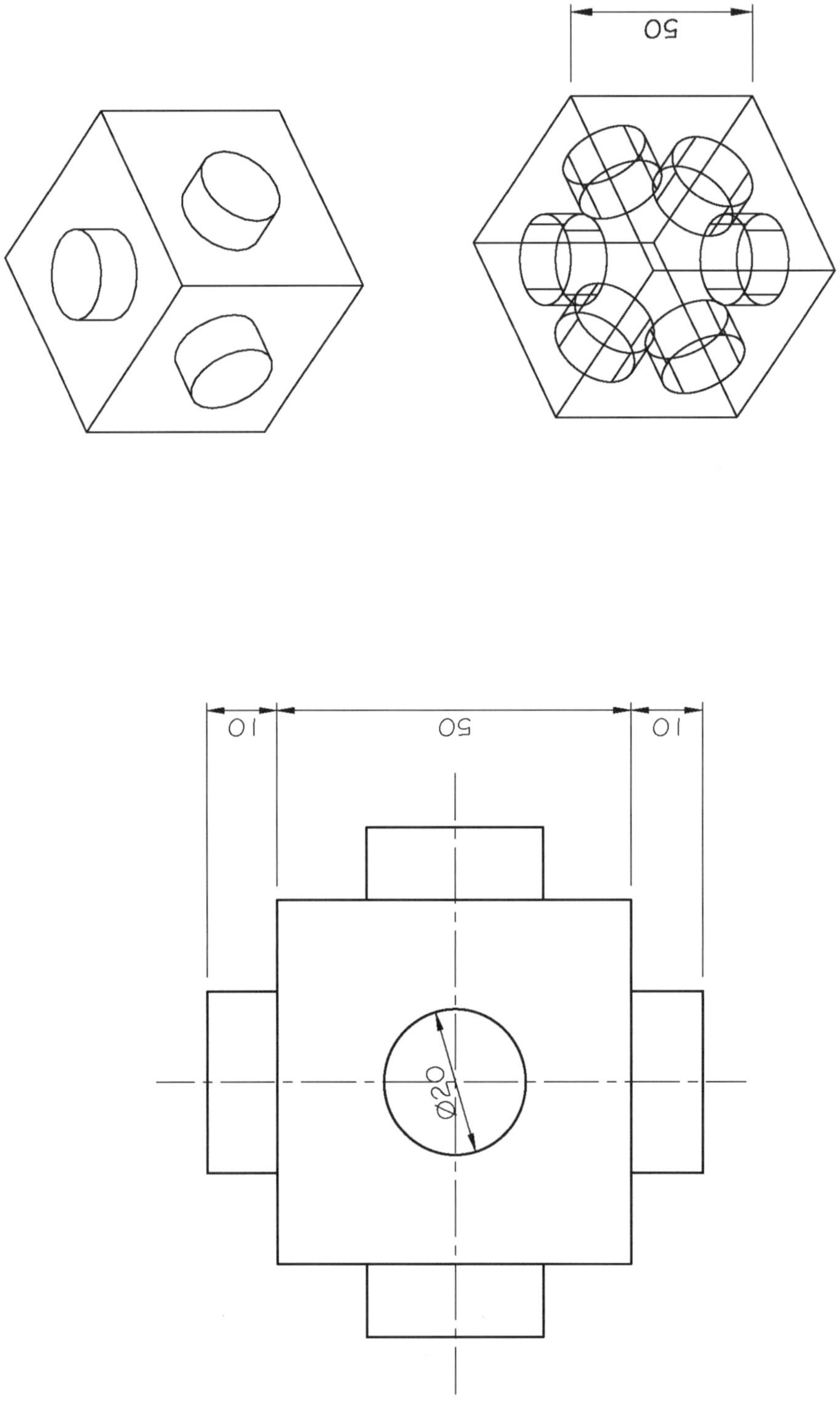

Section 04

UCS, UCSICON

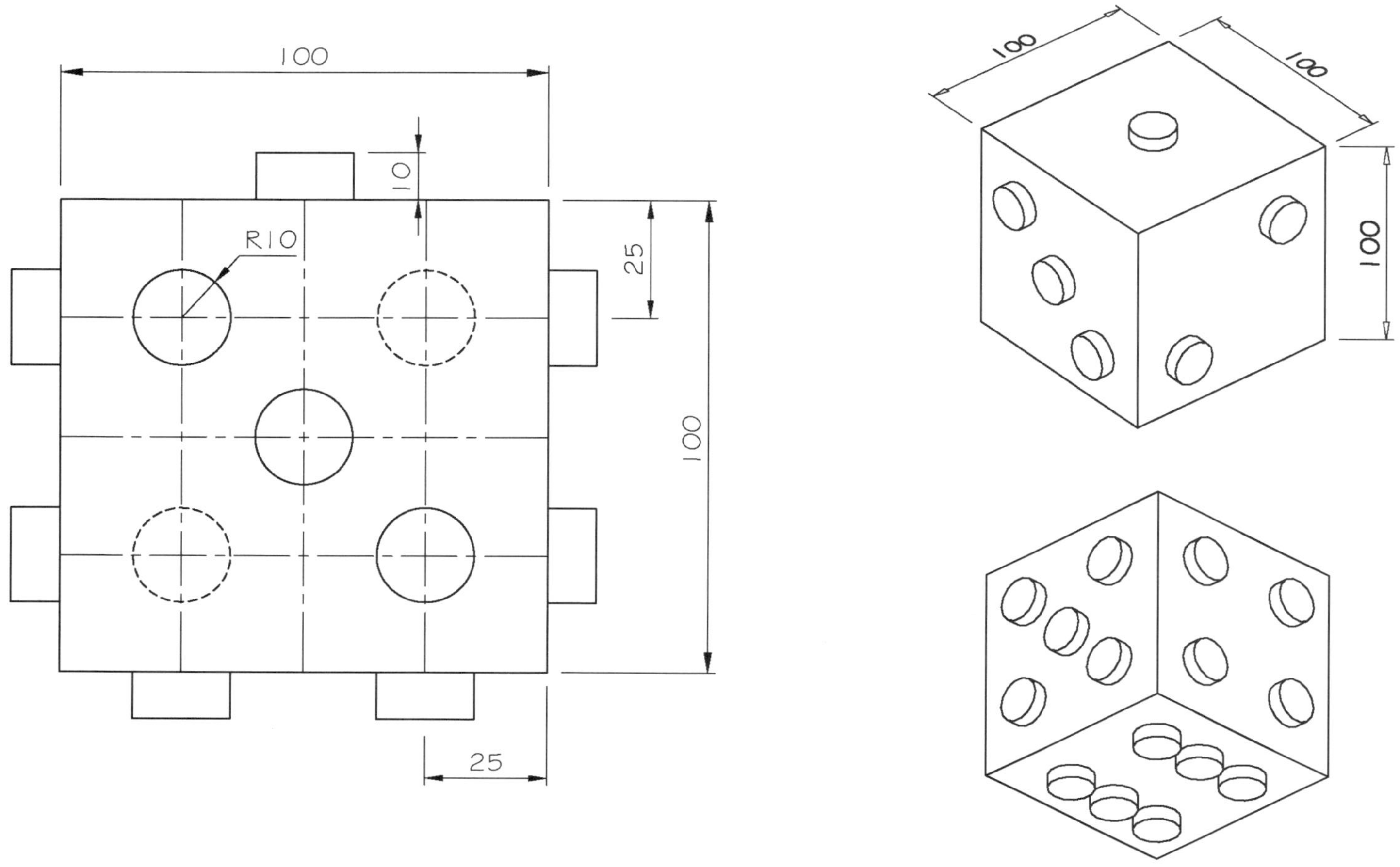

예제로 배우는 **AutoCAD**

UCS, UCSICON

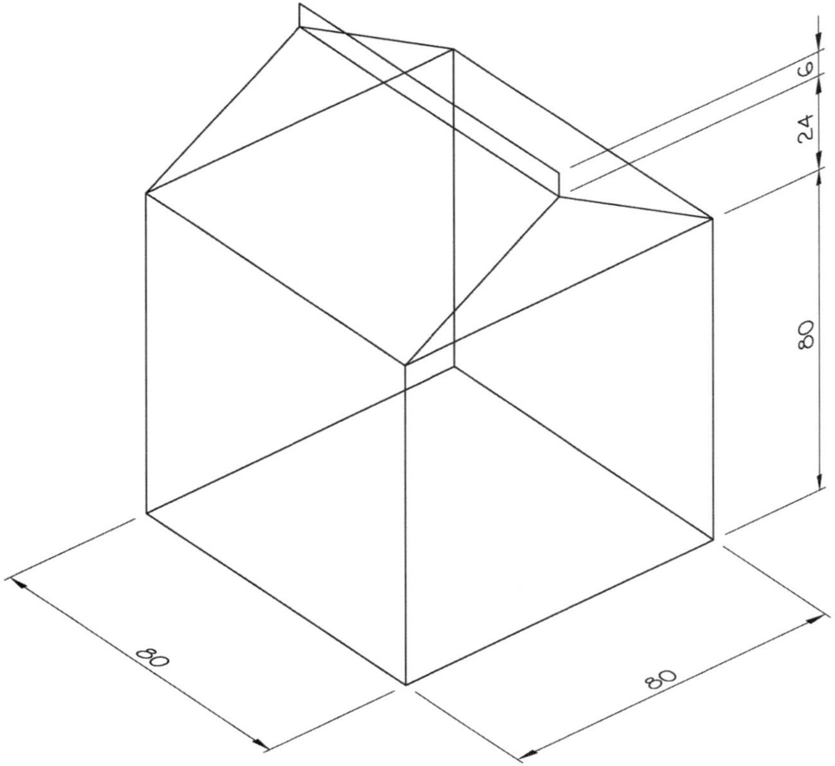

Section 04

UCS, UCSICON

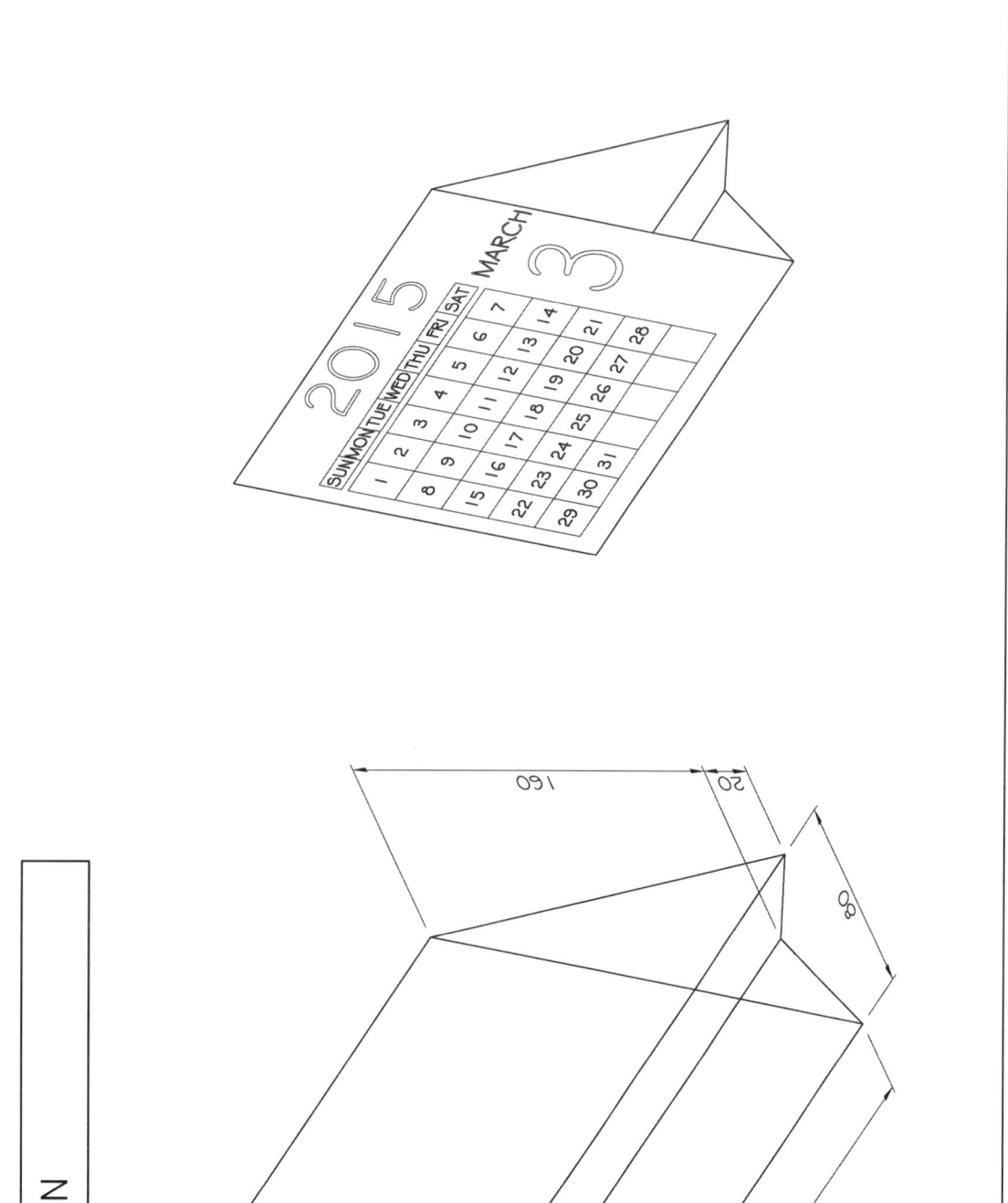

UCS, UCSICON

3D곡면 활용

- 상자
- 쐐기
- 원추
- 구
- 원통
- 토러스
- 피라미드

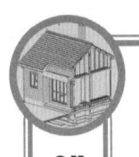

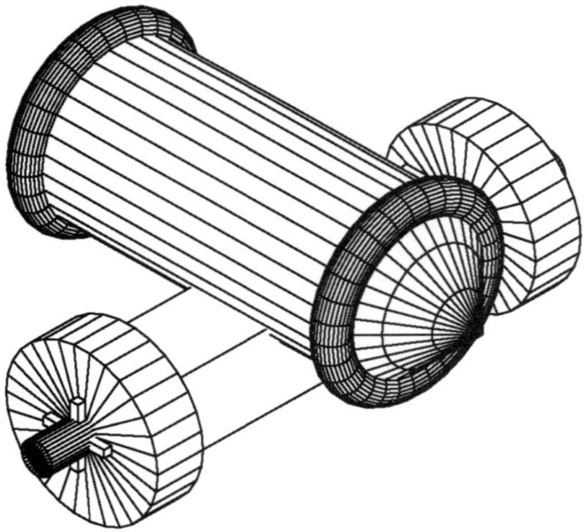

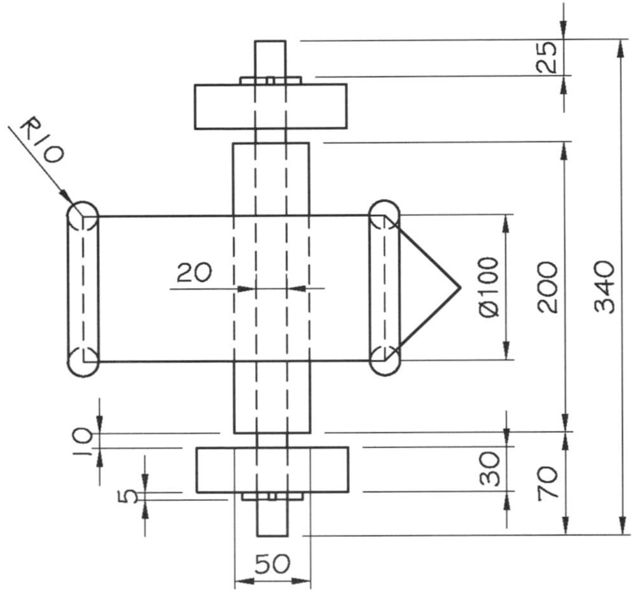

평 면 도

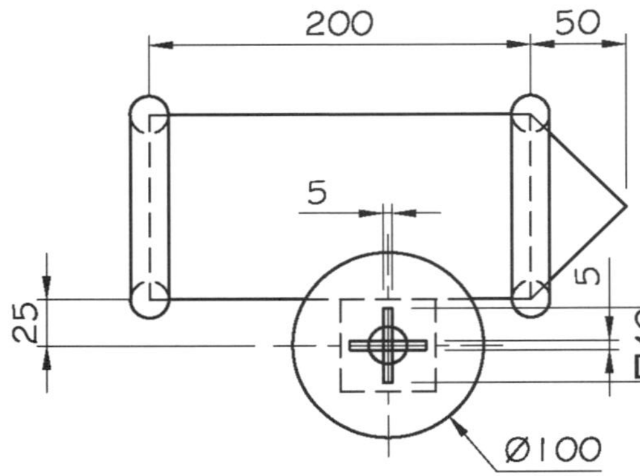

정 면 도

Section 04

서페이스 모델링 1

Rulesurf - 직선보간
Tabsurf - 방향벡터
Surftab1

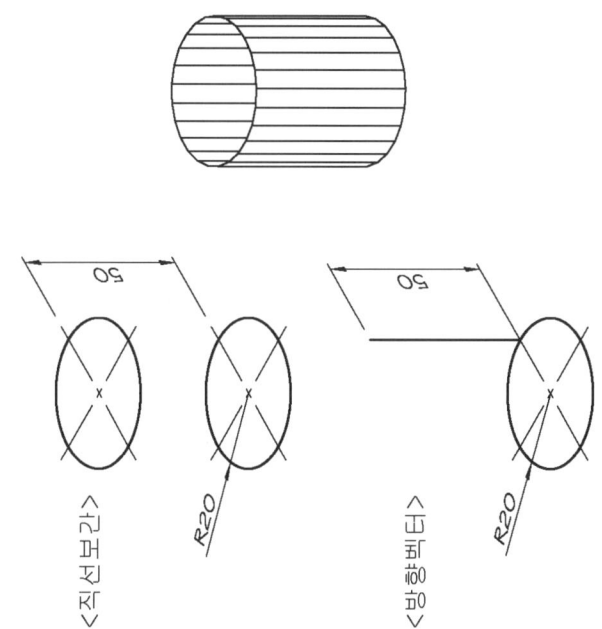
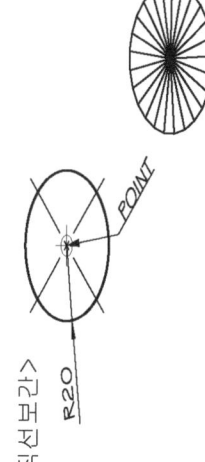
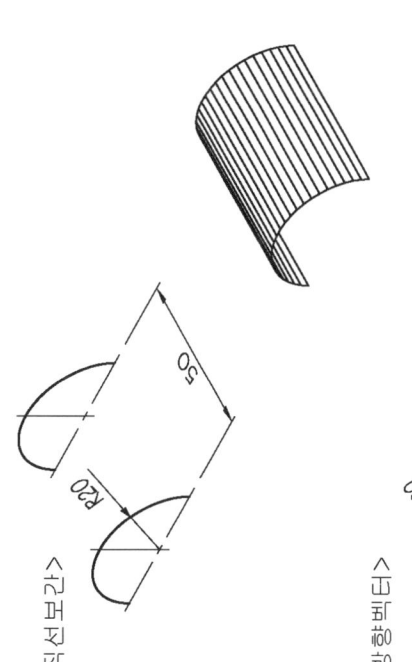
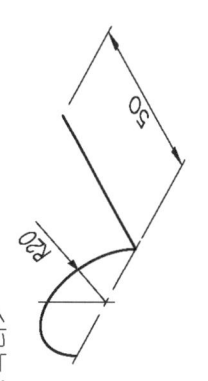

예제로 배우는 AutoCAD

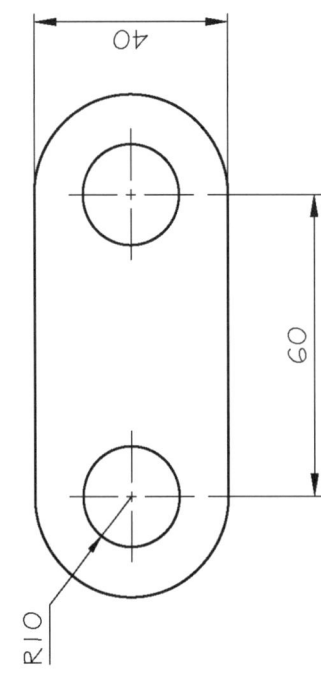

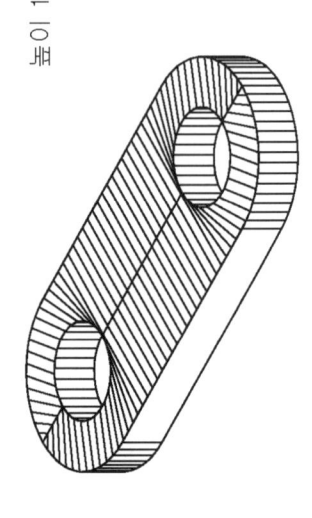

풀이 10

서페이스 모델링 1

Rulesurf - 직선보간
Tabsurf - 방향벡터
Surftab1

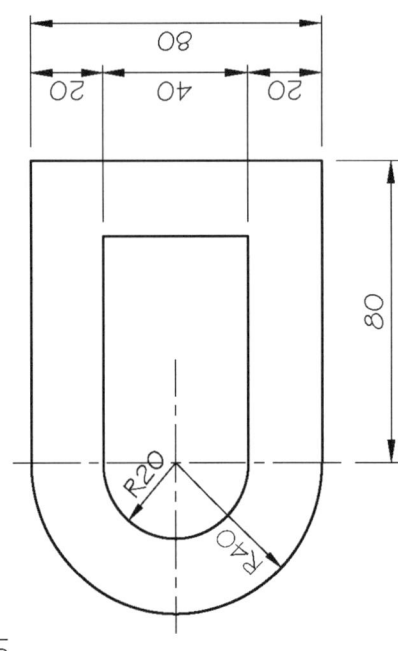

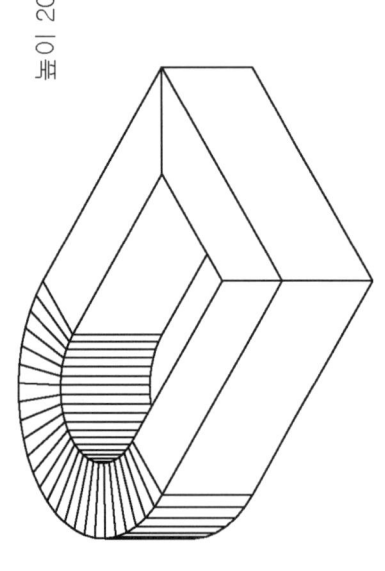

풀이 20

Section 04

서피이스 모델링 1

Rulesurf – 직선보간
Tabsurf – 방향밀대
Surftab1

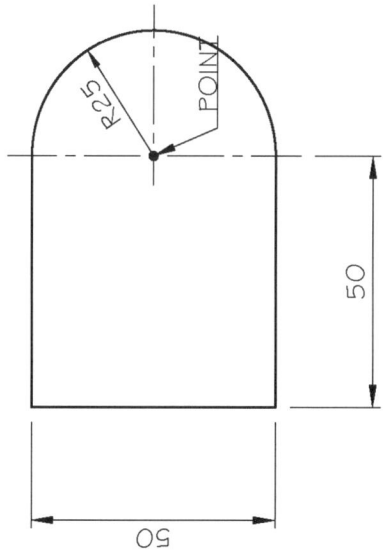

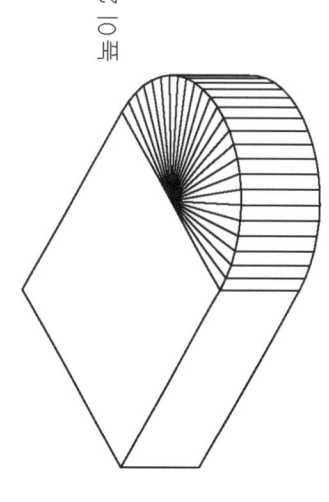

높이 20

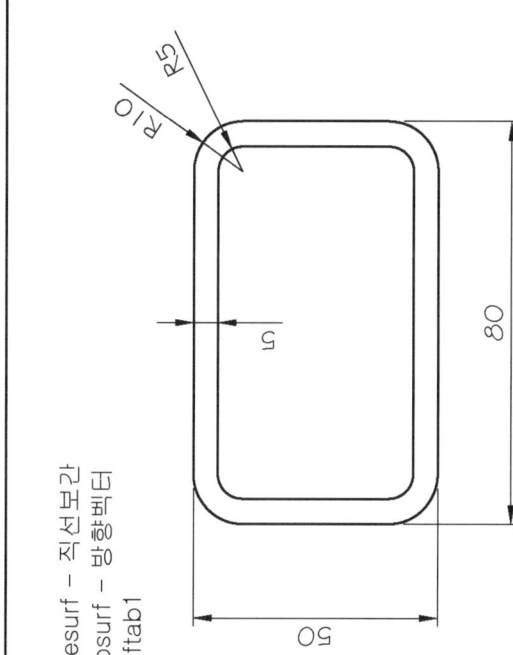

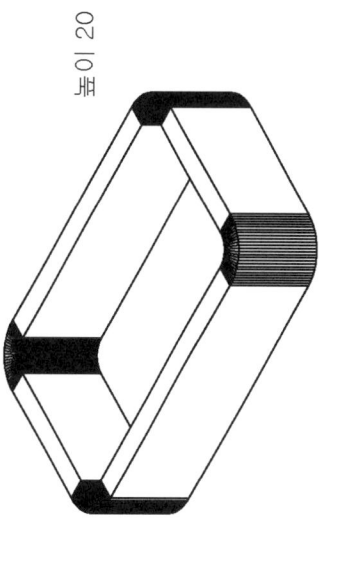

높이 20

서페이스 모델링 1

Rulesurf – 직선보간
Tabsurf – 방향벡터
Surftab1

두께 50

두께 20

Section 04

서피스 모델링 2

Revsurf – 회전곡면
Edgesurf – 모서리곡면
Surftab2

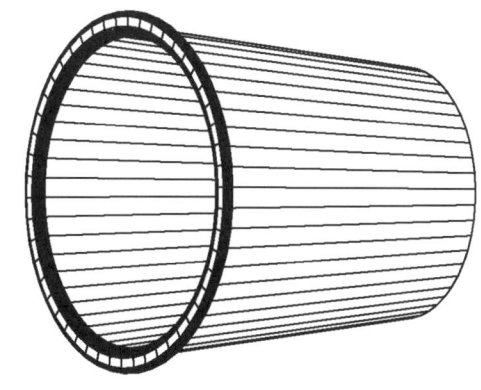

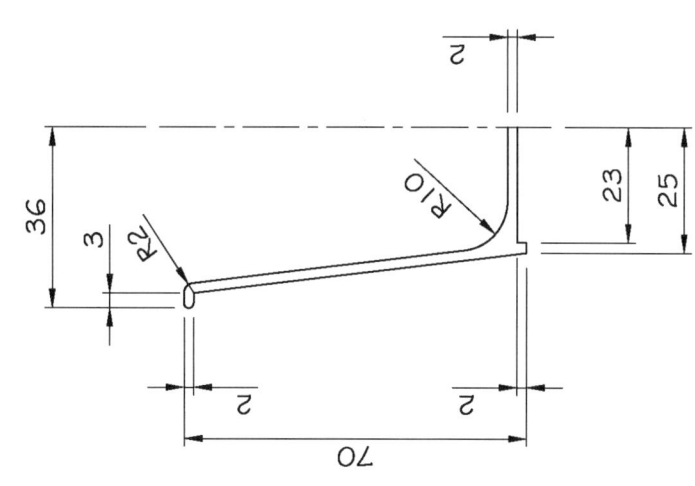

예제로 배우는 AutoCAD

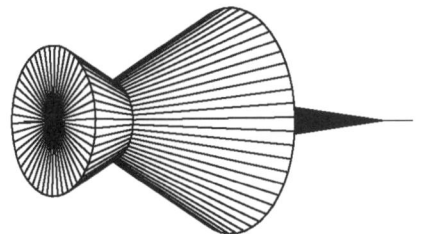
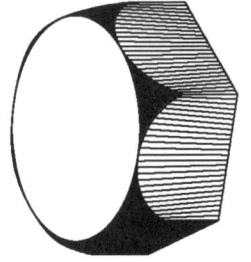

서페이스 모델링 2

Revsurf – 회전곡면
Edgesurf – 모서리곡면
Surftab2

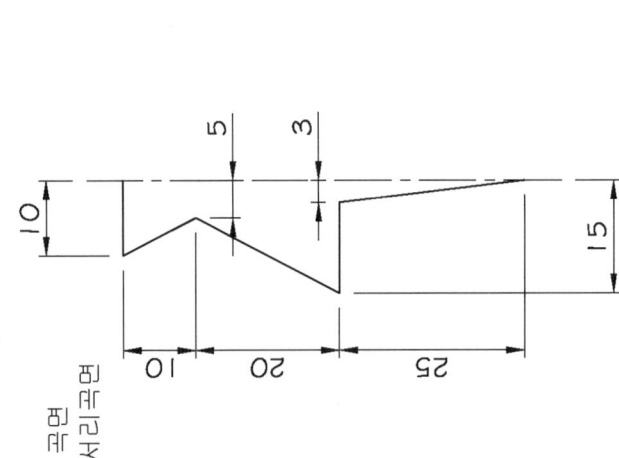
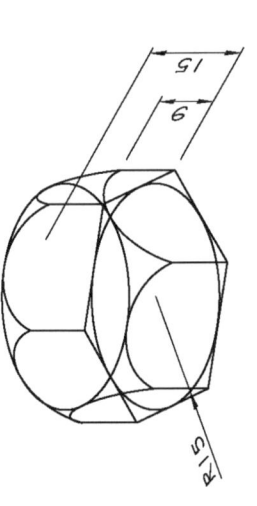

Section 04

서페이스 모델링 2

Revsurf – 회전곡면
Edgesurf – 모서리곡면
Surftab2

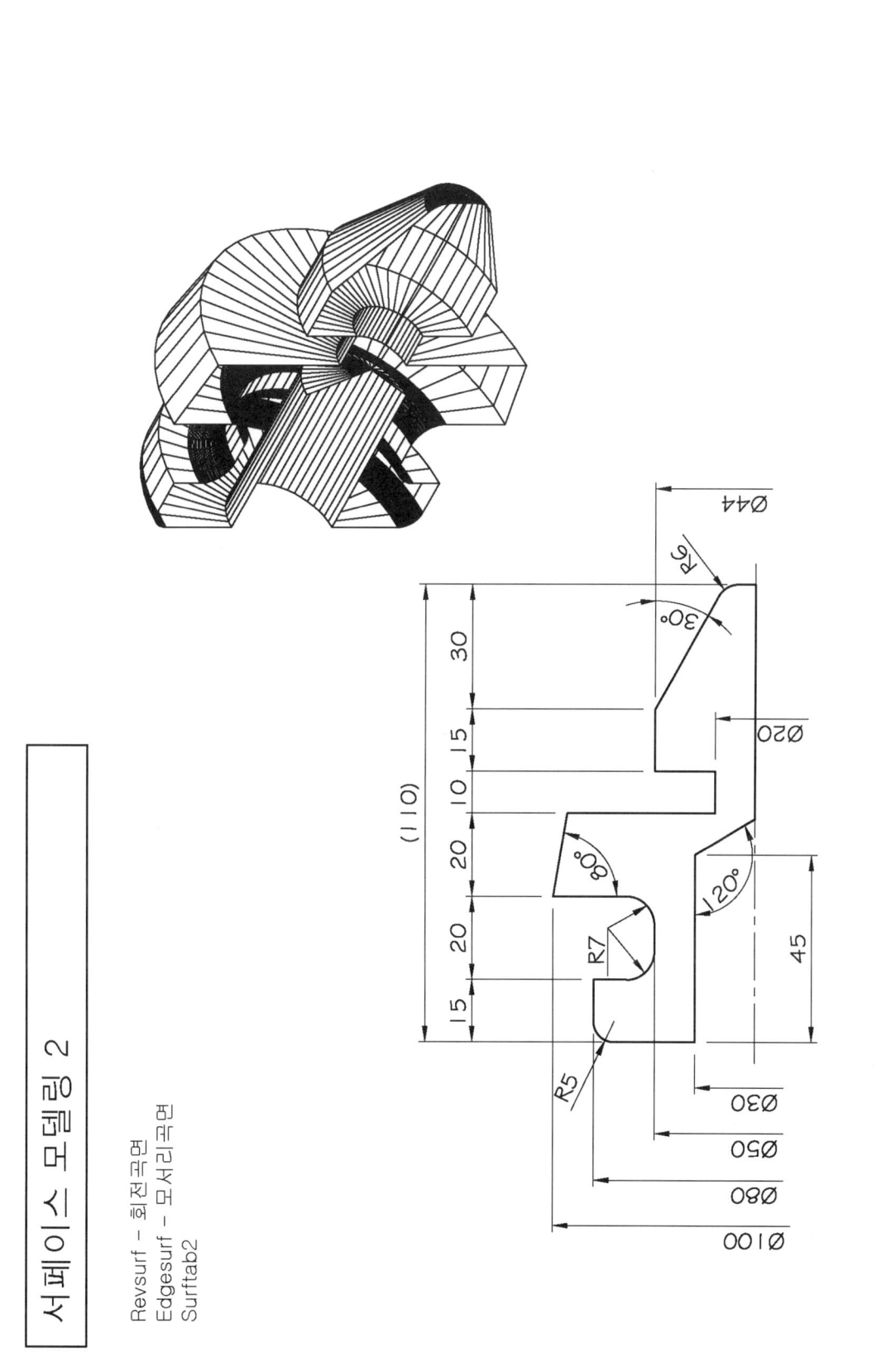

예제로 배우는 AutoCAD

서페이스 모델링 2

Revsurf – 회전곡면
Edgesurf – 모서리곡면
Surftab2

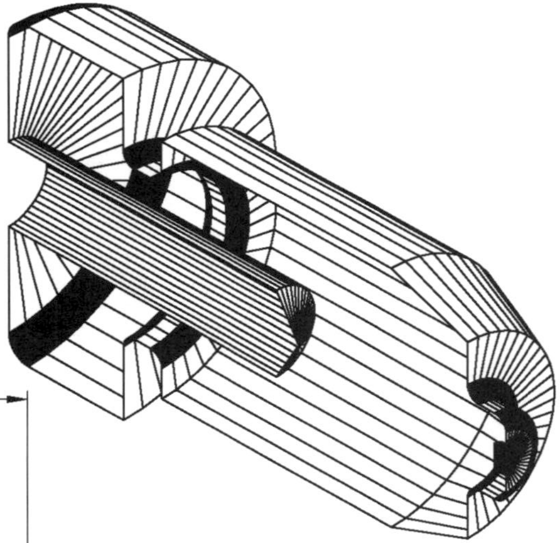

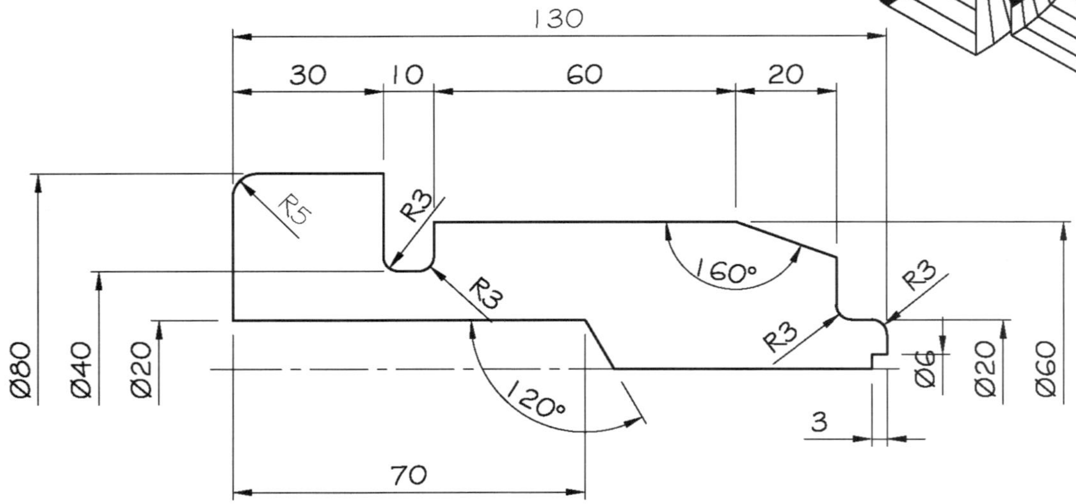

Section 04

서피스 모델링 2

Revsurf – 회전곡면
Edgesurf – 모서리곡면
Surftab2

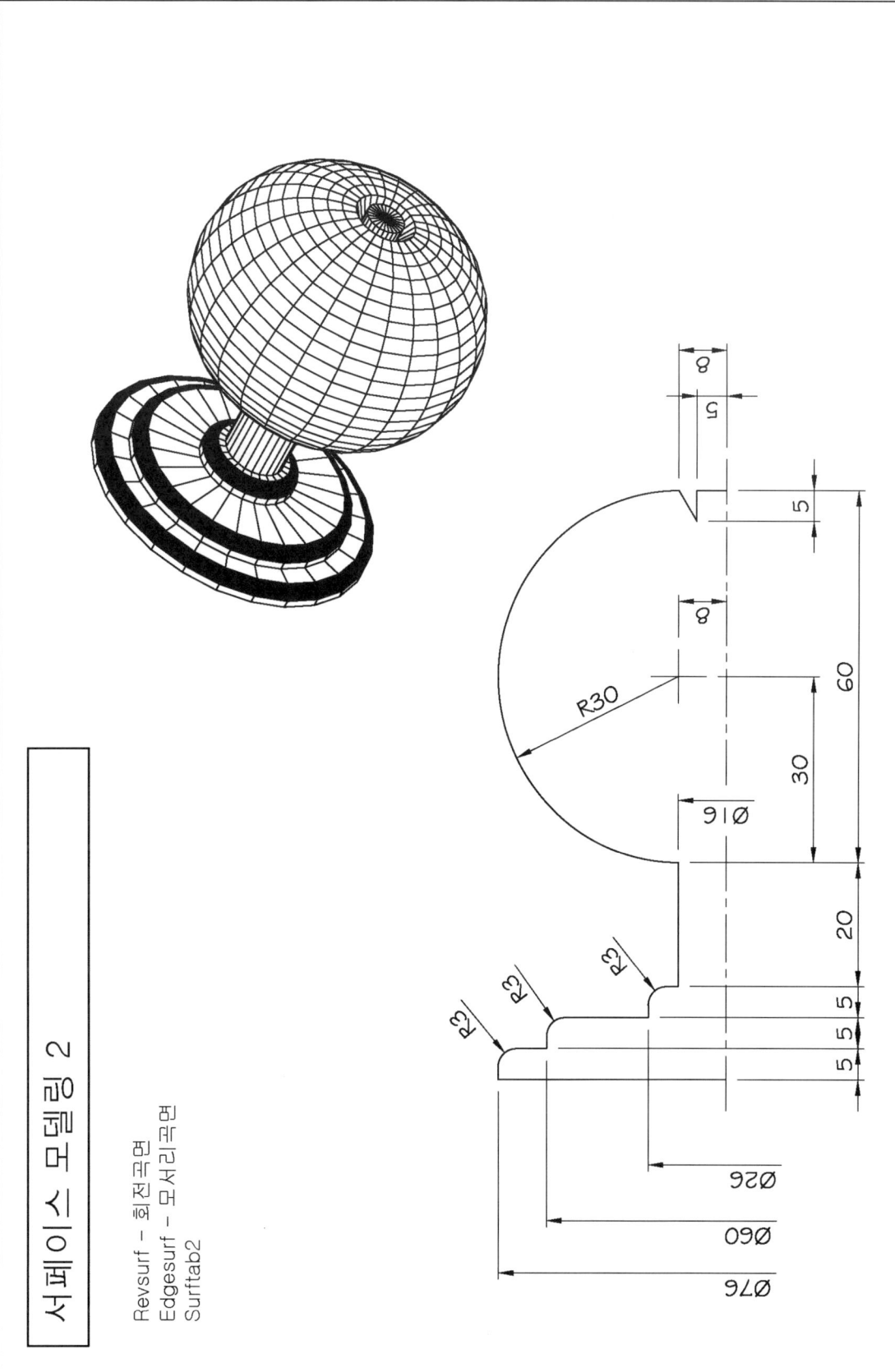

예제로 배우는 AutoCAD

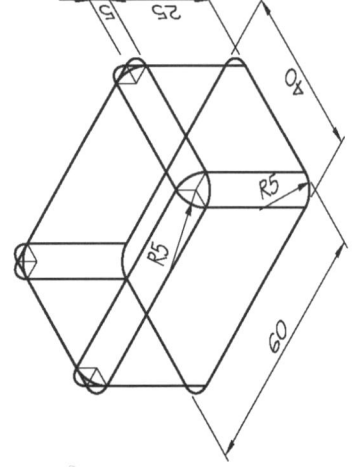

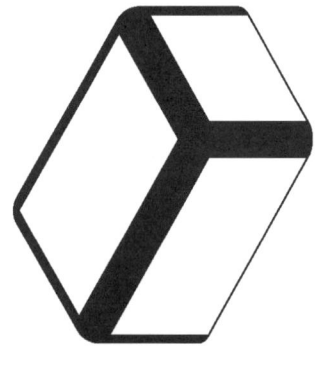

서페이스 모델링 2

Revsurf – 회전곡면
Edgesurf – 모서리곡면
Surftab2

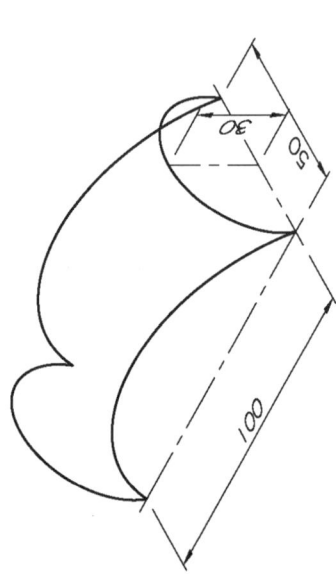

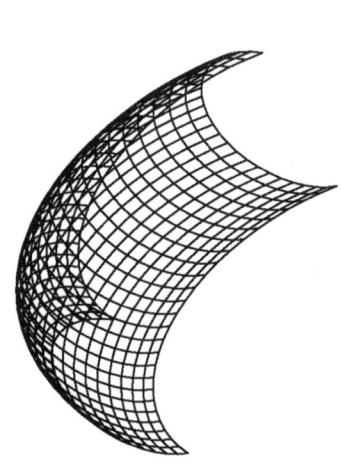

Section 04

서페이스 모델링 2

Revsurf – 회전곡면
Edgesurf – 모서리곡면
Surftab2

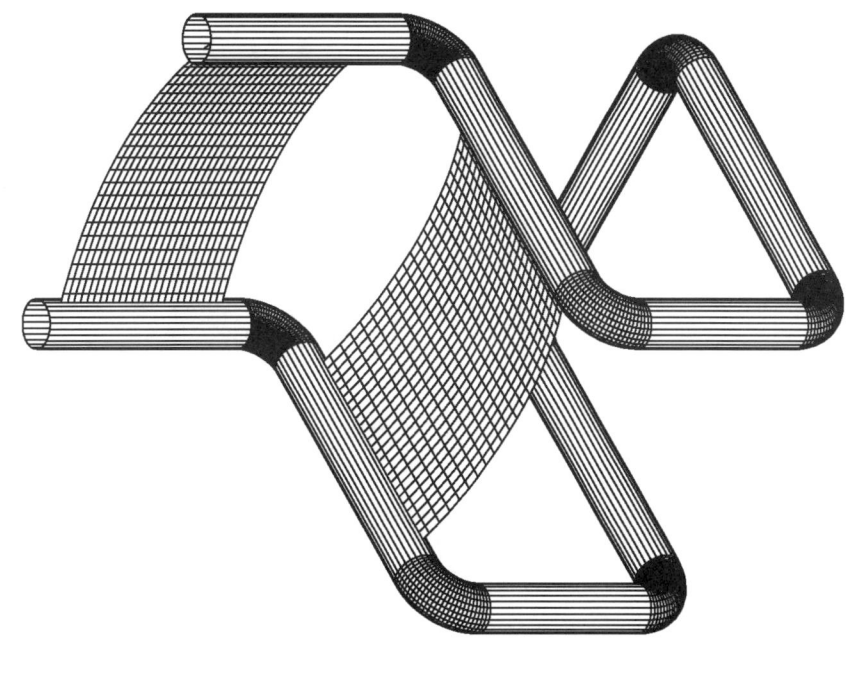

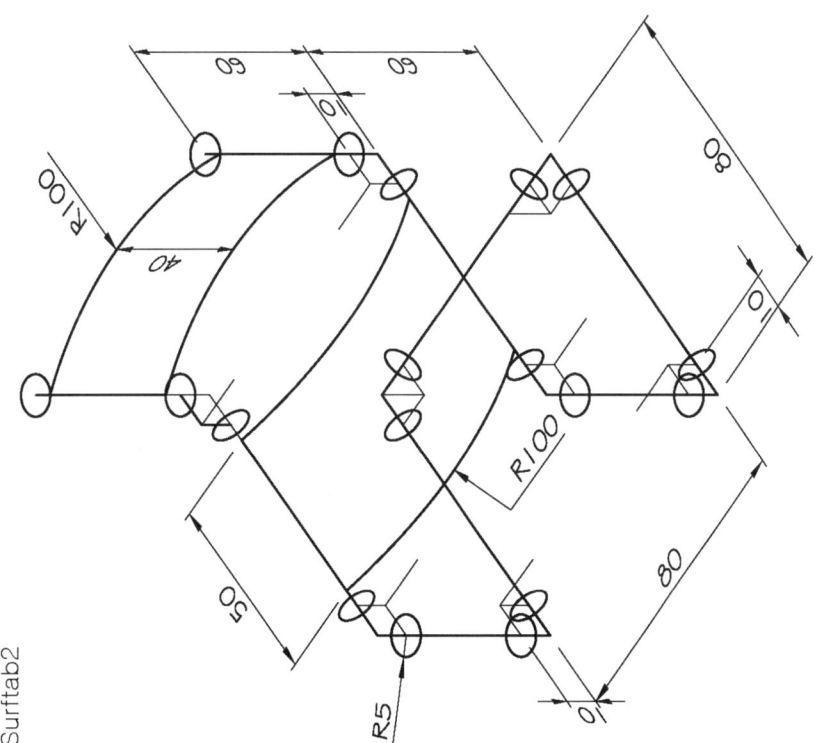

예제로 배우는 AutoCAD

서피이스 모델링 2

Revsurf – 회전곡면
Edgesurf – 모서리곡면
Surftab2

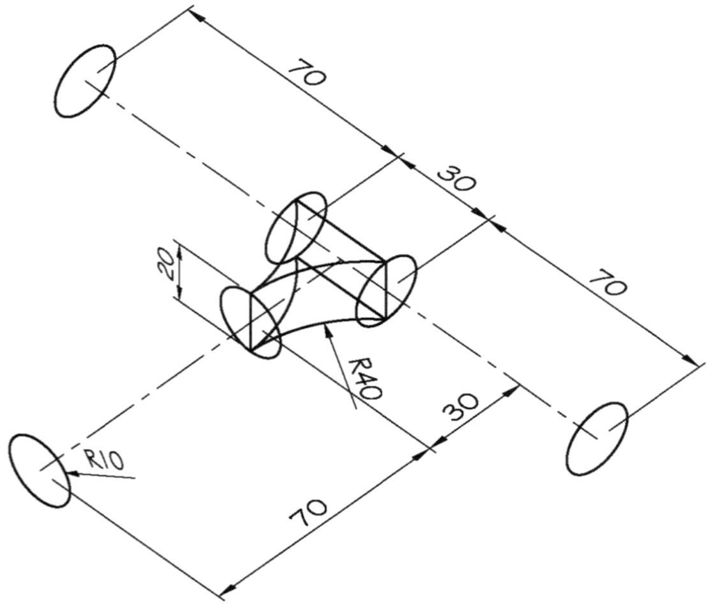

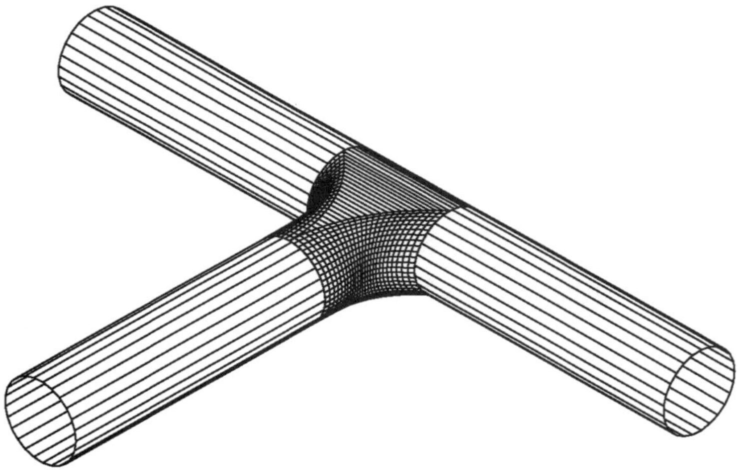

Section 04

EXTrude, SUbtract, UNIon, INtersect

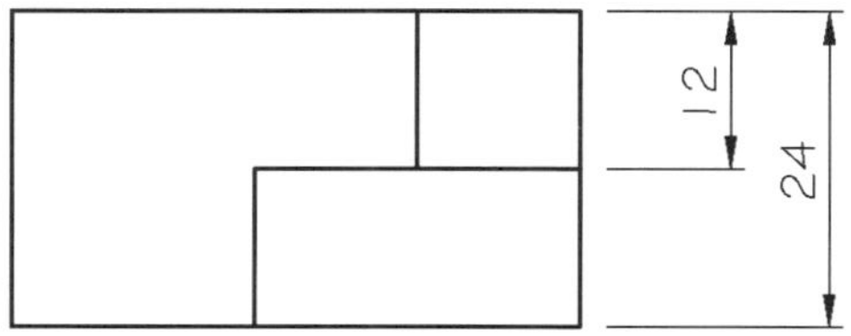

평면도

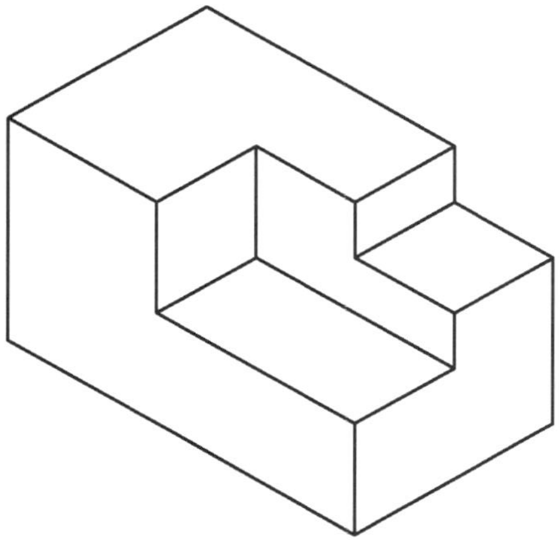

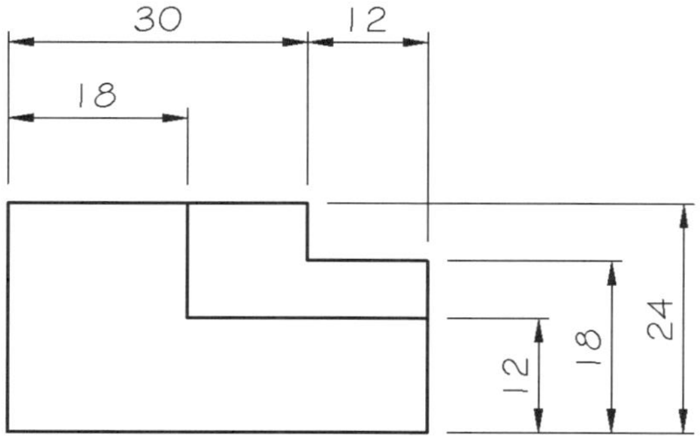

정면도

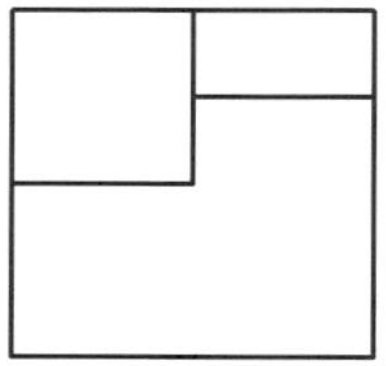

우측면도

예제로 배우는 AutoCAD

EXTrude, SUbtract, UNion, INtersect

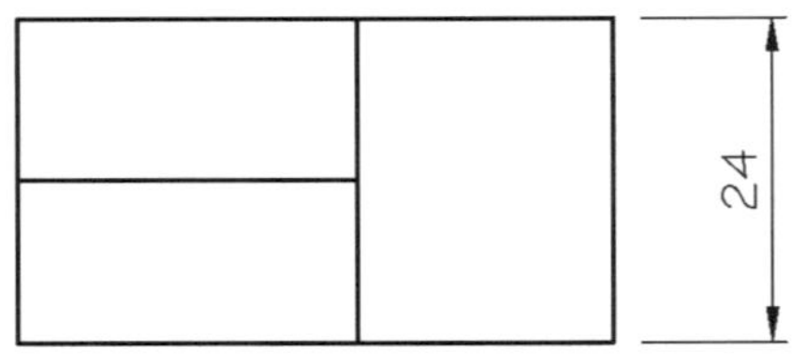

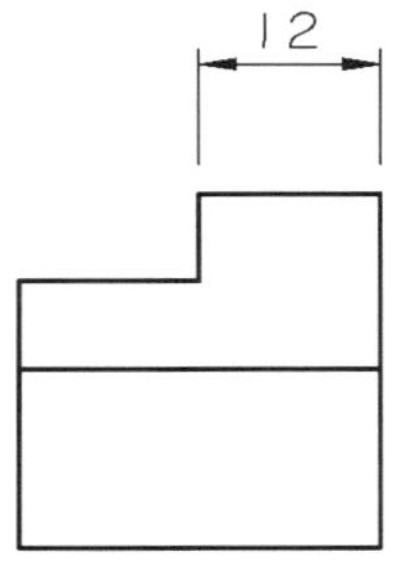

우측면

평면

정면

24, 18, 12, 18, 24, 12

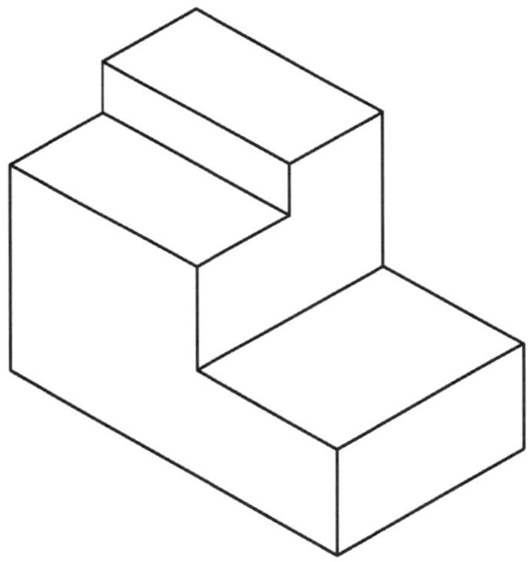

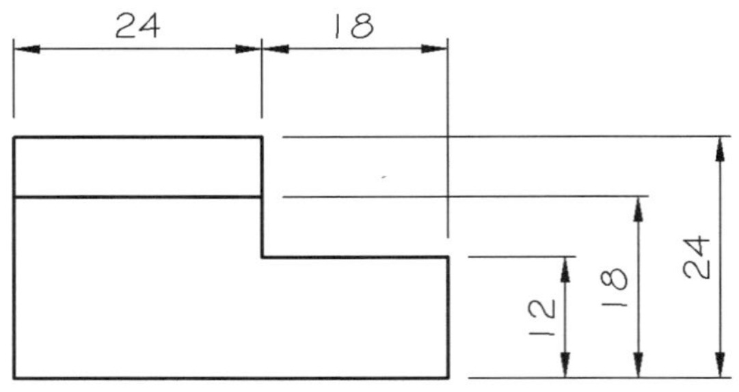

Section 04

EXTrude, SUbtract, UNIon, INtersect

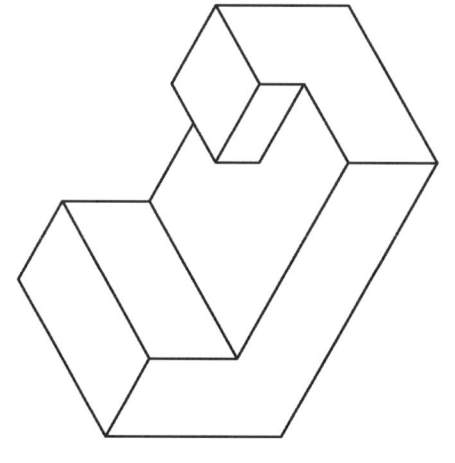

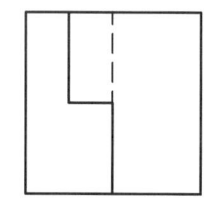

우측면도

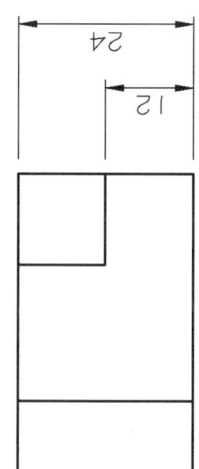

평면도

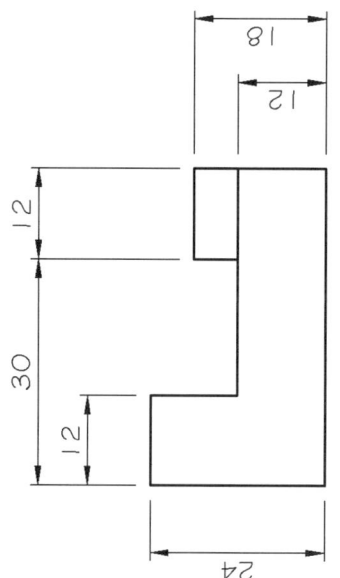

정면도

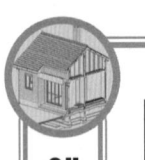

예제로 배우는 AutoCAD

EXTrude, SUbtract, UNion, INtersect

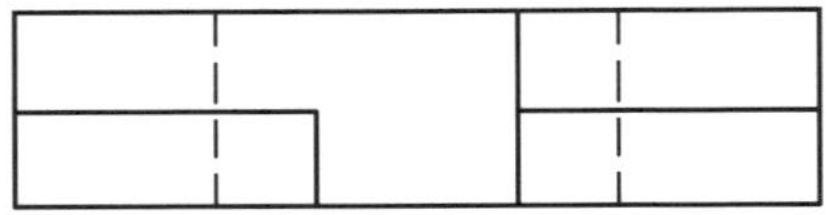

평면도

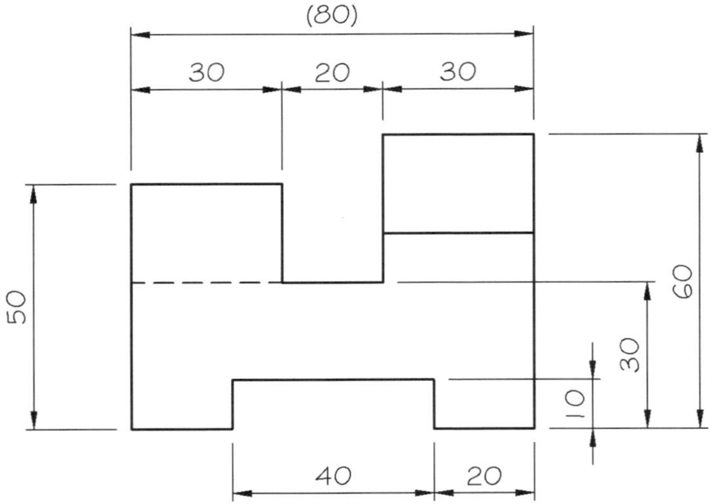

정면도

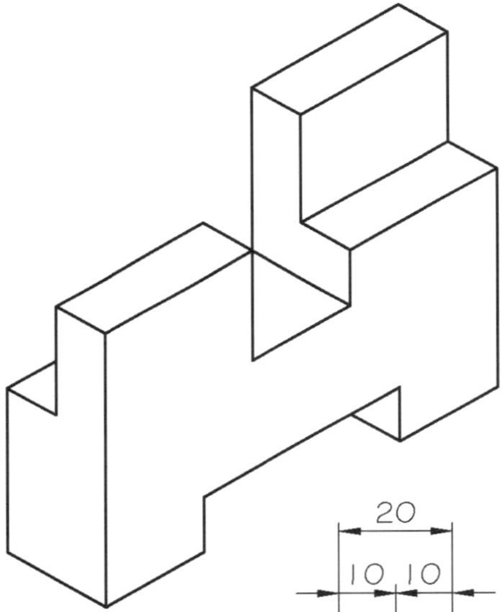

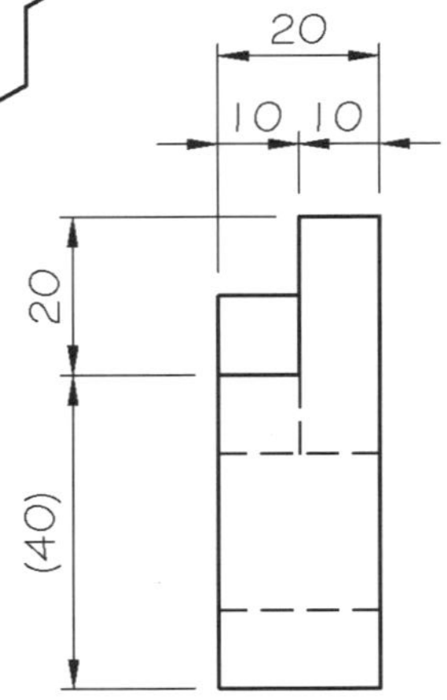

우측면도

Section 04

EXTrude, SUbtract, UNIon, INtersect

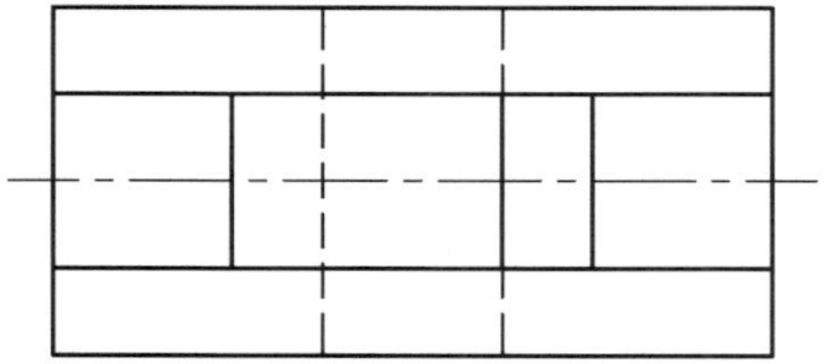

평면도

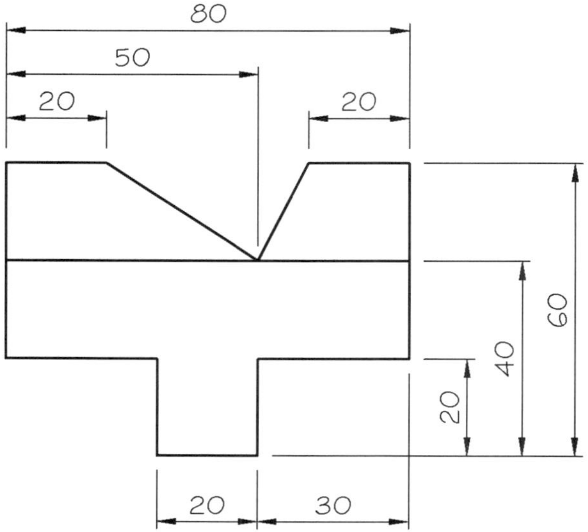

정면도

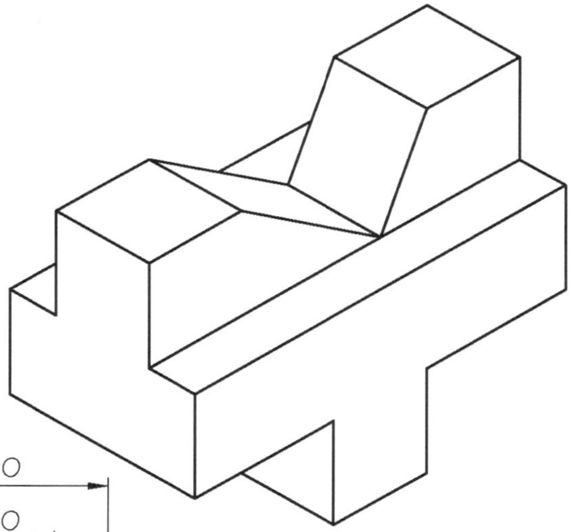

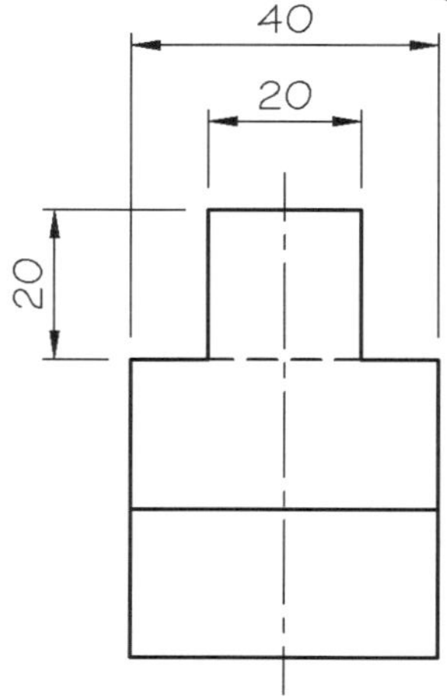

우측면도

예제로 배우는 AutoCAD

EXTrude, SUbtract, UNIon, INtersect

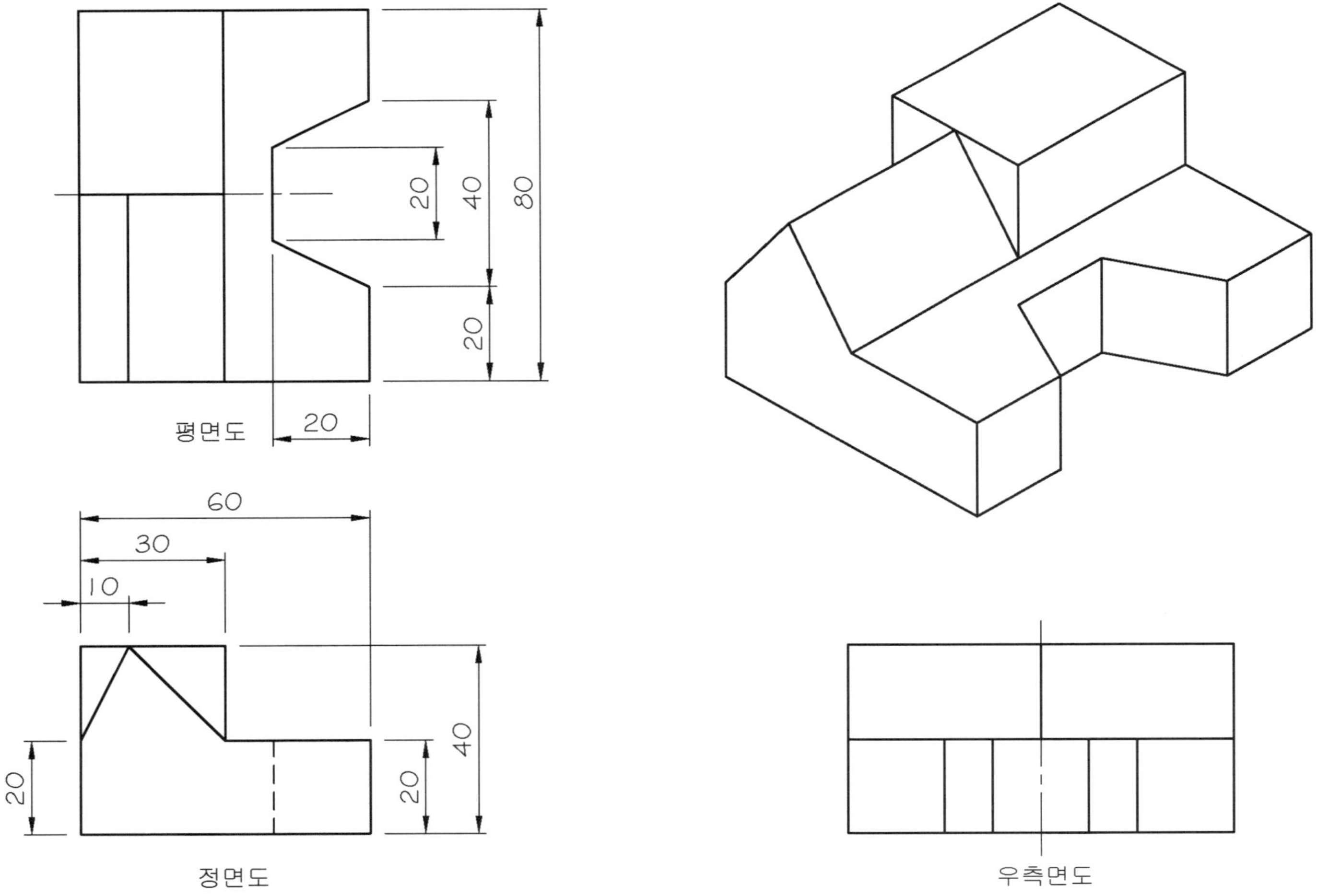

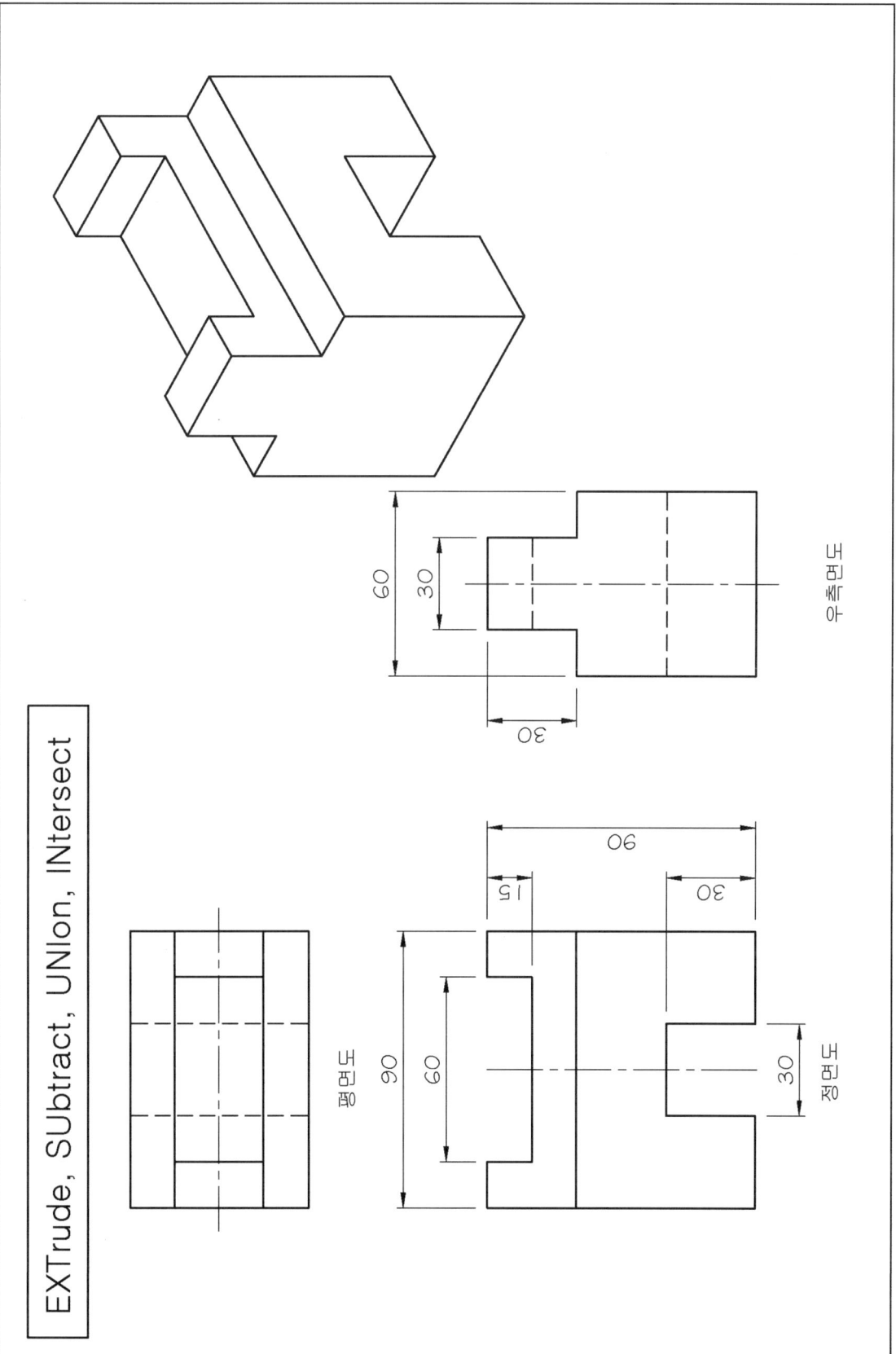

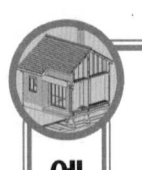

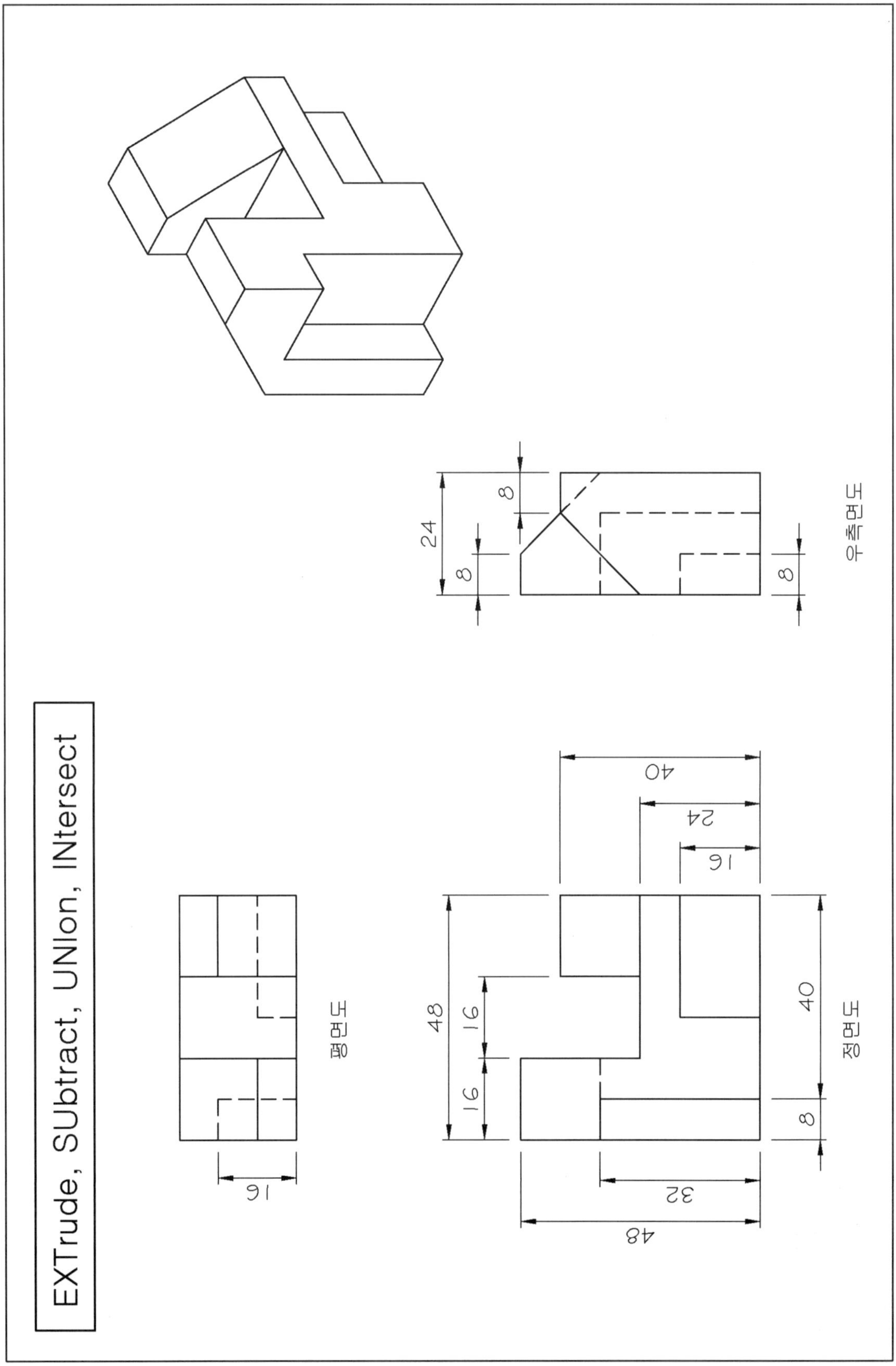
EXTrude, SUbtract, UNIon, INtersect
평면도
정면도
우측면도
16
48
16
16
40
24
16
32
48
40
8
24
8
8
8

Section 04

EXTrude, SUbtract, UNion, INtersect

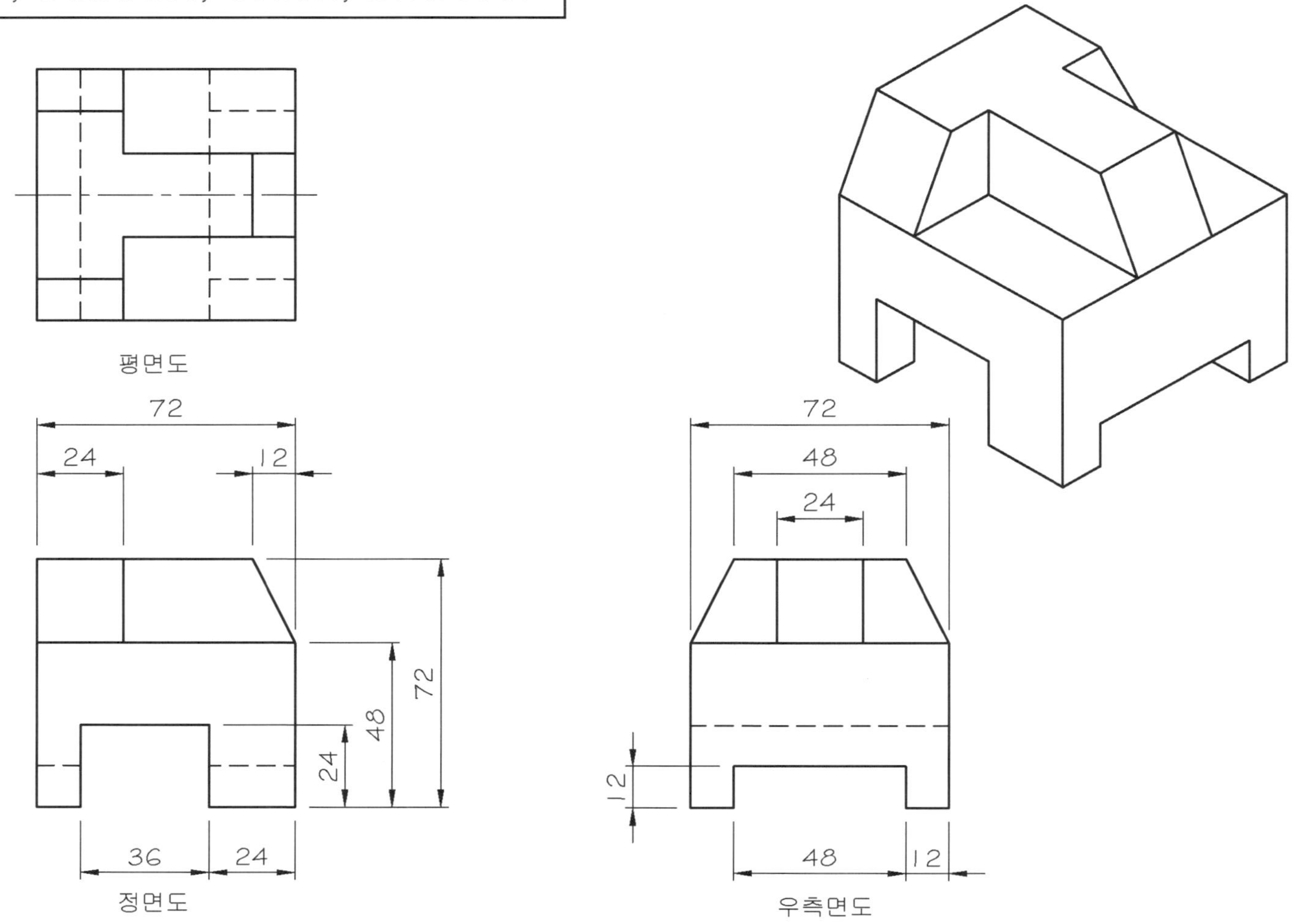

평면도

정면도

우측면도

예제로 배우는 AutoCAD

EXTrude, SUbtract, UNion, INtersect

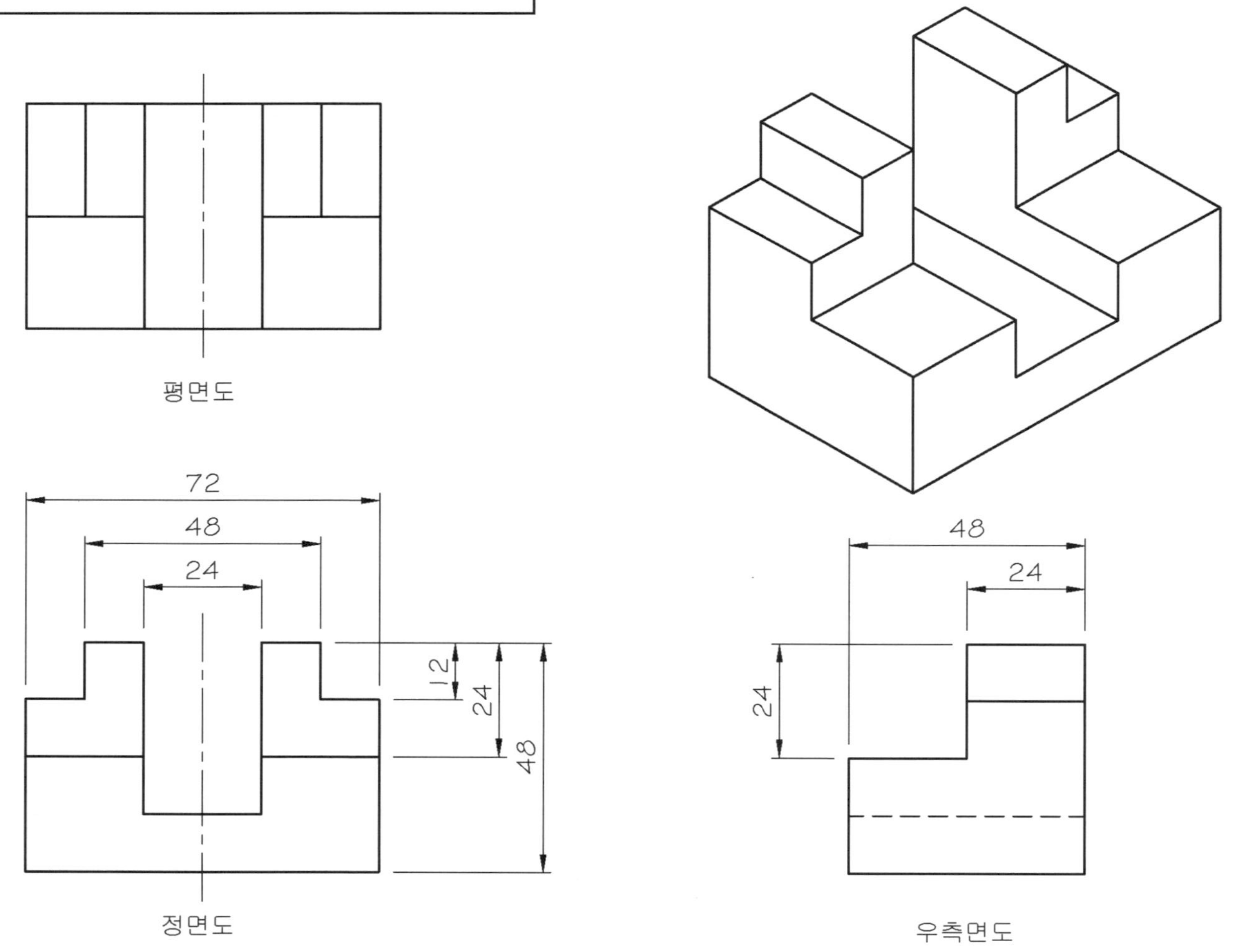

평면도

정면도

우측면도

48, 24, 24, 72, 48, 24, 12, 48, 24

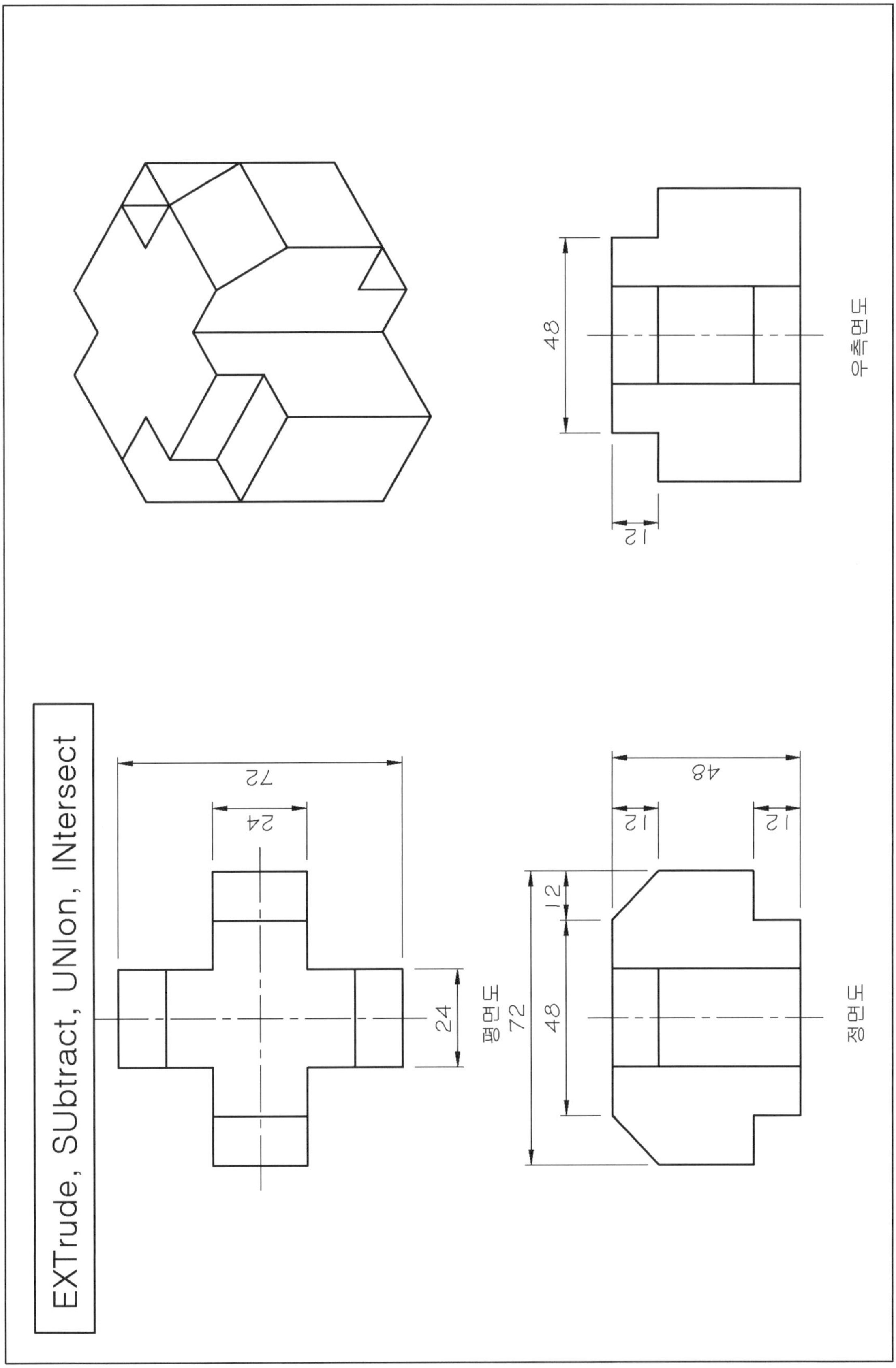
EXTrude, SUbtract, UNIon, INtersect
72
24
24
평면도
72
12
48
12
12
48
정면도
48
12
우측면도

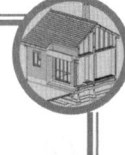

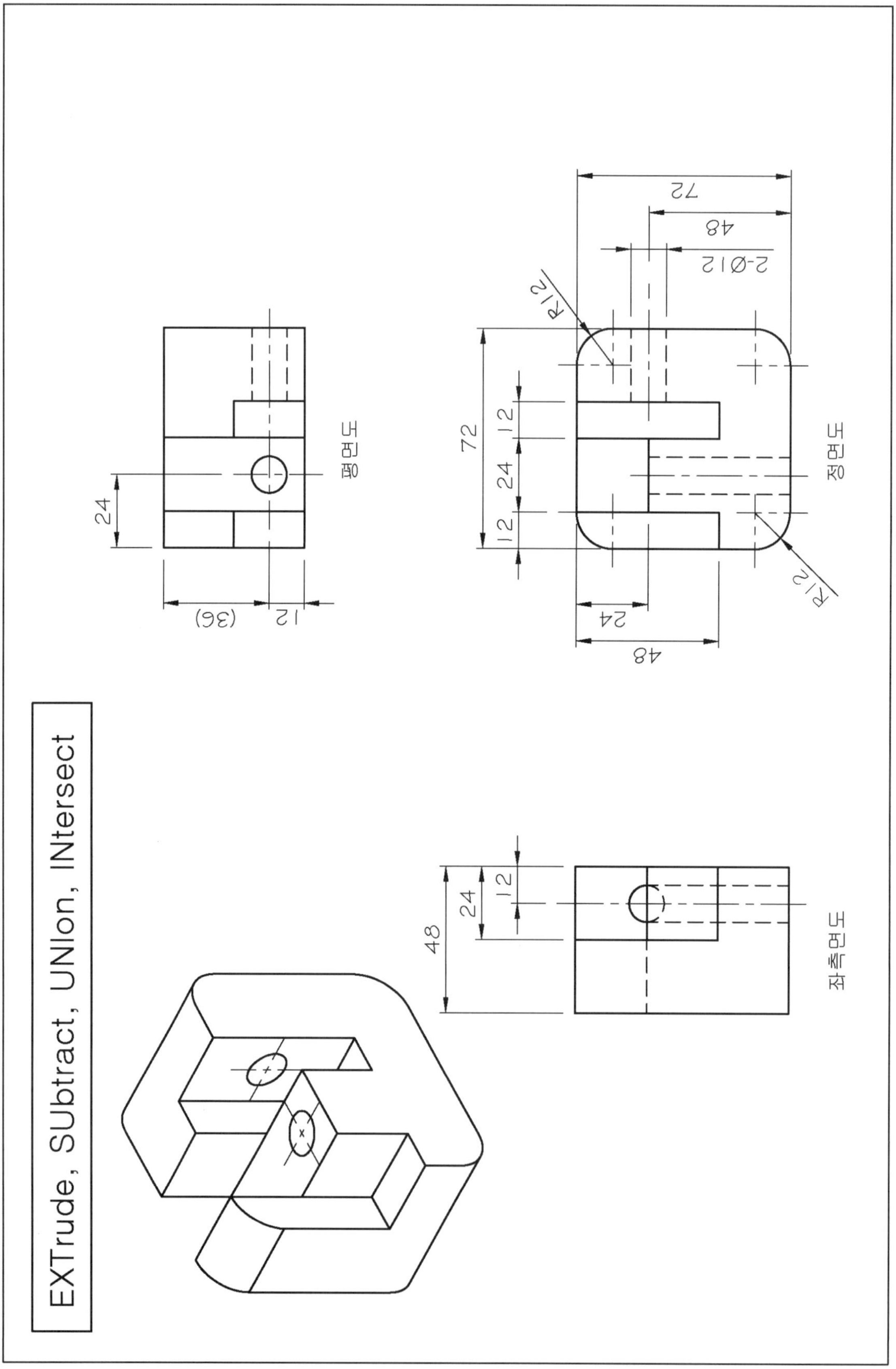

EXTrude, SUbtract, UNIon, INtersect

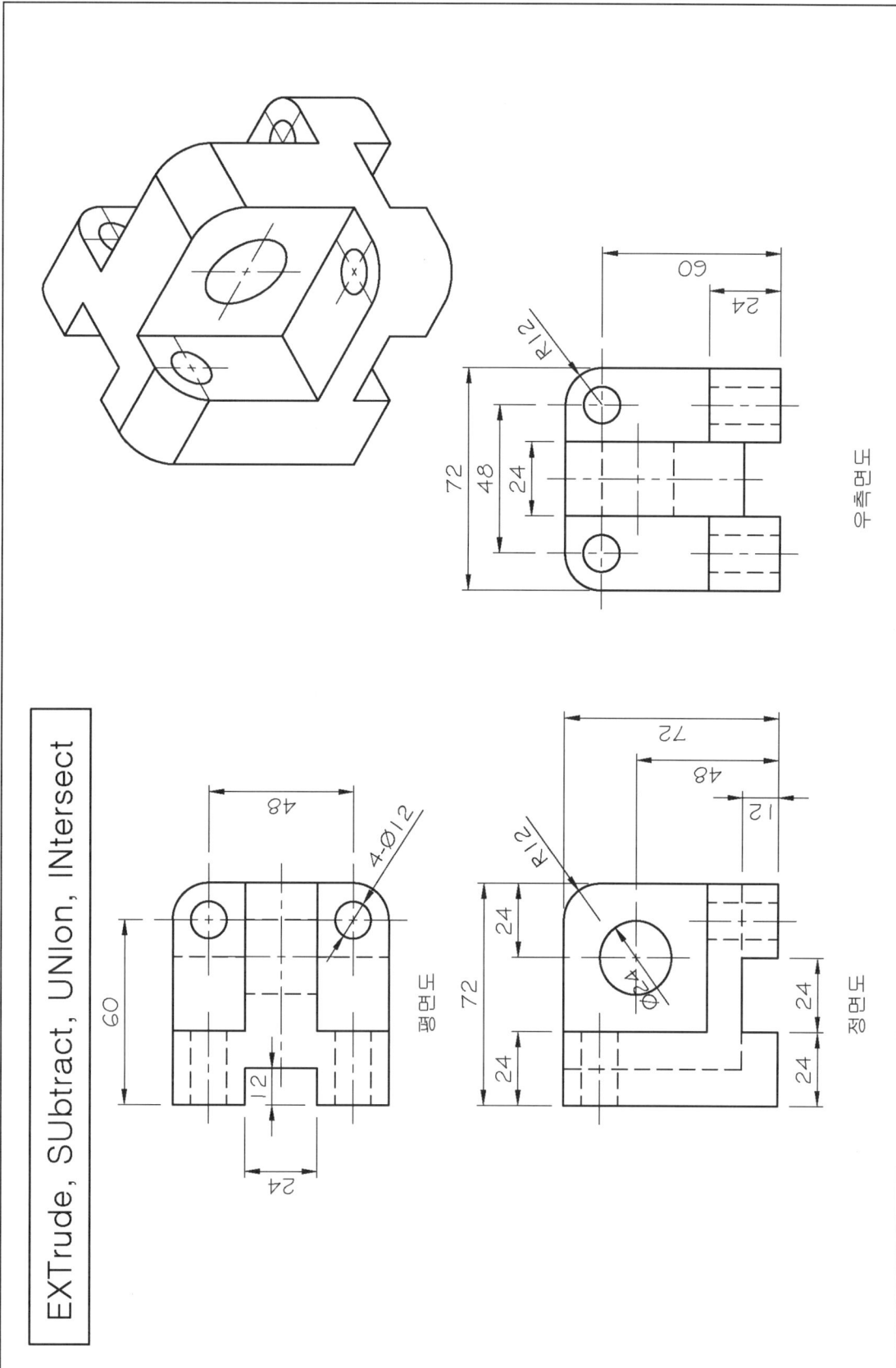

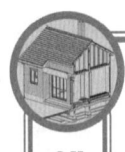

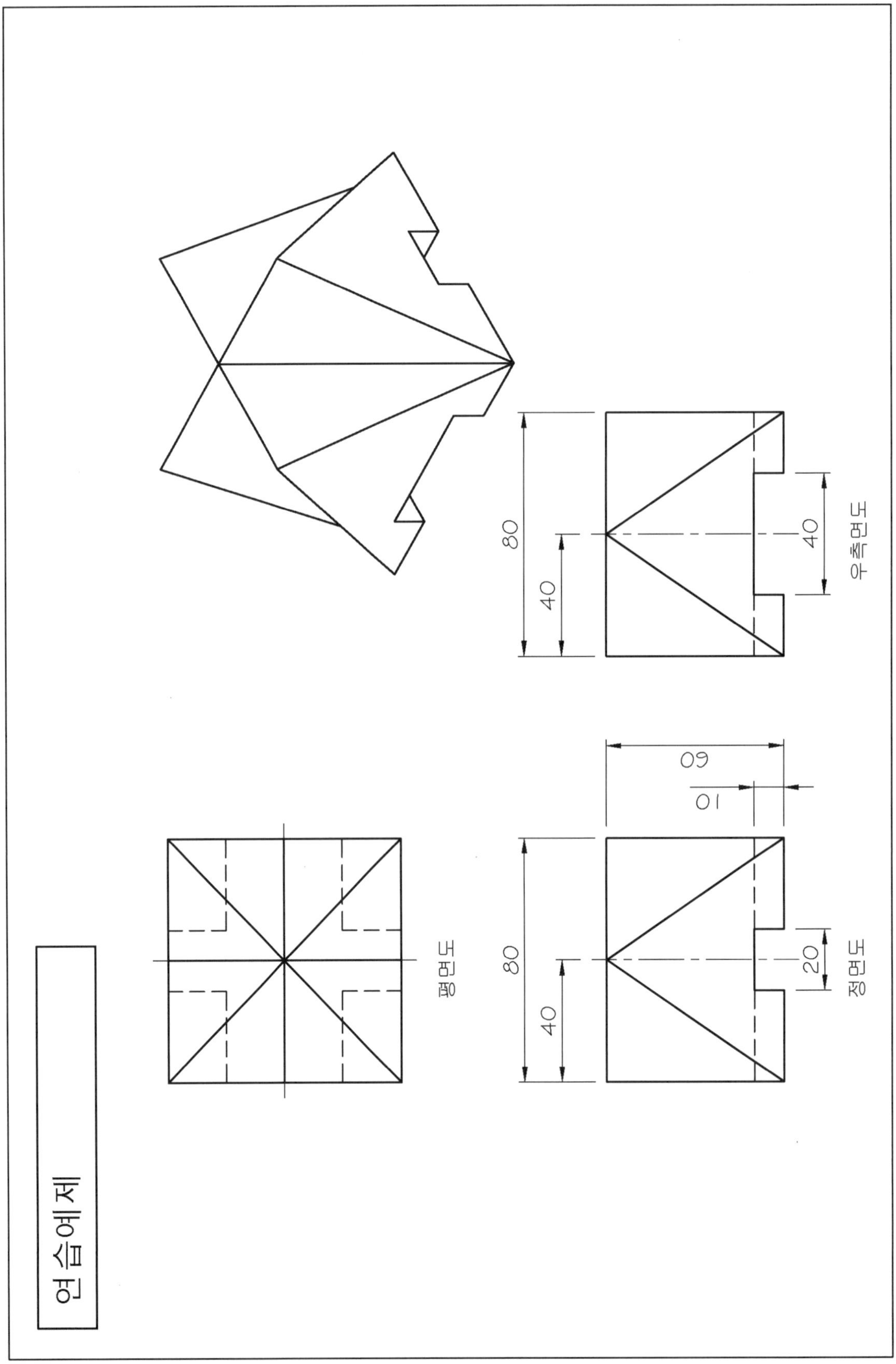
연습예제
평면도
80
40
60
10
20
정면도
80
40
40
우측면도

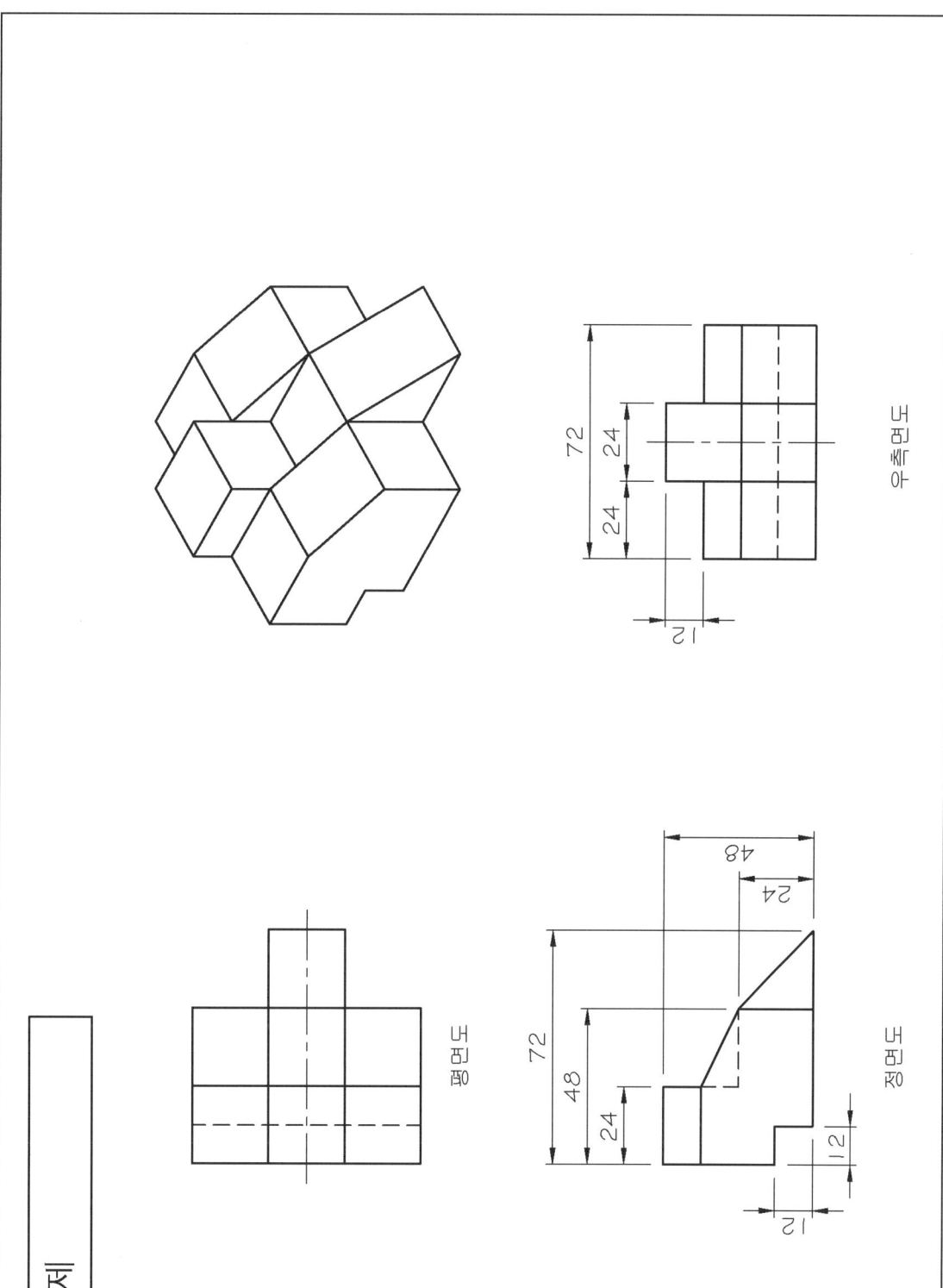

예제로 배우는 AutoCAD

연습예제

평면도

정면도

우측면도

72
48
24
12
24
12
72
24
48

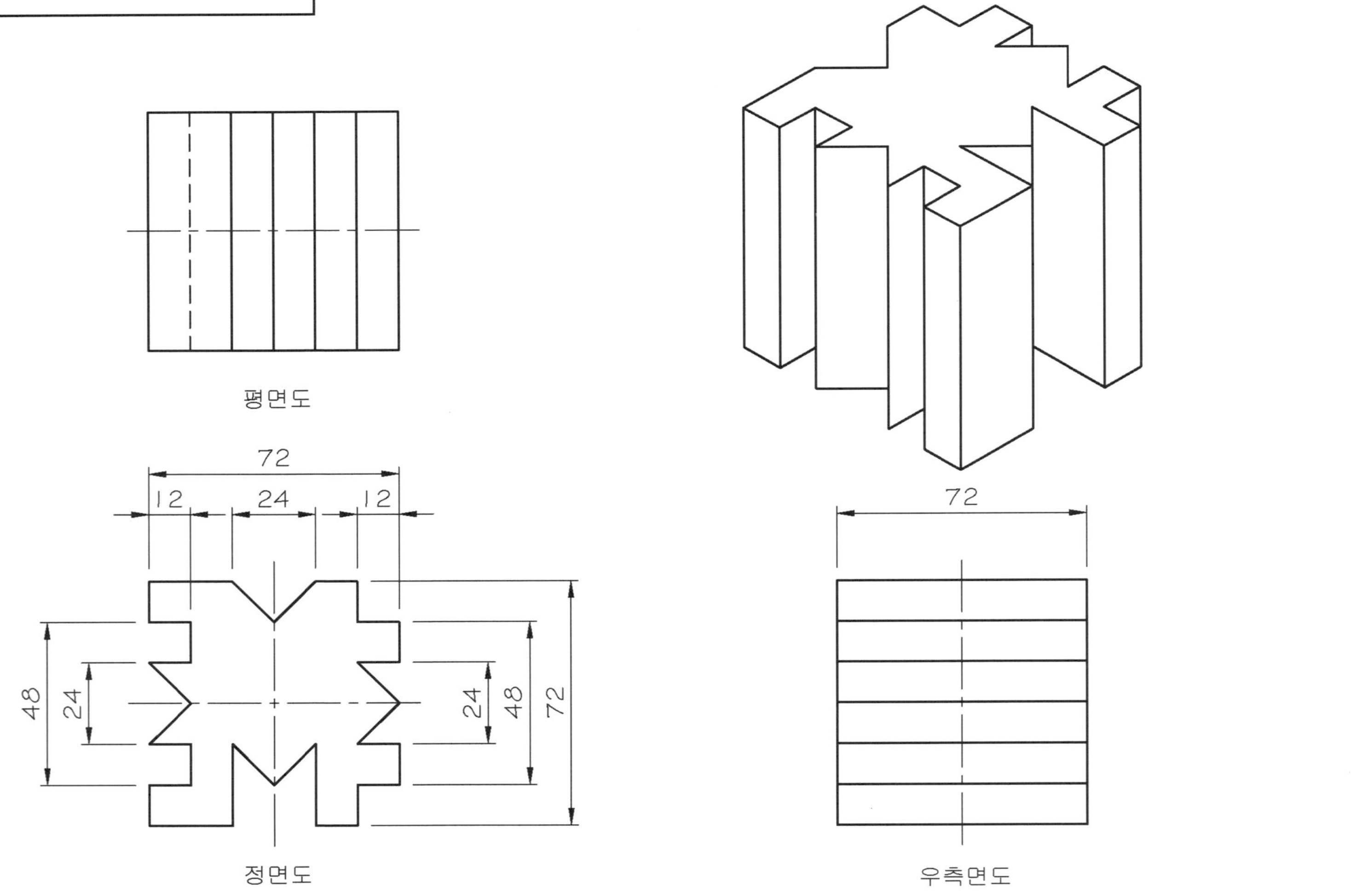

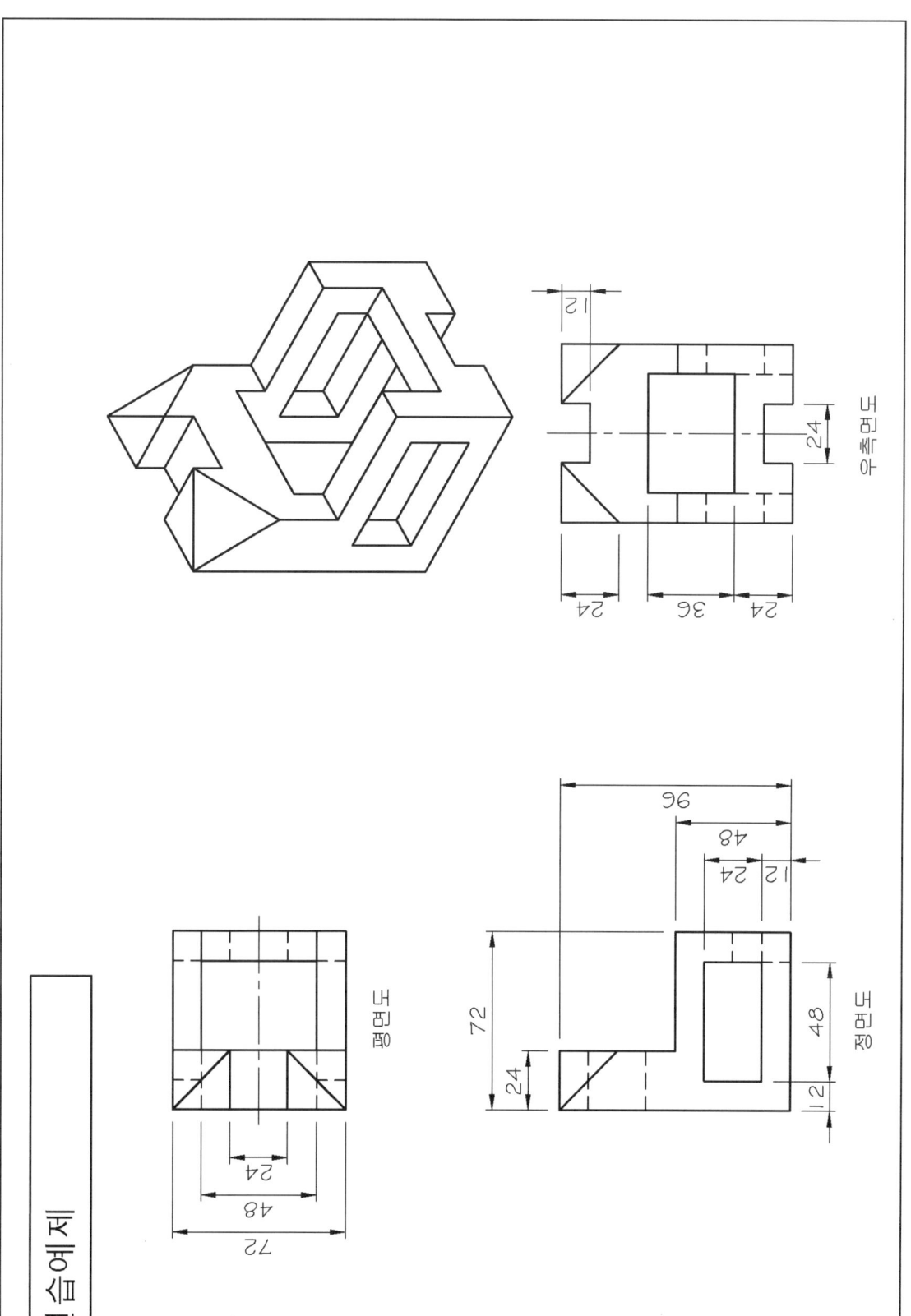

예제로 배우는 AutoCAD

연습예제

평면도

정면도

우측면도

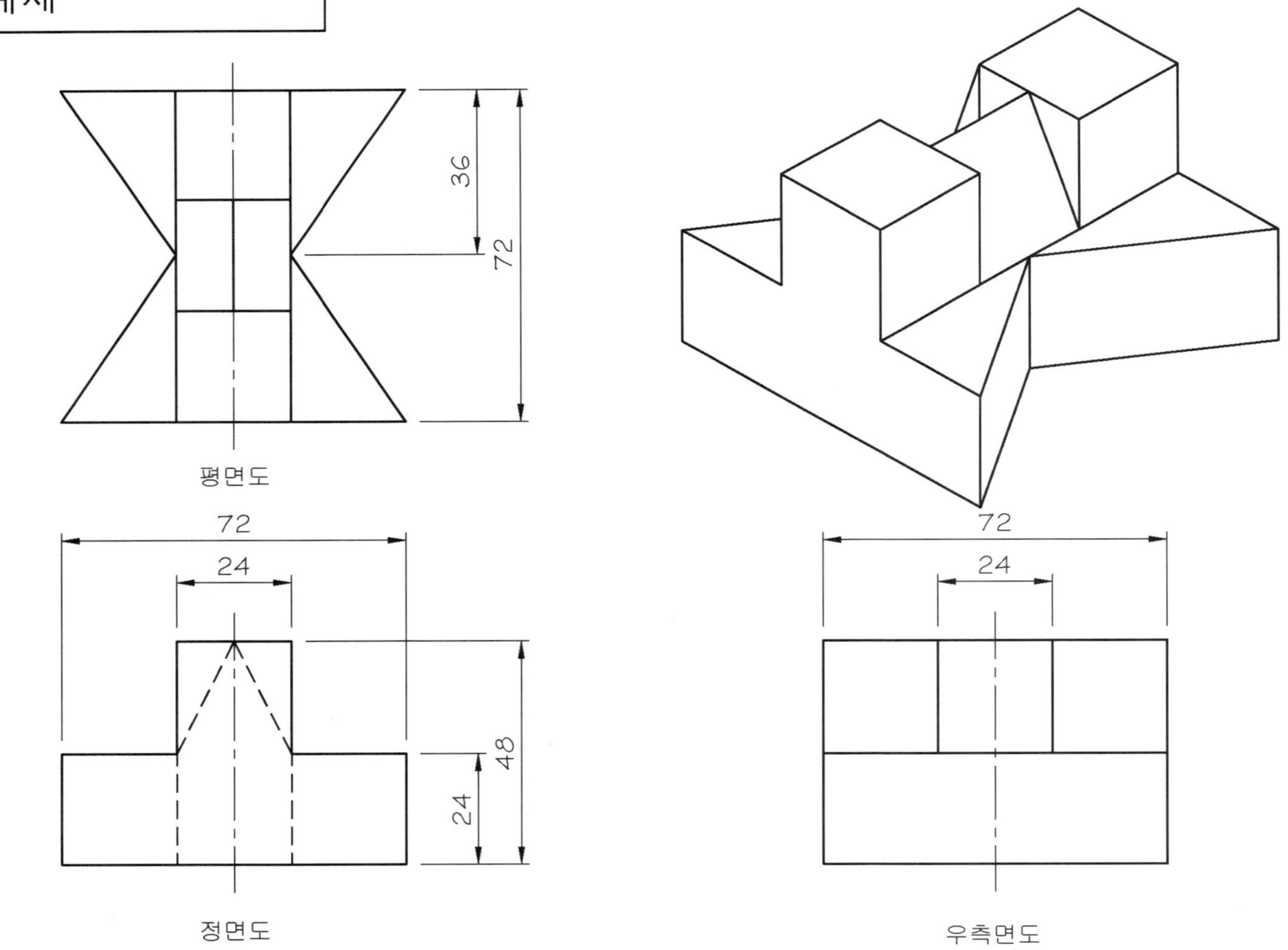

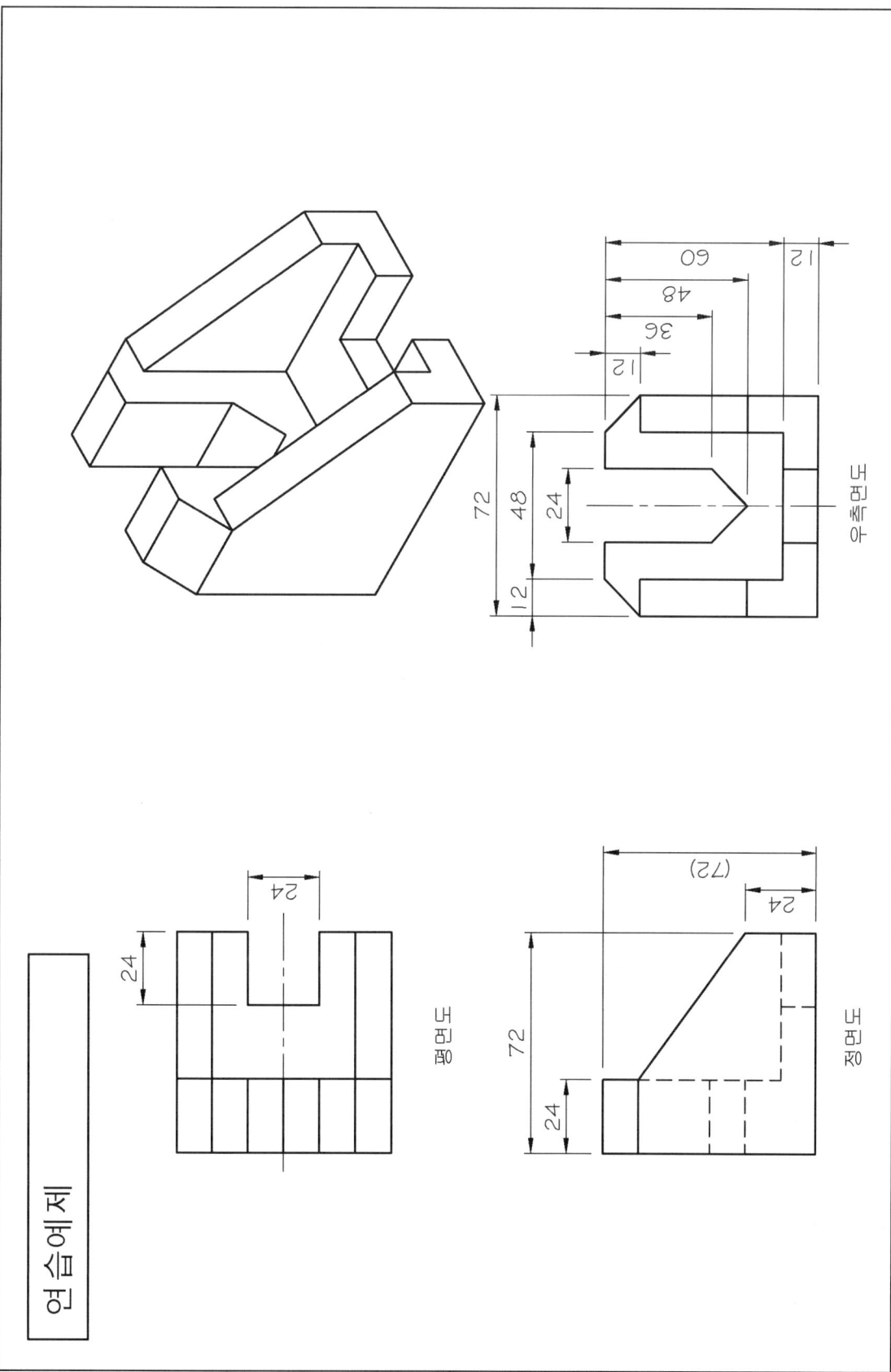

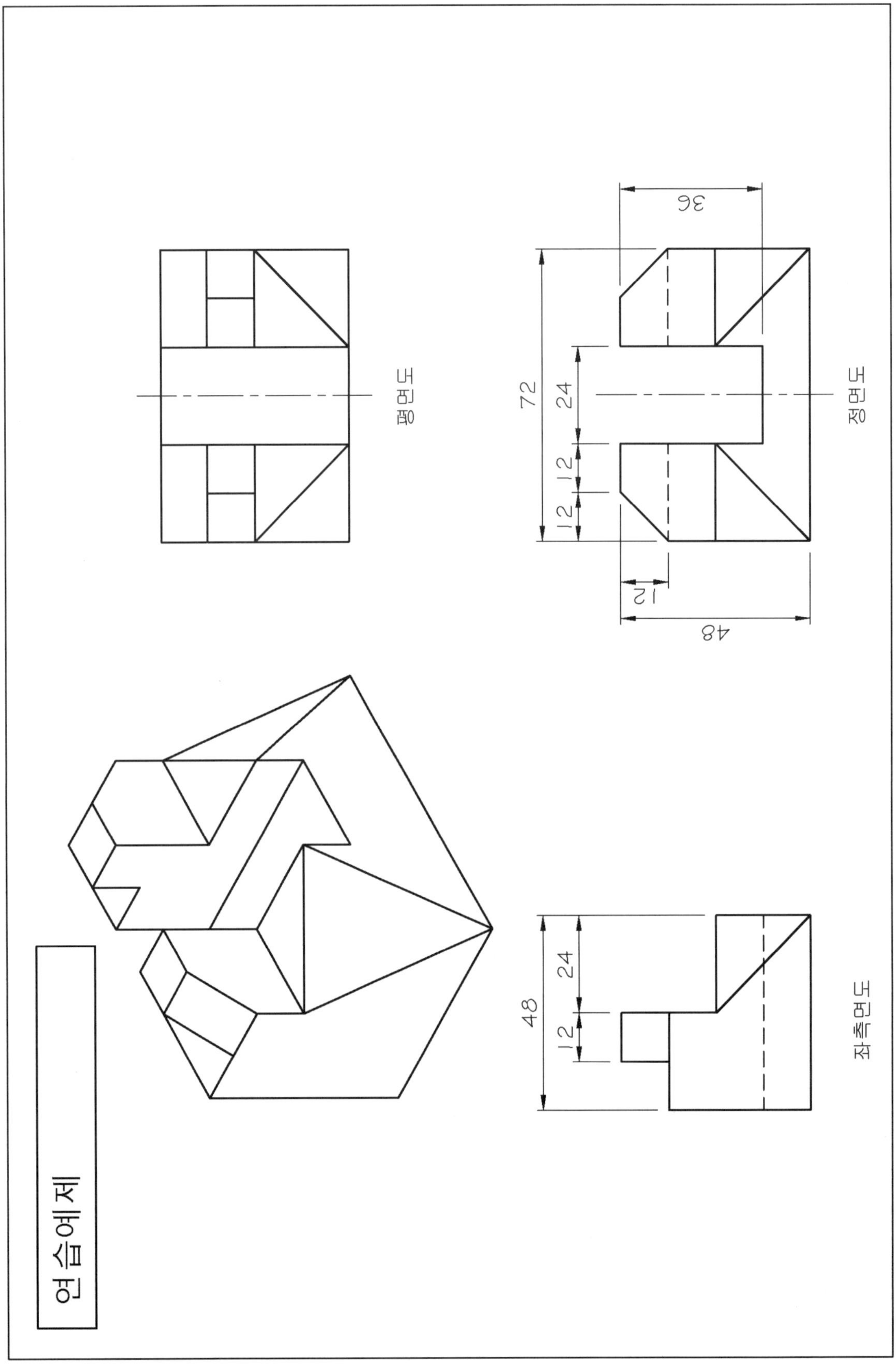

예제로 배우는 AutoCAD

평면도

정면도

36
72
24
12 12
12
48

측면도

48
24
12

입체예제

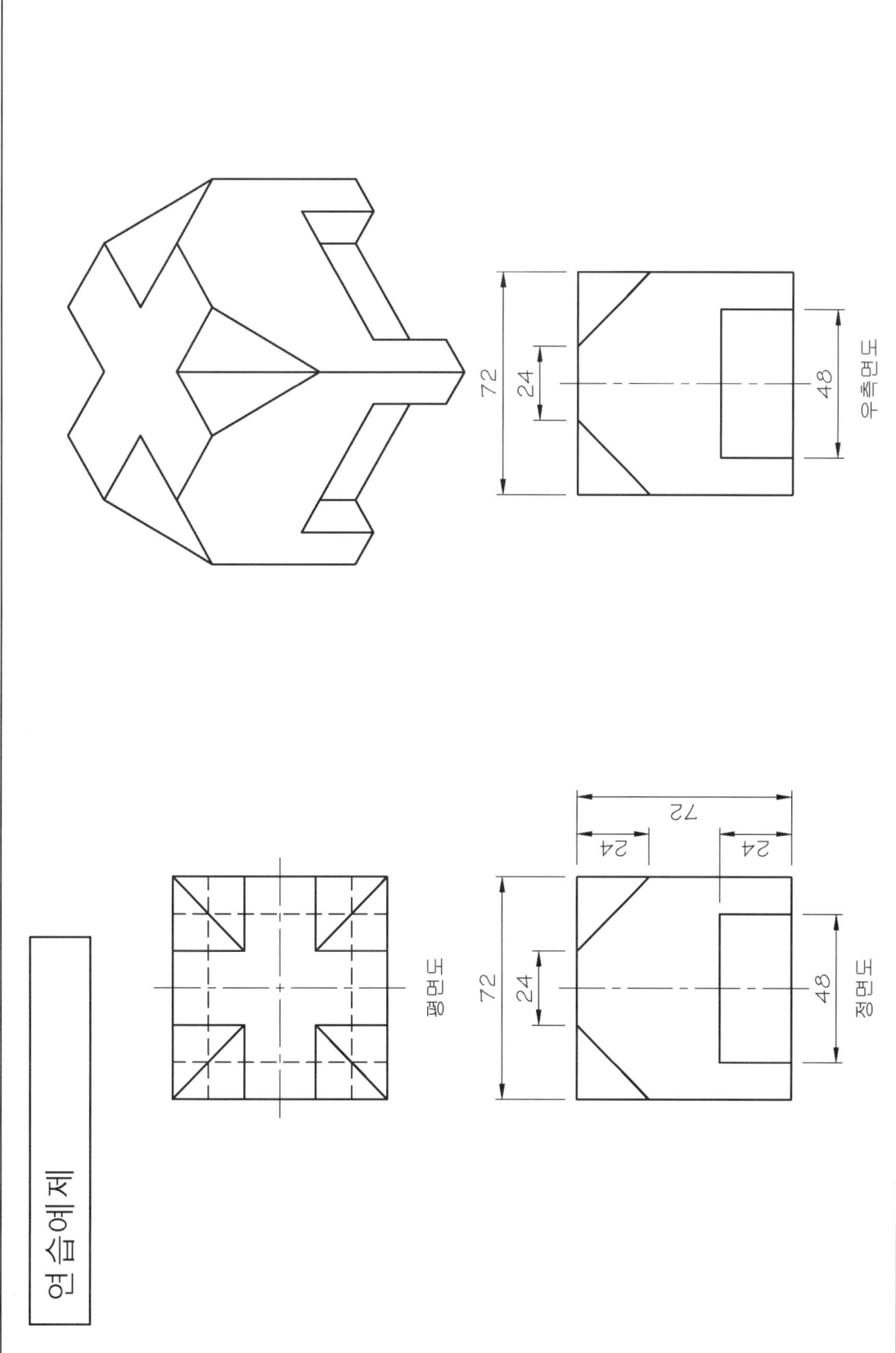

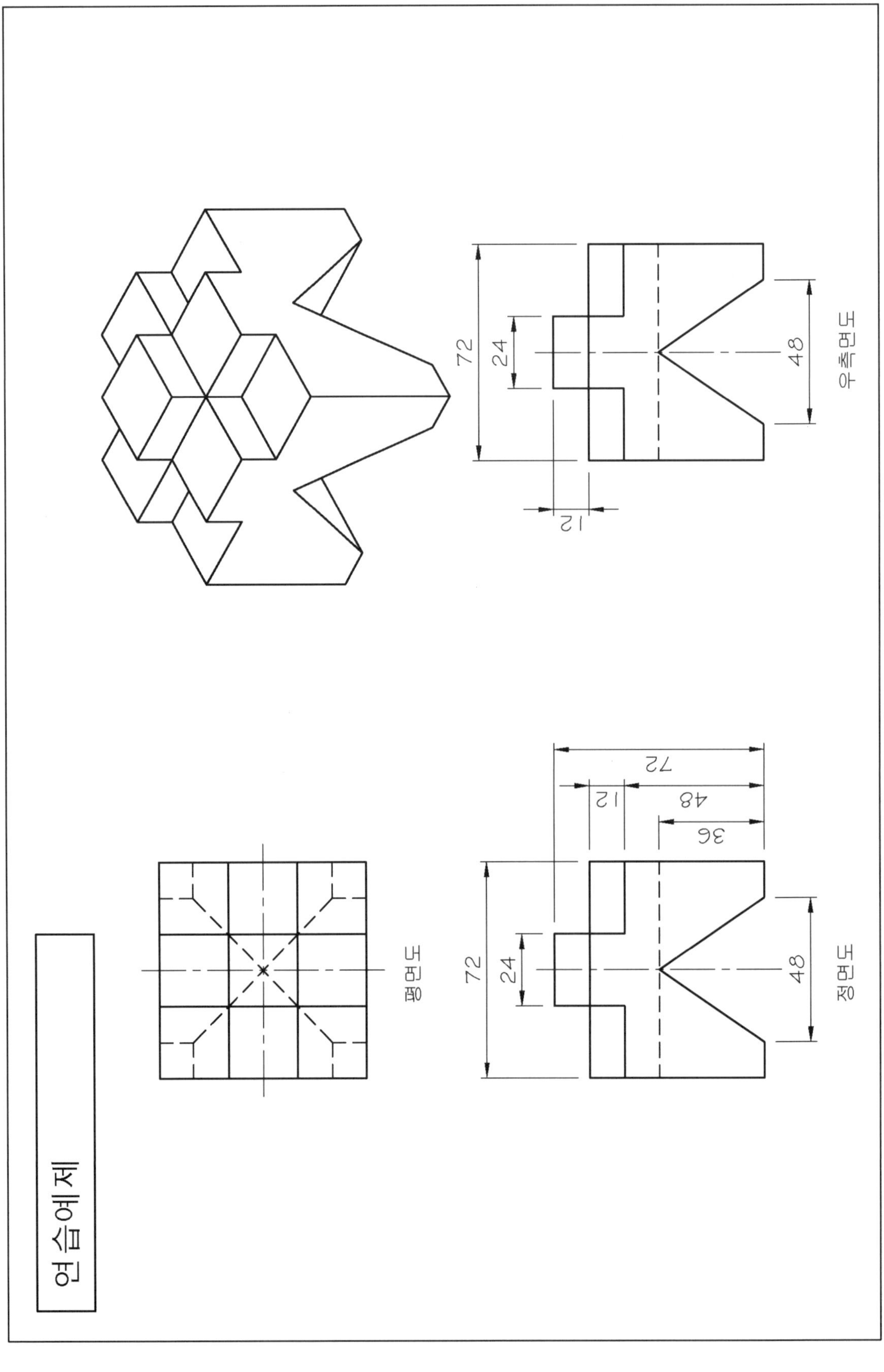

예제로 배우는 AutoCAD

우측면도

정면도

평면도

연습예제

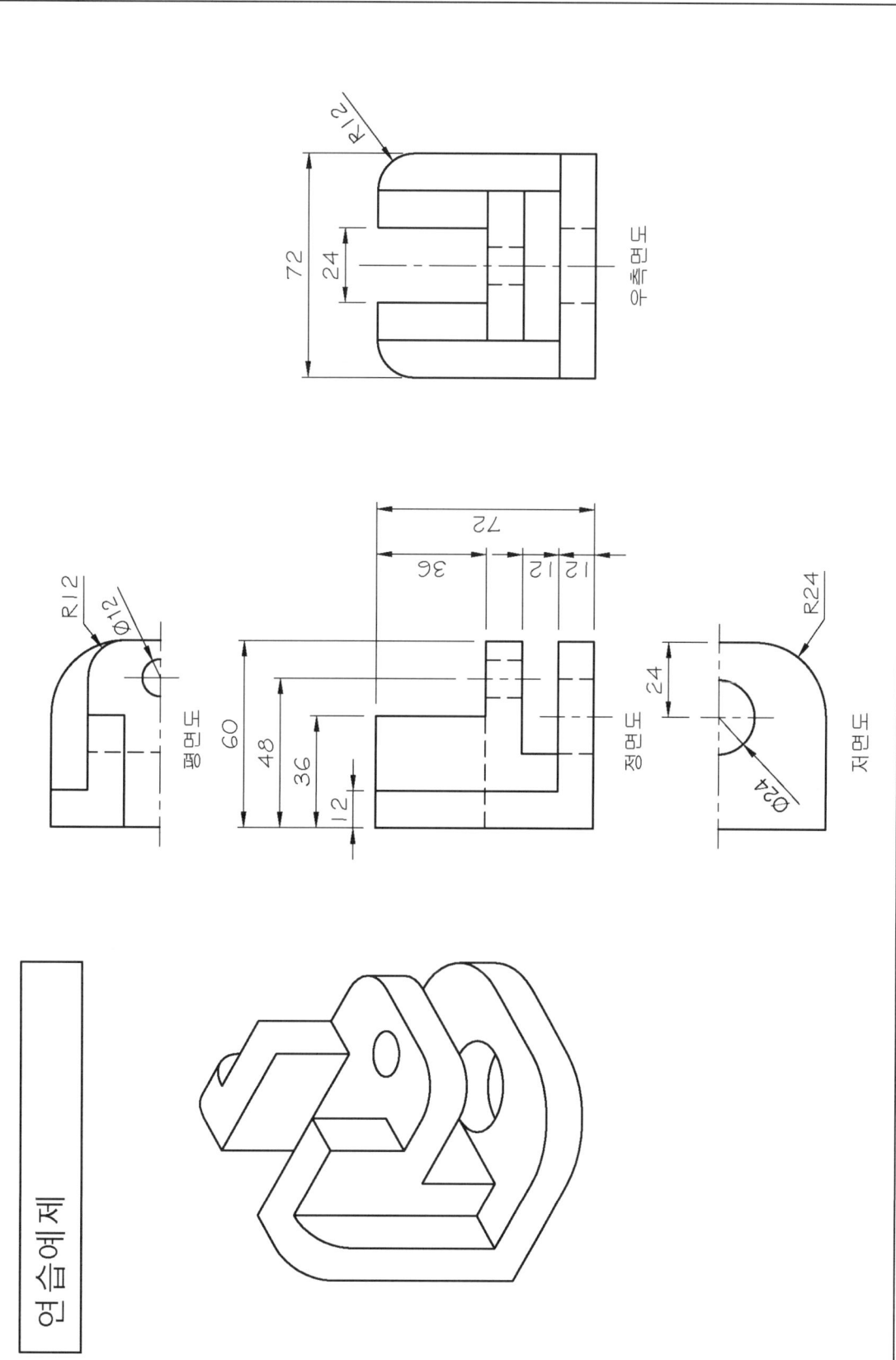

예제로 배우는 AutoCAD

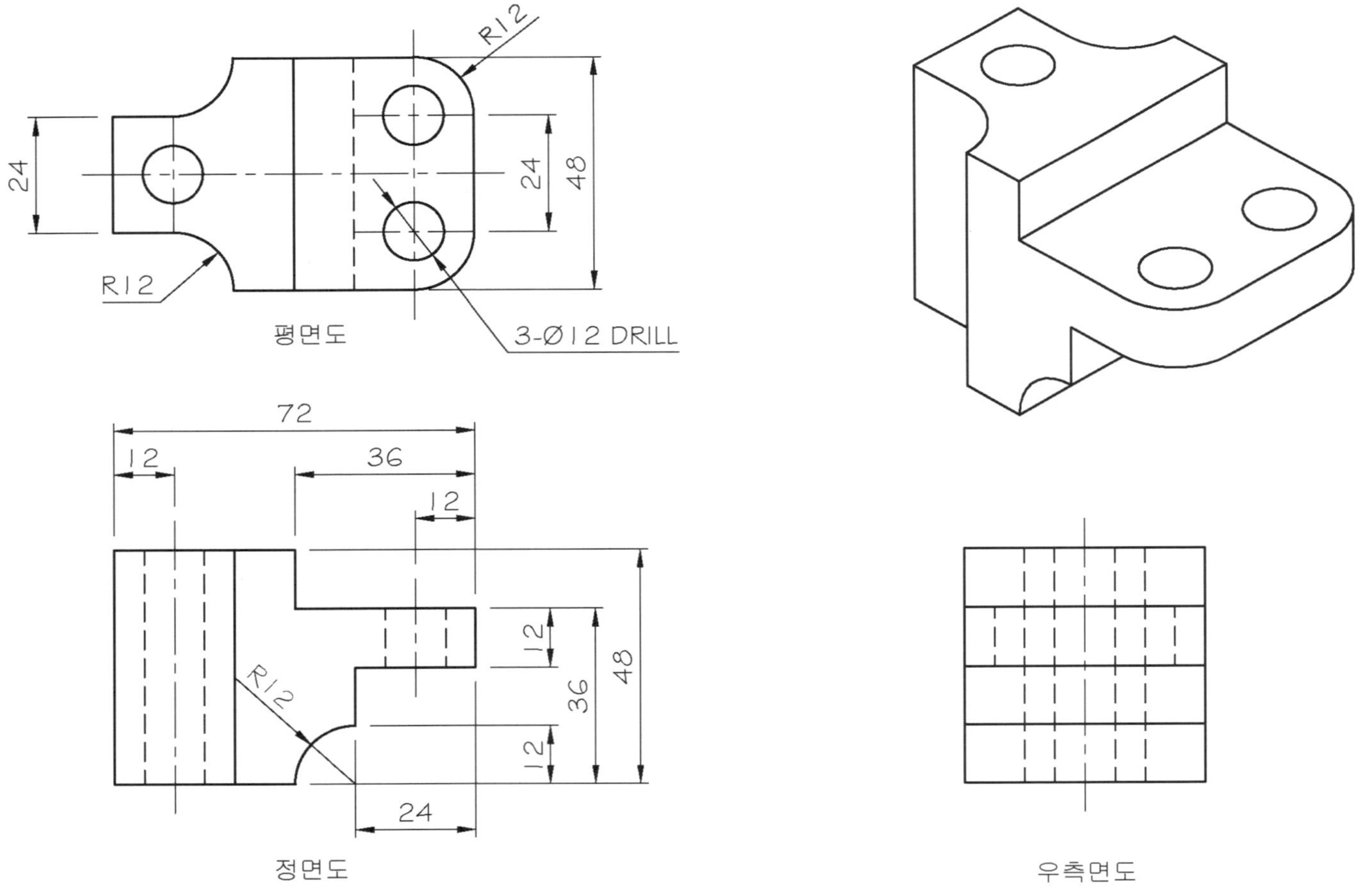

평면도

정면도

측면도

연습예제

480

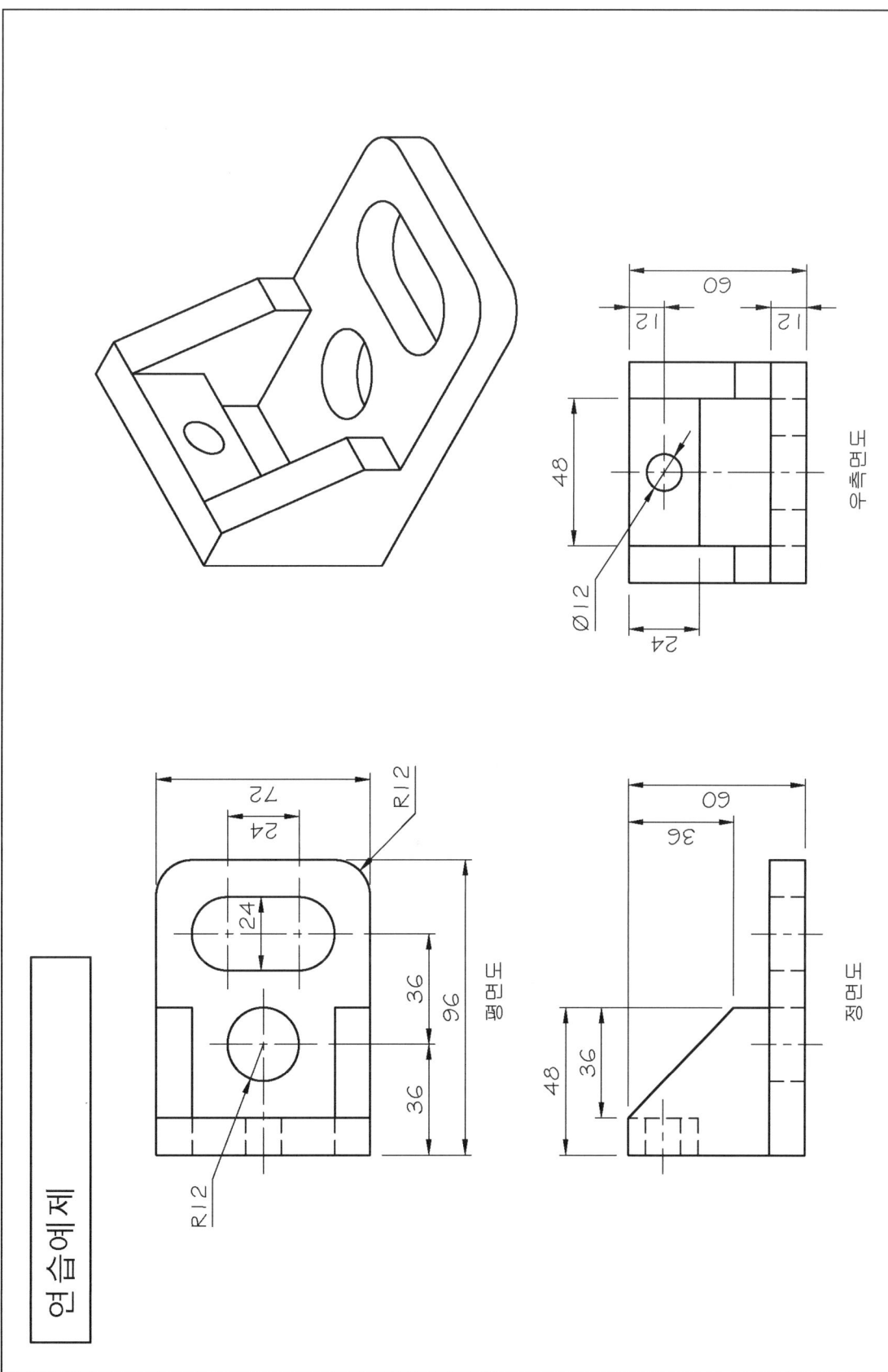

예제로 배우는 AutoCAD

연습문제

평면도

정면도

측면도

72, 48, 24, 12

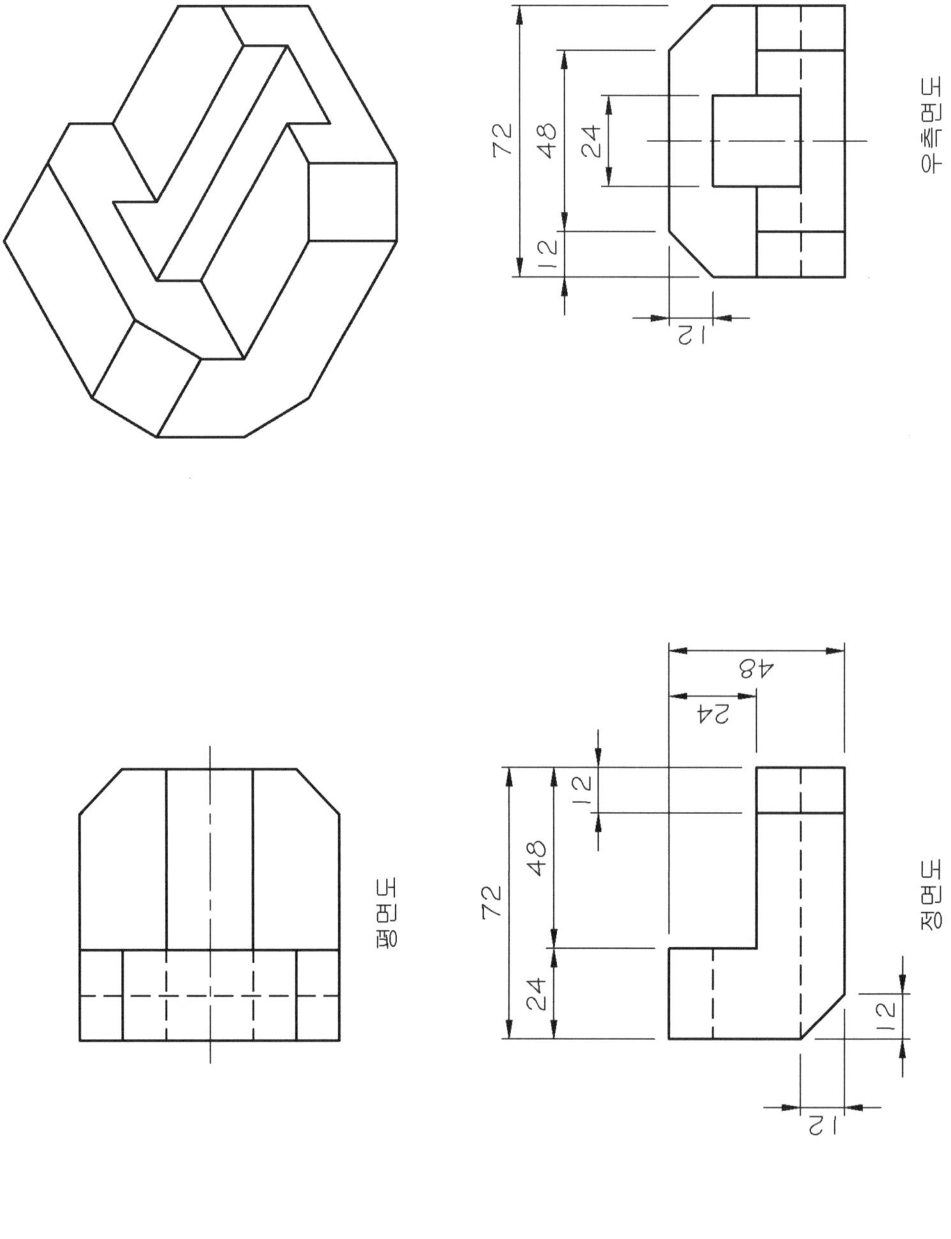

Section 04

평면도

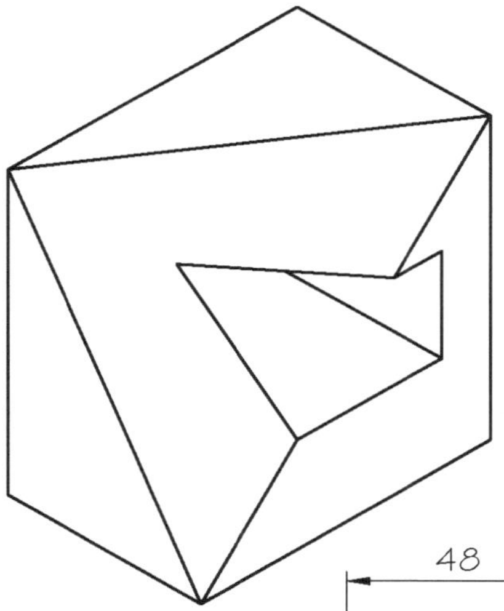

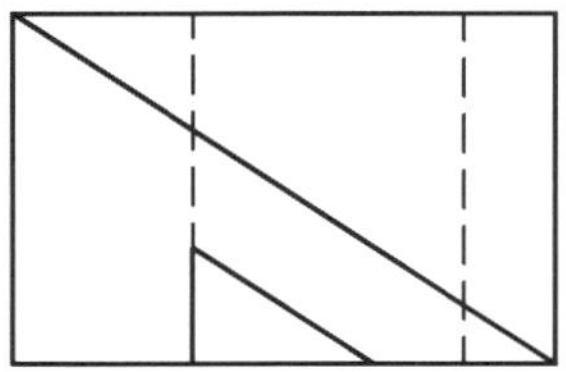

정면도

| 72 | 36 | 24 |

| 24 | 24 |
| 72 |

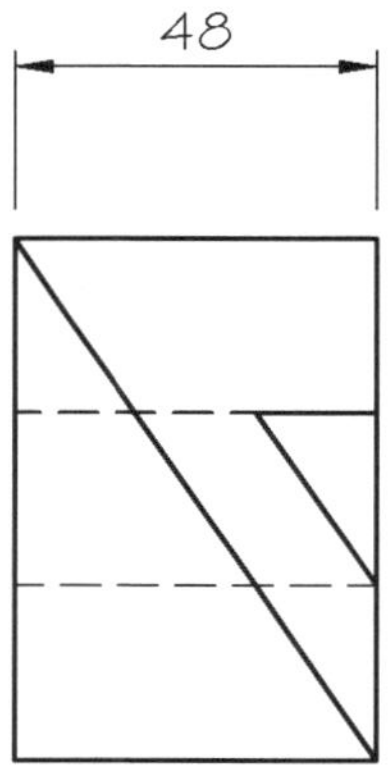

좌측면도

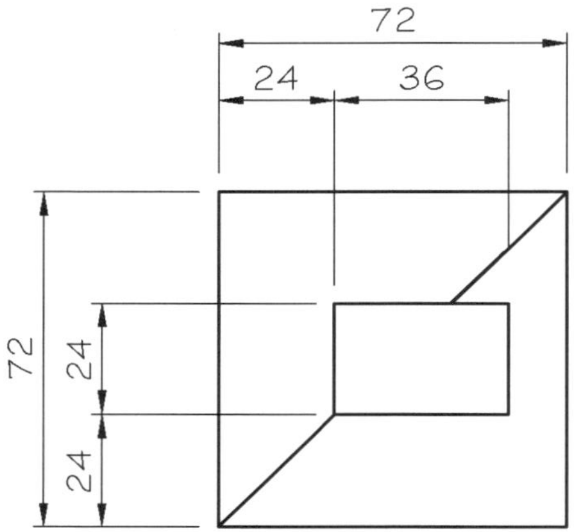

48

연습예제

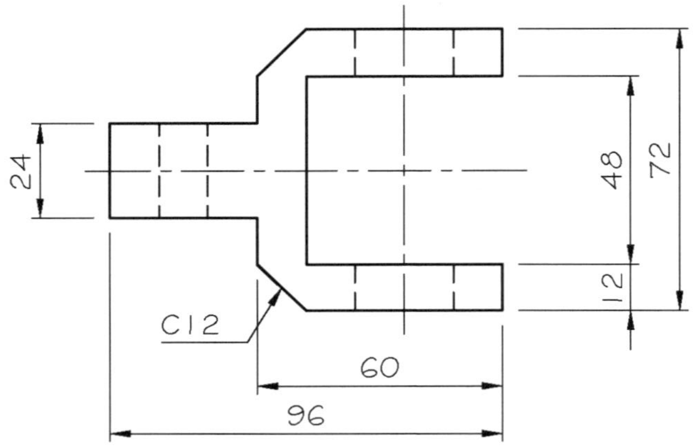

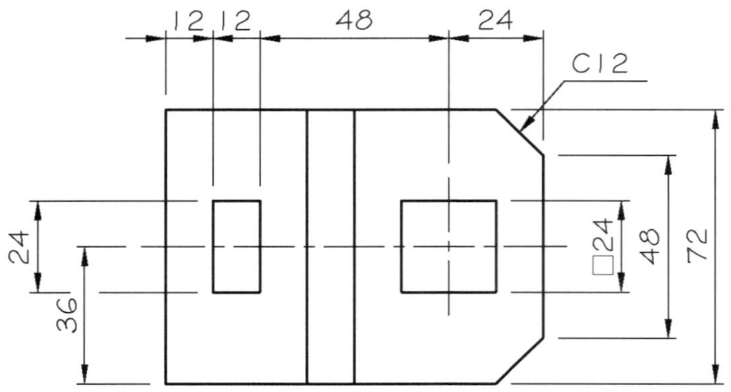

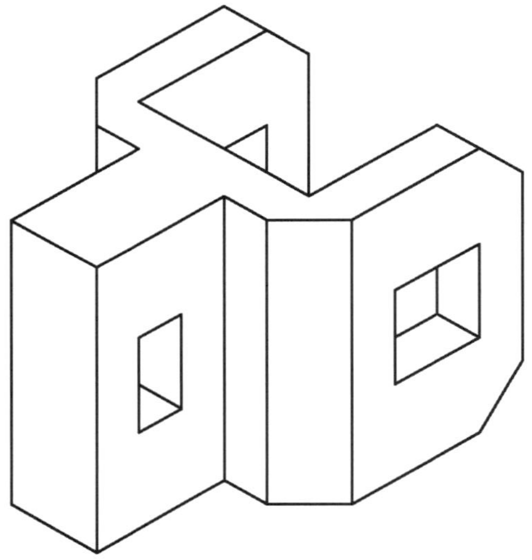

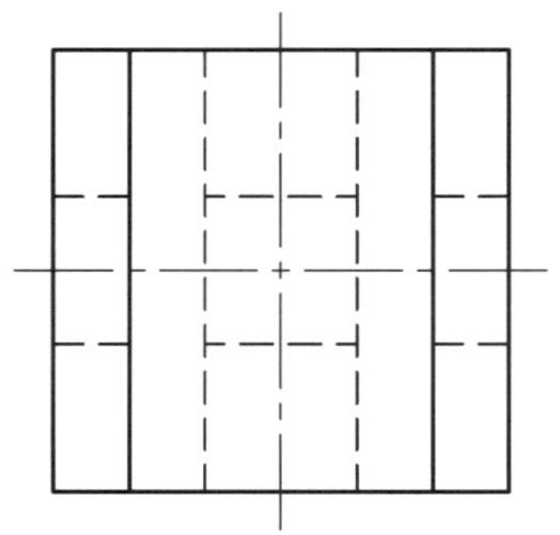

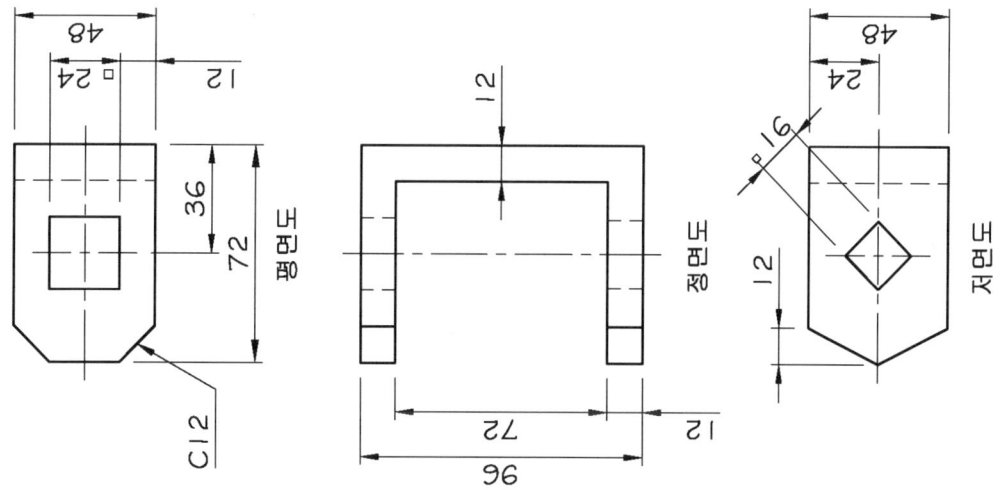

예제로 배우는 AutoCAD

72
24

우측면도

72
C12
48
72

정면도

평면도

연습문제

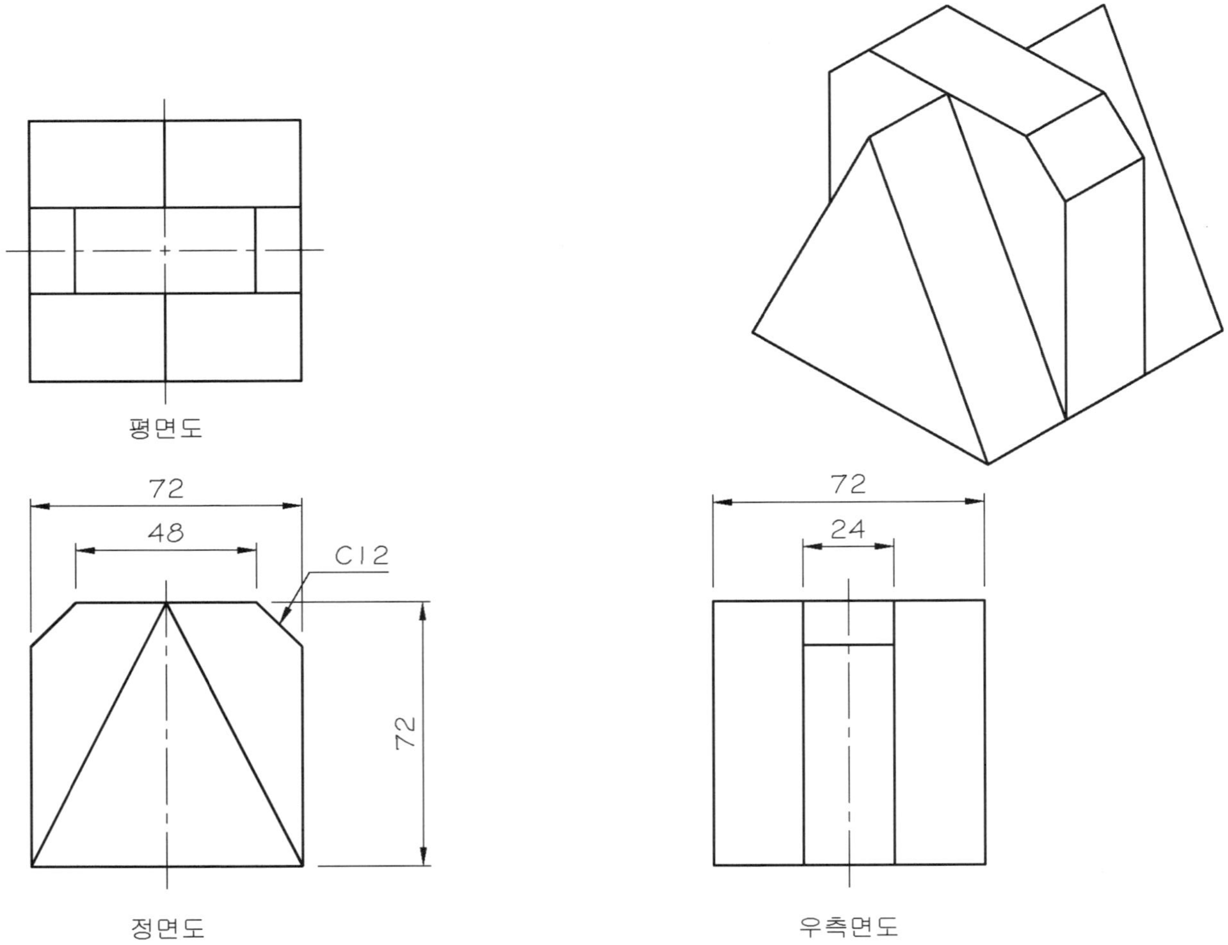

Section 04

솔리드 모델링

- 폴리솔리드, 상자, 쐐기, 원추, 구, 원통, 토러스, 피라미드

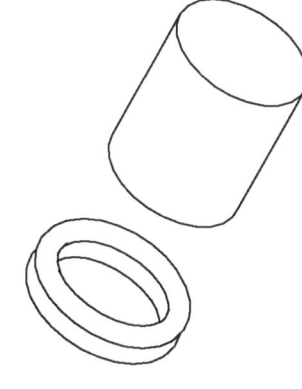

가락지의 안쪽면을 만들기 위해
원통을 만들어 Subtract한다.

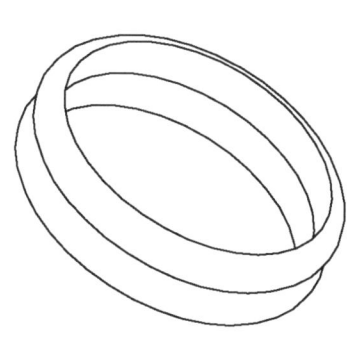

Torus(토러스)와 Cylinder(원통)를 이용한 쌍가락지

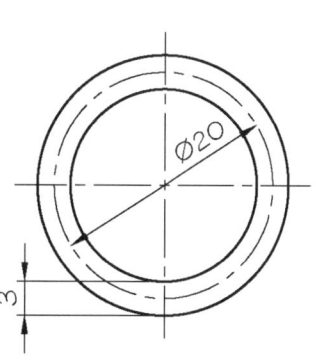

Torus(토러스)

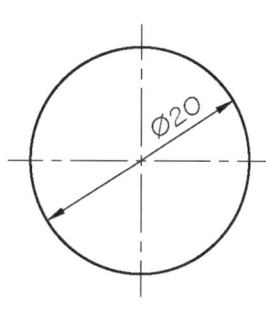

Cylinder(원통)

예제로 배우는 AutoCAD

솔리드모델링

• 폴리솔리드, 상자, 쐐기, 원추, 구, 원통, 토러스, 피라미드

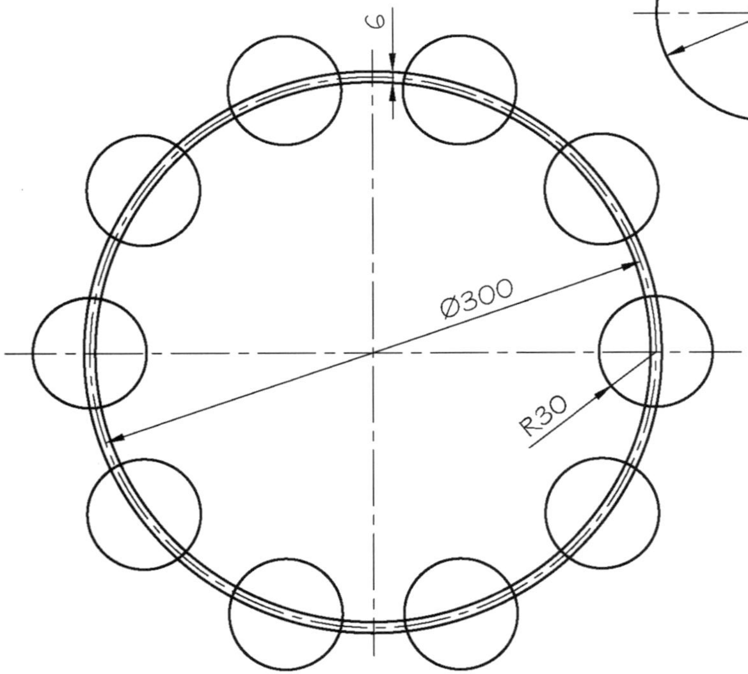

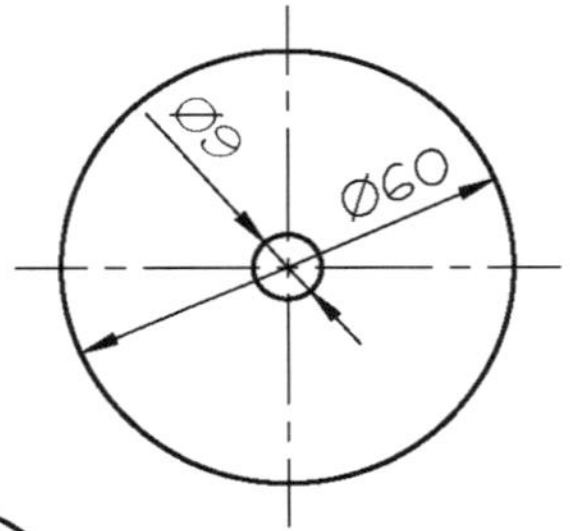

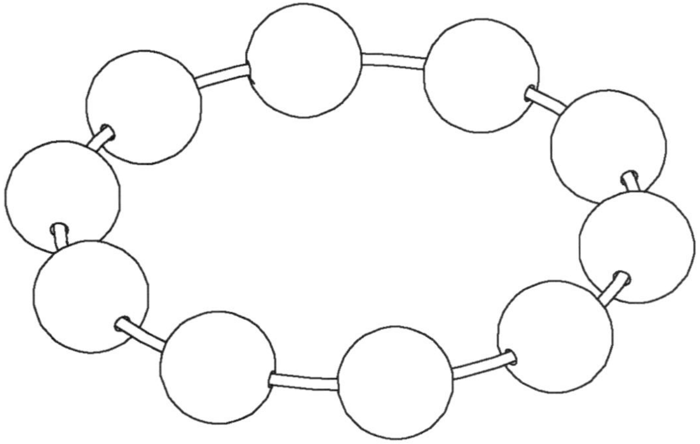

Section 04

솔리드모델링

- 폴리솔리드, 상자, 쐐기, 원추, 구, 원통, 토러스, 피라미드

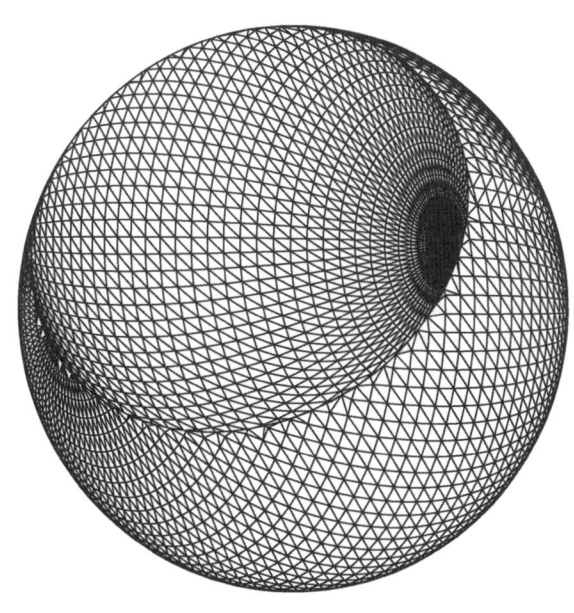

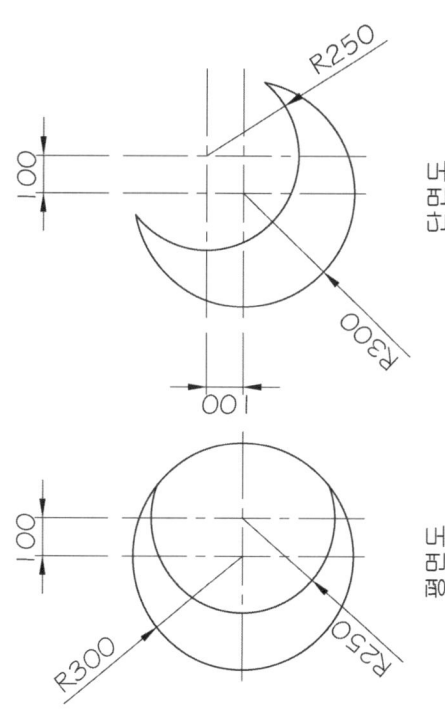

단면도

평면도

예제로 배우는 AutoCAD

솔리드 모델링

- 폴리솔리드, 상자, 쐐기, 원추, 구, 원통, 토러스, 피라미드

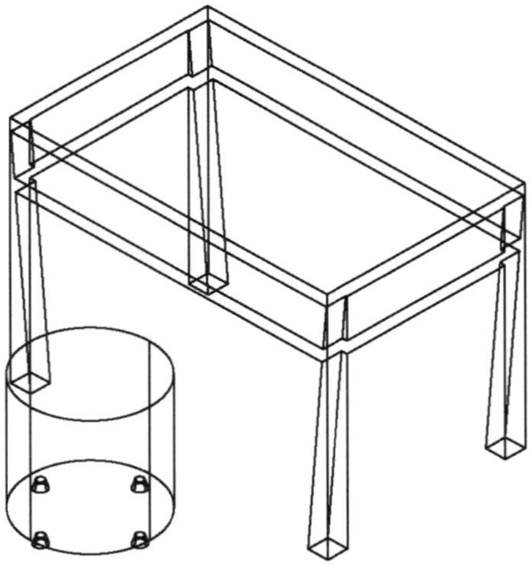

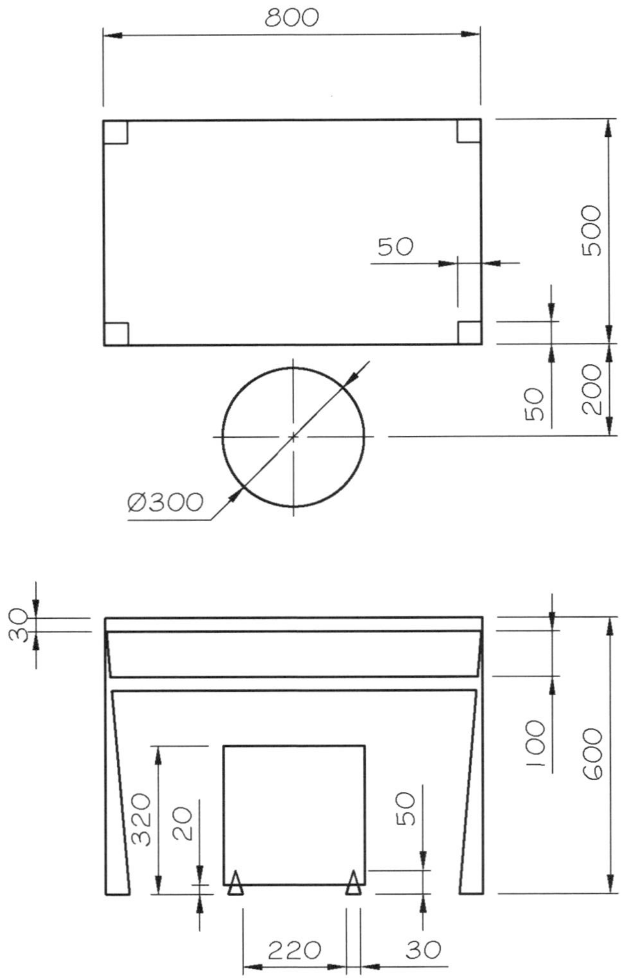

Section 04

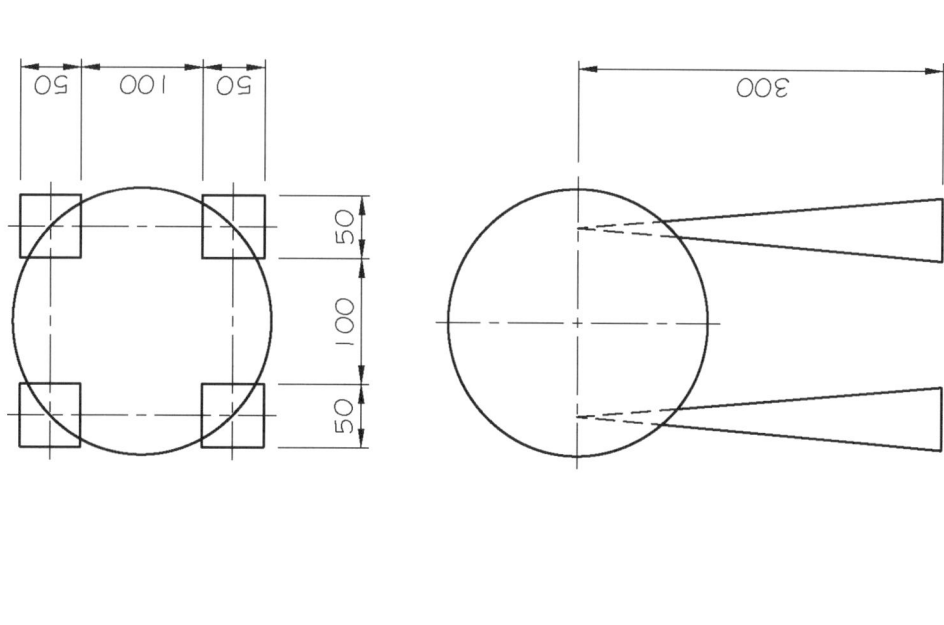

솔리드모델링

- 폴리솔리드, 상자, 쐐기, 원추, 구, 원통, 토러스, 피라미드

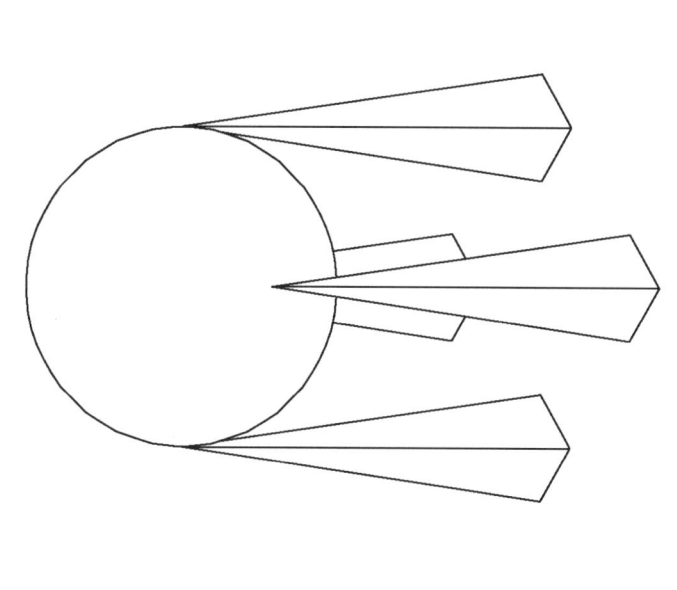

예제로 배우는 AutoCAD

REGion, REVolve, DUCS

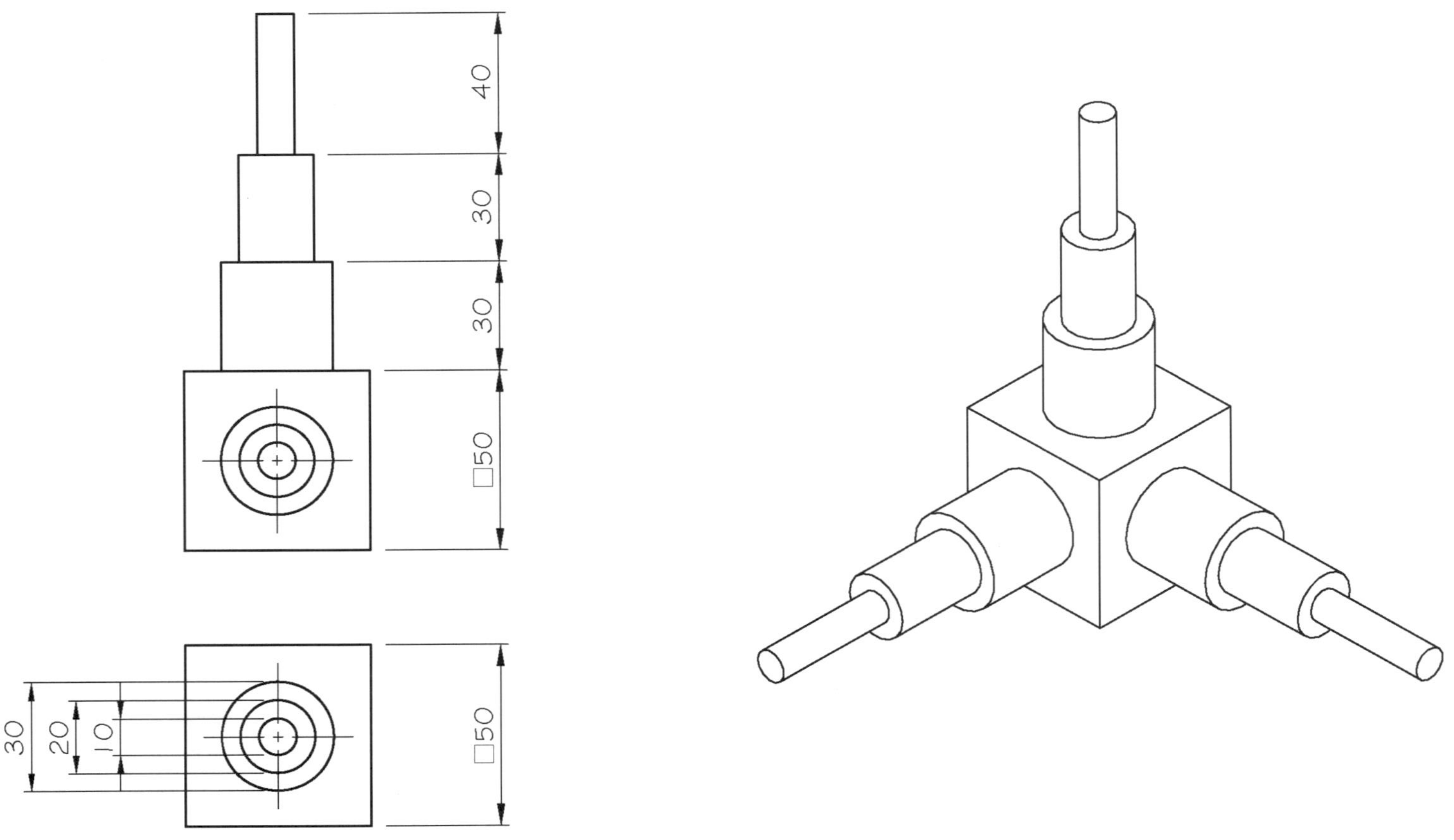

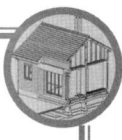

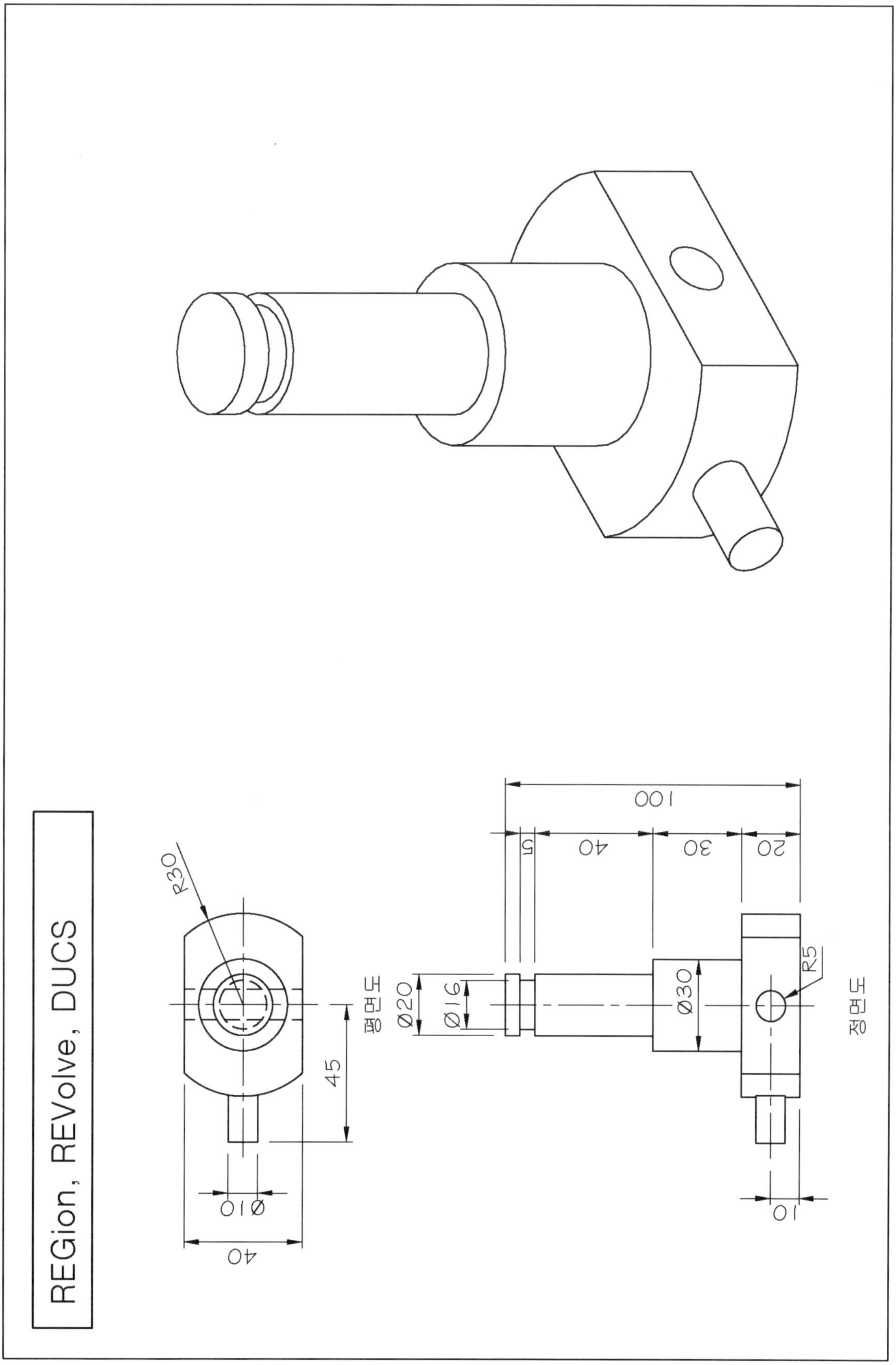
REGion, REVolve, DUCS
R30
45
Ø10
40
평면도
Ø20
Ø16
100
5
40
30
20
Ø30
R5
정면도
10

예제로 배우는 AutoCAD

REGion, REVolve, DUCS

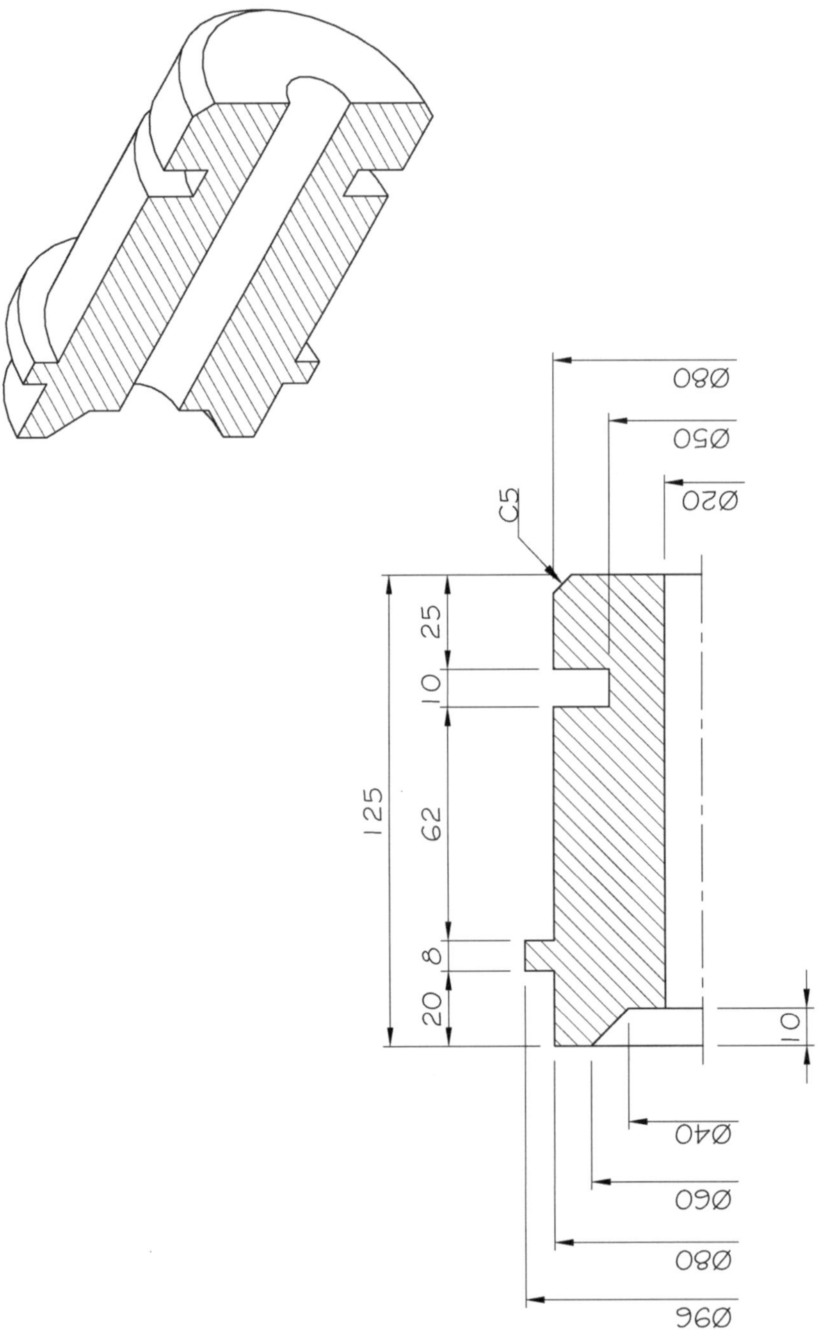

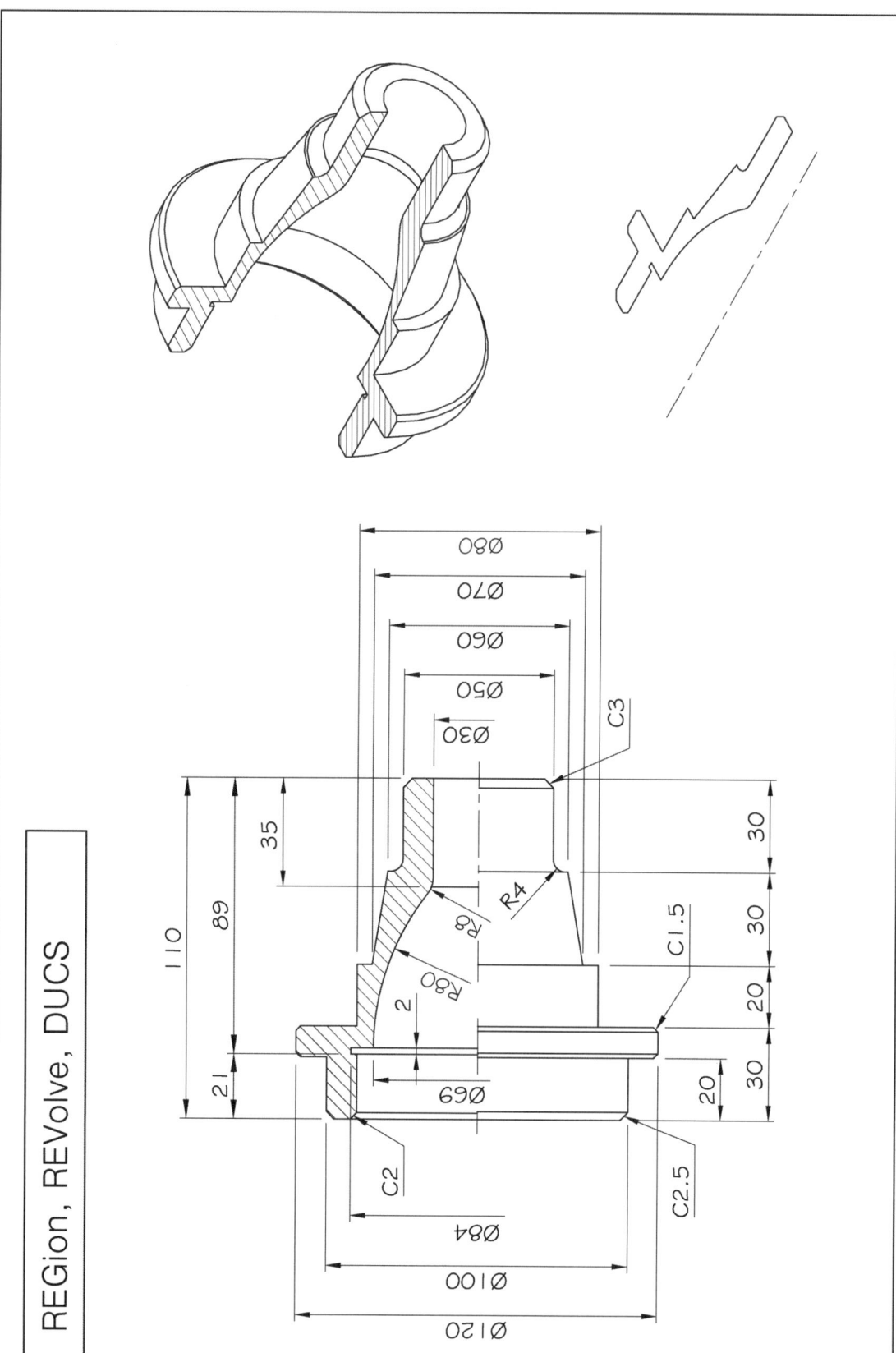

예제로 배우는 AutoCAD

REGion, REVolve, DUCS

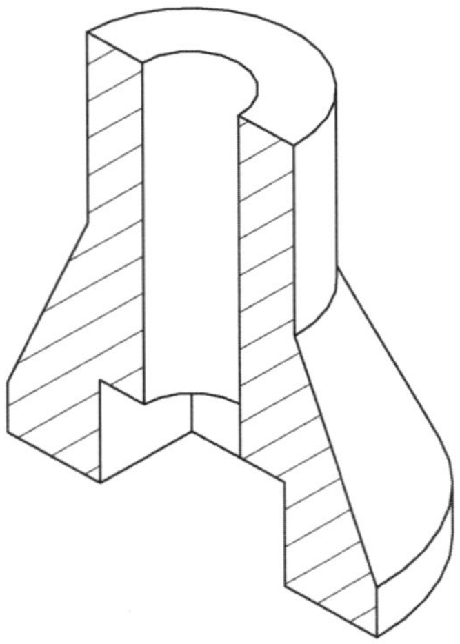

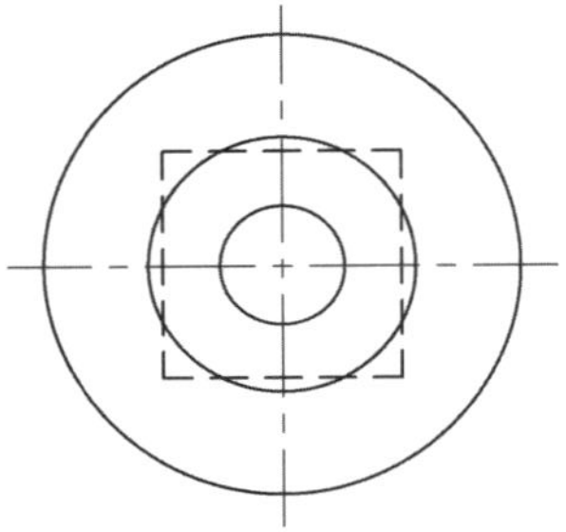

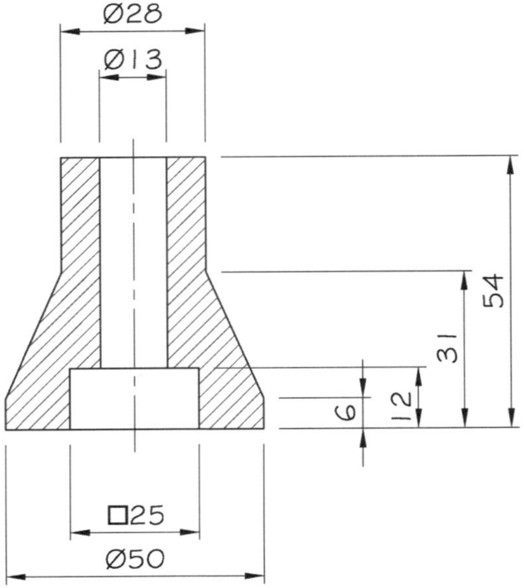

Section 04

REGion, REVolve, DUCS

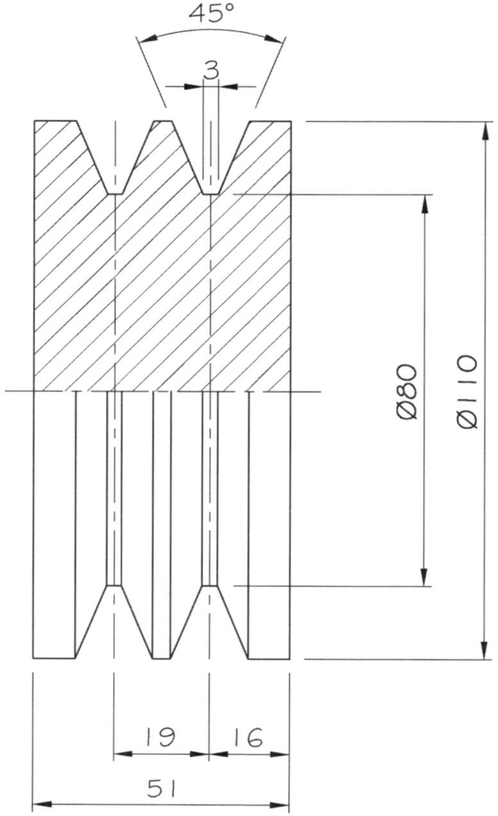

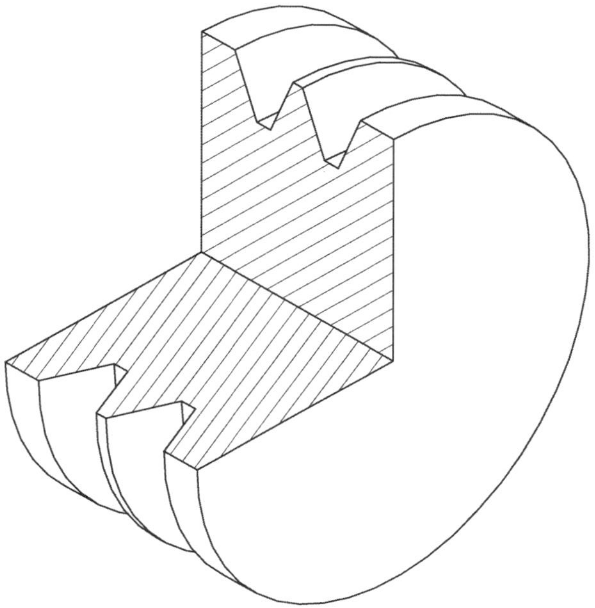

REGion, REVolve, DUCS

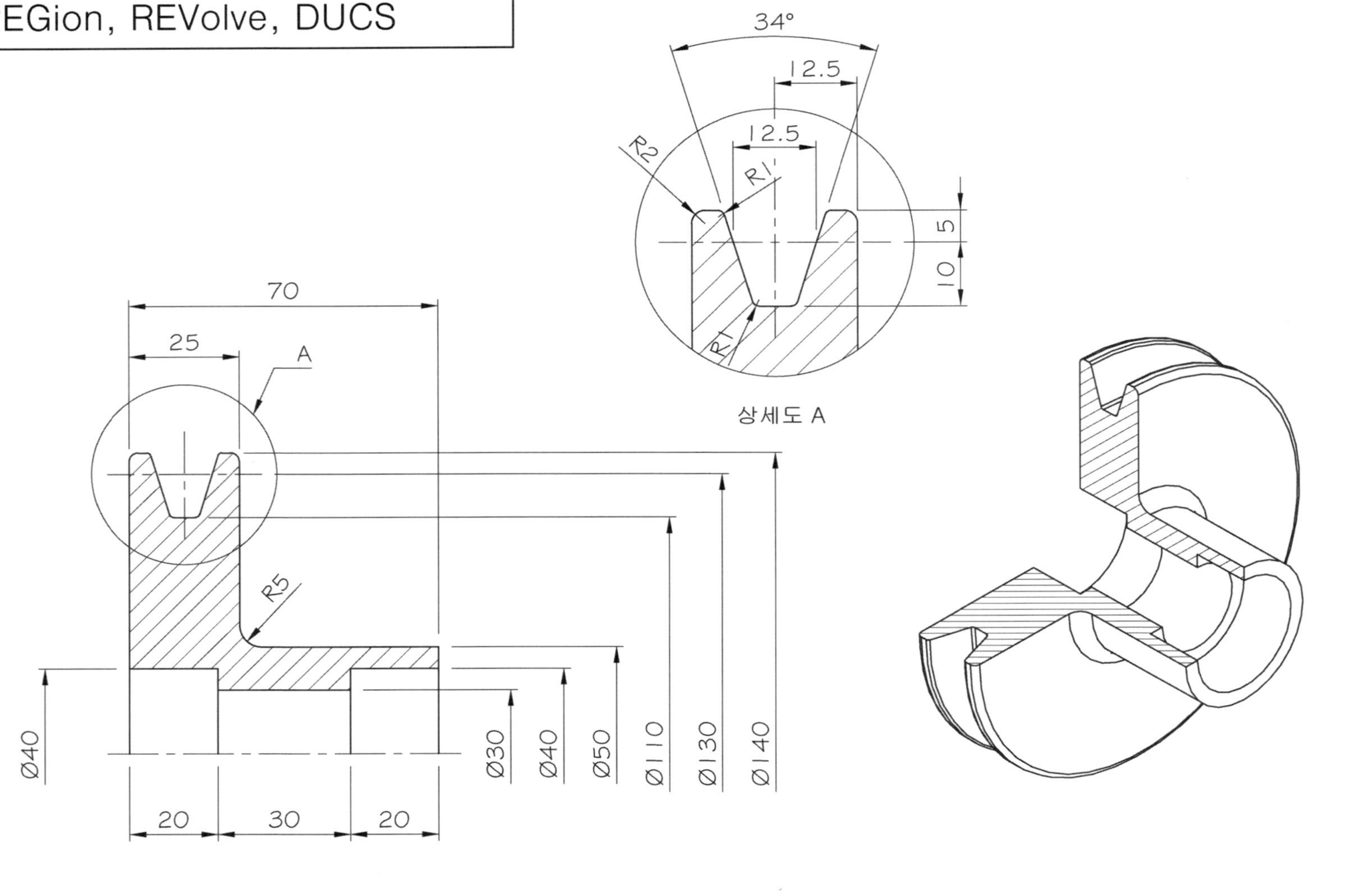

Section 04

REGion, REVolve, DUCS

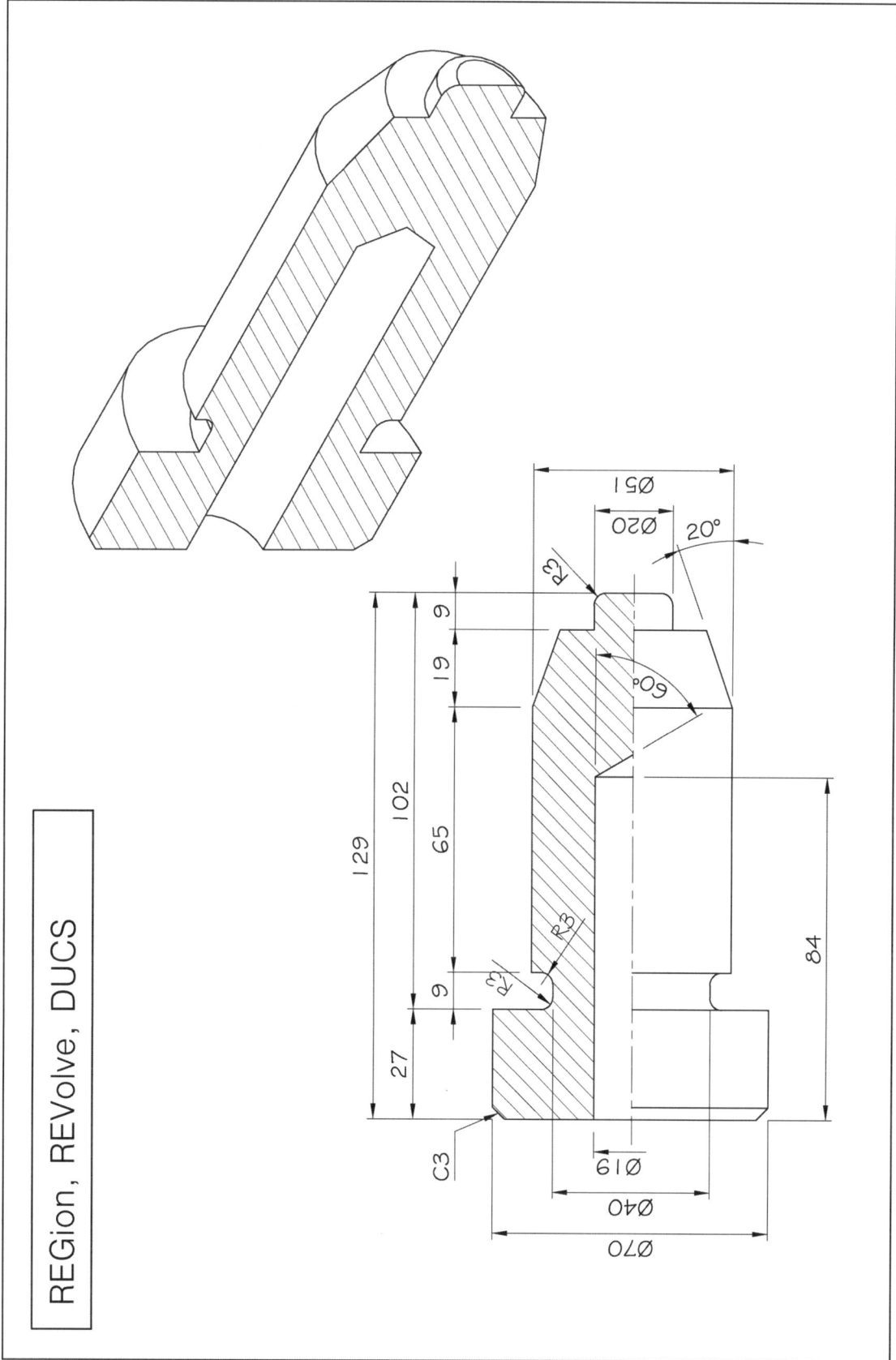

예제로 배우는 AutoCAD

REGion, REVolve, DUCS

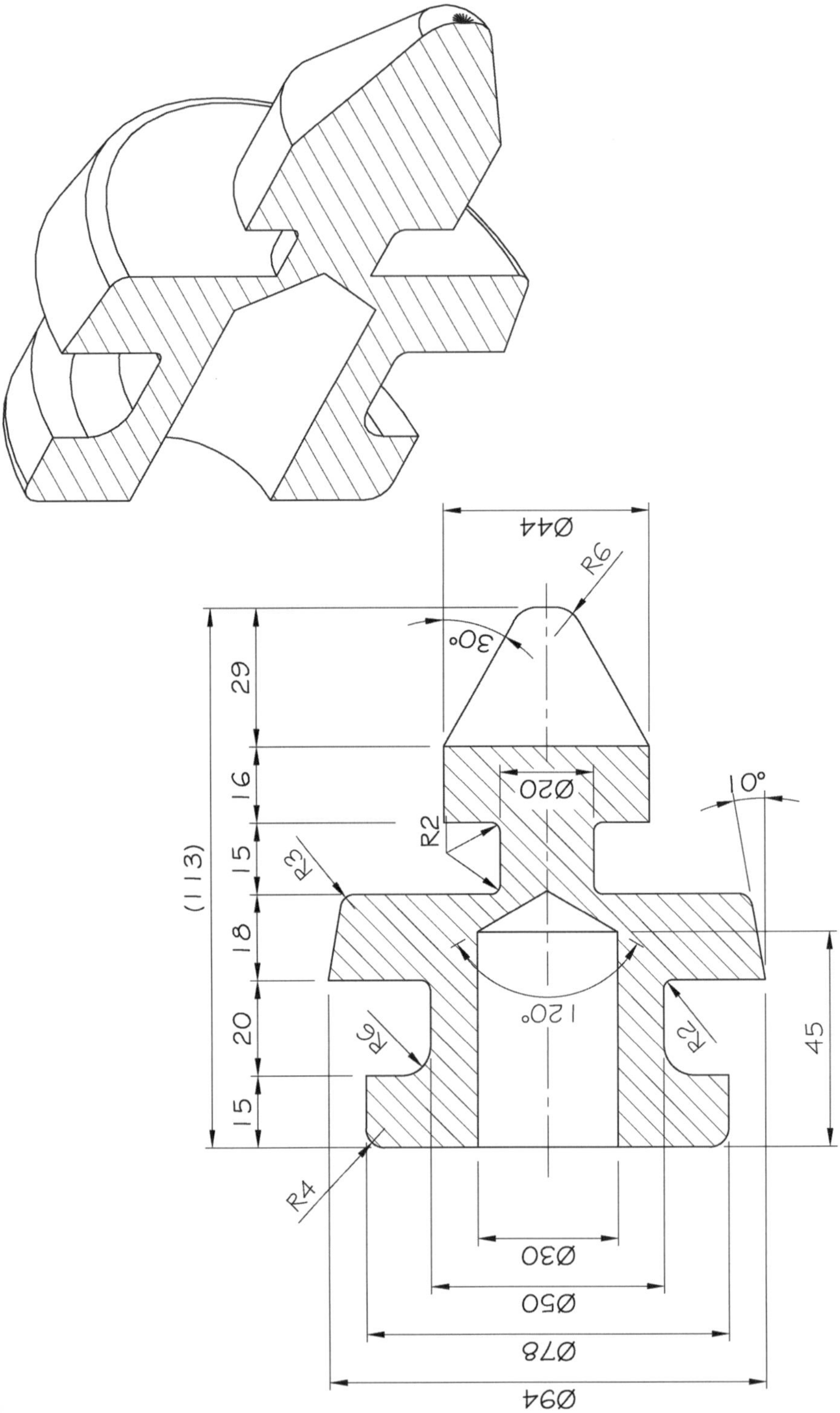

Section 04

REGion, REVolve, DUCS

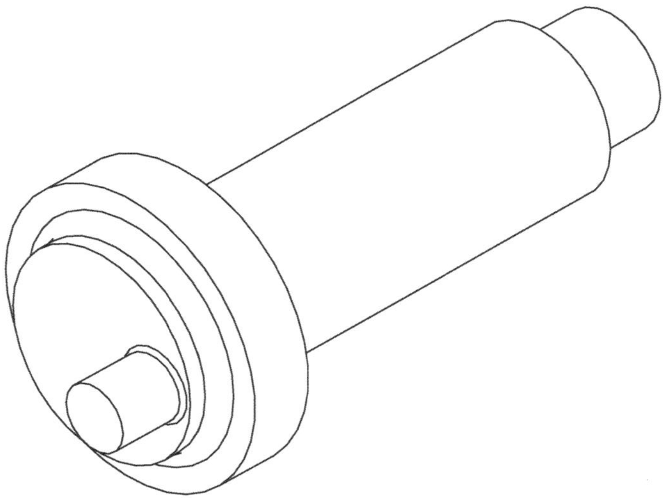

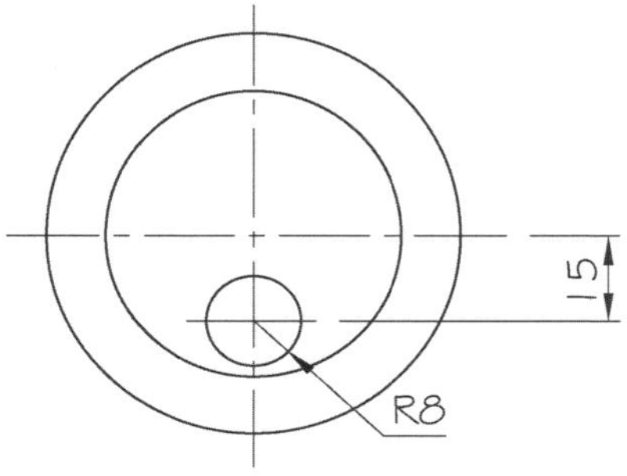

정면도

좌측면도

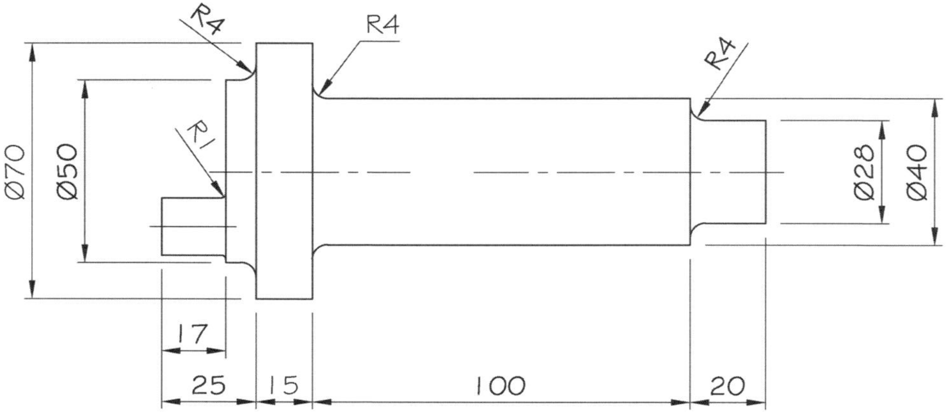

예제로 배우는 AutoCAD

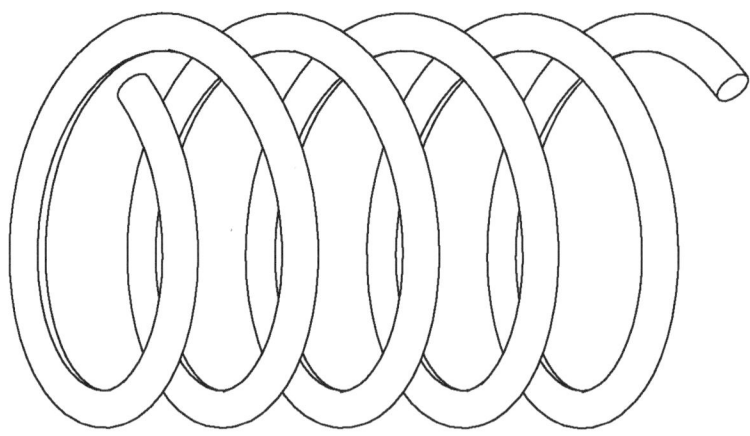

HELIX, SWEEP

스프링 그리기

회전수 : 5
높 이 : 400

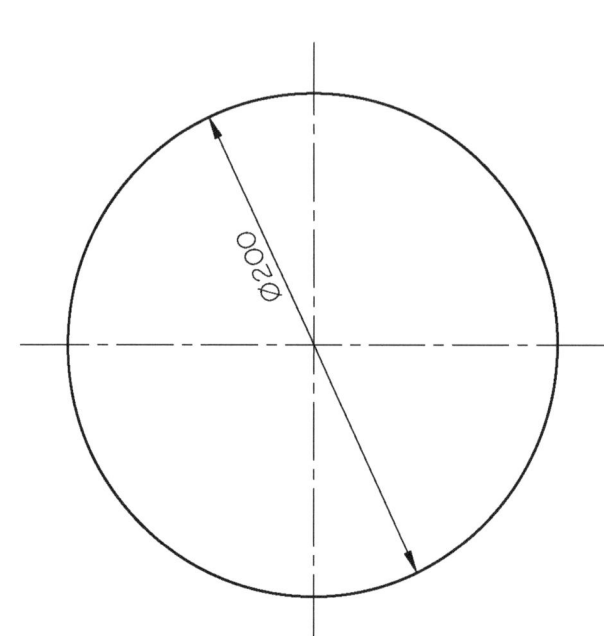

Ø200

HELIX, SWEEP

나선형 경사로 그리기

원기둥높이 : 1300

회전단면
60
10
110

회전수 : 5
높이 : 1000

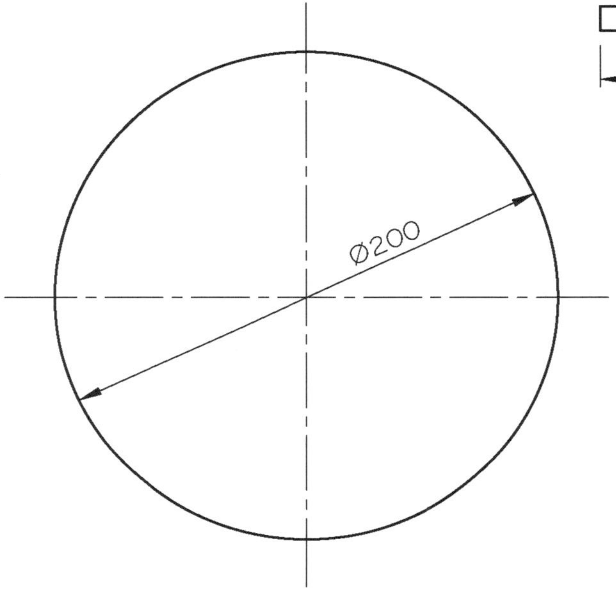

Ø200

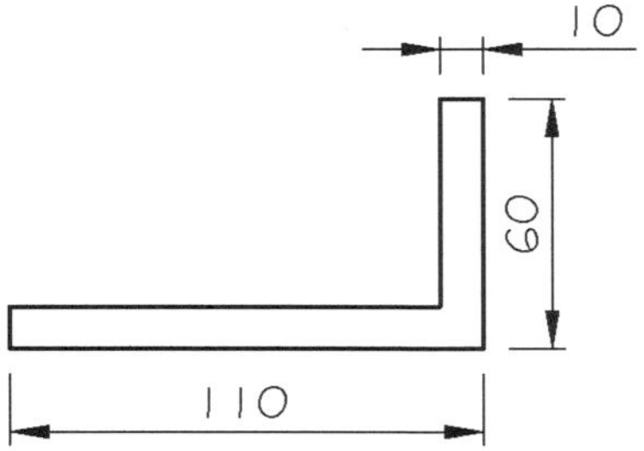

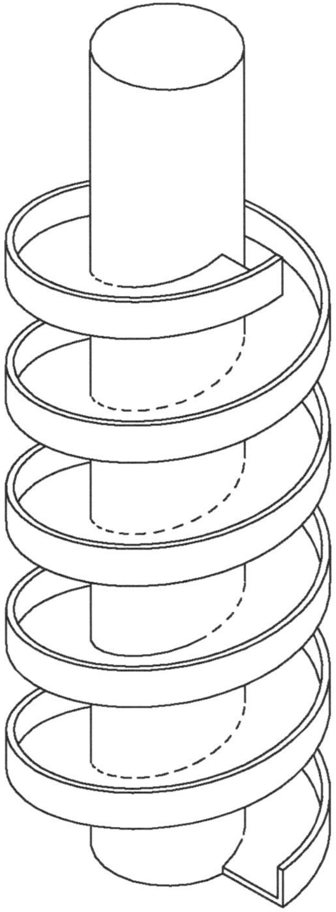

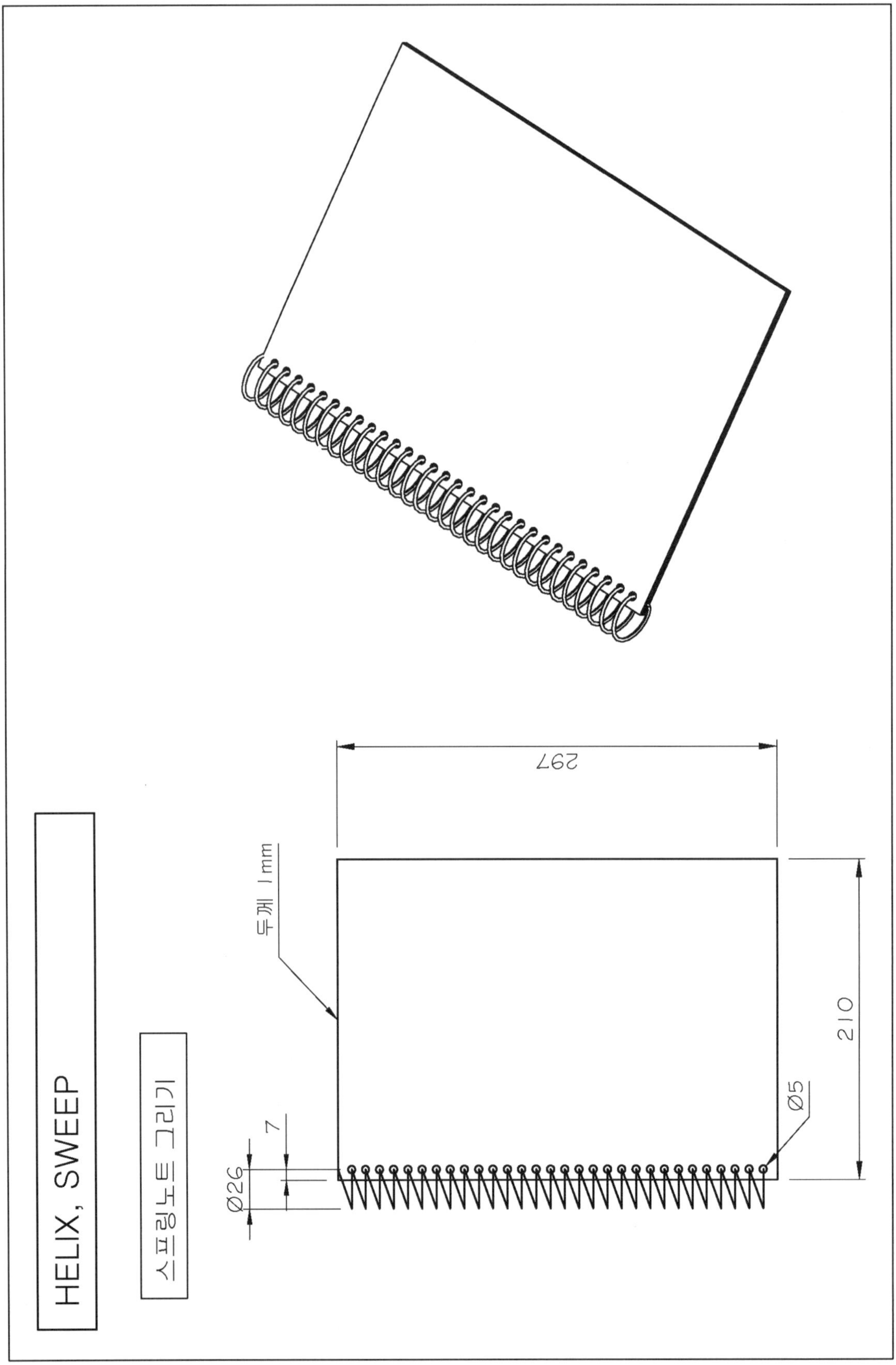

예제로 배우는 AutoCAD

HELIX, SWEEP

스프링노트 그리기

두께 1mm

297

210

Ø5

Ø26

7

Section 04

solidedit, grip홀용하여 편집하기, 치수기입

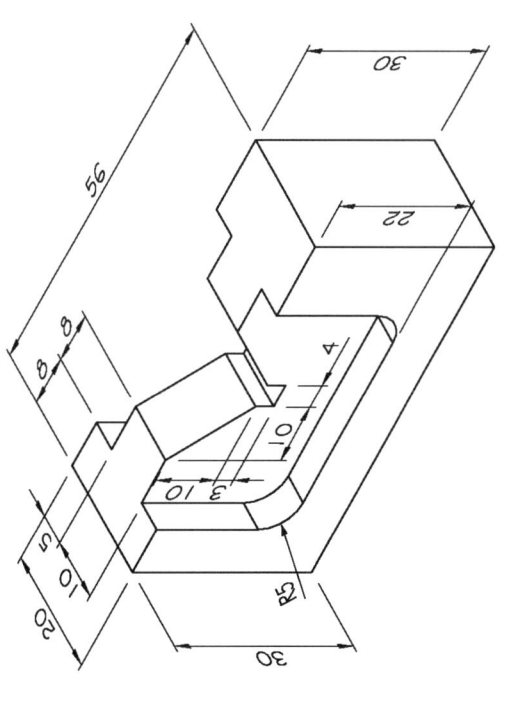

예제로 배우는 AutoCAD

solidedit, grip활용하여 편집하기, 치수기입

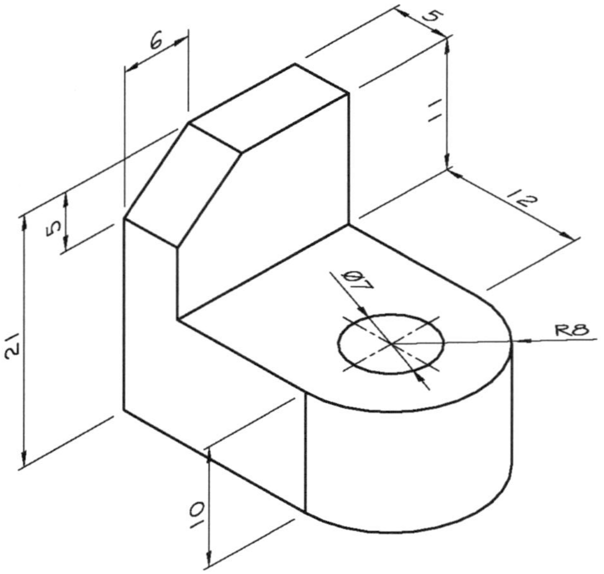

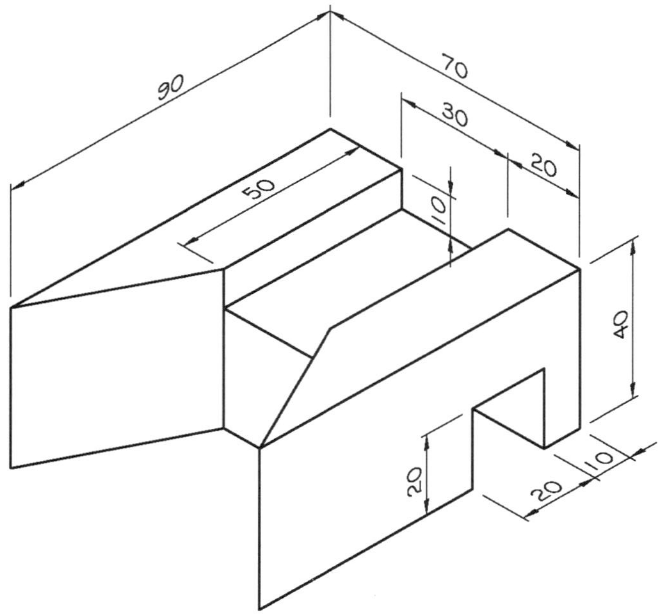

Section 04

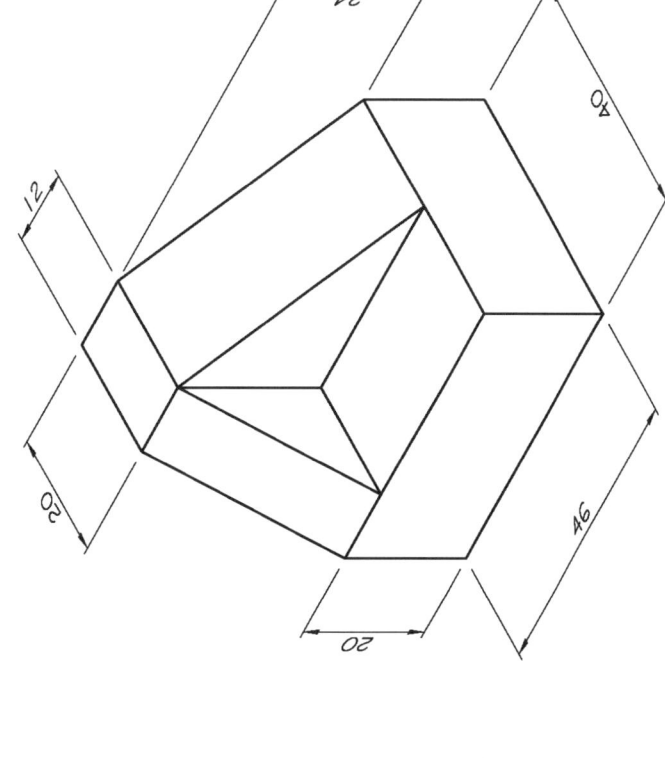

solidedit, grip활용하여 편집하기, 치수기입

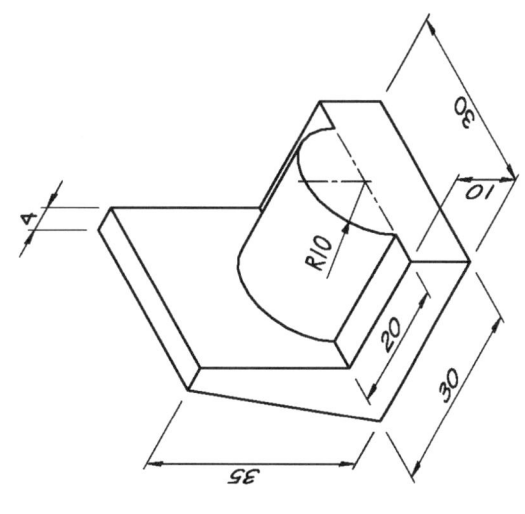

예제로 배우는 AutoCAD

solidedit, grip활용하여 편집하기, 치수기입

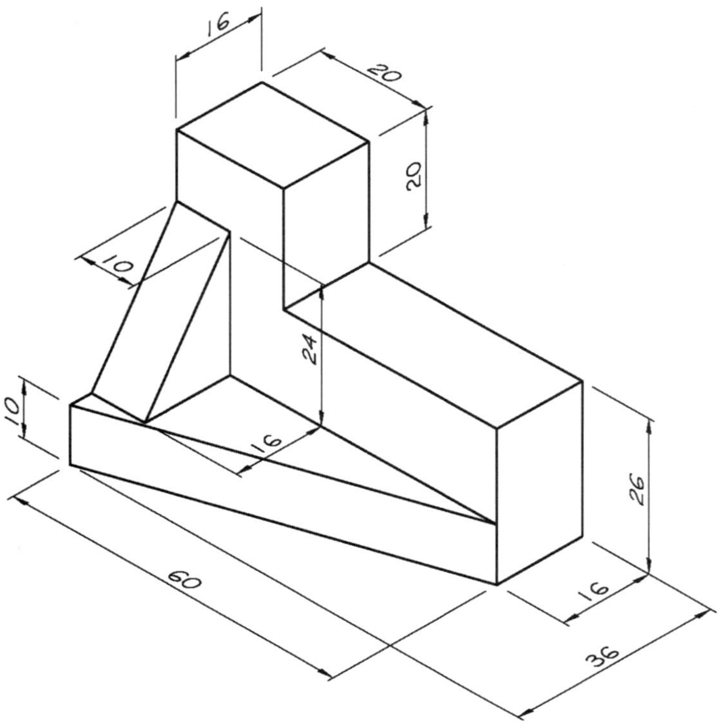

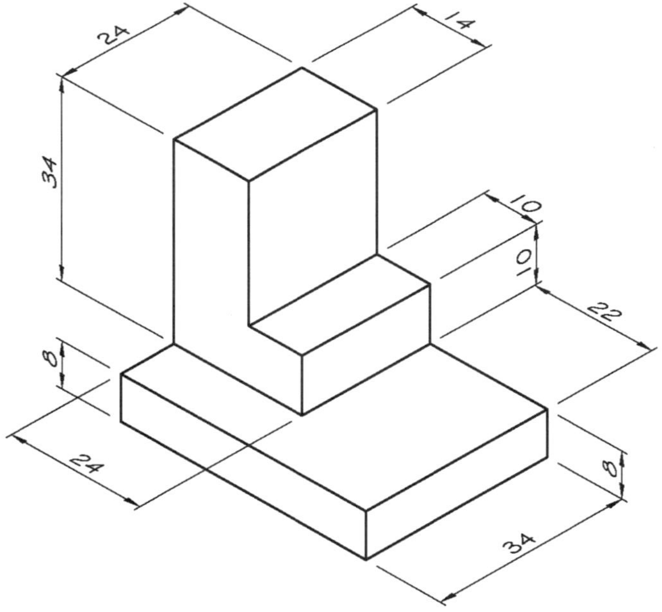

Section 04

solidedit, grip활용하여 편집하기, 치수기입

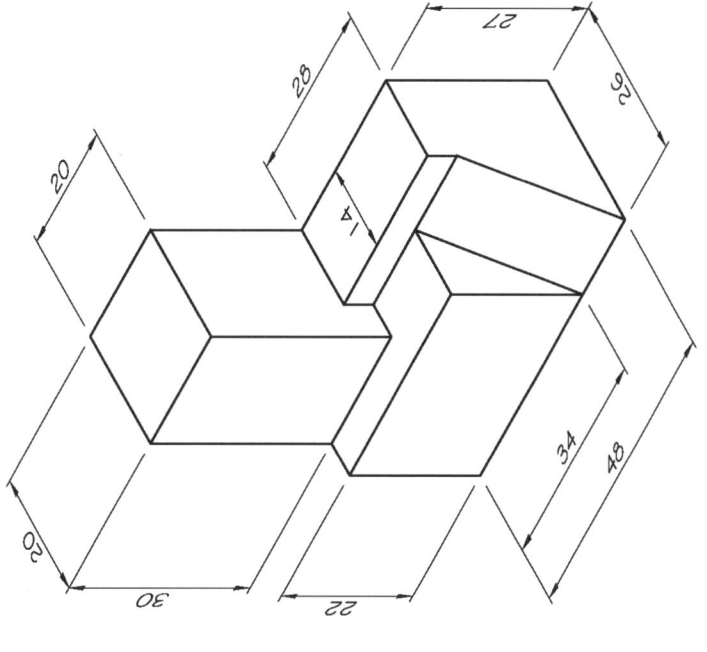

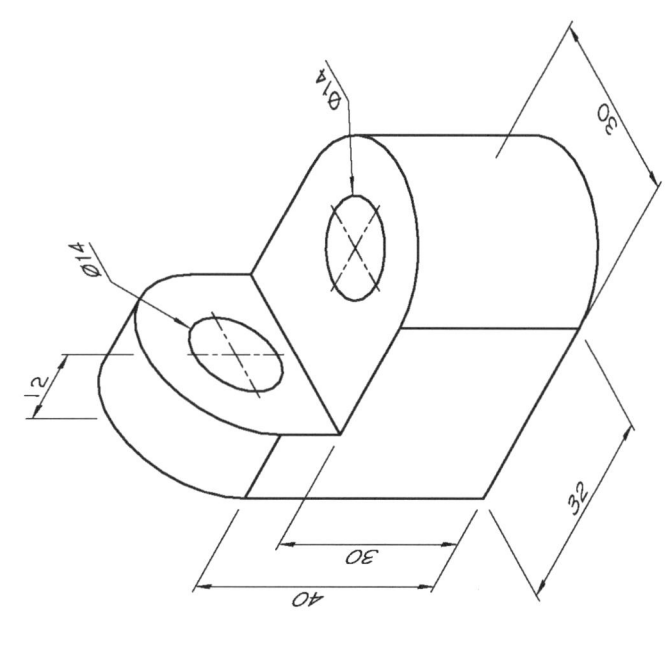

예제로 배우는 AutoCAD

solidedit, grip활용하여 편집하기, 치수기입

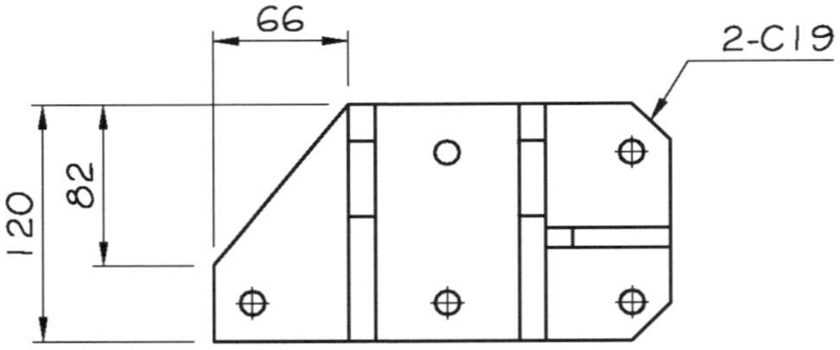

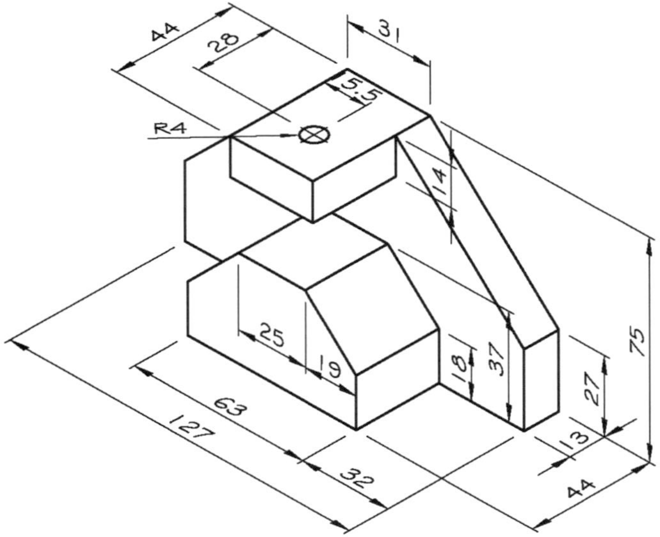

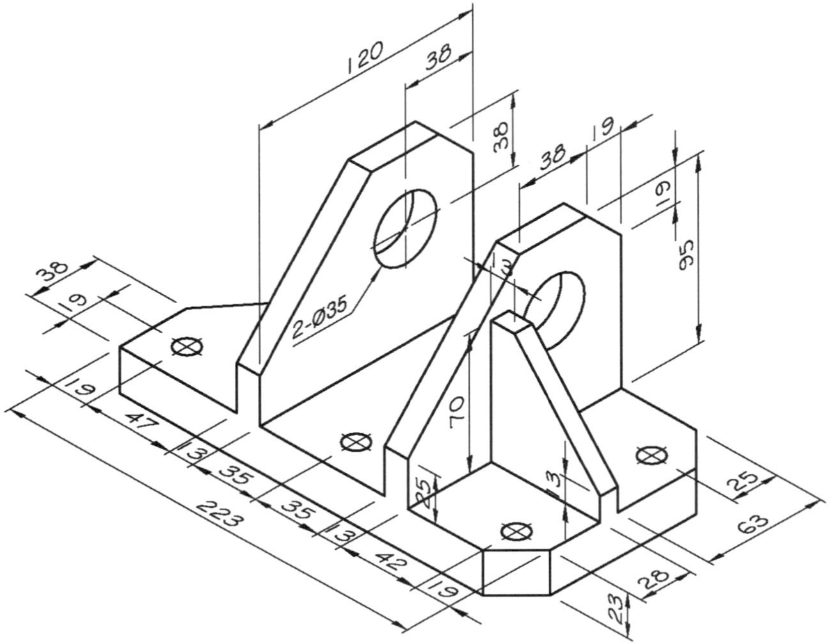

Section 04

solidedit, grip활용하여 편집하기, 치수기입

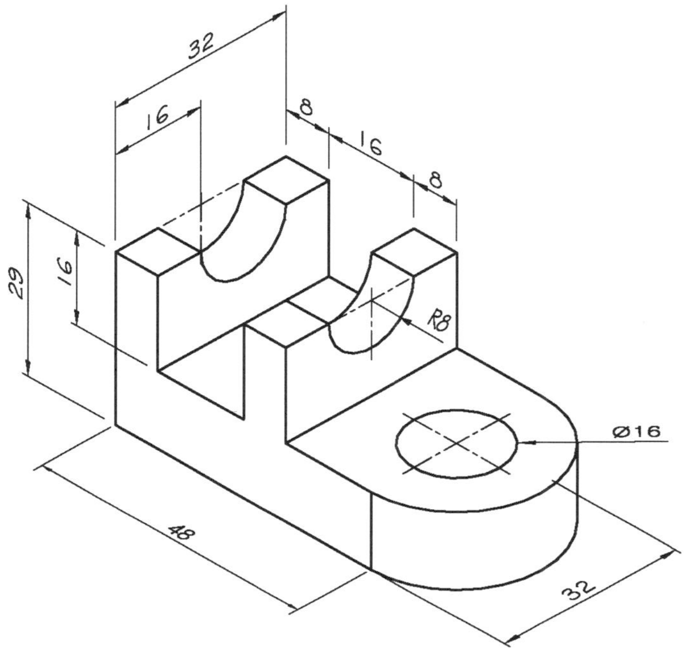

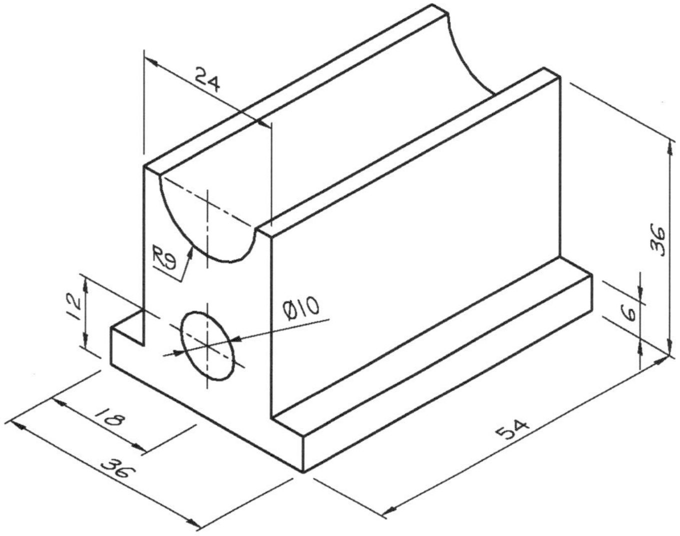

예제로 배우는 AutoCAD

solidedit, grip활용하여 편집하기, 치수기입

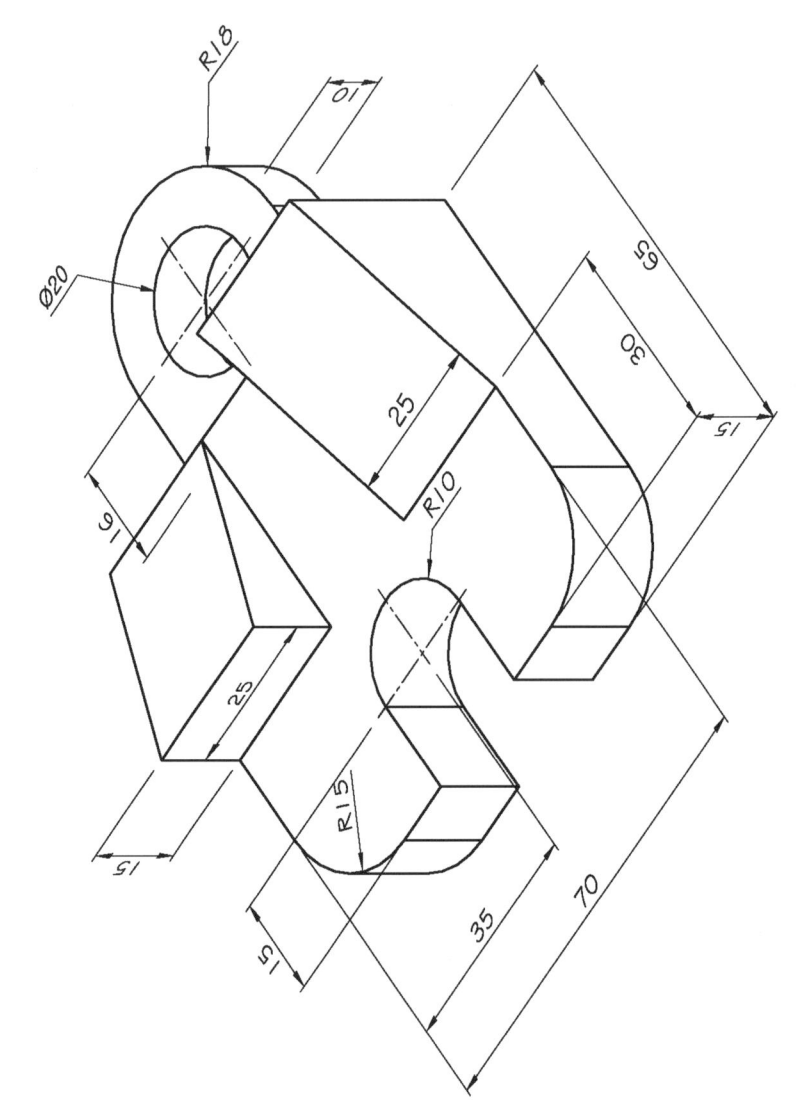

Section 04

solidedit, grip활용하여 편집하기, 치수기입

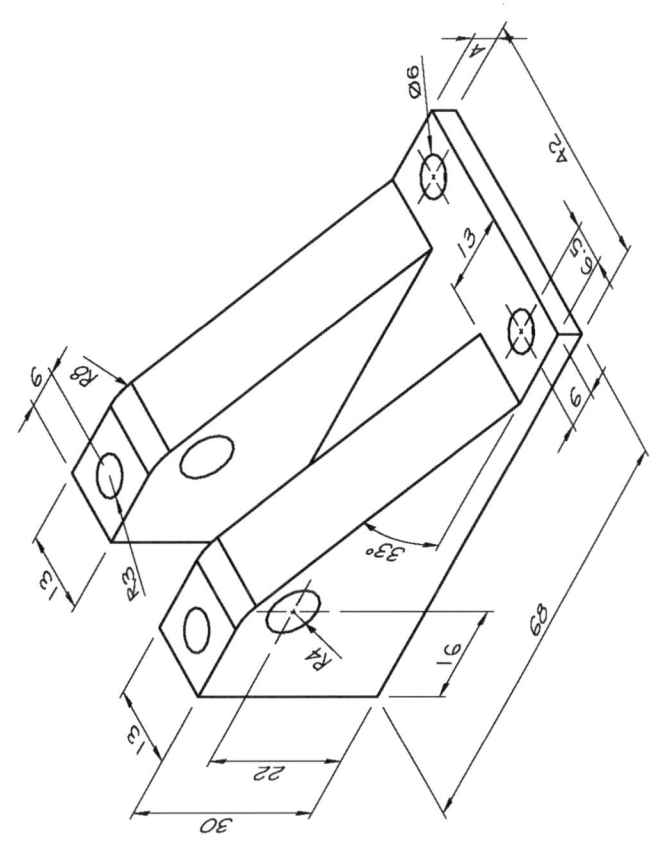

예제로 배우는 AutoCAD

SLice, SECtion

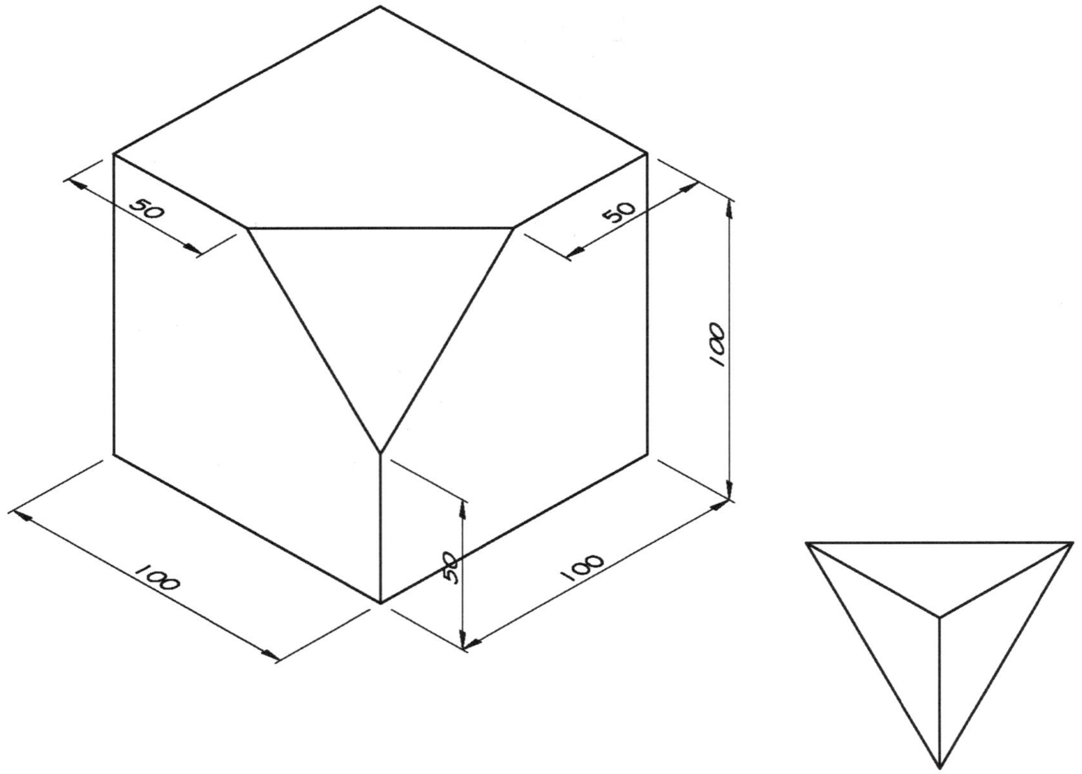

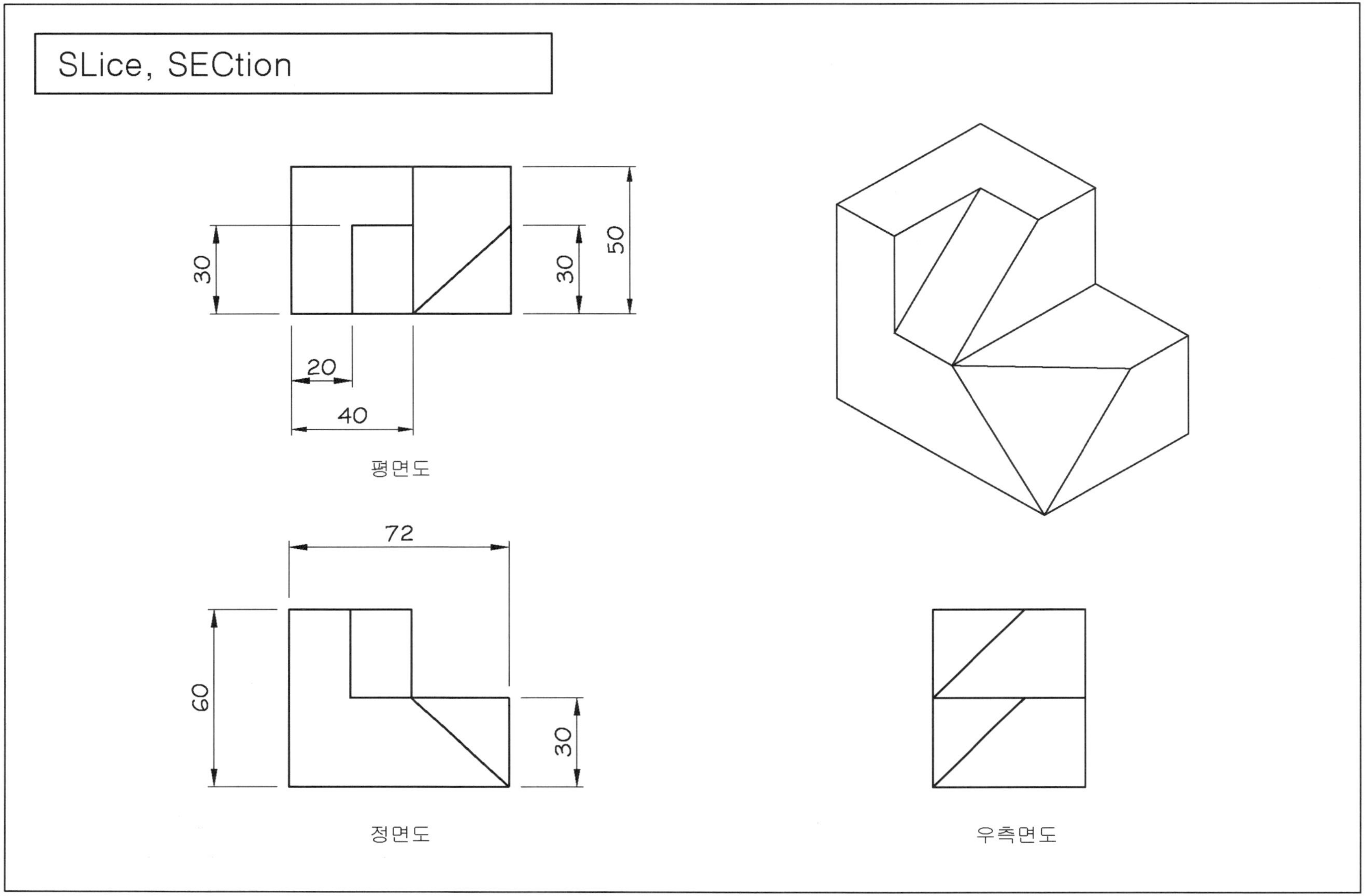

Section 04

SLice, SECtion

평면도

정면도

우측면도

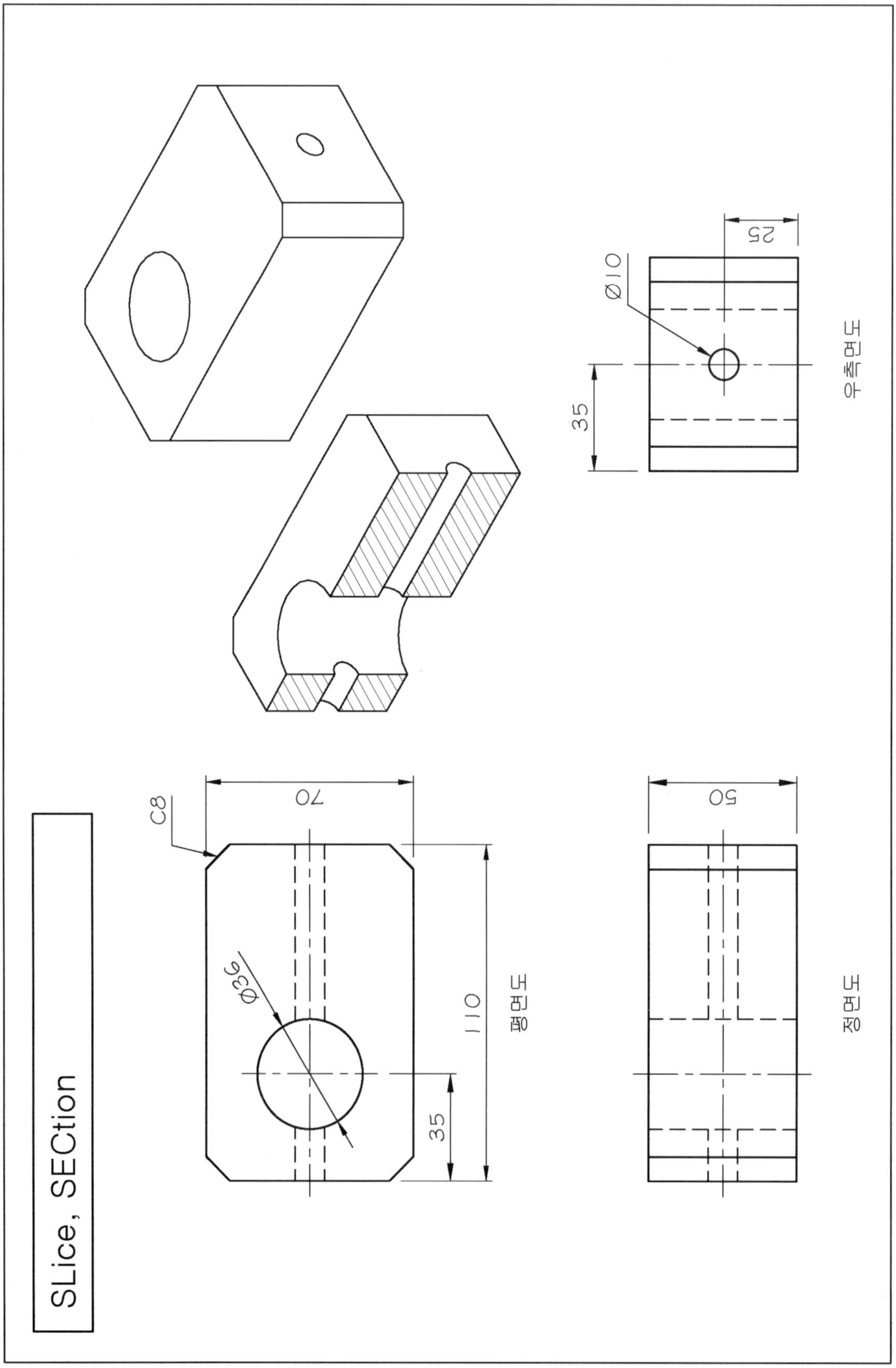

예제로 배우는 AutoCAD

SLice, SECtion

측면도

정면도

평면도

Ø10

25

35

50

70

C8

Ø36

35

110

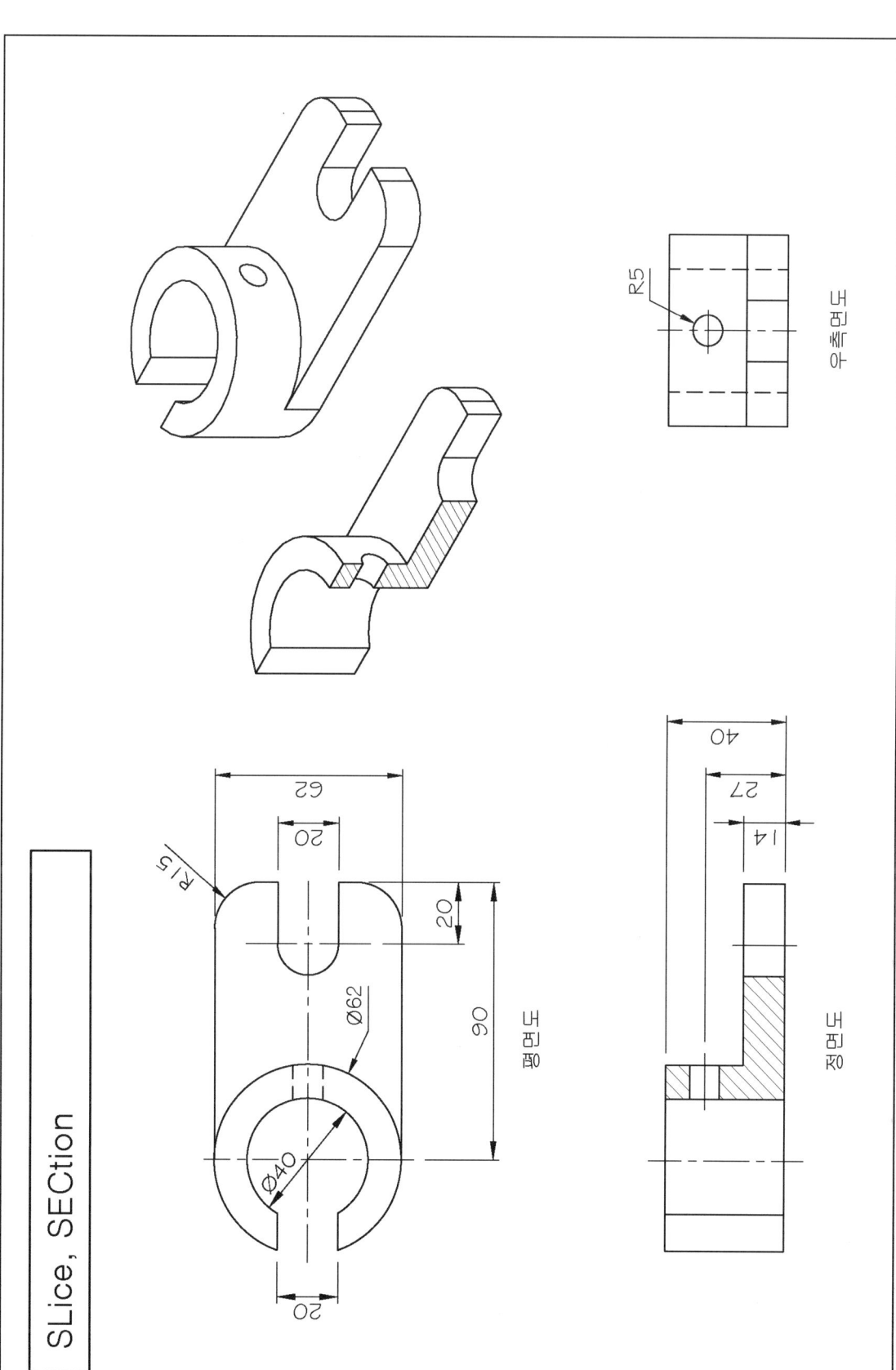

예제로 배우는 AutoCAD

SLice, SECtion

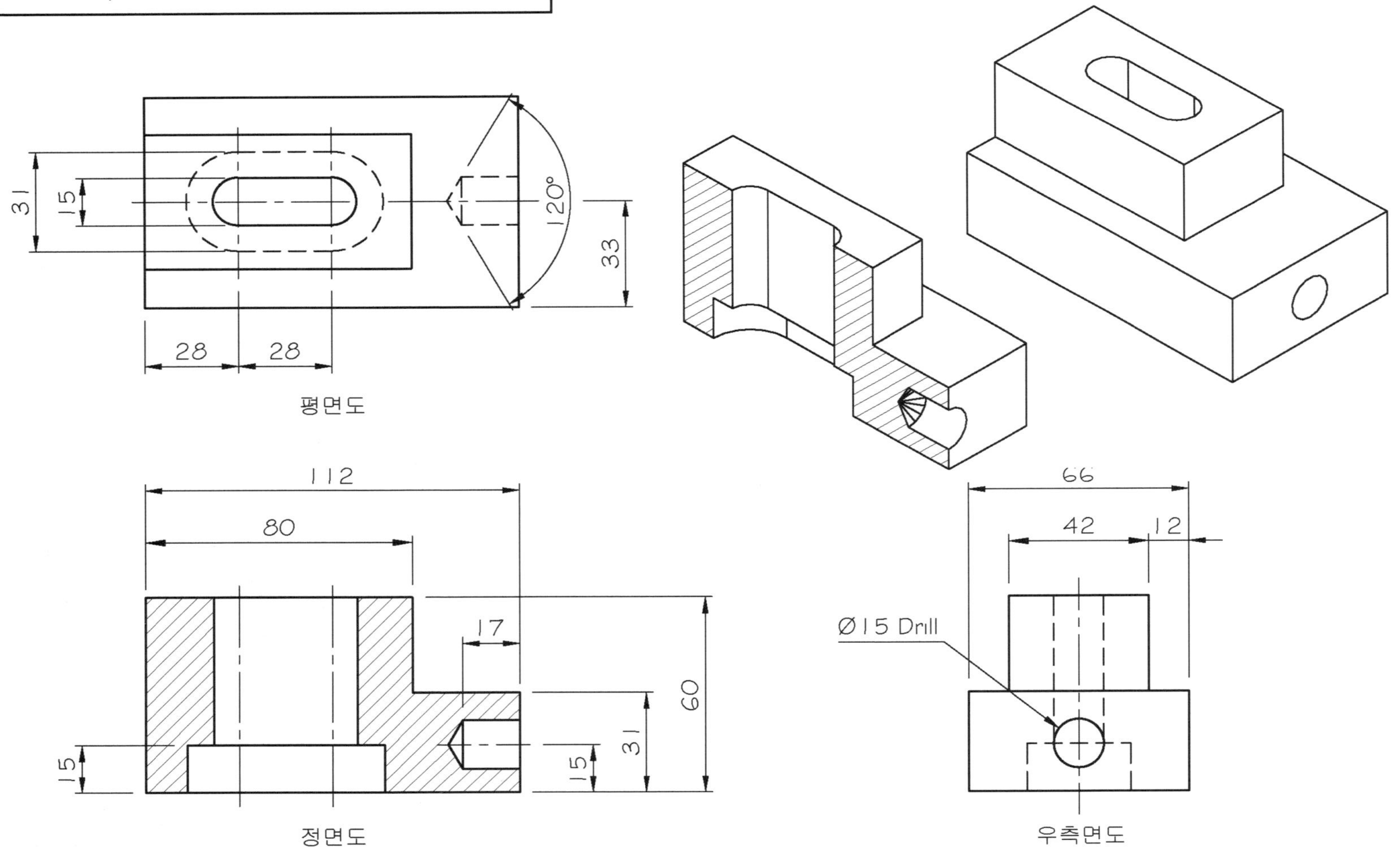

Section 04

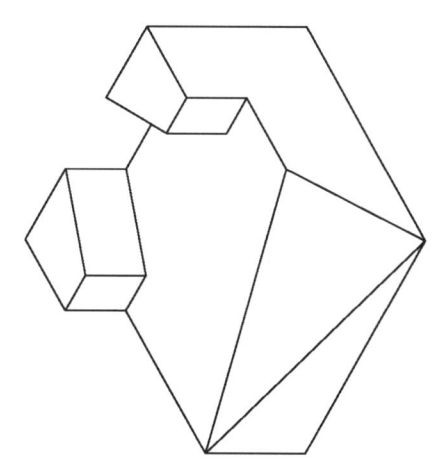

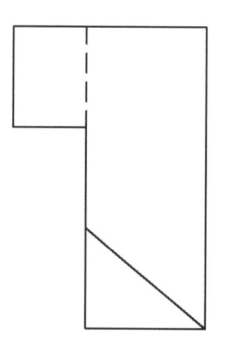

우측면도

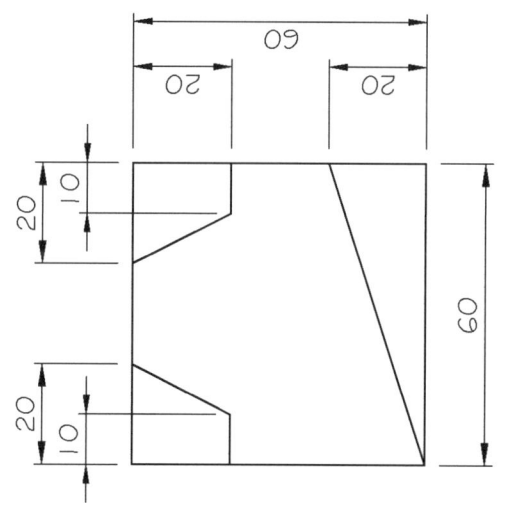

평면도

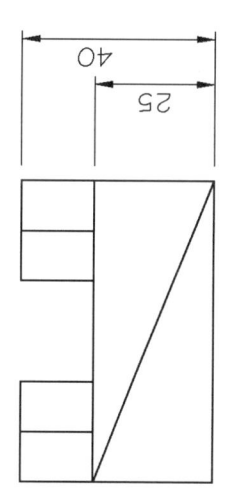

정면도

SLice, SECtion

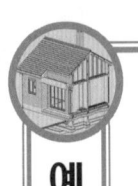

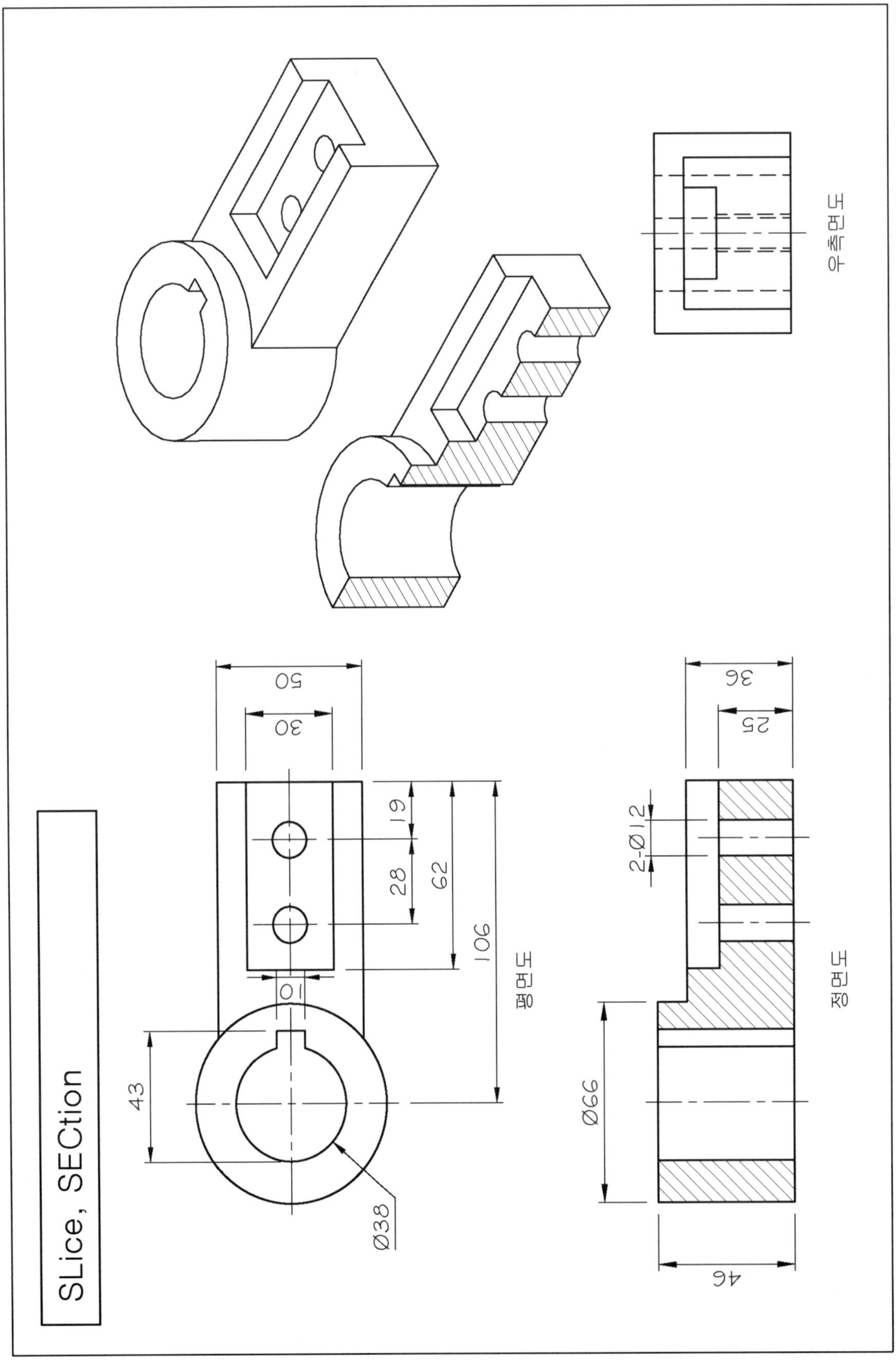
SLice, SECtion
50
30
19
28
62
106
10
43
Ø38
평면도
36
25
2-Ø12
Ø66
46
정면도
우측면도

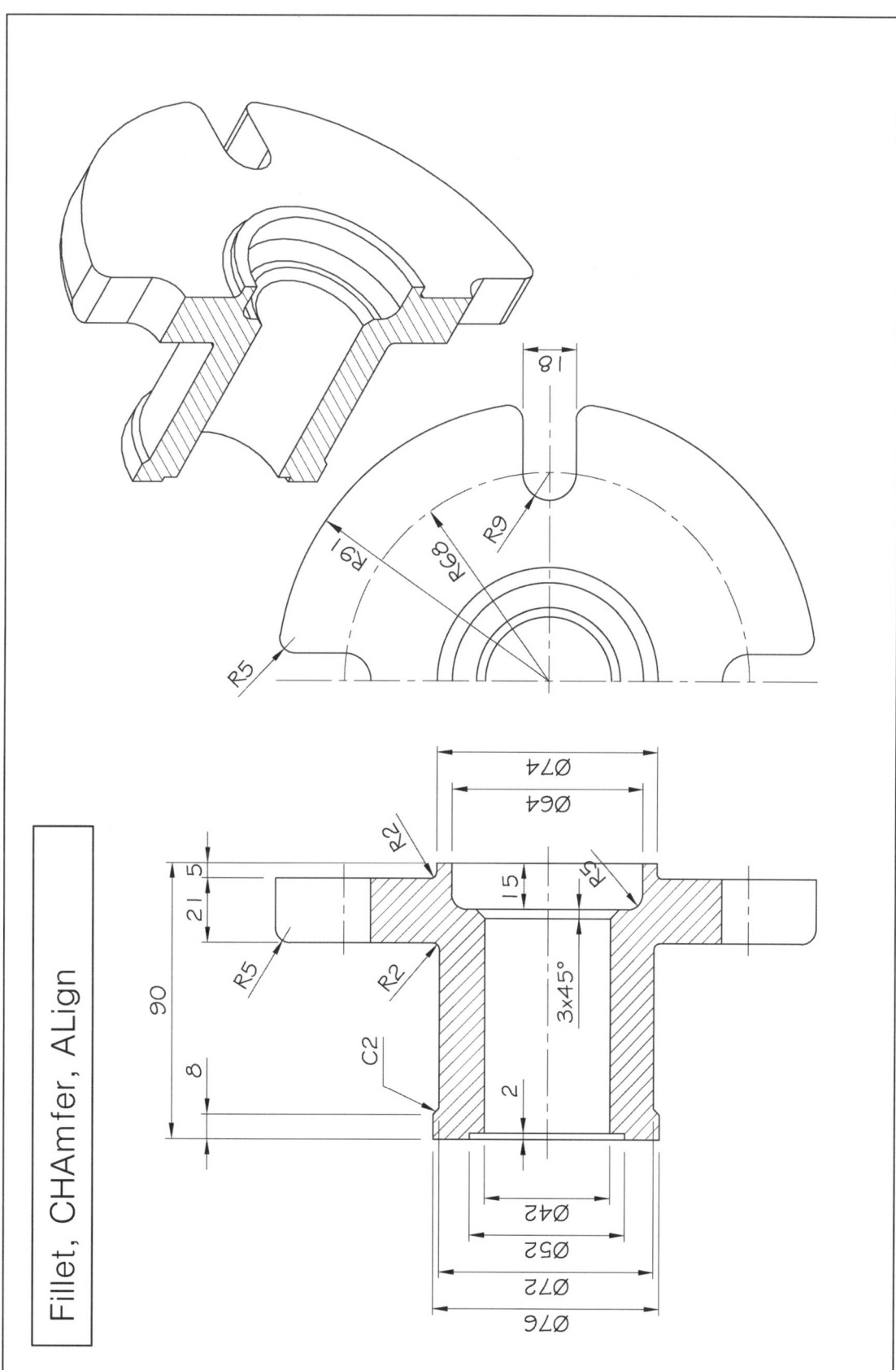

Fillet, CHAmfer, ALign

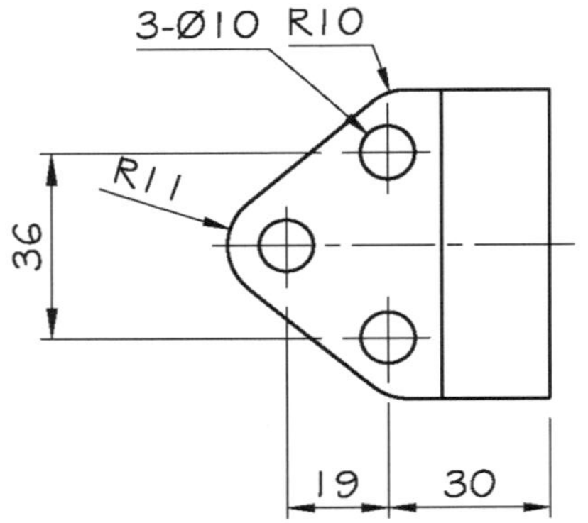

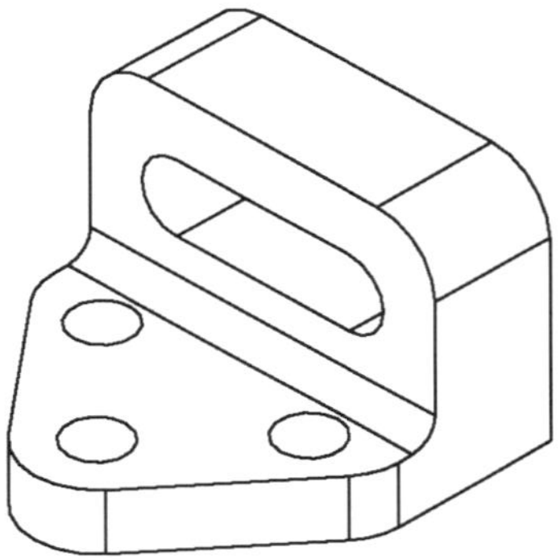

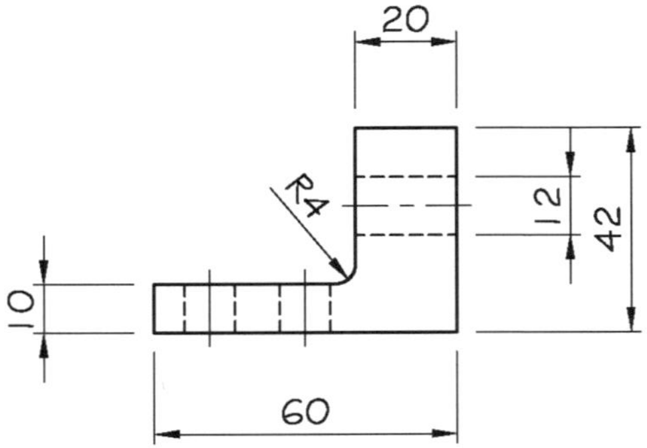

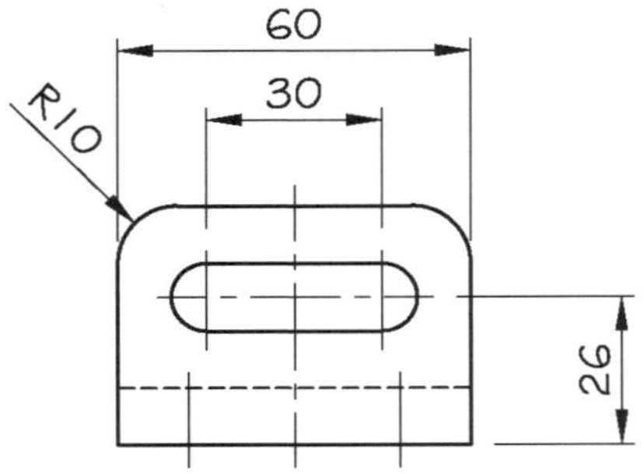

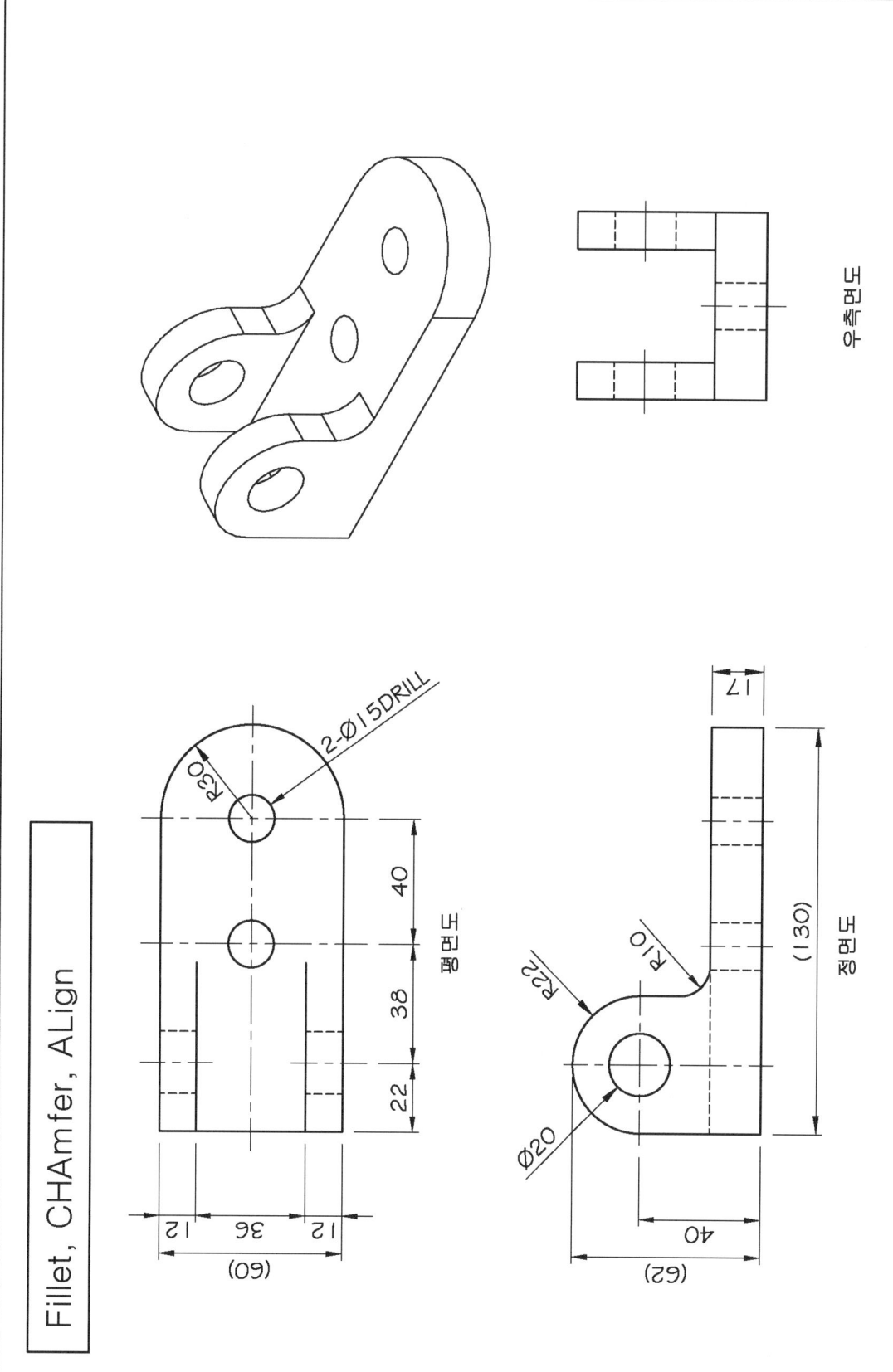

예제로 배우는 AutoCAD

Fillet, CHAmfer, ALign

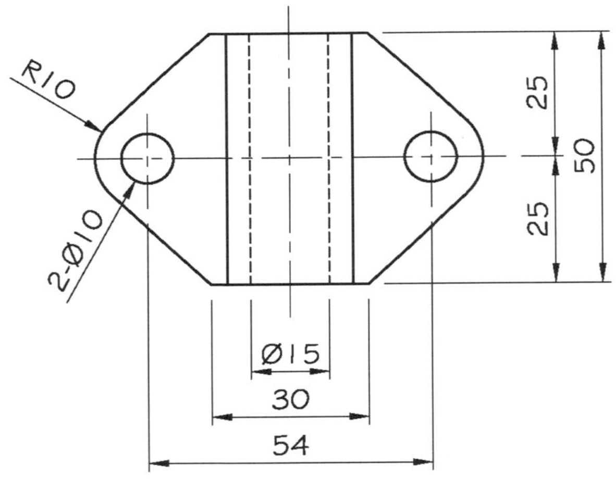

평면도

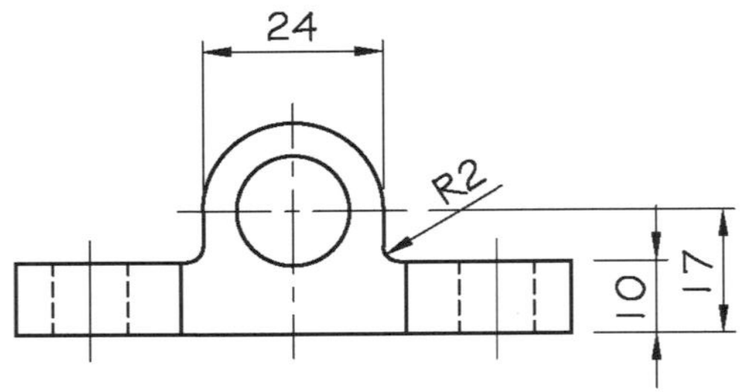

정면도

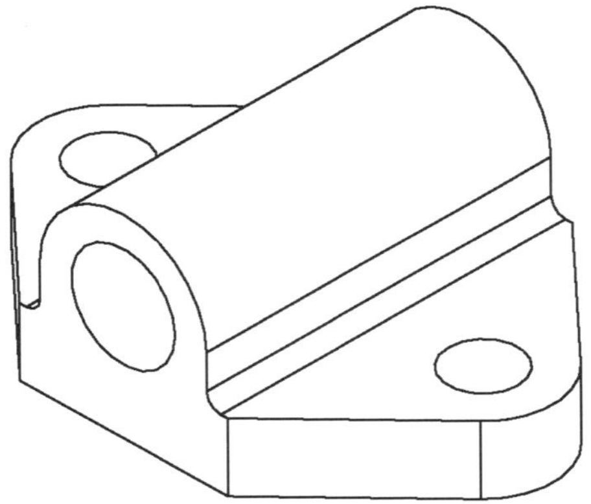

Fillet, CHAmfer, ALign

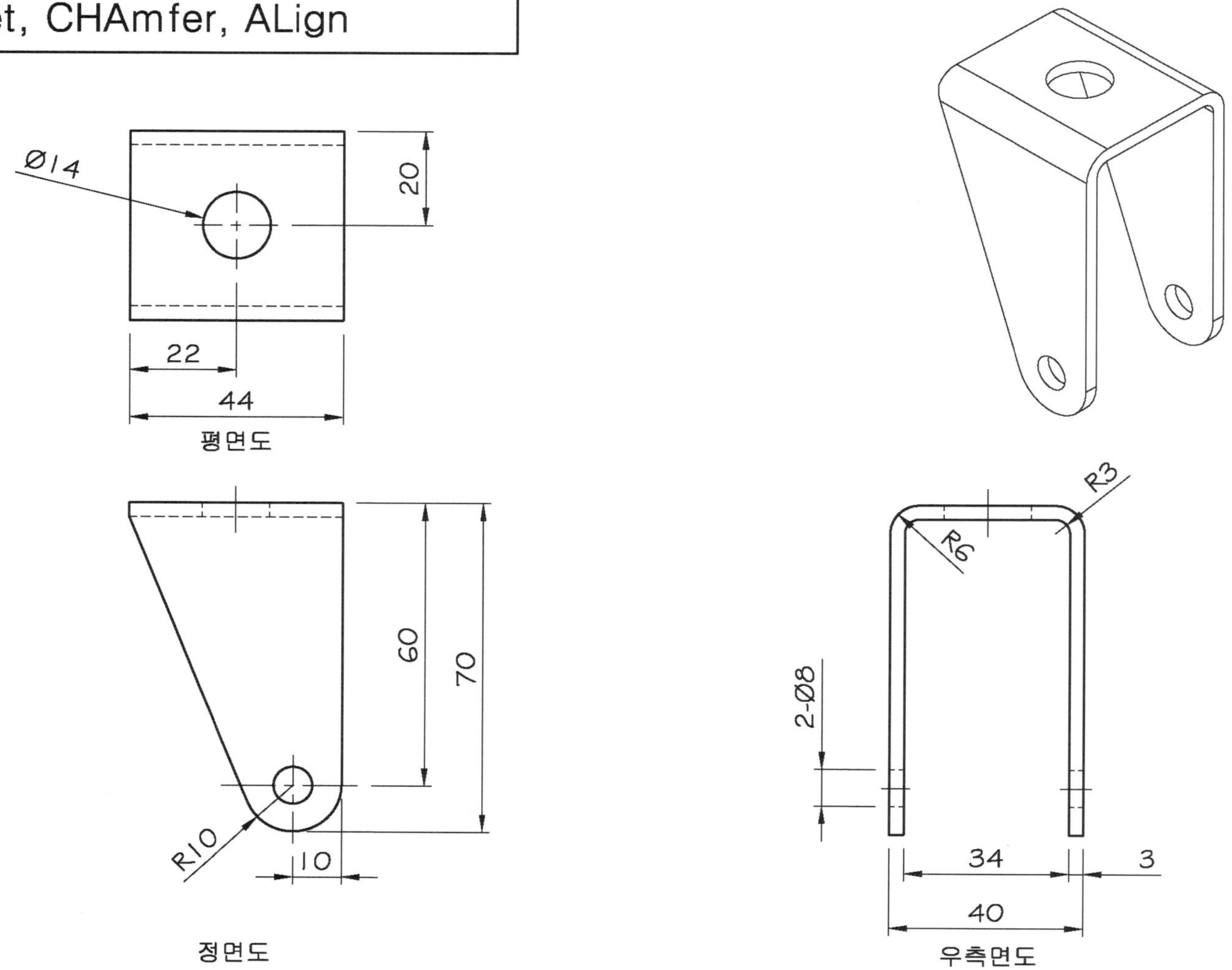

우측면도

평면도

정면도

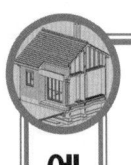

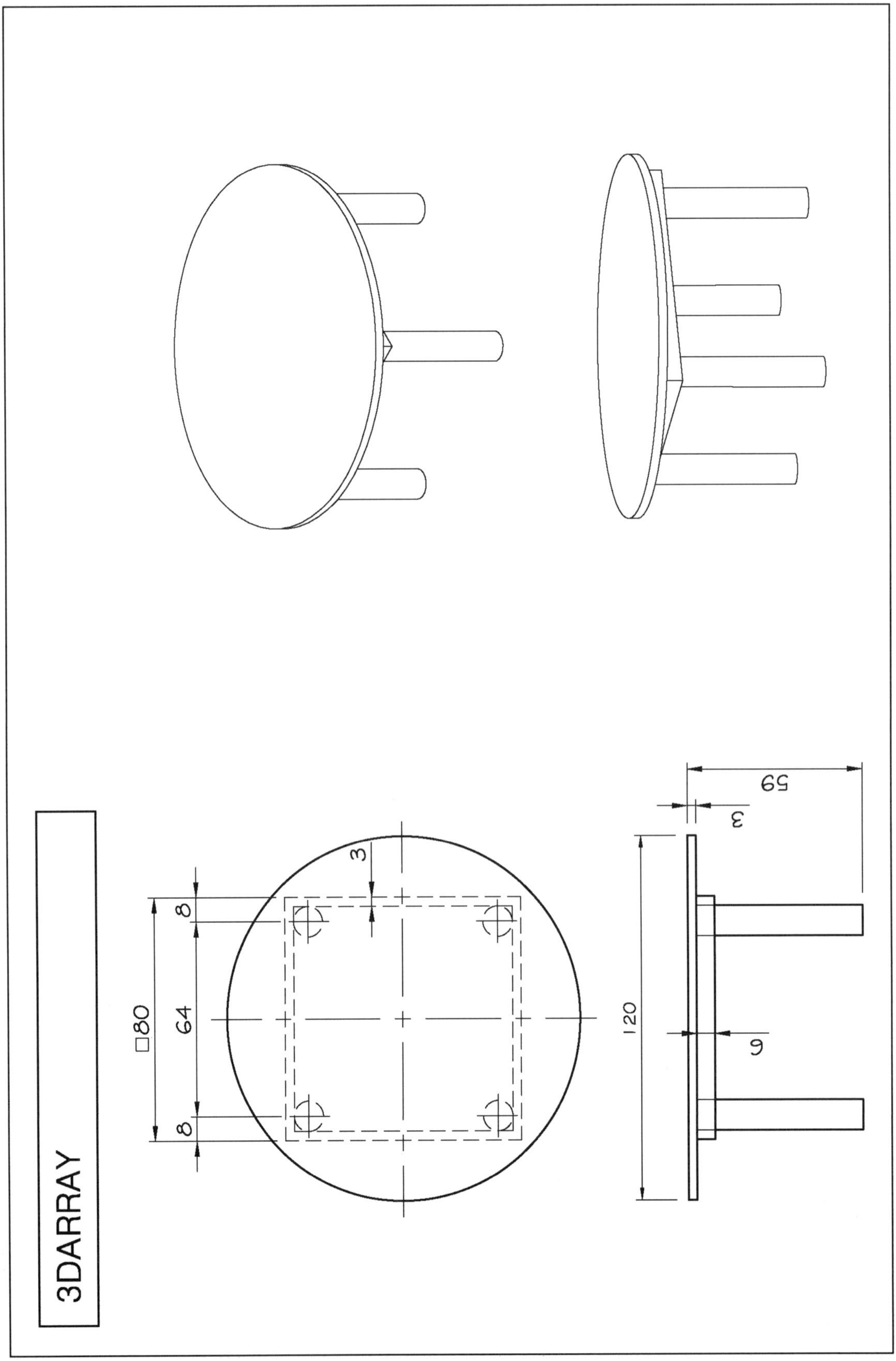
3DARRAY
□80
64
8
8
3
120
6
3
59

Section 04

3DARRAY

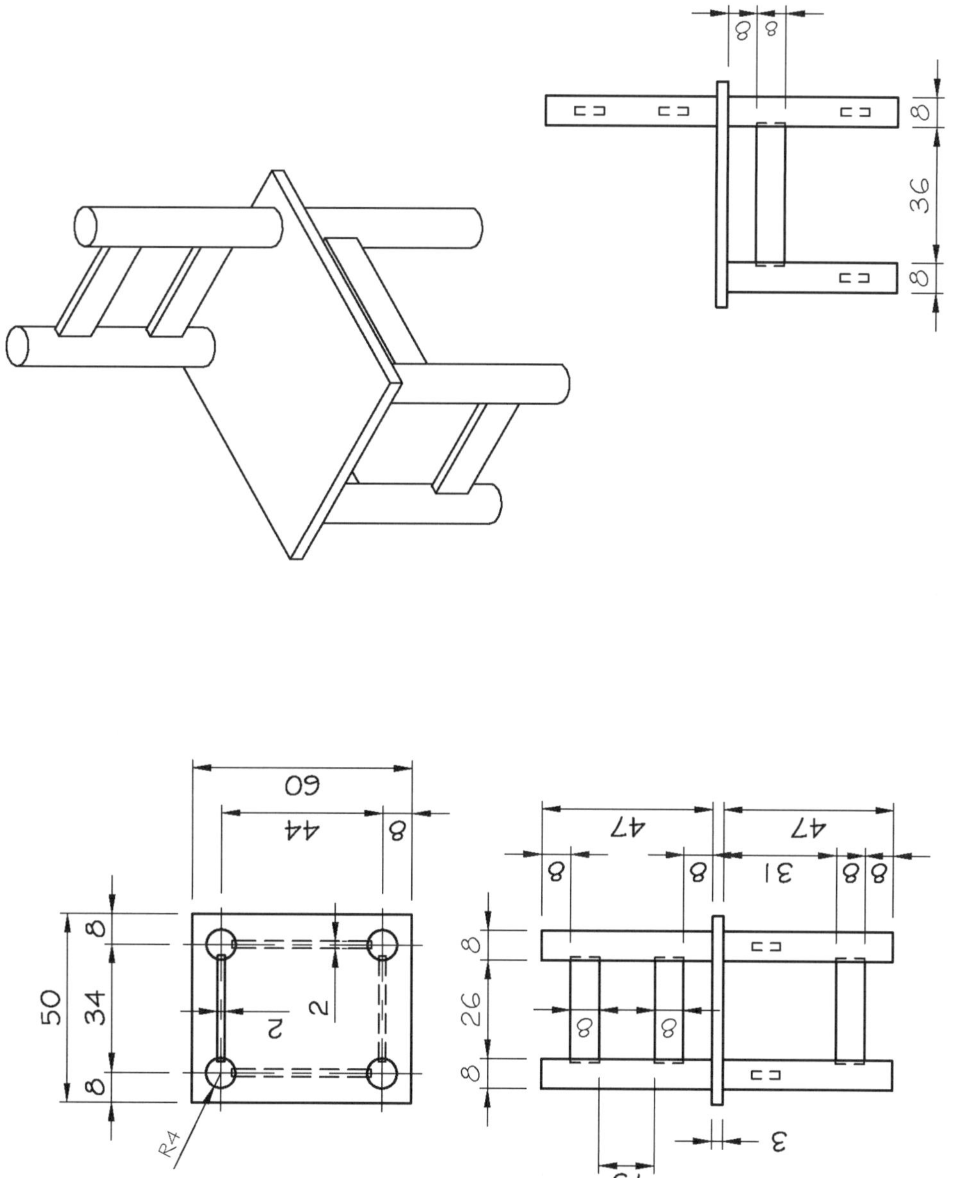

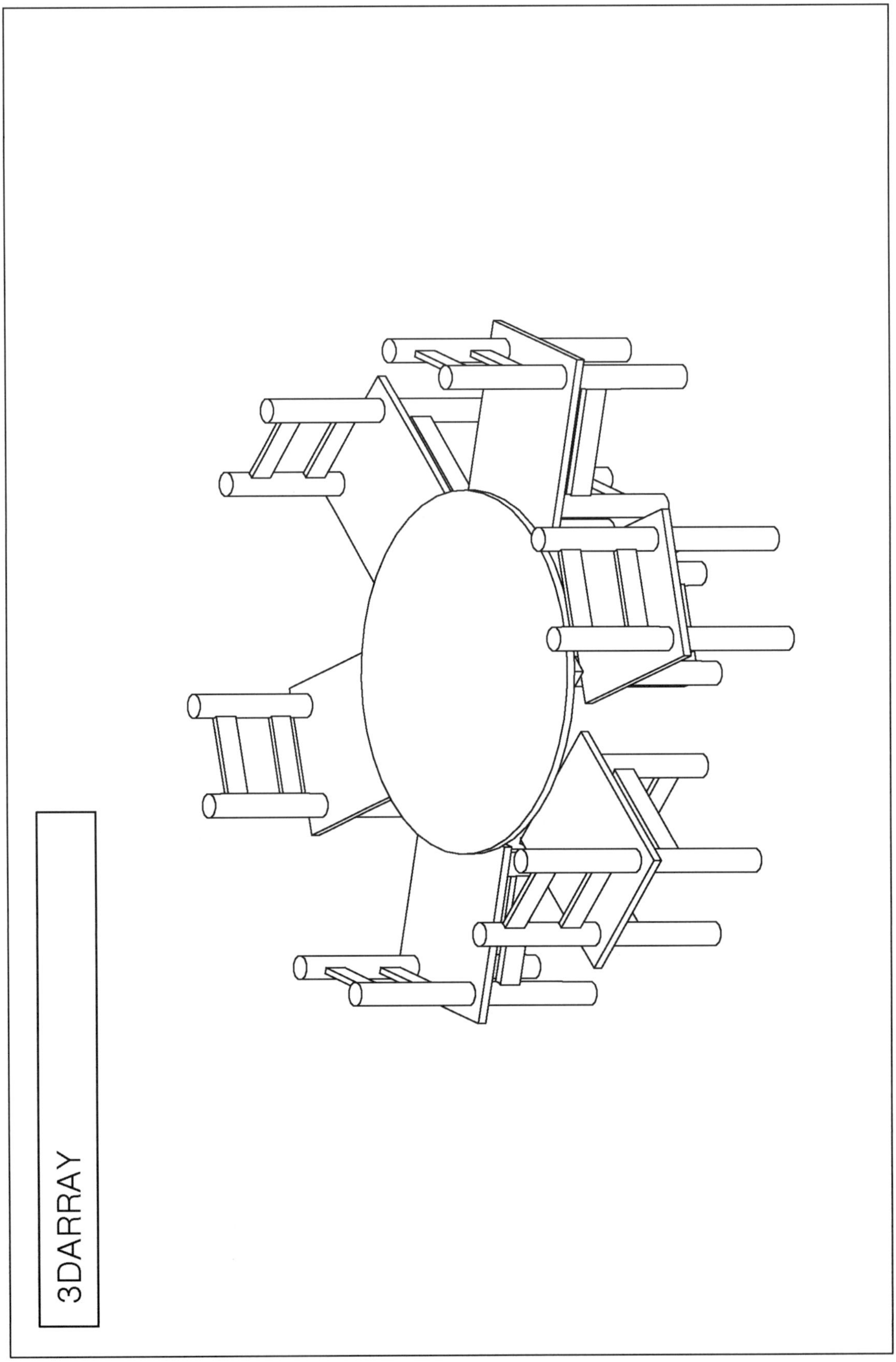

예제로 배우는 AutoCAD

3DARRAY

3DARRAY

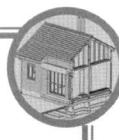

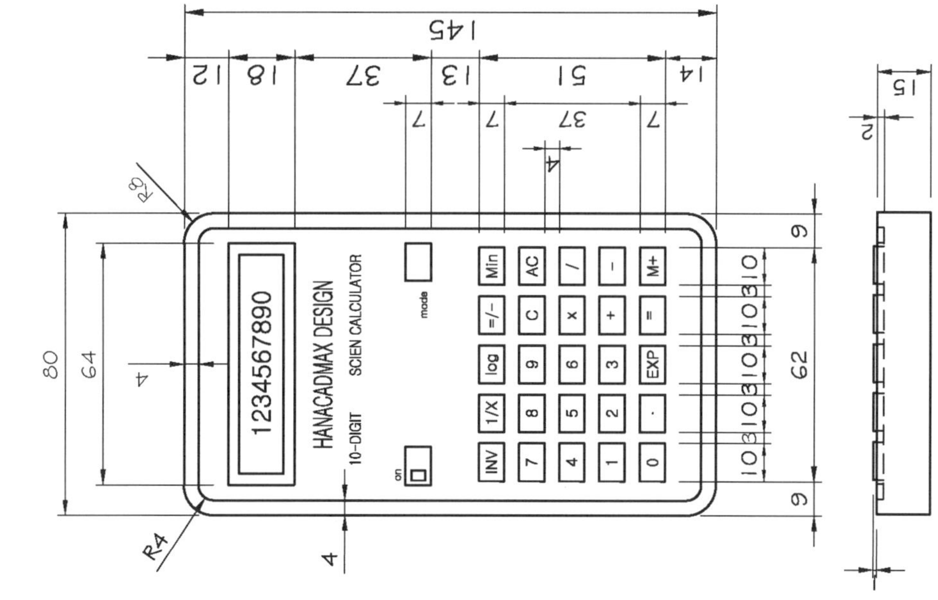
1234567890
HANACADMAX DESIGN
10-DIGIT
SCIEN CALCULATOR
on
mode
INV
1/X
log
=/-
Min
7
8
9
C
AC
4
5
6
x
/
1
2
3
+
-
0
.
EXP
=
M+
145
12
18
37
13
51
14
7
7
37
7
4
80
64
4
R8
R4
4
9
62
9
10
3
15
2

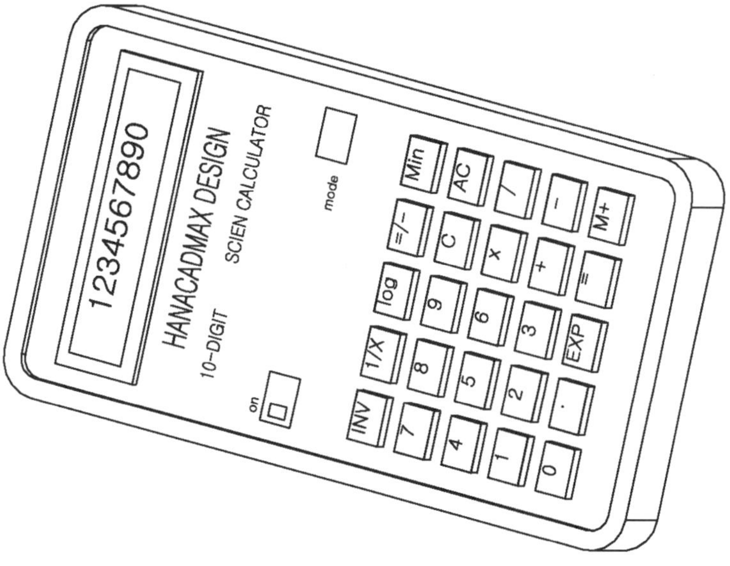
1234567890
HANACADMAX DESIGN
10-DIGIT
SCIEN CALCULATOR
on
mode
INV
1/X
log
=/-
Min
7
8
9
C
AC
4
5
6
x
/
1
2
3
+
-
0
.
EXP
=
M+

예제로 배우는 AutoCAD

3DMOVE, 3DROTATE, 3DMIRROR

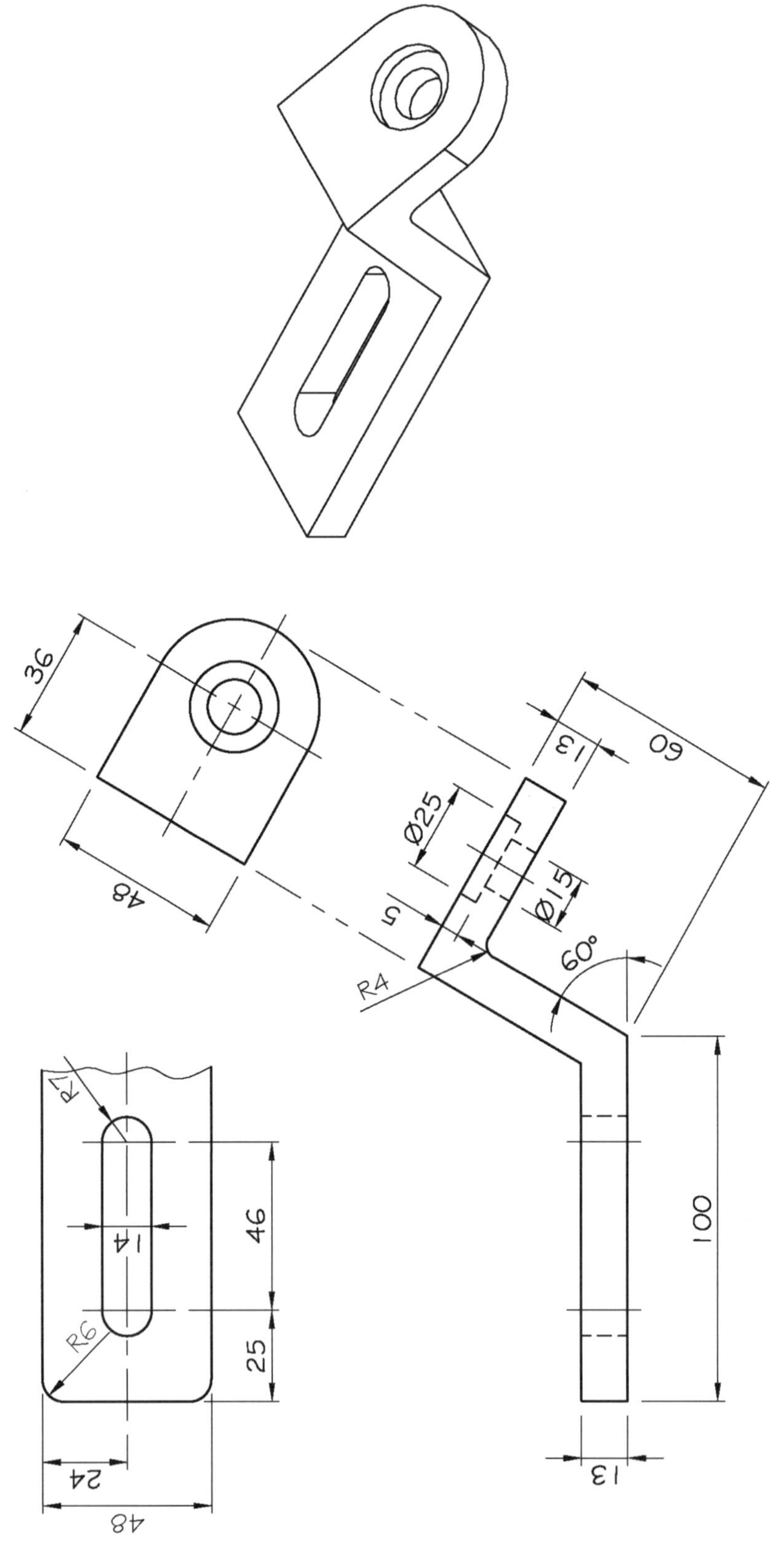

3DMOVE, 3DROTATE, 3DMIRROR

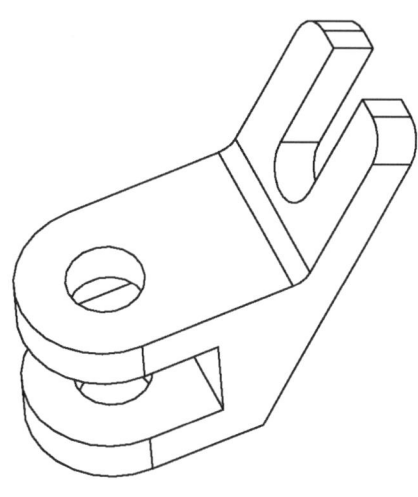
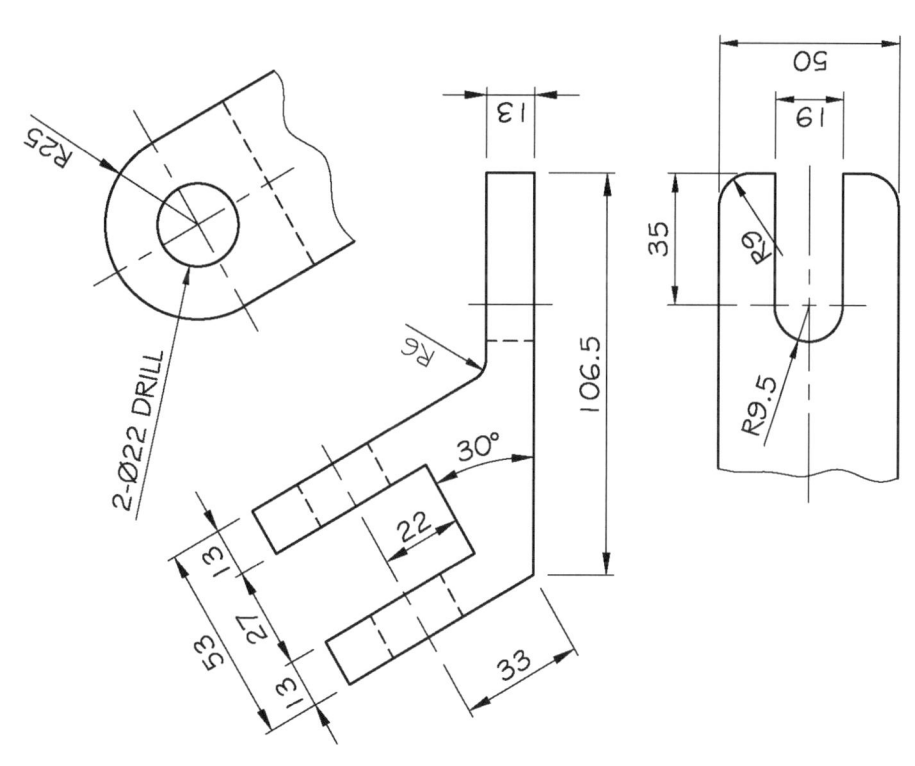

3DMOVE, 3DROTATE, 3DMIRROR

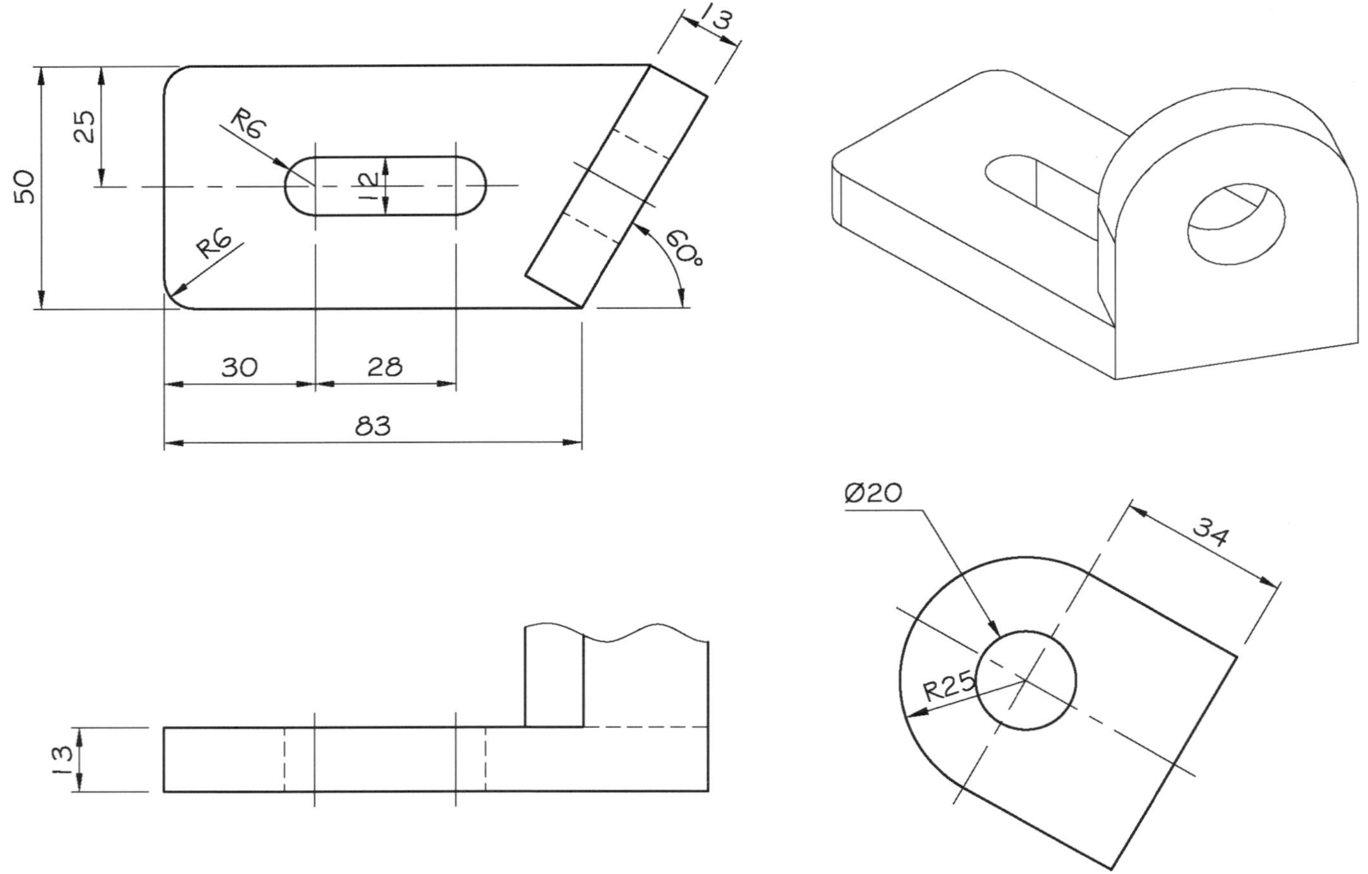

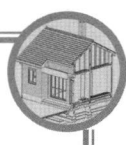

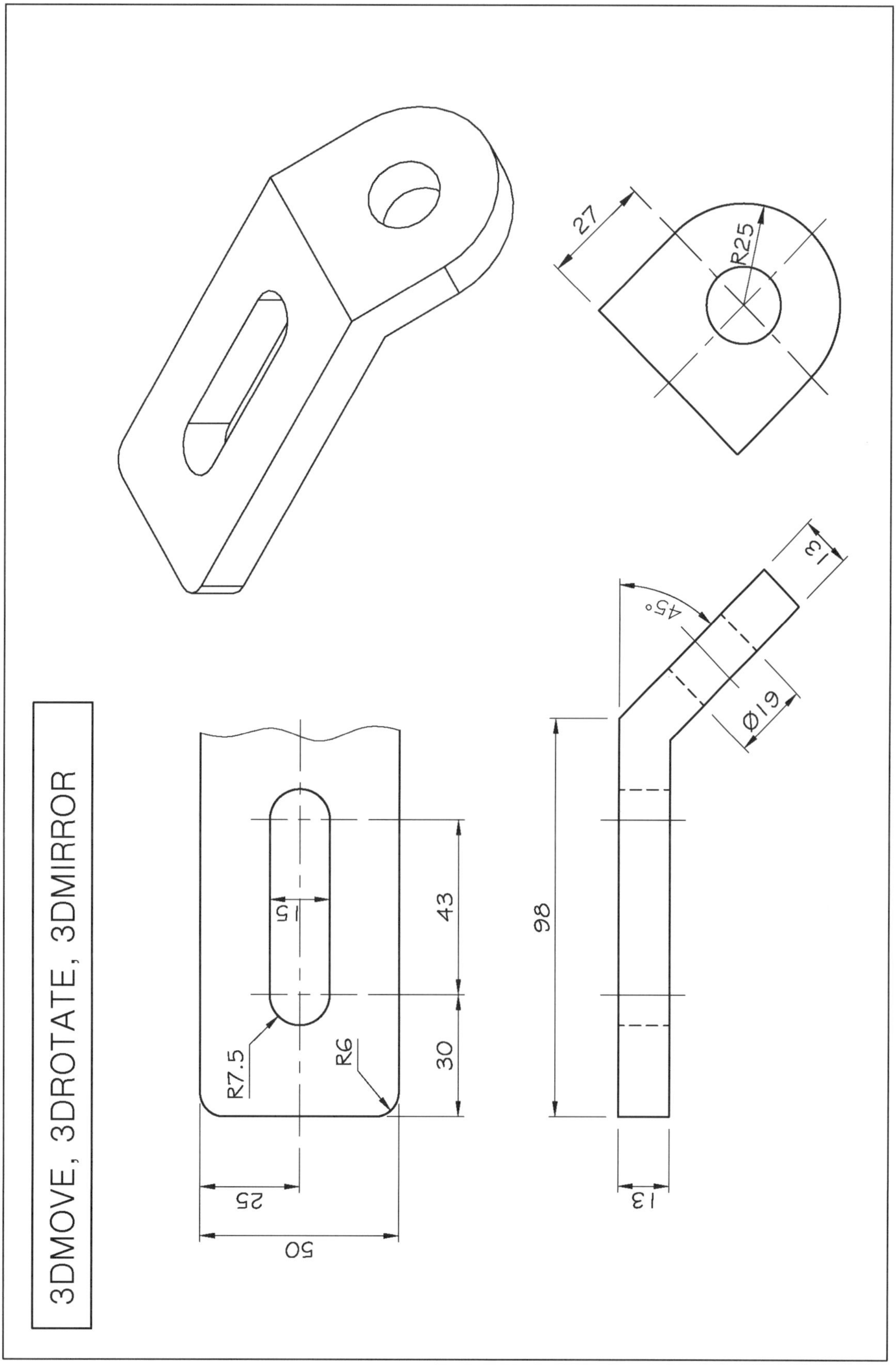
3DMOVE, 3DROTATE, 3DMIRROR
27
R25
13
45°
Ø19
98
13
15
43
30
R7.5
R6
25
50

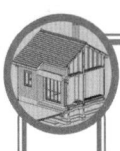

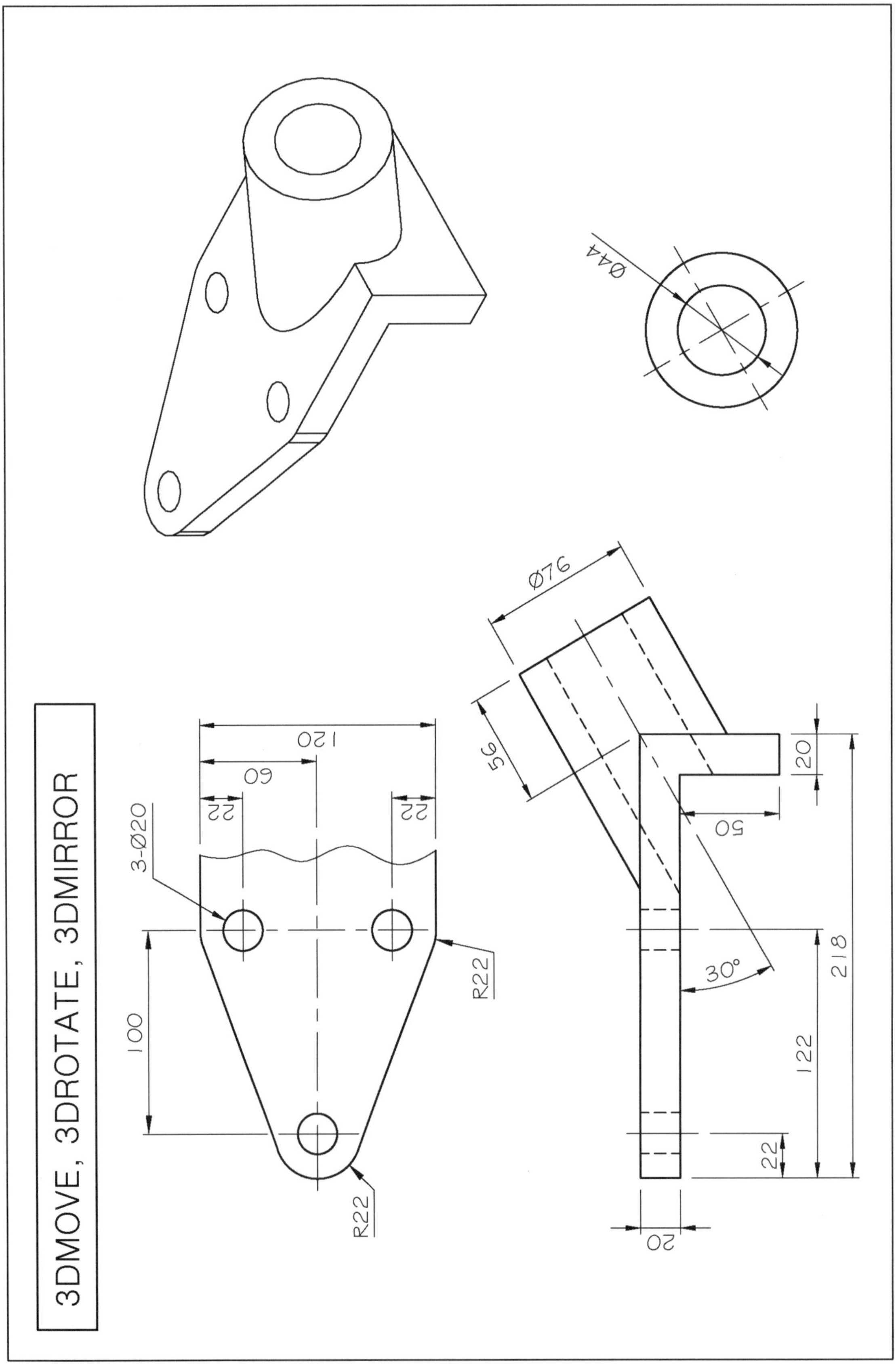
3DMOVE, 3DROTATE, 3DMIRROR
Ø44
Ø76
56
120
60
22
22
3-Ø20
R22
100
R22
20
50
30°
218
122
22
20

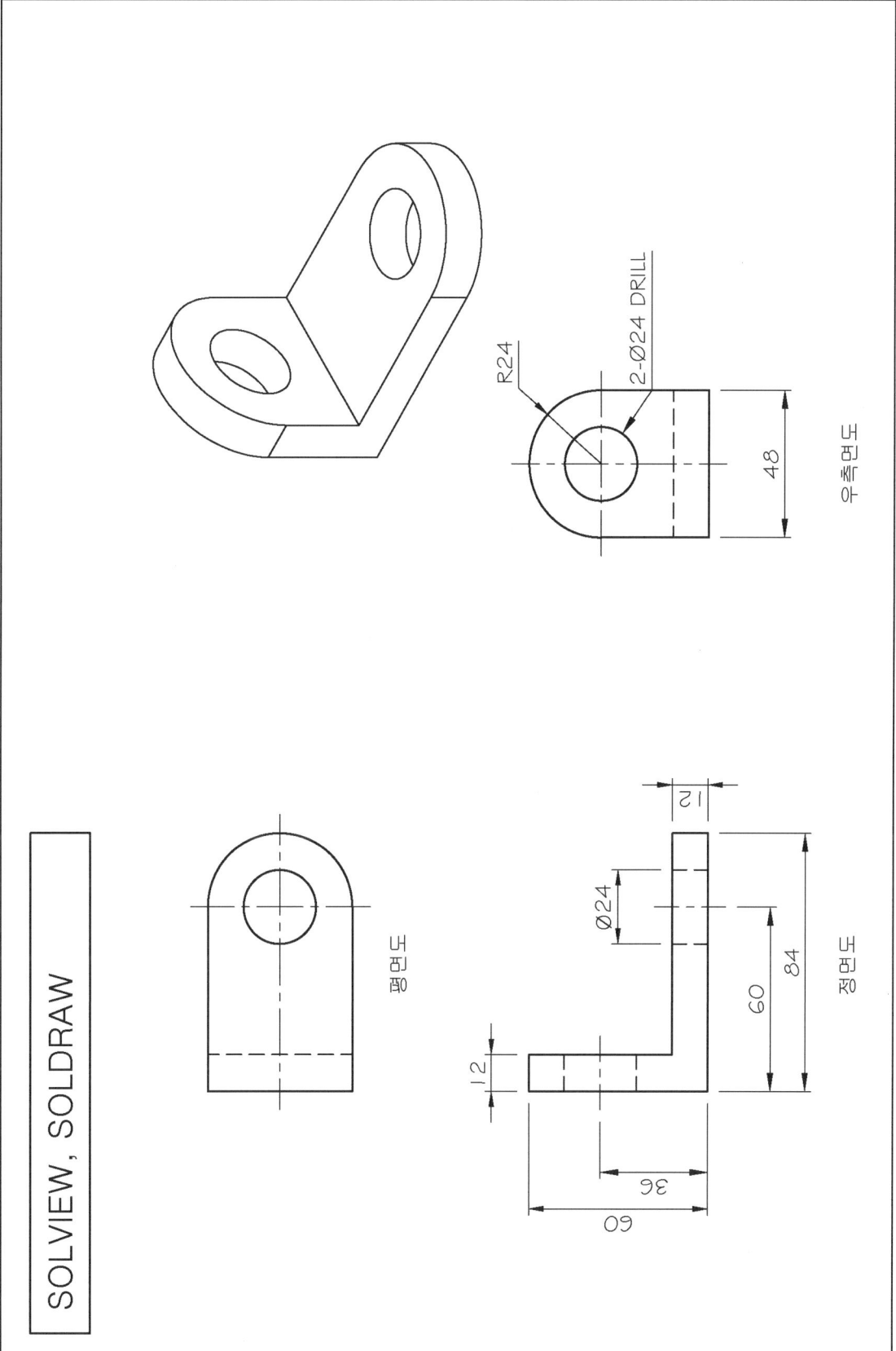

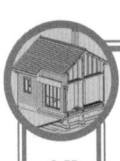

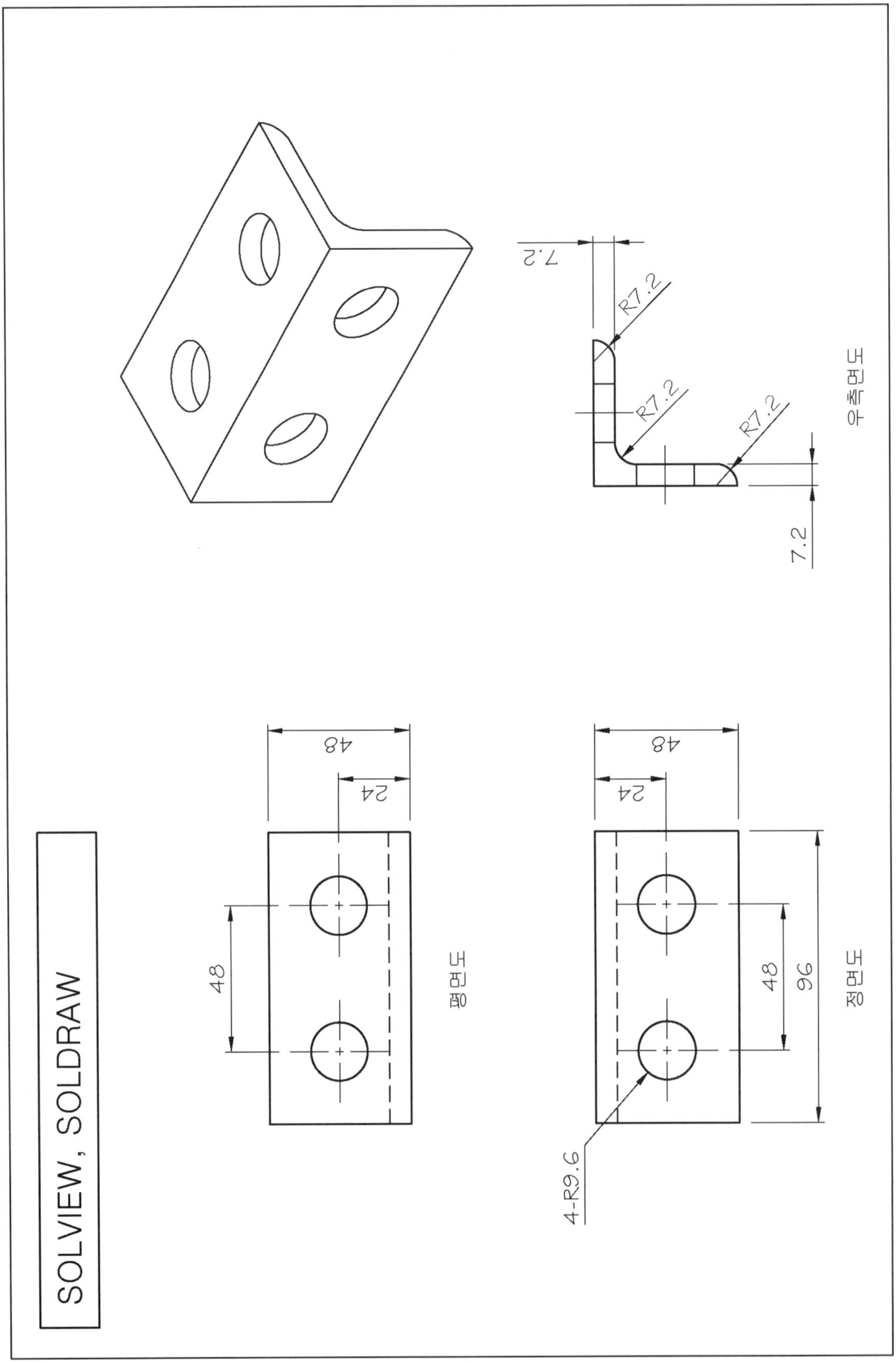
SOLVIEW, SOLDRAW
평면도
정면도
우측면도
48
24
48
48
24
48
96
4-R9.6
R7.2
R7.2
R7.2
7.2
7.2

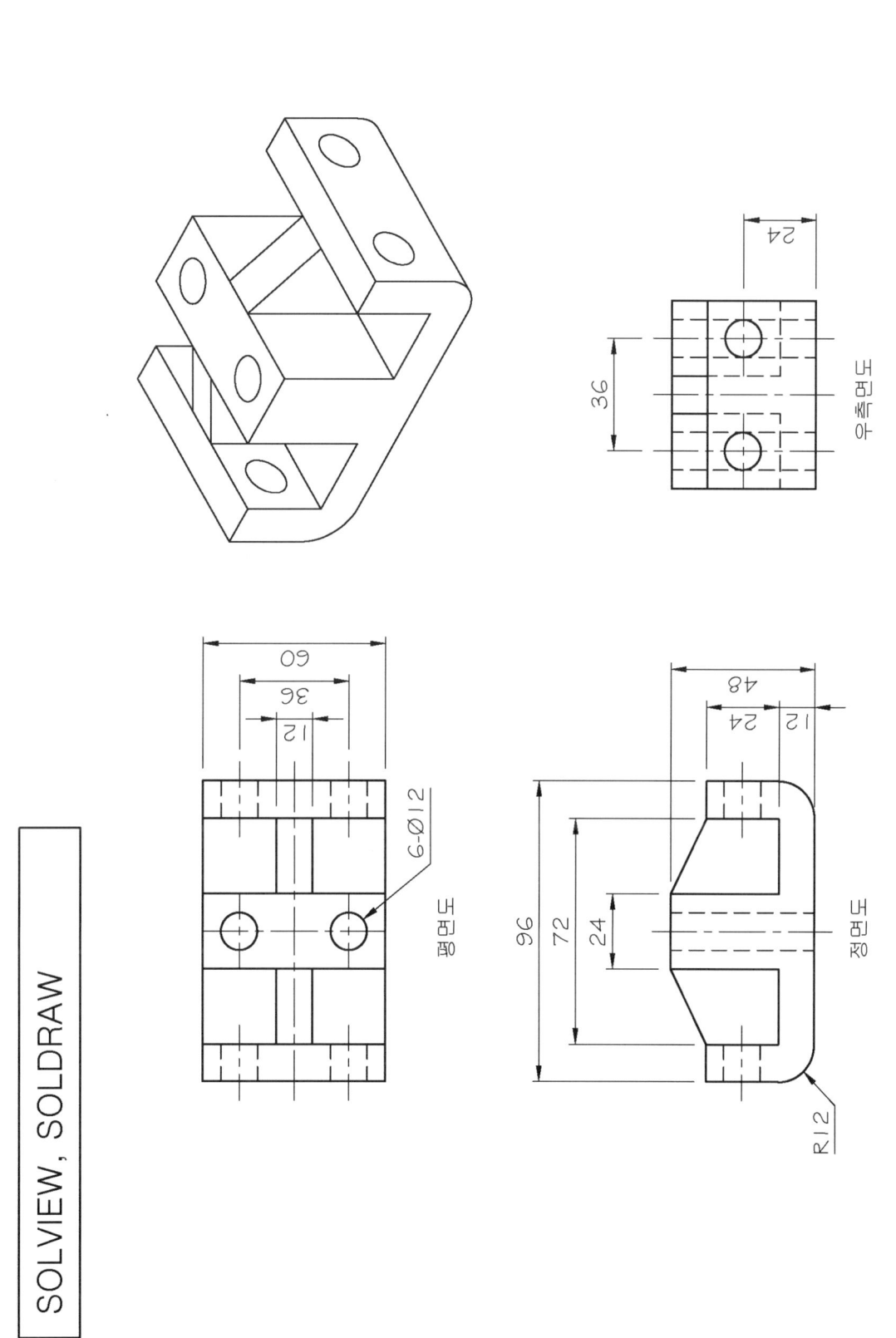

예제로 배우는 AutoCAD

SOLVIEW, SOLDRAW

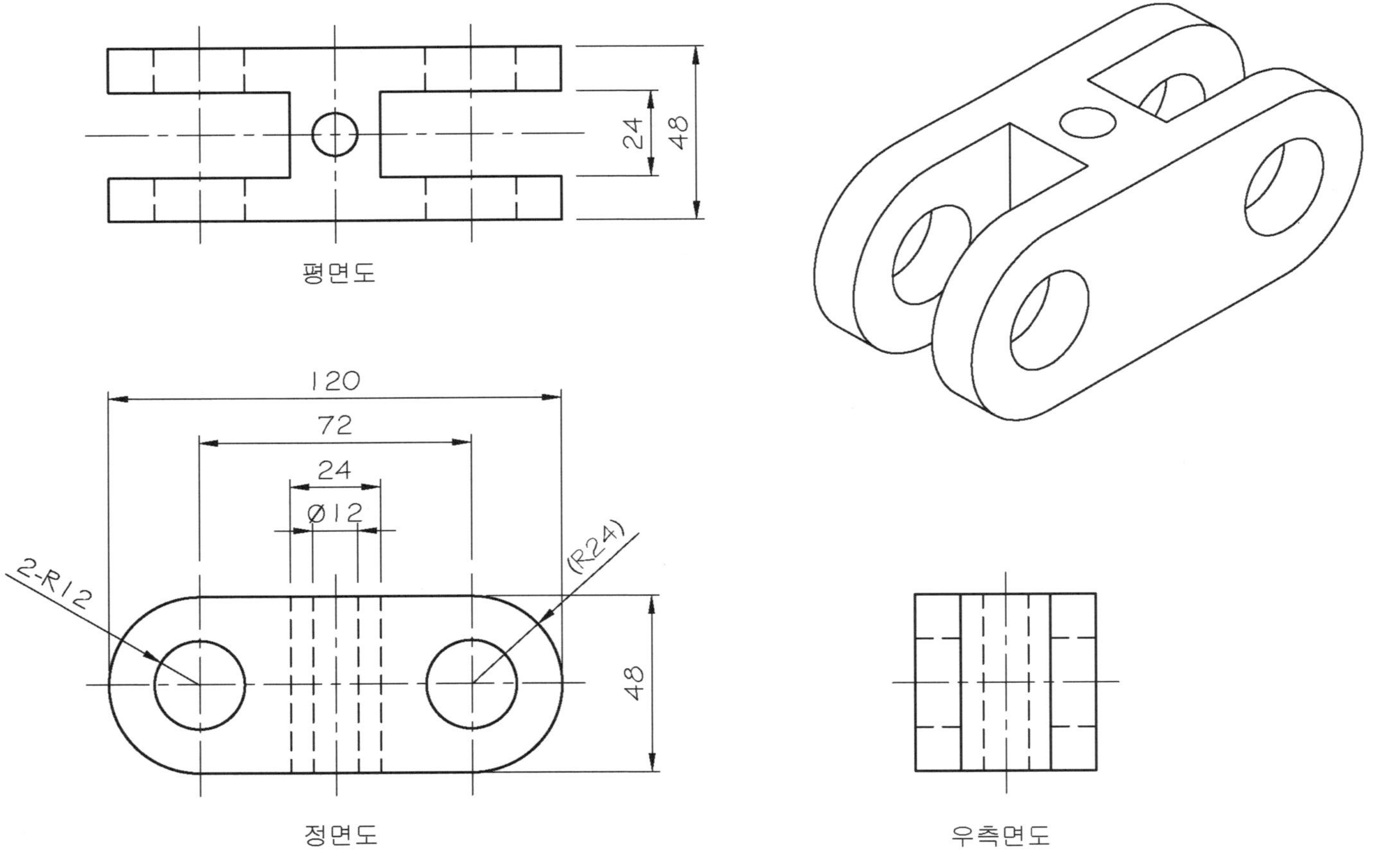

Section 04

SOLVIEW, SOLDRAW

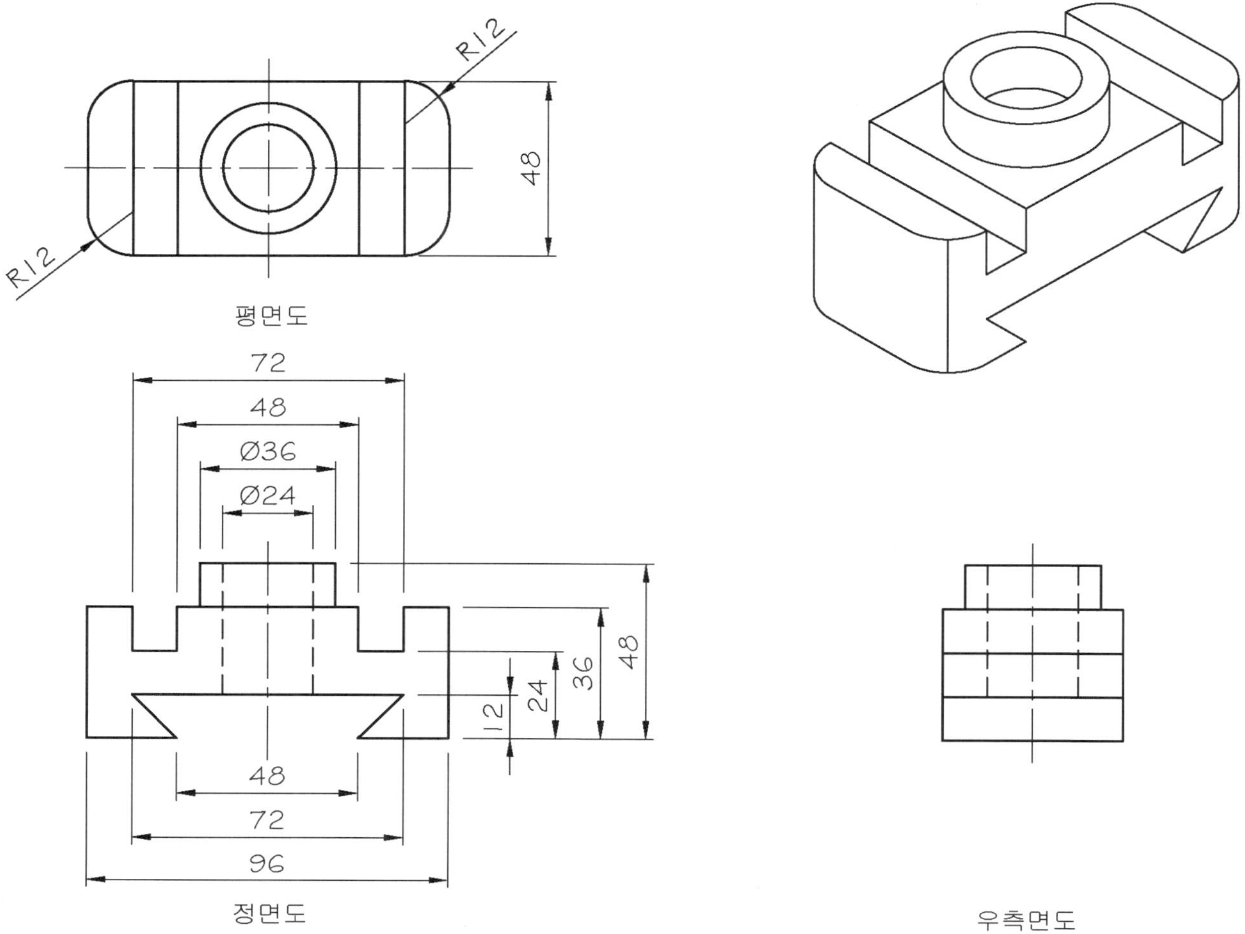

우측면도

평면도

정면도

예제로 배우는 AutoCAD

SOLVIEW, SOLDRAW

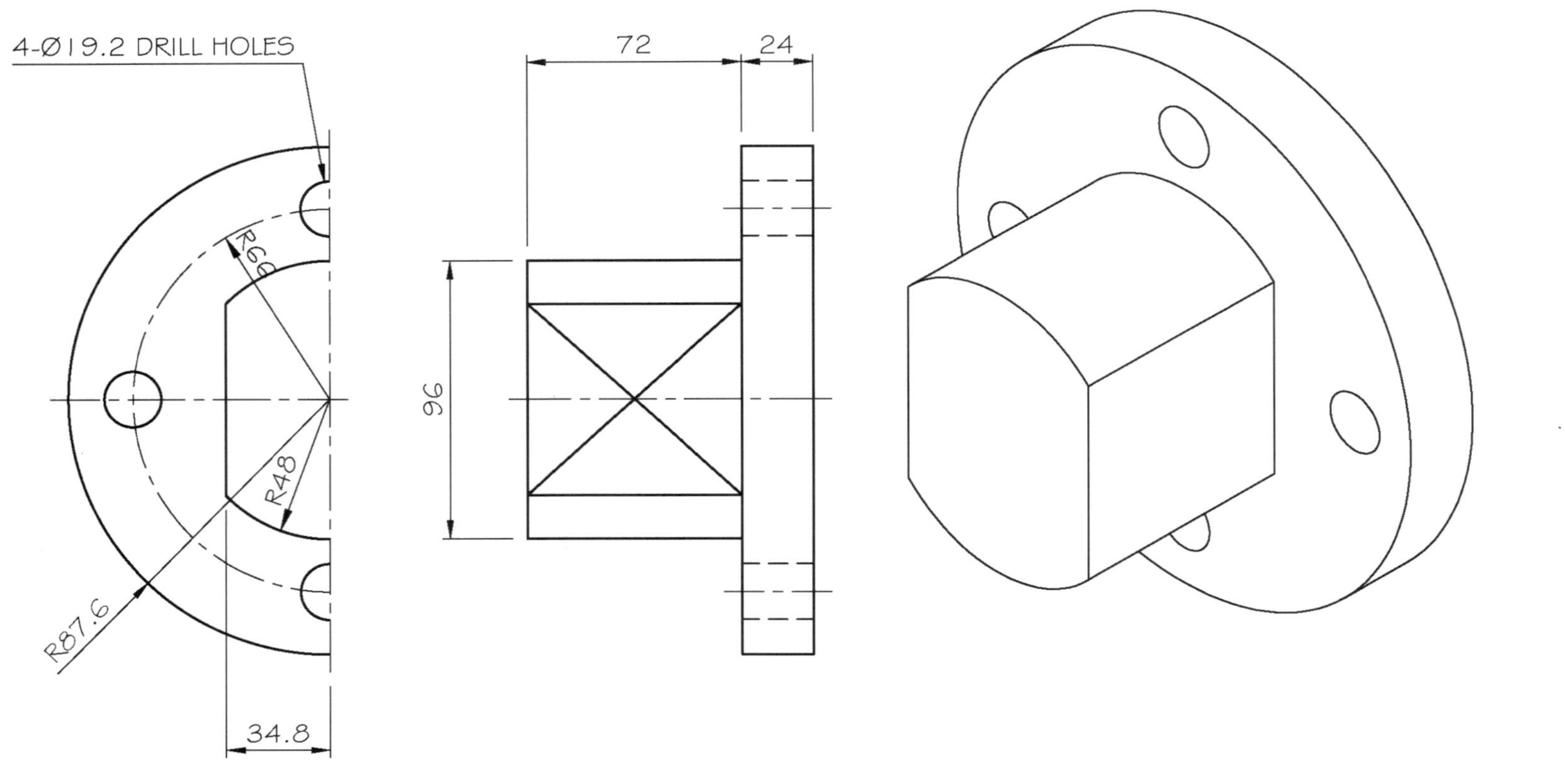

정면도

좌측면도

4-Ø19.2 DRILL HOLES

R48
R66
R87.6

24
72
96
34.8

Section 04

배치탭 활용하여 출력하기

MVIEW, VPLAYER, MVSETUP

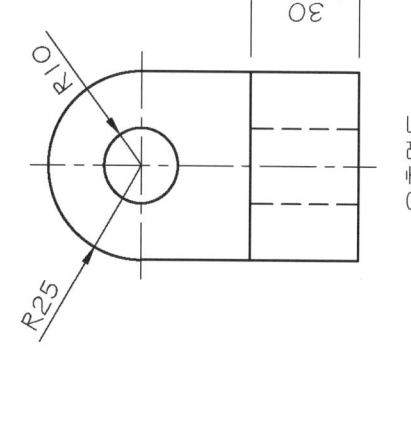

우측면도

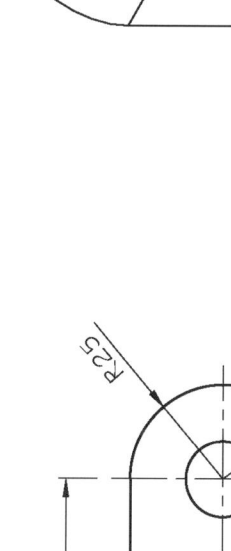

평면도

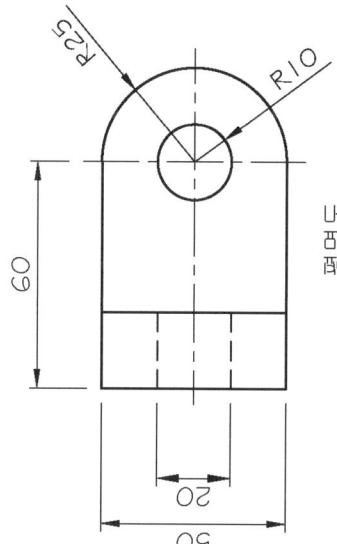
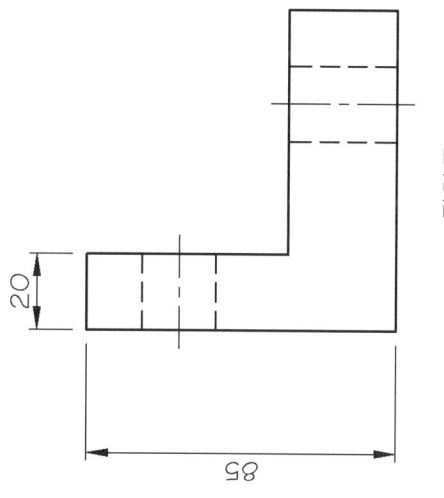

정면도

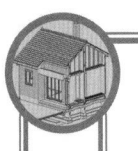

예제로 배우는 AutoCAD

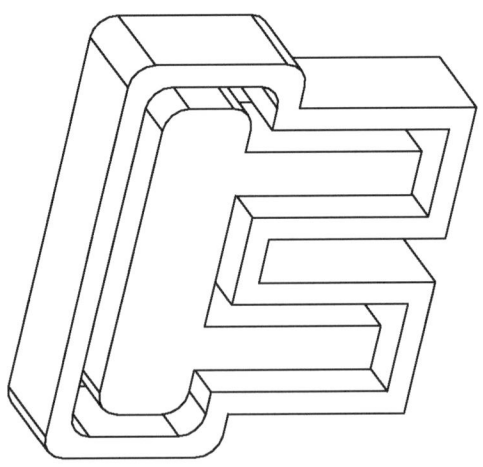

배치탭 활용하여 출력하기

MVIEW, VPLAYER, MVSETUP

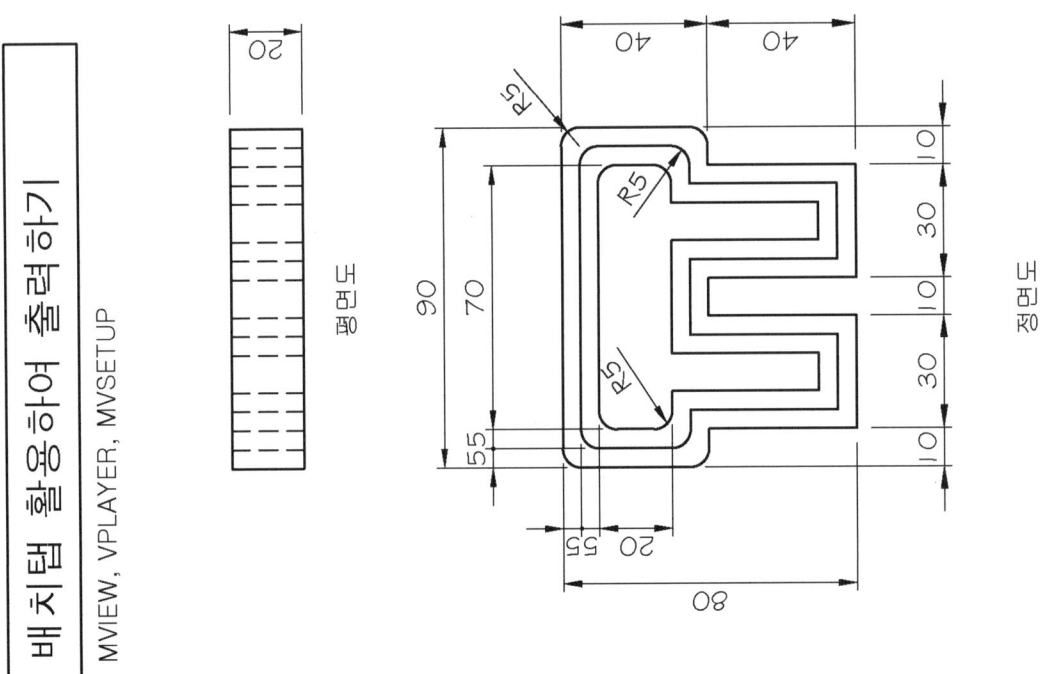

평면도

정면도

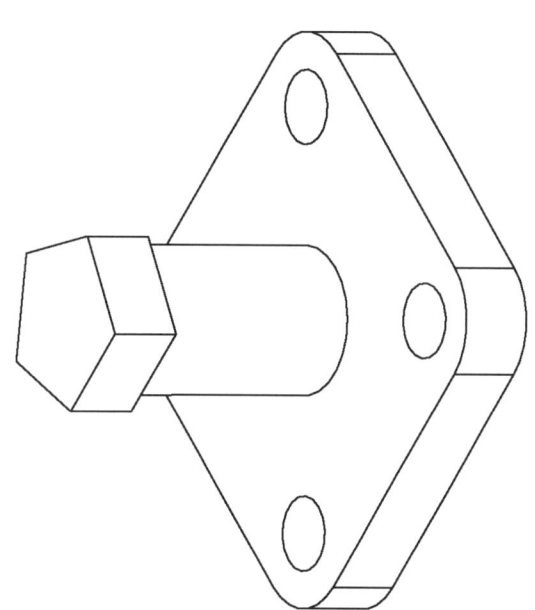

배치탭 활용하여 출력하기

MVIEW, VPLAYER, MVSETUP

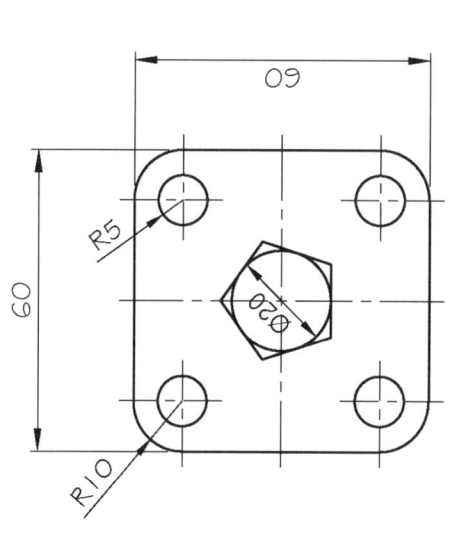

평면도

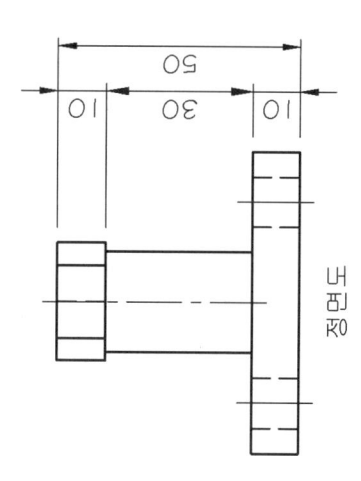

정면도

예제로 배우는 AutoCAD

배치탭 활용하여 출력하기

MVIEW, VPLAYER, MVSETUP

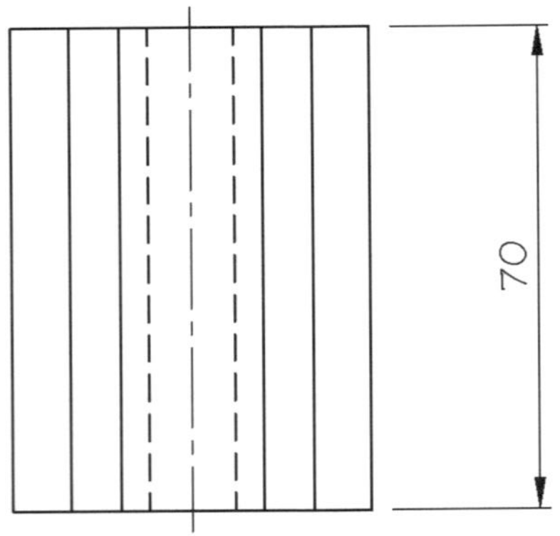

평면도

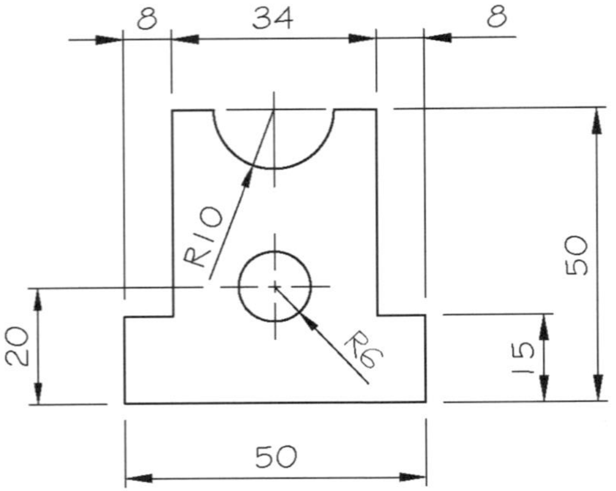

정면도

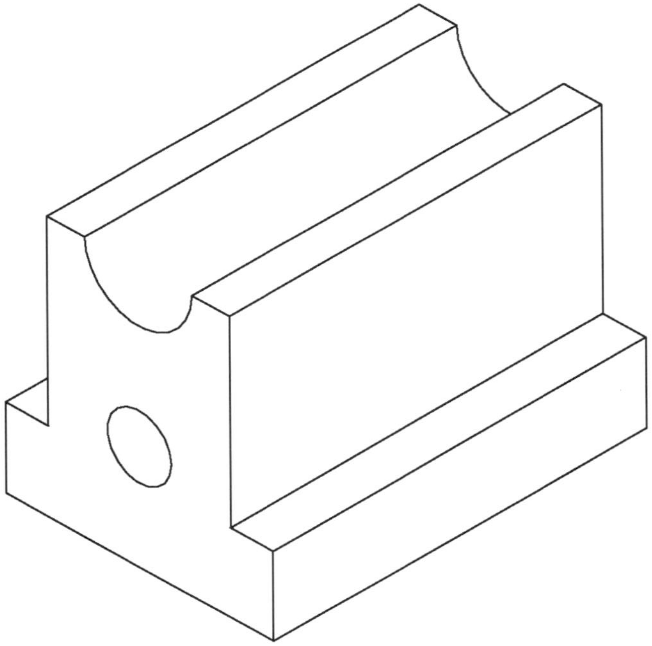

Section 04

배치탭 활용하여 출력하기

MVIEW, VPLAYER, MVSETUP

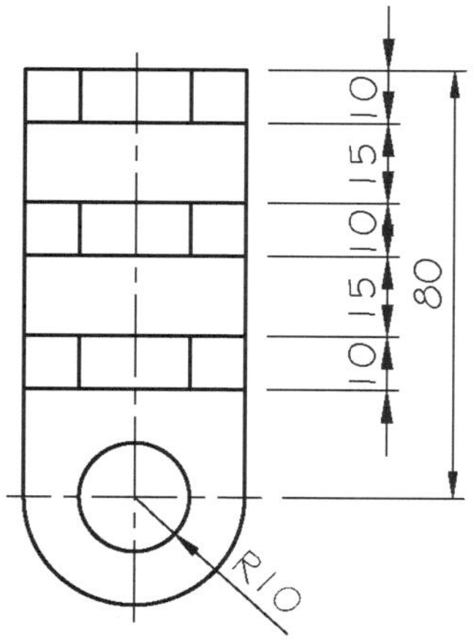

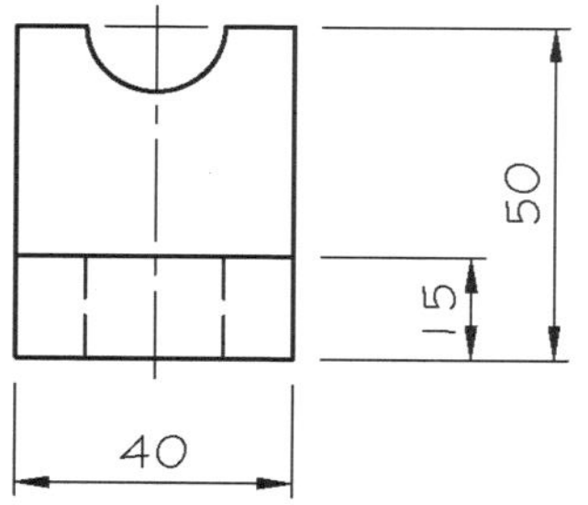

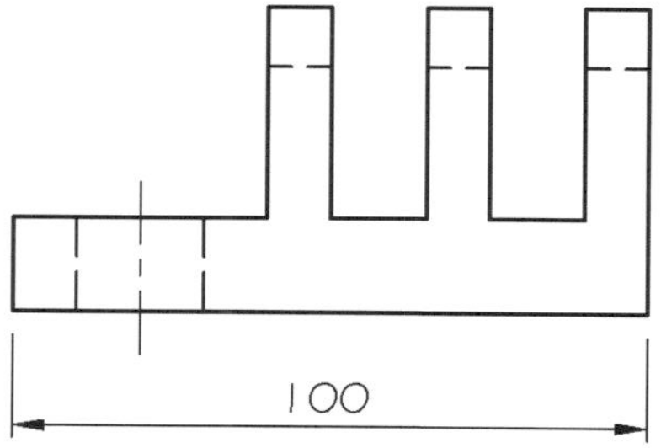

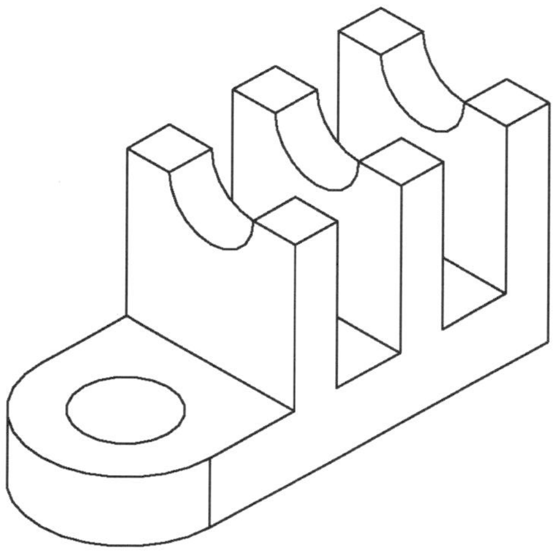

예제로 배우는 AutoCAD

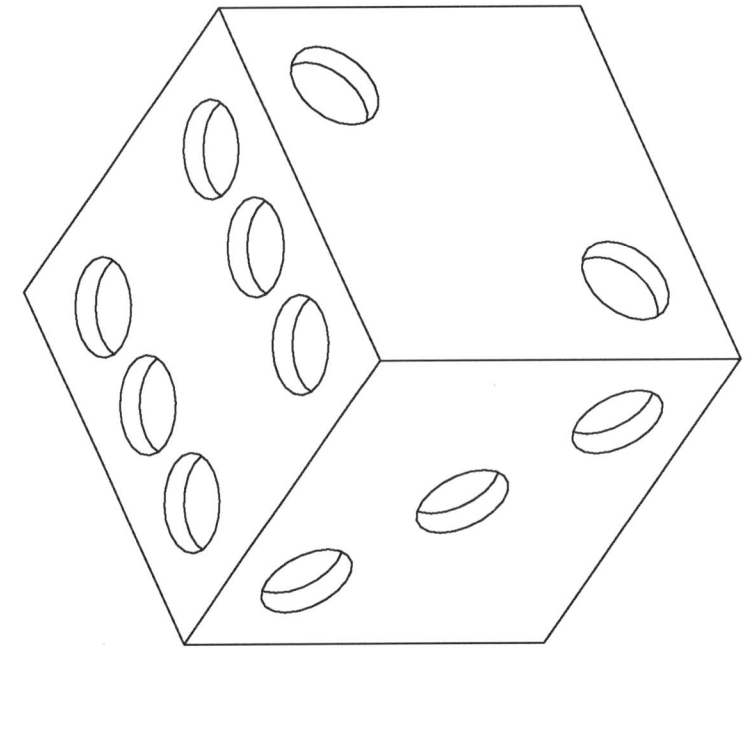

배치탭 활용하여 출력하기

MVIEW, VPLAYER, MVSETUP

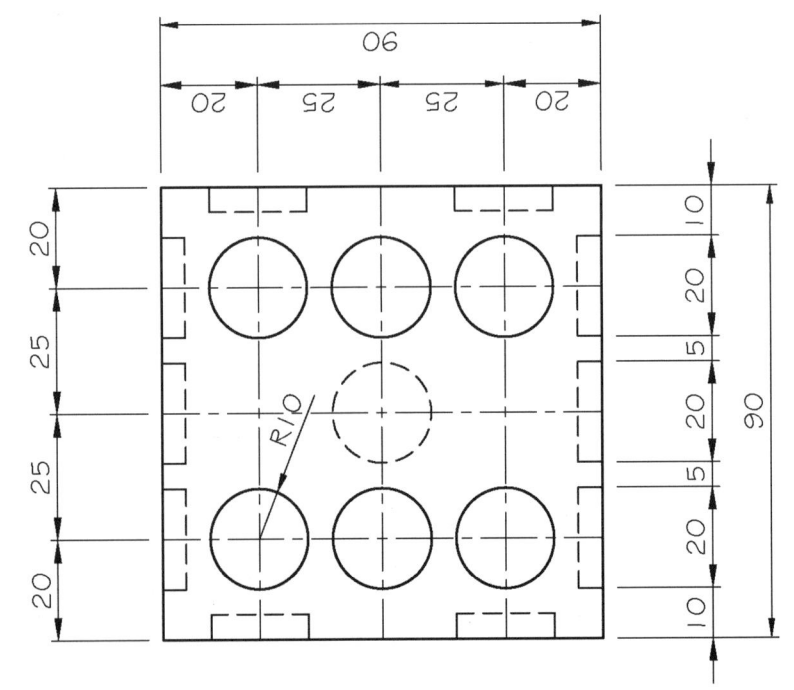

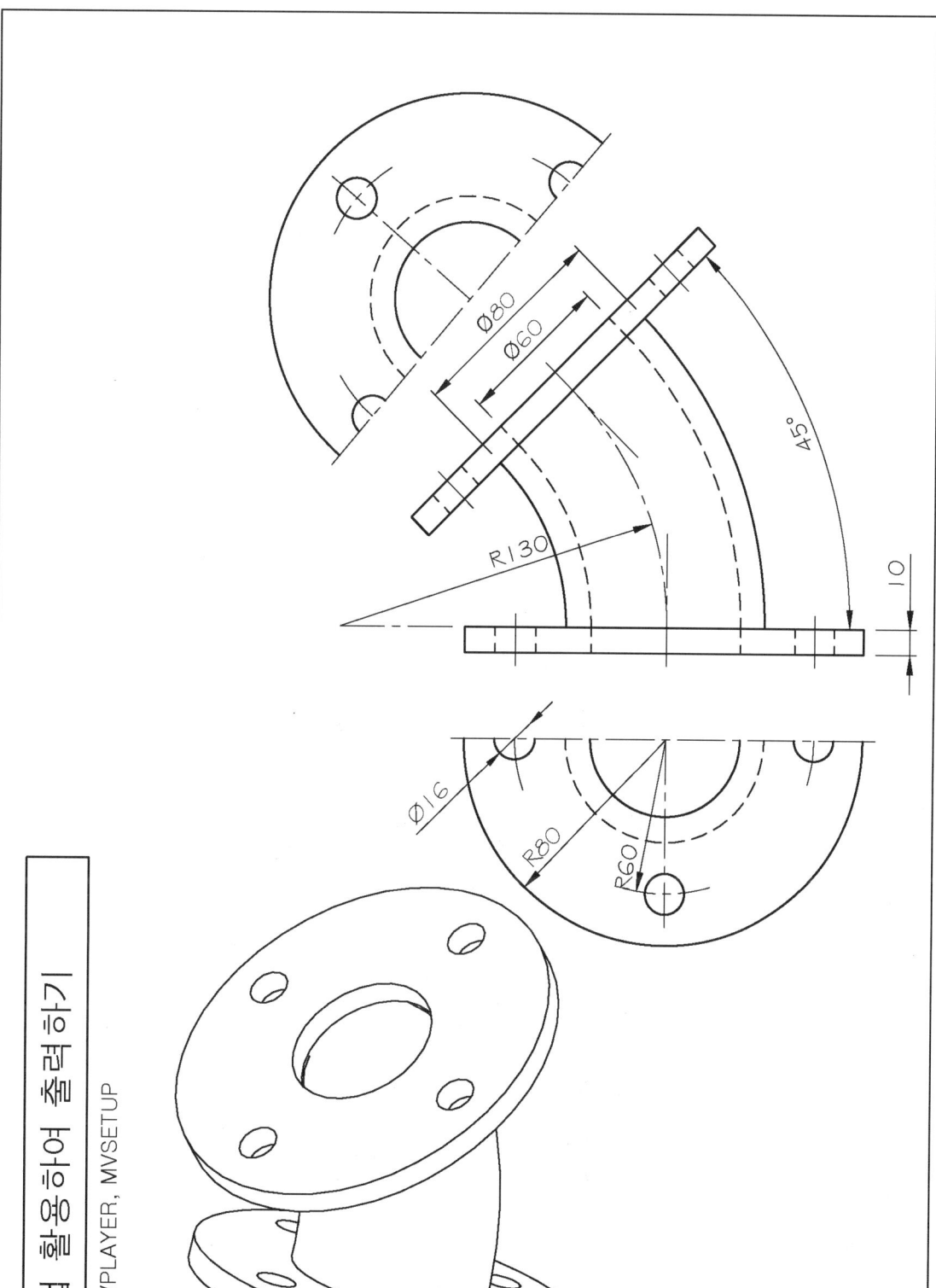

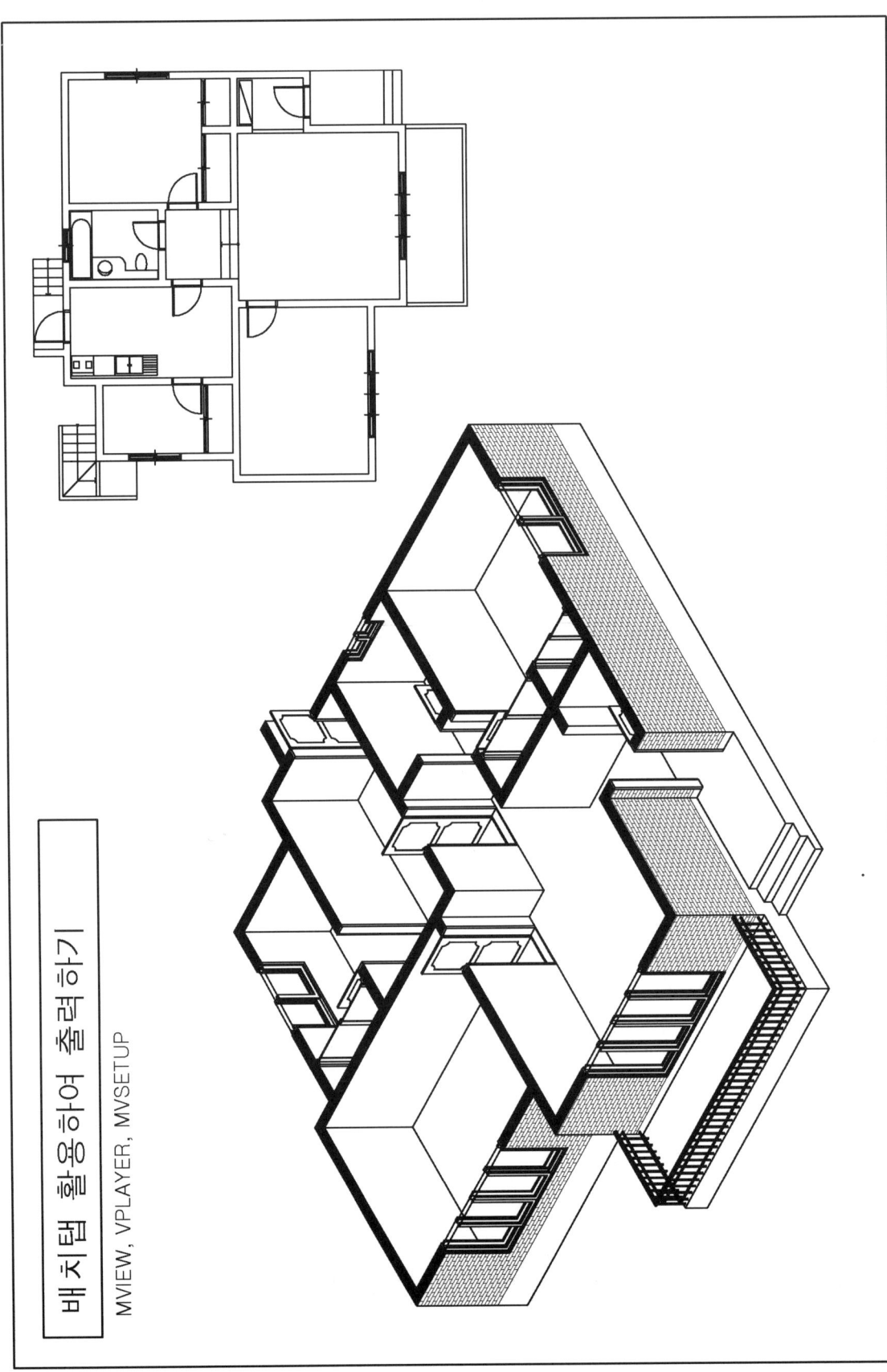

예제로 배우는 AutoCAD

배치탭 활용하여 출력하기

MVIEW, VPLAYER, MVSETUP

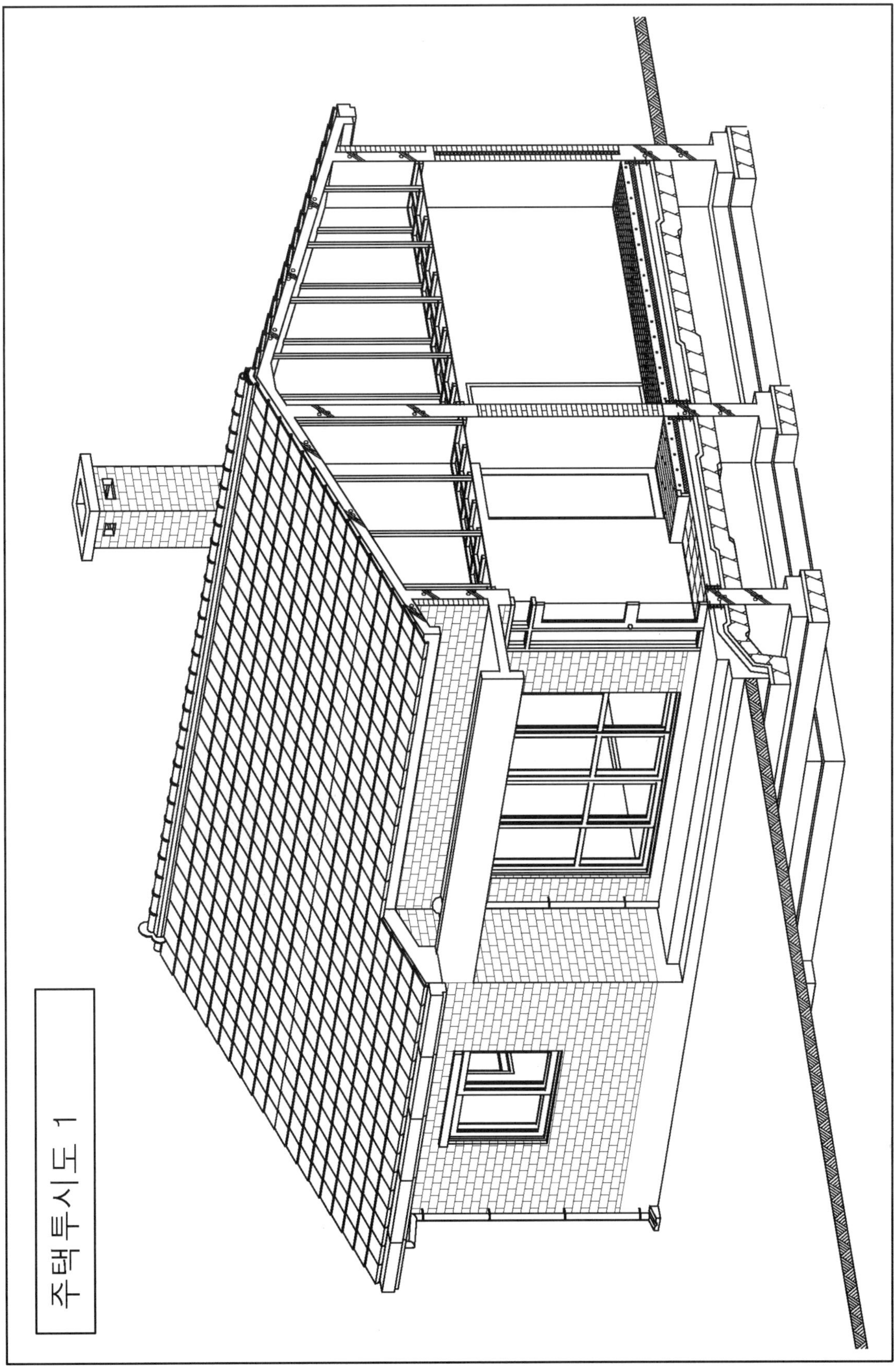

Section 04

주택투시도 1

예제로 배우는 AutoCAD

주택투시도 2

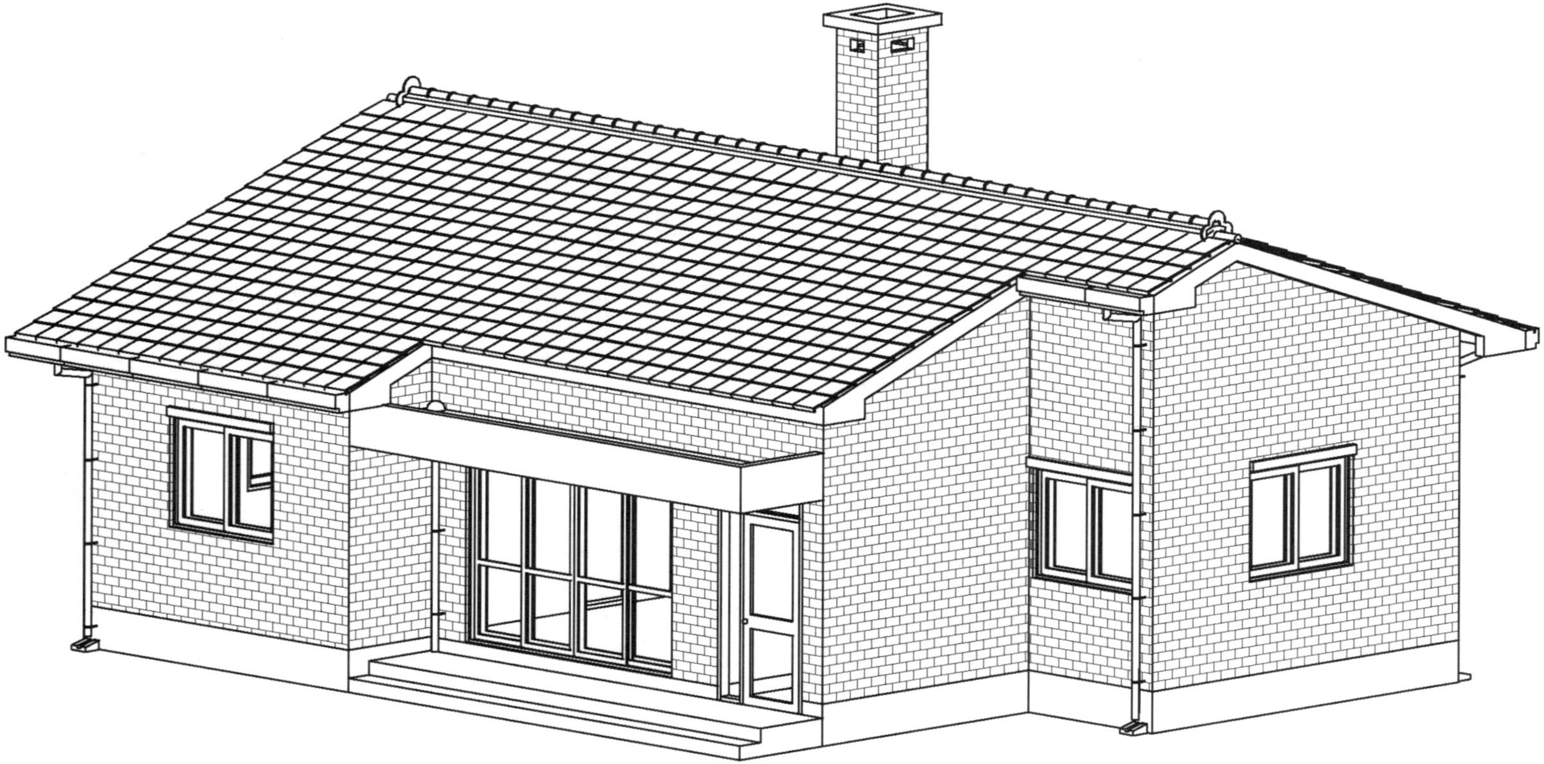

ATC캐드마스터 1급

■ 시험 구성

1. 시험 문제 : CAD의 각종 설정, 조작 및 2, 3차원 도면의 작성
2. 시험 시간 : 실기시험 90분
3. 시험 내용
   1) 주어진 3개의 문제를 보고 CAD를 이용하여 3차원 솔리드 모델링을 작성한다.
   2) 작성 후에는 문제에서 요구하는 지점간의 거리를 3DPOLY와 LIST 명령을 사용하여 값을 구한다.
   3) 거리를 구하는 문제는 총 5문항으로 첫 번째 모델링은 1문항, 두 번째와 세 번째 모델링은 각각 2문항씩 출제가 되며 문항 당 40점씩 계산된다.
4. 합격 기준 : 200점 만점 중 120점 이상 합격이다.

■ 응시 조건

[응시 기준]

1. 1급은 실기 90분으로 시행된다. 합격 기준은 실기 5개 문항 중 3문항 이상을 맞추면 된다.
2. 1급 실기는 3개의 3D 모델링 문제가 주어지고 3DPOLY와 LIST 명령을 이용하여 요구하는 거리 값을 그대로 온라인 시험답안에 입력하면 된다.
3. 1급 실기는 템플릿 파일은 없으며 도면층, 치수, 문자 스타일 설정도 따로 하지 않으므로 자유롭게 모델링을 하면 된다.
4. 모델링 dwg 파일은 따로 제출하지 않으며 문제에서 요구하는 거리 값만 소수 넷째 자리까지 입력하면 된다.
5. 시험 중간에 [시험 중간 저장]을 하고, 5개의 값 입력이 끝나면 [시험 제출]을 클릭하여 시험을 종료한다. 종료 후에는 감독관에게 최종 확인을 받고 문제가 없다면 그대로 퇴실한다.

예제로 배우는 AutoCAD

■ 거리값을 1개 구하는 문제

[보기] 다음 그림을 3차원으로 작성하고 물음에 답하시오
(치수기입 및 객체 작성법은 무관함)

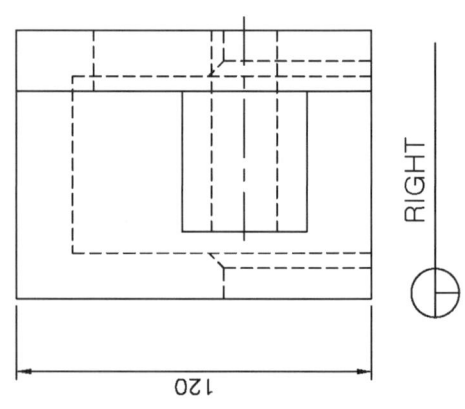

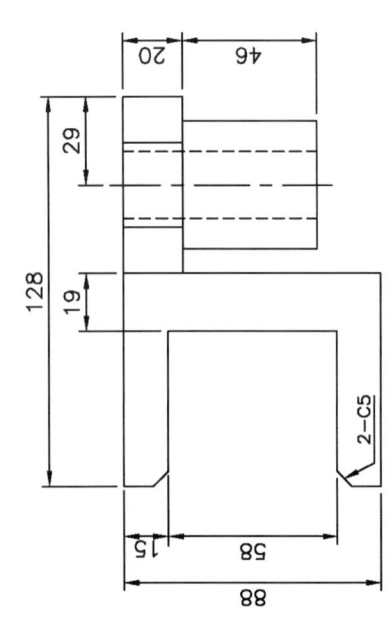

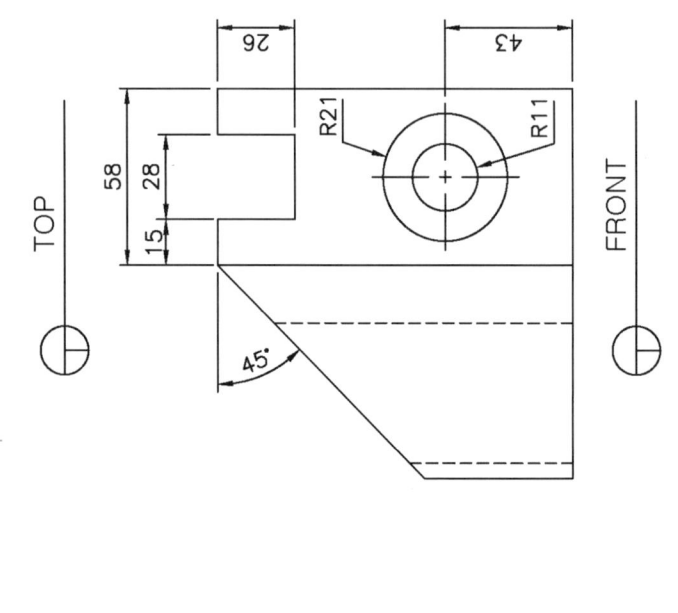

문제 1. 다음 그림은 2차원 도면을 토대로 작성한 3차원 객체이다.
A~D까지의 거리 값을 구하시오.
(소수점 4자리(반올림), 답 입력 시(43.29 = X, 43.2900 = O)

(View Point : -1.0000, -2.0000, 2.0000)

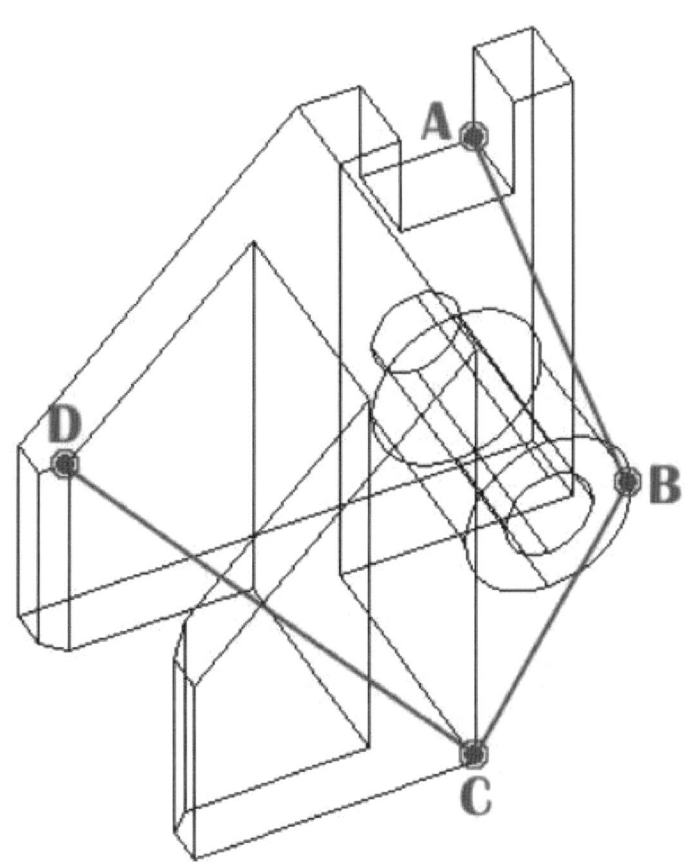

예제로 배우는 AutoCAD

■ 거리값을 2개 구하는 문제

[보기] 다음 그림을 3차원으로 작성하고 물음에 답하시오
(치수기입 및 객체 작성방법은 무관함)

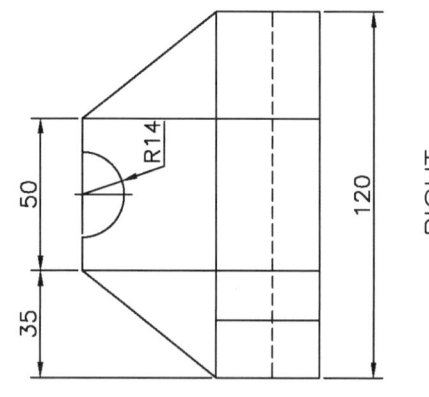

RIGHT

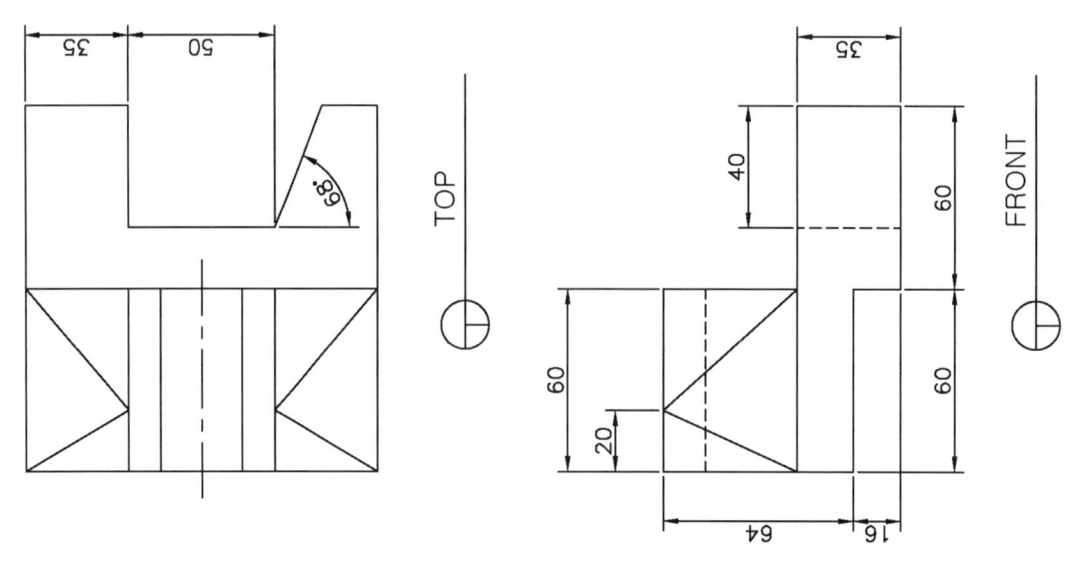

TOP

FRONT

문제 1. 다음 그림은 2차원 도면을 토대로 작성한 3차원 객체이다.
A~C까지의 거리 값을 구하시오.
(소수점 4자리(반올림), 답 입력 시(43.29 = X, 43.2900 = O)

(View Point : -1.0000, -1.0000, 1.0000)

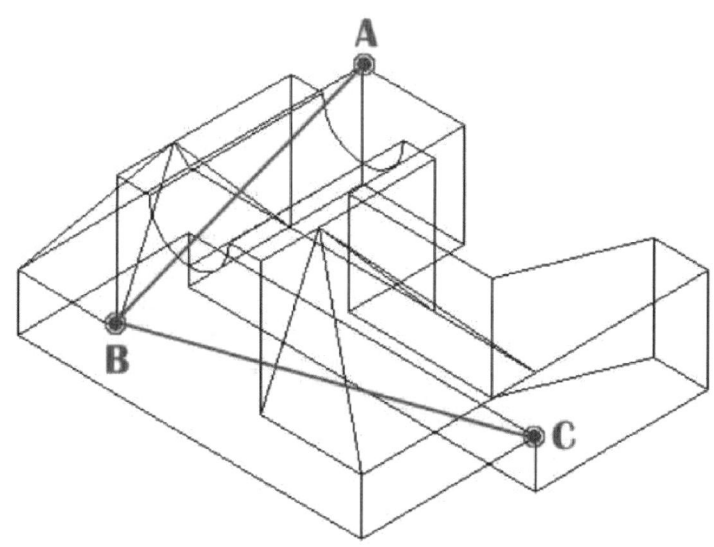

문제 2. 다음 그림에서 D~F까지의 거리 값을 구하시오.
(소수점 4자리(반올림), 답 입력 시(43.29 = X, 43.2900 = O)

(View Point : 1.0000, 1.0000, 2.0000)

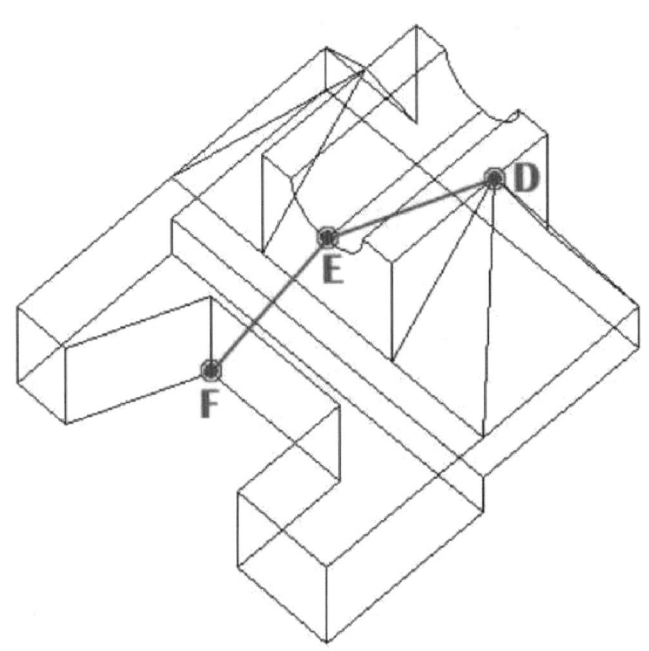

ATC기계캐드마스터 1급

■ 시험 구성

1. 시험 개요 : 국가직무능력표준(NCS)를 바탕으로 산업현장에서 필요한 CAD 활용 능력 및 기계도면을 해독하고, 작성하는 능력을 평가하는 시험으로 산업체에서 제품개발 및 설계 기술자들이 산업표준 규격에 준하여 3D 형상모델링 및 2D 도면을 작성하는 업무 등의 직무 수행을 가능하게 하고자 한다.
2. 시험 문제 : 실기 - CAD 프로그램을 이용하여 기계부품 3D 형상모델링과 도면 작성 및 관리, 도면 분석
   필기 - 기계 설계에 필요한 일반 지식과 기계부품 도면 해독과 관련된 문제
3. 시험 시간 : 실기시험 120분, 필기시험 30분
4. 시험 내용
   1) 주어진 도면에서 부품을 KS 규격을 참조하여 CAD 프로그램으로 제시된 조건에 맞게 3D 부품 등각투상도, 2D 부품 도면을 작성하고, 제출한다.
   2) 제도 및 기계 일반 상식에 대한 물음에 답을 기입한다.(25문항)
5. 합격 기준 : KS제도 규격에 준하는 부품 도면을 작성하고, 필기문항 답안을 근거하여 실기 100점 만점 기준 60점 이상, 필기시험 100점 만점 기준 60점 이상 합격이다.
   ※ 실기에 대한 모범 답안은 있지만, KS제도 규격에 준하여 도면을 작성하는 자격시험이다.

■ 시험 평가항목

1. 주어진 조건을 확인하고 CAD프로그램의 환경을 설정하여 도면을 작성하고, PDF 파일로 출력하여 제출한다.
2. 주어진 도면을 이해하고 3D 부품 형상 모델링 및 2D 부품도면을 작성한다.
3. KS 규격에 근거하여 부품도면을 작성하고 적절하게 배치한다.
4. 주어진 도면을 참조하여 치수, 치수공차와 끼워맞춤공차, 기하공차기호, 표면 거칠기 기호 등 부품 제작에 필요한 사항들을 기입한다.

■ 응시 조건

[응시 기준]

문제에 주어진 도면을 참조하여 CAD 프로그램(3D/2D)을 이용해 3D/2D 부품도면을 작성한다. 도면은 CAD 측정 프로그램을 사용하여 부품 제작에 필요한 치수를 측정하고, 이를 근거로 3D 부품 형상 모델링/2D 부품 도면을 작성하며, 문제에 언급되지 않은 내용은 기계설계 일반 상식과 KS제도 규격에 의거한다. 의무사항은 응시과정에서 응시자가 반드시 지켜야

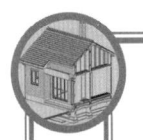

할 사항이며, 자동실격사유 중 한 가지 이상 해당될 경우 채점 여부에 상관없이 자동으로 실격 처리된다. 평가항목을 기준으로 채점한 결과가 실기시험 60점 이상, 필기시험 60점 이상일 때 합격이다.

[의무사항]
1. 답안 작성 시 의무사항
   - 시험 시작 후 홈페이지를 통해 KS 규격.PDF 파일과 템플릿 파일을 포함하고 있는 압축파일(*.zip)을 바탕화면에 다운로드한다.
   - 압축파일(*.zip)을 풀기하고, 폴더의 이름은 수험번호 폴더가 되도록 한다.
   - 모든 길이의 단위는 [mm], 각도 단위는 [deg]를 사용한다.
   - 답안 도면은 제시된 주건에 따라 도면양식 및 윤곽선과 표제란을 작성하고 문제도면을 참조하여 3D 부품 형상 모델링을 등각투상도로 배치한 도면과 2D 부품 도면을 작성한다.
   - KS 규격에 주어진 수록되지 않은 제도 규격의 경우 주어진 문제 도면을 기준으로 작성한다.
   - 주어진 문제 도면에서 치수를 측정하고, 치수와 KS 규격의 제도 규격이 다른 경우 해당 규격으로 작성한다.
   - 시스템다운 등 예기치 못한 상황에 대비해 응시자는 답안 작성 중 수시로 작업 파일을 저장한다. 파일 미저장으로 야기되는 사항에 대한 책임은 응시자에게 있다.

2. 답안 제출 시 의무사항
   - 작성된 도면은 선가중치를 적용하여 흑백으로 출력된 PDF 파일로 수험번호 폴더에 저장한다. 출력 시 조건은 다음과 같다.

용지 크기	출력 척도	작성 도면	저장 경로	저장 파일명
A3(420×297)	1:1	3D 부품 등각투상도	수험번호 폴더	수험번호-2D.PDF
A3(420×297)	1:1	2D 부품	수험번호 폴더	수험번호-2D.PDF

   ※ 용지 크기, 출력 척도는 답안작성 조건에 따라 변경될 수 있다.
   - 3D 부품 등각투상도에서 사용한 3D 형상 모델링 파일은 부품별로 STEP 파일로 변환하여 수험번호 폴더에 저장한다.[수험번호-부품명.stp]
   ※ stp 확장자를 지원하지 않는 CAD 프로그램에서는 igs 확장자로 변환하여 저장한다.
   - 수험번호 폴더에 저장된 [수험번호-3D.PDF], [수험번호-2D.PDF], [수험번호-부품명.stp] 파일을 [수험번호.zip] 파일로 압축한 후 압축파일을 제출한다.

[자동실격사유]

다음 항목에 해당하는 경우 자동으로 실격 처리된다.

1. 고사장에 설치된 2D, 3D CAD이외에 다른 프로그램을 사용하여 답안을 작성하는 경우
   ※ 윈도우 운영체제 기본 프로그램인 계산기, 메모리가 초기화된 공학용 계산기는 사용 가능하다.
   ※ 문제 풀이를 위한 종이(백지), 필기도구는 사용 가능하다.
2. 제공된 측정용 문제 도면파일을 임의대로 변경하는 경우(분해, 복사 등)
3. 제공된 측정용 문제 도면파일을 측정 외의 용도로 사용하는 경우
4. 제공된 측정용 문제 도면파일을 3D 형상 모델링/2D 도면 작업 시 그대로 불러오기 하여 작성하는 경우
5. 3D 부품 등각투상도의 부품 형상이 미완성인 경우(모범답안 기준)
6. 도면양식을 새로 작성하지 않고, 미리 작성된 도면양식을 사용한 경우(표제란, 요목표, 주서, 표면 거칠기 기호 등)
7. 제시된 조건에서 요구한 음영처리된 3D 부품 등각투상도 중에서 1개라도 표현이 되지 않은 경우
8. 제시된 조건에서 요구한 2D 부품 도면 중에서 1개라도 투상도가 작성되지 않은 경우
9. 제시된 조건에서 요구한 도면 크기, 각법, 척도가 맞지 않는 경우
10. KS제도 규격에 준하여 작성되지 않은 도면의 경우
11. 치수, 공차, 끼워맞춤공차, 기하공차, 표면거칠기 표시, 데이텀 표시 등이 1개의 부품을 기준으로 각 항목당 50% 미만 또는 옳지 않은 위치에 제도한 도면의 경우(모범답안 기준)
12. [수험번호-3D.PDF], [수험번호-2D.PDF], [수험번호-부품명.stp] 파일을 제출하지 않은 경우
13. 필기시험이 60점 미만인 경우
14. 본인의 작성 파일 또는 문제 도면을 외부로 유출할 경우(합격 후에도 발각 시에는 바로 실격처리됨)
15. 타인의 답안으로 제출하거나 타인에게 답안을 제공하는 경우
16. 시험 도중에 시험장소를 벗어난 경우(포기로 간주)
17. 감독관의 허락 없이 임의로 연장시간을 사용한 경우
18. 감독관의 정당한 요청 및 지시사항에 응하지 않은 경우

1. 제도 환경 설정

1-1. 윤곽선 및 표제란 작성

3D 부품 등각투상도, 2D 부품 도면 작성시 도면의 크기별 한계설정(Limits), 윤곽선 및 중심마크, 표제란을 다음과 같이 작성하고, PDF 파일 출력 시 도면의 한계선이 출력되지 않도록 한다. 도면에 표기하는 문자는 CAD 프로그램에 탑재된 ISO표준 및 트루타입(굴림, 돋움, 바탕 등) 글꼴을 사용하고, 답안 도면 및 PDF 출력시 폰트 깨짐 등의 현상이 발생되지 않도록 CAD 프로그램 사용환경을 적절하게 설정한다.
(※ 굴림체를 사용하여 PDF로 출력할 경우 글자 사이 여백이 발생하면 굴림 글꼴을 적용한다.)

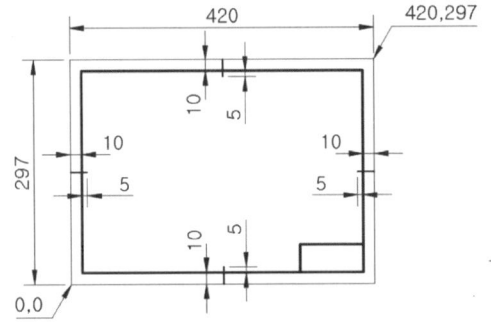

[윤곽선 및 중심마크]

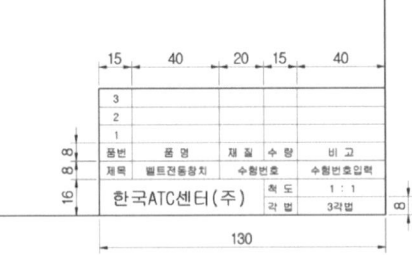

[표제란 작성 예]

1-2. 선의 종류와 용도에 따라 도면층을 설정

문자, 숫자, 기호의 높이 (mm)	선 굵기 (mm)	용도
7.0	0.7	윤곽선, 표제란의 윤곽선
5.0	0.5	외형선, 부품번호, 개별주서, 중심마크, 요목표의 윤곽선 등
3.5	0.35	숨은선, 일반주서, 표제란의 문자, 요목표의 문자, 치수 등
2.5	0.25	가는실선, 치수선, 치수보조선, 가상선, 중심선, 해치선, 대칭선, 표제란과 요목표의 내부실선 등

※ 사용 문자 높이는 2.5, 3.5, 5.0, 7.0을 사용하고, KS제도규격에 의거 적절하게 사용한다.

※ 선의 종류와 용도에 따라 출력시 선 굵기 지정이 옳지 않을 경우 감점이 될 수 있다.
※ 도면 작성시 언급되지 않은 용도의 문자, 숫자, 기호, 선은 KS제도규격에 준하여 출력시 선 굵기가 적용되도록 한다.

※ 작성된 답안 파일은 수험번호.zip 으로 압축하여 파일로 제출한다.

① 수험번호-3D.PDF ② 수험번호-부품명.stp ③ 수험번호-2D.PDF

2. 답안 작성 조건

주어진 문제 도면을 CAD 측정 프로그램을 사용하여 부품 제작에 필요한 치수를 측정하고, 이를 근거로 3D 부품 형상 모델링/2D 부품 도면을 작성하며, 제시된 조건들에 의해 답안을 작성한다.

2-1. 3D 부품 등각투상도 작성

1) 주어진 문제 도면에서 제시된 조건을 확인하고, 품번 (○ , ○)의 부품을 CAD 프로그램을 사용하여 형상(솔리드) 모델링을 하고, 형상과 윤곽을 알아보기 쉽도록 음영처리하여 A3 용지크기에 작성한다.
2) 음영처리된 3D 부품 등각투상도는 등각 축 2개를 정하여 척도는 NS로 도면에 적절하게 배치한다.
3) 주어진 문제 도면에서 품번 (○ , ○) 부품의 기능에 맞는 재질을 KS규격을 참조하여 부품리스트의 재질란에 기입한다.
4) 주어진 문제 도면에서 제시된 조건을 확인하고, 품번 (○ , ○) 부품의 질량값을 부품리스트의 비고란에 기입한다.
5) 작성된 도면은 A3 용지크기로 선가중치를 적용하여 흑백으로 출력된 PDF 파일로 수험번호 폴더에 저장한다. **(수험번호-3D.PDF)**
6) 3D 부품 등각투상도에서 사용한 3D 형상 모델링 파일은 부품 별로 STEP 파일로 변환하여 수험번호 폴더에 저장한다. **(수험번호-부품명.stp)**

2-2. 2D 부품 도면 작성

1) 주어진 문제 도면에서 제시된 조건을 확인하고, 품번 (○ , ○)의 부품을 CAD 프로그램을 사용하여 A3 용지크기에 척도는 1:1로 설정하고, 제3각법으로 투상도를 작성한다.
2) 주어진 문제 도면에서 각 부품들의 특징과 기능, 동작원리를 고려하여 투상도와 단면도 등을 작성하고, 설계 목적에 맞도록 치수, 치수공차, 끼워맞춤공차, 기하공차, 표면거칠기 기호, 주서 등 부품 제작에 필요한 모든 사항을 KS제도규격에 준하여 기입한다.
3) 작성된 도면은 A3 용지크기로 선가중치를 적용하여 흑백으로 출력된 PDF 파일로 수험번호 폴더에 저장한다. **(수험번호-2D.PDF)**

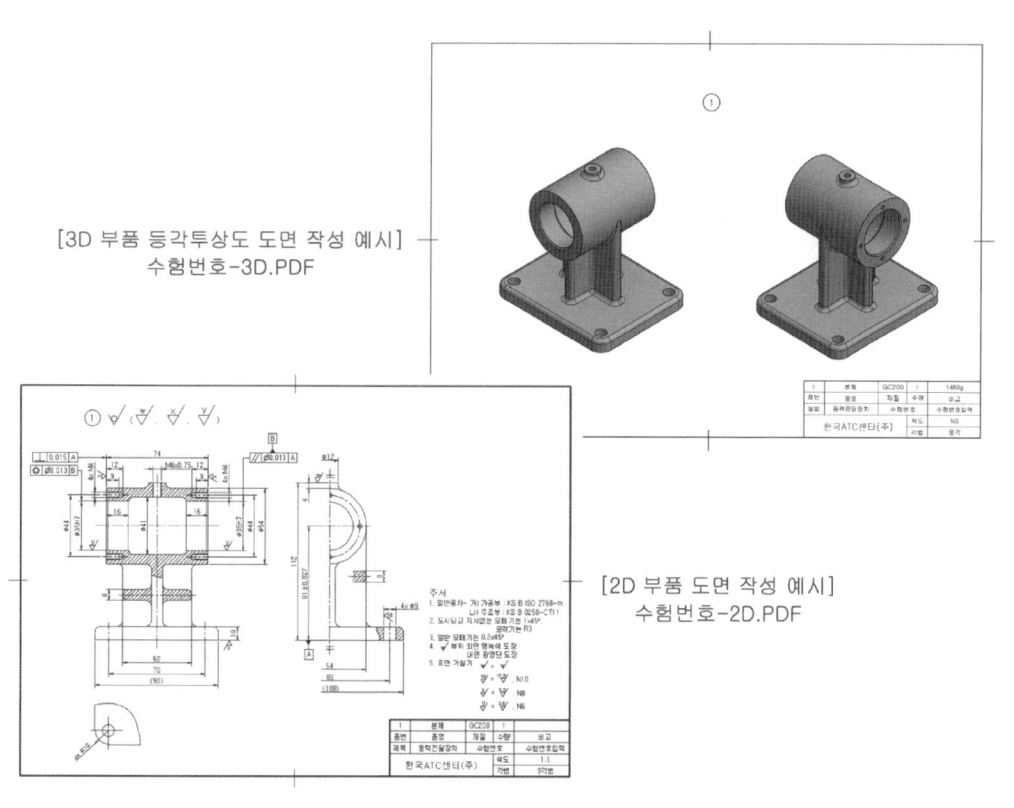

[3D 부품 등각투상도 도면 작성 예시]
수험번호-3D.PDF

[2D 부품 도면 작성 예시]
수험번호-2D.PDF

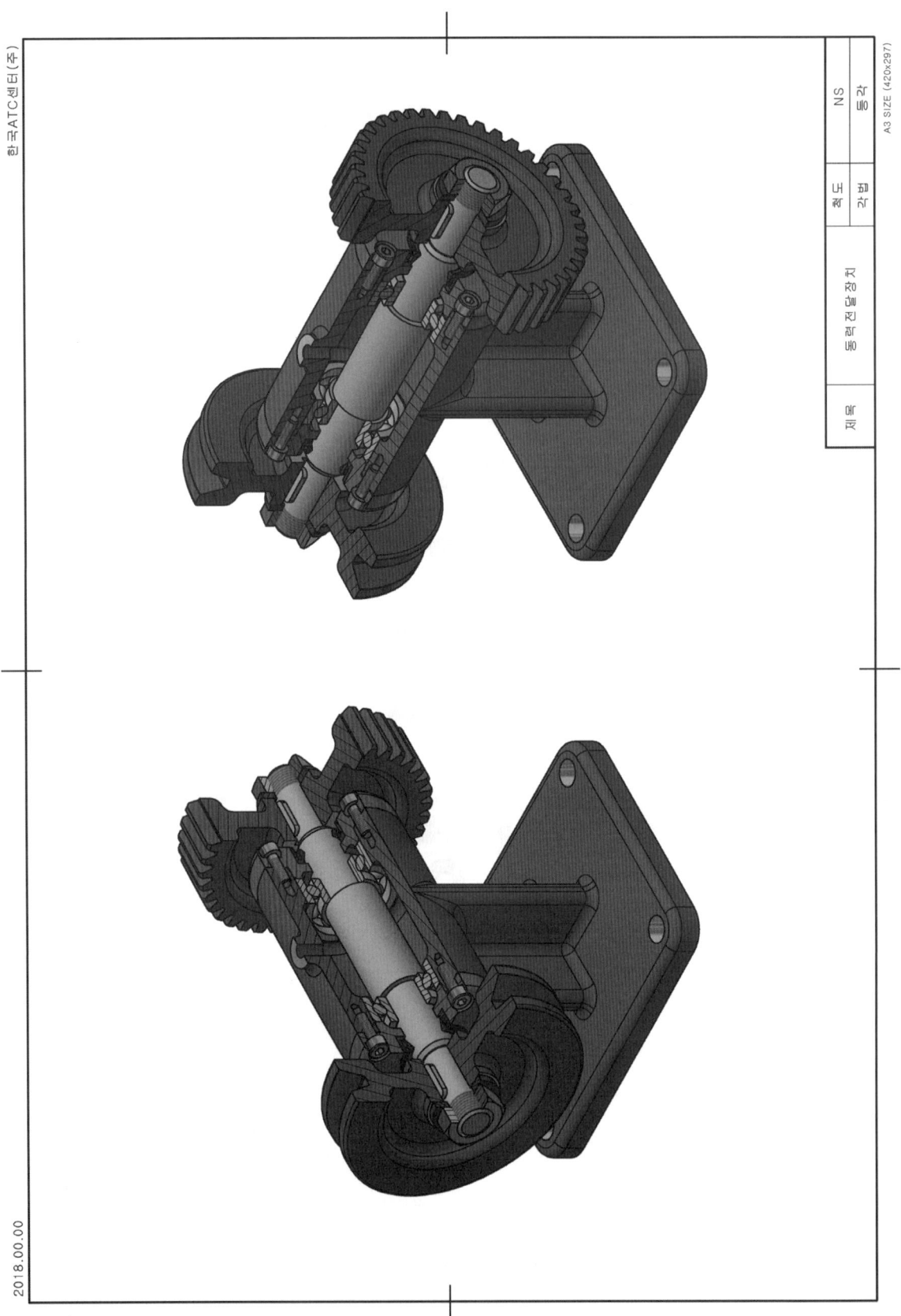

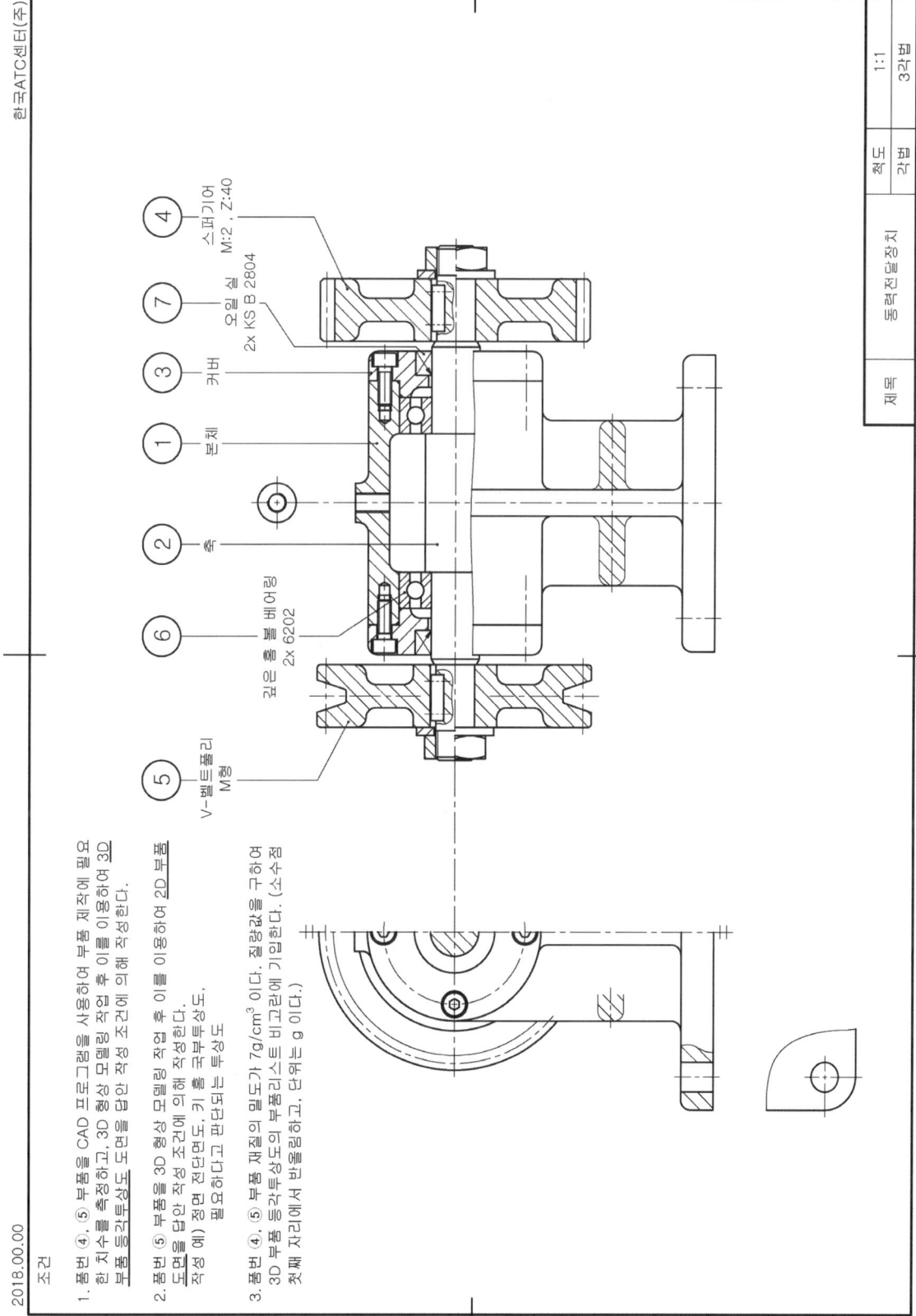

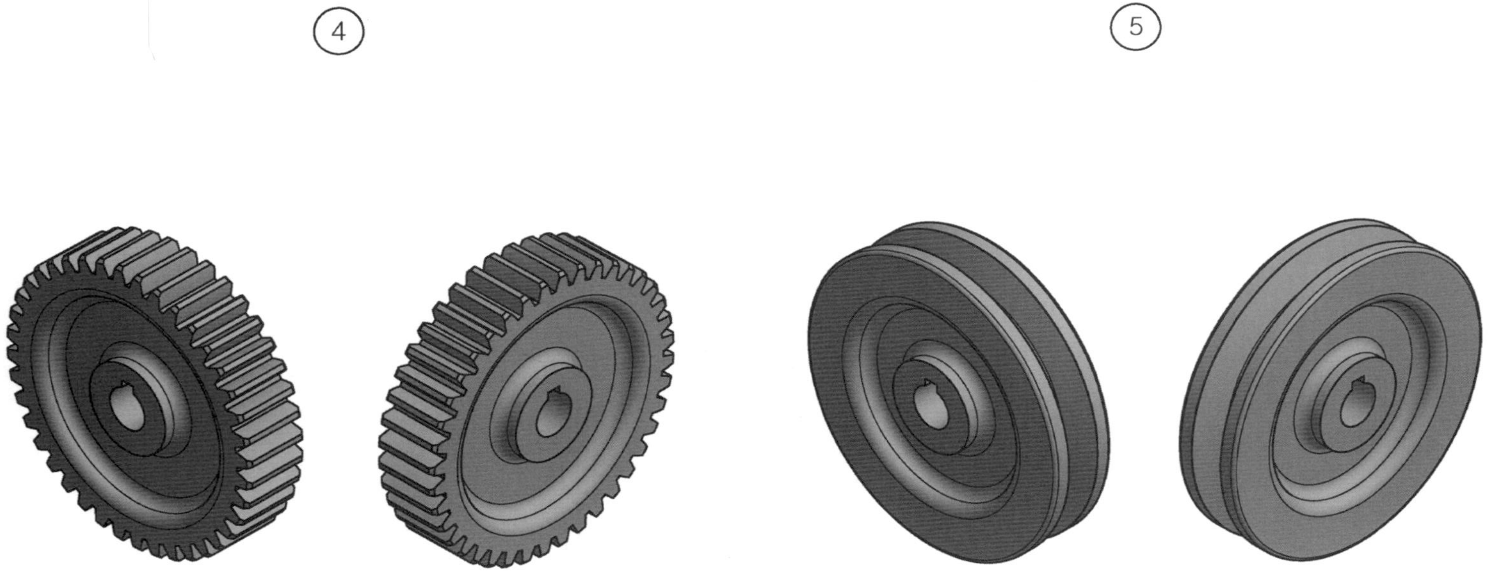

5	V-벨트풀리	GC250	1	487g	
4	스퍼기어	SC480	1	457g	
품번	품명	재질	수량	수험번호임력	비고
제 목	동력전달장치		척 도	NS	
한국ATC센터(주)			각 법	등각	

④

⑤

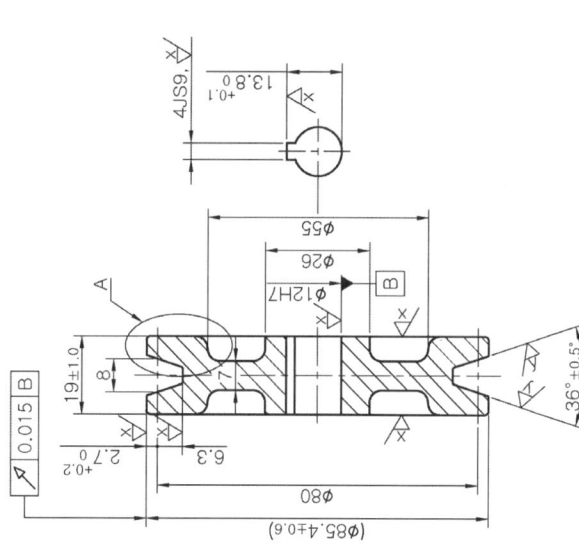

주서

1. 일반공차 - 가) 가공부 : KS B ISO 2768-m
   나) 주조부 : KS B 0250-CT11
2. 도시되고 지시없는 모떼기는 1x45°,
   라운드는 R3
3. 일반 모떼기는 0.2x45°
4. ✓ 부위 외면 명녹색 도장
   내면 광명단 도장
5. 표면 거칠기 ✓ = ✓

   $\sqrt{w} = \dfrac{12.5}{\sqrt{}}$, N10
   $\sqrt{x} = \dfrac{3.2}{\sqrt{}}$, N8
   $\sqrt{y} = \dfrac{0.8}{\sqrt{}}$, N6

5	V-벨트풀리	GC250	1	M형
품번	품명	재질	수량	비고
제 목	동력전달장치	수험번호	수험번호일련	
		척도	1:1	
한국ATC센터(주)		각법	3각법	

A(2:1)

R0.2 R0.5 R1

3D Printing USER

■ 시험 구성

1. 시험 개요 : 3D Printing 시험은 필기와 실기시험으로 구분되며 실기는 3D 프린팅 출력물이 나오기 전까지 즉, 모델링 관련 프로그램을 사용하여 실제 모델링을 수행한 후 3D 프린터로 출력하기 위해 거쳐야 하는 준비단계까지를 평가한다.
2. 시험 시간 : 실기시험 40분, 필기시험 20분
3. 시험 내용
   1) 주어진 도면을 참조하여 3D 모델을 작성하고 STL 파일로 변환한다. Cura 프로그램에서 STL 파일을 이용하여 주어진 문제에 맞춰 3D 프린터의 값을 설정하고 Gcode를 생성한다.
   2) 3D 프린터 기초 지식에 대한 질문에 답을 작성한다.
4. 합격 기준 : 실기와 필기시험을 포함하여 60점 이상 합격이며 40점 미만 과목이 있을 경우 실격처리 된다.

■ 시험 평가항목

1. 실기시험은 모델링 파일(수험번호.stl), 출력프로그램 설정 파일(수험번호.ini), G-code 생성 파일(수험번호.gcode)을 압축하여 수험번호.zip 파일로 제출한다.
2. 필기시험은 총 25문항으로 3D 프린팅 관련 용어, 역사, 출력 방식, 재료, 후가공, 슬라이싱 프로그램, 호스트 프로그램에 대한 문제들에 답을 작성한다.

출력 프로그램(Cura) 설정 문제

모델링 STL 파일을 Load한 후 아래의 조건대로 프린트 환경을 설정합니다.

✍ 설정 조건
1) 프린터 기종 설정 : Ultimaker2go
2) 모델링 스케일(Scale) : X, Y, Z 값 모두 0.4
3) 레이어 높이(Layer height) : 0.4mm
4) 쉘 두께(Shell thickness) : 0.7mm
5) 리트랙션 활성화(Enable retraction) : 선택
6) 하단/상단 두께(Bottom/Top thickness) : 0.7mm
7) 채움의 밀도(Fill Density) : 50%
8) 프린터 속도(Print speed) : 60mm/s
9) 서포트(Support)
    - Support type : Everywhere
    - 플랫폼 접착 타입(Platform adhesion type) : Raft
10) 바닥면 테두리(Skirt)
    - Line count : 5
    - Start distance : 3mm

▶ 설정한 파일은 프린트 환경(Profile)을 내보내기 하여 응시자 수험번호.ini 파일로 바탕화면에 저장합니다.
▶ 슬라이싱 결과로 G코드를 출력하여 바탕화면에 응시자 수험번호.gcode로 내보내기

예제로 배우는 AutoCAD

* 작성 및 내보내기(Export)의 기본단위는 Metric(mm)입니다.

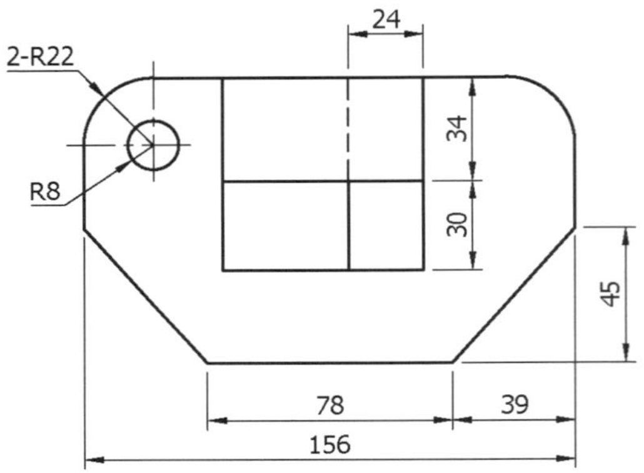

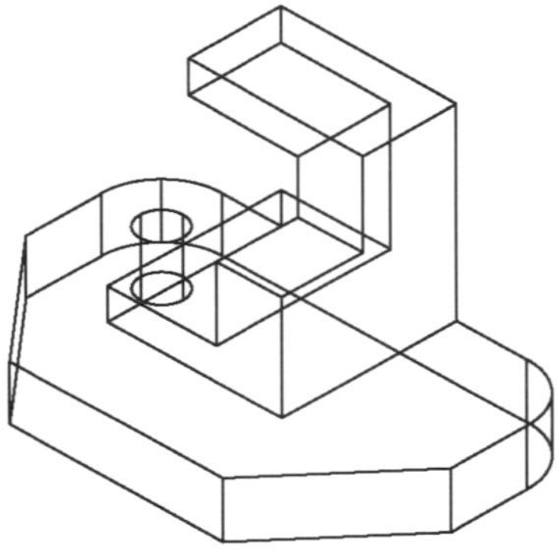

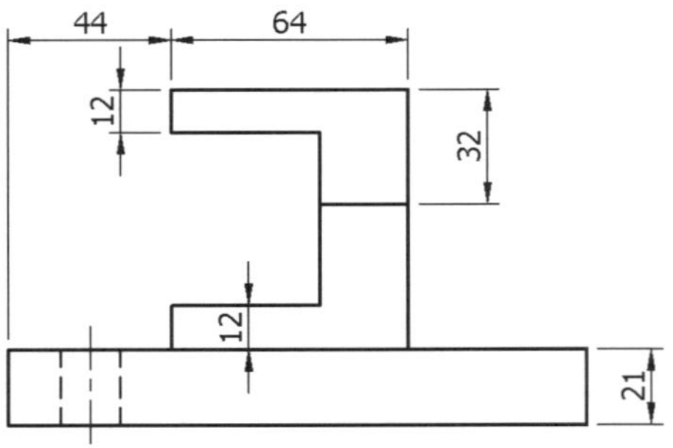

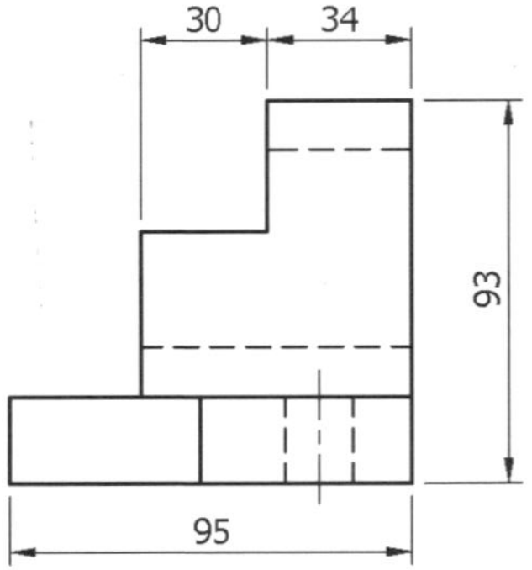

568

예제로 배우는 AutoCAD

정가 | 22,000원

지은이 | 김종서 · 김 현 · 김세영
펴낸이 | 차 승 녀
펴낸곳 | 도서출판 건기원

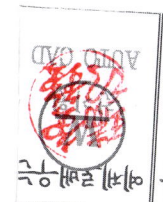

2011년	5월	13일	제1판 제1인쇄발행
2012년	3월	15일	제2판 제1인쇄발행
2013년	5월	30일	제3판 제1인쇄발행
2014년	4월	15일	제3판 제2인쇄발행
2015년	4월	30일	제4판 제1인쇄발행
2016년	3월	10일	제5판 제1인쇄발행
2019년	5월	30일	제5판 제2인쇄발행
2019년	10월	10일	제6판 제1인쇄발행
2021년	2월	25일	제6판 제2인쇄발행
2022년	8월	25일	제6판 제3인쇄발행
2023년	6월	15일	제7판 제1인쇄발행
2024년	5월	20일	제7판 제2인쇄발행
2025년	4월	10일	제7판 제3인쇄발행

주소 | 경기도 파주시 연다산길 244(연다산동 186-16)
전화 | (02)2662-1874~5
팩스 | (02)2665-8281
등록 | 제11-162호, 1998. 11. 24

- 건기원은 여러분을 책의 주인공으로 만들어 드리며 출판 윤리 강령을 준수합니다.
- 본 교재를 복제 · 변형하여 판매 · 배포 · 전송하는 일체의 행위를 금하며, 이를 위반할 경우 저작권법 등에 따라 처벌받을 수 있습니다.

ISBN 979-11-5767-778-8 13560